國共相爭與皖南事變

〔孟衛東〕 著

目　次

引子

「無論國民政府還是共產黨，
都不是客觀的」

　　西元一九四四年八月十日，中國共產黨中央機關駐地
延安。

　　這座西北小城的某處，兩個美國人正跟一個中國人在
一起。

　　兩位美國人可謂一文一武。文職是駐華官員謝偉思，
一個喜愛中國的年輕人，有家室的他還和一位中國女演員
結為情侶[1]。對中共也深有好感，為此日後在美國遭受懷
疑、審查。

謝偉思的中國女
友趙韞如

　　五十二歲的戴維・包瑞德上校就是那位美國
武官，一生大部分時間都在中國度過，此時的職
務是進駐延安的美軍觀察組組長。

　　美軍觀察組是美國官方與中共的第一次正式
接觸，卻並不表示華盛頓真想跟共產黨打交道。
觀察組的真正使命是為美國新生產的B-29轟炸機

毛澤東、朱德歡迎包瑞德

做試航的準備工作。因為這種飛機將肩負攜帶原子彈轟炸日本的任務，為防
止試航出現意外，必須蒐集轟炸機可能飛臨的中國華北等地的氣候情報，飛
機一旦失事或被擊落時，還要迅速搜救飛行員。而在這些地方的中國軍隊基
本都是中共部隊，所以必須和共產黨建立聯繫。原子彈當時尚未研製成功，
屬於超級機密，一些美國高官都不清楚，中國人就更不明底細，不知道美國

[1]　趙韞如：〈珍藏心底多年的祕密——我和謝偉思的一段情緣〉，《百年潮》雜誌二〇〇六
年第五期。據趙韞如說：「直到後來我知道他的家庭生活很不幸，感覺自己對他的感情
不是『第三者』在破壞他的家庭，而是在撫慰一顆痛苦的靈魂時，我才真正把自己交給了
他，讓我們的生命融合在一起。」

人想幹什麼。幾經交涉,統治中國的國民黨領袖,國民政府主席兼軍事委員會委員長蔣介石才同意美軍派人去延安。在中共那邊,毛澤東等一直希望得到美國的軍事援助。偏這時候有些在華的美國人因為對國民黨不滿,把同情轉向了共產黨,自作主張地想要推動美軍在中國沿海登陸,讓那裏的中共軍隊配合作戰。聽聞這個消息的中共當然對觀察組非常熱情[2]。

此刻的會見便顯示了延安對觀察組的高規格接待。包瑞德、謝偉思面前是一位著名的戰將,中共領導的國民革命軍新編第四軍(簡稱新四軍)代理軍長陳毅。

兩方見面,談的自然是新四軍的事。言語間包瑞德最關心的話題是困惑了他幾年的一個疑問。

這疑問關係到一場驚人心魄的殺戮。

時間倒回三年七個月零三天前。一九四一年一月七日,安徽南部(皖南)的新四軍軍部及所率部隊在移動途中,與國民黨軍隊發生衝突,結果除少數逃脫外,大部分人員全被圍殲。軍長葉挺遭扣,副軍長項英被殺。這就是震動一時的皖南事變。中國內外所有支持抗戰的人士無不驚愕、痛惜、不解。

究竟誰要對這場慘禍負責,國共兩邊各執一詞,全都指控對方蓄意挑起事端。

無從分辨的包瑞德希望陳毅能給他一個答案。

陳毅毫不推辭,包瑞德後來回憶說:「他隨手畫了一張很漂亮的地圖對我進行圖解,給我做了一次經過了認真準備的說明。當然,他的說明符合共產黨方面的說法。」

共產黨的說法是,皖南的新四軍部隊遵照事前國共雙方商定好的路線轉移,卻在毫無準備下突然陷入國民黨軍隊的重重包圍[3]。

包瑞德請陳毅把他所講的事變經過,還有新四軍在江蘇北部(蘇北)與國民黨軍衝突的情形寫一份文件,陳毅當場答應。

---

[2]　相關研究敘述,見胡越英:〈「中國沿海登陸計畫」與美軍觀察組〉,《百年潮》二〇〇八年第一期。

[3]　相關情況,見包瑞德:《美軍觀察組在延安》二十一至二十二頁,解放軍出版社一九八四年十二月出版。

三天後的十三日，陳毅又會見了美國
《時代》雜誌記者艾培（就是中共的國際
友人愛潑斯坦），再談了一次皖南事變的
情況[4]。之後又和謝偉思一起談了整整三個
小時。

左起楊尚昆、陳毅、謝偉思、朱德、惠
爾賽特（美軍飛行員）、吳玉章、聶榮
臻在延安

謝偉思完全相信中共對皖南事變的解
釋，對陳毅說：「恐怕國民黨將來還會食
言又打你們。我是很知道國民黨的反動做
法的。」陳毅自信地回答：「如果國民黨
又食言向我們進攻，我新四軍單獨的力量
可以制止其反動行為。」

見完謝偉思，陳毅給中共中央委員會主席兼軍事委員會主席毛澤東寫了
封信，把相關情況做了彙報，因為是毛讓他與美軍觀察組接觸的。

由於包瑞德催請，陳毅又連夜趕寫了〈蘇北事件的真相〉和〈皖南事變的
真相〉，並草擬一封給包瑞德個人的信件。交美國人之前，先送毛澤東審閱。

毛澤東和中共中央副主席周恩來一起對陳毅的材料加以修改。毛當天
給陳毅回信：「各件均好。略有增改，請再酌。」要他重抄並備份。就在陳
毅改寫材料之時，謝偉思向美國方面報告：「許多跡象表明，共產黨認為不
久的將來他們對未來行動將做出重大決定。現在大多數重要領導人正聚集在
延安，其中不僅有黨中央和軍隊的領導人，而且有基層的野戰部隊的領導
人。」在謝偉思開列的這些領導人的名單中就包括了「新四軍代理軍長陳
毅」[5]。

謝偉思不可能知道，陳毅從遙遠的華中新四軍軍部來到延安的真實原
因。十個月前的一九四三年十月下旬，中共華中局代理書記、新四軍政委饒
漱石給陳毅列出了十大錯誤，包括反對毛主席、對抗黨中央、反對政治委
員制度、破壞黨的團結、個人主義嚴重等等，電告中共負責人毛澤東與劉
少奇[6]。毛澤東以參加中共第七次代表大會（七大）的名義召陳毅來延安，

4　　《陳毅年譜》上卷四三三頁，人民出版社一九九五年十二月出版。
5　　相關情況，見《陳毅傳》一六九－一七〇頁，當代中國出版社二〇〇六年八月出版。
6　　《陳毅年譜》上卷四一八頁。

整過陳毅的饒漱石

「並在此留住半年左右，明瞭黨的新作風及應做重新估計的許多黨內歷史上重大問題」，為使陳毅安心，還特別聲明他「七大後仍回華中，並傳達七大方針」[7]。

在這之前，中共中央已經要求高級幹部重新學習研究黨的歷史和路線的是非問題，陳毅自然不能例外。接到毛澤東的指示，他輾轉三個月有餘，在一九四四年三月七日來到延安。毛澤東一見面就告訴他：「與小饒（即饒漱石——作者）的問題，我看還是不要提，一句話也不要提。」十五日，又對他說：「經過一個多禮拜的考慮，我以為你的基本態度是好的。你可以給華中發一個電報，向他們做一個自我批評。我同時也發一個電報去講一講，這個問題就打一個結，你看如何？」

陳毅求之不得，當天就致電饒漱石等華中負責人，表示：「我自己對於如何團結前進的問題上，我的某些認識上和處理方式常有不正確的地方」，願意「七大後再回華中工作」。

毛澤東也給華中去電，說：「陳、饒二同志間的爭論問題，僅屬工作關係性質」，「無論在內戰與抗戰時期，陳毅同志都是有功勞的，未犯路線錯誤的」。

饒漱石卻不依不饒，回電表示，他和陳毅的爭論是由於「陳同志在思想意識、組織觀念仍有個別毛病。他對於統一戰線，對文化幹部，對某些組織原則，仍存有個別右的觀點。對過去的歷史，存有若干成見，且有時運用很壞的舊作風」，對這些陳毅的態度「似乎尚欠清明」。

陳毅十分憤怒，毛澤東卻勸他「凡事忍耐，多想想自己缺點」，要「多多原諒人家。忍耐最難，但做一個政治家，必須鍛鍊忍耐」。四月十日，毛澤東又勸他說：「你又不能回去，橫直搞不清楚」，「主要是人家對你有誤會，你有什麼辦法？越解釋，誤會越大」。

一位地方領導人一紙電報就能阻止陳毅回華中，中共中央的領袖對此卻似乎無能為力，只會叫陳毅忍耐。不難看出，毛澤東其實是傾向饒漱石的。

---

[7]　《陳毅傳》一六〇頁。

陳毅自然清楚毛澤東的意思，於是他開始閱讀毛澤東的文章，然後致信毛澤東，檢討他「多年來含茹於經驗主義的原野之上，今後多從打開腦筋重新認識自己去著手」[8]。

陳毅參加中共中央機關整風

光有學習還不夠。陳毅心裏明白，最重要的是理順跟毛澤東的關係。他後來對人說，自己那時認為毛澤東是想報當年「一箭之仇」[9]。

此話指的是一九二九年陳毅在毛澤東和朱德的爭執中沒有支持任何一方，反以代理前委書記的權力分別處分了毛、朱二人。毛澤東一度離開領導崗位，甚至說過不打倒敷衍調和、模棱兩可的「陳毅主義」他不回來[10]。這也就是饒漱石說陳毅反對毛主席的由來。

陳毅知道該做什麼。他主動對另一位中共高幹薄一波表示，一九二九年的事「我是有責任的」。

在這以後，陳毅被中共中央書記處會議指定為七大軍事問題和統戰工作報告準備委員會成員[11]。到六月二十三日，他和劉少奇一同發電報給新四軍，指示軍事行動[12]。這是進入一九四四年以來，與新四軍有關的電文上第一次出現陳毅的署名。現在他又被安排和美軍觀察組碰面，一切都說明境遇在好轉。

八月二十八日，陳毅把改寫完的文件和信交給了包瑞德。在〈皖南事變的真相〉中他重申，新四軍軍部是在按與國民黨協議的路線轉移時，「遭遇國民黨五萬大軍的伏擊」，「變起倉卒，我軍初無防備，臨時被迫自衛」。整個事件完全是國民黨「殲滅抗戰部隊的陰謀」，蔣介石是「下令誘殲新四軍」的主謀[13]。

8　相關記述，見《陳毅傳》一六四—一六六頁。

9　張勝：《從戰爭中走來——兩代軍人的對話：張愛萍人生紀錄》一四六頁，中國青年出版社二○○九年四月版本。陳毅說他「以為」毛會這樣做，當毛對他講，人家要你幹，你就幹；不要你幹呢，你就休息嘛！讀些書，下下棋，你不是會下圍棋嗎？他稱自己由此「頓悟」。

10　《陳毅傳》六十一—六十二頁。

11　相關情況，見《陳毅年譜》上卷四二九—一四三○頁。

12　〈劉少奇、陳毅等關於第四、第五師準備向河南敵後發展致張雲逸等電〉，一九四四年六月二十三日，《新四軍·文獻（四）》三○三—三○四頁，解放軍出版社一九九五年三月出版。

13　〈皖南事變真相〉（一九四四年八月），中央檔案館編：《皖南事變（資料選輯）》

陳毅參加七大

　　九月十二日，陳毅又拜會了包瑞德和謝偉思。幾次交談下來，新四軍的話題應該說得差不多了，此番會面可能更多是一個輕鬆的交際聚會。包瑞德說他看見陳毅喝白乾酒，或許就是在這個時候。會面後陳毅騎馬返回駐地，途中突發痔瘡，血染馬鞍，不得不住進醫院[14]，也許便是酒精刺激的結果。

　　開懷暢飲的陳毅不會想到，自己盡力結交的包瑞德，內心裏對他的印象卻「不太好」。在包瑞德看來，陳毅「長著一雙從不改變神情的小眼睛 —— 即使是嘴角掛著微笑的時候，眼睛的神情也不改變」，「不但公開抨擊國民黨，而且在幾杯『白乾』下肚以後，還在一定意義上一般地排外，有時也特別指出美國的不是之處」[15]。他提供的對皖南事變的說明，也只被包瑞德當成單方面的證詞，不覺得可以完全相信。

　　陳毅在乎的不是美國人怎麼看自己。做手術出院後，他於十二月一日寫信給毛澤東表示：「近來與許多人談話，廣泛閱讀文件，似乎更感覺以前所見不免皮相，才知道處理許多問題。疏虞之處甚多，別人的批評反對，其中事出有因，查實無據者有之，而自己過與不及兩種毛病則所在多有，那種『寡人之於國也盡心焉耳已』的自己條條做到的態度，實在要不得。」

　　毛澤東看完信滿意地回覆：「陳毅同志：你的思想一通百通，無掛無礙，從此到處是坦途了。」[16]

　　其後，陳毅在為七大起草的〈建軍報告〉中，提出了一個新概念：「毛澤東軍事學派」，並且盛讚「毛澤東同志的天才創造」[17]。

　　參加了一九四五年四月二十三日至六月十一日的中共第七次代表大會，陳毅又在延安待到八月十五日日本投降後，終於再給派回華中統率新

　　　一六一－一六五頁，中共中央黨校出版社一九八二年一月出版。

[14]　《陳毅傳》一七〇頁。

[15]　《美軍觀察組在延安》三十六－三十七頁。

[16]　相關記述，見《陳毅傳》一六七頁。

[17]　同上一七七頁。

四軍，中共中央在給華中局的電報中說：「陳態度很好，一切問題均談通。」[18]

身穿中共土布軍服的美軍觀察組成員

至於包瑞德，美軍對他已另有任用，一九四四年底便永遠告別延安。內心繼續存留著對皖南事變的疑惑。

因為也跟中共擅自討論過聯合作戰問題，包瑞德沒能晉升陸軍准將，終身都是一名上校。中共也漸漸發現觀察組並非美國的橄欖枝，對它也就失去了興趣[19]。

B-29沒有試航到華北，原子彈在日本爆炸，美軍觀察組沒派上用場。隨著戰後美國調停國共衝突，一九四六年觀察組改稱美軍聯絡組，最後終於在一九四七年三月十一日撤銷[20]。這時國共兩黨的內戰已經爆發。

也就在一九四七年，還在中國的包瑞德遇到了一個人，重又引出了他對事變的探究。

這個人就是指揮國民黨軍進攻皖南新四軍的上官雲相，從他的口中，包瑞德聽到的是國民黨對皖南事變的另一種說法。

按上官雲相所說，蔣介石在事前命令皖南的國民黨軍監視共產黨軍隊的行動，以防備可能出現的麻煩。事變的起因是新四軍開始轉移後，違反行軍路線向南行動，襲擊了正在周圍地區平靜地注視著他們的國民黨軍隊[21]。

仍舊的各說各話，兩個完全對立的版本，包瑞德茫然無措。

時間繼續向前。一九四九年，中共成功奪取政權，成立中華人民共和國。國民黨退守臺灣。已經回到美國的包瑞德在一九五二年退役。到了一九五八年，他又將蒐集的皖南事變的資料翻譯整理出來，加上自己寫的說明筆

---

[18]　〈中共中央關於陳毅、饒漱石任新四軍軍長、政治委員致華中局電〉，一九四五年八月二十六日，《新四軍・文獻（五）》二十七頁。

[19]　〈「中國沿海登陸計畫」與美軍觀察組〉。

[20]　王永華：〈美國「迪克西使團」出使延安始末〉，《縱橫》雜誌二〇〇五年第四期。

[21]　《美軍觀察組在延安》二十頁。

記，交給美國陸軍部情報處。這些資料的主要成分可能就是陳毅寫的那些文件，所以包瑞德才會對美國軍方人員強調說，不能毫無保留地接受共產黨方面對於這一事變的解釋。

　　包瑞德到死也沒解開皖南事變的謎題，他只能這樣評論：「『皖南事變』清楚地表明，在談到國共之間的關係時，無論國民政府還是共產黨，都不是客觀的，如果外界想要獲得有關這些事件的合理的、正確的答案，就需要一批有能力的、公正的觀察者做一些客觀的觀察。」[22]

　　包瑞德的話點中了問題的要害。那麼，一場中國人打中國人的悲劇究竟是怎樣發生的？

22　相關敘述，見同上書二十二頁。

第一章

合作出來的仇敵

一、「軍部及皖南部隊應預先有所準備，以免襲擊」

一九四〇年三月二十九日，無線電波從延安窯洞發出，輾轉飛向華北、中原、皖南的中共領導機關。

皖南，長江南岸一座叫雲嶺的小鎮。一片墨瓦白牆中間，是新四軍軍部的所在。

如果沒有例外情況，軍部第一個看到延安電報的應該是副軍長項英。電報開頭指明的收件人就是他。

然而這卻似乎不合常規。

電報是同時發給朱德、彭德懷、劉少奇和項英的。朱德、彭德懷是共產黨領導的八路軍的正、副總司令，劉少奇是中共中原局書記，都是自己方面的一號、二號人物。按這樣的排序，新四軍接受電報的第一人應是軍長葉挺，然後才能是項英。

但是延安那邊只提到項英。

論軍人的資歷聲望，葉挺遠遠超過項英。他早年是中國最好軍事院校保定陸軍軍官學校的學生，後來加入孫中山屬下陳炯明統率的廣東粵軍，參加國民黨，官至營長，接著成為孫中山警衛團的骨幹。一九二二年六月十五日，陳炯明的部隊反叛孫中山，葉挺帶人拚死保衛廣州孫中山官邸，掩護孫中山和夫人宋慶齡先後脫險。日後又與他人一起策反陳炯明的部分人馬，參加驅逐陳炯明的戰鬥，使孫中山重歸廣東掌權。這時國共合作已經開始，葉挺接觸了中共的宣傳，又在一九二四年七月

葉挺

奉派到共產黨的發源地蘇聯學習，終於在
那裏被吸收為中國共產黨員。

一九二五年八月回國後，葉挺先參加
討伐陳炯明的最後戰鬥，再在一九二六年
做北伐先驅，率國民革命軍第四軍獨立團
突入湖南，連戰連勝，在汀泗橋、賀勝橋
兩地與第四軍其他部隊協力大敗北洋名將

汀泗橋之戰舊址

吳佩孚的部隊。吳佩孚曾親到賀勝橋指揮，令督戰隊擊殺屬下的潰兵，卻仍
擋不住北伐軍的凌厲攻勢，自己最終也不得不逃走。接下來第四軍參加攻打
堅固的武昌，幾經血戰，在對方倒戈者的策應下，獨立團率先殺進武昌。葉
挺由此名震四方，獨立團和第四軍也被稱為鐵軍。

一九二七年國共兩黨決裂，擁有雙重黨員身份的葉挺毫不猶豫地選擇了
共產黨。他先帶自己的部隊參加中共領導的南昌暴動，後又加入廣州暴動，
還擔任了總指揮。

如此名將，為何沒有他應有的待遇？

葉挺這時並不在雲嶺。但即使他在也不可能於項英之前看到電報，新四
軍軍長的真實地位遠不像表面上那樣顯赫，這已是公開的祕密。除了一些具
體的軍事指揮，葉挺很難發揮主帥的作用，更多的工作是利用自己的社會關
係，為新四軍的給養問題去外面奔走。三年軍長生涯裏，葉挺待在皖南軍部
的日子只有一年多。

這種尷尬局面的原因是，葉挺在一九二八年就脫離了共產黨。先漂泊德
國，後居留香港、澳門。雖然也從事反對蔣介石的活動，還參與了武力反蔣
的福建事變，跟共產黨人也有接觸，但畢竟不再是有組織的同志關係，只能
算中共統戰工作的對象。

更重要的是，葉挺的軍長職位是當初蔣介石沒跟中共打招呼自行任命的[1]。

真正執掌新四軍的是名為副軍長，實際是政委，同時身兼中共東南局書
記，全面負責中共東南地區政治軍事工作的項英。

1　關於葉挺的生平，見段雨生、趙酬、李杞華：《葉挺將軍傳》，解放軍出版社一九八九年
十一月出版；盧權、禤倩紅：《葉挺傳》，河南人民出版社一九九三年七月出版；《葉挺
研究史料》，廣東人民出版社一九八七年十月出版。

項英

項英堪稱久經考驗的中共黨員。他早年喪父，被迫棄學做工。和許多生活窮困的人一樣，眼看著現實的不良不公，項英很快被共產黨的宣傳鼓動吸引，不顧一切地投入工人運動，又憑著才幹急速躍升為領導者之一，加入了中共。

到一九二三年，項英已經是京漢鐵路工運的重要角色。

這年二月四日，著名的「二‧七」大罷工開始。罷工委員會的總幹事就是項英，罷工宣言等文告從起草到印製都有他的參與。幾千工人在他的組織下成立糾察團和調查隊，有效地維持了罷工的秩序。

對於這場罷工，今天中國大陸的人印象最深的是二月七日工人領袖林祥謙在吳佩孚部下的屠刀前寧死不下復工令；卻極少有人知道，在這之前兩天，項英就面對官方槍斃、斬首的威脅，堅定回答：「頭可斷，上工命令不能下。」就在林祥謙即將犧牲的那一刻，項英還帶著一百多糾察團員衝進刑場，奮力想救回同志的生命。終因敵不過軍隊的武力失敗。

罷工失敗後，項英繼續從事工人運動。一九二三年的中共第三次代表大會上，二十五歲的他當選中央委員。一九二五年，共產黨領導的中華全國總工會成立，項英當選執行委員。就在這一年他參加了「五‧卅」運動中的罷工活動。軍閥強行封閉了上海總工會機關，兩位主要領導李立三被迫轉移，劉少奇不得不躲藏，隨後也因病離去。危難之際，項英和另一位工人領袖汪壽華挺身支撐起領導罷工的重任。一九二七年一月，李立三、劉少奇、項英又出現在武漢收回英國租界的風潮中，他們和其他人率領工人打前鋒，一舉占領租界。

國共決裂後，一九二八年的中共第六次代表大會上，項英成為政治局委員和常委，一九二九年任中華全國總工會委員長，一九三〇年底進入中共最主要的根據地江西蘇區，一度擔任蘇區中央局代理書記兼中央革命軍事委員會主席，一九三一年十一月中華蘇維埃共和國成立，毛澤東任臨時中央政府主席，項英和張國燾為副

一九三一年十一月七日中共蘇區中央局成員顧作霖（左1）、任弼時（左2）、鄧發（左4）、項英（左5）、毛澤東（左6）、王稼祥（左7）和朱德（左3）在一起。

主席，是紅色政權名副其實的二號人物。中共軍隊八月一日的建軍節，就是項英在這期間下令設立的。

　　紅色政權最終得而復失。中共中央和紅軍主力一九三四年十月長征後，項英和陳毅等人留在了環境最險惡的原蘇區，部署殘餘紅軍部隊分散各處的山嶺叢林，繼續跟國民黨打了整整三年的游擊戰爭。那是中共歷史上最艱苦的歲月之一。熬過來的他們在國共重新合作的一九三七年底組成新四軍，揮兵抗日。

　　新四軍成立之初，武器缺乏，訓練極差。項英不辭辛勞，苦心經營，短短半年多的時間，就把那些習慣了小股出擊的指揮員和士兵打造成一支能整體作戰的正規軍。這個過程中，他累積起了無人可敵的權威與聲望[2]。

　　此時項英看著眼前的電報，是毛澤東和中共中央軍委政治部主任王稼祥發來的。電文一開始便說：「華中之皖東、淮北、蘇北成為頑方必爭之地，目的在隔斷我八路軍新四軍之聯繫，陷新四軍之[於]危境。」

　　「頑方」指的是中共此時的統一戰線盟友國民黨。「頑」就是「頑固派」，這是中共送給對自己懷有敵意的蔣介石等國民黨人的稱呼。

　　電報在指示了八路軍的相關部署後，認定「摩擦中心將移至華中」，「摩擦」是指八路軍、新四軍等中共部隊與國民黨軍間的衝突。

　　毛澤東、王稼祥的對策是「以淮河、淮南鐵路為界，在此線以西避免武裝鬥爭，在此線以東地區，則應堅決控制在我手中」，「堅決爭取全部蘇北在我手中，陳毅部隊立即應當向蘇北發展」。

　　電報的最後，毛澤東和王稼祥專門對皖南新四軍發出警告：「在華中為新四軍摩擦日益尖銳的條件下，頑方有可能利用其優勢兵力向新四軍軍部地區進攻，因此軍部及皖南部隊應預先有所準備，以免襲擊，萬不[得]已時可向蘇南陳支隊靠近，再向蘇北轉移。」[3]

　　這是中共中央第一次正式提出要新四軍軍部離開皖南轉移，九個月又九天後的皖南事變的序幕在此悄然開啟。

2　關於項英的生平，見王輔一：《項英傳》，中共黨史出版社一九九五年十月出版；李良明：《項英評傳》，經濟日報出版社一九九三年十一月出版。

3　〈毛澤東、王稼祥關於目前華中軍事策略致朱德等電〉（一九四〇年三月二十九日），《新四軍‧文獻（一）》一五一頁，解放軍出版社一九九四年三月出版。

電報措詞十分嚴峻，它的背後是國共幾年乃至十幾年來的矛盾和衝撞。中共和國民黨這兩個二十世紀中國最有影響力的政黨，在不到二十年的時間裏，已經積下了太多的恩恩怨怨。

二、「早產兒」

中國國民黨的歷史可追溯到一八九五年，中國共產黨最早的組織出現在一九二〇年，比國民黨足足晚了二十五年。兩個資歷相差太遠的政治組織卻註定要牽扯在一起。

最先要把兩黨聯繫起來的不是他們自己，而是一些外國人。

中共能夠建立起來，固然是因為一九一七年，列寧的布爾什維克黨奪取了俄國政權，宣布要建設一個嶄新的，通向美好共產主義的社會。苦求救國救民道路的陳獨秀、李大釗等中國激進知識份子迅速被吸引，倒向了列寧主義。但如果單憑這些沒有什麼政治經濟實力的書生，共產黨至少不會那樣快在中國亮相。兩股外力催生了中共，一個是俄國共產黨（布爾什維克），另一個是共產國際，這個機構那時相當於全世界共產黨的「聯合國」。他們從蘇維埃俄國（蘇俄）首都莫斯科向中國共產主義者伸出了援手。

莫斯科方面這樣急於在中國發展共產黨，是為它的世界戰略服務。布爾什維克上臺後，一度內外交困。列寧等非常希望別的資本主義國家能發生革命，使蘇俄不致孤軍奮戰。然而歐洲幾次模仿俄國的暴力活動全都失敗了。雖然布爾什維克政府經過三年殘酷內戰站穩了腳，但仍是孤立無援，不免擔心獨木難支。既然不能指望資本主義強國崩潰，列寧只好把視線轉向落後的東方，那裏要麼是西方列強的殖民地，要麼是弱勢的國家，卻正興起渴望獨立平等的民族主義運動。假如借助這種力量牽制歐美大國，它們應該就顧不上威脅蘇俄了。

要想由莫斯科來掌控東方各國的民族主義勢力，最好的辦法是組建當地的共產黨，讓它影響甚至主導民族運動，一九二〇年的共產國際第二次代表大會就是這樣設想的[4]。

---

[4]　周利生：《吳廷康與中國大革命研究》一〇五頁，中國社會科學出版社二〇〇四年四月出版。

　　東方的國家裏，中國既是大國，又是蘇俄的緊鄰，如果能爭取它站在莫斯科一邊，當然再好不過。

　　於是蘇俄積極促成中共的誕生。

　　這樣出生的中共，自然得按蘇俄的節奏起舞。相當長時間裏，中共只是共產國際的一個支部，連經費都要靠它資助[5]。如此上下級的關係，中共的重大決策不能不受莫斯科那邊左右。

　　儘管如此，那些外國贊助人中，卻依然有人對新生的中共根本不看好，這人就是為共產國際工作的荷蘭人馬林。

　　馬林一手指導了並親身參加了中共的第一次代表大會（一大），讓分散的中共組織開始凝成統一的整體，對中共的發展功不可沒。可也偏就是他對這個黨沒什麼信心，直到一九二三年中共召開第三次代表大會的時候，馬林還對人說它是「早產兒」，「是有人過早地製造出來的」[6]。

　　馬林這樣看中共並非沒有道理，當時它確實太弱小，第三次代表大會時也不過只有四百二十個黨員。

　　如果僅僅是建立一個共產黨組織，馬林大可不必著急，讓中共自然生長就好了，但誰叫他還身負推動本地的民族主義運動，以此鞏固蘇俄的重大使命呢。這就要求他必須儘快找到一支能夠有效推進中國革命的力量，而現在的中共顯然沒法擔此重任。

　　共產黨不行，只有找別的黨派了。

　　馬林的眼睛盯上了已經為改變中國奮鬥了二十多年的國民黨。

　　國民黨組織鬆散，人員龐雜，遠不是列寧要求的那種有鐵一般紀律的嚴密的政治團體，但它仍不失為當時中國最具號召力的政黨。如果讓它為蘇俄所用，在中國建立一個親蘇的政府，蘇俄的目的也算達到了。

馬林

5　楊奎松：《毛澤東與莫斯科的恩恩怨怨》（修訂版）二〇六－二〇八頁，江西人民出版社二〇〇六年四月出版。姚金果的《陳獨秀與莫斯科的恩恩怨怨》二十一頁也提及此事，福建人民出版社二〇〇六年一月出版。

6　《陳獨秀與莫斯科的恩恩怨怨》八十五頁。

莫斯科那邊也知道中共一時難成氣候，為了在中國找到有實力的合作夥伴，它甚至跟吳佩孚打過交道，只是吳大帥最終的表現叫它很失望[7]。對孫中山的國民黨，蘇俄高層也一直在注意。

關注國民黨，不等於拋棄共產黨。身為共產主義運動的大本營，蘇俄當然還是希望將來由中共領導中國。怎樣既支持國民黨，又能幫助中共壯大呢？

馬林在一大上提出了一個辦法：與其他革命力量聯合[8]。這就是日後的國共合作。

馬林和莫斯科方面認為，中共可以把國民黨當作一個平臺，借它的外殼發展自己的力量，先幫國民黨完成資產階級革命，待將來自家羽翼豐滿時再實現社會主義革命。

中共一大的代表多數是血氣正盛的年輕人，馬林的意見分明是要與那些「革命性」不如中共的政黨妥協，這哪裏合他們的口味。雖然在給共產國際的報告裏中共也表示願意為反對北洋軍閥跟其他黨派共同行動，這「並不違背我們黨的原則」[9]，但這個共同行動顯然不是馬林希望的那種緊密聯盟。一大通過的正式文件裏就明白宣稱：「不同其他黨派建立任何相互關係」，「對現有各政黨，應採取獨立、攻擊、排他的態度」[10]。

中共不情願，孫中山一開始也對國共合作沒什麼興趣。一九二一年底馬林見到了正在廣東和北京軍閥政府對抗的孫中山，相互交談中他發現，孫中山只想學習蘇俄組建軍隊的經驗[11]，當談到共產黨時，孫的態度不屑一顧，認為中共對中國的政治生活「毫無用處」[12]。

和女兒在一起的孫中山

看著孫中山這種樣子，馬林連國共合作都沒敢提，不由得灰心喪氣。不過很快就又振奮起來，因為看到了國民黨正

---

[7] 向青、石志夫、劉德喜主編：《蘇聯與中國革命》三十八－四十頁、五十五－六十五頁，中央編譯出版社一九九四年六月出版。

[8] 李玉貞：《馬林傳》一一二頁，中央編譯出版社二〇〇二年三月出版。

[9] 楊奎松：《國民黨的「聯共」與「反共」》第三頁，社會科學文獻出版社二〇〇八年一月出版。

[10] 《馬林傳》一一三頁。

[11] 同上一二九頁。

[12] 《國民黨的「聯共」與「反共」》第四頁。

在領導的香港海員大罷工[13]，這說明孫中山的黨不光得到一些上層份子的支持，對底層民眾的影響也很大。何況這個黨還有一定的軍事力量，必能有所作為。馬林更加相信，中共若要成功，非走跟國民黨合作的路不可。

從廣東回到上海，馬林向這裏的國民黨領導人提出，讓共產黨人加入國民黨。上海的國民黨人把這看成是招兵買馬的機會，立即表示歡迎[14]。

蘇俄一門心思要使共產黨跟國民黨加速牽手。列寧親自出馬，表示了對國共合作的關心。

一九二二年一月二十一日到二月二日，共產國際在莫斯科召開遠東各國共產黨及民族革命團體代表大會，馬林安排中共和國民黨都派人參加了中國的代表團[15]。列寧抱病接見了中國代表，向國民黨的張秋白和共產黨的張國燾逐個詢問，國共能不能合作[16]。

共產國際隨即就告訴中共，要與國民黨合作。中共再沒有選擇，只能表示願意跟國民黨和其他革命團體一起組織聯合戰線[17]。

就在這個時候，孫中山突然遭遇了危機，被自己下屬陳炯明的人馬趕出了廣東。身陷困境的他急需援助，西方國家卻沒有一個打算幫他。這樣一來，蘇俄的示好就顯得分外珍貴。

孫中山後來曾經向人解釋說：「我知道那是一根稻草，但是總比什麼都沒有好。」[18]

孫中山改變了態度，中共的思維卻還沒完全轉換過來，只想跟國民黨組成地位平等的聯合戰線。馬林終於發威了。他這時已經得到共產國際的明確指令：「共產黨人應該支持國民黨。」

馬林有了莫斯科的尚方寶劍，他不管陳獨秀等人的反對，硬是讓中共領導層同意黨員以個人身份加入國民黨，用這種低人一等的「黨內合作」實現了國共聯盟[19]。

---

[13]　《馬林傳》一三四－一三五頁。
[14]　《國民黨的「聯共」與「反共」》四－五頁。
[15]　《馬林傳》一一六－一二〇頁。
[16]　張國燾：《我的回憶》（上）一八四－一八五頁，東方出版社二〇〇四年三月出版。
[17]　《陳獨秀與莫斯科的恩恩怨怨》二十七頁。
[18]　黃修榮：〈孫越會談始末（上）〉，《書屋》雜誌二〇〇二年第一期。
[19]　《陳獨秀與莫斯科的恩恩怨怨》四十一－四十五頁。

　　說服了中共，馬林又去見孫中山。孫中山立刻抓住了「稻草」，同意馬林的所有主張。陳獨秀、李大釗等迅即成了第一批加入國民黨的共產黨員[20]。

　　第一次國共合作形成了。國民黨也很快重新控制了廣州等地。

　　從這時起到一九二七年上半年間，在國民黨發動的歷次戰爭中，都有許多的共產黨員衝鋒陷陣，甚至獻出生命。國民黨由此有了自己鞏固的地盤，還有了自己的政權國民政府，而中共的力量也迅速發展壯大，兩黨間一時形成了雙贏的局面。

　　但就在這期間，不和的種子也在孕育萌發。

　　共產黨方面，陳獨秀原本只打算跟國民黨搞平起平坐的黨外聯合，如今卻只能屈尊成為國民黨的一份子。生性剛直的他始終不情不願，也不相信國民黨真的會對中共友善。所以一有風吹草動，他便吵著要退出國民黨[21]。

　　莫斯科雖然大力支持國民黨，但同時也鼓勵共產黨把群眾爭取過來，自己做大、做強[22]。可是這樣就必然跟國民黨形成競爭，刺激國民黨內對中共的敵意。

　　國民黨這邊，許多右派人士從開始就反對讓共產黨人進來。就連孫中山也對中共心存防備。他最初接受國共合作，只是為了藉此從中共背後的蘇俄那裏拿到外援。小小的共產黨依然不在他眼裏，絕不可能跟它平等共事。與中共的聯合被他叫做「容共」，共產黨不過是被他寬宏容納的對象。馬林滿懷熱情想幫助他改造國民黨，提高效率和能力。孫中山卻一點都不熱心[23]，搞得馬林只能黯然離開中國。直到把國名改為蘇聯的莫斯科當局給他派來一位顧問鮑羅廷，國民黨改組才大張旗鼓弄起來[24]。

　　為了打壓不理解他的右派，孫中山可以一怒之下宣布把老黨員馮自由開除黨籍，甚至說他的三民主義中的民生主義「與共產主義主義原則上不存在

一九二四年在廣州的孫中山

20　《國民黨的「聯共」與「反共」》七頁。
21　相關情況，見《陳獨秀與莫斯科的恩恩怨怨》一二八頁、一八四頁、二四八頁。
22　《國民黨的「聯共」與「反共」》十五頁。
23　同上二十三頁。
24　同上二十五頁。

任何差別」，而且衝動地表示，如果國民黨員都不服從他，「我就拋棄整個國民黨，自己去加入共產黨」[25]。然而另一邊，當遭遇來自中共方面的批評時，他又對馬林大發脾氣：「共產黨既加入國民黨，便應服從黨紀，不應公開批評國民黨。共產黨若不服從國民黨，我便要開除他們；蘇俄若袒護共產黨，我便要反對蘇俄。」[26]

其實孫中山心裏早就認定中共有「與吾黨爭衡」之心，明確表態：共產黨「如不覺悟，陳獨秀等不服從吾黨，我亦必棄之」[27]。

對於蘇聯，孫中山同樣深懷戒心。他對東北軍閥張作霖的兒子張學良說：你們東北介乎於日、俄紅白兩大帝國主義勢力之間[28]。蘇聯在他眼裏不過是紅色帝國主義，這就是孫中山對莫斯科的真實態度。

但無論怎樣，孫中山都還維持了國共合作的大局。當他一九二五年去世後，國共矛盾便一天天走向尖銳。

三、「有兵在手上為什麼不幹？」

孫中山屍骨未寒，他的國民黨就分裂了。

一批堅決要共產黨離開的右派人士自立門戶，成立中國國民黨同志俱樂部和西山會議派，不聽汪精衛等左派為首的中央號令。連國民黨創辦的黃埔軍校，學生中間也分成親共的青年軍人聯合會和親國民黨的孫文主義學會[29]。

去世的孫中山

公開鬧分裂的都是文職人員，手無寸鐵的他們不能撼動國民黨中央的地位，所以對這些人的出走，鮑羅廷非常高興，覺得這正是共產黨操控國民黨的好機會，斷言：「國民革命運動整個戰

25　〈孫中山怒斥分共派 —— 在國民黨中央執行委員會上的講話〉，《百年潮》一九九七年第一期。

26　《陳獨秀與莫斯科的恩恩怨怨》八十九頁。

27　《陳獨秀與莫斯科的恩恩怨怨》一一一頁。

28　唐德剛、王書君：《張學良世紀傳奇》上卷一二五頁，山東友誼出版集團二〇〇二年四月出版。

29　相關情況，見《國民黨的「聯共」與「反共」》七十三一七十八頁、八十九一九十四頁、一一四頁。

線的實際工作，無論現在還是將來都會掌握在左
派手中」[30]。

對國民政府來說，蘇聯的援助是至關重要
的，蘇聯顧問也就高人一等。鮑羅廷這時在廣州
影響極大，一言九鼎[31]。

西山會議派

按照鮑羅廷和中共的布局，還留在廣州的國
民黨右派要員紛紛被用各種手段趕走，即便是對
容共基本贊成的胡漢民，也因為牽扯進刺殺左派
高官廖仲愷的案子，遭變相遣送莫斯科[32]。

鮑羅廷一心打擊國民黨右派，卻沒想到真正
的威脅來自左派內部的一個人，這就是新崛起的
軍隊將領蔣介石。

蔣介石是孫中山的忠實追隨者。孫中山最為
看重他的軍事才能，把黃埔軍校交給了他。經過
歷練，到一九二六年，蔣介石擔任的主要職務已
經有國民政府軍事委員會委員，以黃埔軍校畢業

鮑羅廷與蔣介石（兩人居中）

生為主創建的國民革命軍第一軍的軍長，廣州衛戍司令，東征軍的總指揮，
還依然是黃埔軍校的校長。他的部隊負責廣州的防衛，控制著附近的虎門等
幾座要塞，對這裏局勢的影響舉足輕重。

就是這個時候，蔣介石跟蘇聯人和共產黨衝突起來。

對容共政策，蔣介石歷來支持，所以鮑羅廷在一年多的考察後認定他是
最可以信賴的軍人[33]。

可是蔣介石骨子裏始終是一個國民黨人，思想不可能真的跟共產黨同
步。在他心中，三民主義絕對高過共產主義[34]；對黃埔軍校的學生組織，他
感情上也一直傾向孫文主義學會[35]；身邊的親信也多為右派。

---

[30] 同上六十頁。

[31] 《吳廷康與中國大革命關係研究》二四三頁注釋一。

[32] 同上二四二頁。胡漢民對容共的支持，見《國民黨的「聯共」與「反共」》六十三－
六十四頁、六十七頁。

[33] 《國民黨的「聯共」與「反共」》一〇九頁。

[34] 同上一一三頁、一一七頁。

[35] 同上一一六頁。

　　鮑羅廷沒有洞察蔣介石的內心，距離更近的國民黨右派卻看得清清楚楚，知道他是自己一方翻身的希望。他們留心等待，準備在合適時機「拆散廣州的局面」，「使共產黨和蔣分家」[36]。

　　機會很快就來了。到了一九二六年，蔣介石和蘇聯顧問鬧翻了。

　　這個蘇聯顧問不是鮑羅廷，他這時候已經不在廣東。

　　因為鮑羅廷的信任，蔣介石之前和蘇聯顧問本來很友好。就是在鮑羅廷走後，蔣介石跟接替他的季山嘉最初關係也不算壞。季山嘉建議蔣介石到北方去練兵，誰都知道離開廣東就等於遠離國民黨的權力中心，可是對這樣於己不利的意見，蔣介石起初都沒有反對。

　　然而兩人終於還是成了對頭，理由也還是權力之爭。事情惡化的爆發點是因為蔣介石的部下，第一軍第二師師長王懋功。

　　王懋功當時代理廣州的衛戍司令，可能因為工作的關係，跟季山嘉、汪精衛來往較多[37]。蔣介石開始也沒表示反感，但是一九二六年二月發生的一件事卻讓他不安了。

　　二月六日，國民政府軍事委員會核定軍費，給黃埔軍校三十萬元，王懋功的二師得到了十二萬元。這本也沒什麼，可是第二天軍委會忽然改了主意，把黃埔軍校的經費減了三萬，二師則增加三萬，給人的感覺是軍校削減下來的錢轉給了王懋功。

　　僅僅一天時間出現這樣的變化，應該不是事先預謀，很可能在預算上出了錯，但外人卻很容易將此看成是對王懋功的偏愛。

　　偏巧這天蔣介石又和季山嘉談了一次話，季山嘉對包括蔣在內的國民革命軍軍人的素質提出了批評，自尊心極強的蔣介石很不高興，當場指責季山嘉偏聽偏信，談話不歡而散。

　　季山嘉隨後請國民政府主席汪精衛轉告蔣介石，自己對他是信任的，但不會放棄批評的權利。

黃埔時期的蔣介石

[36]　〈中山艦事件之謎〉，楊天石：《蔣氏秘檔與蔣介石真相》一〇七－一二九頁，社會科學文獻出版社二〇〇二年二月出版。

[37]　《國民黨的「聯共」與「反共」》一二〇頁。

季山嘉如此的態度，加上王懋功突然多得的軍費，生性敏感多疑的蔣介石認定蘇聯顧問在跟自己作對。

蔣介石非常氣憤，先提出辭去廣州衛戍司令等職務，接著又要去蘇聯學習，最後要求調回鮑羅廷，撤換季山嘉。

這件事還沒完，國民政府又做了一個決定，再讓蔣介石深受刺激。二十四日，國民黨控制的各軍實行統一序列，當時國民革命軍共有八個軍，編排的結果卻弄出了九個軍的名號，原因是空出了一個第七軍的番號。這個位置是留給誰的？蔣介石立刻疑心到王懋功身上，認為這是季山嘉要分化他的人馬。於是他斷然扣押了王懋功，把這個不再受信任的部下發配到上海去了[38]。事情鬧到這種地步，蔣介石不但對季山嘉充滿敵意，甚至還懷疑汪精衛也是蘇聯人的同謀[39]。

國民黨右派立時抓住了時機，他們開始在廣州不停地散播流言，說有人要倒蔣，共產黨想鼓動海軍叛亂，蘇聯顧問打算用船把蔣介石強行送到莫斯科去[40]。滿天飛的假消息讓蔣介石天天擔憂，內心極度痛苦[41]。這時的他除了討厭季山嘉，連帶對受蘇聯人支持，在國民黨內影響越來越大的共產黨也心生嫌惡。

雖然初見成效，右派卻並不知道製造謠言之後還能做什麼。就在這時候，又一個機會送上門來。

三月十八日，蔣介石這天正在廣州。黃昏時分，黃埔軍校這邊接到報告，一艘從上海來的商船遭搶劫。蔣介石主管沿海要塞，打擊海上犯罪也是他的職責。不過一條商船畢竟是小事，沒必要非向蔣請示辦法，下屬能夠自行處理。校長辦公廳主任孔慶叡就是這樣想的，他下令軍校管理科長趙錦雯派「巡艦」一隻，衛兵十六人出動保護。「巡艦」指的是巡邏艇。趙錦雯接了命令，又把這事交給下屬交通股股員黎時雍去辦。黎時雍卻找不到能調動的巡邏艇，於是想到請海軍幫忙。他打電話給軍校在廣州的辦事處，要那裏的人去找海軍。接電話的是辦事處交通股股員王學臣，因為電話訊號不清

38　王懋功的事與蔣介石和季山嘉的爭執，見〈中山艦事件之謎〉。
39　《國民黨的「聯共」與「反共」》一二三——一二四頁。
40　〈中山艦事件之謎〉。
41　《國民黨的「聯共」與「反共」》一二四頁。

楚，他把巡艦一艘聽成了巡洋艦一二艘，還想當然地認為
命令一定是軍校教育長鄧演達下的，然後統統報告自己的
上級，股長歐陽鍾。

中山艦

歐陽鍾是海軍軍官學校校長歐陽格的侄子，歐陽格本
人卻正是蔣介石的重要親信，叔侄倆同時都是孫文主義學
會的成員，自然屬於右派。

一件不大的尋常事就這樣轉到了右派手上，生出了天
大的風波。

接到王學臣的報告，歐陽鍾意識到有文章可做。海軍受海軍局領導，海
軍局的代理局長是共產黨員李之龍。

有了靈感，歐陽鍾卻還不知道這篇文章具體該怎麼做，只有向叔叔歐陽
格討教。歐陽格一聽正中下懷，急忙讓侄子把王學臣所說的鄧演達的命令改
成蔣介石的名義，然後向海軍局要得力的兵艦[42]。他知道最得力的兵艦是剛
剛檢修完的中山艦[43]，艦長就是由李之龍兼任。

這其實並不是多麼完備的密謀。海軍局還有其他得力兵艦，不一定非派
中山艦。果然當歐陽鍾依計到海軍局時，李之龍不在，作戰科答應派出的是
寶璧艦。因為歐陽要的是兩艘軍艦，能出動的還有中山艦和自由艦，究竟派
哪一艘要李之龍決定。

歐陽鍾又到了李之龍的家，李之龍還是不在，他只好留下「奉蔣校長命
令」調軍艦的話離開。

可是最後歐陽叔侄的計策還是成功了，卻不是因為他們聰明。李之龍回
家後得知調兵艦的事，由於自由艦有故障待修理，便命令自己的中山艦由代
理艦長章臣桐帶領前去黃埔[44]。

而在這時，蔣介石收到了一封信，要他在三個月內通過政府把廣東的企
業統統收歸國有，否則就逮捕他，把他弄到俄國去。信末尾的署名正是李之
龍[45]。

42　相關敘述，見〈中山艦事件之謎〉。

43　楊天石：〈中山艦事件三題〉，《百年潮》一九九七年第二期。

44　相關記述，見〈中山艦事件之謎〉。

45　姚金果、蘇杭、楊雲若：《共產國際、聯共（布）與中國大革命》二一七頁，福建人民出
　　版社二〇〇二年十月出版。

　　這麼一封信實在拙劣，明顯是偽造。蔣介石也不大相信，什麼反應都沒有。

　　右派還在行動。

　　十九日，寶璧艦和中山艦先後出航。右派立刻密報還在廣州的蔣介石：李之龍、鄧演達有異動，出動中山艦要逮捕校長，奪黃埔軍火。

李之龍

　　蔣介石依然將信將疑，沒採取任何防衛措施。

　　時間慢慢過去，右派的圖謀眼看就要落一場空。

　　偏偏這時候，左派的一個人幫了右派的忙，他就是汪精衛。

　　汪精衛當然不是有意，他只是連打了三個電話，問蔣介石今天去不去黃埔，什麼時候去。

　　蔣介石陡然起了疑心，為什麼那邊密報黃埔要出事，這邊汪精衛便如此關心自己回不回黃埔，安的什麼心？

　　恰在此刻，李之龍又打來一個電話，蘇聯來的訪問使團想參觀中山艦，他便請示蔣介石，是否可以讓中山艦從黃埔回來？

　　蔣介石吃了一驚。中山艦真的在黃埔！密報並非空穴來風。去的時候不請示，回不回來卻要來問他。難不成是真是去黃埔抓他，撲空之後才打電話來掩飾？蔣介石越想越感覺不妙。

　　蘇聯人、共產黨，還有汪精衛，他們竟然真要合起夥來加害自己！蔣介石憤怒了。

　　怒歸怒。蔣介石卻不敢輕易造次。他以為中共已經控制了海軍，廣東還有其他派系的軍隊，如果也被共產黨拉過去，硬拚起來他未必有勝算。

　　怎麼辦？

　　以往蔣介石遇到挫折的時候經常選擇撂挑子走人，這次他還想這麼幹。他把歐陽格和虎門要塞司令陳肇英等找來，告訴他們自己要去汕頭的東征軍總部「休養」。

　　右派怎麼能讓蔣介石臨陣退卻。陳肇英也是孫文主義學會的成員，他堅決反對逃避，主張先發制人。

　　蔣介石還是走了，坐著車子去碼頭，準備乘船到汕頭。陪著他的是早年至交陳其美的侄子陳立夫，也是右派。

青年陳立夫

陳立夫同樣不願意蔣介石如此離去，在路上極力鼓動：「有兵在手上為什麼不幹？」「退讓與妥協，必貽後悔。」

蔣介石終於動心了，車已經駛到碼頭，他在最後一刻改變主意，調頭返回住處[46]。隨即和下屬連夜開會，決定「下令鎮壓中山艦陰謀」[47]。二十日，蔣介石突然宣布廣州部分戒嚴，屬下部隊迅速逮捕李之龍，占領中山艦，拘禁第二師的共產黨員，包圍親共的省港罷工委員會[48]，將裏面的工人糾察隊繳械。同樣被繳械的還有蘇聯顧問的衛隊，顧問們也被監控[49]。這就是中山艦事件。

四、「兩條道路上等待我們的都是滅亡」

整個廣州正在為中山艦事件震驚，發動事變的蔣介石卻草草收場。

二十日當天下午，蔣介石就下令釋放第二師的中共黨員，把繳械的武器也統統發還[50]。蘇聯人來責問，他還忙不迭地道歉[51]，而且在日記裏責備自己動作輕率，「以後戒之」[52]。

一天之內幾乎一百八十度的逆轉，是因為蔣介石已經發覺事情的真相可能並非像自己原來想的那個樣子。何況蘇聯人還是不好太得罪的，他決定後退。

可是蘇聯人得到的消息卻正相反。那個打算參觀中山艦的蘇聯使團團長布勃諾夫聽說，二十日的事件可能還會繼續，蔣介石也不再想和俄國顧問共

46　相關記述，見〈中山艦事件之謎〉。網上有人說中山艦不能遠洋航行，蔣介石不可能相信用這艘艦押他去蘇聯。其實按照國民黨右派的謠言，中山艦隻是執行逮捕蔣的任務。押蔣去蘇聯的是一條運送軍火的商船。

47　《國民黨的「聯共」與「反共」》一二五頁。

48　同上一二八頁。

49　〈中山艦事件之謎〉。

50　《國民黨的「聯共」與「反共」》一二八頁。

51　同上一三一頁。

52　同上一二八頁。

事。這當然不能容忍，可是蔣介石部隊是廣州的主要力量，要想打垮他們必須準備充分才行。

布勃諾夫於是決定先示弱，撤換季山嘉等蔣介石討厭的顧問，緩解危機，為反擊爭取時間[53]。

蔣介石的眼中釘只是季山嘉等人，他和國民黨都不能沒有蘇聯的援助，當然不想跟莫斯科徹底決裂。他向蘇聯人保證，此次事件只針對個人[54]。布勃諾夫聽了更決意暫時妥協。

一九二六年一月當選國民黨中央政治委員會主席的汪精衛

蘇聯人的決定根本沒和國民黨領袖汪精衛商量[55]。事件剛爆發的時候，汪精衛非常憤怒：「我是國府主席，又是軍事委員會主席，介石這樣舉動，事前一點也不通知我，這不是造反嗎？」[56]他準備聯合國民革命軍在廣東的其他幾個軍，打倒蔣介石。哪裏想到蘇聯人竟然先縮了頭。汪精衛實在受不了，一氣之下宣布請病假[57]，並且自己玩失蹤，躲藏了起來[58]。

汪精衛一消失，蔣介石登時成了國民黨內最有實力的人。加上看見蘇聯人都對他避讓三分，廣東其他各軍立刻跑到蔣介石一邊去了。蔣介石不由慨歎：「人心之變化其如此之速也。」[59]正準備著除掉蔣介石的蘇聯人[60]，發現事情居然意想不到地變成了這樣，也只好放棄打擊蔣介石的行動。

蔣介石這時開始逐漸瞭解中山艦調動的真相。李之龍被捕後講了奉命調艦的經過，章臣桐也當面對蔣介石報告了十九日中山艦行動的實情。蔣介石明白歐陽叔侄在這裏面搞了鬼，很快把他倆抓了起來。

後來歐陽格雖然被釋放重新任用，但再也不受蔣的信任，最終因為貪汙被處死[61]。

53　李玉貞編譯：〈從俄羅斯祕檔看中山艦事件〉，《百年潮》一九九七年第二期。
54　《國民黨的「聯共」與「反共」》一三一頁。
55　〈從俄羅斯祕檔看中山艦事件〉。
56　黃仁宇：《從大歷史角度讀蔣介石日記》三十二頁，九州出版社二〇〇八年一月出版。
57　〈中山艦事件三題〉。
58　宋平：《蔣介石生平》一三七頁，吉林人民出版社一九八七年八月出版。
59　《國民黨的「聯共」與「反共」》一三二頁。
60　〈從俄羅斯祕檔看中山艦事件〉。
61　〈中山艦事件三題〉。

鮑羅廷

　　儘管如此，蔣介石還是不完全相信蘇聯人、共產黨和汪精衛沒有算計自己[62]。他覺得中山艦事件鬧成這個樣子，根本還是因為中共在國民黨的勢力太強。國民黨右派又繼續對他遊說，結果當鮑羅廷再回廣州的時候，蔣介石就向他提出，共產黨員最好退出國民黨[63]。

　　鮑羅廷自然不能同意蔣介石的意見。上海的中共中央更是對蔣介石情緒激烈。他們開始聽信布勃諾夫對中山艦事件的解釋，同意跟蔣介石講和。隨後才收到中共廣東區委的有關報告。看完下屬的講述，陳獨秀大怒，堅決要求反擊蔣介石[64]。

　　鮑羅廷也不同意陳獨秀的主張。他知道此時能壓住國民黨陣腳不亂的人只有蔣介石，要想維持國共合作，就只能拉攏這個不安分的傢伙。唯一的辦法就是讓步妥協。

　　五月十一日，藏在暗處的汪精衛終於絕望了，出走香港，又去了法國[65]。他這樣徹底放手，讓蔣介石的分量更重了。

　　十四日，鮑羅廷和蔣介石達成協議，蘇聯不計較蔣介石發動中山艦事件，答應繼續援助他。

　　蔣介石也不再要共產黨退出國民黨，還承諾打擊右派[66]。

　　雖然中共不必退出國民黨，蔣介石還是要限制他們的勢頭。鮑羅廷既然已經決定妥協，他和廣東的中共人士對蔣介石的想法也就沒有異議。

　　十五日，國民黨二屆二中全會召開，蔣介石等國民黨人與共產黨員林伯渠一起提出了整理黨務案，內容有中共黨員不得擔任國民黨中央的部長職

---

[62]　抗戰中汪精衛決定與日本合作後，蔣介石在日記裏指責其「不識大體，不顧國家」，為此又重提舊怨，稱汪當年「思誘我上中山艦運往海參崴」（見《從大歷史角度讀蔣介石日記》三十二頁）。一九二六年時右派謠言並沒有說直接用中山艦送蔣去蘇聯。蔣的日記不是正式文章，敘述言詞難免不周全。

[63]　《國民黨的「聯共」與「反共」》一三五一一三六頁。

[64]　《陳獨秀與莫斯科的恩恩怨怨》二二六一二二九頁。

[65]　聞少華：《汪精衛傳》四十七頁，團結出版社二〇〇七年一月出版。

[66]　《陳獨秀與莫斯科的恩恩怨怨》二四三頁。

務，中共在國民黨中央擔任委員的人數不得超過三分之一，共產黨須將加入國民黨的黨員名冊交國民黨中央領導人保管等等[67]。

蔣介石在廣州北伐誓師大會上講話

陳獨秀知道後氣得要退出國民黨，可是共產國際不同意，他也只能作罷[68]。

一場風波化解了，蔣介石之後得到了國民黨中央執行委員會常務委員會主席、中央組織部長、中央軍人部長、國民政府委員、國民革命軍總司令等一系列職位[69]。

隨後北伐戰爭開始，蔣介石又獲得戰時轄制國民政府各部門的授權[70]，終於成了大權在握的一號人物。

這時候的蔣介石還是想盡力維持國共合作，他趕走一批右派官員[71]，同時解散青年軍人聯合會和孫文主義學會，建立統一的黃埔同學會，在部隊裏重新起用共產黨員[72]。

中共自然也不會主動跟蔣介石破裂。

雖然因為莫斯科的指示，陳獨秀反對過北伐[73]，但當大勢不能逆轉時，共產黨還是迅速投身到這場戰爭中去，在戰場上身先士卒，戰場外發動民眾支持北伐軍。

國共通力合作，只半年多時間，國民革命軍就占領長江流域以南大部分地區。中共主導的工農運動也猛烈興起，成了一股不可忽視的政治力量。

就在這形勢大好之時，國共關係卻出現了空前危機。

即使沒有退出國民黨，但在陳獨秀眼裏，蔣介石已經是「將來之敵人」，必須為日後和他的鬥爭做準備。

---

[67] 《國民黨的「聯共」與「反共」》一三七頁。
[68] 《陳獨秀與莫斯科的恩恩怨怨》二四八－二四九頁。
[69] 《陳獨秀與莫斯科的恩恩怨怨》二五二頁。
[70] 《國民黨的「聯共」與「反共」》一四五頁。
[71] 《陳獨秀與莫斯科的恩恩怨怨》二五二頁。
[72] 《國民黨的「聯共」與「反共」》一三九－一四〇頁。
[73] 《陳獨秀與莫斯科的恩恩怨怨》二六一－二六七頁。

中共中央明確指示全黨，要爭奪革命的領導權[74]。

就是鮑羅廷心裏也把蔣介石看成威脅，希望能最終推倒他。為了制衡蔣介石的權力，他積極鼓動國民黨內掀起歡迎汪精衛回國的聲浪[75]。

蔣介石對中共也同樣不放心，為了解脫國共合作的麻煩，他派人去蘇聯，想要共產國際直接領導國民黨，不再讓中共做仲介人。共產國際清楚誰是真正的自己人，哪裏會答應這種要求[76]！

國外碰壁，國內更不如意。北伐節節勝利之際，鮑羅廷把武漢做成了國民黨新的權力中心。提議人事安排的時候明顯把蔣介石排除在外，還當著許多人的面訓斥[77]挖苦他[78]。蔣介石的自尊心大大受傷。

這時的蔣介石已經以「中國革命的領袖」自居[79]，獨裁專斷的品性高速膨脹起來，絕不容忍到手的權勢再被奪走。加上對中共的工人運動不滿[80]，他終於開始考慮跟蘇聯和共產黨完全翻臉。

中共也感覺到蔣介石越來越有威脅，立即用行動反制。

國民黨二屆三中全會取消了中央執行委員會主席和軍事政治學校校長的職位，這兩個位置都是蔣介石最看重的職務，等於對他變相撤職。全會還做出種種規定，限制了蔣介石的權力[81]。

鮑羅廷甚至悄悄讓武漢方面簽發了逮捕蔣介石的密令[82]。

中共這時正在上海籌畫第三次工人武裝起義。

---

[74] 《國民黨的「聯共」與「反共」》一四八頁。

[75] 《陳獨秀與莫斯科的恩恩怨怨》三一四頁，似乎沒有證據表明最早歡迎汪精衛回國的聲音是鮑羅廷和中共策畫的，但他們在這之後無疑起了重要的推波助瀾作用。

[76] 〈邵力子出使共產國際與國共兩黨爭奪領導權〉，《蔣氏祕檔與蔣介石真相》一五三－一七六頁。

[77] 《國民黨的「聯共」與「反共」》一六○－一六二頁。

[78] 《陳獨秀與莫斯科的恩恩怨怨》三三九頁。

[79] 同上三四四頁。

[80] 《國民黨的「聯共」與「反共」》一五五－一五九頁。

[81] 同上一八五頁。

[82] 《共產國際、聯共（布）與中國大革命》三一○頁。

中共已經認定蔣介石成了新右派的領袖，「已被一切反革命勢力所包圍」[83]，所以「必須拿出向右進攻的決心」[84]，其辦法就是「武裝工農」，「直接取得政權」[85]。起義成功後，中共更乘勢準備「包辦革命」[86]。只是因為莫斯科不同意，中共才不得不放棄奪取政權[87]。

正在操練準備參加第三次起義的上海工人

不管中共怎樣做，都已經擋不住蔣介石動手了。

四月十二日，上海的國民黨部隊輕鬆粉碎了共產黨組織的工人武裝。緊接著蔣介石便在南京成立他的國民政府，以清黨的名義殘酷鎮壓共產黨和支持者。

蔣介石無情地決裂。蘇聯和中共唯一能指望的只有武漢的國民黨左派了，可是這些人也靠不住。

國共兩個黨對中國未來的設計有很大的不同。國民黨雖然搞暴力革命，但最終的目的其實是平穩的改良，不想對社會做傷筋動骨的大手術。共產黨則是要徹底打碎舊的一切，重新建造一個他們理想中的新世界。目標如此不同，多數國民黨左派也就不可能陪中共走到底。

此時中共領軍的民眾運動的規模急劇擴大升級，已經讓國民黨內不少人都感到恐懼和威脅。

劉少奇後來承認：工人運動「提出使企業倒閉的要求，工資加到駭人的程度，自動縮短工作時間至每日四小時以下（名義上或還有十小時以上），

[83]　〈中共上海區委主席團關於政治與本黨工作方針的報告〉（一九二七年三月十九日），上海市檔案館編：《上海工人三次武裝起義》三一八一三三四頁，上海人民出版社一九八三年二月出版。

[84]　〈中共上海區委祕書處通訊〉，《上海工人三次武裝起義》三一二一三一五頁。

[85]　〈中共上海區委主席團關於政治與本黨工作方針的報告〉。

[86]　〈中共上海區委召開擴大活動份子會議紀錄〉，《上海工人三次武裝起義》三九四一四〇三頁。

[87]　《國民黨的「聯共」與「反共」》一七〇頁。

被國民黨軍槍殺的共產黨員

分共前的汪精衛

隨便逮捕人，組織法庭監獄，搜查輪船火車，隨便斷絕交通，沒收分配工廠店鋪，這些事在當時是極平常而普遍的」[88]。

農民運動則像負責人毛澤東描述的，其中的帶頭人有不少是「踏爛鞋皮的，挾爛傘子的，打閒的，穿綠長裇子的，賭錢打牌四業不居的」[89]，也就是沒有正當職業的遊民。鮑羅廷就公開鼓勵「要流氓痞子做先鋒」[90]。這樣一來，「農會在鄉村簡直獨裁一切」，「小姐少奶奶的牙床上，也可以踏上去滾一滾」，將「壞人」的名頭編進另冊，對不肯加入農會的人可以厲聲喝道：「把你入另冊」，嚇得他們「總是懸心吊膽地過日子」[91]。農會隨意關押處死鄉紳，阻斷商品貿易，不交稅，扣留在外軍人給家裏的匯款[92]。這一切都更令國民黨人心生敵意。

這時汪精衛已經回國。蔣介石想拉他一起反共，被他拒絕，來到武漢當了這裏的國民政府主席。可是沒過多久他便覺得「武漢已成為共產黨把持的局面」，工農運動「已完全是共產黨的，而不是國民黨的了」[93]。他公開責問陳獨秀：「誰領導誰？群眾跟誰走？跟國民黨走還是跟共產黨走？」[94]中共該怎麼應付國民黨的不滿？莫斯科的指示是既不放棄國共合作，又要更積極地開展土地革命，讓農民直接沒收有錢人的土地，甚至建立工農武裝[95]。

88　《劉少奇傳》上冊九十四頁，中央文獻出版社一九九八年十月出版。

89　這是毛澤東一九二七年發表的〈湖南農民運動考察報告〉中的話，後來在編輯《毛澤東選集》時將這段文字刪去，見李維漢：《回憶與研究》上冊一〇一頁，中共黨史資料出版社一九八六年四月出版。

90　《國民黨的「聯共」與「反共」》一九二頁。

91　〈湖南農民運動考察報告〉，《毛澤東選集》第一卷十二─四十二頁，人民出版社一九九一年二月出版。

92　《國民黨的「聯共」與「反共」》二〇六頁、二一二頁。毛澤東在〈湖南農民運動考察報告〉裏也提到農會阻止販賣的穀米出境。

93　《蔣介石生平》一八五頁。

94　《國民黨的「聯共」與「反共」》二〇六頁。

95　同上二〇七─二〇八頁。

一九二七年的南昌

鮑羅廷在集會上講話

實際上，以中共當時的力量，不論是繼續合作，還是公然對抗，都難逃遭受國民黨打擊的命運，陳獨秀悲歎：「兩條道路上等待我們的都是滅亡。」[96]

不管前景妙不妙，形勢一天比一天嚴峻，中共還是在莫斯科指示下走上跟武漢國民黨對立的道路。聯共（布）要共產黨人退出國民政府[97]，史達林把過錯完全歸罪給中共中央[98]。

鮑羅廷接著就提議陳獨秀等一些中共主要領導去蘇聯，國內則另由張國燾、周恩來等組成臨時中央常務委員會，等於另立中央，架空陳獨秀。陳獨秀拒絕去蘇聯，斷然辭職[99]。新的中共中央根據莫斯科指示祕密策畫暴動。

陳獨秀

得知共產國際的決定，汪精衛從七月十五日起「分共」，跟共產黨分道揚鑣，並且打壓武漢的共產黨力量。

八月一日，中共在江西南昌舉行暴動，武漢國民黨中央決議對共產黨「以反革命論」[100]。國共兩黨徹底反目成仇。

五、「攘外應先安內」

國共決裂後，中共不停地用武力反擊國民黨。南昌、湖南、廣州……暴動一個接著一個。雖然都失敗了，但留下來的暴動人馬卻組成了名叫紅軍的

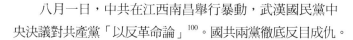

96　《陳獨秀與莫斯科的恩恩怨怨》四二一頁。

97　《國民黨的「聯共」與「反共」》二二四頁。

98　《陳獨秀與莫斯科的恩恩怨怨》四二七－四三〇頁。

99　同上四三三頁。

100　汪精衛與中共決裂的詳細情況，見《國民黨的「聯共」與「反共」》二二四－二二八頁。

處決共產黨人

共產黨武裝，建立了被稱做蘇區（蘇維埃區域）的根據地。趁著蔣介石忙於第二次北伐和與國民黨其他派系混戰，中共迅速擴展了多塊根據地，擁兵三十多萬，還成立了自己的國家——中華蘇維埃共和國。

蔣介石不會忘了誰才是國民黨的最大隱患。打敗了黨內的對手以後，他開始全力對付共產黨。

經過幾年的圍剿鎮壓，蔣介石終於成功地摧毀了中共的多數地下組織，迫使紅軍退出絕大部分蘇區，艱難轉戰約兩萬多里，才在碩果僅存的小小陝北蘇區落腳，處境依然不妙。

然而即使如此落敗，中共的生命力還是那樣頑強。手段也越發靈活。兩萬多里的長征能夠開始，就是它與國民黨內反蔣派系溝通的結果：中共代表潘漢年、何長工與統治廣東、廣西的實力派陳濟棠、李宗仁、白崇禧達成借道協議，使紅軍順利地突出國民黨軍的重圍[101]。

北平、上海殘留的中共組織，在與中央失掉聯絡的情況下依舊堅持工作，還同一些有影響的社會人士保持著交往[102]，為共產黨日後的統一戰線預埋了基石。

陝北那邊，經歷長征，衣衫襤褸，疲憊不堪的紅軍仍能輕易地擊敗張學良的東北軍。張學良不由得對部下問道：「我們都是帶兵的，這萬里長征，你們誰能帶？誰能把軍隊帶成這個樣子，帶得都跟你走？還不是早就帶沒了？」張學良這時身邊已聚攏了一些從前的共產黨人，他也已得出了這樣的結論：「即使把紅軍的主力擊潰，共產主義也是不可能被消滅的，因為這是全世界的問題，哪個國家沒有共產黨呢？這個問題最後還須用政治方法求得解決。」[103]

[101]　尹琪：《潘漢年傳》一三八—一四〇頁，中國人民公安大學出版社一九九六年十二月出版。

[102]　王彬彬：〈一九三六年的「雙簧戲」〉，《隨筆》二〇〇七年第三期。

[103]　相關情況，見《張學良世紀傳奇》上卷五三七頁、五四二—五四三頁、五五七—五六二頁、五六四頁。

　　這些無疑是對中共復興有利的環境因素，但真正改變整個局勢，促成國共兩黨重新尋求合作的卻又是一群外國人，這回是日本軍人。

　　一九三一年九月十八日，日本關東軍開始入侵中國。他們先占領了東北與熱河，還一度進犯上海，又追擊抗日義勇軍跨過了長城，在華北不斷地擴展勢力範圍，甚至策動所謂華北自治，想要把中國中央政府的勢力從這一地區徹底趕走。將中國方面一步步地逼向忍耐的底線。

　　「九‧一八」事變前，蔣介石和張學良都察覺日本人有異動。蔣介石沒有明令張學良不許抵抗。九月十八日，日軍進攻瀋陽時，是張學良本人下命令放棄抵抗[104]，但他這樣做也完全符合蔣介石的意圖。蔣介石在得到事變消息後致電張學良：

　　「瀋陽日軍行動，可做地方事件處理，望力避衝突，以免事態擴大，一切對日交涉，聽候中央處理。」[105]

　　關東軍可不想只搞一個地方事件，他們很快就向長春等地發起攻勢。蔣介石也很快判斷出日軍此舉是要「據有我之東三省」，為此他「心神不寧，如喪考妣」，痛苦地自謂：「苟為吾祖吾宗之子孫，則不收回東北，永無人格矣！」[106]但他仍不願對日開戰，事變前他就對張學良講過：「我們力量不足，不能打。」

日本軍隊占領瀋陽張學良官邸（大帥府）

　　蔣介石當時的打算是，希望通過國際壓力讓日本罷手，能夠體現這種壓力的組織是國際聯盟（簡稱國聯），它也確實有不少調停別國衝突的成功先例。

　　「九‧一八」事變發生的第二天，國聯理事會就召開會議，理事會主席里拉克斯告誡日本，應該從速採取必要處理，恢復平穩狀態。

李頓（左1）調查期間在關東軍司令部

---

[104]　同上四三一頁。

[105]　荊其柱：〈面對「九一八」：尷尬的「國聯」〉，《炎黃春秋》雜誌二〇〇五年第九期。

[106]　〈九一八事變後的蔣介石〉，《蔣氏祕檔與蔣介石真相》三五〇─三六九頁。

日本政府就退出國聯舉行記者招待會

二十二日，里拉克斯又代表理事會緊急警告中日軍隊回到原來的駐地，聽候國際調查裁判。

三十日，國聯理事會正式決議，要求日本即日撤退軍隊，在十月三日前撤退完畢，恢復「九‧一八」事變前的原狀。日本拒不執行，國聯又在十月十三日決議，表示有必要採取斷然急切手段解決事件。

英國駐國聯代表薛爾西二十二日指斥日本無端侵犯中國是「二十世紀歷史上違背人道正義的絕大汙點」。

二十四日，國聯理事會再次決議日本必須撤軍。十二月，又決定組建對「九‧一八」事變的調查團，以英國原政務次長李頓為首的調查團經過親赴中國的查看，確認了日本的侵略責任。國聯主席也曾對中國代表表示，如日本拒絕國聯決議，五十四個國家將與它斷交。國聯還宣布要對日本斷絕商務往來，實行經濟封鎖，甚至武力干涉。

日本根本沒把國聯的裁決放在眼裏，不僅強占東北，還搞出一個傀儡的滿洲國來。當國聯堅決拒絕承認這個冒牌國家後，日本乾脆退出了國聯。占據國聯主導地位的西方強國都正處在經濟蕭條和社會危機中，從自身利益考慮，誰也不想過於得罪日本。結果國聯設想和承諾的種種制裁措施一條也沒有兌現[107]。

國際社會的無力也曾激起蔣介石「與其不戰而亡，不如戰而亡，以存我中華民族之人格」的血氣，他甚至立下遺囑，準備與日本全面作戰。在日記中明確寫有「任何犧牲在所不惜」的字句，更有「余決心統帥北上抗日」的言詞。

但是作為政治家，蔣介石完全清楚中日國力的巨大差距，所以實際決策時還是力求外交和政治解決。外地和南京的學生請願要求抗日，他「心甚嫌惡」，認定這是「為反動派所鼓惑」，要「發雷霆天怒」嚴厲鎮壓，只是由於下屬反對才作罷。十二月十二日，他與來自濟南的學生在寒冷的天氣裏對

107　相關記述，見〈面對「九一八」：尷尬的「國聯」〉。

話兩個小時，便感覺「幾受侮辱」。對報紙輿論，他也認為：「皆為反動派所把持，是非不明，人心不定，此國家之所以亂也。」[108]

蔣介石不願正面抗擊侵略的原因，除了自知國力遠不如日本外，就是想先削平中國內部的紛爭。在「九・一八」事變前一個多月，他就宣稱：「惟攘外應先安內。」[109]這個「內」既是指那些與他敵對的地方派系，更是指日漸活躍的共產黨。

那時還據守蘇區的中共，對民族危機的態度是把國民黨政權與日本及所有帝國主義並列為必須打倒和消滅的目標。雖然中共駐共產國際代表王明，在一九三三年一月十七日，以中華蘇維埃共和國主席毛澤東和紅軍革命軍事委員會主席朱德的名義發布宣言，表示：「中國工農紅軍準備與任何武裝部隊訂立作戰協定，來反對日本帝國主義的侵略。」同月二十六日，在給東北中共組織的信中，王明根據共產國際的精神，更加明確地指示：要「盡可能地造成全民族的（計算到特殊環境）反帝統一戰線」[110]。

毛澤東、項英和張國燾也在一九三三年三月三日發布宣言，聲明紅軍願意與一切真正抗日的軍隊訂定作戰協定，和紅軍聯合一起去抵抗日本帝國主義的強盜侵略[111]。但在當時，除了東北的「特殊環境」外，統一戰線的主張更多的只是一種宣傳策略，其對象也是願意即時就去抗日的軍隊，不把蔣介石為首的國民黨上層包括在內。此時的中共正與國民黨進行著圍剿和反圍剿的戰爭，不可能真的指望會有多少國民黨部隊跑來和紅軍聯合。

王明就指明，聯合抗日的提議「只當作宣傳工具，專作反對各派武器」[112]。他和另一位駐共產國際的中共領導康生在一九三三年十月二十七日給中共中央的信裏指出：「所謂『抗日救國』是目前中國民眾最中心最主要的問題，誰能在實際上證明他能解決這個政治問題，誰就能取得廣大民眾的擁護，誰就成為政治鬥爭的勝利者」，要在事實上將反日鬥爭和反國民黨的鬥爭聯繫起來[113]。

---

[108] 蔣介石的決策過程，見〈九一八事變後的蔣介石〉。

[109] 楊奎松：《中國近代通史第八卷：內戰與危機（一九二七─一九三七）》二四五頁。

[110] 周國全、郭德宏：《王明年譜》六十一六十一頁，安徽人民出版社一九九一年八月出版。

[111] 《毛澤東軍事年譜》六十六頁，廣西人民出版社一九九四年八月出版。

[112] 周國全、郭德宏：《王明傳》一〇八頁，安徽人民出版社一九九八年三月出版。

[113] 同上一百頁。

十一月十一日，當蔣介石開始對江西蘇區的第五次圍剿時，毛澤東和當時的中共中央革命軍事委員會主席朱德便號召反對一切帝國主義的侵掠，打倒國民黨賣國政府，提出了反日、反蔣的主張[114]。

對蔣介石一九三七年前的對日政策，批評的聲音很多。在一般人的眼中，他可以不遺餘力地打擊同為中國人的中共，在日本方面的步步進逼面前，卻總是一次次退讓。

但在妥協忍讓的背後，在全力追剿紅軍的同時，蔣介石也在努力做對日備戰的實際工作。一九三二年春，國民黨中央決定恢復一九二八年撤銷的國民政府軍事委員會[115]，蔣介石任委員長[116]，在那以後的十幾年裏，蔣委員長這個稱號在中國家喻戶曉。

在這位委員長的領導下，國民政府參謀本部從一九三二年起，幾乎每年制定一份國防計畫，目標都是針對日本。國民政府還頒布《兵役法》，實行徵兵制，壯大軍隊人數。對民眾的軍事教育訓練也著手實施。

徵兵軍訓的同時，國民政府又開始依照現代正規的標準來整編軍隊，適應戰爭的需要。它一邊自己製造軍械，一邊向國外購買武器裝備陸海空軍。

中國空軍原有飛機近三百架，其中東北空軍占了二百餘架，「九・一八」事變後盡被日本奪去。國民政府只剩下五十架飛機，二百名飛行員。經過幾年的重建，到抗戰前，中國空軍擁有了約六百架飛機，一百多個機場。海軍方面也建造了一批新艦艇，還從德國、英國甚至日本購置了軍艦。陸軍也進口了不少重武器，中國軍隊第一個裝甲團便是在此基礎上成立的，團長就是後來的名將杜聿明。

國民政府在各戰略要地修築要塞工事。為加強戰時的軍隊運輸能力，盡力拓展建設了三千多公里的鐵路和兩萬多公里的公路。到一九三七年，除東北外，全中國鐵路達到了一萬兩千公里，公路為十萬零九千五百公里，在抗戰爆發後發揮了極大作用。

---

[114]　《毛澤東軍事年譜》七十一頁，廣西人民出版社一九九四年八月出版。

[115]　郭汝瑰、黃玉章：《中國抗日戰爭正面戰場作戰記》上冊二五二頁，江蘇人民出版社二〇〇二年一月出版。

[116]　《蔣介石生平》三一五頁。

蔣介石知道中日一旦開戰，
中國東部必將失守，所以他早早制
定了重要兵工廠西遷的計畫，並為
國民政府在西部尋找可靠的抗戰基
地。他的目光鎖定了四川（川）、
雲南（滇）、貴州（黔）三省，趁
著追擊長征紅軍的機會，他把國民
政府的勢力滲透到那裏，並控制了
四川、貴州的省級政權，雲南領袖

抗戰前蔣介石在檢閱軍隊

龍雲也願意配合中央政府的抗日需要，西南三省最終成為了中國抗戰大後方
的戰略基地。用蔣介石的話說：「川滇黔為中華民國復興的根據地。」[117]

　　但是僅憑貧弱中國的一己之力，要抗衡實力強悍的日本，其難度無疑巨
大。抗戰結束後，名士柳亞子稱中國的勝利為「慘勝」[118]，足見整個國家付
出了何等沉重的代價。正因為如此，當日本的威脅日漸嚴重之時，蔣介石非
常希望能得到外來的援助。

　　在當時有能力幫助中國的強國中，美、英、法等國還未徹底擺脫經濟危
機的陰影，又面臨重新崛起的德國的挑戰，不想在東方為了中國與日本另生
事端。德國倒一直是中國的主要武器供應國，一批退役的德國軍人還做了蔣
介石的軍事顧問，但此時這個國家已處在希特勒的統治下，在中日之間，納
粹黨人更傾向於日本[119]，德國的援助因此變得不可靠。

　　這樣中國能指望的就只有一個國家，那便是蘇聯。

　　早在沙皇時代，俄國就覬覦和侵占中國的東北，卻不料在一九〇五年的
日俄戰爭中輸給了後起的小國日本，丟失了許多特權和利益，對此一直心有
不甘。

　　日本也十分清楚俄國人的心思，它始終把蘇聯視為自己在東北利益的最
大威脅，時刻準備與其再戰一場。

---

[117]　國民政府對抗戰的準備，見《中國抗日戰爭正面戰場作戰記》二五四—二七九頁。

[118]　〈從《磨劍室文錄》看柳亞子晚年議政〉注釋一，見袁小倫：《撲史集》四十一—五十三
　　　頁，廣西師範大學出版社二〇〇五年五月出版。

[119]　陳敏：〈抗戰前期的外交戰場〉，《炎黃春秋》二〇〇四年第十期。

　　但這時的蘇聯也感受到德國在西方的威脅，不希望在東部跟日本發生戰爭，以避免兩面作戰。在這種形勢下，如果能讓中國拖住日本，當然是它求之不得的事，為此向中國提供援助顯然是上算的。

　　然而自從國民黨反共以後，中蘇關係就已冷卻。一九二九年因為張學良想奪回東北境內由蘇聯控制的中東鐵路引發的戰爭，兩國徹底斷交。雖然在一九三二年重新復交，但相互間依舊冷淡。

　　更重要的是，要和蘇聯改善關係，就勢必要與蘇聯支持的中共和解。蘇聯後來也果然放出話來，只有在國共合作有了一定進展時，它才能具體商談如何援助中國政府抗日的問題[120]。

　　國共經歷了近十年的喋血廝殺後，還有重新握手的可能嗎？

---

[120]　楊奎松：〈抗戰前夕陳立夫赴蘇祕密使命失敗及原因〉，楊奎松個人網站 www.yangkuisong.net（二〇〇七年八月二十七日摘）。

第二章

時勢推動的和解

一、「當前的主要敵人 —— 日本帝國主義與賣國賊頭子蔣介石」

最先想跟中共主動握手的還是蔣介石。

擔任過蔣介石侍從祕書的鄧文儀後來對王明說，蔣介石曾想派他去四川和江西與中共接觸，但由於事先沒有同紅軍達成任何協議，最終作罷[1]。

就在這時，蘇聯方面率先送出和解之聲。

一九三五年七月到八月間，共產國際在蘇聯莫斯科召開第七次代表大會，針對法西斯主義甚囂塵上的世界，提出建立反法西斯統一戰線。

莫斯科留克斯賓館，中共在共產國際的代表團曾長駐於此

共產國際最初是作為一個國際機構成立的，但因為它的總部長期待在當時唯一的共產黨國家蘇聯，經費也全由蘇聯支付，結果是它漸漸地變得聽命於蘇聯，發出的聲音常常反映的是蘇聯的看法。這早已是人所共知的事，此時即將成名的美國記者斯諾便認為共產國際已經變成了「蘇聯國家政策的一個工具」[2]。

這次統一戰線方針的提出，自然也是蘇聯的意見。當王明在大會上對蘇聯領導人史達林說，中共準備提出建立抗日民族統一戰線的政策時，史達林

---

[1]　〈前蘇聯檔案中關於王明和鄧文儀的會談紀要〉，《民國檔案》雜誌二〇〇六年第一期。

[2]　斯諾：《西行漫記》三四〇頁，三聯書店一九九五年六月版本。

王明

立即表示，中共的路線是正確的。他當然樂得在中國促成共同抗日的局面，緩解日本對蘇聯的威脅。

在這之前，王明一連三天每晚工作到深夜三點，起草了〈為抗日救國告全體同胞書〉，又經過修改和中共駐共產國際代表團的討論完善，在八月一日定稿，這就是當時著名的八一宣言[3]。

八一宣言向全體中國人呼籲「『兄弟鬩於牆外禦其侮』的真誠覺悟」，雖然還是把蔣介石和日本人並稱為「日寇蔣賊」，但也鄭重申明：「只要國民黨軍隊停止進攻蘇區行動，只要任何部隊實行對日抗戰，不管過去和現在他們與紅軍之間有任何舊仇宿怨，不管他們與紅軍之間在對內問題上有任何分歧，紅軍不僅立刻對之停止敵對行為，而且願意與之親密攜手共同救國。」進而又發出組織統一的國防政府和抗日聯軍的號召[4]。

從一年多前的訂立作戰協定到現在的組織聯合政府和軍隊，八一宣言標誌著中共的統一戰線主張不再只是「宣傳工具」，而是要實際運作的政治方針，這無疑是一個重大的轉變。

還沒等宣言公開發表，王明就在八月七日共產國際大會上做的報告中宣告要「極徹底地、極大膽地、極廣泛地和極堅決地運用」反帝人民統一戰線的策略，「向一切政黨、派別、軍隊、群眾團體以及一切政治家和名流們，提議與我們一起組織全中國統一的國防政府和全中國統一的抗日聯軍」[5]。

國民黨方面獲取了王明的報告[6]，蔣介石在讀到王明言論的時候，大概還不知道自己仍是「蔣賊」，心中不免重生對國共講和的希望。從一九三五年底中共中央到達陝北蘇區後，直至一九三六年末，將近一年的時間裏，蔣介石沒有對陝北進行大規模的圍剿，其中的原因除了他把四川的張國燾的紅軍部隊當作主要目標[7]，應該也與他和談的想法有關。

3　《王明傳》一三〇－一三一頁。

4　〈為抗日救國告全體同胞書（八一宣言）〉（一九三五年八月一日），《中共黨史教學參考資料》（二）二十八－三十三頁，人民出版社一九八〇年九月版本。

5　〈論反帝統一戰線問題〉，《王明言論選輯》四二七－四六九頁，人民出版社一九八二年五月出版。

6　〈前蘇聯檔案中關於王明和鄧文儀的會談紀要〉。

7　《國民黨的「聯共」與「反共」》三二五頁。

做完八月七日的報告後，王明又在共產國際七大閉幕當天的二十五日至二十七日召開的中共代表團內部的會議上提出，只要蔣介石「真正停止反對紅軍的戰爭並調轉槍頭去反對日本帝國主義者」，就不排除與他建立統一戰線的可能性[8]，這大概是中共第一次提出與蔣介石本人合作的想法。

八一宣言在經過史達林和共產國際總書記季米特洛夫審閱同意後，被送交給法國巴黎的一家中文報紙《救國報》[9]。此報本就是由中共代表團以巴黎反帝大同盟的名號創辦的，編輯與排版都在莫斯科，只有印刷和發行在巴黎。正因為名義上是法國的媒體，所以這份中共控制的報紙卻能公開在中國國內銷售通行。

十月一日，《救國報》刊登了八一宣言。報紙傳回國內，許久沒有得到上級指示的中共地下組織如大旱逢甘霖。宣言給了他們極大的授權，在抗日的前提下，可以基本不受限制地與其他政治勢力打交道，建立聯盟，擴大中共的影響。所有人立刻按照宣言的指導行動起來，以救亡為旗號鼓動民眾，使他們接受共產黨的影響[10]。

十一月七日，王明在《救國報》上發表文章，公開宣布：「至於講到蔣介石個人，那麼，我們公開宣稱：雖然他做了無限賣國殃民的罪惡，但是，如果他真正停止與紅軍作戰，並調轉槍頭去反對日本帝國主義的話，那麼，中國共產黨和蘇維埃政府不但給他以向人民和國家贖罪的自新之路，而且準備與他及南京軍隊一起，在共同的一條戰線上，去反對日本帝國主義。」[11]

據鄧文儀說，他搞到了一本莫斯科出版的《共產國際》外文雜誌，上面刊登有王明的一篇關於反帝統一戰線的文章，他找人翻譯出來送給蔣介石。蔣介石讀了之後，才「更強烈地」要與中共談判[12]。

季米特洛夫在共產國際大會上講話

8　　《王明年譜》七十八頁。

9　　《王明傳》一三一—一三二頁。

10　　《救國報》的情況及對中共地下組織的影響，見〈一九三六年的「雙簧戲」〉。

11　　《王明傳》一三九頁。

12　　〈前蘇聯檔案中關於王明和鄧文儀的會談紀要〉。

曾養甫

張浩

這或許就是王明十一月七日的文章，在交給《救國報》的同時也發表於《共產國際》，也可能是另一篇文章，但兩文的意思可能很相近。

就在這個月，蔣介石命鐵道部政務次長曾養甫打通跟共產黨的聯繫[13]。

幾乎與此同時，新的統一戰線政策也傳到了剛剛進入陝北蘇區的中共中央那裏。十一月中下旬，中共駐共產國際代表團成員，紅軍將領林彪的堂兄張浩（林育英）歷經跋涉來到中共駐地瓦窯堡。

中共總書記張聞天立即和張浩徹夜長談，聽他傳達共產國際的戰略和八一宣言的內容[14]。

這時曾養甫已經和北平的中共地下組織取得了聯繫，中共北方局決定派周小舟去南京與曾養甫進行接觸，多年來不共戴天的仇家終於開始嘗試和解。

接觸歸接觸，中共方面對蔣介石並不抱多大期望，他們的工作重點還是用行動反對國民黨的現行政策。

陝北的中央還在領會莫斯科的新精神，北平的一些中共黨員已經聯合一批黨外人士，在十二月九日把成千上萬的學生聚集集到了街頭，著名的「一二・九」運動爆發了。遊行隊伍浩浩蕩蕩，口號聲響徹雲天，最能打動人的是「停止內戰，一致抗日」。提出這個口號就是受了八一宣言的影響。中共北平地下組織很快就把這場學潮的領導權掌控在自己手裏[15]。

而在上海，中共也在策動一批知名人士發起持續不斷的「救國」運動[16]。

「一二・九」運動發生的第六天，中共中央在陝北瓦窯堡張聞天住處召開政治局會議，根據張浩傳達的共產國際指示，經過討論，由張聞天起草

13　《周恩來傳》（一）三八五頁，中央文獻出版社一九九八年二月出版。

14　相關記述，見張培森主編：《張聞天在一九三五―一九三八（年譜）》四十二頁，中共黨史出版社一九九七年九月出版。

15　相關情況，見馮蘭瑞：〈「一・二九」到底是誰發動的〉，《炎黃春秋》二〇〇九年第一期。文中說「一・二九」運動最先是由一個叫北平學聯的學生組織發起的，中共北平組織一開始既不支持，也不知情。但挑頭創立這個組織的是中共黨員彭濤、姚依林等人，可見中共人員在此次學運中仍起了主導作用。

16　〈一九三六年的「雙簧戲」〉。

了〈關於目前形勢與黨的任務的決議〉[17]。

瓦窰堡會議舊址

決議決定實施「黨的最廣泛的民族統一戰線策的總路線」，「不論什麼人，什麼派別，什麼武裝隊伍，什麼階級」，「都應該聯合起來開展神聖的民族革命戰爭」，但「當前主要的敵人」仍被定為「日本帝國主義與賣國賊頭子蔣介石」[18]。

這是因為張浩在共產國際七大未閉幕前已啟程歸國，並不知道王明在會後有聯蔣的念頭，中共中央也沒有讀過王明十一月七日主張有條件聯蔣的文章，八一宣言尚且要聽張浩的轉述，說明他們看不到《救國報》，所以「最廣泛的民族統一戰線」是不包括蔣介石的，抗日跟反蔣繼續連在一起。

而蔣介石卻開始積極地謀求與蘇聯和中共展開談判。十二月十九日，蘇聯駐中國大使鮑格莫洛夫告訴蔣介石，莫斯科願與中國談判訂立軍事互助協定。蔣介石立即請蘇聯協助中國實現國家統一，實際就是要蘇方說服中共停止跟國民政府對抗。鮑格莫洛夫含糊其詞地表示：歡迎中國得到統一。蔣介石卻沒聽出蘇聯人推託之意，只覺得事情有希望，隨即就派正擔任國民黨中央組織部長的陳立夫在二十四日祕密去歐洲，想從那裏偷偷訪問蘇聯，商談建立中蘇軍事同盟和其他事項。

蔣介石又找來鄧文儀，他現在已是中國駐蘇聯使館武官，此時正回國述職。蔣介石命令他返回蘇聯去，設法與王明打通聯繫[19]。

在這同時，蔣介石繼續在國內與中共接觸，曾養甫與北平的中共北方局聯絡後，又和上海的中共機關搭上了線，跟一位叫張子華的中共長江局代表進行了會面[20]。

---

[17]　《張聞天在一九三五－一九三八（年譜）》五十二頁。

[18]　〈中央關於目前形勢與黨的任務決議〉，《中共黨史教學參考資料》（二）四十六－六十四頁。

[19]　《國民黨的「聯共」與「反共」》三一五頁。

[20]　《周恩來傳》（一）三八五頁。

董健吾

宋慶齡和聯共（布）中央部分成員在一起

　　北方局也好，長江局也罷，都只是中共的地方組織，不能為中共中央代言，張子華就建議國民黨直接派人去陝北談判[21]。蔣介石對此也十分清楚，但要與中共領導人取得聯繫，就必須有一位能在國共上層之間牽線的人。

　　找誰呢？蔣介石想到了一個合適的人選，可以跟國民黨與共產黨都說得上話，那就是孫中山的遺孀宋慶齡。

　　自一九二七年清黨分共之後，宋慶齡一直堅決反對國民黨的反共政策，同中共和蘇聯都保持著關係，還成為共產國際屬下的一名共產黨員，並且在蘇聯接受過一定程度的祕密工作訓練[22]。

　　蔣介石選派了宋慶齡的弟弟宋子文去上海找他的姐姐，表達與中共談判的願望。

　　宋慶齡當然願意推動國共重新合作，她很快就在一九三六年一月把一封信交給了有著牧師身份的共產黨員董健吾，要他去陝北面交中共中央。

　　中共上海方面得知情況，決定讓張子華和董健吾一起去找中央。在與國民黨商談後，張子華獲准跟董健吾同行。

　　臨行前，宋慶齡又給了董健吾一張財政部長孔祥熙簽發的委任狀，上面寫著任命董健吾為西北經濟專員，這是國民黨為掩飾董的真實使命替他設計的身份。

　　董健吾和張子華隨即動身來到陝西西安，準備轉往蘇區[23]。

[21]　李海文、江新：〈一九三五年到一九三七年初的國共關係〉，《中共黨史資料》第四十二輯九十七－一四六頁，中共黨史出版社一九九二年六月出版。

[22]　楊奎松：〈宋慶齡何時加入共產黨〉，www.yangkuisong.net（二〇〇七年八月二十七日摘）。

[23]　宋子文和宋慶齡安排董健吾及中共上海組織派張子華與董同行，見程中原：《張聞天傳》二〇九頁，當代中國出版社二〇〇六年十二月版本。

幾乎與此同時，鄧文儀也在一月三日抵達莫斯科，他立即致信共產國際執行委員會祕書處，請他們向王明轉達希望進行祕密商談的訊息[24]。

二、「蔣介石真誠希望與你們談判」

雖然已經有了與蔣介石合作的打算，但多年的宿敵真的主動找上門來，中共方面還是不免心存疑慮。鄧文儀發信後一連幾天得不到回音，著急的他又跑去找中國一個反蔣組織駐蘇聯的代表胡秋原，請此人幫忙疏通。

胡秋原答應了鄧文儀，把他的請求再次傳遞給中共。

鄧文儀如此迫切，中共不能不做出應對。中共代表團為此專門召開了一次會議，研究採取怎樣的對策。多數人對國民黨的真實用意仍表示懷疑，但既然已定下統一戰線的政策，就不能拒絕接觸。大家最後同意先派一個人去和鄧文儀面談，

探聽虛實。這個任務落在了來蘇聯還不到半年，有對外談判經驗的潘漢年身上。

一月十三日，潘漢年和鄧文儀在胡秋原的住處見了面。潘漢年首先告訴鄧文儀，自己是受中共駐共產國際代表團和王明同志的委託來瞭解情況的；接著又態度嚴正地說：中共已經多次表示過願意與國內各種政治力量談判聯合抗日的態度。國民黨始終沒有積極回應，反而繼續鎮壓一切要求抗日的力量，更加殘酷地進攻紅軍。他要鄧文儀明確說明在全國人民一致要求抗日、停止內戰的今天來找中共商談，究竟有什麼新的表示。

面對潘漢年的攻勢言詞，鄧文儀回答說，他是受蔣介石的委託來找王明討論國共聯合抗日問題的。蔣介石看了王明在共產國際七大的講演和《共產國際》的文章，決定與王明商談彼此的合作。還說他可以代表蔣先生和中共談判合作抗日的初步條件。

兩個人又相互交流了雙方的基本立場和原則要求。潘漢年最後說：今天只是初次交換各自的看法，希望下

潘漢年

一次鄧能代表國民黨政府提出具體的意見。這話似乎是表明，今後代表中共進行談判的就是潘漢年。鄧文儀卻並不想只跟潘交涉，他要見的是有決策權的王明，所以他雖表示贊同潘漢年的意見，但又說還是希望見一見王明，這是蔣介石對他特別叮囑過的。

潘漢年把和鄧文儀談話的經過報告了王明，王明又向季米特洛夫等共產國際領導彙報。季米特洛夫贊同中共與國民黨談判。

中共代表團再開會研究此事，繼續有人反對王明去見鄧文儀[25]，王明後來對鄧文儀轉述了反對者的理由，王明不值得和一位南京政府的武官會見。如果需要進行談判的話，就需要和南京政府較高職位的負責人談。

但王明最後還是決意與鄧文儀會見，於是在十七日晚八時，兩個人終於相見了[26]。

鄧文儀和王明在一九二五年同一年到莫斯科，進入中山大學學習[27]。

因為曾是這樣的同學關係，所以王明一見面就問道：「您是受蔣介石之託來見我，還是您自己想像老朋友一樣來和我交談呢？」

在聽過潘漢年的報告後，說這樣的話顯得明知故問。鄧文儀只能再重複一遍：「我是受蔣介石的委託行事。」

王明也重複了一番中共的統一戰線政策，他同樣也對國民黨的誠意深表懷疑：「至今我們也沒有看到一個事實可以表明蔣介石的確想對日作戰。因此，我們許多同志並不相信南京政府真想抗日。您能用什麼來證明蔣介石真想抗日呢？」

鄧文儀回答：「眾多事實證明了蔣介石抗日的決心。例如，我們組織集會，修築很多公路，在廬山開辦軍官訓練團。我們是以反共為藉口採取所有這些措施的，可實際上都是針對日本的。」

王明立即反駁：「但事實表明你們這樣做只是為了反共，至今只是空談抗日。」

黃埔軍校的鄧文儀

25　關於鄧文儀與胡秋原和潘漢年會晤，以及共產國際、中共代表團內部對此的討論，見《潘漢年傳》一四六—一四八頁。

26　〈前蘇聯檔案中關於王明和鄧文儀的會談紀要〉。

27　黃埔軍校網關於鄧文儀的介紹，www.hopite.cn（二〇〇七年八月二十五日摘）。

鄧文儀當然要辯護：「我們有許多文件可以表明我們早就準備抗日，但以前我們認為時候未到。」

王明並不認可他的話，指控國民黨為了反共和期待日本進攻蘇聯，不惜「出賣了中國一個又一個省份」，「共產黨怎能憑空洞的聲明就相信蔣介石確實準備對日作戰」？

在共產黨人鋒利的口才面前，鄧文儀似乎總是處於下風，他承認：「蔣介石和我們，其中也包括我，都上了日本宣傳的當。」甚至說許多國民黨人已經形成了「奴性思想」，但他表示：「現在我們懂得這是我們的錯誤所在。日本侵略威脅到整個中華民族和我們個人生命財產的安全。因此我們堅信不抗日就要亡國。」

王明仍不肯放過國民黨：「事實表明，你們繼續進行對中國紅軍的戰爭，繼續在國民黨中國逮捕共產黨人，繼續鎮壓抗日運動。因此，我們很多同志懷疑你們的談判只是一種策略，因為我們知道南京政府和蔣介石的日子不好過」，「也許蔣介石想在人民和自己軍隊面前要手腕，所以才想開始與我們談判」。

鄧文儀急忙分辯：「不，蔣介石是要堅決抗日的。我和蔣介石一起共事已有八年時間，我知道他何時說真話，何時要手腕。甚至在一九三二年上海保衛戰時，蔣介石就準備動員自己所有軍隊抗日，但由於十九路軍的緣故，上海保衛戰失敗了。」

王明卻還是毫不客氣：「我坦率地對您說，您不應當和我玩外交遊戲」，「蔣介石究竟跟您說了什麼話，您想從我們這兒瞭解什麼情況，有什麼談判條件，您應當全都告訴我」。

鄧文儀還急著為國民黨正名：「我聲明我們的確想抗日。蔣介石真誠希望與你們談判。但我們之間能在何種程度上達成協議，這當然取決於雙方達成協議的具體條件。」

王明顯得不耐煩：「從我方來說，原則問題已經解決。我們的政策已公諸於眾」，「那麼一切當然都取決於協定的具體條件。您應該說出蔣介石想對中共和紅軍提出的這些條件」。

　　鄧文儀這才和盤托出國民黨的談判條件：「蔣介石說過以下的話：首先，關於蘇維埃政府問題，蔣介石建議取消中華蘇維埃政府，邀請蘇維埃政府的所有領導人和工作人員參加南京政府。

　　「關於紅軍問題，蔣介石建議把紅軍改編為國民革命軍，因為對抗日戰爭必須有統一的指揮。當然，紅軍不會接受南京政府的軍事人員，但紅軍和南京軍隊應當交換政工人員，紅軍把自己的政工人員派到南京軍隊，南京軍隊則把自己的政工人員派到紅軍，以表示相互信任與尊重。」

　　「關於（共產）黨，蔣介石考慮的是重建一九二四至一九二六年間存在的國共合作的形式，抑或是共產黨獨立存在。這個問題要待日後共同解決。」

　　他還表示：「蔣介石知道，紅軍沒有武器彈藥和糧食。所以，南京政府能夠向紅軍提供一定數量的武器和糧食，也可以派出一些部隊去援助紅軍，以便紅軍開赴內蒙前線，南京軍隊將防守揚子江前線，因為我們不可能抽調許多兵力到其他前線去進攻日軍。」

　　他又告訴王明：「根據我們的情報，近幾個月至少今年下半年，日本一定會進攻蒙古。」「南京政府準備屆時在華中和華南前線向日本發起攻擊。但關於對日戰爭問題應在六月前解決，因為到九月，南京軍隊將開始對日的軍事行動。」

　　王明對戰爭不感興趣，他關注的是：「取消中國的蘇維埃政府意味著什麼？是不是南京政府也要取消？」

　　鄧文儀答：「不是的。」

　　王明問：「難道我們能參加南京政府嗎？」

　　鄧文儀說：「當然，不是（參加）南京政府，而是將有一個新政府，它執行你們所建議的國防政府九點綱領的要求。」

　　講清了條件，會談很快就轉到國民黨與紅軍談判的問題上，鄧文儀建議：「按我的看法，為了進行談判，現在應當派你們的人去南京，我們派自己的人去紅軍那裏。」

　　王明還是不放心：「我們可以派人，但如何保證我們的人沒有危險？」

鄧文儀說：「我可以和你們的代表一同去南京。至於保證不是問題。不僅代表能夠安全地去南京，而且我相信，您去南京也沒有危險，因為蔣介石正想請您和其他人去南京擔任要職。」

王明並不輕易相信，因為鄧文儀「還不是南京政府的當權者」，「所以你肯定不能給予任何具體的保證」。

鄧文儀實在沒辦法，只好說：「我留在這裏。如果蔣介石殺他（指中共代表——作者），你砍我的頭。」

王明的回答是：「我不想砍你的頭，我想得到有效的保證。」

鄧文儀問：「您建議什麼形式的保證呢？我將盡力而為。」

王明要的保證其實也很簡單，只是由鄧文儀「寫一份文件」，聲明蔣介石的談判意向，保證中共代表在所有國民黨區域的安全，鄧文儀要在文件上「蓋上自己的印章後再簽字」。

鄧文儀鬆了口氣，痛快地答應：「行。我當然會簽字，因為我相信代表不會有危險。」等接著談到他去蘇區的問題時，他也和王明一樣擔心起安全來：「至於我到蘇區，您如何保證不逮捕和處死我？」

王明也表現得爽快：「我們代表也簽署關於你的文件，正如你簽署關於他的文件一樣。」

鄧文儀請王明對蔣介石提出具體的談判條件，但王明則表示這種事國民黨應該去跟紅軍首腦毛澤東和朱德交涉。又經過了一段交談，最後王明用他宣講的道理讓鄧文儀自認「在政治上是落伍者」，他則勉勵道：「沒有關係。如果您去抗日，您就走上救國之路，和我們一道同日本帝國主義做鬥爭，到那時您和其他人很快會再度加入到中國青年先鋒的行列。」他們的會面也到此結束[28]，國共高層接觸的大門在這一刻打開。

三、「在討日令的旗幟下實行討蔣」

這時的董健吾和張子華還滯留在西安。

盤桓多日也找不到進入蘇區的門路，董健吾只好去見張學良，對他說：「我是來向你借飛機到紅區去的。」

---

[28]　王明與鄧文儀的會談內容，見〈前蘇聯檔案中關於王明和鄧文儀的會談紀要〉。

張學良聞聽立刻跳了起來：「什麼？你敢到這裏來提出這樣的要求？你不知道憑這一點就可以把你押出去槍斃嗎？」

董健吾坦然地告訴張學良，自己此行是「負有接洽任務」。張學良這才不提槍斃二字，開始為董健吾和張子華安排行程。

董健吾跟張子華還不知道，被毛澤東罵做「賣國賊」、「逃將軍」[29]的張學良，這時已經開始與中共接觸。一月二十日晚，他親自駕飛機抵達東北軍控制的洛川，和中共中央聯絡局局長李克農見面會談，這是他和中共人士的第一次碰面。

會談進行了整整三個小時，張學良贊成中共國防政府的主張，願意為此奔走，但他又明確表示：不同意反蔣抗日的政策，對蔣介石仍抱有好感。

這種態度讓李克農很失望，在會談後向上級彙報時把張學良叫「滑頭」[30]。

如果說張學良不夠真誠，那麼蔣介石這時對國共和談倒是顯得十分有誠意。二十二日，鄧文儀告訴王明，他已經收到蔣的指令，他和中共代表「可以立即回國」。

王明這時候更關心的是上次會談中國民黨要紅軍開赴內蒙抗日的建議，他向鄧文儀表示，這是「最困難、最艱難的」，不是對紅軍「有益的條件」，如果蔣介石能另有一些「會給紅軍和中國蘇維埃政權帶來某種好處」的條件，「那麼就再好不過了」。

蔣介石和張學良

鄧文儀表示，考慮到內蒙遠離中央和缺糧，紅軍不一定非去不可：「你們想要哪塊區域？」

王明說：「這不取決於我們的願望，例如，我們想要最富庶的省份，如江蘇和浙江，但你們不會給我們。最好你們自己說蔣介石想把哪塊區域交給我們。」

29　楊奎松：《西安事變新探 —— 張學良與中共關係之謎》三十九頁，江蘇人民出版社二〇〇六年十一月出版。

30　張學良安排董健吾、張子華行程及與李克農的會面，見奎松：〈張學良的不歸路（之一）—— 從「剿共」到聯共〉，《百年潮》一九九七年第一期。

鄧文儀說：「我們給你們中國的西北地區，按照你們的意見，這意味著建立國際聯繫。」

國民黨當然不會把偌大的西北全部送給共產黨，鄧文儀的意思是允許中共擁有比陝北蘇區大的根據地，還可以跟蘇聯有某種通道。這其中有國民黨自身的算計，鄧文儀對王明就是這樣說的：「一旦中日戰爭（爆發），日本將封鎖中國的所有海上交通線，那時中國就不能在歐美購買武器彈藥，蘇聯便成為唯一的貨源。所以，我們想通過中國西北部從蘇聯購買武器彈藥。」

鄧文儀又跟王明商定由他陪同中共代表在二十五日回國。他隨後立即電告蔣介石，卻不想收到了蔣介石這樣的回電：你的電報不清楚，許多話不能理解。不要再發電報了，而是由信使把郵件送來。請你立即啟程去柏林與李竹清進行祕密會談。

李竹清就是陳立夫的化名。不過是回國的行程安排，卻要鄧文儀親自去見陳立夫。儘管鄧文儀給王明看了蔣的電報，王明還是認定國民黨「又在耍手腕」[31]。

陳立夫

王明的判斷基本準確。就在二十二日給鄧文儀發出電報之後，鮑格莫洛夫拜會了蔣介石，轉達了蘇聯政府對中蘇關係與國共談判的決斷，莫斯科願意支持中國抗日，但在國共和談的問題上拒絕扮演調停者的角色。

這次會面持續了兩個小時，其中有八十分鐘的時間蔣介石都在勸說蘇方促使中共服從國民政府，「共產黨可以公開存在，只是任何一個國家都不能允許一個政黨擁有自己的軍隊。蘇聯必須用自己的威望勸說紅軍承認事實上的政府，那時中國政府就能抗日了」。

鮑格莫洛夫的反應是「斬釘截鐵」地回絕。

蔣介石是想與蘇聯結盟才要跟中共講和，他希望蘇聯能為了自己的利益迫使中共多做讓步，但他失望了。不想做賠本生意的他急忙用那個不高明的理由調開了鄧文儀，暫停了與中共的接觸。後來當他得知鄧文儀和王明的談話內容時，更是憤怒地電斥鄧：「你是否吃了毒藥，何以前後判若兩人？」[32]

---

[31]　王明與鄧文儀的進一步會談，見〈前蘇聯檔案中關於王明和鄧文儀的會談紀要〉。

[32]　相關記述，見〈抗戰前夕陳立夫赴蘇祕密使命失敗及原因〉。

　　中共代表回國的事一時間耽擱了下來。在這之後，因為對蔣介石的的一些政策不滿，雖然王明仍舊指派潘漢年為回國同國民黨談判的代表[33]，但共產國際和中共代表團又提高了反蔣的聲調[34]。

　　國內的中共中央也繼續反蔣。

　　二月二十日，陝北紅軍主力渡過黃河，突入閻錫山主宰的山西，以東征抗日的名義試圖擴展根據地。為了防止東北軍乘虛進攻陝北蘇區，中共繼續和張學良的談判。張聞天、毛澤東和紅軍將領彭德懷在東征第二天給李克農的指示裏，針對張學良「同意抗日，但不同意打蔣」的觀點，提出「處處把張學良與蔣介石分開」，以求得和東北軍訂立互不侵犯協定。但要「堅持抗日討賣國賊不可分離」[35]，這「賣國賊」指的還是蔣介石。

博古

張聞天

　　就在東征的前一天，董健吾和張子華乘飛機抵達那時也被東北軍控制的延安，又由東北軍騎兵護送進入蘇區[36]，二月二十七日到了瓦窰堡。此刻中央領導人或隨軍東征，或去外地，只有博古留守，博古隨即將董、張帶來的國民黨要談判的消息電告山西前線的中共領導人。

　　張、毛和彭德懷在三月四日致電博古，要他轉告董健吾，中共「願與南京當局開始具體實際之談判」。

　　董健吾隨即返回國民黨區域，張子華則在三月中旬到達山西，向中央當面報告與曾養甫會面的經過[37]。中共領導人之一的周恩來在二十三日分析說：這表明國民黨「或降日，或抗日，其間的餘地更狹了」[38]。張聞天不再提反蔣抗日的說法，雖然仍指責蔣介石是賣國賊[39]，但也在四月六日指出「蔣介石內部起分化」，中

[33]　《潘漢年傳》一四八頁。

[34]　《王明傳》一四〇頁。

[35]　《張聞天在一九三五－一九三八（年譜）》六十七頁。

[36]　李維民：〈共產國際與中國抗日民族統一戰線〉，《炎黃春秋》二〇〇六年第三期。

[37]　《張聞天傳》二一〇頁。

[38]　《周恩來傳》（一）三八六－三八七頁。

[39]　《張聞天在一九三五－一九三八（年譜）》七十二頁、七十五頁。

共一方面要在軍事上「堅決的行動」，「另一方面，還是積極的和他進行外交」[40]。

中共對國民黨的政策鬆動了，可也只是鬆動而已。實際上反蔣仍是它這時的主旋律。雖然毛澤東、彭德懷在九日給張聞天的電報裏說：「我們的基本口號不是討蔣令，而是抗日令」，但這主要是因為「在討日令的旗幟下實行討蔣，這是最便利於實行國內戰爭與實行討蔣的政治旗幟」[41]。

同一天晚上，周恩來和張學良在延安的一座教堂內會談到第二天凌晨四時。周恩來堅持抗日反蔣，認為日本人壓力一大，蔣介石最後必定會走到降日的道路上去。在他的影響下，張學良也覺得「國民黨完了」，蔣介石身邊親日派太多，他不能擔保蔣介石不降日。他能向中共保證的是，如果蔣介石投降日本，他「即離蔣獨幹」[42]。

在這個月，潘漢年終於從莫斯科動身回國[43]。陳立夫漂遊歐洲四個月後被蔣介石召回國[44]，雖說莫斯科沒去成，但他回國後繼續同蘇聯和共產國際接觸，使得共產國際重新開始聯蔣的宣傳[45]。國內形勢的發展也使中共越來越意識到，全面聯合抗日的主張對民眾最有號召力。於是在二十五日，中共發布〈為創立全國各黨各派的抗日人民陣線宣言〉，把國民黨放在各黨派的首位[46]，呼籲「為抗日救國而大家聯合起來」[47]。

這樣的動作主要還是為了爭取人心的政治宣傳，中共根本沒放鬆打擊蔣介石的行動，張學良這時已經準備必要時和蔣介石「打一架」，甚至說：「只要有半年工夫，大事可濟，我要幹就徹底幹！」[48]

毛澤東在陝北

[40]　《張聞天傳》二一二頁。

[41]　〈彭德懷、毛澤東關於目前應團結抗日不發討蔣令給張聞天電〉，《中國共產黨關於西安事變檔案史料選編》四十八—四十九頁，中國檔案出版社一九九八年六月出版。

[42]　楊奎松：〈從擁蔣到反蔣 —— 張學良的不歸路（之二）〉，《百年潮》一九九七年第三期。

[43]　《潘漢年傳》一五〇頁。

[44]　張珊珍：〈陳立夫一次未成的祕密赴蘇之行〉，《百年潮》二〇〇六年第七期。

[45]　《王明傳》一四〇頁。

[46]　《張聞天傳》二一二頁。

[47]　《張聞天在一九三五—一九三八（年譜）》八十頁。

[48]　《西安事變新探 —— 張學良與中共關係之謎》九十六頁、九十八頁。

張子華

　　五月五日，山西紅軍在國民黨中央軍的壓力下撤回陝北，中共以毛澤東、朱德名義發表通電，表示要「促進蔣介石氏及其部下愛國軍人們的最後覺悟」，「兄弟閱於牆，外禦其侮」。

　　而就在同一天，當中共中央得到消息，張學良已有抗日反蔣決心[49]。毛澤東在八日興奮地表示，落後份子也一天一天地覺醒了，「這是大革命到來的標誌」。

　　毛澤東明確提出了在西北建立國防政府，爭取革命首先在西北勝利的目標，還表示西北到時可以像外蒙古那樣和蘇聯建立聯盟[50]。這倒不是要讓西北跟外蒙古一樣的獨立，而是想依靠蘇聯形成割據局面，與南京國民政府分庭抗禮。張聞天採納毛的意見，決定紅軍「移向甘肅」[51]。

　　已離開蘇區的張子華五月中旬再到陝北，帶來陳立夫的意見，歡迎中共軍隊參加對日作戰，待遇將與中央軍相同。中共也可以選一塊地方試驗其政治經濟理想[52]。對圖謀西北的中共來說，這種建議已經沒有多大吸引力了。

四、「把日本帝國主義與蔣介石同等看待是錯誤的」

　　其實不只中共不放棄與國民黨的對抗政策，就是共產國際也仍在繼續反蔣。

　　五月潘漢年到達香港，與居留那裏的各路反蔣派人士會面，其中一個人叫陳銘樞。

　　陳銘樞本是廣東粵軍的將領，參加過東征、北伐和圍剿紅軍，曾官至國民政府行政院副院長，卻因在權力鬥爭中輸給蔣介石而辭職下臺。後來參與領導了福建事變，失敗後流亡香港。他和潘漢年見了面，在抗日問題上基本達成一致後，隨即他就向莫斯科的中共人士提出了一道推翻蔣介石「賣國」政權，建立以「中國人民革命聯盟」為形式的民主政府的計畫。

49　〈從擁蔣到反蔣 —— 張學良的不歸路（之二）〉。
50　《西安事變新探 —— 張學良與中共關係之謎》一百頁。
51　《張聞天在一九三五─一九三八（年譜）》八十四頁。
52　〈一九三五年到一九三七年初的國共關係〉。

　　王明立即將此事報告季米特洛夫，讓他如此感興趣的原因大概是，陳銘樞明確表示：「中國人民革命聯盟」應以中共為實際領導者[53]。

　　可以看出，共產國際和中共採取的策略是雙管齊下。一面準備與國民黨可能的合作，一面不放過任何一個削弱蔣介石統治的機會。中共在這方面的表現尤為突出。

　　在國民黨統治區的中共組織這時已和中央恢復了聯繫，根據新任北方局書記劉少奇的指示，五月三十一日至六月一日，沈鈞儒、章乃器等社會名流領導的全國各界救國聯合會在上海成立，救國會的成立宣言中呼籲「各黨各派立刻停止軍事衝突」[54]。

　　也在一日這天，兩廣事變爆發，陳濟棠、李宗仁、白崇禧通電要求抗日，隨即以這個名義出兵湖南[55]。正在圍剿鄰近廣東的項英游擊隊的廣東軍隊（粵軍）也全部撤離[56]。

　　張聞天起草公開宣言支援事變，文字間沒有「反蔣」的詞句，只要求國民黨政府「翻然改悟」[57]。但在內部電報裏，他和張浩、毛澤東等仍舊要聯合各種抗日反蔣的力量，創立抗日討逆的統一戰線[58]，這「逆」當然還是蔣介石。

　　在此前後，中共和李宗仁、白崇禧、宋哲元、劉湘、閻錫山、盛世才等實力派紛紛建立了聯繫[59]，力圖孤立蔣介石的力量。而它與張學良共建西北國防政府的計畫也已經醞釀成熟，決定利用蔣介石全力對付兩廣的時機發動，事成後由張

陳濟棠、李宗仁在廣州反蔣

[53]　李御貞：〈西安事變前後的莫斯科〉，《百年潮》二○○五年第十二期。

[54]　〈一九三六年的「雙簧戲」〉。

[55]　莫濟傑、[美]陳福霖主編：《新桂系史》第一卷三三七頁，廣西人民出版社一九九一年八月出版。

[56]　《項英傳》二三六頁。

[57]　《張聞天傳》二一四頁。

[58]　《張聞天在一九三五—一九三八（年譜）》九十七頁。

[59]　〈共產國際與中國抗日民族統一戰線〉。

學良擔任西北國防政府主席和抗日聯軍總司令，張聞天在六月十六日將此上報給共產國際[60]。

三天後，共產國際也決定批准王明、康生與陳銘樞的代表進行談判[61]。到了七月二日，張聞天更報告了一個驚人的消息：張學良要求加入共產黨[62]。

然而共產國際的工作重點畢竟是放在與國民黨的合作上，從莫斯科出來的潘漢年身上就體現了這一點。

此時還在香港的他指示部下以沈鈞儒、章乃器等人的名義起草一份政治宣言，在初稿中提出：國民黨停止內戰，共產黨廢除紅軍和蘇維埃。潘漢年當然不是要解散紅軍，只不過是要改一個名號。結果連章乃器這樣的非中共人士看了都覺得太右，執意進行了修改[63]。

但是中共中央依然不覺得有必要對蔣介石緩和，被張聞天派到上海領導工作的馮雪峰，在給陝北的一份電報裏對兩廣事變講到一種意見，那就是「反對在抗日名義之下發動內戰」。

張聞天和周恩來回電批評「這種意見是不妥當的與錯誤的」，反對「最大漢奸賣國賊」蔣介石的行動，「必然要在抗日的口號之下來進行」[64]。

眼看中共這樣在西北發展下去，勢必與蔣介石發生更大的對抗，季米特洛夫等人感到不安。

魯迅葬禮上的章乃器（左3）

七月中旬，共產國際致電中共中央，指出西北發動必須達到停止一切內戰和與中國各種軍隊建立抗日統一戰線的目的，問中共能否吸收西北的蔣介石嫡系部隊參加行動。話語中的意思明顯流露出對西北戰略的不贊成。電報雖然同意「與東北軍共同進

60　〈從擁蔣到反蔣 —— 張學良的不歸路（之二）〉。
61　〈西安事變前後的莫斯科〉。
62　《西安事變新探 —— 張學良與中共關係之謎》一二二頁。
63　〈一九三六年的「雙簧戲」〉。
64　《張聞天在一九三五 —— 一九三八（年譜）》一○三頁。

行抗日的發動」，但卻認為：「對張學良必須格外小心，因為在環境改變的情況下，張學良有可能會背叛我們。」[65]

陳濟棠

中共對張學良不像莫斯科那麼擔心，可是共產國際的意見畢竟非常重要，再加上這時陳濟棠在廣東迅速垮臺[66]，兩廣事變敗局已定，中共只好決定西北行動「略為推遲」[67]。對外界仍然接著進行較溫和的宣傳。此時斯諾到了陝北，毛澤東對這個美國年輕人表示，蔣介石一旦決定參加反日的抗戰，我們也會歡迎他參加的[68]。

共產國際仍繼續給中共施加壓力。二十三日的執委會書記處會議上，季米特洛夫直接批評中共的統戰政策，指出把蔣介石和日本侵略者相提並論是錯誤的。又表明不能把紅軍融合於一般性的抗日軍隊，也就是反對與張學良合作得過於緊密，季米特洛夫還再一次反對吸收張學良入黨。中共代表團的王明、康生和陳雲忙根據季米特洛夫的話草擬了給國內中央的新指示[69]。

不過，最先把共產國際的批評帶給中共中央的，並不是王明他們，而是潘漢年。他這時已經進入到國民黨的心臟南京，同曾養甫和陳立夫手下的張沖進行談判[70]。

國民黨此時正在開五屆二中全會，蔣介石的對日態度趨向強硬，聲言：如有誰要強迫中國承認主權受損害，「就是我們最後犧牲的時候」[71]。他還對參加會議的張學良表示願與蘇聯聯合。張學良說不可能既抗日又打紅軍，蔣介石則說不用著急，將來有辦法[72]。

蔣介石的辦法是在全會結束後，由國民黨中央給中共中央寫了一封信，提出統一軍隊、取消紅軍名義、統一政權、取消蘇維埃政府名義等條件[73]。

[65] 楊奎松：〈從「西北大聯合」到「雙十二事變」──張學良的不歸路（之三）〉，《百年潮》一九九七年第六期。

[66] 《新桂系史》第一卷三三八－三三九頁。

[67] 〈從「西北大聯合」到「雙十二事變」──張學良的不歸路（之三）〉。

[68] 《毛澤東年譜一八九三－一九四九》上卷五五九頁，人民出版社、中央文獻出版社一九九三年十二月出版。

[69] 〈西安事變前後的莫斯科〉。

[70] 《潘漢年傳》一五五－一五六頁。

[71] 《蔣介石生平》三五五頁。

[72] 〈從「西北大聯合」到「雙十二事變」──張學良的不歸路（之三）〉。

[73] 《張聞天傳》二一五－二一六頁。

潘漢年到南京以後，一直沒能同陳立夫等高官見面，原因是國民黨方面認為，潘漢年只是中共駐共產國際代表團派出的人，不能代表中共中央的意見[74]。

最終，由曾養甫說出希望中共像北伐時期那樣只搞政治、不搞軍隊等意見，要潘漢年去陝北轉達，得到中共中央的具體答覆後再通知國民黨。

潘漢年於是離開南京去上海，又前往西安，最後在八月九日到了中共中央駐地保安[75]。

和張浩當初一樣，潘漢年到達保安的當天，也住進了張聞天的窯洞，向他和毛澤東、周恩來做彙報[76]。除了轉述國民黨的要求，與莫斯科保持聯繫的潘漢年也講到了共產國際近日對中共的不滿[77]。

國民黨的書信和口信提出的條件跟五月時相比是明顯地倒退，中共當然難以接受。但是共產國際的態度是不能不重視的，莫斯科要與國民黨緩和，那就必須緩和。

聽完潘漢年介紹的第二天，張聞天便主持召開了政治局會議，討論國共關係和統一戰線問題[78]。毛澤東在會上表示：「抗日必須反蔣」的口號，現在已不適合[79]。周恩來乾脆建議放棄這個口號[80]。

會議最後決定調整政策，不再絕對地反蔣[81]。

十五日，由王明、康生、陳雲擬定的共產國際電報發到陝北[82]，中共中央這時已經在起草轉變政策的文件了。

二十五日，〈中國共產黨致中國國民黨書〉發出，第一次稱蔣介石為「蔣委員長」，建議「國共重新合作」，宣布蘇區可以成為未來的民主共和國的組成部分，紅軍願

紅軍時期的周恩來

74　張雲：《潘漢年傳奇》一五三頁，上海人民出版社一九九六年十二月出版。
75　關於曾養甫的意見及潘漢年去陝北的情形，見《潘漢年傳》一五六－一五七頁。
76　《張聞天在一九三五－一九三八（年譜）》一一八頁。
77　〈共產國際與中國抗日民族統一戰線〉。
78　《張聞天在一九三五－一九三八（年譜）》一二〇頁。
79　《毛澤東年譜一八九三－一九四九》上卷五六七頁。
80　《周恩來傳》（一）三八八頁。
81　《張聞天傳》二一六－二一七頁。
82　《張聞天在一九三五－一九三八（年譜）》一二三頁。

意服從將來的抗日聯軍總司令部的指揮，「國共
合作的關鍵，現在是在貴黨的手中」[83]。

李宗仁在廣州向蔣介石行軍禮

國民黨也在繼續跟共產黨溝通。

二十七日，張子華第三次到陝北，帶來曾
養甫邀請周恩來面談的書信。周三十一日覆信
以「外出不易」的理由，請陳立夫、曾養甫到
蘇區或陝西華陰會面[84]。與此同時，張聞天起草了〈關於逼蔣抗日問題的指
示〉，在九月一日向中共黨內發布[85]，承認：「把日本帝國主義與蔣介石同
等看待是錯誤的，『抗日反蔣』的口號，也是不適當的。」[86]周恩來也致信
陳立夫及其兄長陳果夫，希望「雙方訊做負責之商談」[87]。此時廣西的李宗
仁、白崇禧正在對南京方面是和是戰間猶豫，中共派到那裏的代表雲廣英明
確表示，還是以和平解決為上策。經過權衡，李、白決定與蔣介石和解[88]。

五、「要我處理，我就放」

逼蔣抗日只是一個不知何時才能實現的目標，而且對蔣介石仍然要
「逼」，所以張聞天在九月一日的指示裏就明白地說：「並不放棄同各派反
蔣軍閥進行抗日的聯合。」[89]

中共的策略依然是和戰兩手並用：一面試著跟國民黨接觸，一面雖然不
再提西北國防政府的事，但為了自己的生存，還是要用軍事行動在寧夏一帶
擴大根據地。莫斯科對此也不反對，蘇聯和共產國際的領導人儘管不喜歡中
共跟張學良等舊軍人走得太近，可是紅軍如能擴大地盤，增強實力，他們自
然樂得支援。

---

[83]　《張聞天傳》二一八－二一九頁。

[84]　《周恩來傳》（一）三八八頁。

[85]　《張聞天在一九三五－一九三八（年譜）》一二八頁。

[86]　〈中央關於逼蔣抗日問題的指示〉（一九三六年九月一日），《中共黨史教學參考資料》
（二）七十五－七十六頁。

[87]　《周恩來傳》（一）三八八－三八九頁。

[88]　程思遠：《白崇禧傳》一八四－一八五頁，華藝出版社一九九五年五月出版。

[89]　〈中央關於逼蔣抗日問題的指示〉。

蔣介石（右）、楊虎城（中）、張學良（左）在一起

九月九日，史達林批准了一項在年底援助紅軍武器彈藥的計畫，十一日共產國際便通知了中共中央[90]。

受到鼓舞的中共加緊動作，在準備派周恩來去和國民黨談判的同時[91]，又十月十一日由中共中央及軍委下達〈十月份作戰綱領〉，決定進攻寧夏[92]。十四日，又決定周恩來暫不出去，由潘漢年代理[93]。十五日，毛澤東以蘇維埃中央政府主席名義發表談話，宣布：「一切紅軍部隊停止對國民革命軍之任何攻擊行動」「僅在被攻擊時，允許採取必需之自衛手段」[94]。這時紅軍正在黃河邊籌畫造船，準備向西渡河展開寧夏戰役[95]。

此刻的蔣介石已經對沒有進展的國共和談失去了耐心，他對另一位國民黨大員馮玉祥說：國共有不得不打的原因。將來實現憲政時，各黨派都可以參政，中共也不例外，但他們帶槍來是不行[96]。

十六日，蔣介石飛抵西安，中共聞訊立即提出派周恩來和他直接談判[97]。但蔣介石並無回音，原因可能是他此行不是來和談的，而是要跟紅軍動武的。大約就在這時候，代替周恩來出使的潘漢年在南京第一次見到了陳立夫，陳的態度十分強硬，堅決要求「中共放棄『割據』，交出軍隊」，潘漢年僅表示可以向上級轉達。

到了二十一日，正當中共正式任命潘漢年為全權談判代表之時[98]，蔣介石在西安下達了進剿紅軍的命令[99]。

90　《西安事變前後的莫斯科》。
91　《周恩來傳》（一）三九一頁。
92　《張聞天在一九三五～一九三八（年譜）》一四一頁。
93　《周恩來傳》（一）三九一頁。
94　《毛澤東年譜一八九三～一九四九》上卷五九六頁。
95　劉秉榮：《紅四方面軍紀實》下冊六二七頁，知識出版社二〇〇〇年八月出版。
96　〈一九三五年到一九三七年初的國共關係〉。
97　《毛澤東軍事年譜》一五一頁。
98　《潘漢年傳》一六五～一六七頁。
99　《毛澤東軍事年譜》一五一頁。

國民黨軍剛開始行動，紅軍也很快出擊，在二十四日深夜渡過黃河，打響了寧夏戰役。但戰事出人意料地不順利，國民黨胡宗南部隊迅速切入，把紅軍阻隔在黃河兩岸[100]。毛澤東和朱德等人發公開信斥責蔣介石不顧國家危難，把軍隊派來進攻紅軍[101]。這種宣傳戰當然不能立時見效。

西路軍陣亡者屍體

毛澤東又急切地向張學良求援，請他「為我籌之」[102]。張學良也一直向蔣介石勸諫停戰，蔣決然表示「匪不剿完，絕不抗日」，誰來勸他，他就不准誰剿匪。後一句話明顯帶有威嚇之意，卻激起了西安方面的反感，與張學良站在一邊的西北將領楊虎城首次提出「駐蔣」[103]，也就是扣留蔣介石。

進入十一月後，中共被迫放棄寧夏戰役[104]，黃河西岸的部隊組成西路軍繼續西進，最終在幾個月後慘遭失敗。

陝北的紅軍也情勢危急。這時的陝北根據地的實際區域十分狹小，飽經幾年征戰的中共軍事力量也非常虛弱。這一點斯諾也感覺到了，在離開這裏，與中共領導人告別時，他心裏想的是：「也許我是看到他們活著的最後一個外國人了。」[105]

到十一月八日，張聞天、毛澤東、周恩來等人已準備讓紅軍離開陝北，繞經山西、河北、河南等地，一至兩年內再轉回西北[106]，這將是又一次長征。國民黨則繼續進逼，十日，陳立夫在上海再見潘漢年，提出：對立的政權與軍隊必須取消；紅軍只可保留三千人；師長以上首領一律解職出洋，半年後召回錄用。潘漢年堅決拒絕[107]。

[100]　《西安事變新探 —— 張學良與中共關係之謎》二四一—二四三頁。

[101]　〈致蔣介石及國民革命軍西北各將領書〉（一九三六年十月二十六日），《毛澤東文集》第一卷四五七—四六〇頁，人民出版社一九九三年十二月出版。

[102]　《西安事變新探 —— 張學良與中共關係之謎》二四三頁。

[103]　〈從「西北大聯合」到「雙十二事變」—— 張學良的不歸路（之三）〉。

[104]　《西行漫記》三五三頁。

[105]　《西行漫記》三五三頁。

[106]　〈作戰新計畫〉（一九三六年十一月八日），《毛澤東軍事文集》第一卷六五二—六五四頁，軍事科學出版社、中央文獻出版社一九九三年十二月出版。

[107]　《潘漢年傳》一六七頁。

綏遠前線的中國機槍手

這個時候，日本正繼續侵蝕國民政府對華北的控制。十五日，日本扶植的武裝蒙古軍和大漢義軍在綏遠發動攻勢，閻錫山的部將傅作義指揮中國軍隊奮起抵抗。蔣介石早就指令屬下湯恩伯部隊馳援綏遠。十八日，傅作義擊退敵軍，準備實施反擊[108]，蔣介石也在十七日到太原指導作戰[109]。

綏遠初勝的第二天，陳立夫告訴潘漢年，共產黨要妥協，必須同意軍隊被南京收編[110]。

此時，西北的國民黨軍繼續向蘇區推進。二十一日，胡宗南的一支部隊在山城堡遭到彭德懷、周恩來指揮的紅軍優勢兵力的攻擊[111]，由於張學良部下王以哲事先把國民黨軍的行動路線告訴了中共，並且拖延前進，致使胡宗南部隊被殲滅一旅，擊潰一旅[112]。

這次勝利雖不能扭轉蘇區的危局，但紅軍頑強的戰鬥力，卻似乎讓蔣介石的態度有所軟化，他在十二月初命陳立夫轉告潘漢年，他不再堅持收編紅軍和師長以上將領出洋的條件，同意紅軍只進行改編，但人數要限制在三萬以內[113]。中共對此並不滿意。

十二月八日，綏遠抗戰以中國軍隊重創蒙古軍，打垮大漢義軍的戰績結束[114]。就在這一天，中共中央電告潘漢年，和談顯無速成之望，「我們願以戰爭求和平，絕不做無原則讓步」[115]。當時誰也沒想到，形勢即將發生怎樣急劇的變化。

108　《中國抗日戰爭正面戰場作戰記》上冊二三九－二四〇頁。
109　〈從「西北大聯合」到「雙十二事變」── 張學良的不歸路（之三）〉。
110　楊奎松：〈山城堡戰役勝利的幕後及影響〉，www.yangkuisong.net(二〇〇七年八月十三日摘)。
111　《彭德懷年譜》一六四－一六五頁，人民出版社一九九八年三月出版。
112　《西安事變新探 ── 張學良與中共關係之謎》二六九頁。
113　〈山城堡戰役勝利的幕後及影響〉。
114　《中國抗日戰爭正面戰場作戰記》上冊二四二頁。
115　《張聞天在一九三五－一九三八（年譜）》一五八頁。

　　十二月十二日深夜，張學良、楊虎城在西安發動兵變，武力拘禁了蔣介石。

陳毅在梅嶺藏身的山洞

　　這場突如其來的事變震驚四方，整個國民黨陣營都亂了手腳。項英的副手陳毅當時正被國民黨軍圍困在一處叫梅嶺的地方，已經寫下絕命詩〈梅嶺三章〉，要「此去泉臺招舊部，旌旗十萬斬閻羅」，做了戰死的準備。就在這時西安事變的消息傳來，國民黨方面自動解圍撤兵[116]。

　　西安事變之初，中共多數人都主張藉機除掉蔣介石。十三日的政治局擴大會議上，毛澤東首先發言說：「把蔣除掉，無論在哪方面都有好處。」[117]他和張國燾都主張以西安為中心建立政權[118]。唯有張聞天、周恩來和博古三人含蓄地主張趁機跟國民黨和解，「盡量爭取南京政府的正統」[119]。這「正統」指的就是蔣介石為首的國民黨主流[120]。

　　會議上爭論激烈，毛澤東憤怒地對張聞天說：「讓歷史去做結論吧！」[121]雖然他也表示不把抗日和反蔣並立[122]，但這不等於放棄反蔣。會議最後還是殺蔣的意見占了上風。

　　十五日，毛澤東、朱德、周恩來、張國燾等致電國民黨和國民政府：「公等而果欲自別於蔣氏」，就要「停止正在發動之內戰，罷免蔣氏，交付國人裁判」[123]。

　　按中共的話語習慣，這裏的「裁判」其實就是要判蔣介石死刑。

---

[116]　《陳毅傳》九十五頁。

[117]　《西安事變新探 —— 張學良與中共關係之謎》三二四頁。

[118]　〈一九三五年到一九三七年初的國共關係〉和《西安事變新探 —— 張學良與中共關係之謎》三二五頁。

[119]　〈一九三五年到一九三七年初的國共關係〉。

[120]　《張聞天傳》二二三頁。

[121]　張培森：〈為張聞天總書記正名〉，《炎黃春秋》二〇〇六年七期。

[122]　〈一九三五年到一九三七年初的國共關係〉。

[123]　〈關於西安事變致國民黨、國民政府電〉（一九三六年十二月十五日），《毛澤東文集》第一卷四六八－四六九頁。

　　待在遙遠南方山林中，飽受國民黨追捕的項英卻也認為不應該殺蔣介石：「要是叫我處理，我就放，因為這對國家民族有利。」他的同伴中立即有人說這是右傾機會主義[124]。

　　局勢的發展證明了項英的判斷。中共中央和張學良都沒想到，他們眼中屬於「革命」「起義」的西安事變，卻在國內招來了幾乎一致的反對，連張學良的夫人于鳳至也從英國發電報給丈夫，要他一定保護蔣介石的安全，釋放蔣介石和隨同人員[125]。

　　更重要的是，蘇聯也根本不支持張學良的行為。

　　西安事變消息傳到莫斯科時，共產國際的領導人中，至少也有一些人同樣十分興奮，公開肯定張學良的舉動。

　　王明甚至直接寫信給史達林，主張槍斃蔣介石[126]。

　　王明萬沒想到，史達林看到他的信後，反應不是高興而是憤怒。

　　作為蘇聯領導人，史達林不希望中國因為失去蔣介石而發生內亂，那這個國家就無法抵抗日本，他用中國拖住日本，不使其與蘇聯衝突的策略就將失敗。在他看來，張學良的動作完全是跟自己的願望對著幹，自然很生氣。

　　十四日，蘇聯的《真理報》發表文章，指責張學良用抗日名義製造分裂[127]。

　　王明卻偏在此刻不識時務地送來這樣一封信（他寫信時顯然不知道《真理報》會發表那樣的文章），只能讓史達林更加惱火。

　　正在搞大清洗的史達林誰都信不過，王明是共產國際的人，他於是連季米特洛夫也懷疑了。深更半夜地打電話給這位共產國際總書記，劈頭便問：「中國的事件是在您的認可下發生的嗎？」[128]

124　《項英傳》二四二頁。從指責者毫不客氣的口吻看，說這話的人或許就是地位僅次於項英的陳毅。
125　曾景忠：〈有關于鳳至回憶幾個歷史情節的研討〉，《文匯讀書週報》二○○七年十二月七日。
126　楊奎松：〈莫斯科與延安關係的另一種紀錄〉，《開卷有疑 ── 中國現代史讀書箚記》一○一一二○頁，江西人民出版社二○○七年九月版本。
127　《西安事變新探 ── 張學良與中共關係之謎》三五一頁。
128　《季米特洛夫日記選編》四十九頁，廣西師範大學出版社二○○二年十月出版。

　　共產國際這時已經根據蘇聯官方的意思決定必須和平解決西安事變[129]。聽到史達林的話，季米特洛夫急忙否認：「不是！這事會對日本最有利。我們也是這樣看這一事件的！」

　　史達林放心了，於是把氣轉到王明的頭上：「王明在你們那裏做什麼事？他是個挑釁者嗎？他想發電報讓他們槍斃蔣介石。」

　　季米特洛夫只能回答：「我不知道這種事！」

　　史達林放下電話不久，又要人通知季米特洛夫和另一位共產國際領導人曼努伊爾斯基第二天到克里姆林宮，「討論中國的工作」[130]。

　　討論的結果是共產國際在十六日給中共中央發去電報，指出：「張學良的行動，無論其意圖如何，在客觀上只能損害中國人民的力量結成抗日統一戰線，並助長日本對中國的侵略」，要求中共以停止消滅紅軍等條件與國民黨談判，「和平解決衝突」[131]。

　　這時候的中共已把周恩來派到西安，甚至使張學良同意，如果國民黨中央軍打到西安城下，就「行最後手段」[132]，也就是幹掉蔣介石。一切都在按照共產革命的邏輯運行，可就在此時共產國際的電報到了。

　　共產國際十六日的電報是它對西安事變的第一份指示，中共幾天來一直在等待莫斯科的表態，現在總算盼來了。可是共產國際沒有想到的是，陝北雖然收到了這份電報，卻依然表示不清楚電報的內容，中共電臺對莫斯科那邊的解釋是，技術出錯，電文根本翻譯不出來，要求重發[133]。

　　此時中共對外聯絡的電臺屬軍委機要股，也就是在毛澤東的管轄下，電報也往往先經他的過目[134]。其中有否隱情恐怕永遠成謎了。

　　儘管如此，蘇聯用《真理報》透露的對西安事變不滿的訊息已經傳到了陝北。雖說報紙上的文字或許是外交詞令，因為蘇聯不會願意公開把自己跟

---

[129]　〈莫斯科與延安關係的另一種紀錄〉。

[130]　史達林與季米特洛夫的對話和莫洛托夫的通知，見《季米特洛夫日記選編》五十頁。

[131]　〈共產國際執行委員會給中共中央的電報〉（一九三六年十二月十六日），《聯共（布）、共產國際與中國蘇維埃運動（一九三一－一九三七）》第十五卷二六五－二六六頁，中共黨史出版社二○○七年九月出版。

[132]　〈周恩來關於到西安後與張學良所談情況給毛澤東並中央電〉（一九三六年十二月十七日），《中國共產黨關於西安事變檔案史料選編》二一三－二一四頁。

[133]　《西安事變新探──張學良與中共關係之謎》三五五頁。

[134]　相關情況，見《葉子龍回憶錄》十四頁、三十一頁、三十八頁，中央文獻出版社二○○○年十月出版。

張學良扯上關係，以免讓人認為是幕後的指使者。但文章中對張學良嚴厲的指責，使中共中央不能不感覺莫斯科方面也許有不一樣的想法，對此必須有所準備。

於是在十八日給國民黨中央的電報中，中共不再提把蔣介石「交付國人審判」的事，只要求停止討伐西安，組織國防政府、抗日聯軍等，並表示如南京方面能做到這些，「蔣氏的安全自由亦不成問題」[135]。

十九日，張聞天指出：「要求把蔣介石交人民公審的口號是不妥的。」[136]於是中共中央又在和中華蘇維埃中央政府向全國的通電裏，建議讓「各黨各派各界各軍」來「討論蔣介石先生處置問題」[137]，實際上放棄了殺蔣的立場。

同一天，給全黨的內部指示中，中共中央雖然繼續贊同張學良等人的行為，但也承認，西安事變「採取了多少軍事陰謀的方式」，「把南京置於西安的敵對地位」，有爆發新內戰的可能，「又妨害了全國反日力量的團結」，有「造成日寇侵略的順利條件」的可能[138]。

到了二十日，共產國際的電報終於正式地展現在中共領導人面前[139]，他們對西安事變的政策立刻徹底轉變。經過周恩來和國民黨方面的談判，蔣介石終於承諾與共產黨合作。

第二次國共合作開始了，但這時兩黨還沒有達成任何具體的協定，一切都還處在不確定的狀態，直到一九三七年的七月七日。

---

[135] 〈中共中央關於西安事變致國民黨中央電〉（一九三六年十二月十八日），《中國共產黨關於西安事變檔案史料選編》二一八－二一九頁。

[136] 《西安事變新探 —— 張學良與中共關係之謎》三五九頁。

[137] 〈中華蘇維埃中央政府及中共中央對西安事變通電〉（一九三六年十二月十九日），《中國共產黨關於西安事變檔案史料選編》二二五－二二六頁。

[138] 〈中央關於西安事變及我們的任務的指示〉（一九三六年十二月十九日），《中國共產黨關於西安事變檔案史料選編》二二二－二二四頁。

[139] 《西安事變新探 —— 張學良與中共關係之謎》三五七頁。

第三章

難以了結的宿怨

一、「拚全民族的生命以求國家的生存」

　　一九三六年的七月，蔣介石對幫助
中國進行幣制改革的英國人李滋羅斯說：
「對日抗戰是絕對不能避免的，由於中國
的力量尚不足以擊退日本的進攻，我將盡
量使之拖延。」[1]他當時不會想到，拖延
的時間只剩下一年。

　　這時的中國正在穩步向前發展，工農
業產值達到了近代史上的最高水準[2]，糧
棉多少年來第一次實現了自給，工業資本
也有明顯的增長。法制、教育、科學文化
研究等方面的建設開始起步[3]，一切都讓
人感覺到了希望。

「七‧七」事變前日本空中拍攝的盧溝橋
和宛平城

　　就在此時，長達八年的中日全面戰爭爆發了，剛剛結束戰亂的中國重又
被推入災難的深淵。

　　這一場戰爭的起點是河北的北平。

　　當年八國聯軍擊敗了義和團，中國滿清朝廷與西方國家簽訂了《辛丑
條約》。按照這個條約的規定，那些列強有在北京、天津一帶駐軍的權利。

---

[1]　《中國抗日戰爭正面戰場作戰記》上冊五十三頁。

[2]　楊奎松：〈新京報訪談：紀念抗戰，反思自我〉，www.yangkuisong.net（二〇〇七年十一
月五日摘）。

[3]　楊奎松：《內戰與危機（一九二七－一九三七）》二九八－三三八頁。

駐守盧溝橋的二十九軍士兵

一九三〇年代的盧溝橋

日本是八國聯軍之一，自然也享有這樣的特權，它派在這裏的部隊叫做中國駐屯軍。

一九三〇年代的北京已經改稱北平，這座城市面對的局勢也發生了極大的變化。

日本軍隊從一九三一年開始侵占中國東北，建立傀儡的滿洲國。為了防止中國奪回東北，日本方面打算「要在華北設立一緩衝區」[4]，而這就必須「驅逐國民政府勢力於華北之外」[5]。

在日本的武力逼迫下，國民黨的黨部，效忠蔣介石的組織藍衣社的公開機關都不得不從北平撤離[6]，中國的二十九軍成了華北唯一的支柱，國民政府在這裏的權威低得不能再低了。

在這樣嚴峻的形勢中，中日雙方的關係自然十分緊張，當時的日本駐華陸軍武官輔佐官今井武夫曾用中國俗語「麻稈兒打狼 —— 兩頭害怕」來形容華北的局勢[7]。充滿敵意和戒備的狀態如同一個火藥桶，一顆小小的火星就可能引發大爆炸。

一九三七年五到六月間，日本中國駐屯軍不停地在北平郊區進行軍事演習，還在七月六日要求讓演習部隊從二十九軍駐地之一的宛平城通過，遭到拒絕，險些釀成衝突[8]。

4　　臧運祜：《七七事變前的日本對華政策》八十六頁，社會科學文獻出版社二〇〇〇年十二月出版。
5　　同上九十頁。
6　　《內戰與危機》三九六頁。從七七事變發生後日本提出的條件中有取締藍衣社的內容（《中國抗日戰爭正面戰場作戰記》上冊三一三頁）看，這個組織仍在北平祕密活動。
7　　《今井武夫回憶錄》二十二頁，中國文史出版社一九八七年八月出版。
8　　《中國抗日戰爭正面戰場作戰記》上冊三〇五頁。

七月七日夜，宛平城外盧溝橋西北約一公里的回龍廟，日軍步兵旅團第一聯隊第三大隊第八中隊又在演習，離他們不遠的永定河的河堤上，有一群中國士兵在修築工事。

日軍演習的內容是對假想敵陣地的進攻。晚十點三十分左右演習告一段落，中隊長清水節郎命令集合隊伍，這本來只須吹軍號就可以了，但日軍為了訓練部隊，在晚間盡量不用軍號。清水派出傳令兵傳達集結的命令。

還在扮演假想敵的日軍當然不知道集結令，可能是因為看到了傳令兵的身影，以為對方又要進行進攻演習，於是立即用輕機關槍空彈射擊。

聽到假想敵一方響起的槍聲，清水並不緊張，但就在這時，幾顆子彈從他頭頂掠過，他判斷這是實彈，而且認定是從中國軍隊的方向打來的，於是忙命令吹號緊急集合。日軍集合時又發現少了一名士兵。雖然這名士兵後來被找到[9]，但事情已經被捅到聯隊一級，第二大隊大隊長一木清直親率一個中隊增援清水，連常駐北平的今井武夫都驚動了[10]。雖然經過和中國方面的交涉，達成了共同調查的約定[11]，但凌晨四時過後，一木又向聯隊長牟田口報告說：「中國軍隊再次開槍射擊。」牟田口立刻回答：「被敵攻擊，當然還擊！」一木似乎感覺到這樣下去事態可能惡化，便再問了一句：「那麼！開槍可以嗎？」牟田口沒有否定自己的命令[12]。中日軍隊間的衝突無可挽回地爆發了。

得知「七·七」事變發生，中共中央立即在八日發出通電，大聲疾呼：「平津危急！華北危急！中華民族危急！只有全民族實行抗戰，才是我們的出路。」毛澤東以他和朱德、彭德懷、賀龍、林彪、劉伯承、徐向前等紅軍領導人的名義致電蔣介石，「悲憤莫名」地表示：「咸願在委員長領導之下，為國效命。」[13]

蔣介石這時雖然還無法判斷日本的真實意圖，在日記中自問：「倭已挑戰，決心應戰此其時乎？」[14]但日本幾年來一系列控制華北的行動，不能不

9　相關敘述，見〈清水節郎筆記〉，《八路軍·參考資料（二）》二十一—二十二頁，解放軍出版社一九九二年七月出版。
10　《今井武夫回憶錄》二一三頁。
11　《中國抗日戰爭正面戰場作戰記》上冊三〇七頁。
12　《今井武夫回憶錄》四一五頁。
13　〈為日軍進攻盧溝橋致蔣介石電〉（一九三七年七月八日），《毛澤東軍事文集》第二卷第一頁。
14　《從大歷史的角度讀蔣介石日記》一二三頁。

盧溝橋上準備戰鬥的中國守軍

讓他感覺事態嚴重。他派人向日本做外交抗議和交涉，同時電令華北軍政負責人宋哲元：「守土應具決死決戰之決心。」又急令正在四川整軍的軍政部長何應欽回南京，還下令調派部隊增援華北[15]。

中共也在加速統一戰線的工作。

九日，張聞天、毛澤東指示上海、太原、廣西、西安的中共負責人，與當地政府、國民黨部隊及各界領袖協商，迅速組成統一對外之陣容，才能應付大事變。唯有全國團結才能戰勝日本[16]。

幾天後，周恩來、博古等人抵達盧山，將〈中共中央為公布國共合作宣言〉交給在那裏的蔣介石[17]。宣言聲明：願為孫中山的三民主義奮鬥；取消蘇維埃政府，改稱特區政府；取消紅軍番號，改編為國民革命軍[18]。

七月七日以後的一段時日裏，中日軍隊之間打一打又停一停，和平的努力仍在繼續進行。不管中國軍隊最初是否曾向日軍射擊，如果就事論事解決問題的話，爭端未必不能迅速平息。

日本政府當時也決定不擴大事態，就地解決，但是日本軍方卻試圖抓住機會進一步打擊華北的中國勢力，必要時不惜動武。首相近衛等人也同樣想保住日本的既得利益[19]，於是局面只能繼續惡化。

但在開始的時候，和平似乎還不無希望。華北當局曾在十一日與日軍達成二十九軍道歉，宛平一帶中國駐地改由保安隊接防，取締藍衣社、共產黨及其他抗日團體的協議[20]。

不過蔣介石這邊已經認定事變「必不能和平解決」，表示「已決心運用全力抗戰，寧為玉碎，不為瓦全，以保持我國家與個人之人格」，並繼續調兵遣將[21]，儘管這樣，他對中共的合作要求依然態度強硬。他早先只答應紅

15　謝堅明：〈七七事變後國民政府的危機應對〉，《民國檔案》二〇〇五年第三期。
16　《張聞天在一九三五－一九三八（年譜）》二三一頁。
17　《周恩來傳》（一）四四八頁。
18　〈中國共產黨為公布國共合作宣言〉（一九三七年七月十五日），中國人民解放軍政治學院黨史教研室編：《中共黨史參考資料》第八冊二十三－二十四頁。
19　相關情況，見《七七事變前的日本對華政策》三一三－三一五頁。
20　《中國抗日戰爭正面戰場作戰記》上冊三一四頁。
21　〈七七事變後國民政府的危機應對〉。

軍改編後，中共可在部隊之上設立一政訓機關，這次再與周恩來等談判時，則更明確地表示紅軍改編各師直屬國民黨行營管轄，政訓機關只管聯絡，不能指揮[22]。

十七日，張聞天、毛澤東電示周恩來等人：「為大局計，可承認平時指揮人事等之政治處制度，請要求設正副主任，朱正彭副。但戰時不能不設指揮部，以資統率。」[23]

也在這一天，蔣介石在廬山發表由幕僚擬稿的講話，以哀兵的姿態聲明：「我們既是一個弱國，如果臨到最後關頭，便只有拚全民族的生命以求國家的生存。」他向日本提出不得損害中國領土主權完整，不可改變華北現有政治機構，不能任人撤換負責官員，二十九軍防地不受約束的「弱國外交最低限度」的要求[24]。最後用被左翼文學家郭沫若稱為「如椽大筆走龍蛇」[25]的言詞宣布：「如果戰端一開，那就是地無分南北，年無分老幼，無論何人，皆有守土抗戰之責任，皆應抱定犧牲一切之決心。」[26]。

即便明白最後關頭已經迫近，蔣介石卻仍不肯更改他對中共的要求，堅決反對紅軍改編後設置統一的指揮機關[27]。二十日，張聞天、毛澤東告訴周恩來：「我們決採取蔣不讓步不再與談之方針」[28]。

國共談判陷入僵局。

此時的形勢卻在無形地推動著合作抗日。日本不停地向華北增兵，並且做好了掃蕩北平、天津的準備。儘管宋哲元一再退讓，甚至違背南京指示與日軍簽訂祕密協議[29]，答應罷免中國方面「不適宜」「有排日色彩的職員」，撤走北平城內中國駐軍[30]，以致張聞天和毛澤東都認為華北妥協已成，「仗暫時打不起來」[31]。但一紙協定卻並不能阻止衝突的繼續發生。日

---

[22]　相關情況，見《周恩來傳》（一）四四頁、四四八頁。

[23]　《張聞天在一九三五－一九三八（年譜）》二三四頁。

[24]　蔣介石：〈對日一貫的方針和立場〉（一九三七年七月十七日），《中共黨史參考資料》第八冊四－五頁。

[25]　何其：〈一個舊知識份子的悲劇〉，《書林》一九八九年第六期。

[26]　〈對日一貫的方針和立場〉。

[27]　《周恩來傳》（一）四四九頁。

[28]　《張聞天在一九三五－一九三八（年譜）》二三五頁。

[29]　〈七七事變後國民政府的危機應對〉。

[30]　《中國抗日戰爭正面戰場作戰記》上冊三三〇頁。

[31]　《張聞天在一九三五－一九三八（年譜）》二三八頁。

宋哲元

占領北平的日軍在紫禁城

正在戰鬥的八路軍

軍最終在七月二十六日下午發出最後通牒，限中國軍隊在二十八日中午前，從他們指定的地區撤離。

二十八日上午，不等通牒的時限到期，日軍便發動了全面的進攻，三十日占領北平、天津[32]。三十一日，蔣介石發表〈告抗戰全體將士書〉，宣告：「既然和平絕望，只有抗戰到底。」[33]這時的他明白，與中共的談判不能再拖下去了。八月一日，他邀請毛澤東、朱德、周恩來到南京共商國防問題。

最終來到南京的是朱德和周恩來，通過商議，蔣介石在十九日同意陝北紅軍改編為國民革命軍第八路軍[34]（簡稱八路軍，後很快又改稱第十八集團軍，但人們仍習慣沿用前一個稱號）。國共合作終於正式成形了。

二、「反動派來了！」

儘管並不順利，但在合作開始後的一段時間裏，共產黨和國民黨的關係還是比較融洽，有時甚至可以說是親密的。

改編後的八路軍開到山西抗日前線，歸屬閻錫山統率的第二戰區，和國民黨軍隊並肩殺敵。朱德、彭德懷就任八路軍正副總指揮（後又改為第十八集團軍正副總司令）之後，蔣介石在賀電中說：「希一致團結，共赴國難。」[35]

32　戰爭徹底爆發經過，見《中國抗日戰爭正面戰場作戰記》上冊三三〇－三四四頁。

33　〈七七事變後國民政府的危機應對〉。

34　《周恩來傳》（一）四五〇－四五一頁。

35　〈蔣介石等關於朱德、彭德懷就任八路軍正副總指揮的賀電〉，《八路軍·參考資料（一）》十五頁，解放軍出版社一九九二年十月出版。

　　八路軍不負眾望，很快就證明了自己是一支願為國喋血的勁旅。他們的英勇奮戰得到蔣介石、閻錫山不止一次的嘉獎[36]，也贏得了許多國民黨官兵的好感。周恩來作為政治家、外交家的神采，朱德的統帥氣度和平易作風，讓不少國民黨方面的人心生敬佩[37]。

　　共產黨人非常善於鼓舞人心，振奮士氣，在群眾工作方面明顯比國民黨占據優勢。這一點閻錫山早就看到了，抗戰之前他就請中共北方局派人到山西來「共策保晉大業」。劉少奇立刻答應，讓身為山西人的薄一波去閻錫山身邊開展工作。「七‧七」事變後，劉少奇等人又把北方局機關遷到了太原，部署抗戰條件下的華北方略[38]，經閻錫山的允許，薄一波開始籌建由中共實際主導的抗日武裝[39]。

　　不是只有閻錫山對引進中共的人才感興趣，指揮過綏遠抗戰的傅作義也向中共請求向他的部隊派遣政工幹部。中共不僅支援了幹部，看到傅作義麾下官兵戰鬥傷亡過大，還積極動員了三千五百名青年補充到他的部隊。身受感染的傅作義要求屬下以八路軍為榜樣，又仿照中共的「三大紀律，八項注意」制定了〈十項紀律〉[40]。閻錫山也明令他的部屬學習八路軍，爭取人民的支持，「要做到官兵打成一片、軍民打成一片」[41]。

　　吸引國民黨軍人眼球的不光是中共部隊的政治工作能力，還有他們從紅軍時代錘鍊出來的靈活機動的游擊戰術。八路軍軍官多次給國民黨部隊講授過游擊戰[42]，閻錫山指示部下，要仿效八路軍的戰法，「使敵難以應付，以收游擊之效」[43]。

　　八路軍幫助國民黨軍，一些國民黨部隊也加以回報。八路軍軍費彈藥不足，閻錫山手下幹將，抗戰後做了中共俘虜的趙承綬一次便贈予賀龍的一二

[36]　同上書六十九、九十二、一一三、一一五等頁。

[37]　同上書六三四、六五〇－六五一、六五二、七一八、七二五、七五七等頁，《周恩來傳》四六〇－四六二頁。

[38]　相關情況，見《劉少奇傳》上冊三二六－三二七頁、二六六－二六七頁。

[39]　閻稚新：〈山西新軍領導權問題〉，《炎黃春秋》二〇〇五年第十一期。

[40]　趙曉峰：〈抗戰時期的片斷回憶〉，《八路軍‧參考資料（一）》六三三－六三六頁。

[41]　〈閻錫山要求各部學習八路軍愛護人民的通電〉，同上書二〇八頁。

[42]　同上書六四一、六五〇－六五一、六六七、六七九、六八〇－六八八、六九九－七百、七一七－七一八、七二六、七三〇等頁。

[43]　〈閻錫山要求各部效仿八路軍尋機殲敵的通電〉，同上書二〇七頁。

趙承綬

○師晉鈔（山西貨幣）二十萬元[44]。當時的第一戰區副司令長官衛立煌也曾一次性送給八路軍步槍子彈一百萬發、手榴彈二十五萬顆，還有牛肉罐頭一百八十箱[45]。

那是一九二七年以後，國共關係最好的時光。從這時起的八年時間裏，悲壯慘烈，卻也雄渾激越的中國抗戰史詩，主要是由國民黨與共產黨的軍人用生命和熱血書寫的。

然而偉大的樂章從一開始就夾雜著不和諧的音符。誰都明白，如果不是日本欺人太甚，國共兩黨絕不可能走到一起。正因為如此，在共赴國難的同時，提防和戒備便始終存在。

西安事變結束後，回到南京的蔣介石拘押了張學良，逼走了楊虎城（後又加以逮捕並最終殺害），瓦解了張、楊二人的部隊。對於紅軍他雖然履行了停戰的約定，但卻擺出一副高居人上的強者姿態。

一九三七年二月十五日到二十二日的國民黨五屆三中全會通過的，關於中共問題的決議，名字叫做〈關於根絕赤禍之決議案〉[46]，共產黨仍然是他們眼中必須「根絕」的「禍」，蔣介石繼續把與中共的合作看成是招安收編。

為了防止中共力量東山再起，國民黨想盡辦法削弱中共的現有武裝。就在與北方的紅軍談判之時，蔣介石又密令加緊清剿南方的中共游擊隊[47]。使得正在考慮轉變政策的項英、陳毅等人不得不繼續戰鬥。

項英早料到國民黨的這一手，提前就做了布置。等國民黨軍開始實行大砍山、大抄山、大燒山的行動時，他幽默地說：「好嘛，敵人進山，我們出山，同他們換個防好了。」他帶領游擊隊分散隱蔽地跳到清剿的周邊，讓國民黨軍撲了一個空[48]。

44　楊誠：〈騎一軍與八路軍在晉西北〉，同上書六四二—六四五頁。
45　王繩武：〈與八路軍合作抗戰〉，同上書六八九—六九五頁。
46　《國民黨的「聯共」與「反共」》三五五頁。
47　《項英傳》二四三頁。
48　對項英挫敗國民黨清剿的記載，同上書二四三—二四六頁。

　　國民黨並不甘休，五月初由於一個叫陳宏的中共地下黨員的被捕投降，供出了和游擊隊領導人的聯繫，國民黨軍決定發起一次斬首行動，掃掉項英、陳毅等人[49]。

　　按照國民黨方面的計畫，陳宏先派人送信上梅嶺，告訴項英他們中央派人來了，帶有重要指示，請游擊隊負責同志到山下大庾（今大余）縣城的一家飯館見面。

　　自一九三五年初以後，項英等人就跟中共中央失去了聯繫，現在得知上級來人，心中自然高興，決定由陳毅下山去見中央的代表。

　　陳毅立即動身，和另一個中共幹部前往大庾縣城。而國民黨已經在那家飯館設下了埋伏，等著共產黨上鉤。

　　可是國民黨並沒能如願。

　　謹慎的陳毅來到大庾縣城後，沒有直接去飯館，而是先去了陳宏安在這裏的家。

　　陳宏此時在飯館等著配合國民黨抓人，家裏只有他妻子在門口低頭洗衣服。大概是陳宏離家時先去了國民黨軍在縣城的一個團部，所以陳毅他們來找陳宏的時候，他妻子頭也不抬地說：「到團部去了。」

　　陳毅他們把「團部」二字聽成了「糖鋪」，游擊隊在大庾縣城的聯絡點就是一家糖鋪，於是他們便向那糖鋪走去。

　　糖鋪已經被國民黨控制，他們沒有想到陳毅會到那裏去，所以在店鋪門外公開站了幾個士兵的崗哨。陳毅他們走到這裏，見到這幅景象當然感覺不對，立即轉身拐進旁邊一家茶館喝茶，觀察動靜。這時一個糖鋪的夥計發現了他們，悄悄告知陳宏投降的消息，要他們快跑。陳毅和那個幹部急忙分頭趕回梅嶺[50]。

　　國民黨那邊沒有等到游擊隊來人，於是決定派兵直搗項英的藏身地。

　　項英這時正和其他游擊隊領導人在梅嶺的窩棚裏聽一個叫彭茶妹的女交通員彙報工作。他的警衛員曾忠山在外面隔開一定距離守護。

　　發現國民黨軍殺上山來時，曾忠山已來不及跑回窩棚報警，只好一邊開槍射擊一邊大喊：「反動派來了！」然後自己順著山坡滾了下去。

---

[49]　《項英傳》二四八頁。

[50]　陳毅從大庾縣城脫身的經過，見《陳毅傳》九十七頁。

曾忠山的子彈打倒了一個國民黨兵，其他國民黨士兵忙做隱蔽，給項英他們贏得了逃走的時間。

聽到槍響和喊聲，項英等人迅速衝出窩棚，奔向山林深處。隨後趕過來的國民黨軍只抓住了沒跑掉的彭茶妹。

不甘心的國民黨軍立即展開搜索，卻怎麼也找不到項英。

其實項英他們根本沒跑遠，就躲在附近的草叢裏，國民黨兵有時離項英藏身的地方僅幾步之遙。

眼看到手的人就這麼丟了，國民黨軍一怒之下放火燒山。

火剛剛開始燃起，忽然天降大雨，淋滅了火苗[51]，不然項英可能真的葬身火海。

陳毅也撞上了國民黨兵，對方卻不認得他，他假稱是教書先生[52]，國民黨軍便要他帶路，他又說要去拉屎，趁機逃走。

國民黨部隊帶著唯一的戰果彭茶妹收兵回營，對這名女子嚴刑拷打無效後，將她押回後方處死[53]。

許多年後的一九八〇年代，中國大陸上映的一部叫《梅嶺星火》的電影把項英險遭火燒和陳毅梅嶺被困兩件事合在一起。觀眾在銀幕上只看到大火中鎮定作詩的陳毅。至於項英則連名字都沒有出現，影片裏只有一個近乎擺設的陳毅的上級，而南方游擊戰爭時，待在陳毅身邊的上級只有一個，那就是項英，這個「擺設」當然是在說他。

燒山之後國民黨軍繼續全力圍剿游擊隊，直到「七・七」事變發生，項英、陳毅他們才擺脫了困境[54]。

三、「共產黨始終是靠不住的」

日本人的大舉入侵讓蔣介石無奈地改變了對中共的強硬態度，但內心對往日敵手的防範並未放鬆。中共交給他的〈中國共產黨為公布國共合作宣

---

[51] 項英逃生的經過，見《項英傳》二四八－二四九頁。
[52] 《陳毅年譜》上卷一九三頁。
[53] 陳毅再次脫逃和彭茶妹的死，見《項英傳》二四九頁。
[54] 《陳毅傳》九十八頁。

言〉，只因為提出發動民族革命抗戰、實現民權政治、解除人民痛苦與改善人民生活等三項政治主張，便觸動了他敏感的神經，堅持要將其全部刪除，中共當然不同意[55]。因為這樣的僵持，宣言從八月初直拖到九月二十二日才正式發表[56]。

國民黨對中共抹不去的敵意不僅只在政治上，也體現在軍事上，這方面最典型的事例是發生在福建漳浦的何鳴事件（又稱漳浦事件）。

何鳴是海南人，早年先加入共青團，後在一九二七年十二月轉為中共黨員。

他參加過農民暴動，失敗後流亡新加坡，直到一九三一年方才回國。在福建中共的閩南游擊區一帶從事農民運動，發動農民參加農會，打土豪，進行游擊活動，擴大游擊區，工作看來很有成效。一九三二年五月，他在游擊隊組成的部隊紅三團中擔任連指導員，作戰表現十分勇敢。大約一個月後，團政委陣亡，何鳴接任政委。在這之後，他又到地方做過組建農民赤衛隊等工作，閩南紅色武裝力量在這一年達到八百多人。年底何鳴擔任了漳州中心縣委的書記，一九三四年八月中共正式成立閩粵邊區特委，何鳴是其中負責軍事工作的常委。

這時離紅軍主力長征的日子已經不遠了，特委的工作很快就轉入了游擊戰。在何鳴的具體領導下，國民黨對游擊隊的多次圍剿都以失敗告終。一九三六年六月，何鳴兼任了紅三團的團長，這年冬天又代理了特委書記。

在那場以他的名字命名的事件發生時，何鳴已經因被指責犯了錯誤，免去了代理書記的職務，但仍是紅三團的領導。何鳴部隊是中共南方游擊隊中最早跟國民黨和談的武裝之一。一九三七年五月，當全體游擊隊的領袖項英等人還在被國民黨軍隊追殺的時候，何鳴已經派人與他幾年來的對手粵軍一五七師談判了[57]。

何鳴能夠這麼做，是因為自從一九三四年底留守南方蘇區的紅軍分散游擊後，由於聯絡不通，除了自己所在的粵贛邊游擊區，項英已不能指揮別

[55] 《周恩來年譜一八九六－一九四九》三七六頁，中央文獻出版社、人民出版社一九九〇年三月出版。

[56] 《周恩來傳》（一）四五一頁。

[57] 〈新四軍組建初期的幾起意外事件及何鳴之死〉，roomx的博客roomx.bokee.com（二〇〇七年九月四日摘）。

的游擊隊，只有從報紙上才能得到一點他們的消息[58]。項英後來不無自嘲地說，他和陳毅實際是粵贛邊所屬兩個縣的縣委書記[59]。

而這時的何鳴及跟他相鄰的閩西南游擊區已經和在香港的中共南方臨時工作委員會（簡稱南委）建立了聯繫，直接接受那裏的領導[60]。項英還只能通過報紙分析領會中央的新精神[61]，陝北發出的國共合作的指示已順暢地傳達給了何鳴。閩西南也根據上級文件開展了和平運動[62]。

但是此時的國民黨對中共武裝採取的態度不是合作而是收編。負責閩西南與閩粵邊圍剿戰事的粵軍，至少在他們中的一部分人看來，何鳴等人和平的表示，是一個送上門的大好機會。這些用武力解決不了的隊伍，倒可以利用合作的形勢將其一口吞掉[63]。

何鳴並不知道粵軍的打算，談判期間發生的一樁意外，反倒可能增強了他對合作的信心。

一天夜裏，何鳴帶領部分特委人員在轉移途中被一五七師捕獲。為了脫身，何鳴對國民黨軍自稱是談判代表，其實他沒有負責具體的談判。為營救何鳴，閩粵邊特委也對外宣稱，何鳴是他們的全權代表，並向一五七師提出抗議。經過十幾天的交涉，何鳴終於獲釋。

這件事或許令何鳴覺得國民黨確有和談的誠意。

六月二十三日特委和紅三團召開幹部聯席會議，討論談判事宜。當時的意向是，游擊隊改編為獨立保安大隊，這點沒什麼異議，但在部隊的整編地點的問題上卻發生了激烈爭執，副團長盧勝等人認為到國民黨地區太危險，主張在根據地山區的邊緣改編。何鳴等一些人則同意下山改編，何鳴認為只有下山才能擴大影響，還質問談判破裂責任該誰負？特委最終贊成了何鳴的意見，派他繼續談判。二十六日，游擊隊和一五七師正式簽署了合作的〈政治協定〉[64]。

---

[58]　《項英傳》二三〇頁。

[59]　同上二一五頁。

[60]　〈新四軍組建初期的幾起意外事件及何鳴之死〉。

[61]　《項英傳》二四七頁。

[62]　〈新四軍組建初期的幾起意外事件及何鳴之死〉。

[63]　陳伯麟：〈我所瞭解的漳浦事件〉，《新四軍・參考資料（二）》六八三－六八七頁，解放軍出版社一九九一年十一月出版。

[64]　何鳴與國民黨的談判經過，見〈新四軍組建初期的幾起意外事件及何鳴之死〉。

余漢謀

何鳴對與國民黨的合作顯然十分樂觀，他根本沒想到國民黨會設下圈套。

就在何鳴與一五七師談判時，這個師的師長黃濤正在廣州向他的上級余漢謀請求批准對共產黨的清剿。雖然一五七師的談判代表也說要國共合作，但那其實只是外交詞令。黃濤把共產黨的和解看作是他剿共的成功，甚至要召開慶祝剿共勝利的大會。

余漢謀也一樣把何鳴要求的合作當成對共產黨的一種招降，而且儘管何鳴很有誠意，但他還是不放心，覺得需要對這些游擊隊員採取預防措施。

這措施就是將中共游擊隊集體繳械。

〈政治協定〉簽署後，余漢謀飛到一五七師師部所在的漳州，對黃濤說：「共產黨始終是靠不住的，不宜留下他們的武裝，落下來後患無窮，非集體繳械不可……」黃濤得到這樣的指示後，立刻向漳浦縣城增派部隊，那裏是按照協定讓中共游擊隊集結的地方[65]。

對這一切何鳴全然不知。七月初，紅三團八百多人[66]按協定向國民黨控制的漳浦縣城進發。這時南委派人來，要部隊不得離開根據地。何鳴卻說南委不瞭解情況，拒不接受指示。

十四日，紅三團來到漳浦，進駐城關孔廟[67]。周圍沒有發現什麼異常，國民黨軍的聯絡官不時熱情地前來探問[68]。但中共漳浦縣委卻在這天通報何鳴，一五七師要繳紅三團的槍。何鳴不以為然，覺得是「庸人自擾」，沒有告訴盧勝等其他幹部[69]。第二天縣委再發警訊，說國民黨軍已部署一個機槍連，隨時準備襲擊紅軍。何鳴仍舊不肯相信，並繼續向盧勝他們隱瞞情況[70]。

何鳴為何如此固執地相信國民黨？也許他根據自己對國內情況的瞭解，認為國共合作乃大勢所趨，國民黨不可能繼續執行消滅共產黨的政策，卻忽

65　余漢謀和黃濤對中共的態度和決策，見〈我所瞭解的漳浦事件〉。

66　紅三團人數，見陳楓編著：《皖南事變本末》十一頁，安徽人民出版社一九八四年十二月出版。

67　紅三團開進漳浦經過，見〈新四軍組建初期的幾起意外事件及何鳴之死〉。

68　《皖南事變本末》十一頁。

69　〈新四軍組建初期的幾起意外事件及何鳴之死〉。

70　阮友直、黃孔瑜、蕭春道：〈福建版「皖南事變」：上千紅軍一槍未發被繳械〉，中華網china.com（二〇〇七年九月四日摘）。

視了即使全局已定，局部的環節仍可能出現異常的變故。何況國民黨此時對中共的策略還沒有最後敲定。

到十六日一早，國民黨那邊傳來通知，要紅三團集合去飛機場，一五七師師長要親自點名，準備給大家發餉。

由於事先並沒說有這樣的安排，本來就反對下山進城的盧勝心生疑竇，他獨自先行一步來到城郊的飛機場察看。只見一個連的國民黨軍正在操練，機場四周都是野草茂密的荒地，雖沒發現異常，但地形對部隊明顯不利。盧勝正要回去勸阻何鳴不要前來，卻見紅三團已經開進了機場。

在何鳴的指揮下，紅三團官兵列隊站好。這時從草叢中忽然閃出大批的國民黨軍，把紅三團圍在當中，機槍和步槍直指他們[71]。一五七師四七一旅參謀主任陳英傑和九四二團團長陳凌出現在何鳴等人的面前，陳英傑說：「現在國共合作抗日，你們剛下山，不懂戰術，要先訓練一下，訓練時用不著槍，你們要先把槍放下。」

紅三團的人哪肯聽從這樣的要求，紛紛子彈上膛準備一拚。陳凌向周圍占據優勢的國民黨軍一指，要何鳴對士兵的生命負責。盧勝示意何鳴開打，何鳴立即拒絕，他向陳英傑和陳凌提出抗議，然後對紅三團表示：服從命令，把槍放下，等待黨中央來交涉處理。隨即便將自己的短槍扔在地上，其他人見狀也只好跟隨著放下武器[72]。

被繳械的紅三團又回到孔廟，在那裏哭成一片。氣憤的盧勝當晚就帶著十幾個人逃回了山上。隨後的幾天裏，紅三團跑掉了近四百人，他們聚集在盧勝的身邊，與國民黨重新開戰。

活動在閩中的一支中共游擊隊也在改編時遭繳械，後來隊員經交涉獲釋，但隊長劉突軍已被殺[73]。

直到當年的十月，通過中共代表張雲逸的努力[74]，使國民黨同意釋放紅三團的人員，發還三百多支槍[75]。盧勝等人也在十一月再下山加入新四軍[76]。

---

[71]　盧勝對機場的察看和紅三團被包圍，見《皖南事變本末》十一－十二頁。

[72]　〈福建版「皖南事變」：上千紅軍一槍未發被繳械〉。

[73]　盧勝等人逃跑並重新武裝及閩中游擊隊情況，見《皖南事變本末》十二頁。

[74]　羅永平、曾傳先：《張雲逸大將》一三〇頁，海燕出版社一九八七年十二月出版。

[75]　〈我所瞭解的漳浦事件〉。

[76]　《皖南事變本末》十二頁。

何鳴在事件發生後，被一五七師委任為政訓處工作人員，後又擔任偵緝隊長，在廈門前線偵察日軍情報。但他在國民黨部隊只待了不過半年左右，一九三八年初，在中共方面的動員下，他便離開一五七師來到皖南新四軍中，被派到二支隊[77]；那是由和他一樣來自福建的紅軍游擊隊組建的部隊[78]，何鳴給分配在支隊的政治部工作。又過了半年左右，新四軍軍部根據南委的報告，認為何鳴對紅三團繳械一事負全責，還擅自在國民黨軍隊任職，當年六月，軍法處奉令將何鳴槍決[79]。

四、「不許其踏入營門一步」

何鳴事件發生後一個月有餘，國共才在紅軍改編的問題上達成一致，中共部隊避免了被收編的命運。何鳴事件被作為一個嚴重的教訓。不論在此之前還是以後，中共中央都始終強調黨和軍隊的獨立性。

張聞天和葉劍英在陝北

還在瓦窯堡會議的時候，張聞天在要求黨員向不願團結其他政治力量的關門主義「做堅決的鬥爭」的同時，也告誡說：「一九二七年時期的陳獨秀主義在新的大革命中，在部分的黨部與黨員中的復活是可能的。」[80]這指的是中共長期以來的一個看法，認為在第一次國共合作時，因為陳獨秀實行了右傾機會主義路線，一味向國民黨讓步，喪失了本黨的獨立性，導致革命的失敗。

到了一九三六年八月十日的政治局會議上，張聞天在把長期的反蔣政策向逼蔣方針轉變時，再次強調「要記取一九二七年大革命的教訓」[81]。毛澤東也認為在統一戰線中要注意提高對同盟者的警戒性，保持黨的獨立性[82]。

---

[77]　何鳴在事件後的情況及歸隊，見〈新四軍組建初期的幾起意外及何鳴之死〉。

[78]　江渭清、鍾國楚、陳仁洪、盧勝、劉文學、陳茂輝：〈游擊健兒大會師〉，《新四軍・回憶史料（一）》一一十一頁，解放軍出版社一九九〇年一月出版。

[79]　〈新四軍組建初期的幾起意外及何鳴之死〉。

[80]　《張聞天在一九三五─一九三八（年譜）》五十三頁。

[81]　同上一二〇─一二一頁。

[82]　《毛澤東年譜一八九三─一九四九》五六七─五六八頁。

在〈關於逼蔣抗日問題的指示〉發出半個月後的政治局會議上，張聞天、毛澤東、周恩來都表示要在未來的統一戰線中保持中共的獨立。張聞天還指出：「我們在統一戰線中要取得領導」，「建立抗日統一戰線，是為了加強蘇維埃與紅軍，而不是削弱」，「雖然名義有些可以改變，但領導是要拿在我們手裏的」。毛澤東贊同爭取領導權，因為只有共產黨有力量領導抗日統一戰線。他再度提醒，對國民黨的警戒是不能放鬆的[83]。

共產國際也特別關注中共的獨立地位，更深知這在很大程度上取決於紅軍受誰的控制。它在一九三六年十一月二十日給中共中央的電報裏明確指示，中共要保證對紅軍的絕對領導[84]。

正因為有保持獨立的考慮，中共和關係密切的盟友打交道也十分小心。西安事變後張學良被扣時，紅軍與東北軍和楊虎城部隊部署聯合行動，張聞天、毛澤東、朱德、張國燾等領導共同致電前方幹部周恩來、博古、彭德懷和任弼時，指令紅軍的實際人員、武器數目、電報密本等概守祕密，位置及行動計畫不能讓友軍知道，甚至要避免和張、楊部隊在同一戰場作戰。強調在不與聯軍的戰略意圖相違背下保持紅軍的單獨指揮系統，此點有重要意義[85]。

作為中共當時的最高領袖，張聞天一直謹防黨內出現對國民黨軟弱的表現。一九三七年五月，中國共產黨全國代表會議在延安召開，張聞天在會上又一次要求與「增長著的右傾機會主義」進行鬥爭[86]。六月六日，他在中共白區工作會議上警告說：「在國共走向合作，全國和平統一開始實現的目前階段內，右傾的危險正在增長中。」[87]

這種對右傾的擔心不只存在於中共中央，身為中共地方大員之一的馮雪峰也害怕他的黨對從前的敵人過分妥協。

馮雪峰

---

[83]　張、毛、周的態度見《張聞天在一九三五一一九三八（年譜）》一三二頁，《毛澤東年譜一八九三一一九四九》五八〇頁，《周恩來年譜一八九八一一九四九》三二一頁。

[84]　楊奎松：〈抗戰初期中共中央內部戰略方針的爭論〉，www.yangkuisong.net（二〇〇七年八月十日摘）。

[85]　《毛澤東軍事年譜》一六七頁。

[86]　《張聞天在一九三五一一九三八（年譜）》二一七頁。

[87]　同上二二五頁。

國共談判期間，周恩來和博古來到上海，馮雪峰對取消紅軍和蘇維埃的做法難以接受，提出中央應向左翼人士發一份文件，說明並不放棄無產階級的立場和革命的主張，以適應許多左翼人士的情緒。博古一聽立即嚴厲批評說，這是託派意見[88]。馮雪峰不服，和博古大吵了一架，吵完後氣呼呼地跑到別人家裏說：「他們要投降，我不投降。我再也不幹了。我要回家鄉去。」[89]之後又對朋友說：「黨錯了！」「他們要想去當官了！我不去！」表示要回家寫小說去。

性情中人的馮雪峰真的說到做到，他向潘漢年表明心跡，並先將妻兒送回了老家。儘管張聞天指示博古，解決馮雪峰的問題以穩定為主[90]，還想召他去延安，但馮雪峰最終還是不告而別，給黨組織留下一封信，表示自己離去是為保持清白和顧全大局，將來患難來時他仍會挺身而出。雖然他日後又回來工作，但書生意氣的個性無疑影響了他在黨內的地位。一九五七年他被劃為右派，一九七六年大年初一鬱鬱而終[91]。

國共合作的重點是軍隊的合作，中共在這方面也自然對國民黨抱著很強的戒心。一九三七年八月九日，當周恩來、朱德、葉劍英代表中共前往南京出席國防會議[92]時，毛澤東在延安的中共中央 會議上表示，「防人之心不可無」[93]。

在決定派周恩來等人去南京的時候，張聞天、毛澤東商議了紅軍參加抗日的方案，準備到時候「出三分之一兵力，依冀、察、晉、綏四省交界地區為中心，向著沿平綏路西進及沿平漢路南進之敵，執行側面的游擊戰；另以一部向熱冀察邊區活動，威脅敵後方（兵力不超過一個團）」。並將此計畫告訴了在南京談判的周恩來等人[94]。

一九三七年的毛澤東

---

[88] 同上二三七頁注釋一。

[89] 李輝：〈凝望雪峰 —— 關於馮雪峰的的隨感〉，《風雨中的雕像》一三三—一五三頁，山東畫報出版社一九九七年一月出版。

[90] 相關記述見《張聞天在一九三五—一九三八（年譜）》二三七頁正文及注釋一。

[91] 馮雪峰其後的經，見〈凝望雪峰 —— 關於馮雪峰的隨感〉。

[92] 《周恩來年譜一八九八—一九四九》三七五頁。

[93] 《毛澤東傳一八九三—一九四九》下冊四六一頁，中央文獻出版社一九九六年八月出版。

[94] 《張聞天在一九三五—一九三八（年譜）》二四四—二四五頁。

十幾天後，國民政府軍事委員會第一部部長黃紹竑和副參謀總長白崇禧提出了一份改編後的八路軍出動方案，規定八路軍以兩個師的兵力過黃河進入山西集中。另一個師沿隴海路轉平漢路，最後到冀東的玉田、遵化一帶開展游擊戰爭[95]。

黃、白二人方案的出兵方向與中共的要求還是大致相同的，但他們明顯是要中共部隊全部出動，因為按照改編計畫，八路軍的主力編制只有三個師。他們又把往河北去的八路軍兵力由不超過一個團提升到一個師。

這立刻讓張聞天和毛澤東產生了警覺，兩人忙致電周恩來、葉劍英：「黃白案將紅軍分割出動，其中包含著極大陰謀，絕不能認為有利，堅決不能同意。」[96]又發電給博古等人，認為「國民黨陰謀已表現得很明顯」，企圖讓紅軍「分路出動，使不集中，強使聽命」，後果將是紅軍「即變為蔣之屬下，彼以命令行之，彼時黨的問題與邊區問題，由彼解決，甚至不許發表宣言並取消蘇區」[97]。

八路軍的主力最終全部開動，但卻是集中前往山西[98]。國民黨先後兩次想派人到八路軍來擔任參謀，張聞天、毛澤東對此也兩次發出電令，不許其踏入營門一步[99]。張聞天繼續提醒黨內不要過分遷就國民黨[100]。當章乃器主張各黨派要寬大容忍，不算舊帳，不搞黨派和領導權之爭的內耗[101]時，張聞天在給潘漢年的電報中說，章「態度完全軟化，甚為可惜」[102]。

章乃器

五、「賺錢則來，不賺錢不幹」

對中共來說，不僅要維護自己的獨立地位，還要在抗戰中發展壯大自己的力量。抗戰剛開始的時候，新四

95　同上二五○頁注釋一。
96　《張聞天在一九三五－一九三八（年譜）》二五○頁。
97　同上二五一頁。
98　同上二五四頁。
99　《毛澤東軍事年譜》一九九頁、二○三頁。
100　《張聞天在一九三五－一九三八（年譜）》二六一頁。
101　章乃器：〈少號召多建議〉，《中共黨史參考資料》第八冊二十六－二十七頁。
102　《張聞天在一九三五－一九三八（年譜）》二六九頁。

軍還未組成，八路軍的數量也只有大約四萬五千人[103]，在數百萬的抗日軍隊中顯得微不足道，用毛澤東的話來說，只是一支起鼓舞人心作用的「壯氣軍」[104]。

要把「壯氣軍」提升為真正有實力的部隊，在張聞天和毛澤東看來，最有效的做法就是進行游擊戰爭。這個想法的首倡者可能是有多年作戰經驗的毛澤東，作為中共當時的軍事負責人，他推動游擊戰略的態度也最積極。

毛澤東倒也不是從一開始就主張游擊戰。在一九三六年七月十六日跟斯諾談話時，他還認為抗日戰爭開始後，中國軍隊應採取在廣闊的戰線上進行高度的運動戰，用陣地戰和游擊戰加以輔助[105]。這些實行運動戰的軍隊中理應包括紅軍，因為按毛的設想，打游擊的武裝應該「在農民中間組織」[106]，陣地戰又並非紅軍的強項，運動戰則是內戰中紅軍歷次反圍剿勝利的有力武器。毛澤東還預言，大規模的運動戰將是轉換全局的戰略方針[107]。

共產國際也認為紅軍能夠進行大規模的正規作戰，在一九三六年十一月十六日的電報中甚至要求紅軍抗戰時應承擔一定的防線，也就是說要打陣地戰，理由是這樣才能保證它所說的，中共對紅軍的絕對領導[108]。

有了這樣的國際指示，在「七‧七」事變發生後，當得知國民政府有意讓紅軍到平綏線擔當防衛任務後，一九三七年七月十四日，毛澤東和朱德下令各部隊十天內準備完畢，待令出動，擔任平綏線國防。但同一天他又和紅軍將領聯名致電葉劍英，要他轉告蔣介石，唯紅軍特長在運動戰，防守非其所長，願與防守之友軍配合作戰，並願以一部深入敵後打其後方[109]。可以看出，毛澤東此時戰略構想的重點還是運動戰，游擊戰仍不是主角。

那時的毛澤東還曾主張「採取攻勢防禦」，「大規模地在日寇周圍及後方發動抗日的游擊戰爭」[110]，這種「攻勢」的，「大規模」的戰略動作，顯

---

[103] 《毛澤東軍事年譜》一九一頁。
[104] 同上一九九頁。
[105] 《毛澤東年譜一八九三──一九四九》上卷五五九頁。《毛澤東軍事年譜》在引用這段談話內容時，將運動戰的詞句統統改成游擊戰或游擊戰略，見一三七頁。
[106] 〈抗戰初期中共中央內部戰略方針的爭論〉。
[107] 《毛澤東年譜一八九三──一九四九》上卷五五九頁。
[108] 〈抗戰初期中共中央內部戰略方針的爭論〉。
[109] 《毛澤東軍事年譜》一八八頁。
[110] 〈抗戰初期中共中央內部戰略方針的爭論〉。

日軍占領天津火車站

然是以在日軍「周圍」的運動戰為主，此刻的「游擊戰爭」至少在很大程度上是運動戰的一種別稱。

然而戰爭全面爆發後，局勢的發展出人意料，日軍在短短三天之內就迅速攻占了北平和天津。儘管張聞天在公開的講演和文章中說，日本獲勝的原因是國民黨方面長期妥協偷安，沒有抗戰的決心，不實行進攻戰略[111]。但中共領導人私下不會不明白，中日的實力對比太過懸殊，正規作戰受損失是必然的。

在這之後，毛澤東開始考慮改變戰略。他首先決定延緩紅軍向前線開進的速度，七月三十一日他指示朱德、彭德懷和任弼時：「部隊轉移不必開得太快，可下令從八月五日起（或更遲幾天）開始東移，每天走五十里左右，每走三天休息一天，集中後一面改編一面加緊訓練，一面要求南京補充。」[112]

接著在第二天，張聞天和毛澤東致電與國民黨談判的周恩來、博古、林伯渠，要他們提出紅軍「在整個戰略方針下執行獨立自主的分散作戰的游擊戰爭，而不是陣地戰，也不是集中作戰」，「只有如此才能發揮紅軍特長，給日寇以相當打擊」。「分散」的游擊戰第一次在中共最高領導心中占了主導地位。為此張、毛認為「紅軍以出三分之一的兵力為適宜，兵力過大，不能發揮游擊戰」。

同一天，他們在給周恩來、博古的另一份電報裏又說：紅軍出動「宜緩不宜急」，「實行作戰須在一定條件之下，否則有損無益」，待適當時機與蔣介石商討路線、兵力和作戰方法，「方不吃虧」[113]。到八月三日，張、毛明確表示：「游擊戰以紅軍與其他適宜部隊及人民武裝擔任之」，國民黨應「給予獨立自主的指揮權」[114]。

---

[111]　《張聞天在一九三五－一九三八（年譜）》二三九頁。
[112]　相關分析敘述，見〈抗戰初期中共中央內部戰略方針的爭論〉。
[113]　兩份電報，見《張聞天在一九三五－一九三八（年譜）》二三九－二四〇頁。
[114]　〈抗戰初期中共中央內部戰略方針的爭論〉。

但在外地的中共領導人和紅軍將領卻有不同的看法。四日，朱德、周恩來、博古、林伯渠、彭德懷、任弼時致電中央，不贊成只出兵三分之一，「認為仍以紅軍主力出去為妥」，「不拖延改編」[115]，這樣「政治影響好」，「易要求和獨立自主的作戰任務」，「主力出去仍可節約兵力，謹慎使用，不打

八路軍東渡黃河，開赴抗日前線

硬仗」[116]。他們也不同意只打游擊戰，表示可以「多行側面的運動戰與游擊戰」[117]，把運動戰和游擊戰作為並列的選項。

在這種情況下，張聞天和毛澤東做出妥協，五日給朱德等人回電同意「紅軍擔負以獨立自主的游擊運動戰」，但還是把游擊戰排到了運動戰的前面，也拒絕「獨當一面」。對紅軍出兵，張、毛「承認開拔主力」，但並不真的打算全部出動，更不告訴蔣介石真實的人數。理由是紅軍全體出動是蔣的要求，而蔣在陝甘地區還有十個師，須提防他趁機侵犯中共「唯一可靠後方」的陝甘寧邊區[118]。

同意「運動游擊戰」只是為了給國民黨開條件，張聞天和毛澤東內心依舊堅持游擊戰略。

經過周恩來等人的反覆談判，國民黨同意中共部隊充任戰略游擊支隊，只做側面戰，不做正面戰[119]。這側面戰的游擊戰略顯然是運動戰與游擊戰並存，究竟以何者為重，在八月二十二日至二十五日的洛川中共政治局擴大會議上，領導層內部繼續發生爭論。張聞天、毛澤東再度想把八路軍的作戰方針定位為游擊戰，毛澤東講了游擊戰對中共的好處，指出通過山地游擊戰，中共部隊可以分散發動群眾，建立根據地[120]。張聞天表示：「賺錢則來，不

---

[115]　《朱德年譜》新編本（中）六五四頁，中央文獻出版社二〇〇六年十一月出版。

[116]　〈抗戰初期中共中央內部戰略方針的爭論〉。

[117]　《朱德年譜》新編本（中）六五四頁。

[118]　《張聞天在一九三五─一九三八（年譜）》二四五頁。

[119]　《周恩來傳》（一）四五一─四五二頁。

[120]　《毛澤東年譜一八九三─一九四九》中卷十五頁。

賺錢不幹」，「不要為群眾的熱情所支配，而要看清革命的基本利益」[121]。
這「基本利益」當然是指發展共產黨自己的力量。

　　所有的中共領導人中沒有誰反對增強自身的實力，朱德、周恩來都主
張在華北搞持久戰，朱德說即便國民黨軍退出了華北，八路軍也要在那裏堅
持下去。這種堅持自然也是要發動群眾，建立根據地。

　　朱德、彭德懷也不反對游擊戰[122]，但他們也並不想因此就丟掉擅長的運
動戰，彭德懷就表示：「運動戰與游擊戰是密切不可分開的。」[123]周恩來在
會上提出：「還是運動游擊戰好」，「布置敵人後方游擊戰爭，必要時集中
力量消滅敵人」[124]。洛川會議最終沒能在此問題上取得一致。

洛川會議會址

林彪（左一）指揮平型關之戰（照片可能是
事後擺拍）

　　毛澤東沒有因此放棄自己的觀點，
在洛川會議後的許多指示中，他都不斷
地提及游擊戰。九月二十一日，他在給
彭德懷的電報裏批評「太原與整個華北
都是危如累卵。個別同志對於這種客觀
的必然的趨勢，似乎還沒有深刻認識，
被暫時情況所誘惑」，照此下去只會
「被敵各個擊破」。「今日紅軍在決戰
問題上不起任何決定作用，而有一種自
己的拿手好戲」，「這就是真正獨立自
主的山地游擊戰」，「集中打仗在目前
毫無結果可言的」[125]。九月二十五日，
他又發電報給在山西的周恩來等人說：
「整個華北工作，應以游擊戰爭為唯一
方向。」[126]

[121]　《張聞天在一九三五－一九三八（年譜）》二五三頁。
[122]　周恩來、朱德、彭德懷的觀點見王秀鑫：〈中共中央洛川會議〉，《中共黨史資料》第
　　　　四十三輯二四〇－二五四頁。
[123]　《彭德懷年譜》一七九頁，人民出版社一九九八年三月出版。
[124]　《周恩來年譜一八九八－一九四九》三七八頁。
[125]　《毛澤東軍事文集》第二卷五十五頁。
[126]　同上五十七頁。

　　就在這一天，八路軍一一五師在山西平型關附近
按國民政府第二戰區的命令，準備配合正面守軍向來
犯日軍側翼包抄時，卻發現日軍的汽車隊和輜重隊從
東西兩邊出現在他們的預設陣地前。師長林彪當機立
斷，下令開火。經過激戰，殲滅日軍約五百人，繳獲
許多軍用物資，八路軍也傷亡約四百多人[127]。

抗日負傷的國民黨軍人

　　這是抗戰以來中國的第一次勝利，也是一場運
動狀態的正規戰。沒有國共兩軍的統一戰略計畫，也
就不會有這一戰。在抗戰初期到處是正規戰的大環境
下，國民黨方面必然要求共產黨的軍隊加入到正面抵禦的戰場，即便是側面
戰，也必定是以大規模的戰鬥為主，而不是零打碎敵的游擊。剛剛到達抗日
前線，力量薄弱的中共部隊，不可能拒絕與國民黨軍一起打仗。如果八路軍
不集中兵力協同友軍作戰，恐怕也很難被允許在當地立足。敵後戰場的開闢
離不開正面戰場對敵方兵力的吸引牽制，如若不給日軍充分的正面打擊，大
量消耗它的兵員，中共開展游擊戰，創建根據地的活動也會增加很大難度。
與強大的日軍正面交鋒無疑會多有傷亡，這是無法避免的，國民黨軍的軍力
損耗更為慘重。

　　戰略的選擇是根據形勢的變化做出的，在一九三七年十一月太原失陷
後，隨著華北正面戰事的趨緩，八路軍領導人很自然地把作戰重心轉向了敵
後游擊。國民黨方面在當時對他們的舉動並沒有嚴加防範，中共自行成立晉
察冀邊區政府時，閻錫山雖有猶疑，但最終不僅同意，還致電國民政府說：
「在敵人包圍中，自行樹立政權於敵後，對整個收復失地全局不無裨益。」
覺得可以「暫事照准」[128]。這自然因為八路軍打游擊是國共商定的戰略分
工，但與八路軍此前的奮勇殺敵應該也不無關係。八路軍指揮員也並沒有拋
棄運動戰，比如兩年半以後，在彭德懷指揮下，華北八路軍又發起了壯觀的
百團大戰。

---

[127]　關於平型關之戰的情況，見楊奎松：〈關於平型關戰鬥的史實重建問題〉，《開卷有疑
　　——中國現代史讀書筆記》五十九一一百頁，江西人民出版社二〇〇七年九月版本。
[128]　《晉察冀抗日根據地史》五十四頁，改革出版社一九九二年六月出版。

一九三七年十二月九至十四日政治局會議後中共中央
成員合影

毛澤東對游擊戰的執著有他的考慮，真正的用意是藉此建立中共自己的地盤。

近二十二年後的一九五九年夏天的中共廬山會議上，彭德懷遭到批判。七月三十一日，政治局常委開會批彭，毛澤東在談話中提起抗戰初期歷史時回顧道：「一些同志認為日本占地越少越好，後來才統一認識：讓日本多占地，才愛國。否則變成愛蔣介石的國了。國內有國，蔣、日、我，三國志。」

在毛澤東說這些話之前，指揮了平型關之戰的林彪就說：「平型關吃了虧，頭腦發熱。」毛澤東講完後，他又說：「百團大戰是大戰觀念。」彭德懷自己也接著檢討：「這一仗是幫了蔣介石的忙。」[129]

後來，在「文革」中受審時寫的材料中，彭德懷雖然為百團大戰做了辯護，但仍然承認此戰「減輕了當時日軍對蔣介石的壓力。客觀上是起了援助了蔣介石的作用」[130]。

到一九三七年底，當被共產國際派回國的王明說「游擊戰爭不能戰勝日本」[131]後，毛澤東才修正了自己的看法，說：「紅軍的戰略方針是獨立自主的山地游擊戰，在有利條件下打運動戰。」[132]

一九三八年二月，在接受美國合眾社記者採訪時，毛澤東毫不臉紅地表示：「有人說我們只主張游擊戰，這是亂說的，我們從來就主張運動戰、陣地戰、游擊戰三者的配合。」[133]

---

[129]　毛澤東、彭德懷、林彪的話，見李銳：《廬山會議實錄》（修訂本）一八二－一八三頁，河南人民出版社一九九四年六月出版。

[130]　《彭德懷自述》二三九頁。

[131]　《毛澤東傳一八九三－一九四九》下冊五〇七頁。

[132]　同上五〇八頁。

[133]　〈同合眾社記者王公達的談話〉，《毛澤東文集》第二卷九十九－一〇三頁。

第四章

明爭暗鬥的改編

一、「沒有飯吃，不會去跳海！？」

中共南方游擊隊改編為新四軍的過程，是國共在第二次合作初期的又一個鬥爭焦點。

在關於陝北紅軍的談判接近尾聲時，周恩來在一九三七年八月十七日向延安發出一份電報，告訴中央：已經跟何應欽談妥，「允許我方派人到各邊區傳達黨中央意旨，並協助各邊區傳達改編」[1]。

抗戰初期的周恩來

這裏的「邊區」指的是南方的游擊區，中共中央此時已經和其中一些地方的游擊隊取得了聯繫。在周恩來發電報的時候，高敬亭領導的鄂豫皖、傅秋濤領導的湘鄂贛兩地的黨組織和武裝正按照中央精神與國民黨軍進行合作洽談[2]，但和所有游擊區的總負責人項英還沒有任何聯絡，甚至不知他是死是活[3]。

從周恩來的電文可以看出，在進行陝北紅軍改編談判的同時，中共代表團也在和國民黨交涉南方游擊隊的問題。也可以看出，直到這時為止，相關談判仍沒有實質性的進展。

---

[1]　〈周恩來、葉劍英關於同何應欽談判南方紅軍游擊隊的改編致中共中央電〉（一九三七年八月十七日），《新四軍・文獻（一）》十九頁，解放軍出版社一九九四年三月版本。

[2]　見〈湘鄂贛人民抗日紅軍軍事委員會布告〉（一九三七年八月二十日），同上書二十一－二十一頁；〈高敬亭、何耀榜關於鄂豫皖邊情況致中共中央信〉（一九三七年九月九日），同上書二十四－二十六頁；李世焱：〈在歷史轉折關頭〉，《新四軍・回憶史料（一）》十七－二十八頁，解放軍出版社一九九○年一月出版。

[3]　《項英傳》二六八頁。

　　北方的紅軍改編成八路軍已成定案，可是南方游擊隊的未來卻還處在不確定的狀態。這些武裝究竟如何安排，是變成地方保安隊還是正規軍，不僅國民黨方面提不出整體方案，中共也沒有清晰的計畫。這種情形的出現，和陝北紅軍與南方游擊隊所處的不同環境有密切的關係。

　　陝北紅軍是一支力量集中的正規部隊，還有可靠的根據地做依托，使它能夠底氣十足地拒絕國民黨的一些要求。改編為八路軍的時候，蔣介石連派人點驗部隊都辦不到[4]。

　　與陝北的紅軍主力相比，南方游擊隊只是一支支非常分散的小股武裝，幾乎沒有自己鞏固的地盤。這樣的布局用來打游擊固然機動靈活，但一旦實行合作改編，把自己完全暴露在國民黨武裝的面前，就勢必顯出力量的薄弱，很難避免被國民黨操弄，搞不好會重演何鳴事件。

　　沒能控制八路軍的國民黨，的確不想再放過掌握南方中共武裝的機會。江西省政府成立了針對游擊隊的招撫委員會[5]，名稱上的用意就很明白，要把三年沒能消滅的對手收編納入自己的麾下。

　　有何鳴事件的前車之鑑，共產黨當然清楚國民黨的意圖，在此前的八月一日，中共中央指示南方游擊區「必須嚴防對方瓦解與消滅我們的陰謀詭計與包圍襲擊」[6]。周恩來在十七日的電報裏請中央把準備派往鄂豫皖等地的

人員先送到南京來[7]，其意也顯然是要向他們詳細說明情況，以便把握合作談判的分寸。

　　身為政治家和外交家的周恩來心裏明白，要讓南方游擊隊擺脫國民黨的束縛，僅僅靠中共內部的努力是不夠的，還必須從黨外想些辦法。巧合的是，就在談判期間，周恩來去上海的時候遇見了一個人，觸發了他解決政治難題的靈感。

　　這個人就是葉挺。

葉挺在德國

4　〈葉劍英、李克農關於葉劍英、葉挺見蔣介石情形致林伯渠、秦邦憲電〉（一九三七年十一月二十一日），《新四軍·文獻（一）》六十頁。

5　《陳毅傳》九十九頁。

6　〈中共中央關於南方各游擊區域工作的指示〉（一九三七年八月一日），《新四軍·文獻（一）》十二─十四頁。

7　〈周恩來、葉劍英關於同何應欽談判南方紅軍游擊隊的改編致中共中央電〉。

自從脫離共產黨後，葉挺在柏林當過中國餐館的老闆兼廚師，去巴黎做過賣蔬菜水果的小販。他曾一度意氣消沉，周恩來有次路過柏林時勸他：「總不能放棄革命不幹，幹革命成功不必在我。」情緒低落的葉挺沒有聽進去。

但在這同時葉挺仍沒忘鑽研軍事，甚至自己試製火藥和炸藥[8]。跟共產黨也依舊保持接觸，除了周恩來，他還和其他中共幹部見過面，宋慶齡在蘇聯時也曾寄錢給他[9]。

一九三二年初，葉挺定居澳門。這期間用他後來的話說：「很多國民黨朋友慫恿我來南京，再回到軍隊裏。」[10]其中就包括他保定軍校的校友，蔣介石的幹將陳誠；還有與他在粵軍共過事，當時主宰廣東的陳濟棠，也曾多次派人到澳門，希望能重新聯手。葉挺都予以回絕，他無論如何不肯和圍剿自己過去同志的人合作。

對勸他投奔國民黨的人，葉挺總是回答，他不做國民黨的官，也不做共產黨的官[11]。其實他心中始終對中共不能忘情，堂侄葉欽和來澳門找他，想讓他幫忙介紹工作，談話中提到自己曾在國民黨機關裏做過事。葉挺聞聽立刻大怒，嘆道：「沒有飯吃，不會去跳海！？」氣消了些後又說：「你不如到江西找紅軍去。」[12]

葉挺本人就見過紅軍。一九三三年末參與福建事變時，他在福州遇到了中共代表張雲逸。

張雲逸是當時中共高級幹部中年紀比較大的一位。他早年十七歲時加入了孫中山的同盟會，參加了兩次廣州起義，其中第二次就是有名的黃花崗起義。起義失敗後，他裝作上街買菜的百姓躲過了清軍的搜捕。日後笑談說，若不如此，自己將是黃花崗第七十三烈士。

到了一九二六年十月的北伐戰爭中，三十四歲的張雲逸加入了中共。國共決裂後，他在廣西和中共中央代表鄧

紅軍時期的張雲逸

---

[8]　葉挺在柏林、巴黎的情況及與周恩來的會面，見《葉挺將軍傳》二四一－二四四頁。

[9]　葉挺在國外與中共的接觸，見《葉挺傳》二六四－二六五頁。

[10]　漢斯・希伯：〈葉挺將軍傳〉，《葉挺研究史料》四三七－四四四頁。

[11]　葉挺拒絕國民黨方面合作邀請的情形，見段雨生等的《葉挺將軍傳》二五〇－二五五頁。

[12]　《葉挺傳》二七一－二七二頁。

小平一起創立了左右江根據地和紅軍第七軍，後又率領紅七軍遠征進入江西蘇區[13]。此時的他是中共派駐福州的軍事聯絡員[14]。

張雲逸和葉挺曾先後在廣州黃埔陸軍小學上學，北伐時又同為粵軍張發奎的部下，算得上是老相識。然而畢竟相互身份已經不同，雖然兩人的談話十分融洽，但卻保持著微妙的距離。當葉挺講到他拒絕陳誠等人的邀請時，張雲逸卻未表讚賞，反說如有適合的國民黨軍可去的話，也不妨去試一試。

葉挺很感驚異，這話是什麼意思？共產黨覺得他應該是國民黨的人？

張雲逸看出葉挺的心理，忙解釋道：到國民黨軍隊去服務，不一定都是壞事。共產黨員吉鴻昌就是國民黨的軍長（此時吉鴻昌的部隊已在華北失敗，這可能是張雲逸覺得可以向葉挺透露吉真實身份的原因），但他這個軍長反對內戰，主張抗日，做了許多有益革命的工作[15]。

葉挺又對張雲逸表示盼望能與黨組織聯繫，爭取黨的幫助教育。張雲逸答應轉達他的要求，也表示理解和肯定他參加福建事變的行動[16]。

福建事變失敗後，中共果然派人與回到澳門的葉挺往來[17]，其南方工作的領導人宣俠父也和他建立了聯繫。一九三六年五月到香港的潘漢年也約見了葉挺，希望他利用在國民黨軍隊的影響，為建立統一戰線工作。葉挺很是興奮，不停地對人說：「我現在好了，和那邊（中共）有了聯繫，不是孤家寡人了！」為此他在這年夏天前往上海一帶活動，與正在修築防備日本工事的國民黨軍官接觸。十一月，又陪宣俠父去廣西聯絡反蔣人士[18]。

一九三七年五月，受中共中央指派來南方搞統戰工作的張雲逸抵達香港[19]。再次會見葉挺。建議他到上海或老家廣東東江走一走，也許將來有可做的事情[20]。於是在「七‧七」事變爆發後，葉挺便隻身來到上海，見到了周恩來[21]。

13　張雲逸早年經歷的記載，見《張雲逸大將》及李曉光編著：《張雲逸年譜》（初稿），廣西新四軍歷史研究會二〇〇二年十二月印發。

14　《葉挺傳》二六九頁。

15　《葉挺將軍傳》二六一頁。

16　《葉挺傳》二六九頁。

17　同上二七二頁。

18　《葉挺將軍傳》二六八－二六九頁。

19　《張雲逸大將》一一六頁。

20　《葉挺將軍傳》二七〇頁。

21　《葉挺傳》二七六頁。

　　周恩來和葉挺曾在南昌暴動時共事。作為高層領導，他對葉挺幾年來與中共的交往也十分清楚。根據過去的瞭解和現在的情況，周恩來顯然認為，葉挺是一個可以信賴的人。也使他萌生了一個想法，如果由這樣一位曾經的共產黨員，現在依然傾向中共的人來負責南方游擊隊整編，不是比讓國民黨直接插手好得多？

　　這樣考慮後，生性謹慎的周恩來僅僅以個人名義向葉挺建議，在適當的時候向陳誠、張發奎等人表示一下自己願意領導中共南方部隊，通過他們爭取蔣介石的同意[22]。他還表示，回延安後要將此事向黨中央詳細彙報[23]。

　　對葉挺的建議只是周恩來與南方游擊隊有關的全盤策略的一部分，甚至可能是一個備選方案。他不會太多地指望蔣介石任用葉挺，需要他處理的事務又千頭萬緒，所以在兩次回延安[24]的過程中，他都沒有把葉挺的事進行彙報。

　　正在周恩來忙於跟國民黨談判時，八月九日，駐上海日軍的軍官大山勇夫和一名士兵在虹橋機場跟中國守衛部隊衝突，二人都遭擊斃。事件發生後，日本一面向上海調兵，一面提出撤退上海中國保安部隊，拆除防禦工事的要求。遭到中國拒絕後，十三日，中日軍隊在上海交火，「八・一三」淞滬抗戰爆發[25]，中日戰爭又多了一個戰場。葉挺目睹中國軍隊浴血奮戰，他再也坐不住了，找到負責戰事的第三戰區前敵總指揮陳誠，建議把中共南方游擊隊組成國民革命軍新編第四軍，由他負責集合改編，開赴前線抗日[26]。

日本海軍陸戰隊越過上海中國守區防線

　　新四軍的名號就這樣被提出來，葉挺的意思是想繼承北伐時他所在的「鐵軍」第四軍[27]。不過他這時對自己的意見能否被

---

[22]　《葉挺將軍傳》二七一頁。

[23]　《葉挺傳》二七六頁。

[24]　周恩來曾在一九三七年七月二十八日和八月下旬兩次回到延安，見《周恩來年譜一八九八－一九四九》三七三頁、三七八頁。

[25]　相關情況，見《中國抗日戰爭正面戰場作戰記》上冊五一七－五二五頁。

[26]　《葉挺將軍傳》

[27]　《葉挺傳》。

接受，恐怕也沒抱太大的希望。事實上，蔣介石最初也確實沒想起用葉挺，準備接掌南方中共武裝的人選，就是此刻在葉挺面前的陳誠[28]。

二、「正式宣布國共合作了！」

當南京和上海在為中共南方游擊隊勞神的時候，項英也在開始和國民黨方面接觸談判。

七月十一日那天，正在贛粵邊山區追剿中共游擊隊的國民黨軍忽然撤走了。根據往日的經驗，聯想到兩廣事變時國民黨軍也是這樣撤離，項英判斷一定出了什麼大事。

果然沒過幾天，項英就從報紙上獲悉「七・七」事變爆發的消息。他立即派人把在別處的陳毅找來，召開贛粵邊特委會議，決定準備和國民黨談判，聯合抗日[29]。

雖然提出了新方針，但得不到中央的明確指示，項英等人心裏仍然不踏實。三個月前，香港《工商時報》刊登了中共中央二月十日給國民黨的電報，裏面保證停止武力推翻國民政府，工農政府改為特區政府，紅軍改名國民革命軍，停止沒收地主土地；雖然項英和陳毅認為這是真實的中央精神，但當時組織內許多人還都認為那是假的。

為了謹慎，項英沒有把會議的決定向下級組織公布。直到又過了些日子，他得到了一批香港書刊，其中一本叫《新學識》的書裏摘錄了毛澤東五月二日在延安中共全國代表會議上的報告，其中提到了二月十日的保證，主張建立抗日民族統一戰線。項英大喜過望，反覆說道：「好了，我們有材料，有根據，來正式宣布國共合作了！」

項英又一次召開特委會議，直到這時有人對國共合作仍心存疑慮，主張游擊隊不宜全部集中，集中一半，留下一半堅持游擊戰爭。項英和陳毅都表示反對，陳毅說：「打擊日本侵略者是首要任務。」「日本在進攻，共產黨不去打日本，跑到一邊打內戰，打地主，搞幾百塊錢，殺個把土豪，那就沒意思了。應該抗日。」「集中所有游擊隊編為抗日軍，才能擴大影響，成為

28　李任夫：〈葉挺將軍出任新四軍軍長的前前後後〉，《新四軍・參考資料（二）》七〇二 — 七〇八頁，解放軍出版社一九九一年十一月出版。

29　項英轉變方針的決策，見《項英傳》二五二頁。

氣候。出一半，留一半，東一坨，西一坨，是
成不了大氣候的。」[30]

江西戒備中共軍隊的崗哨

　　會議終於確定了跟國民黨合作抗日的政
策，還把贛粵邊紅軍游擊隊改名為贛南人民抗
日義勇軍[31]。

　　八月八日，項英起草了特委與游擊隊聯
合宣言，聲明放棄對政府的敵對活動，停止游擊戰爭，同時要求政府方面也
立即停止進剿游擊區。游擊隊還把抗日口號寫在木板和竹片上，插到交通要
道，或投入河中順水漂至各地，以此向外界表明自己的抗日態度。

　　這時候淞滬抗戰爆發，隨著戰事的吃緊，圍剿游擊隊的國民黨軍陸續
被抽調走。八月二十日，項英以特委名義直接給國民黨在江西的高官寫
信，催他們儘快出面協商抗日事宜。同時下令贛粵邊中共武裝停止游擊
活動。

　　在這之後，國民黨方面終於做出了反應。差一點燒死項英的四十六師
和游擊區所在幾個縣的縣長聯合發出〈告中共同志書〉，聲稱：「你們是愛
國志士，多年奮鬥，我們無任欽佩。現在是志士抗日救國之時，歡迎下山談
判，共商北上抗日事宜。」大庾縣縣長彭育英也在二十七日致信項英、陳
毅，表示歡迎游擊隊下山。

　　可是儘管有了「同志」的稱呼，國民黨人士在內心並沒將中共看作與自
己平等的夥伴。關於游擊隊「要求投誠」、「歸順國民黨」的流言滿天飛，
項英為此特別要下屬幹部予以回擊[32]。

　　國民黨並不在乎中共的感覺。八月二十九日，江西省主席兼保安司令熊
式輝在訓令中稱紅軍游擊隊是「本省殘匪」，「特予自新之路，凡屬誠意來
歸者，一律不咎既往，准予收編抗日，以盡國民之責」[33]。

---

[30]　項英、陳毅等待中共中央明確精神和討論改編的經過，見《陳毅傳》九十八－九十九頁。

[31]　《項英傳》二五五頁。

[32]　項英等人與國民黨方面嘗試接觸的情形，見《項英傳》二五六－二五七頁。

[33]　〈江西省政府改編紅軍游擊隊的訓令〉（一九三七年八月二十九日），《新四軍‧參考資
　　　料（二）》二十頁。

　　有了這樣的訓示，在九月二日大庾縣下層軍政官員致游擊隊的信件中，也就仍把國共合作當成是「納降」，還引用以前投降的中共幹部的例子，信誓旦旦地表示對「自新」的共產黨人既往不咎。

　　這種不無真誠的許願只能激起中共的反感，陳毅在九月三日給彭育英的信裏痛加駁斥[34]。

　　這些只能算是小插曲，沒有妨礙雙方談判的展開。項英、陳毅決定先接觸離他們最近的彭育英。彭育英上任以來造橋、辦學、開貧民醫院，頗有些政績，這時又兼任了江西招撫委員會的副主任，是一位合適的聯絡對象[35]。在三日的那封信裏，陳毅告訴彭育英，游擊隊一兩天內將派人下山談判[36]。彭育英立即回信，表示歡迎游擊隊派一個負責人前去。口才很好的陳毅被項英指派為全權代表，在九月八日開始與國民黨接洽[37]。

　　這邊贛粵邊的談判方才開始，那邊傅秋濤的湘鄂贛地區游擊隊與國民黨軍的協商已取得成果，但是這成果卻引起了遠在延安的中共中央不悅。

　　讓延安不高興的主要是，游擊隊在與國民政府軍事委員會武漢行營的談判中，答應國民黨方面可以派人到改編後的部隊裏擔任副官主任和軍需主任。雖然這可能是考慮到游擊隊集結整編後，軍需後勤供應都要由國民政府負責，而且這樣的人事安排也並不涉及軍隊的指揮權，但在剛剛拒絕了國民黨軍官進入八路軍的毛澤東看來，這仍是嚴重的錯誤。

　　毛澤東在十日發電要求轉告湘鄂贛領導人，要吸取何鳴事件的教訓，不可輕易移駐大地方，原則上不容許國民黨由行營派人插入，現允其派副官軍需甚為失策，望即派人回武漢申述官兵意見，拒絕行營派人[38]。官兵意見只是對付國民黨的託詞，中央的指示才是不得含糊的。

一九三七年的傅秋濤

---

[34]　〈陳毅關於紅軍游擊隊談判事致國民黨大庾縣縣長彭育英信〉，《新四軍‧文獻（一）》二十二—二十三頁。

[35]　《陳毅傳》九十九頁。

[36]　〈陳毅關於紅軍游擊隊談判事致國民黨大庾縣縣長彭育英信〉。

[37]　《項英傳》二五九—二六〇頁。

[38]　《毛澤東軍事年譜》二百頁。

對於這一切全不知情的項英、陳毅，繼續按照既定方針與國民黨交涉。十一日，陳毅在彭育英的陪同下來到贛州，受到各界人士的歡迎，項英也提前指示贛州中共地下黨散發支持國共合作的傳單，張貼歡迎標語[39]。一九三四年四月剛轉入游擊戰時，陳毅曾根據日本侵蝕華北的形勢預言，總有一天，國民黨會派軍樂隊歡迎我們下山合作抗日的[40]。他自己恐怕也沒想到，這次國民黨真的安排了一支軍樂隊迎接他的到來[41]。

歡迎儀式雖然熱烈，但一坐到談判桌前，國共兩方仍免不了唇槍舌劍。國民黨代表，江西省保安處參謀長熊濱要求中共游擊隊絕對服從政府一切命令，還說：「無所謂國共合作，這種說法英、美不習慣。」

當時西方國家確實曾經希望蔣介石提防共產黨[42]。

陳毅立即抓住這話不放：「你代表誰？代表英、美嗎？要是代表英、美，就沒有資格和我談判。我們的隊伍要下山，你擋不住！中國有共產黨，英、美也擋不住！」[43]

吵歸吵，雙方還是很快在十二日達成了合作意見書，陳毅在上面簽下了自己的名字[44]。

就在陳毅簽字的兩天後，中共中央又對南方游擊隊的談判發出了指示。張聞天、毛澤東在十四日的一份電報中再次批評傅秋濤的湘鄂贛改編談判「完全錯誤」，必須「另派代表，否認原條件，重定辦法」，要堅持國民黨不得插一個人進來，要有一定的軍餉，駐地依靠有險可守之山地等原則。並警告說：「統一戰線中，地方黨容易陷入右傾機會主義，這已成黨主要危險。」[45]

在這份電報發出的兩天後，不知道中央指示的陳毅和熊濱最後商定了贛粵邊游擊隊的改編辦法：規定游擊隊集中點編，經費給養由省政府負責，享

---

[39]　《項英傳》二六〇頁。

[40]　《陳毅傳》八十一頁。

[41]　同上一百頁。

[42]　蔣介石曾在一九三六年對馮玉祥說：「國際上要我們防共呢。」見〈一九三五年到一九三七年初的國共關係〉。

[43]　關於「國共合作」交鋒的記述，見《陳毅傳》一百頁。

[44]　《項英傳》二六一頁。

[45]　〈張聞天、毛澤東關於各邊區在統戰中應注意的問題致秦邦憲等電〉（一九三七年九月十四日），《新四軍・文獻（一）》二十七─二十八頁。

一九二〇年代的南昌

受保安團的待遇，絕對服從政府的一切命令，所有幹部由省政府委用，省政府還可派人參與游擊隊的整編訓練，各國民黨部隊要給予便利，不能騷擾[46]。

這份改編辦法明顯與中共中央的精神有不一致的地方，但談判就需要妥協，在贛粵邊游擊隊勢單力孤的情形下，做一些讓步在所難免。隨著形勢發展，這份協議中一些約束游擊隊的條款並沒有被執行。

談判一結束，陳毅隨即返回游擊區。項英聽了他的彙報後，開始派人去別的游擊區傳達國共合作的指示。二十一日又親自到贛州，和國民黨方面確認了改編協議。二十四日項英來到南昌，和江西省當局談判贛粵邊以外游擊區的改編。

抵達南昌後，項英才又在報紙上看到了二十二日發表的中共關於國共合作的宣言[47]。

還在贛州談判的時候，陳毅就要求國民黨方面幫助與中共中央聯繫，被國民黨以擔心「國際關係」的理由拒絕[48]。此刻項英終於見到了他所能知道的最新的中央精神。也正因為項英還是只能從報紙上瞭解延安的意圖，所以他也就必然跟張聞天、毛澤東的觀點之間產生差距。

中共的宣言本是在七月十五日寫成的，當時還未發生後來的許多情況，其內容都是在強調與國民黨的合作，所以項英看後並沒覺得自己的做法與中央不一致。不過隨著談判範圍的擴大，項英也多了些經驗和技巧，在與熊濱談判時他只口頭答應游擊隊改為抗日義勇軍，並讓熊濱承諾擔負游擊隊集中期間的費用，免除游擊區的新舊債務，除此之外，一切都要國共兩黨中央來談判決定。絕對服從政府命令，政府派人參與整訓的條件沒有再出現[49]，贛粵邊改編協議的相關文字最後也形同作廢。

---

[46] 〈廣東省政府通報江西省當局同項英、陳毅談判紅軍游擊隊改編情況的訓令〉（一九三七年十月十三日），《新四軍・參考資料（二）》二十九－三十二頁。

[47] 項英聽取陳毅彙報並到贛州、南昌的情況，見《項英傳》二六一－二六二頁。

[48] 《陳毅傳》一百頁。

[49] 《項英傳》二六三頁。

　　但項英還是依據二十二日的中共中央宣言中紅軍「受國民政府軍事委員會之統轄」[50]的文字，在二十七日的國民黨江西黨部總理紀念週會上演講時表示，願意把南方游擊隊「統轄於政府指揮之下，擔任前線殺敵之職責」[51]。二十九日，在〈告南方游擊隊的公開信〉裏他也宣布，要紅色武裝「統一於國民政府之下，效命殺敵」。

　　項英就在二十九日這天離開了南昌，走前兩天，他得知中共中央派人在南京談判，立即向南京發去電報，請中共代表轉交中央[52]。博古後來轉給延安的電文如下：

> 　　××、澤東諸同志：
>
> 　　　　久別以來，音信斷絕。現為改編各邊區部隊抵達南昌，已與江西省政府商妥一切，即日返贛南以求迅速集中。聞諸兄在京，特此電達，請派人來弟處聯絡。如有電覆及來人，可到省保安處找[53]。

　　項英是在等了兩天沒有回音後才離去的[54]，他並不知道，中央此時正對他十分地不滿。

三、「項在江西的做法上了國民黨的當」

　　中共中央對項英的不滿可能並非只由他一人引發。

　　九月二十八日，國民政府軍事委員會主管人事的銓敘廳根據蔣介石的命令，發布了一批軍人的任命名單，上面共有七個人，位列第七的是葉挺。雖

---

[50]　〈中國共產黨為公布國共合作宣言〉。

[51]　〈在國民黨江西省黨部舉行總理紀念週上的講演詞〉（一九三七年九月二十七日），《項英軍事文選》四一七─四一八頁，中共中央黨校出版社二〇〇三年十月出版。

[52]　相關記述，見《項英傳》二六四頁、二六八頁。

[53]　〈秦邦憲轉項英與江西省當局談判情況致毛澤東、張聞天電〉（一九三七年十月一日），《新四軍・文獻（一）》四十頁。這裏的「××」的原文可能是博古，遵義會議後（張聞天並未在此次會議後立即接替博古任總書記）不久就與中共中央失掉聯繫的項英很可能並不知道上層的人事變化，在電文的開頭將黨的領導博古和紅色國家（中華蘇維埃共和國）的主席毛澤東並列是完全可能的。但博古就不能不對此做出更正，於是便將自己的名字用「××」代替。

[54]　《項英傳》二六八頁。

陳誠

然排名在最後，他卻成了名單上最受中共關注的人，因為委派給他的職務是「新編第四軍軍長」[55]。

蔣介石這時候改變任用陳誠的初衷，選擇葉挺負責新四軍，主要原因是陳誠不願承擔領導中共南方游擊隊的任務。陳誠此時身兼第三戰區前敵總指揮和第十五集團軍總司令，一個部屬不過幾千人的軍長職位顯然吸引不了他。更何況他也深知，以自己一個國民黨軍人的身份，要指揮共產黨的武裝談何容易。

作為蔣介石的親信愛將，陳誠當然不能簡單地回絕這份差遣，那會顯得他不肯替委員長分憂。於是在推卻新四軍軍長的同時，他又提出了一個替代人選，前粵軍將領張發奎。

可能蔣介石還是想讓葉挺在新四軍中擔任一定的職務，畢竟搞這支部隊是人家的建議，所以陳誠才會想到張發奎。張是葉挺的老上級，由此人來駕馭葉挺，再通過葉挺去影響他過去的同志，這也許是控制新四軍最好的辦法。

蔣介石聽了也覺得陳誠的話有道理，便派他去找張發奎商量，卻不料張發奎立即拒絕。近十年前的中共廣州暴動時，張發奎和葉挺就已經兵戎相見，勢同仇敵，如今的葉挺又怎會聽張的擺布！那些共產黨的部隊也不會服從調遣，張發奎才不想自討苦吃。

陳誠和張發奎的先後拒絕，讓葉挺在蔣介石心中的分量漸漸地加重了。他知道中共不會甘心讓國民黨操縱南方游擊隊，他也不甘心繼八路軍之後，再讓共產黨完整地掌握一支武裝。在這種情形下把葉挺推出來，不失為一種變通的策略。曾經是共產黨員的葉挺，理應比陳誠和張發奎更容易被中共接受。蔣介石也很清楚中共嚴格的組織規則，他顯然認為像葉挺這樣的脫黨人士，註定不會得到中共的真正信任，而他卻可以藉機把這位北伐時的老部下重新納入自己的圈子，把葉挺變成國民黨在中共部隊的代理人。

但蔣介石仍然拿不定主意，他又讓陳誠去見粵軍的元老李濟深徵求意見。李濟深很直接地告訴陳誠：「新四軍軍長職務除葉挺擔任外，沒有第二個人更適宜了。組成這個軍的部隊，基本上都是由中共領導的南方各地游

---

[55] 〈銓敘廳關於葉挺為新四軍軍長等任命的通報〉（一九三七年九月二十八日），《新四軍·參考資料（二）》三十八頁。

擊隊，不但你指揮不動，張向華（張發奎字向華——作者）也不行。為了發揮一切抗戰力量的作用，我同意以葉挺為軍長。」

李濟深

陳誠走後，原西北軍的領袖馮玉祥來見李濟深，李也向他講了對新四軍的意見，馮玉祥完全同意，表示要去和蔣介石談一談。

兩天後，陳誠再來見李濟深，說委座已決定派葉挺出任新四軍軍長了。

在支持葉挺領導新四軍時，李濟深還對陳誠說，他應當先找中共代表葉劍英談談，再向蔣介石報告。陳誠當時答應[56]，但似乎並沒有照做。蔣介石也沒跟中共打招呼就發表了葉挺的任命[57]，他大概是知道中共同樣不會輕易接受葉挺，索性用出其不意的方法製造既成事實。

這一招果然出乎中共的意料。

剛剛成立的新四軍，這時的管轄範圍還沒有囊括所有的南方紅色武裝。蔣介石劃給葉挺的力量只限於閩贛邊一帶的中共游擊部隊[58]，但這已足以讓延安方面深感不安了。

雖然葉挺近幾年來幫中共做了一些事情，但主動脫黨的他仍只能被看作是一個統戰的對象。現在葉挺突然獲蔣介石起用，中共難免會懷疑他是不是暗中跟國民黨做了什麼對自己不利的交易。

但是葉挺的任命已經公布於天下，在國共合作的大環境中，斷然加以拒絕並不合適。張聞天和毛澤東經過考慮，在三十日提出了對策，把南方游擊隊「集中五分之三，留下五分之二在原地改為保安隊」。保安隊要「反對國民黨派遣任何人」。集中的游擊武裝編為一個軍，「以葉挺為軍長，項英為副軍長，陳毅或劉英為參謀長，反對國民黨插入任何人」[59]。

劉英當時是中共閩浙邊臨時省委書記和游擊隊政委。這樣的安排表明，中共交到葉挺名下的武裝仍以蔣介石指派的福建、江西的游擊隊為主，而三

---

[56] 蔣介石的決策過程，見〈葉挺將軍出任新四軍軍長的前前後後〉。

[57] 《葉挺傳》二七七頁。

[58] 〈潘漢年關於請示是否同意葉挺為新四軍軍長致毛澤東、張聞天電〉（一九三七年十月五日），《新四軍・文獻（一）》四十三頁。

[59] 《張聞天在一九三五一一九三八（年譜）》二六八頁。

年來主管各游擊區的項英和陳毅將占據重要的職位，這也是後來新四軍領導層的基本格局。

這時的中共中央已經從報紙上得知項英等人還活著，並且在和國民黨談判的消息。就在蔣介石任命葉挺的那天，張聞天、毛澤東正命人與項英、陳毅聯絡，「告以情況與政策」[60]。

可能在三十日的指示發出之後，延安又進一步掌握了項英他們跟國民黨談判的具體情形，卻也隨之產生了不滿。

令中共中央對項英不滿的直接原因，就是他在南昌的講演和公開信裏表示接受政府統率的言論。雖然這與二十二日中共宣言中的意思並沒有什麼不同，但仍讓延安感到不悅。再加上葉挺令人意外的出現，令中共中央覺得南方游擊隊的改編正面臨著危險的形勢，必須採取堅決的應對措施。

十月一日，中共中央書記處為南方游擊隊的改編方針再發電報，直接表示了對國民黨和葉挺的戒備。

電文中說：「南方各游擊區是今後南方革命運動的戰略支點」，「國民黨企圖拔去這些戰略支點，在西安事變後，還用了全力，用屠殺方法拔去他們」「現在卻利用抗日題目，想經過葉挺把他們拔去」。對此書記處明確指示：「把各區游擊隊完全集中，對於我們是十分不利的。為了保存戰略支點，應「原則上不拒絕集中」，但「須由中央派人傳達方針」，這樣可以拖延幾個月的時間；還應要求在游擊隊調動集中前，周圍兩百里的國民黨武裝也調離；游擊隊要按照國民黨武裝保留的數量，也給自己保留相應的力量，不許國民黨派人進入游擊區。書記處又專門指令福建的張鼎丞、何鳴（何鳴部隊被國民黨收繳的人槍此時尚未放還）、劉英三支武裝「原地不動，理由是日本將進攻粵、閩、浙三省，該三部即為保衛各該游擊區及其附近土地而戰，絕不應集中」；至於葉挺，他「須來延安」，等「他完全同意中央的政治、軍事原則後，可以去閩粵邊（或閩浙邊）指揮張鼎丞部（或劉英部），以此為基礎擴大部隊」。

在電報的最後，書記處點名批評了項英：「項英同志似還不明白統一戰線中保持獨立性原則，似還不明白不應無條件集中而應保持南方戰略支點的

[60]　〈張聞天、毛澤東關於著董必武派人與項英、陳毅聯絡致林伯渠電〉（一九三七年九月二十八日），《新四軍・文獻（一）》三十五頁。

原則。他在南昌的做法帶著危險性。望速通知他來
延安討論。」[61]

左起葉劍英、博古、李克農
在南京八路軍辦事處

這時候南京的博古已經收到了項英二十七日從
南昌發來的電報，現在又得到了書記處的指示，他
感到必須儘快讓項英知道中央的最新戰略。他一面
把項英的電報轉發延安，一面和葉劍英挑選去跟項
英聯絡的代表。

這樣的人並不好找，他既要熟悉黨的政策，又
要能在短時間裏取得長期與中央失去聯絡的項英、
陳毅的信任。南京的中共代表團此時本身的人手都很缺乏，實在尋不到博古
他們眼中合適的人選。

最後，博古和葉劍英想到了一個剛剛出獄的中共黨員，他本名顧建業，
現改名叫顧玉良[62]。雖然博古認為此人入獄太久，「對黨的政策缺少全盤瞭
解」[63]，但顧玉良有一個優勢，那就是他曾在上海的中共中央機關做過交通，認
識當時在那裏工作的項英。就這樣顧玉良最終被確定為中央與項英的聯繫人。

博古和葉劍英給了顧玉良一個八路軍駐南京辦事處副官的合法身份，
葉劍英還給熊濱寫了說明顧玉良使命的公函，博古也給項英、陳毅寫了一
封親筆信[64]，簡單介紹了長征以後中共中央的經歷，以及現時國共談判和

顧玉良

八路軍抗戰的情況，然後詳細地轉告了中央剛發出的對南
方游擊隊改編的指示。他又把延安的中共中央機關報《解
放》週刊創刊以來的全部十四期內容，中央對國共合作的
相關文件，統統交顧玉良帶給項英他們[65]；並讓顧傳達他
的口信，項英按中央指示安排好工作後，隨顧玉良一起來
南京[66]。

---

[61]　電文內容，見〈中共中央書記處關於南方各游擊隊集中改編方針致張雲逸等電〉
（一九三七年十月一日），《新四軍‧文獻（一）》三十六－三十七頁。

[62]　博古收到項英電報及選中顧玉良的經過，見《項英傳》二六八－二六九頁。

[63]　〈秦邦憲關於紅軍游擊隊改編諸問題致項英、陳毅信〉（一九三七年十月一日），《新四
軍‧文獻（一）》三十八　三十九頁。

[64]　博古、葉劍英為顧玉良做的準備，見《項英傳》二六九頁。

[65]　〈秦邦憲關於紅軍游擊隊改編諸問題致項英、陳毅信〉。

[66]　《項英傳》二七〇頁。

　　在顧玉良正準備出發的時候，張聞天和毛澤東又在十月二日發來電報：「速電項英到南京，告以政策，到寧後並令其來中央討論。」再次指示：「南方游擊隊萬不宜集中，項在江西的做法上了國民黨的當。」[67]三日，他們又指令南方工作委員會負責人：「國民黨企圖集中南方各游擊隊，我們絕不可中其計，速派人傳達黨的正確方針。」[68]

　　就在這一天，顧玉良身穿國民革命軍上尉軍官的制服，帶著葉劍英的公函和博古的信及文件，往江西找項英去了[69]。

　　這時的項英已經回到了大庾，布置游擊隊的集中，派人聯絡其他游擊區和失散的中共人員。一時間中共駐大庾的辦事處人來人往，甚為熱鬧。

　　按照項英的指示，贛粵邊一帶的游擊隊紛紛集中到了大庾[70]。這些武裝從來就沒有穩固的後方基地，以前可以靠打土豪、劫浮財過日子，國共合作後，不能再搞這一套做法，如果繼續躲在山林裏，勢必給養困難，無法生存。

　　南京中共代表團的博古、葉劍英和董必武在瞭解了游擊隊的具體情況後，也在十月八日致電中央，說明：「各地區之游擊隊，長期保留在原地極困難」，「繼續分散則將消耗力量」，游擊隊問題再拖下去，「天寒棉衣均成問題」[71]。看了這份電報後，毛澤東在十天後的十八日回電，同意博古他們的見解，從此不再批評游擊隊的集中[72]。

　　項英也一直在提防著國民黨，他把贛粵邊游擊隊集中的地點分為三處，各自相距五里，駐地靠近原來的游擊區，都是為了以防不測[73]。

　　就在博古等人八日電報發出的當天，顧玉良到了江西的吉安，與在那裏的陳毅見面。從不認識陳毅的顧玉良很小心地沒有一見面就把博古的信拿出

[67]　〈張聞天、毛澤東關於速電項英來中央致秦邦憲、葉劍英電〉（一九三七年十月二日），《新四軍・文獻（一）》四十一頁。

[68]　〈張聞天、毛澤東關於速派人傳達黨對南方游擊隊的方針致張文彬電〉（一九三七年十月三日），同上書四十二頁。

[69]　《項英傳》二六九頁。

[70]　項英回到大庾及游擊隊集中情況見，同上二六四－二六五頁。

[71]　〈秦邦憲、葉劍英、董必武對南方游擊隊集中改編的建議〉（一九三七年十月八日），《新四軍・文獻（一）》四十六－四十七頁。

[72]　〈毛澤東同意南方游擊隊集中改編致秦邦憲等電〉（一九三七年十月十八日），同上書五十二頁。

[73]　《項英傳》二六六頁。

來，直到第二天和陳毅一起參加與國民黨的談判，見陳毅態度堅決地同對方爭執，他這才在回到住處後將那封信交給了陳毅。

陳毅看過信後，立即派人在十日陪顧玉良去大庾見項英[74]。

十一日清早，項英去野外跑步鍛鍊。當他回到住處時，見眼前出現了一位國民黨軍官模樣的人，他仔細看了看，不禁驚異地說：「這不是顧建業嗎？」接著包含警覺地又問：「你現在哪裏？怎麼到這裏來了？」

來人正是顧玉良，他是早晨剛剛趕到大庾的。見項英認出自己，忙迎上去說：「項英同志，黨中央派我來接您啦！」

久別重逢的激動過後，顧玉良向項英轉交了博古委託的信、文件及口頭指示。三年來第一次得到上級命令的項英毫不怠慢，傳達了中央精神，交代完工作後，第二天他就跟顧玉良上路奔赴南京[75]。

這時候國共間關於新四軍的糾葛仍在繼續。

四、「究竟你對他說過什麼？」

就在項英啟程的那天，陳毅收到了熊式輝轉來的蔣介石的一份命令，此令在十月六日就已發布：

> （一）鄂〔豫皖〕邊區高俊〔敬〕亭部，（二）湘〔鄂〕贛邊區傅秋濤部，（三）湘〔粵〕贛邊區項英部，（四）浙閩邊區劉英部，（五）閩西張鼎丞部，以上各節，統交新編第四軍軍長葉挺編遣調用。除分令葉軍長外，希分別查照為要[76]。

命令中的五支部隊，代表了國民黨眼中的中共南方武裝的全部。從這時起，葉挺和新四軍的管轄範圍不再只是福建、浙江一帶的中共武裝，而是把整個南方游擊隊都包括了進去。

在通令各戰區的同時，國民政府還撥給葉挺五萬元的活動經費。

---

[74] 相關記述，見《陳毅年譜》上卷二〇二－二〇三頁。

[75] 顧玉良在大庾見項英及兩人去南京的情形，見《項英傳》二六九－二七〇頁。

[76] 《陳毅年譜》上卷二〇三頁。

　　拿著這筆錢的葉挺卻心中忐忑，他沒想到蔣介石居然會全盤接受自己當初的建議。正因為一開始沒抱太高的期望，所以除了周恩來，組建新四軍的事他沒有再和中共方面做任何的協商。現在願望忽然變成了現實，他知道自己必須對中共做出解釋和澄清。

　　周恩來此時已去了山西抗日前線，葉挺在南京只有找博古和葉劍英溝通[77]。在八日給延安的那份電報裏，博古等人向中央這樣轉達了葉挺的表白：「據他說，恩來第一次在滬曾和他提過這個辦法，故他才敢活動」，「如我們不贊成，他仍可辭職」[78]。

　　他們等了七天，終於在十五日收到張聞天、毛澤東的指示：「我們同意葉挺指揮閩粵邊張鼎丞、何鳴兩部」，但「葉挺及國民黨」必須同意交還何鳴部隊的全部人槍，國民黨不能干涉改編後的軍隊內部人事，張、何兩部留在原地不動。等何鳴事件了結了，其他地方的游擊隊如何改編「再行商量條件」[79]。

　　延安仍舊把葉挺與國民黨等同起來，繼續堅持不讓他指揮全部南方游擊隊。不准干涉內部人事的條件至少在相當程度上也是針對葉挺的，這已經意味著葉挺將來在新四軍的權力是十分有限的。

　　直到十八日給博古他們的電報裏，毛澤東還在重申葉挺只能管轄張鼎丞與何鳴的部隊[80]，但是在第二天他就改變了觀點。

　　在收到何應欽的兩份電報後，張聞天和毛在十九日致電博古、葉劍英，詢問「要求何應欽將葉挺之新四軍隸入八路軍建制是否可能」，「葉挺是否願意恢復黨籍或完全受黨指導，而不受國民黨干涉，並是否願意來延安及八路總部接洽一次（取得何應欽同意）」。如能做到這些，「則葉挺整理南方游擊隊，並集中各游擊隊之一部成為一軍是可以的」[81]。

　　從毛澤東前一天的態度來看，促成這種轉變的應該是張聞天。

77　國民政府撥給葉挺經費及葉挺找博古和葉劍英的情形，見《葉挺傳》二七七頁。
78　〈秦邦憲、葉劍英、董必武對南方游擊隊集中改編的建議〉。
79　〈張聞天、毛澤東關於葉挺指揮閩粵邊游擊隊諸問題致潘漢年等電〉（一九三七年十月十五日），《新四軍‧文獻（一）》五十一頁。
80　〈毛澤東同意南方游擊隊集中改編致秦邦憲等電〉。
81　〈張聞天、毛澤東詢問新四軍隸屬關係及葉挺情況致秦邦憲、葉劍英電〉（一九三七年十月十九日），《新四軍‧文獻（一）》五十三頁。

接到電報後，博古等人便把有關的內容轉告了葉挺。葉挺表示願意去延安[82]，他隨即就向何應欽請示。作為一支中共部隊的長官，去和中共中央磋商沒什麼不對，何應欽沒有阻攔。博古、董必武、葉劍英二十一日告訴延安，葉挺「約一兩日後即啟程」，並已「聲明完全接受黨的領導」[83]。

大約就在葉挺剛剛動身之後，項英在二十三日乘船到了南京，在顧玉良的帶領下，在八路軍辦事處見到了博古和葉劍英。博古、葉劍英向項英詳細介紹了中共中央和紅軍離開江西蘇區後的情況，也轉達了延安最近對他的批評。

聽了中央的責備，組織紀律性很強的項英沒有正面反駁，他只是認真講述了三年游擊戰爭的歷程，說明了大庾、贛州、南昌談判的詳情。博古和葉劍英聽了之後，也都對他的做法表示了理解。

二十六日，遵照中央的指令，項英離開南京前往延安[84]。同一天，博古和葉劍英致電張聞天、毛澤東，表示「因情況不明，項、陳在談判中有些不妥處，但總的方向是對的」，又表示「項到後，似以留中央為妥」[85]。

把項英留在中央的想法，除了可能是因為他的那些「不妥」，也大概是考慮到他從前在黨內的地位很高的緣故。

如果項英能待在延安，就能避免幾年後的悲劇，但張聞天和毛澤東似乎從來沒有過這樣的打算。目前的不滿已經解釋清楚，某些「不妥」之處不足以成為承擔重任的阻礙。成功推動了三年游擊戰爭的項英，有充分的資格繼續領導南方武裝。

中共中央以項英為主角，構想了一幅南方部隊未來的藍圖。當葉挺到來時，它已經拿出了完整的新四軍組建方案。

十一月三日，葉挺抵達延安[86]，中共由毛澤東出面設宴接待了他。他們兩個人進行了坦率又不失融洽的交談[87]。葉挺再次說明，他是聽了周恩來的

---

[82] 《葉挺傳》二七九頁。

[83] 葉挺向何應欽請示及接受中共領導的聲明，見〈秦邦憲、董必武、葉劍英關於葉挺聲明完全接受黨領導致張聞天等電〉（一九三七年十月二十一日），《新四軍・文獻（一）》五十四頁。

[84] 項英在南京的情況，見《項英傳》二七二－二七三頁。

[85] 〈秦邦憲、葉劍英關於項英離南京去延安致張聞天、毛澤東電〉（一九三七年十月二十六日），《新四軍・文獻（一）》五十五頁。

[86] 《葉挺傳》二七九頁。

[87] 《葉挺將軍傳》二七三頁。

提議才籌組新四軍的[88]。毛澤東肯定了葉挺過去的功勞，表示完全信任和支持他擔任新四軍軍長[89]，但是也講明部隊必須完全受共產黨的領導，不讓國民黨插手干涉[90]。葉挺對此做出保證，擁護中共的戰略和領導，也同意以項英為副軍長等人事和編制的安排[91]。

見葉挺這樣合作，毛澤東便進一步問他，是否願意恢復黨籍[92]？

這也是葉挺憋在心裏很久的願望，只是難以啟齒。

現在終於由毛澤東代表中共主動提出這個問題了。

然而葉挺卻選擇了放棄。

與毛澤東見面之前，葉挺就聽人這樣說，中共中央認為，他暫時留在黨外，對促進國共合作更為有利。

來到延安後，他看到醒目的「歡迎葉挺軍長」的大字標語，敏感地注意到沒有叫自己「同志」，「軍長」那充滿尊敬的稱謂卻讓他感覺到和中共之間悄然存在的距離[93]。於是對毛澤東的詢問，葉挺回答，他在黨組織外，但願在黨領導下進行工作[94]。

對這樣的答覆，毛澤東沒有表現出介意。他接著帶葉挺來到抗日軍政大學，在那裏的禮堂舉行了歡迎葉挺的幹部大會。毛澤東致詞說：「我們今天為什麼歡迎葉挺將軍呢？因為他是大革命時代的北伐名將，因為他願意擔任我們的新四軍軍長，因為他贊成我黨的抗日民族統一戰線的政策，所以我們歡迎他。」

葉挺也走上了講臺，看著那些中共幹部，想著自己原本也是他們中的一員，他情緒激動地說：「同志們歡迎我，實在不敢當。革命好比爬山，許多同志不怕山高，不怕路難，一直向上走，我有一段是爬到半山腰又折回去了，現在跟了上來。今後一定遵照黨所指示的道路走，在黨中央的領導下，堅決抗戰到底。」

---

[88]　〈毛澤東關於葉挺已到延安致周恩來電〉（一九三七年十一月三日），《新四軍·文獻（一）》五十七頁。

[89]　《葉挺將軍傳》二七三頁。

[90]　《葉挺傳》二七九頁。

[91]　《葉挺將軍傳》二七三頁。

[92]　《葉挺傳》二八〇頁。

[93]　相關記述，見《葉挺將軍傳》二七五頁。

[94]　《葉挺傳》二八〇頁。

　　這個爬山的比喻，葉挺以後又在新四軍部隊裏多次地講過[95]。

　　葉挺不知道，就在這天，毛澤東給山西的周恩來發去一份電報，在電文的開頭為葉挺所言周建議他組建新四軍一事責問道：「究竟你對他說過些什麼？」[96]

　　十一月六日，中共已與葉挺在新四軍問題上完全達成一致，毛澤東電告博古「決定新四軍隸屬八路軍」[97]。第二天，項英也到了延安。

　　此前在接待葉挺的活動中始終沒露面的張聞天，在項英到達的當天就和毛澤東趕去看望。兩位不久前還批評過項英的領導人，此刻誰都沒有重提舊事，只熱情地對在極端艱難與危險中苦撐了三年的南方同志表示歡迎和慰問。

　　項英也沒有再對自己在國共和談中的作為解釋什麼。他沉浸在重見中央的喜悅中，張、毛對新四軍的所有部署，他都無條件地服從。

　　同一天，項英又主動去拜訪了葉挺。兩人一起懷念北伐時都曾待過的武漢，對新四軍的改編交換意見。會面的氣氛是友好的，他們誰也想不到日後相互間會有怎樣的波折。

　　第二天晚上，中共中央又專門為項英舉行了一次歡迎大會，中央機關的一批幹部和抗大的部分學員參加了會議。張聞天、毛澤東和項英、葉挺一起坐在主席臺上，這可能是張聞天和葉挺的唯一一次碰面。顯示了中共對葉挺保持的距離。

　　大會依然由毛澤東致詞，他說道：我們所以開會歡迎項英同志，是因為他領導南方紅軍和游擊隊，在堅持三年游擊戰爭中進行了浴血奮戰，粉碎了國民黨軍連續的「清剿」和「圍剿」，保存了革命的力量，堅持了十多塊游擊區。他號召全黨都應學習項英和南方游擊隊，完成中央確定的任務。

　　項英講話時沒有多說自己和南方游擊隊的功績，他強調的是游擊戰爭能堅持下來，是因為大家對黨中央和革命有著堅定的信念。今後也將在抗日的行列裏完成黨中央賦予的各項任務。

　　毛澤東和項英的話贏得了陣陣的掌聲[98]。

---

[95]　《葉挺將軍傳》二七三－二七四頁。

[96]　〈毛澤東關於葉挺已到延安致周恩來電〉。

[97]　〈毛澤東關於新四軍編制與領導幹部配備問題致秦邦憲電〉（一九三七年十一月六日），《新四軍・文獻（一）》五十八頁。

[98]　項英到延安的情況，見《項英傳》二七六－二七八頁。

　　九日，葉挺離開延安[99]，項英則留了下來，直到中央政治局十二月會議後才重回南方[100]。

五、「你再說與國民黨合作，我就槍斃你！」

　　大約就在項英和葉挺往來延安的時候，陳毅正經歷著一番生死劫。

　　在江西與湖南交界地區的甘子山中，陳毅被五花大綁地捆在一間竹棚旁邊。在竹棚的裏邊，一群人正在討論要不要處死他。

　　想殺掉陳毅的都是他的同志，中共湘贛臨時省委的成員。

　　找到湘贛臨時省委，傳達中央國共合作的指示，是項英去南京的時候，在江西吉安親自對陳毅交代的。他還專門寫了一封介紹信：「特派黨代表陳毅同志，來你們這裏聯絡。」並簽上自己的名字[101]。

　　陳毅自己並沒有立即去尋找湘贛的黨組織，因為他要忙著建立各地游擊隊的接洽處和通訊處，還要繼續跟國民黨方面進行一些合作細節的談判，脫不開身。他先派了一批下級幹部去找那些還沒取得聯繫的游擊隊，把他們帶下山來[102]。

　　陳毅沒有想到，壞消息一個個地傳來，不止一支游擊隊拒絕改編，他們認為統一戰線就是投降，誰要講與國民黨合作，誰就是叛徒。結果好幾個派去聯絡的幹部被殺，中共皖浙贛省委書記關英被楊文翰的贛東北磨盤山游擊隊處死，紅十六師政委明安婁和鄂東南特委書記林美津也被劉維泗的贛北德安一帶的游擊隊殺掉[103]。被殺死的還有湘南游擊支隊長曹樹良，而他就是死在陳毅要去的湘贛邊游擊隊的手裏。

　　看著自己人殺自己人的殘酷局面，陳毅不得不親自出馬，去向還未改編的游擊隊做工作[104]。

---

[99] 《葉挺傳》二八二頁。

[100] 《項英傳》二九一頁。

[101] 《陳毅年譜》上卷二〇三頁。

[102] 陳毅與國民黨談判及派人聯絡游擊隊的情況，見《陳毅傳》一〇二頁。

[103] 《項英傳》三〇四頁。

[104] 曹樹良之死和陳毅決定親自去湘贛邊，見《陳毅傳》一〇二頁。

十一月中旬，一個戴禮帽穿長袍，手持文明棍，坐著兩人抬的轎子，紳士派頭十足的男子出現在湘贛邊地區的九龍山。如果無人介紹，恐怕誰也不會想到他竟是中共將領陳毅。

譚余保

陳毅很快就和當地的游擊隊接上了頭，被派下山來偵察的游擊隊員帶上了山，山上的第三游擊大隊司令段煥競和政委劉培善接待了他。他們看了陳毅攜帶的有項英簽名的介紹信，將信將疑。兩人自然知道項英和陳毅是誰，但都沒見過本人。介紹信開頭沒有寫明接收人，結尾落款處也無公章。他們不會去想項英和自己一樣常年跋涉野外，已經沒有了書寫正式公文的習慣，也三年沒用過什麼公章了，只知道保持警惕沒壞處。再說，即便此人真是陳毅又怎樣，原來有個叫陳洪時的人，還是湘贛邊省委書記呢，最後不是也投降國民黨了嗎？

段煥競和劉培善不敢大意，決定先把陳毅軟禁起來。等到了第二天，他們又組織游擊大隊的幹部集體跟陳毅對話。這當然難不倒陳毅，他對答如流，從國內講到國際，逐一解釋形勢的變化和中共中央的新方針[105]。聽了陳毅的一番侃侃而談，段煥競等人既覺得有道理，卻仍不敢輕易相信。他們也聽說了游擊隊改編的事，但難辨真假。湘贛臨時省委剛剛來過指示，明令沒有省委的批准，不得下山改編。

經過思慮之後，段煥競和劉培善決定把這個自稱陳毅的來人交給上級處理。

於是陳毅又被帶到了湘贛臨時省委的駐地甘子山，見到了省委書記譚余保。

譚余保倒是曾在中共早期的根據地井岡山上見過陳毅，但是他對陳毅的懷疑卻比段煥競他們還大。約兩個月前，他也曾接待過一個自稱是中共交通員的人，結果那人走後不久，國民黨軍就進山搜剿，讓游擊隊損失不小[106]。

因為前面的教訓，譚余保跟陳毅一見面便擺出了審問的架勢，說道：「你是陳毅，在井岡山時見過你，知道你很會講話，你當年從馬克思講到列寧、史達林；從俄國講到中國；從革命講到蔣介石反革命。你這些道理講得

---

[105]　陳毅到湘贛邊及見到段煥競和劉培善的經過，見《陳毅年譜》上卷二〇三－二〇四頁。

[106]　陳毅被送到譚余保那裏的情形，見《陳毅傳》一〇二頁。

譚余保一家和王震在延安

那麼好，可不知留著幹什麼用的！你不是說要堅決革命嗎？這幾年你跑到哪裏去了？你現在跑來是為誰幹事？」陳毅平靜地答道：「譚余保同志，你沒有接到中央的指示，這幾年我們被國民黨逼得天各一方，彼此不通音訊。你們懷疑我是可以原諒的。」這幾句話似乎讓譚余保的態度有所緩和，但當陳毅說起國共合作的時候，他又立刻勃然大怒，喝道：「住口！你是投敵份子，你講的一套，做的又是一套。你投降敵人，同敵人合作，還來拉我們。我們不去合作，我們要堅決革命到底！」陳毅神情依然保持鎮定，但語氣已顯得焦急：「你不能不顧大局，現在形勢變了，黨中央制定了新的鬥爭策略，要我來向你們傳達，你不能什麼都聽不進去。你是這裏的領導，怎麼能不聽中央的呢？你不相信我，可以派人去吉安、南昌，或者延安調查，看我陳毅到底為誰幹事！」[107]譚余保根本不想再聽下去，拔出手槍直指陳毅：「你再說與國民黨合作，我就槍斃你！」然後又命令部下：「把他帶下去，再給他時間考慮，如不如實講清楚，就槍斃！」[108]

　　陳毅就這樣被綁在了竹棚邊。譚余保此刻還在棚子裏和省委其他成員商量是不是跟上次殺曹樹良一樣，也殺掉這個「叛徒」，陳毅在外面聽得真切，大喊道：「不能殺，殺掉我，你們要犯大錯誤。」湘贛臨時省委最終還是決定公審陳毅，這實際上是處決的前奏。

　　第二天，陳毅被押到竹棚旁邊的樹林中，裏面坐滿了游擊隊的人員，對他的公審開始了。

　　既然是公審，就要有審問和答話的程序。陳毅便利用這個機會，在和譚余保的爭辯中繼續說服對方。在場的眾人聽陳毅振振有詞地講抗日、階級鬥爭、國共合作和游擊隊改編，原來的態度不由得動搖起來。一些人向譚余保建議，先把陳毅關上幾天，看看外面的動靜再說。顯然說不過陳毅的譚余保最後同意了他們的意見。

---

[107]　〈游擊健兒大會師〉。
[108]　《皖南事變本末》十三頁。

看著陳毅的樣子，譚余保自己也感覺到黨的政策或許真的變了。接下來的幾天，他找陳毅交談了幾次，越發覺得陳毅不像叛徒。然後他又發現，山下的國民黨軍隊都撤走了。他忙派一個交通員去最近的城市吉安瞭解情況，交通員在吉安看到，中共已經公開設立了新四軍通訊處。通訊處給游擊隊發了證明陳毅身份的正式公函，還有中共中央同年四月十五日發表的告全黨同志書，交通員帶著公函和文件連夜趕回甘子山。

確認了一切的譚余保含淚愧悔地給陳毅鬆綁：「我魯莽，險些誤了大事。」

陳毅態度寬宏地說：「你是個堅決的老革命，是個好同志！」[109]

其實陳毅心裏依然有氣。後來，他和譚余保都到了延安，在一次學習會上陳毅重又提起這件事，認為農民出身的黨員應該讀懂馬列主義，把譚余保氣得不跟陳毅說話，毛澤東為此還專門讓另一位中共將領王震出面調解[110]……

不管怎樣，此時的譚余保被陳毅說服了，但楊文翰和劉維泗的游擊隊卻始終拒絕下山改編，他們最終的命運是被國民黨消滅[111]。

這個時候，離開延安的葉挺已經在十一月十二日到武漢[112]，同一天上海經過幾近三個月的血戰後失守[113]。葉挺很快轉到南京，和葉劍英協商新四軍的組建。已擔任八路軍參謀長的葉劍英，這時又被指派參與新四軍的籌備工作。兩人見面後，葉挺要葉劍英轉告中共中央，再次表示自己一定堅決服從黨中央的領導[114]。

此時的戰事越加緊張，國民政府宣布將首都遷往四川重慶。部分軍政機關紛紛轉移到武漢，在那裏設立領導抗戰的大本營[115]。

發布遷都令之後，還在南京的蔣介石應約接見了葉挺和葉劍英，討論新四軍事宜。

[109]　陳毅險遭處決及被釋放的情形，見《陳毅傳》一〇二—一〇三頁。

[110]　鐵竹偉：《霜重色越濃》五十七頁，解放軍文藝出版社一九八六年六月出版。

[111]　《項英傳》三〇四頁。

[112]　《葉挺傳》二八二頁。

[113]　《中國抗日戰爭正面戰場作戰記》上冊五七六頁。

[114]　《葉挺傳》二八二頁。

[115]　《周恩來年譜一八九八—一九四九》三九二頁。

見到葉挺他們後，個性一貫嚴肅的蔣介石只「嗯，嗯」兩聲，點頭示意讓兩個人坐下。

落座之後，葉挺向蔣介石講述了新四軍編為兩個師、四個旅、八個團的建議，還有擬議的副軍長、參謀長、師長和副師長的姓名。這都是按照他在延安與毛澤東商量的方案提出的。

蔣介石不會看不出葉挺的意見對誰有利，他當即強硬地否決說：各游擊隊不能照第八路軍的辦法。延安提出幹部名單不能同意，他們都是共產黨，你不是共產黨，將來你有生命危險。第八路軍拒絕點驗，現在必須派人點驗，按槍的多少決定編制，不能先委任師、旅長。

見蔣如此態度，葉挺明白不可硬頂。他轉移話題，請求先撥發新四軍的軍費。但連編制都尚未認可，蔣介石又怎會答應給這支部隊付錢？葉挺只得說：將他們開到前方打日本才是主要問題，其他為人事問題容易解決。蔣介石斷然回答：這不行。我估計他們不能調開的。

葉挺又表示：收編可以增加抗日力量，否則對地方亦不好。

蔣介石毫不通融地答道：如擾亂地方便是破壞抗戰，我要剿的，你們絕不能在江南。

對於明顯傾向中共的葉挺，蔣介石無疑非常失望，他責問：誰要你去延安？葉挺答：已與何部長面談過。

對蔣介石的樣子，葉挺顯然也很失望。既然自己的提議被全盤否定，新四軍軍長這份工作再幹下去也沒什麼意思，他索性提出了辭職。

上任不到兩個月就想辭職，蔣介石不但不允許，還要葉挺去找陳誠商量新四軍的具體事項[116]。

葉挺只能繼續盡自己的職責。他回到已成為抗戰中心的武漢，掛起了新四軍軍部的牌子，接著跟已改任參謀總長的何應欽交涉。同時把情況報告延安，聽取指示[117]。毛澤東和項英對他的指示是：爭取讓新四軍組成兩個縱隊，「如暫時說不通，可稍延緩，但不要破裂」[118]。

[116] 會談經過，見〈葉劍英、李克農關於葉劍英、葉挺見蔣介石情形致林伯渠、秦邦憲電〉（一九三七年十一月二十一日），《新四軍‧文獻（一）》六十頁。

[117] 葉挺在武漢的工作，見《葉挺傳》二八三－二八五頁。

[118] 〈毛澤東、項英關於新四軍編制等問題致葉挺電〉（一九三七年十二月十四日）《新四軍‧文獻（一）》六十二頁。

進入十二月後，延安決定成立東南分局，項英為書記。又建立中共軍委新四軍分會（簡稱軍分會），項英為主席（後改稱書記），陳毅為副主席（後改稱副書記）[119]。

項英在武漢住處舊址

王明、周恩來、博古、葉劍英等中共領導人相繼來到武漢[120]。項英也帶著派給新四軍的一批幹部在二十三日抵達武漢，在跟王明他們見面後，當晚就與葉挺會面[121]。

新四軍的組建工作開始加速進行，項英代替葉挺直接與國民黨方面展開談判，最後達成協議[122]。新四軍編制確定為四個支隊（相當於旅）[123]，由陳毅、張鼎丞、張雲逸、高敬亭分別擔任支隊司令。

國民黨沒有讓新四軍成立縱隊，也不讓它像延安曾希望的那樣歸屬八路軍，而是劃歸了陳誠的第十五集團軍，這個集團軍隸屬第三戰區[124]，但新四軍只有在長江南岸的一、二、三支隊歸三戰區指揮，江北岸的第四支隊則屬於第五戰區系統[125]。毛澤東在二十八日對這樣的安排表示同意[126]。

此時南京已在十三日失陷，陳誠被任命為武漢的衛戍總司令，實際上從未行使過對新四軍的統轄權。今後真正和葉挺、項英等人打交道的是負責第三戰區的顧祝同[127]。

按中共中央先前的決定，新四軍軍部應設在南昌。項英不等自己的任命正式發表，就在一九三八年一月四日帶領新組成的軍部機關奔赴南昌[128]。葉挺則被周恩來留下來，繼續為新四軍還未解決的事務交涉奔走[129]。

[119] 《項英傳》二九○頁。

[120] 見〈陳紹禹、周恩來、秦邦憲要項英早日來漢口致毛澤東電〉（一九三七年十二月十八日），《新四軍‧文獻（一）》六十三頁，《周恩來年譜一八九八─一九四九》三九五頁。

[121] 《項英傳》二九一─二九二頁。

[122] 同上二九四頁。

[123] 〈項英關於新四軍編制與幹部配備問題致毛澤東、張聞天電〉（一九三七年十二月二十七日），《新四軍‧文獻（一）》六十五頁。

[124] 〈何應欽關於新四軍編為四個支隊的通報〉（一九三八年一月八日），《新四軍‧參考資料（二）》四十六頁。

[125] 《項英傳》三五三頁。

[126] 〈毛澤東關於張雲逸等幹部的調配致項英電〉（一九三七年十二月二十八日），《新四軍‧文獻（一）》六十六頁。

[127] 《葉挺將軍傳》二八一頁。

[128] 《項英傳》二九六頁。

[129] 《葉挺將軍傳》二八○頁。

　　一月八日，何應欽正式通告了新四軍的組建[130]，數月來的種種紛擾終於塵埃落定。但是國共間的矛盾並沒有就此結束，反而越演越烈。

---

[130]　〈何應欽關於新四軍編為四個支隊的通報〉。

第五章

越演越烈的摩擦

一、「如果共產黨在民眾中發展，衝突也是不可免」

　　一九三七年九月二十五日，八路軍在平型關戰鬥中獲勝。消息傳出，中國方面人心振奮，各界人士包括軍政高官都紛紛致電祝賀[1]。

　　對中共軍隊的戰績，連蔣介石的大舅子，身為國民黨要員的宋子文都公開讚揚：「八路軍在晉北抵抗武器精良之敵軍，已迭獲勝利，是為中國人民以弱勝強、以少勝多之有力證明。」[2]

　　蔣介石也在第一時間給朱德、彭德懷發去了賀電，稱讚他們「殲寇如麻，足徵官兵用命，指揮得宜。捷報南來，良深嘉慰」[3]。可是等他發現規模不大的八路軍竟成了眾人關注的焦點，蒙受重大損失的國民黨部隊卻似乎遭到冷落時，心中的不悅加上對中共原本的戒懼，使他在十一月五日的最高國防會議上訓話說：「現在一般人 —— 本黨的同志當然除外，要為共產黨捧場，為共產黨宣傳，這種盲目的舉動和錯誤的宣傳如不及早糾正，影響所及，將使日本更有所藉口來加緊侵略，國際上再將發生不良的反響，我們國家之前途，將更陷於危險的境地。現在由共產黨所改編過來的軍隊，他們固

抗日前線修築工事的國民黨軍隊

---

[1]　〈蔣介石等祝賀平型關告捷致八路軍電〉（一九三七年九月二十八日－十月一日），《八路軍・參考資料（一）》二十八－三十一頁。

[2]　《葉挺將軍傳》二七七頁。

[3]　〈蔣介石等祝賀平型關告捷致八路軍電〉。

然善於游擊戰，能夠擾亂敵軍的後方。但一般盲目捧共的人，即藉此一點，毫不假思索的為他們做過分誇大的宣傳，似乎只有這一部分軍隊才能夠抗日」，「這種荒謬悖理的宣傳，如不及早糾正，只有一天一天的助長共產黨的囂張」。「尤其看到現在社會上流行著的這一種宣傳，並非全由共產黨故意張揚出來的」，這種非共產黨人替共產黨宣傳的現象「要嚴正的指導其改正過來」[4]。

就在蔣介石說這番話的十天之後，毛澤東於十五日給在山西的周恩來等人的電報裏強調：要「在統一戰線中進一步執行獨立自主」，對國民黨「不要希望與依靠他們」。

但毛澤東在同一份電報裏也指明：獨立自主「仍然是在統一戰線中的獨立自主，不是絕對的獨立自主」[5]。在大敵當前的局面中，國共兩方誰也不想把關系徹底搞僵。從中共這邊來說，張聞天和毛澤東雖然在一個時期內側重於防範國民黨，和它爭奪統一戰線的領導權，但當王明從莫斯科回國，秉承史達林和季米特洛夫的指示，在十二月會議上批評中共中央「對國民黨的轉變估計不足」，提出「一切經過抗日民族統一戰線」[6]口號的時候，他們便迅速緩和了對國民黨的態度，張聞天說：「領導權不在爭，而在做。」[7]毛澤東也說：「目前是和為貴。」[8]

和為貴在這裏的意思並不等於一團和氣，共產黨的目標仍然是掌握統一戰線的領導權，只不過在方法上做了改變，不再是尖銳地「爭」，而是較為溫和地「做」。中共這時的想法是在基層特別是敵後，盡力擴大自己的政權，在高層則用加強合作的方式去改變國民黨。毛澤東後來在中共七大上說：「我們曾經設想過國民黨可能改造，我們曾經要改造國民黨。」[9]指的就是這個時候。毛澤東在會議

張聞天

4　《中國抗日戰爭正面戰場作戰記》下冊一四六〇－一四六一頁。

5　〈在統一戰線中進一步堅持獨立自主原則〉（一九三七年十一月十五日），《毛澤東文集》第二卷七十頁〉。

6　《毛澤東傳一八九三－一九四九》下冊五〇七頁。

7　《張聞天在一九三五－一九三八（年譜）》二九六頁。

8　楊奎松：《毛澤東與莫斯科的恩恩怨怨》（修訂版）七十七頁。

9　《毛澤東與莫斯科的恩恩怨怨》（修訂版）七十八頁。

上說，要看到國民黨在開始改革，並且
在醞釀改組，國民黨必須也可能通過改
革清除腐敗。大革命以前國民黨就是通
過改組，增加新的成分才壯大起來的。
這時的他對蔣介石也抱有很大的希望，
認為有蔣在，國民黨的改革就有可能，
「要利用蔣進行順利的改組」[10]。

中共參加六屆六中全會人員合影

　　直到近一年後的一九三八年九月二十九日中共六屆六中全會召開時，這
種改造國民黨的構想依然沒有變化。周恩來在三十日做的關於統一戰線的報
告中認定國民黨為主要合作對象，不是削弱國民黨，而是推動國民黨進步。

　　為了促進國共合作，剛剛成為中共實際最高領袖的毛澤東在第二天就把
周恩來派回武漢[11]，帶著他和王明的親筆信去見蔣介石。

　　在這封信裏，毛澤東讚揚蔣介石的「盛德」，表示自己和國人「欽佩無
既」「無不崇仰」[12]，建議國共兩黨恢復一九二七年前的合作形式，也就是
再允許共產黨員跨黨加入國民黨和三青團。或者兩黨建立一個革命民族聯盟
的合作組織。同時保證不在國民黨及其軍隊內發展中共組織。

　　周恩來在十月四日見到了蔣介石，兩人先談到抗日局勢。蔣介石表示，
堅持抗戰，這沒有問題[13]，也贊成八路軍在敵後求補充發展[14]。周恩來接著講
到毛澤東、王明的進一步合作的建議。蔣介石一聽便十分感興趣，他用心傾
聽，不斷點頭，最後要周恩來把中共的意見寫成書面材料交上來，他要研究
一下。

　　周恩來很快寫好了材料，在八日呈交蔣介石。

　　接到材料的當天，蔣介石便把陳立夫等一批文官召集起來，命令他們研
究之後拿出意見[15]。

10　同上七十九頁。

11　周恩來做報告及回武漢，見《周恩來年譜一八九八－一九四九》四二〇頁。

12　高華：〈「道」與「勢」之間：毛澤東為發動延安整風運動所做的準備〉，高華個人網站
　　gaohua.coldwarchina.com（二〇〇七年七月十六日摘）。

13　相關敘述，見《毛澤東與莫斯科的恩恩怨怨》（修訂版）九十四頁。

14　《周恩來年譜一八九八－一九四九》四二〇頁。

15　蔣介石對中共的回應和幕後研究，見《毛澤東與莫斯科的恩恩怨怨》（修訂版）九十
　　四頁。

　　就在陳立夫等人研究的時候，延安的毛澤東在十二日的六中全會會議上做了〈論新階段〉的政治報告，對國共合作表現出相當的樂觀。

　　在這份報告裏，毛澤東指出：在「抗日戰爭的進行與抗日民族統一戰線的組成中，國民黨居於領導與基幹的地位」，「國民黨的進步也是顯著的」，「可以預斷，國民黨的前途是光明的」，「有變成民族革命聯盟的可能」。為此他聲明要「誠心誠意擁護蔣委員長，擁護國民政府」，「並號召全國一致擁護」。

　　毛澤東設想著「將國民黨本身變為民族聯盟，各黨派加入國民黨而又保存其獨立性」，一旦這個聯盟建立，中共就將加入國民黨「黨員之名單提交國民黨的領導機關」，絕不搞讓國民黨害怕的祕密黨團，絕不招收任何國民黨員加入共產黨[16]。

　　又過了兩天，蔣介石在十四日召見周恩來，對中共的建議做了初步的回應。不知道是不是陳立夫那些人的研究得出了傾向於接受共產黨的結論，蔣介石雖然表示，共產黨員加入國民黨和三青團的問題，怕是還需要國民黨中央常委會討論才行，但又說照他個人的意見，三青團只要改一下章程，共黨同志就可以加入，要周恩來立即去找三青團的幹部商談[17]。

　　也在這次會晤中，蔣介石告訴周恩來，他已經準備退出武漢[18]。

　　經歷了抗戰開始以來最大規模的一場會戰，中國軍隊已無法再堅守武漢。二十五日，日軍已逼近武漢三鎮之一的漢口。周恩來在這一天來到漢口的中共《新華日報》社，為《新華日報》漢口版口授了最後一篇社論，布置這裏的撤退，還堅持把印好的一部分報紙張貼出去。他和最後一批工作人員離開了漢口，接著又和葉劍英一起撤出武漢。

　　在他離去數小時後，漢口陷落[19]。第二天武昌失守，再過一天，二十七日漢陽也落入敵手[20]。

16　毛澤東：〈論新階段〉，《中共黨史參考資料》第八冊一七八－二〇九頁。

17　《毛澤東與莫斯科的恩恩怨怨》（修訂版）九十四頁。

18　《周恩來年譜一八九八－一九四九》四二二頁。

19　周恩來撤出漢口的情況，見《周恩來傳》（二）五二六－五二七頁。

20　《中國抗日戰爭正面戰場作戰記》下冊八六四頁。

武漢淪陷後，周恩來多次輾轉，還經受了十一月十二日的長沙大火[21]。在戰局前景莫測的情況下，國共加強合作的事被暫時放到了一邊。

日軍飛機轟炸中的武漢民眾

雖然不談更多的合作，但在危難的時刻，國民黨對共產黨顯得十分友善。十一月的一日到三日，國民政府軍事委員會在長沙召開軍事會議，周恩來參加了會議，發言談了游擊戰的問題[22]。會議結束的次日他很樂觀地向中共中央書記處報告說，蔣介石對我們的態度相當轉好，機密事也漸不迴避，限制與束縛雖未放鬆，但可徐圖衝破[23]。

在他的報告發出的第二天，毛澤東在六中全會上聲言放棄「一切經過統一戰線」的口號[24]，不過跟國民黨再度跨黨合作的想法並沒有改變。

蔣介石這時對中共的態度確實比較好，八日他在南嶽衡山會見了周恩來和左翼作家郭沫若等人，討論今後抗戰的軍事戰略。蔣原則上同意周恩來的有關見解，還要他寫一個具體的方案[25]，這個方案的內容可能包括了國民黨從沒搞過的游擊戰略。

正面戰場步步失利，向來慣於打正規戰的國民黨也開始重視游擊戰。還在武漢失守前白崇禧就說：以打游擊戰起家的中共，亦為中國人，中共可以打游擊戰，國軍當亦能打游擊[26]。蔣介石也是這樣想的，他接見來武漢的朱德，討論八路軍在敵後的游擊戰[27]。朱德提出國共合辦游擊幹部訓練班[28]。蔣介石採納了這個建議，此次和周恩來見面，他就允諾儘快開辦游擊幹部訓練班[29]。

21　相關情況，見《周恩來年譜一八九八－一九四九》四二四－一四二八頁。

22　同上四二四頁。

23　《毛澤東與莫斯科的恩恩怨怨》（修訂版）九十四頁及一二一頁注釋一。

24　《毛澤東傳一八九三－一九四九》下冊五一九頁。

25　《周恩來年譜一八九八－一九四九》四二五頁。

26　《白崇禧回憶錄》三〇四頁，解放軍出版社一九八七年五月出版。

27　《周恩來年譜一八九八－一九四九》四二三頁。

28　《中國抗日戰爭正面戰場作戰記》下冊九〇七頁。

29　《周恩來年譜一八九八－一九四九》四二五頁。

　　接下來的二十五日至二十八日[30]，蔣介石在衡山召開了長江以南各戰區的南嶽軍事會議[31]。周恩來和葉劍英出席了會議[32]。蔣介石在會上提出「游擊戰重於正規戰，政治戰重於軍事戰」的主張，並設立冀察和蘇魯兩個游擊戰區，準備將部分正規軍派往敵後[33]。同時決定建立西南游擊幹部訓練班，蔣介石親任訓練班的主任，手下將領湯恩伯任教育長，並請中共派人來教授游擊戰術。經中共中央的同意，葉劍英擔任了訓練班的副教育長，周恩來也當了國際問題的講師[34]。周恩來後來說如果中共派去訓練班的人多的話，「不僅可以擴大我們影響，而且可以培養我們自己[的]知名幹部」[35]。

　　一時間國共合作的前景似乎十分美妙，可是此刻周恩來也聽到了許多國民黨人反對讓中共跨黨的消息[36]。

　　十二月三日，周恩來和葉劍英到桂林指導籌建八路軍辦事處[37]。六日晚上，也來到桂林的蔣介石約見了周恩來，正式答覆中共的跨黨建議，這位委員長的態度從以前的通融來了個一百八十度的轉變。

　　蔣介石告訴周恩來，共產黨跨黨，大家不贊成。共產黨既信三民主義，最好跟國民黨合併成一個組織，力量可以加倍發展。如果同意，就約毛澤東面談。

　　中共搞跨黨合作可不是想讓國民黨吞併的，周恩來不卑不亢地對蔣介石說：共產黨信三民主義，不僅因其為抗戰的出路，且為達到社會主義的必由之路，國民黨員則必不都如此想，故國共終究是兩黨。跨黨是為了取得信任。

　　蔣介石也知道這個辦法中共未必能同意，但仍不想放棄，他談起一九二七年國共破裂的情形，說還是合併好，因為大家都怕共產黨的革命轉變。

　　周恩來委婉地回絕說：合作方式問題不必強求，如認為時機未到，也可考慮其他辦法。

---

[30]　《中國抗日戰爭正面戰場作戰記》下冊九〇四頁。
[31]　范漢傑：〈胡宗南對陝甘寧邊區的封鎖〉，《八路軍・參考資料（一）》七八一－七八九頁。
[32]　《周恩來年譜一八九八－一九四九》四二六頁。
[33]　《白崇禧回憶錄》三〇四頁。
[34]　《中國抗日戰爭正面戰場作戰記》下冊九〇五頁、九〇八頁。
[35]　《周恩來傳》（二）五三三頁。
[36]　《毛澤東與莫斯科的恩恩怨怨》（修訂版）九十五頁。
[37]　《周恩來年譜一八九八－一九四九》四二六頁。

蔣介石只好退一步問道：如果共產黨全體加入做不到，可否以一部分黨員加入國民黨，而不跨黨？

周恩來堅決地表示：要求全體共產黨員加入國民黨而退出共產黨，這不可能也做不到。少數人退出共產黨而加入國民黨，不僅是失節、失信仰，於國民黨也有害而無益[38]。

蔣介石很是失望，只得說道：如果你考慮合併事不可能，就不必電約毛澤東到西安會談了[39]。

儘管失望，但蔣介石並未死心。六天後的十二日，已到重慶的他又約見了前來參加新設立的政治諮詢機構國民參政會的王明、董必武、吳玉章、林伯渠等中共人士，會談了五六個小時。

蔣介石力勸中共幹部到國民黨去做強有力的骨幹，為國家民族共同努力，不必要共產黨。對做過同盟會員和國民黨員的吳玉章說：「你是老同盟會，國民黨的老前輩，還是回到國民黨來吧！」[40]同時也堅決地表示：「共產黨員退出共產黨加入國民黨，或共產黨取消名義將整個加入國民黨，我都歡迎。或共產黨仍然保存自己的黨，我也贊成。但跨黨辦法是絕對辦不到。我的責任是將共產黨合併國民黨成一個組織。」甚至說：「此事乃我生死問題。此目的如達不到，我死了心也不安，抗戰勝利了也沒有什麼意義。所以，我的這個意見至死也不變的。」激動中還放出這樣的狠話：「共產黨不在國民黨內發展也不行，因為民眾也是國民黨的，如果共產黨在民眾中發展，衝突也是不可免。」[41]

勸告也好，威嚇也罷，中共都不為所動。跨黨一事只能終結，國共緊密合作的機會就這樣與歷史擦肩而過。

二、「我們不是亡於日本，而是會亡於共產黨」

蔣介石為何忽然對中共跨黨如此排斥？這當然跟國民黨內反對的聲音越來越強有關，這些聲音反映的又是此時的客觀形勢。

---

[38]　蔣介石與周恩來會談的主要內容，見《毛澤東與莫斯科的恩恩怨怨》（修訂版）九十五頁。
[39]　《周恩來傳》（二）五三四頁。
[40]　同上五三五頁。
[41]　《毛澤東與莫斯科的恩恩怨怨》（修訂版）九十五頁。

　　讓國民黨人關注的形勢是，中共的實力在飛速地壯大。

　　抗戰開始以來，跟日軍正面交鋒的國民黨部隊，在敵人強大武力的壓迫下只能節節後退。日本人雖然趕走了國民黨，但他們的兵力也有限，只能控制主要的城市和據點，在其占領區的鄉村中留下了大量的空白地帶。

　　這個時候，實力弱小的共產黨武裝乘虛轉入敵後，運用擅長政治工作的優勢，在日本人看管不過來的後院發動民眾，開出了一塊又一塊根據地，拓展出了自己的一片天地。在此基礎上，不要說政治聲望和組織力量的提升，單是軍隊的規模就日益猛增。到一九三八年底，中共的兵力只用一年多的時間，就從三萬餘人擴充到近二十萬，遠遠超過了國民政府最初規定的編制[42]。

　　軍隊飛快增長的同時，中共也迅速在根據地裏建立政權，國共矛盾由此開始。

　　在中共根據地的政府，從機構設置到任命官員，基本都是中共自己說了算，名為上級的國民政府多半插不上手，根據地被完全掌控在中共的手裏。就連一個和組織失去聯繫的中共黨員管文蔚，也在自己控制的地區禁止國民黨的活動，陳毅還為此稱讚過他[43]。雖然毛澤東此時在〈論新階段〉的報告裏表態：「全國任何地方政府，應集中在中央政府領導之下，不應因行政區域在地域上之被敵分割而有任何不尊重中央領導的表現。全國必須是依照中央法令而推行民主制的，但全國必須是統一於中央的。」[44]

　　但就在兩個來月前，當新任河北省主席鹿鍾麟要與中共就政權問題談判時，毛澤東、劉少奇八月八日指示華北方面要加緊建立與強固各縣政府，「造成既成事實，再與鹿商談交涉」[45]。十天後的十八日毛澤東再和張聞天、王稼祥、劉少奇指示：「要求鹿對一切維持現狀，承認既成事實。」[46]過了兩天，二十日毛、王、劉三人又電告華北：「我們要迅速建立與鞏固河北的統一軍事行政系統，使鹿鍾麟來不致容易被他拆散。」[47]

---

[42]　《毛澤東與莫斯科的恩恩怨怨》（修訂版）九十六頁。

[43]　管文蔚：《陳毅在大江南北》三十七頁，江蘇人民出版社一九八一年四月出版。

[44]　〈論新階段〉。

[45]　《毛澤東年譜一八九三──一九四九》中卷八十六頁。

[46]　《張聞天在一九三五──一九三八（年譜）》三四六頁。

[47]　《劉少奇年譜》上卷二三一頁。

在中央全會這樣比較公開的場合，毛澤東的講話無疑帶有一定的宣傳意味。中共絕不可能把自己掌握的領導權拱手送人。

更讓國民黨惱火的是，中共的軍隊已不再把自己局限在所屬的作戰區域，而是越過國民政府劃定的界限，向其他地方大力發展。甚至一些原屬國民黨的部隊也倒向了共產黨，比如第一戰區獨立第一游擊支隊司令呂正操就加入了八路軍的行列，對國民政府委任給他的這個支隊司令的官職不理不睬[48]。在這種狀況下，被叫做摩擦的國共軍隊的衝突開始增多起來。

看著中共如此的行事作風，許多國民黨人坐立難安，他們的種種擔憂自然要匯集到蔣介石那裏，影響他的決策。

蔣介石對周恩來提起一九二七年的國共分裂，這正是國民黨的心結。在他們看來，由於一九二七年前允許中共與國民黨跨黨合作，才導致了共產黨勢力的第一次擴展，留下了至今難消的隱患。為了不讓當年的情形重演，蔣介石才會在跨黨問題上改變了溫和的態度。

在對中共發展勢頭的憂慮上，蔣介石和他的下屬是深有同感的。一九三八年的最後一天，他在日記裏寫道：「共黨趁機擴張勢力，實為內在之股憂。」到了一九三九年一月六日他又在日記裏認定「目前急患不在敵寇」，迫切的危險是「共產黨之到處企圖發展」，「淪陷區游擊隊之紛亂無系統」，「應定切實對策，方足以消弭股憂也」[49]。

國民黨的目標雖然是建立一個多黨共存、和平競爭的民主制度，但孫中山卻因為中國社會存在種種不適應民主的因素，便把新的中國的建設過程分為軍政、訓政、憲政三個階段。在真正民主的憲政之前，無論是軍政還是訓政，國民黨都要完全掌握國家的權力，不與其他黨派分享。這也正是一九二七年蔣介石、汪精衛發動清黨和分共的重要原因。

即便在抗戰的危亡關頭，國民黨依然不允許別人在權力盛宴中與自己分一杯羹。而共產黨也是要建立屬於自己的政權，絕不容他人染指。如此一來，國共間的矛盾衝突也就出現了。如果還是在一九二七年，蔣介石恐怕早就對共產黨痛下殺手了，但是如今的環境卻令他難以做此血腥的決策。

---

[48]　呂正操：《冀中回憶錄》二十一－二十二頁，解放軍出版社一九八四年六月出版。

[49]　《毛澤東傳一八九三－一九四九》下冊五三二頁。

　　兇悍的日軍已經奪占了大片的中國領土，攻取武漢後，他們的下一步很可能將針對國民政府的大後方基地四川。蔣介石知道，在這生死存亡的緊迫時刻，他不可能既對付日本人，又跟中共全面開戰。唯今之計，只能是對共產黨採取限制和暗中擠壓的手段。

　　中共最容易被國民黨限制的地方是它的中樞陝甘寧邊區。蔣介石當然不會放過，從一九三八年底開始，他在邊區周邊地帶逐漸布置下了重兵[50]。

　　這種限制行動最初卻是來自抗日的軍事決策。

　　在桂林與周恩來談話時，蔣介石說希望見到毛澤東，那是準備在他開完一次會議之後[51]。這個會議就是與南嶽會議對應的長江以北戰區的軍事會議，本已由何應欽主持在河南洛陽召開，蔣介石又把它改在西安武功進行，並親自出席。

　　武漢失守後，中國軍人最關心的是日本人接下來將怎樣行動。實際上日軍經過幾次大會戰的消耗，一時已無力再發動大規模的戰略攻勢，但中國方面對此並不摸底。軍令副部長劉斐就在武功會議上認為，對敵情判斷，應從我最感痛苦的地方著眼，寧可估計得高一點。他的高一點的估計是，日軍可能從綏遠侵入陝、甘地區，遮斷河西走廊，截斷中國和蘇聯的國際交通線，再由此進入四川，威脅重慶[52]。

　　中共當時也判斷日本可能入侵西北，毛澤東在一九三八年十二月五日給國民黨將領鄧寶珊的信中說：「敵攻西北之計畫是要來的。」[53]為防日軍進攻陝甘寧，中共中央還決定把自己創辦的抗日軍政大學（抗大）分散，在別的地方建立分校。毛澤東十二日在給抗大幹部做報告時說，敵人將分三路進攻西北，我們要準備它來，那時我們的困難就多了[54]。直到一九三九年一月二十八日，毛澤東在十八集團軍延安總兵站檢查工作會議上講話時，仍把西北的西安、蘭州列為「敵人還會進攻」的目標之一：「雖然到我講話這時止，我的話還未證實，不過我們還是準備的好，沒有準備就會損失更大。」[55]

50　〈胡宗南對陝甘寧邊區的封鎖〉。
51　《周恩來傳》（二）五三四頁。
52　武功會議的召開和劉斐對戰局的判斷，見〈胡宗南對陝甘寧邊區的封鎖〉。
53　《毛澤東年譜一八九三─一九四九》中卷九十八頁。
54　《毛澤東軍事年譜》二六五頁。
55　〈關於目前戰爭局勢和政治形勢〉（一九三九年一月二十八日），《毛澤東文集》第二卷

儘管日本人後來並沒有進攻西北，但當時在武功的國民黨將帥也大都贊同劉斐的估計。蔣介石決定在陝、甘一線布防人馬，維護國防交通，保障重慶的安全。擔當這一重任的是他的愛將胡宗南。

抗戰時的蔣介石與胡宗南

成功阻斷中共一九三六年寧夏戰役的胡宗南是蔣介石的黃埔軍校第一期的學生，多年來跟著他的校長東征西討，屢建戰功。抗戰開始後，他率部先後參加了淞滬會戰和武漢會戰。

打日本人的同時，胡宗南也沒有忘記對中共的戒心。武功會議前他就對部下范漢傑說：「抗日戰爭即使失敗而亡於日本，還有復國的可能；若因抗戰而使中共的力量擴大到動搖國本，則將永無翻身之日。」他準備建議蔣介石：「為長治久安計，必須加強對陝甘寧邊區的封鎖，削弱並壓縮共產黨勢力，俾在有利時機能一舉而殲滅之。」

為了讓胡宗南全權負責，蔣介石決定晉升他為三十四集團軍總司令，卻立即遭到李宗仁的反對。胡宗南部隊本屬李宗仁的第五戰區，武漢會戰時，在河南信陽防守的胡宗南被日軍迂迴到後方，進而威脅武漢，導致李宗仁部隊撤退困難。現在他不被追究反倒升官，李宗仁自然不滿。

為擺平關係，蔣介石命蔣鼎文擔任三十四集團軍總司令，胡宗南任副總司令，這是從沒有過的特例，因為其他的集團軍都沒有副總司令的職位。胡宗南不僅做了第一個副總司令，蔣介石還准許他設立副總司令部。誰都明白，蔣鼎文不過是塊招牌，真正管事的還是胡宗南[56]。

蔣介石如此煞費苦心，已經不只是為了防備日本人了。不知道胡宗南是否向蔣介石進言防共，更可能的是，兩人在此問題上不謀而和。胡宗南曾向人透露過委員長的祕密訓示：「我們和日本人打了一年多的仗，中央的部隊犧牲是這樣大，但是共產黨卻利用這個機會，大大擴充勢力，它們的軍事力量，不僅控制了山西的大部地區，而且發展到了河北、山東、河南、安徽、

─────────

一四八─一五四頁。

[56]　蔣介石任用胡宗南主管陝、甘軍事的過程，見〈胡宗南對陝甘寧邊區的封鎖〉。

蘇北等地」，「這樣下去，我們不是亡於日本，而是會亡於共產黨」，「我們必須準備和積蓄我們的力量，我們必須限制他們」[57]。

就連冀察、蘇魯兩個游擊戰區的建立，據白崇禧晚年的回憶，至少在這之後，已經帶有「打擊共軍發展」的圖謀了[58]。

儘管開始採取軍事上的防範措施，但蔣介石仍想最後做一次努力，爭取用政治合作的手段化解共產黨的威脅。

這時國民黨就要召開五屆五中全會，在開會前一天的一九三九年一月二十日，蔣介石又約見了已到重慶的周恩來。再次對他提出國共兩黨統一的事，周恩來不留餘地地告訴他不可能。蔣介石還不肯放棄，堅持要周恩來請示延安，表示希望能在全會上接到中共的回電。周恩來反過來要他解決各地摩擦「反共捉人」的問題，蔣介石的回答是：根本問題不解決，不僅敵人造謠，即下級也常不安定，影響上級，言下之意全會上將有人提出摩擦的問題，而此刻他們要討論的應該是兩黨關係的根本大計。他知道中共在這件事上不會輕易後退，於是又說：暫不贊成統一也要有新辦法。周恩來卻反問他有何具體辦法？蔣介石只能表示還沒想好。

這次會面的第二天，在國民黨五屆五中全會開始的時候，周恩來向延安報告了與蔣介石會談的經過，判斷蔣的意圖是：「蓋欲我黨對國民黨全會有一具體讓步，以塞眾口，以利防共。」

根據周恩來的建議，中共中央二十四日和二十五日兩次給蔣介石和國民黨中央全會發去電報，在電文裏清楚地表明態度：「兩黨為反對共同敵人與實現共同綱領而進行抗戰建國之合作為一事，所謂兩黨合併，則純為另一事。前者為現代中國之必然，後者則為根本原則所不許」，中共願為「三民主義新中華民國而奮鬥，但共產黨絕不能放棄馬克思主義之信仰，絕不能將共產黨的組織合併於其他任何政黨」[59]。

蔣介石徹底死了心。儘管周恩來二十五日又寫信向他保證：中共願在某些省區減少發展，中共絕無排擠或推翻國民黨的意圖，國民黨對中共的部分

---

[57]　《中國抗日戰爭正面戰場作戰記》下冊一四六一頁。

[58]　《白崇禧回憶錄》一七〇頁。

[59]　國民黨全會時的國共交涉，見《周恩來傳》（二）五三五－五三六頁。

發展也不應恐懼[60]；但蔣介石對這種話顯然並不相信。在此之後，國民黨更大幅度地用各種軍事政治行動遏制中共。

除蔣介石以外，其他國民黨人也早在琢磨怎麼對付共產黨了，五屆五中全會上，李宗黃等十三名國民黨中央執行委員和監察委員聯名提出了一項〈深植本黨勢力於廣大之農村，以防異黨潛滋暗長，危害黨國〉的提案，這裏的「異黨」就是共產黨的代稱。

李宗黃等人在提案中說：「本黨領導全國從事抗戰已屆半年。乃異黨假借抗戰之名，陰分壁壘，分化統一，破壞團結，謀奪政權，已造成黨國莫大隱憂」，「異黨活動，以農村為主要對象，宣傳異說，蠱惑農工，藉救亡名義組織非法團體，嘯聚匪眾，盤踞地方，勢力所至，黨政機構輒被摧毀。外患如是之亟，內憂如是之深」，國民黨必須「以宣傳對付異黨之宣傳，以組織對付異黨之組織」。

李宗黃他們也知道，中共能發展迅速，是因為「本黨各級黨部、各級政府，尚未樹立政治上社會上之偉大力量所致」。所以他們在提案中建議，由國民黨出面組織和加強民眾團體，「凡各界民眾，均應加入一種法定人民團體」，「接受本黨領導」，「勿予異黨以可趁之機」。國民黨還應執掌教育機關和大中學校，網羅青年，「務使所有革命愛國青年，均在本黨領導之下從事活動」。

如果說上面這些多少還屬於和平競爭的話，那麼接下來提議的舉措就暴露了專制政權的本來面目。「異黨活動最烈之區域，應實行聯保連坐法，使人民不敢與異黨份子接近而受其利用」，「各地黨部及軍政機關，對於異黨之非法活動，應採嚴格防制政策」，「縱因此而發生摩擦，設非出於本黨之過分與不是，亦應無所避忌」，「宣傳階級鬥爭，鼓動抗租、抗稅、罷課、罷工、破壞保甲、擾亂治安者，無論其假借任何名義，應一律依法從嚴制裁」，社會團體和黨政機關中如發現「異黨份子」，必須開除。

提案還特別指出：「假借共產黨或八路軍與新四軍等名義，擅自組織武裝隊伍者，當地駐軍得隨時派兵遣散。」[61]

---

[60]　《周恩來年譜一八九八－一九四九》四三二－四三三頁。

[61]　李宗黃等人的提案內容，見〈李宗黃等人在國民黨五屆五中全會上的反共提案〉（一九三九年一月），《八路軍・參考資料（一）》三九九－四百頁、同書四〇二－四〇

　　並沒有人「假借」中共的名義，這裏的所謂「擅自」的武裝，其實指的就是中共軍隊超出國民政府規定編制的那些力量。

　　從這一點可以看出，李宗黃他們即便對中共深懷敵意，卻也並不想讓國共雙方徹底破裂，所以找了這樣一個不算高明的理由做掩飾。

　　而在中共那邊，隨著跨黨合作的告吹，毛澤東對國民黨的態度也開始重新強硬起來。二十八日，他在八路軍延安總兵站檢查工作會議做總結講話時，雖然對蔣介石仍留有餘地，說親日反蔣反共的一派「罵共產黨同時也罵了蔣委員長」，認為摩擦是難免的，「統一戰線有一萬年，摩擦也有一萬年，有統一戰線就有摩擦存在」，估計國民黨這次全會的「結果不會壞的」，但也聲言「如果有人硬要摩擦一下」，那便依照「六中全會裏我們曾說過」的原則，這就是後來著名的「人不犯我，我不犯人；人若犯我，我必犯人」[62]。

　　三十日，國民黨五屆五中全會閉幕，會議發表的公開宣言說：「吾人絕不願見領導革命之本黨發生二種黨籍之事實」[63]，等於正式回絕了中共的跨黨建議。

　　蔣介石已經認定中共「所以要和我們合作，不過是一種策略而已」，聲稱共產黨搗亂是必然的，應該用「嚴正的態度來教訓管理他」，「有進無退的革命辦法，來對付他」，國民黨中央在這之後便著手制定防共限共的措施[64]。

　　共產黨自然不會甘心受人限制，二月四日和五日，毛澤東在延安的兩次公開演講中，兩次重複了「人不犯我，我不犯人；人若犯我，我必犯人」的原則[65]。這時重慶的國民參政會正要召開一屆三次會議，中共中央六日指示周恩來領導的南方局，「對此次參政會我們應宜採取較冷淡態度，以促蔣及國民黨反省」[66]。八日，毛澤東又在中央書記處會議上說：「要國民黨進步，沒鬥爭是不行的。」[67]

　　五頁的〈防制異黨活動辦法〉。

[62]　毛澤東的講話內容，見〈關於目前戰爭局勢和政治形勢〉。

[63]　《周恩來年譜一八九八－一九四九》四三二頁。

[64]　《國民黨的「聯共」與「反共」》四〇九－四一〇頁。

[65]　《毛澤東年譜一八九三－一九四九》一〇九頁。

[66]　同上。

[67]　《毛澤東傳一八九三－一九四九》下冊五三七頁。

國民黨也沒有絲毫讓步的意思。四月十五日，國民黨中央執行委員會祕書處用「極機密」的方式頒布了〈防制異黨活動辦法〉，將李宗黃等人的建議完全採納，下令實施。但也知道現在是「團結禦侮時期」，國共關係「極為重要」，所以要求各級人員「絕對保守祕密」，「倘不慎而洩漏入於異黨份子手中，則不僅易滋誤會，甚且發生摩擦」[68]。

到了這個地步，摩擦其實已是不可避免的了。

三、「中國人不打中國人」

由於國民黨對中共的政策趨向強硬，在一九三九年的春天，雙方的摩擦開始走向激烈，比較知名的事端有太河事件和平江慘案。

海軍時期的沈鴻烈

太河事件發生在山東中部的博山縣太河鎮，那裏當時駐紮著國民黨的武裝力量，隸屬山東省主席沈鴻烈管轄。

此時已五十多歲的沈鴻烈閱歷十分豐富。他十八歲考中了清朝的秀才，和那時的許多年輕人一樣，雖然在中國傳統的環境中成長，卻對西方的學問深感興趣。他先入武備學堂，再加入清朝按西洋方法訓練的新軍，然後在一九〇六年春被公費派到日本海軍學校留學。也就在這一年，他拋棄了滿清朝廷，加入了孫中山的同盟會。一九一一年辛亥革命爆發，沈鴻烈回國參與策動長江下游清朝海軍起義。中華民國成立後，他長期在海軍供職，還曾作為赴歐洲觀戰團的海軍武官，到第一次世界大戰的戰場上，隨同英國海軍對德國作戰。沈鴻烈在仕途上真正的發達應歸功於當年控制東北的張作霖、張學良父子。一九二〇年十月，沈鴻烈被調到東北任吉黑江防艦隊參謀長[69]，在張作霖的支持下，他成了東北海軍的實際締造者，官職也步步高升。

蔣介石也很器重沈鴻烈，一九二九年張學良實行東北易幟，歸附南京國民政府後，曾是同盟會員的沈鴻烈竟不許東北海軍懸掛國民黨的青天白日

---

[68]　〈防制異黨活動辦法〉。

[69]　沈鴻烈早年經歷，見維客網「沈鴻烈」條目，www.wiki.cn（二〇〇七年八月二十日摘）。

擔任山東省主席的沈
鴻烈

旗[70]。儘管他如此不馴順，蔣介石卻十分寬容，一九三○
年九月還任命他為中國海軍第三艦隊的司令。「九・一
八」事變後，東北海軍居無定所，又是蔣介石很快任命
沈鴻烈兼任山東青島的市長[71]，使他的艦隊有了停靠的港
灣。從此沈鴻烈成了蔣的忠實擁護者，西安事變時，他沒
有站在舊日長官張學良一邊，反而要求保證蔣介石的安
全，以免親痛仇快[72]。

　　到青島後，沈鴻烈因為沒擺平艦隊內部關係，導致一九三三年一年內
先後遭部屬的綁架和刺殺，甚至有三艘軍艦出走，他不得不辭去艦隊司令一
職[73]，海軍生涯黯然收場。但他在青島市政上卻頗有成績，在他的領導下，
一座座碼頭、船塢、禮堂和體育場紛紛建起，街道得到整修，幫助窮人的救
濟院、習藝所得以設置，市府財政預算的教育經費每年都有增加，強制在鄉
村普及學校。沈鴻烈最有創意的舉措是興建大批的平民住所，富裕的西方國
家在第二次世界大戰後才有這種福利政策。國民政府授予青島模範城市的稱
號。一九三三年七月，青島又主辦了第十七屆華北運動會[74]。沈鴻烈一時間
很是風光。

　　在這同時，沈鴻烈也鎮壓罷工和學生運動，逮捕中共人員，毫不手
軟[75]。

　　對於日本的侵略，沈鴻烈早有戒備，一九三六年他就物色爆破專家，
準備必要時摧毀日本在青島的設施。一九三七年抗戰爆發後，在八月十三日
淞滬會戰發生的第二天，日本也以一名海軍士兵在青島被殺的理由，派飛機
軍艦和海軍陸戰隊聚集青島外海。沈鴻烈下令青島海陸軍全面警戒，準備
一戰。

70　劉保富：〈沈鴻烈是怎樣當上山東省主席的〉，www.qiwa.net（二○○七年八月二十日
　　摘）。
71　維客網「沈鴻烈」條目。
72　〈沈鴻烈是怎樣當上山東省主席的〉。
73　劉濤：〈東北海軍兩度刺殺沈鴻烈〉，青島新聞網qingdaonews.com（二○○七年八月二十
　　日摘）。
74　沈鴻烈在青島的施政，見張志明：〈沈鴻烈在青島〉，《縱橫》二○○四年第十二期。
75　維客網「沈鴻烈」條目。

日本最後沒有進攻，只是撤走了這裏的僑民；直到當年年底，日軍才攻打青島。蔣介石的命令破壞日本在當地的紗廠，沈鴻烈讓他的爆破專家把日本的其他工廠也一起炸成了廢墟[76]。

撤離青島以後，沈鴻烈又被蔣介石任命為山東省主席。這是因為原來的山東省主席韓復榘在日軍的進攻面前不戰而逃，他的一些部隊甚至從所屬的第五戰區退到了第一戰區。當第五戰區長官李宗仁電責他不該擅自進入別人防區時，韓復榘竟回答：「全面抗戰，何分彼此？」[77]蔣介石最終逮捕並槍斃了韓復榘，留下的山東主席的空缺由沈鴻烈填補。

沈鴻烈毫不謙讓地接手了山東，蔣介石準備任命他時還有些猶豫，怕韓復榘的部下不聽他調遣；沈鴻烈卻自信地表示，自己主持青島六年，與韓軍將領和山東名流多有交往，相知頗深，政情民俗亦甚熟悉，安撫軍心民心穩操勝券[78]。

這並非狂言，上任之後，沈鴻烈只帶了十八個人從魯西南進入山東，很快就組織起大量的武裝與日軍周旋。

沈鴻烈後來當農林部長時，次長雷法章曾對人描述他在山東的業績，足足講了約三個小時。有下屬對沈鴻烈笑談此事，口吻中流露出不大相信的意思，沈鴻烈立刻正色地說明，那都是真實的[79]。

沈鴻烈本以為能掌控山東，卻不想八路軍在這個時候出現了。

在日本入侵以後，山東就出現了中共領導的抗日武裝。一九三八年初，面對日軍的壓力，中共準備必要時將八路軍主力從華北撤離，由此也就有了向其他地區發展的想法[80]。

這年四月二十一日，毛澤東、張聞天和劉少奇在給朱德等八路軍將領的電報裏，明確地把山東與河北並列為開展游擊戰的目標[81]。

到五月二十日，毛澤東又指示八路軍準備在河南淪陷後，要蔣介石同意到河南、安徽、江蘇和山東四省活動，但「未到適當時機不應向蔣提」，也

---

[76] 抗戰初期沈鴻烈在青島的行動，見〈沈鴻烈在青島〉。
[77] 《白崇禧回憶錄》一二五頁。
[78] 〈沈鴻烈是怎樣當上山東省主席的〉。
[79] 李先聞：〈抗戰期間四川九年〉，《書屋》二〇〇七年第八期。
[80] 相關記載，見《毛澤東軍事年譜》二三五頁－二三八頁。
[81] 《張聞天在一九三五－一九三八（年譜）》三二三頁。

不要告訴相關戰區的國民黨將領[82]。就在這個月，一一五師按照中共中央軍委和八路軍總部的指示，開始組建進入山東的挺進縱隊。九月，年輕的將領蕭華率領縱隊跨過防區進入山東，在樂陵建立了政權[83]。

在八路軍到來之前，沈鴻烈和山東中共武裝的關係也還不錯，在蕭華進占樂陵前的九月七日，毛澤東、張聞天和劉少奇表示：「山東各黨派軍隊與我們的關係進一步好轉，已使我們有可能開始建立大塊抗日根據地。」[84]

但沈鴻烈無論如何不願看到八路軍從別處跑到他的地盤上來搞「大塊」根據地。蕭華到樂陵後，曾去鄰近的惠民拜訪沈鴻烈，沈鴻烈用客氣的語調對他說：「樂陵是鄙人治下，還望蕭司令不要染指樂陵政務，使省府為難。」又試圖溫和地下逐客令：「貴軍防區在山西、河北一線，貴軍軍餉很難籌措，還須請往河北徵糧派款……」

蕭華

朱德和彭德懷

蕭華卻理直氣壯地回答：「沈主席，蔣委員長曾經在廬山號令全國：如果戰端一開，那就地無分南北，人無分老幼，無論何人皆有守土抗戰之責任。山東淪陷，我軍趕來抗戰，沈主席理應協助。難道事隔一年，沈主席就把蔣委員長的話忘掉了嗎？」

這話很像韓復榘的「何分彼此」，但據蕭華說，沈鴻烈聽了卻「張口結舌」[85]。不論輸沒輸掉這場口舌之爭，沈鴻烈都不會聽任八路軍在山東擴展。隨著一一五師主力逐步開進山東，國民政府也成立了蘇魯戰區。擔任戰區副總司令的沈鴻烈加緊針對八路軍的部署，一九三九年三月十九日毛澤東指示彭德懷等人：「目前沈正厲行對我進攻，請注意堅決給以回擊。」[86]

[82]　〈準備向豫皖蘇魯敵後發展〉（一九三八年五月二十日），《毛澤東軍事文集》第二卷二二五頁。

[83]　蕭華：〈一一五師挺進山東及山東抗日根據地的發展〉，《八路軍‧回憶史料（一）》四六九─四七八頁，解放軍出版社一九九○年十月出版。

[84]　《張聞天在一九三五─一九三八（年譜）》三四八頁。

[85]　相關敘述，見〈一一五師挺進山東及山東抗日根據地的發展〉。

[86]　〈鞏固著重於華北，發展著重於魯蘇皖鄂〉（一九三九年三月十九日），《毛澤東文集》第二卷一七三─一七四頁。

　　沈鴻烈是怎樣進攻的呢？按先後被派
到山東的中共將領羅榮桓和徐向前晚年回
憶，他這時的主要做法是在八路軍之前搶
占戰略要地，繼續擴張實力，限制中共武
裝的發展。一九三九年二三月間，也就是
毛澤東說他「屬行」進攻前，沈鴻烈提出
統一劃分防線，想把八路軍的活動圈在固

山東的八路軍

定的範圍內，又提出「統一行動，軍不干政」，意圖阻止中共自建政權。還
有經濟糧秣統籌統支[87]，要從後勤供應上控制中共。

　　一個要發展，一個不許發展，在這種形勢下，衝突也就成了必然。

　　就在〈防制異黨活動辦法〉頒布的一個星期前，一九三九年四月八日的
太河鎮十分平靜，國民政府軍事委員會魯冀邊區第二游擊區第七和第十一兩
個大隊駐守在這裏。不久前沈鴻烈發出命令，要第二游擊區司令王尚志率部
隊到這一帶集結聽候點編。王尚志到達後把司令部設在離此三十里的峨莊，
讓參謀長聶英等人來太河建立了前進指揮所。

　　這天本來一切如常，到了下午，一些軍官正聚在一起聊天，忽然有人跑
來說，王司令來了。大約過了一個小時，聶英傳令中隊以上軍官到指揮所集
合。王尚志早已等在那裏，待大家到後便說道：「接到秦司令的命令，近幾
天將有八路軍三支隊的隊伍，自鐵路以北來，路經太河到八路軍山東縱隊司
令部去。」

　　秦司令就是魯冀邊區游擊司令秦啟榮，鐵路即是膠濟鐵路。八路軍從國
民黨軍處過境，當時雙方還沒有發生大的衝突，這種事很正常。

　　但是王尚志此刻卻告訴部下：如果八路軍「經過這裏，就用襲擊的辦法
解決掉」[88]。

　　王尚志的「秦司令的命令」究竟只是通知八路軍部隊要從太河過境，
還是包括了「用襲擊的辦法解決」的內容，他並沒有說清楚。至今未發現直
接的證據表明秦啟榮下過「解決」八路軍部隊的命令。而王尚志這樣做倒是

87　相關回憶，見羅榮桓：〈談山東抗日戰爭〉，《八路軍·回憶史料（一）》一二三－
　　一二八頁，徐向前：〈憶在山東一年〉，同書五七一－五七九頁。
88　劉繼禮：〈「太河事件」真相〉，《八路軍·參考資料（一）》七七○－七七三頁。

李人鳳

有他自己的理由，那就是他得知從此地路過的八路軍很可能是山東縱隊三支隊十團。這個團原本是臨淄縣學生志願軍訓練團，因為勢單力薄，曾經歸於王尚志的麾下，番號為第三大隊。王尚志當時還把自己的司令部設在了臨淄。可是不久之後，三大隊就在大隊長李人鳳的帶領下投奔八路軍，並且解散了王尚志的司令部，王尚志等人也被扣押。雖然李人鳳很快就釋放了他們，但卻將其統統趕出了臨淄縣境[89]。

王尚志當然心懷深恨，他這時特別指令，如果是李人鳳團，就更不能放過。

王尚志和秦啟榮原都屬於一個特別組織復興社，也就是當初日本人非要從北平趕走的藍衣社。它是由一批死忠蔣介石的少壯派在三十年代成立的。雖然是個政治組織，最擅長的卻是搞情報和祕密活動。復興社已在一九三八年四月二十七日解散，但它卻發展出了戴笠領導的著名特工機構軍統[90]。

復興社的人對共產黨肯定沒有多少好感，何況被挖了牆角的王尚志。此時的他一邊假意宣稱，歡迎八路軍「到太河吃飯」[91]，一邊精心進行「解決」的部署，只等八路軍鑽入羅網。

兩天過後，十一日下午一點，聶英得到了準確的消息，八路軍部隊已到達太河以北五裏的第八、九兩個大隊的駐地，這兩個大隊也歸他直接指揮，他一邊命令八、九大隊備好茶水招待八路軍，免其生疑，一邊傳令七、十一大隊在太河鎮的圍牆和附近山上設下了埋伏。

大約三點的時候，二百餘名八路軍轉過太河北面的山口，走進鎮外冬春季節乾涸的河谷[92]。這支八路軍部隊果然是山東縱隊三支隊十團的兩個連[93]，護送一批政工和醫護人員[94]去別的地方學習。三支隊的人知道跟王尚志

89　楊明清：〈關於太河慘案研究中的若干問題〉，《理論學刊》雜誌二〇〇二年第三期。

90　王尚志指示不放過李人鳳團及他與秦啟榮的復興社經歷，見〈「太河事件」真相〉。

91　〈關於太河慘案研究中的若干問題〉。

92　《八路軍山東縱隊史》上卷一一五頁，山東人民出版社二〇〇七年七月版本。

93　〈「太河事件」真相〉。

94　《八路軍山東縱隊史》上卷一一五頁。

是「死對頭」[95]，在到太河之前，他們也發覺
王尚志的部隊不大對勁，但帶隊的三支隊政治
部主任鮑輝認為不會有什麼意外，在這之前，
國共軍隊還沒有發生嚴重的衝撞[96]。

太河慘案舊址

可是當八路軍前邊的隊伍剛轉過太河鎮
的西南角，等在那裏的聶英立刻鳴槍發出開火
令，國民黨武裝從左右兩面猛烈射擊[97]。地勢不利的八路軍根本無法招架，
呼喊「中國人不打中國人」的口號也無濟於事。除了最前面和最後面的一部
分人頂著彈雨衝出伏擊圈外，其餘的或者陣亡，或者被俘。

王尚志的手下從俘虜中找出了三支隊政治部主任鮑輝、特務團團長潘建
軍和政治部宣傳科長鄧甫晨，將鮑輝的雙腿打斷，推到懸崖下亂石砸死。嚴
厲斥責國民黨的潘建軍被捆綁起來，連砍數刀後活埋，鄧甫晨也遭處死[98]。
十幾個高呼「團結抗日」、「中國人不打中國人」的年輕八路軍俘虜同樣在
夜裏統統被活埋。整個太河事件八路軍共死亡四十多人。

事後王尚志宣布自己是在「討逆」，解決「叛軍」[99]。

中共方面可不聽這些。十天後，八路軍發起報復行動，將王尚志部隊打
得大敗[100]。

北方的太河事件兩個月後，南方又發生了平江慘案。

〈防制異黨活動辦法〉頒布後，國民政府下屬的戰區開始紛紛制定限
制共產黨的條例。新四軍總部和主力所在的第三戰區長官顧祝同在五月五
日發出機密電令，指控中共「破壞兵役，破壞行政系統，非法收捐，唆眾抗
稅」，「濫收土匪，擅組軍隊，勒繳民槍，擴充勢力」，「潛入民眾團體做
非法活動，煽惑青年分化民眾」等等罪狀，下令「禁止本戰區內中共一切非
法活動」，特別指明新四軍後方辦事機關除了設在戰區司令部駐地上饒的通

---

[95]　〈關於太河慘案研究中的若干問題〉。
[96]　〈「太河事件」真相〉。
[97]　《八路軍山東縱隊史》上卷一一五頁。
[98]　〈「太河事件」真相〉。
[99]　〈關於太河慘案研究中的若干問題〉。
[100]　〈「太河事件」真相〉。

一九三七年傅秋濤與塗正坤
（左）在嘉義

訊處外，「概在取締之列」，再有以新四軍名義「製造違法事實者，一律從嚴制裁」[101]。

新四軍的通訊處不只設在第三戰區，第九戰區的湖南平江縣嘉義鎮也有這樣的機構。九戰區雖沒有明令取締新四軍機構，但卻得到了蔣介石的直接指示，要消滅平江通訊處。

一九三九年三月九戰區司令長官薛岳接到了蔣介石下達的命令，要求嚴密監督限制中共的活動。九戰區隨即召開會議，決定破獲新四軍平江通訊處，處決其主要工作人員，以不放走一人為目的。任務交給了此時駐守平江的楊森的第二十七集團軍[102]。

曾經指揮部隊在大渡河阻擊紅軍的楊森對中共非常仇視，他的長子因為加入中共，被他趕出家門，不許姓楊。到平江後，他一直注意新四軍通訊處的情況。接受戰區的任務後，他更是加緊偵察，甚至每天早晨親自去新四軍駐地附近走一趟，並和平江縣政、黨部、三青團，以及戰區駐此地的官員祕密籌畫取締行動[103]。

九戰區把新四軍通訊處視為眼中釘的原因，是由於它當時十分活躍。平江慘案發生後周恩來、葉劍英曾說：「通訊處幫助政府平定土匪，收容國軍潰兵，將人槍交還原部隊，當地駐軍紳民莫不稱道。」[104]

照這樣的描述，可知通訊處的活動能量確實很大，已不僅僅是一個駐外的辦事機構。實際上當時新四軍在外的辦事留守機關多是當地中共組織的領導[105]。以平江通訊處來說，它的負責人之一，新四軍上校參議塗正坤就是中共湘贛鄂特委的書記[106]，另一位負責人，通訊處主任黃耀南則是特委的宣傳部長兼統戰部長[107]。

---

[101]　〈顧祝同關於下達取締中共「違法」活動辦法致戴戟電〉（一九三九年五月五日），《新四軍・參考資料（二）》二三一一－二三二頁。

[102]　喻夢希：〈我所瞭解的平江慘案〉，《新四軍・參考資料（二）》七五四－七五六頁。

[103]　唐宋元：〈回憶平江慘案〉，同上書七五一一－七五三頁。

[104]　見《新四軍・參考資料（二）》二五二頁注釋一。

[105]　《國民黨的「聯共」與「反共」》四〇二頁。

[106]　《皖南事變本末》二十八頁。

[107]　黃耀南：〈平江的血〉，《新四軍・回憶史料（一）》三一八－三二二頁。

楊森

對國民黨的打擊行動，中共方面也有所預料。湘贛鄂特委屬於中共長江局東南分局[108]，還在二月，國民黨的〈防制異黨活動辦法〉尚未正式頒布的時候，身為東南分局書記的項英就指示下屬的各地黨組織要和新四軍的辦事機構分開，轉入地下活動，暴露身份的黨員幹部要調離[109]。

這樣的分拆重組不是短時間能夠完成的，何況國民黨方面要端掉的是整個通訊處。

不過雖然進行了準備，但九戰區似乎還沒有最後下決心解決新四軍通訊處，一直拖延到五月也不見行動。楊森大概是等得心裏煩躁，在一次辦公時對部下大罵新四軍真是麻煩傷腦筋，這時他的副官處長唐宋元說道：「新四軍遠在江浙一帶打游擊，竟在這裏設通訊處，顯然是要在這裏搞根據地，擴充力量，圖謀不軌。嘉義是我軍作戰的後方聯絡線，又距總部很近，對我們威脅很大，必須設法取締。」建議先通知新四軍通訊處撤走，如果不聽「乾脆派部隊取締」。楊森覺得有理，一番密商後向蔣介石和戰區司令長官薛岳做了報告[110]。

蔣介石下面接到的這份密報很可能就是九戰區或楊森寫的，內容說：「中共在平江嘉義嶺一帶大肆活動，其負責人為黃耀南、塗正坤，以游擊為號召」，「且密藏多量軍火」。

對中共的動向，蔣介石自然不會等閒視之，他在五月三十日發話說：「抗戰緊張之際，該黃、塗等竟於後方祕密活動，影響殊非淺鮮，請設法制止，以免滋蔓。」[111]

有了最高統帥的指令，楊森迅即採取了行動，二十七集團軍總部特務營二連被祕密派到嘉義鎮[112]。六月十二日午飯過後，一名楊森部隊的副官拿著公

---

[108]　《項英傳》四一二頁，只是特委在這裏的名字被叫做湘鄂贛特委。

[109]　同上四一八頁。

[110]　〈回憶平江慘案〉。

[111]　蔣介石接到的密報及他的相關指示，見〈蔣介石密令國民黨軍鎮壓新四軍平江通訊處人員〉（一九三九年五月三十日），《新四軍・參考資料（二）》二五一頁。

[112]　〈我所暸解的平江慘案〉。

刊登平江慘案消息
的《新華日報》

文走進新四軍通訊處[113]，此刻通訊處主任黃耀南不在[114]，那副官便請塗正坤到國軍方面去商量些事情。塗正坤走出通訊處，當來到一片田野時，埋伏在那裏的國民黨軍人立時一陣亂槍將他打死。二連的官兵隨即衝進通訊處，把裏面能抓到的工作人員捆綁起來，其中還有一位八路軍的少校副官羅梓銘。當天深夜，羅梓銘就和一名女工作人員趙綠瑩一起被槍殺[115]，另有兩名工作人員曾金聲和吳賀泉遭活埋[116]。楊森又抓到了共青團平江縣委書記張德華，也加以處決[117]。

一邊殺人，楊森一邊命令屬下不得走漏風聲，違者嚴加追究[118]。

這只是他的一相情願，發生了如此嚴重的事件，中共怎麼會不知道。周恩來七月二日致電九戰區司令長官陳誠，要求查明真相，撫恤死者，嚴懲肇事者[119]。

國民黨對此的反應顯得十分慌亂，薛岳先假裝派人下去調查，八日楊森發電報給何應欽，宣稱二連發現有逃兵在新四軍通訊處出入，前往搜查，新四軍方面「公然糾眾拒捕」導致衝突。

可是，第二天薛岳在給陳誠的電報裏卻又說是事情是由「塗正坤等糾集土匪，擾亂後方，槍殺國軍官兵」引起的。中共把兩份相互矛盾的電文放在一起，指斥國民黨混淆黑白，憑空捏造[120]。八月一日，延安召開平江慘案追悼大會，要求懲辦兇手[121]。最後蔣介石只得賠償了五千大洋的撫恤金，表示要嚴辦兇手[122]。

此時已是九月。十四日，日軍向九戰區的長沙方向發動攻勢。薛岳在此之後的三次長沙會戰中連敗日軍，直到一九四四年六月才讓日本人占領了這座城市[123]，他由此成為受人矚目的名將。

---

[113]　《皖南事變本末》二十八頁。

[114]　〈平江的血〉。

[115]　《皖南事變本末》二十八頁。

[116]　〈平江的血〉。

[117]　《皖南事變本末》二十八頁。

[118]　〈回憶平江慘案〉。

[119]　《周恩來傳》（二）五五五頁。

[120]　相關敘述，見〈我所瞭解的平江慘案〉和文中七五五頁注釋二。

[121]　《毛澤東年譜一八九三—一九四九》中卷一三一一—一三二頁。

[122]　《賴傳珠日記》一七四頁，人民出版社一九八九年七月出版。

[123]　《中國抗日戰爭正面戰場作戰記》下冊九四九—九五七頁、一〇三三—一〇四七頁、一〇

四、「張蔭梧專門向右看」

正當國共為平江慘案交涉的時候，華北又發生了八路軍和張蔭梧的河北民軍的衝突。

張蔭梧

張蔭梧是河北中部（冀中）博野縣人，出身當地的豪族世家。早年畢業於保定陸軍軍官學校，然後加入閻錫山的晉軍。他肯吃苦又精通戰術謀略，得到上司重用，從連長一路升到軍長，還當過北平警備司令兼市長，一時間可謂前途無量。

但是張蔭梧有個致命的弱點，就是為人驕狂。這種人註定處理不好官場上的關係，吃虧是早晚的事。果然，到了一九三一年春，他就被閻錫山撤職。到了一九三二年初，不得志的張蔭梧帶著兩百多個親信脫離晉軍，回老家單幹去了。

張蔭梧經營自己的勢力先從教育抓起，當時正值日本侵略東北，威脅華北。張蔭梧以抗日名義在博野創辦了一所半軍事性質的四存中學，招收青年進行軍事訓練。

過了一年，一九三三年熱河、長城抗戰爆發，為保護家園，河北民眾自發組織了許多義勇軍。張蔭梧也在這時成立了名叫保衛團的武裝，控制了博野及兩旁的安國和蠡縣，三個縣都由他來委派縣長，以自治的名義形成了個人的勢力範圍。接下來的幾年，張蔭梧又把地盤擴展到十三個縣，成了冀中的風雲人物。

這期間日本正企圖一步步地控制華北，激起國人強烈的反日情緒。張蔭梧對日本的態度也很強硬，一九三五年底「一二・九」運動發生後，他多次到北平和天津，慷慨激昂地演講聲援愛國學生。

這個時候，張蔭梧的老長官閻錫山也感到了日本的威脅，看到他如今自成體系，又重新開始籠絡，以守土抗戰的名義給他一個陸軍中將的軍銜，請他到太原籌辦軍官教導團。抗戰開始後，第一戰區司令長官程潛也看中張蔭梧，任命他為保定行營河北民訓處處長。

八六－一一〇六頁、一三四二頁。

　　張蔭梧到保定成立河北民訓處幹部養成所，北平、天津和保定等地的學生紛紛前來加入，養成所人數很快達到千人，被編成四個大隊。張蔭梧仿效明朝末年抗清英雄孫承宗組織的民軍，也給自己的隊伍取名為河北民軍。

　　日軍攻占保定後，一戰區部隊撤到河南一帶。張蔭梧也領著他的十三縣政府、警察、保安隊轉進河北磁縣、河南林縣和山西陵川，將各保安隊整合為一個團，收編潰兵、鄉勇和土匪，與養成所的四個大隊一起正式成立河北民軍。又繼續在鄭州、武漢、西安等地招收學生青年，到一九三七年十月，民軍已達萬人，下轄五個團。一九三八年初又經程潛同意，再擴編為八個團。民訓處也改成河北民軍總指揮部，張蔭梧自然是總指揮。他在河北、河南交界地帶共設四個民軍區，管轄十個縣的地域[124]。一九三八年春，張蔭梧部隊在河北大名擊破日軍一個聯隊（等於一個團），中國的游擊武裝當時還沒有過這樣輝煌的戰績，張蔭梧名聲大震[125]。生性狂傲的他把自己和蔣介石並列，稱為「南蔣北張」[126]。

　　對於張蔭梧這樣的實力人物，向來善於做政治工作的中共在抗戰前就已注意到了他。一些共產黨員被派到四存中學做老師，建立地下組織。張蔭梧對此儘管不高興，採取了限制措施[127]，但一段時期內，他還是跟中共維持了比較良好的關係。抗戰以後，劉少奇曾派北方局軍委書記朱瑞利用與張蔭梧

的關係辦游擊幹部培訓班[128]，八路軍人員向張的部下講授游擊戰爭和抗日救國的理論，中共黨員楊秀峰還以司令身份完全控制了一個民軍區，不接受民軍總部的指揮和命令[129]。

　　張蔭梧畢竟不願讓共產黨在自己的隊伍裏壯大力量和影響，中共越爭取他，他的態度反倒越冷淡，最終中共認定了「張某專門向右看」[130]，對他不再抱以希望。

楊秀峰

124　張蔭梧勢力的興起過程，見〈簡述抗戰時期的河北民軍與張蔭梧〉，春秋中文社區bbs.cqzg.cn（二〇〇七年九月三日摘）。
125　《白崇禧回憶錄》二七九頁。
126　《冀中回憶錄》一〇六頁。
127　徐史石：〈深縣慘案考〉，此文應該是後面將要引用的另一份〈深縣慘案考述〉的修改稿，正來學堂dzl.legaltheory.com.cn（二〇〇七年九月二十四日摘）。
128　《劉少奇傳》上冊二八一頁、二八五頁。
129　八路軍給張蔭梧的人講課及中共控制張部隊的情況，見〈簡述抗戰時期的河北民軍與張蔭梧〉。
130　〈深縣慘案考〉。

張蔭梧和中共的關係沒能就此和平地結束，而是走向了惡化和對抗。雙方的第一次衝撞發生在張蔭梧的家鄉博野。

抗戰時期的呂正操

張蔭梧從保定撤退的時候，並沒有把十三縣的武裝全部帶走。他的一個下屬張仲瀚留在博野，也拉起了一支兩千人的民軍隊伍。待在陵川的張蔭梧繼續遙控指揮這支部隊，可是張仲瀚已經不想聽他的調遣了[131]。

這時的冀中出現了一支強有力的部隊，那就是呂正操的人民自衛軍。一九三八年四月到五月，中共成立了冀中區黨委和冀中行署，擔任黨委書記的是後來成為毛澤東夫人的江青的初戀情人黃敬，行署主任便是呂正操。人民自衛軍也正式改為八路軍第三縱隊和冀中軍區，兩者的司令員都是呂正操[132]。

與八路軍做了鄰居的張仲瀚很快就轉向了中共，願意受共產黨的領導。但這件事並不能由他一個人說了算，因為他屬下有幾個重要軍官是張蔭梧的老部下，如博野民軍第二團團長張文祥、第三團團長李俠飛，他們依然對張蔭梧忠心耿耿。

遠在陵川的張蔭梧也察覺到張仲瀚越來越靠不住，於是在暗中聯絡張文祥和李俠飛，鼓動他們反對張仲瀚。到了一九三八年五月，張文祥便發動了針對張仲瀚的兵變。

看到張仲瀚岌岌可危，冀中軍區立刻出手干預，使兵變沒能進行下去，但張仲瀚也徹底喪失了對張文祥、李俠飛的掌控，其地位從此搖搖欲墜[133]。中共對張蔭梧更加反感，在延安的劉少奇指出：「張蔭梧對我們似有更多的惡意。」[134]

張蔭梧下決心在博野重建他的權威，他派部將張存實和吳嘉漠組成先遣支隊，於七月開進博野。張仲瀚聽到消息，知道情勢不妙，立刻出走。張、吳二人兵不血刃地接管了博野民軍[135]。

---

[131]　〈深縣慘案考〉。

[132]　相關記載，見《冀中回憶錄》六十三、六十五、七十五頁。

[133]　張蔭梧與張仲瀚的矛盾，見〈深縣慘案考〉。

[134]　《劉少奇年譜》上卷二一六－二一七頁。

[135]　〈深縣慘案考〉。

　　張蔭梧以為危機已經過去，哪知道張存實比張仲瀚更厲害，因為他本人就是共產黨員[136]。

　　在博野站穩腳跟後，張存實就不再執行張蔭梧的指令，開始聽從中共的領導。吳嘉漠、張文祥、李俠飛對此當然反對，博野民軍由此分化為兩派[137]。而大約在此前後，張蔭梧正為國民政府任命鹿鍾麟做河北省主席不滿，親自到武漢去跑官，無暇顧及博野。

　　張蔭梧在武漢三次求見蔣介石全遭拒絕，最後還是依靠保定軍校同學陳誠的疏通，終於讓蔣接見了十分鐘，又被委任為河北省三青團總幹事兼民政廳長[138]。他這才在九月和鹿鍾麟一起回到河北[139]。

　　也在這時，張文祥和李俠飛也帶著他們的兩個團離開博野，回歸張蔭梧的身邊。張蔭梧方才瞭解博野的情況非常嚴重，他立即宣布解除張存實的職務，由吳嘉漠接手。當然他也知道，吳嘉漠手中無兵是制服不了張存實的，趕忙又命令自己的副總指揮王長江率三個團向博野進發[140]。

　　張蔭梧萬萬沒想到的是，王長江對自己也並不忠心。此人同樣是保定軍校畢業，早就對校友張蔭梧心懷不滿[141]。

　　他進入冀中後，據中共史書記載，張蔭梧部隊襲擊八路軍，殺害甚至活埋幹部群眾[142]。八路軍向王長江發出警告，王長江隨後就止步不前，在離博野不遠的滹沱河南岸駐紮下來，一待便是三個月[143]。

　　張蔭梧在十月和鹿鍾麟等河北省官員一起見到了呂正操，他對呂說：政令要統一，軍隊也要統一，不能搞封建割據。呂正操強硬反駁，指責張蔭梧當初丟下人民逃跑，如今卻又想從抗日人民手裏收復失地，人民絕不答應；還說：「你如果一定要來冀中，就必須服從冀中軍區的統一指揮，叫你到哪兒，你就到哪兒。我對你和冀中的其他部隊可以一視同仁，但隨便闖入冀中

---

[136]　《冀中回憶錄》一〇七頁。

[137]　〈深縣慘案考〉。

[138]　張蔭梧跑官的經過，見《冀中回憶錄》一〇三頁。

[139]　楊雄威、徐進：〈深縣慘案考述〉，史學評論網（welcometo）historicalreview.jianwagzhan.com（二〇〇七年九月三日摘）。

[140]　〈深縣慘案考〉。

[141]　《冀中回憶錄》一〇七頁。

[142]　《晉察冀抗日根據地史》一五六頁。

[143]　〈深縣慘案考〉。

不行！你隨便闖入冀中，後果由你自己負責。」

張蔭梧並不甘心，到了十一月，他決定親自去博野，命王長江與八路軍接洽，王長江卻和張存實一起去見呂正操。呂正操仍堅持原來的立場，

王長江

柴恩波

張存實趁機告訴他王長江和張蔭梧的矛盾，呂正操於是和政治部主任孫志遠共同會見王長江。一番談話之後，王長江表示，如果張蔭梧一定要來搞摩擦，他將站在冀中人民一邊反對張蔭梧[144]。

張蔭梧也看出王長江萌生異志，十二月中旬他強令王向博野進兵。十六日，這支部隊遭到八路軍的重創，王長江帶部分官兵投向八路軍，其餘人馬一路敗逃，退出冀中[145]。

受此打擊，張蔭梧自然想要報復。他很快就找到了機會，那是一位八路軍的重要幹部，冀中軍區獨立第二支隊司令員柴恩波。這個人原是吳佩孚軍隊的連長，抗戰後拉起一支隊伍，歸附了中共。但據說他一直嫌官小，要自立旗號。

一九三九年三月，日軍正對冀中掃蕩，呂正操等人想打完仗後把柴恩波「認真解決一下」。柴恩波得到消息後，立即和所在地新鎮縣的國民黨縣長聯絡倒戈[146]。但國民黨在新鎮並無實力，這個地方處於冀中軍區北部，前面是日本人後面是八路軍。大概就是考慮到這樣的環境，柴恩波同時又跟日軍搭上了關係。等國民黨授予他冀察游擊軍第一師師長職務後，柴恩波便公開宣布脫離八路軍，還扣押了支隊裏的中共幹部一百多人，準備送交日本人。這些人奮起反抗，一部分逃走，另一部分被殺。八路軍迅速出擊，很快打垮了柴恩波的部隊，柴恩波只剩下幾個親信和保鏢，張蔭梧電令他曲線救國，他就跑到日軍那裏去了。張蔭梧為此向蔣介石解釋說，柴這樣做是為了「保存實力」，「名曰投日，實際仍為本黨做抗戰工作」[147]。

---

[144]　呂正操和張蔭梧、王長江的接觸，見《冀中回憶錄》一〇五──一〇八頁。

[145]　〈深縣慘案考〉。

[146]　柴恩波準備反叛的情況，見《冀中回憶錄》一二七頁。

[147]　柴恩波反叛經過，見《晉察冀抗日根據地史》一五六──一五七頁。

在這以後的三到五月間，按中共的指控，張蔭梧的部隊殺死了支部書記以上的共產黨幹部八十多人[148]。到了六月，張蔭梧親率民軍再返冀中。中共報紙開始大量刊載關於摩擦的文章，其中重點就是河北問題，多次點名譴責張蔭梧。由於前一年十二月王長江進兵和此次張蔭梧歸來都正值日軍的掃蕩，彭德懷在七日和九日的中共〈抗敵報〉發表文章，認為：「不論張蔭梧的主觀願望如何，企圖如何，客觀事實明顯擺出在這裏的是配合敵寇作戰，分散牽制八路軍。」中共人士日後還指控張勾結偽軍。

這時的民軍方面發現，在一個地方，常常是他們前腳剛走，八路軍隨後就到。河北民政廳後來說，據八路軍士兵對民軍俘虜講，他們曾不止一次要解決民軍，但都沒有成功。

成功的一天終於到來了。六月二十一日夜，年初到達冀中的賀龍的一二〇師、第三縱隊和冀中南面劉伯承一二九師的一支部隊在深縣境內聚集，共有約數萬之眾。他們悄悄地包圍了一處叫被馬莊的地方，這裏正駐紮著張蔭梧和他的民軍主力。

據張蔭梧本人事後說，十二日到十九日，民軍多次與日軍作戰，「精疲力竭」，沒提防會遭到重擊。河北民政廳後來也承認民軍疏忽大意，對八路軍「只防其零星侵蝕，未防其大動干戈，盡堅信其在抗戰旗幟下，不敢冒此大不韙也」。

子夜過後的二十二日一時，八路軍出其不意地發起猛攻，張蔭梧稱其有「泰山壓頂之勢」。經過一晝夜的激戰，民軍全面潰敗，張蔭梧化裝逃脫[149]，隨身的文件、筆記本，包括他讓柴恩波曲線救國的電報稿都落到八路軍的手中[150]。

此戰結束後，呂正操以國民黨給他的一戰區游擊第一支隊的名義向蔣介石和全國通電，宣稱張蔭梧二十一日夜進攻冀中部隊，殺害幹部[151]。他晚年回憶說：「那時我們還沒有和國民黨正面摩擦，為了照顧國共合作統一戰線關係，說明消滅張蔭梧這一仗是張蔭梧挑起的。」[152]

---

[148] 同上一五七頁。

[149] 張蔭梧主力被中共打垮的經過，見〈深縣慘案考述〉。

[150] 《冀中回憶錄》一〇八－一〇九頁。

[151] 〈深縣慘案考述〉。

[152] 《冀中回憶錄》一〇九頁。

為了進一步「說明」，八月十三日，中共《新華日報（太行版）》又發布消息說，張蔭梧在深縣殘殺八路軍官兵四百餘人，這就是所謂深縣慘案。「慘案」發生的日期，中共史料上記載的基本都是張即將遭襲擊的六月二十一日[153]。這可能嗎？

就在八月，張蔭梧民軍的殘部被徹底打垮[154]。失勢的他困居重慶，抗戰後又到了北平，曾試圖策動在華北跟中共打游擊。中共進入北平後，他仍採取抗拒態度，最終被逮捕，死於獄中[155]。

在一九四九年給張蔭梧定的罪狀中，沒有提到「深縣慘案」。

一九九〇年代，有中國大陸史學工作者到深縣調查，發現那裏的中共老黨員、老幹部對「深縣慘案」全無記憶[156]。

五、「反動根據地」

消滅張蔭梧部隊是抗戰以來國共間第一次大規模的武裝衝突。國民黨方面自然很生氣，但呂正操把張蔭梧給柴恩波的電報作為罪證，向一戰區的調查人員展示[157]，再加上在河北地區中共武裝明顯占據優勢，國民黨軍一時無法與之抗衡，蔣介石只好對此事淡化處理，不了了之[158]。

可是在國民黨占優勢的地方，他們就不那麼客氣了。

一九三九年九月一日，當張蔭梧事件還在紛擾的時候，湖北東部（鄂東）的國民黨武裝向夏家山地區隸屬二十一集團軍卻由中共領導的獨立第五游擊大隊發動攻擊，理由是該大隊「綁架殺人，案積如山，又復規避作戰，行動自由」，在軍事行動中違抗命令，導致友軍蒙受重大損失。經過兩天的戰鬥，中共方面有一百餘人被打死，三百一十三人被俘。據湖北省代主席嚴立三給蔣介石的報告，他們還找到了三十九名肉票（綁架的人質）。

---

[153]　〈深縣慘案考述〉。

[154]　《晉察冀抗日根據地史》一六一頁。

[155]　朱振才：〈解放軍進駐北平第一案，智擒張蔭梧〉，www.globalview.cn（二〇〇七年九月三日摘）。

[156]　張蔭梧的定罪情況及一九九〇年代史學工作者在深縣的考察，見〈深縣慘案考述〉。

[157]　《冀中回憶錄》一〇八－一〇九頁。

[158]　〈深縣慘案考述〉。

這就是夏家山事件[159]。

兩個多月後，竹溝慘案又發生了。

竹溝在河南的確山縣境內，當時設有新四軍八團一個規模很大的留守處。

平江慘案發生後，項英決定把新四軍在江西、福建、浙江、湖南等地的辦事處、留守處和通訊處基本撤銷[160]，竹溝留守處是少數繼續存在的駐外機構，因為它其實不只屬於新四軍，還是中共在中原一帶發展組織和武裝的重要基地。

隨著河南、湖北的大片土地變為戰區，中共迅速放手進行游擊戰爭，竹溝則如劉少奇所說的那樣，成為這些活動重要的交通樞紐[161]。例如新四軍名將彭雪楓就是經由這裏出發，向東進入敵後[162]，最終創建根據地，成立了新四軍第四師。

竹溝發揮的作用也遠不止做一個中轉站。此地歸一戰區河南第八區管轄，這個區的行政督察專員張振江一九四九年後留在了大陸。

張振江在這之後回憶說：留守處「號召群眾，組織訓練，吸收了很多愛國青年進行培訓並分送前方參軍殺敵」。

這裏的參軍顯然是加入新四軍或八路軍[163]。而當時的其他國民黨官員則指控竹溝為「反動根據地。其召納亡命，嘯聚土匪，為非作惡，罄竹難書」，「吸引青年，非法組織設立各種訓練班，組織青年救國會、群眾自衛隊、農民救國會等團體不下十餘種，宣傳階級鬥爭，鼓吹無產階級專政，派人潛伏鄉村宣傳，煽惑人心」[164]。可以看出留守處的活動能力十分強大。

不僅動員民眾，留守處必要時也向游擊戰直接提供自己的武裝人員。

一九三九年一月，被任命為河南省委軍事部長的李先念到達竹溝。把自己帶來的人跟這裏八團的兩個中隊合編成新四軍獨立游擊大隊，向武漢周邊的鄂中地區挺進。蔣介石對新四軍的動向深感不安，曾致電鄂中所屬的

---

[159] 夏家山事件（也稱鄂東慘案）過程，見〈蔣介石、嚴立三等關於「鄂東慘案」的電報〉（一九三九年九月七日－二十日），《新四軍‧參考資料（二）》二五四－二五六頁。

[160] 《項英傳》四一八頁。

[161] 《劉少奇傳》上冊三五六頁。

[162] 同上三四五頁。

[163] 張振江：〈我所瞭解的竹溝慘案〉，《新四軍‧參考資料（二）》七五七－七六〇頁。

[164] 〈國民黨當局製造「確山慘案」的文件〉（一九三九年十一月－一九四〇年四月），同上書二六三－二六四頁。

五戰區：「鄂中非新四軍防區，必須馬上撤走，否則第五戰區當以武力解決。」[165]

項英沒有取消竹溝留守處的另一個原因是，這年的一月二十八日，以劉少奇為書記的中共中原局把這裏作為領導機關的駐地，此後竹溝留守處實際已歸中原局管轄[166]。

中原局機關在竹溝一直住到十月下旬。

這時國民黨對中共的敵意已非常明顯。

九月重創第五大隊後，五戰區司令長官李宗仁又和嚴立三一起指責湖北境內京山、應城、安陸的新四軍部隊「自由活動，詐搶勒款，宣傳共產」，蔣介石為此命令這些新四軍「撤回江南」[167]。竹溝所在第八區的那位張振江專員，也因為跟共產黨關係不錯，被人告狀，遭到河南省政府和黨部的質問[168]。

形勢的嚴峻使得劉少奇做出布置，他指出處在國民黨軍包圍中的竹溝，在反共高潮到來時是必然守不下去的，竹溝的歷史任務已經光榮地完成了。他決定把竹溝的大部分武裝和人員撤離，留守處縮小，只辦理後方勤務和交通。

在劉少奇的督促下，竹溝的主要機關和部隊紛紛轉移，劉少奇自己帶領三百多名幹部到皖東去了[169]。

中原局離開後，竹溝留守處只留下少量的兵力，工作人員除了機關職工和家屬外，剩下的還有醫院及傷病患者。

蔣介石對新四軍的限制越來越嚴厲了，十一月初，國民黨部隊接到他的命令，稱「新四軍近來擅自擴軍，行動不法益違軌」，今後如有不經國民政府軍事委員會批准組織部隊者，「視匪偽即立予剿辦，以遏亂萌」[170]。

也就在這個時候，駐守河南南陽的第三十一集團軍總司令湯恩伯把他的少將參議耿明軒從外地召了回來。對他說：這次調你回來，有個任務你來辦一辦，就是打確山的共產黨。

---

[165]　〈新四軍征戰實錄〉，百合娛樂網www.haihe888.com（二〇〇七年九月十八日摘）。

[166]　《劉少奇傳》三四六頁。

[167]　〈顧祝同關於蔣介石電令新四軍江北部隊移至江南致戴戟電〉（一九三九年九月二十日），《新四軍・參考資料（二）》二五七頁。

[168]　〈我所瞭解的竹溝慘案〉。

[169]　《劉少奇傳》三五六－三五七頁。

[170]　〈蔣介石密令對新四軍視同「匪偽」「立予剿辦」〉（一九三九年十一月八日），《新四軍・參考資料（二）》二六二頁。

確山的共產黨也就是竹溝留守處。湯恩伯所以選擇耿明軒，是因為他本是確山人[171]。

耿明軒原是個大財主，據張振江說：「時常勾結土匪，擾害地方。」後來雖被委任為游擊支隊長，但仍然不老實，「把確山這個地方鬧得異常混亂」。張振江派兵進剿，打垮了耿明軒的隊伍。正準備通緝他，卻聽說湯恩伯把此人收留了[172]。

湯恩伯這樣做顯然是把耿明軒看成是一個有能力的本地人，現在他就要用這個本地人幫自己解決本地的共產黨問題。他對耿明軒說：我想你是確山人，占著天時地利人和，一定可以完成任務。

在耿明軒回來之前，湯恩伯就已經在籌備對共產黨的行動。他派一個姓丁的參謀去竹溝偵察了情況，擬定了兩套作戰方案：一是直接動用三十一集團軍的一個加強團進攻竹溝；

一是使用確山和附近的沁陽、信陽三個縣的地方團隊武裝打掉新四軍留守處。此刻這兩個方案都擺到耿明軒面前，讓他來選擇。

耿明軒考慮之後，選定了用地方武裝的第二套方案。

湯恩伯

湯恩伯立即命集團軍參謀處寫好了給三個縣政府的文書，然後又告訴耿明軒，你代表我向那幾位縣長說，各縣得的槍支歸各縣，消耗了的彈藥，將由本集團軍補發，並且切實轉告他們，我可不要俘虜，殺、放在他們[173]。這位曾在一九三七年八月的山西南口與日軍血戰[174]的將軍最後說，剿共的要訣：要抓得緊，要打得狠[175]。

耿明軒和那個丁參謀拿著湯恩伯的文書出發，到沁陽、確山和信陽，三個縣的縣長很痛快地答應協助剿除新四軍留守處[176]。他們顯然早就看竹溝的共產黨不順眼了。原在省黨部工作的確山縣長許工超，他來這裏上任的目的之一，就是奉省府和黨部的命令，監視竹溝的動靜。堅

---

[171]　湯恩伯召回耿明軒的情形，見耿明軒：〈關於竹溝慘案〉，《新四軍‧參考資料（二）》七六一一七六三頁。

[172]　張振江打擊耿明軒的情況，見〈我所瞭解的竹溝慘案〉。

[173]　湯恩伯與耿明軒的商議過程，見〈關於竹溝慘案〉。

[174]　吳家林：〈湯恩伯與南口戰役〉，《炎黃春秋》二○○七年第九期。

[175]　〈關於竹溝慘案〉。

[176]　〈關於竹溝慘案〉。

決反共的他，直到這天晚上，才例行公事地給他親共的上級張振江打電話彙報此事。

聽了許工超的報告，張振江吃了一驚，認為：大敵當前，國共兩黨不能同心禦侮，抗戰會是怎樣的前途？他無法公開抗拒上面的旨意，只能找藉口說，自己沒接到省政府和湯總司令的電報，想以此阻延行動。有更高層撐腰的許工超哪會聽張振江的話，回答說：這是一個機密行動，不能以電報往來。張振江最後只得說：現在正值國共兩黨合作抗戰，此事應當慎重考慮。

放下電話的張振江又急忙發電報給省政府，問他們是否接到了湯恩伯的通知[177]。這是一個無濟於事的舉動，只是表明他不忍看到內鬥的誠心。

這時的耿明軒已經展開了行動。

從沁陽到碻山要路過竹溝，耿明軒和丁參謀白天離開沁陽後，到達竹溝時又順便觀察了一下地形。跟三個縣的縣長碰過面後，耿明軒擬定了作戰計畫，發出了備戰通知。

十一月十日晚，從三個縣抽調的地方武裝兩千多人聚集到了竹溝的周圍。

竹溝分為東寨和西寨，耿明軒決定親自帶碻山團隊進攻東寨，沁陽團隊進攻西寨，信陽團隊則攻打離竹溝十三公里的毛家棚，那是中原局印刷廠的所在地。

十一日進攻開始了，耿明軒率碻山人馬很快打垮了東寨外面約一個連的新四軍部隊，消滅了大部分，只有極少數逃走。又乘勢攻下了東寨門樓，打死了兩個門衛和一個班的新四軍士兵。

但就是在如此不利的局面下，寨內的新四軍還是頂住了耿明軒的攻勢，雙方對峙了整整一天；而另一邊的沁陽武裝打了一天，竟沒能攻到西寨的門前；只有信陽團隊成功地占領了毛家棚。

到了黃昏時分，耿明軒不得不自行放棄已經到手的東寨門樓，把隊伍撤到附近歇息。

當晚下起了大雨，新四軍部隊趁機在凌晨二時向南突圍而去。沁陽武裝這才在天剛亮的六時闖入竹溝，對那些沒能逃走的中共人員肆意地殺戮，又毫無顧忌地搶劫老百姓的財產。

---

[177] 許工超和張振江對竹溝行動的爭論，見〈我所瞭解的竹溝慘案〉。

耿明軒也是十二日天亮時得知竹溝可能已被占領，他急忙趕過去。還未進寨，就看見手下人抓到了一個穿便衣，卻帶著新四軍符號的人，經他訊問，知道是一名新入伍的士兵，還沒來得及換上軍裝。耿明軒二話不說，當即下令槍斃。

當耿明軒走進東寨門的時候，只見街道上屍橫遍地，他數了一下，大約有一百餘具屍體。其中還有兩具骨瘦如柴的屍首，中槍後竟滴血未流，明顯是醫院裏氣息奄奄的垂危病人[178]。

病人尚且如此待遇，醫護人員就更加悲慘，一名叫熊容的女護士被拋到荒郊野外，活活地餓死[179]。

據中共方面的統計，竹溝慘案被殺者有二百多人[180]。

殺完人的沁陽地方武裝把竹溝居民的東西都當作了戰利品，連桌椅板凳也不放過。耿明軒對此並不阻止。立了「大功」的他被許工超稱做國民黨的先進，儘管他此刻還不是國民黨員[181]。

一樁接一樁的血腥衝突，讓國共間的空氣越來越緊張，兩方領導者的神經也開始繃緊。

身在皖南的項英，在十二月二十三日在給中共中央軍委的報告裏說：「江南如發生事變，江南地區不利，非轉移他處不可」[182]。

這裏的事變顯然指的是國共之間的衝突，而「江南」至少主要是在說皖南，因為只有在這個國民黨軍占優勢的地方，發生的衝突才會讓新四軍部隊「非轉移他處不可」。

這是項英第一次感到皖南不安全，也是中共方面第一個關於皖南問題的預警。

---

[178]　國民黨地方武裝攻下竹溝是過程及屠殺，見〈關於竹溝慘案〉。

[179]　〈抗戰時期的國共摩擦〉，roomx博客roomx.bokee.com（二〇〇七年九月二十四日摘）。

[180]　《劉少奇傳》上冊三五七頁。

[181]　國民黨地方武裝在竹溝的搶掠和耿明軒的高升，見〈關於竹溝慘案〉。

[182]　《項英傳》四三〇頁。

第六章

針鋒相對的衝突

一、「國民黨失地日本與共產黨分地」

　　整個一九三九年，國民黨是在對共產黨的擔憂中度過的。看著中共勢力在敵後繼續不斷地壯大，他們不禁感歎：「以目前情勢而論，大有失地越多，該黨發展越速之勢。」害怕照此下去，「第八路軍將利用淪陷地方中央統治力量鞭長莫及之情勢，擴大其自由行動之範圍。結果中國抗戰形成國民黨失地、日本與共產黨分地之局面，日本與共黨相反相成，本黨統治之土地，將一失而不易復得」[1]。

　　蔣介石在這年年底的十一月一日的日記裏寫道：「中國共產黨之跋扈囂張，全無國家民族觀念，只知趁機擴張勢力，今後必益加甚。叛亂之期，當不在遠。」[2]

　　已經在預想叛亂的可能，足見蔣介石對國共對立的估計有多麼嚴重，對中共的態度也就越加地嚴厲。

　　在年初的〈防制異黨活動辦法〉之後，國民黨又制定了更為具體和詳盡的〈共黨問題處置辦法〉，宣布：「共黨問題之癥結，目前不在陝北幾個縣，而在共黨應有共赴國難宣言之誠意及服從中央命令、執行國家法令、實行三民主義、徹底取消其一切『特殊化』之行為與組織，而不自居於整個國家體制之外。」執政的國民黨應「絕對立於主動領導地位」，「予共黨以嚴格之督導監察」，「有侵犯我革命利益者，必當予以嚴格之教訓」[3]。

---

[1]　〈第八路軍在華北陝北之自由行動應如何處置〉，《中共黨史參考資料》第八冊三二五－三二七頁。

[2]　《毛澤東傳》五四五頁。

[3]　〈共黨問題處置辦法〉，《中共黨史參考資料》第八冊三一八－三二三頁。

雖說癥結不在陝北，但這份處置辦法的矛頭仍首先指向了中共的核心延安。

以延安為中心的陝甘寧邊區，是在原陝北蘇區的基礎上擴展而成的。國共開始合作談判的時候，張沖曾提出把陝北蘇區建成特別區，「試行社會主義」[4]。中共對此當然贊成，周恩來和顧祝同在西安達成的協議中明確表示，陝甘寧可以改為特區[5]。這個特區顯然要比四十幾年後的中國特區的許可權要大得多，共產黨擁有完全屬於自己的政權，控制一切，跟過去的根據地沒什麼兩樣。

但國民黨高層並不想這麼便宜共產黨。陝甘寧的一些地區原就是國民黨軍的防區，其中便有延安，這裏設有國民黨方面的政府機關和黨部，不會甘心就這樣讓共產黨拿去。西安事變剛發生的時候，中共幹部曾山去接管延安，儘管領袖蔣介石已被扣押，延安的國民黨縣黨部和保安團仍決定幹掉共黨份子，曾山只得連夜逃走，幾天後才跟著紅軍部隊回來[6]。

已經重新掌控權力的蔣介石態度強硬，命人告訴周恩來，蘇區必須按統一的行政區域劃分，官員要由國民政府方面任命[7]。

一九三七年初中共的力量仍十分弱小，所以不得不退而求其次，周恩來提出給陝北蘇區以邊區的稱號[8]。但抗戰爆發後，國民黨顯然不能再跟中共打內戰，所以延安方面又提出建特區的要求，蔣介石氣得罵中共「趁機要脅」直到王明回國後，中共才最終接受了邊區的名號[9]。不過在實際操作中，仍然是把邊區當特區來辦，各級政府繼續由中共任命的官員主持，陝甘寧依舊是共產黨的天下。

國民黨當然不會聽任共產黨這樣幹，他們始終不承認邊區政府的合法性，也向陝甘寧各縣派出了政府和黨部的官員，結果是許多地方出現了兩個縣長並存的局面，延安也不例外[10]。雙重領導之間也偶有合作，比如延川縣

---

[4]　《國民黨的「聯共」與「反共」》三五一頁。

[5]　《國民黨的「聯共」與「反共」》三五三頁。

[6]　郝在今：《中國祕密戰》二十九頁，作家出版社二〇〇五年四月版本。

[7]　《國民黨的「聯共」與「反共」》三六一頁。

[8]　同上三六四頁。

[9]　中共重新提出特區的要求和最後接受邊區的名號，見同上三九三－三九四頁。

[10]　《中國祕密戰》八十七頁。

一次槍斃漢奸的布告上，國共縣長都署了名，但這也是因為那位被認定為漢奸的人是國民黨方面的縣府祕書[11]。

　　雙方之間更多的顯然還是衝突。那些受國民政府方面委任的官員，把自己看作理所當然的正統，也自然想真正地掌握大權，而這就必須把所在地的中共勢力趕走，於是陝甘寧地區就爆發了種種的摩擦。

　　國共官員間摩擦最激烈的還不是陝甘寧內部，倒是它北面的綏德地區。那裏是八路軍的補充區，也同樣存在著雙重政權，只不過共產黨的政權是以抗敵後援會的名義存在。有著合法政府身份的國民黨官方，它的領軍人物是綏德地區行政督察專員何紹南[12]。

　　何紹南上任之初，中共為爭取他，曾把綏德抗敵後援會的主任一職交由他來做，八路軍的綏德警備司令陳奇涵只當了副主任[13]。何紹南也公開強調團結合作[14]，但卻沒有因為一個主任的職位就容忍共產黨在他的眼皮底下活動，他組織了五個保安隊，分駐綏德各縣，與中共力量抗衡，和共產黨的矛盾也就越來越大。

　　中共指控何紹南的罪狀有：他在一九三九年五月指使安定縣長田傑生指揮保安隊襲擊八路軍駐軍，造成數十名官兵死傷；九月命吳堡縣長黃若霖搞暗殺隊，刺殺了八路軍的一個營長；十月又讓清澗縣長艾善甫組織哥老會碼頭和「黑軍政府」，串通土匪搶劫，破壞治安；他還偽造八路軍臂章和一一五師通行證，販賣煙土，敗壞共產黨聲譽等等[15]。

　　何紹南則向國民黨上層報告說：中共「強募抓兵」，造成糾紛，又趁乾旱「勸誘各縣壯丁，赴所謂邊區工作，暗中施以訓練，以備異日遣回保甲，代為宣傳」；建議撤銷八路軍在綏德警備和守衛黃河河防的職責[16]。國

---

[11]　同上三十八頁。

[12]　同上九十五頁。

[13]　蕭勁光：〈抗日戰爭中的八路軍留守兵團〉，《八路軍‧回憶史料（一）》一二九－一三八頁，解放軍出版社一九九〇年十月出版。

[14]　耿飆、賀晉年：〈陝甘寧邊區的反摩擦鬥爭〉，《八路軍‧回憶史料（一）》六一六－六三〇頁。

[15]　〈抗日戰爭中的八路軍留守兵團〉。

[16]　〈防止異黨在陝北活動辦法〉（一九三九年八月一日），《八路軍‧參考資料（一）》四二二頁。

民政府軍事委員會軍令部也指責「18AG（十八集團軍的代號——作者）在陝北部隊，迭與地方挑釁，干涉行政，無所不為」，犯有「種種暴行」[17]。

共產黨當然不會對國民黨退讓。一九三九年秋天，為加強對抗國民黨的實力，王震的八路軍三五九旅從山西轉到綏德駐防，王震接替陳奇涵任警備司令。

何紹南對此極為不滿，公開在歡迎王震部隊的大會上說：三五九旅不在前方抗日，沒有蔣委員長的命令就回師陝北，是違反軍紀的。

王震反駁說：我們是奉毛主席的命令來加強河防（指黃河防務），保衛陝甘寧邊區的[18]。國民黨可不管王震怎樣辯駁，照舊送他一個稱號：「越境將軍」。

延安方面對何紹南極為惱火，統領八路軍陝甘寧留守部隊的蕭勁光登門警告何紹南，再搗亂就不客氣。毛澤東也在一次何紹南途經延安去西安開會時，當面斥責他是「摩擦專家」[19]。

與中共發生摩擦的不只是何紹南這樣的文官，還有駐紮在陝甘寧邊區周邊的第八戰區的國民黨軍。早在一九三八年十二月，八路軍和國民黨軍之間就發生過戰鬥。進入一九三九年，在同一地區又爆發了更大的武力對抗。

這年一月，陝甘寧西部鎮原縣國民黨的縣長周介民在群眾大會上說：「接近八路軍者是漢奸」，接著又逮捕了中共的民運工作人員。到了四月，國民黨保安隊又抓了十個中共人員。共產黨抗議無結果後，便還以顏色，也扣押了國民黨的人。國民黨立刻做出反應，十日八戰區一六五師的一個營加上九百餘人的保安隊開到八路軍駐紮的鎮原縣城外，形成包圍的態勢。縣城裏的八路軍只有一個營，力量懸殊之下不得不緊閉城門，要求談判。國民黨軍雖然繼續增兵，但也仍舊只保持一個威嚇的姿態，兩邊就這樣僵持著。

王震

就在國共兩軍在鎮原對峙的時候，東面相鄰的寧縣也出事了。那裏的國民黨縣長方振武（不是當初在華北領導抗日軍隊的那個方振武）不斷要求駐在此地的八路

[17]　〈軍令部為調騎二師進駐陝北鎮壓八路軍的簽呈〉（一九三九年六月十五日），同上書四一七一四一八頁。

[18]　〈陝甘寧邊區的反摩擦鬥爭〉。

[19]　王震「越境將軍」的稱號及何紹南與毛澤東、蕭勁光的見面情形，見《中國祕密戰》九十五頁。

軍七七〇團二營撤走，二營沒有理睬，方振武便祕
密請求國民黨上司的幫助。

胡宗南和妻子兒女

幫助很快就來了，仍是一六五師出馬，它的三
個騎兵連迅速挺進到寧縣城郊外。大概是以為有了
依靠，方振武在四月二十九日帶著七百餘人的保安
隊和壯丁向二營發起進攻；雙方整整激戰了兩天三
夜，城郊的騎兵連卻按兵未動，不來支援方振武，
可能是他們的長官並沒有明確命令介入寧縣的糾
紛。結果方振武不但沒有打贏八路軍，反倒被二營擊潰，把他和殘餘的國民
黨武裝包圍在一幢樓裏。這個時候，城外的三個騎兵連才動作起來，向縣城
發起攻勢。二營和鎮原那邊一樣堅守不出，等待上面的交涉。

兩個地方的摩擦被稱做第一次隴東事件。到了五月，這場爭端才通過談
判解決，一六五師部隊從鎮原和寧縣撤離。

下令一六五師行動的是八戰區司令長官朱紹良[20]，他並不是陝甘寧國共
摩擦的主角，真正起主要作用的是他的部下胡宗南。

奉調到西北以後，胡宗南指揮的部隊已經從原來的三個軍擴大為六個
軍。在後來的日子裏，蔣介石又不斷地給他調撥部隊，先後由他指揮過的有
三十多個軍，足有百萬之眾。胡宗南的官職也一升再升，最終成了西北的頭
號實力人物[21]。

這位為抗日不肯結婚成家的將領[22]，在抗戰期間的主要工作卻不是打日
本，而是對付共產黨。

當時中共在陝甘寧邊區的兵力並不多，胡宗南如果全力進攻，可能就不
必等到一九四七年才拿下延安了。但在抗日大局下，國民黨很難這麼做，它
能做的只有對延安方面進行封鎖。

陝甘寧的東面是黃河，北、西、南三面都是國民黨統治區。北面因為是
向來與中共友善的晉陝綏邊區司令鄧寶珊的防地，延安由此的對外通行聯絡
始終十分順暢。西面是寧夏軍閥馬鴻逵、馬鴻賓的地盤，他們實力較弱，對

---

[20]　朱紹良與第一次隴東事件，見〈陝甘寧邊區的反摩擦鬥爭〉。

[21]　〈胡宗南部對陝甘寧邊區的封鎖〉。

[22]　〈戰火紛飛中隱祕的「跨洋之戀」〉鳳凰網www.ifeng.com（二〇〇九年二月三日摘）。

共產黨的防範也很鬆散，中共在此出入同樣沒什麼阻礙，劉少奇受命領導中原局時，就是經過這裏繞道去竹溝的[23]。

真正實行嚴密封堵的是胡宗南負責的南面，其中的重點是陝甘寧最南端的淳化地區，這是一塊凸進國民黨區域的地方，胡宗南稱之為囊形地帶。淳化到西安距離只有四十多公里，國民黨自然不敢掉以輕心，胡宗南在此設置了密集的碉堡和壕溝，並且時刻惦記著消滅這一威脅[24]。

封鎖的目的是要控制物資和人員的流通。在物資方面，只要是沒有經過國民政府批准的，不管是武器彈藥、交通通訊器材，還是糧食油料、布匹棉紗和醫療用品，一經發現就全部沒收，相關的人也逮捕查辦。不過防不勝防，國民黨似乎永遠不能像中共那樣嚴密地約束下屬，胡宗南軍隊內部就有人偷偷把自家的槍械物品賣給延安[25]。

至於人員，國民黨主要防止的是那些投奔延安的青年。他們認為「西北各省失學青年，往往惑於異說，趨於歧途」[26]，為了與共產黨爭奪新生代力量，國民黨不但竭力扣留這類年輕人，還把他們轉送到西安戰時幹部訓練團和蘭州的西北幹訓團進行改造[27]。戰時幹部訓練團後來又擴展為西北青年勞動營，胡宗南兼任主任，一心要把後生娃娃們打造成他們心目中的「抗戰建國之有用人才」[28]。

對國民黨的打壓措施，共產黨自然也有反制的行動。對胡宗南本人，中共不僅向他的身邊安放祕密的情報人員[29]，還公開把他在黃埔軍校一期的同學宣俠父派到西安來，以八路軍西安辦事處少將代表的名義做爭取工作[30]。

胡宗南心裏並不只想著跟共產黨內鬥，也渴望上戰場同日本拚殺。他曾派范漢傑率二十七軍去山西參戰[31]，此時又請宣俠父介紹抗日經驗，編寫游

---

[23]　國民黨封鎖陝甘寧邊區情況，見《中國祕密戰》四十四—四十六頁。

[24]　〈胡宗南部對陝甘寧邊區的封鎖〉。

[25]　《中國祕密戰》四十七頁。

[26]　〈異黨問題處理辦法〉（附稿），《中共黨史參考資料》第八冊三二九頁。

[27]　《中國祕密戰》四十七頁。

[28]　〈異黨問題處理辦法〉（附稿）。

[29]　《中國祕密戰》一一五頁。

[30]　同上一〇二頁。

[31]　〈胡宗南部對陝甘寧邊區的封鎖〉。

擊教材，制定對日作戰方案。他顯然自認為
這些都是光明正大的行為，卻不料惹起了他
的委員長的疑忌。

宣俠父（右1）和博古（中）、李克農
在南京八路軍辦事處

　　蔣介石清楚宣俠父接近胡宗南絕不是
為了私交，雖然胡宗南沒有表現出背叛的意
思，但他必須防患於未然。他密令西安的天
水行營主任蔣鼎文：密裁宣俠父。

　　蔣鼎文接到密令後，把任務交給了在西安的軍統人員。

　　從抗戰開始的時候，不論軍統還是中統的特工就一直在監視西安的八路軍
辦事處，也早就盯上了宣俠父。這回軍統接下任務後，很快就拿出了行動方案。

　　一九三九年七月三十一日晚上，蔣鼎文打電話請宣俠父到他的住處見
面。宣俠父是蔣鼎文的老鄉，這樣的邀請並不讓人奇怪。

　　宣俠父如約而至，蔣鼎文與他一直敘談到深夜一點才送客。宣俠父獨
自一人騎自行車返回八路軍辦事處，身後卻已經跟上了兩個同樣騎單車的軍
統特工。行到中途，一輛軍統的小汽車攔住了宣俠父的去路，霎時間特工們
從前後一擁而上，卡住宣俠父的喉嚨。宣俠父只來得及喊一聲：「你們綁人
呢！」便被棉花塞住了嘴。特工們俐落地把繩索套住宣俠父的脖子，向兩邊
狠狠拉去，宣俠父立時殞命。

　　特工們把宣俠父的屍體埋進一個枯井內。蔣鼎文第二天得到報告後，賞
了兩千元的獎金。

　　宣俠父失蹤，八路軍辦事處四處要人，國民黨只推說不知，又偷偷把宣
俠父的屍體轉移到城外荒地掩埋。直到參與行動的軍統特工因為獎金分配不
公發牢騷，被中共眼線聽到，共產黨當即抗議，蔣介石這才承認一切都是自
己的旨意[32]。

二、「第二次世界大戰爆發了！」

　　眼見國共間的危機越來越嚴重，許多人為此憂心忡忡，探尋解決之道。
熱心政治的知名學者張君勱在一九三八年十二月十日寫下〈致毛澤東先生

---

[32]　相關敘述，見《中國祕密戰》一○二─一○三頁。

張君勱

一封公開信〉，表示「近代國家以統一為特徵，尤貴乎軍事權之統一，英美俄法等，何嘗一國以內而有兩種軍隊」，希望中共「毅然首倡以八路軍之訓練任命與指揮，完全託之蔣先生手中」。「各國之政黨，從無有占領一特區以行特殊政策者，以一國之內惟有一種法律，一種行政系統，乃能成為現代國家」，「而今則特區之內，儼然自成一天地，自立官制，自立學校。若國中凡組織政黨者，皆起而效法先生等之所為，則中國將分為若干政黨之若干行政區，而國家非反於封建割據之局不止矣」，因此「更望取消特區之制，以增進全國之團結而利於抗戰之持久」。他甚至希望「目前階段中，先生等既努力於對外民族戰爭，不如將馬克思主義暫擱一邊，使國人思想走上彼此是非黑白分明一途」。「吾輩既存心於禦外敵保祖國而念念不忘者為國家至上之一義，則何必沾沾於一黨一派之利益而不肯拋棄之乎？」[33]

　　可是毛澤東面對危局卻並不畏懼，生就一副越挫越奮個性的他，反倒從緊張的形勢裏看到了中共進一步發展的機遇。這種發展恰恰是需要國民黨更加反共，甚至投降日本。

　　一九三九年初，國民黨五屆五中全會結束後，中共中央得到消息，蔣介石在此次會議上說，抗戰到底的「底」是恢復「七‧七」事變以前的狀態，也就是說只要能結束戰爭，可以至少暫時不收復東北失地。

　　在此前後，有關英國想要調停中日戰爭的說法也十分流行。另一個在中國和東亞地區有重大關聯的強國美國，按常理推斷，也應該不會反對英國的做法。這兩個國家無疑都不希望戰爭再繼續下去，傷害它們的在華利益。

　　根據這些情況，毛澤東做出判斷，蔣介石可能在英美的計畫下，用東北換取對日妥協停戰。他認為這是國民黨最近採取反共措施的真正原因，因為政治態度向來表現激進的共產黨不可能贊成這樣的妥協。

　　不過這一切都還只是懷疑，那時的國共摩擦還不嚴重，太河事件和平江慘案還沒有發生，所以在反覆講「人不犯我，我不犯人；人若犯我，我必犯人」的同時，毛澤東仍說對國民黨「要親愛，要團結」，要有力量造成抗戰

---

[33]　張君勱：〈致毛澤東先生一封公開信〉（一九三八年十二月十日），《中共黨史參考資料》第八冊三一一－三一三頁。

的局面，逼迫蔣介石不得不繼續抗戰，要援
助蔣介石團結全民族等等。對於恢復「七‧
七」事變以前狀態的說法，毛澤東只提出
「打到鴨綠江，收復一切失地」的口號作為
回應[34]。當胡宗南對陝甘寧開始實行封鎖的
時候，毛澤東則在邊區內部自己動手搞經
濟，發起了著名的生產運動。

參加生產運動的婦女

　　生產運動起初可能只是為了解決中共自身人員增多帶來的吃飯和給養問
題[35]，但隨著日後國民黨封鎖的加強，在一九四〇和一九四一年間，用毛澤
東的話說，邊區曾一度「幾乎沒有衣穿，沒有油吃，沒有紙，沒有菜，戰士
沒有鞋襪，工作人員在冬天沒有被蓋」[36]，在這種情形下，生產運動便成了
抗拒經濟壓制的主要武器。

　　對於那場生產運動，今日中國大陸人知道的只是八路軍「開拓荒地，種
植糧食」的故事。其實光有糧食是遠遠不夠的，中共黨政機關的運轉需要大
量的經費，必須有能夠換來鈔票的流通物資。在陝北這樣貧瘠的土地上，除
了供應糧食的農作物，可以贏得利潤的就只有鴉片了。

　　一九四三年初，共產國際派駐延安的聯絡員弗拉基米洛夫就看見八路
軍區域內有鴉片生產[37]。邊區內部自然嚴禁吸食和販賣鴉片，但可以在私
下裏轉運到國民黨統治區去，王震部隊就有這樣的管道。有一次邊區公安
局發現幾匹騾馬可能駄著鴉片，跟蹤下去竟看到這支駄隊進了王震領導
的衛戍司令部的駐地。不明底細的公安局又在夜間派人偵察，結果被八
路軍戰士當奸細抓了起來。公安局震怒，請求邊區保安團出兵包圍衛戍司
令部。

---

[34]　毛澤東根據情報對時局做出的判斷，見《毛澤東與莫斯科的恩恩怨怨》（修訂版）九十七
－九十八頁。

[35]　毛澤東最早號召發起生產運動是在一九三八年十二月八日，這時國民黨的封鎖還未成形。
毛澤東發出號召的前提是日軍還在進攻，中共還有許多困難，要想到有一天沒有錢、沒
有飯吃。並未提及國民黨的敵意（見《毛澤東年譜一八九三－一九四九》中卷九十八－
九十九頁）。第二年二月二日毛澤東在生產動員大會上講話時也只是談到解決邊區二百零
四萬人的穿衣吃飯問題（《毛澤東年譜一八九三－一九四九》中卷一〇八－一〇九頁）。

[36]　《毛澤東傳一八九三－一九四九》下冊六一〇頁。

[37]　［蘇］弗拉基米洛夫：《延安日記》一〇三頁，東方出版社二〇〇四年三月出版。

在延安準備拍照的毛澤東

事情眼看要鬧大，當時的延安市長姚安吉只得去向毛澤東請示。毛澤東笑道：「又是一場鴉片戰爭嘛！」他把王震叫了來。身兼邊區禁煙委員會委員的王震一進門就斥責姚安吉：「你們市政府不讓我做生意，我幾萬人吃什麼？穿什麼？」

毛澤東當然要做出批評的姿態，說道：「是啊！你有幾萬人，要吃要穿要生存，不搞生產當然不行。可是你們有槍啊，拿上槍，站在路邊，過來一個搜一個腰包不就行了？我們的軍隊是誰的軍隊，不是你的也不是我的，是人民的軍隊！我們部隊無論在前方後方，都要尊重地方政府，遵守地方規定，否則怎麼叫人民軍隊？大煙不准在邊區和延安境內種植和銷售，這是中央的規定，你們司令部的人員不僅不模範遵守，還違反，這像話嗎？」

王震不再吭聲，姚安吉忙圓場說：「我們警察在做法上也冒失，應該先報告，通過司令部領導處理。」

一場風波就此不了了之[38]。鴉片也繼續在邊區種植。

直到一九三九年五月，毛澤東對國民黨的措詞才轉向明顯地強硬。這不僅是因為國共摩擦的加劇，更重要的是，從蘇聯來了最新的指示。

一九三九年五月三十日，共產國際給中共中央發來一份電報，指出目前中國黨所面臨的最大危險，是國民黨妥協投降的可能性。

共產國際方面這樣說的依據是前一年九月誕生的慕尼黑協定，當時英國和法國以犧牲捷克斯洛伐克的利益為代價，試圖從德國那裏換來自家的和平。史達林認為這是把德國侵略的矛頭推向蘇聯，把英、法等國看成了最危險的敵人。

現在見英國有意調停中國抗戰，莫斯科便斷定英、美、法要在遠東製造一個新的慕尼黑陰謀，讓中國做第二個捷克斯洛伐克，以維持它們和日本之間平安無事。

蔣介石的反共活動很可能就是在西方列強的推動下，在為投降做準備[39]。

---

[38]　相關敘述，見《中國祕密戰》三四一－三四二頁。

[39]　《毛澤東與莫斯科的恩恩怨怨》（修訂版）九十八－九十九頁。

要是中國屈服，日本下一步就可能打蘇聯的主意，莫斯科只有提醒中共制約國民黨，才有可能保證中國抗戰的繼續進行。

接到共產國際的指示後，毛澤東在六月十日延安中共高級幹部會議上做報告和結論，表示：「國民黨投降的可能已成為最大的危險，而其反共活動則是準備投降的步驟。」

如果是這樣，形勢當然會很嚴峻，但毛澤東卻覺得沒那麼可怕，因為一旦國民黨投降，「那時必是一個混亂局面，不是一個統一局面；那時，共產黨將成為全國人民的救星，全國人民望共如望歲；那時，中國人民對蘇聯希望必增加；那時，國際必是一個戰爭與革命局面」；那時，可能出現一個新的政府，即「抗日民族統一戰線政府（包括共產黨在內的）」[40]，中共將第一次進入中央政權。

正因為對局勢有這樣的期待，所以當德國九月一日在歐洲發動侵略戰爭的消息傳來時，毛澤東非常地興奮。三日，他去給陝甘寧邊區保安處工作人員大會講話，在那裏見到保安處長周興時，毛澤東興高采烈地說：「第二次世界大戰爆發了！」[41]

毛澤東顯然認為形勢正按照他的預測發展，這讓他在為十四日延安幹部大會準備的講話提綱裏，更加自信地把對天下大事的估計和盤托出。

在毛澤東看來，第二次世界大戰和第一次世界大戰一樣都是「帝國主義戰爭」，是為了逃避資本主義崩潰，「世界各國資產階級在他臨死前夜的打算」。戰爭的本質就是掠奪，「這一次，許多人又弄糊塗了，他們以為德國固然是非正義的，英、法卻是民主國家反對法西斯國家，波蘭則是民族自衛戰爭，以為英、法、波方面總多少帶有一點進步性，這是極端糊塗的見解」。「大戰的爆發，不但是希特勒要打的，而且是張伯倫（當時的英國首相——作者）要打的」，「反蘇、反共、反人民、反弱小民族的第一名魁首，已經是張伯倫了」。美國總統羅斯福宣布加強國家防禦的「局部緊急狀態」，也被毛澤東認為是「在國內放棄民主政治」。

根據這樣的評價，毛澤東判斷，蘇聯和全世界的解放力量，將「用革命戰爭打倒帝國主義戰爭」，「把全世界被壓迫人民被壓迫民族從資本主義壓

---

[40]　毛澤東對形勢的論述，見〈反投降提綱〉，《毛澤東文集》第二卷一九六一二三四頁。

[41]　《中國祕密戰》七十八頁。

迫之下解放出來」。他充滿激情地預言：「資本主義經濟已經走到盡頭了，大變化、大革命的時代已經到來了。」在這種大環境中，「一個自由獨立的新中國就要出來了」[42]。

既然將要進入這樣一個決戰的歷史階段，毛澤東更加決意要跟國民黨針鋒相對。

正在這個時候，陝甘寧又發生了第二次隴東事件。

五月從鎮原和寧縣撤兵後，國民黨方面並沒有放棄對這一地區的爭奪。就在毛澤東暢想世界革命的時刻，朱紹良開始了新的謀畫。到了十二月十日夜，鄰近鎮原的平涼駐軍九十七師派出一個團，加上地方保安隊，向寧縣發動了出其不意的進攻。曾經守住了寧縣的八路軍二營這次卻毫無防備，在突襲中傷亡過半，被趕出了寧縣。

又過了六天，九十七師再派兩個營，聯合幾個縣的保安隊，在十六日進攻鎮原。八路軍原來防守的那個營寡不敵眾，只得在當晚突圍而去，國民黨軍占領了縣城。被他們占領的還有東面的正寧。

轉眼到了一九四〇年的第一天，陝甘寧西部環縣的國民黨保安大隊副隊長，做過土匪，人稱趙老虎的趙思忠，帶領數百人進入該縣的洪德區，將這裏占領。據中共指稱，趙老虎殘殺了數名地方幹部[43]，把抓到的邊區情報安全部門保安處的人送交馬鴻逵，並搶掠殺害群眾，把一個叫王右的教師綁在馬後活活拖死[44]。

共產黨當然不能認輸。二月十六日，八路軍一個團攻打趙老虎，近一個月的戰鬥後，收復了洪德，趙老虎被打得只剩下十二個人，逃之夭夭。

第二次隴東事件中，八路軍雖然沒能奪回鎮原、寧縣、正寧，但在北面的慶陽、合水兩地殲滅了國民黨部隊三百餘人[45]。

毛澤東不再容忍陝甘寧邊區內雙重政權的存在，他在二月以蕭勁光的名義寫信給一戰區司令長官程潛，稱「一縣而有兩縣長，古今中外，無此怪事」，要求「陝省府主動撤回，否則實行護送出境」[46]，開始強行驅逐國民

---

[42]　相關文字見〈論第二次帝國主義戰爭〉，《毛澤東軍事文集》第二卷四六五－四六九頁。

[43]　第二次隴東事件的發生及相關情況，見〈陝甘寧邊區的反摩擦鬥爭〉。

[44]　《中國祕密戰》九十六頁。

[45]　〈陝甘寧邊區的反摩擦鬥爭〉。

[46]　《毛澤東年譜一八九三－一九四九》中卷一七〇頁。

黨官員[47]。那位堅決反共的何紹南，被中共情報人員掌握了他貪汙十多萬賑災款的證據，王震召開群眾大會聲討他[48]。何紹南策動保安隊譁變，又被八路軍打垮，他只得永遠逃離綏德[49]。彭德懷後來在西安還警告他：「再回陝北，老百姓抓了你公審！」[50]

在這期間，毛澤東進一步明確了他對形勢的看法。在一九三九年底寫成的〈中國革命和中國共產黨〉中，他第一次把近百年的中國歷史分成舊民主主義和新民主主義兩大革命階段[51]。一九四〇年一月九日，他又在一次講演中認為：從一九一九年的五四運動那時起，中國革命的領導者就是無產階級。中國的資產階級沒有革命的徹底性，只有靠無產階級聯合其他階級才能在未來建立一個中華民主共和國，「而無產階級則是領導的力量」。這裏的無產階級其實就是中共的代稱，因為按照毛澤東他們信奉的理論，共產黨是無產階級的先鋒隊。

在這篇後來命名為〈新民主主義論〉的演講的末尾，毛澤東滿懷激情地呼喚道：「舉起你的雙手吧，新中國是我們的！」[52]

三、「國共不宣而戰」

就在陝甘寧國共摩擦升級的時候，蔣介石正指揮各戰區部隊向日軍發動冬季攻勢[53]。戰役剛剛開始，閻錫山的第二戰區就爆發了晉西事變，國共雙方為山西新軍的領導權展開了激烈的衝突。

新軍是在中共人員主導下建立的部隊。自從閻錫山把薄一波請到山西，中共便派了一批幹部跟隨過去，接手了由左派人士創辦的，閻錫山任會長的山西犧牲救國同盟會（簡稱犧盟會）[54]，通過抗日工作發展力量。在搞政治

---

[47]　《中國祕密戰》九十七頁。

[48]　同上九十六頁。

[49]　〈陝甘寧邊區的反摩擦鬥爭〉。

[50]　《中國祕密戰》九十六頁。

[51]　〈中國革命和中國共產黨〉，《毛澤東選集》第二卷六二一－六五二頁。

[52]　毛澤東的相關論述，見〈新民主主義論〉，《毛澤東選集》第二卷六六三－七〇九頁。

[53]　《中國抗日戰爭正面戰場作戰記》下冊九八五頁。

[54]　中共幹部到山西和犧盟會的情況，見薄一波：〈回憶山西新軍〉，《八路軍·回憶史料（一）》一六〇－一八八頁。

活動的同時，薄一波等人也準備組織武裝。正巧閻錫山也覺得單憑他現有的晉綏軍不足以抵抗日本的侵略，在一次會議上對眾人發問：「假如日本人打到山西來，我們該怎麼辦？」[55]

中共方面研究了閻錫山的意圖，判斷出他想要擴軍，卻又沒有好的辦法。於是派人提出成立新部隊的建議，表示可以招收青年學生進行宣傳工作，發動群眾。閻錫山欣然同意。

犧盟會迅速鼓動了幾萬青年參加軍事政治培訓，其中許多人後來都成了中共方面的骨幹。

抗戰開始後，日軍的攻勢十分凌厲。薄一波對閻錫山說：看來僅靠舊軍不行，必須儘快組建一支新軍。閻錫山不但贊同，還把建立新軍的任務交給了薄一波，讓他先搞一個團試試。劉少奇得到消息後立即指示：好，趕快去！要抓槍桿子。不要說一個團，就是一個營一個連，也要堅決搞。

薄一波組建起來的部隊被閻錫山定名為山西青年抗敵決死隊，很快就從一個團擴大為四個相當於團的總隊。劉少奇對此並不滿足，隨著八路軍開進山西，他提出中共武裝要在三個月內達到十萬人。有人擔心這會破裂統一戰線，來到山西的周恩來卻明確表示：「我贊成。」薄一波於是又向閻錫山提議再組建五到十個旅的新軍，閻錫山仍舊同意，決死隊隨即擴充為四個相當於旅的縱隊，又組織了一個團級的工人自衛隊。國民政府軍事委員會最終將這五支隊伍命名為國民革命軍獨立一、二、三、四和二〇七旅[56]。

儘管新軍是由共產黨發起的，但在開始的階段中共並沒有完全掌握這支部隊的領導權。新軍中有不少舊晉軍的軍官，他們中至少有一部分控制著所在部隊的軍事、行政、財務和物資方面的實權。中共黨員占據了新軍現有大部分政委的職位[57]，而且根據薄一波擬定，閻錫山批准的〈山西青年抗敵決死隊政治委員條例〉中還規定：「政治委員為部隊中之全權代表，有直接處理部隊中一切事宜之權」，「政治委員有單獨發布命令之權」[58]。可是在晉西事變前，新軍的多數部隊都沒有政委[59]。

---

[55]　〈山西新軍領導權問題〉。

[56]　新軍建立經過，見〈回憶山西新軍〉。

[57]　楊劍龍：〈也談山西新軍領導權〉，《炎黃春秋》二〇〇六年第三期。

[58]　〈山西新軍領導權問題〉。

[59]　〈也談山西新軍領導權〉。

閻錫山

但是中共一刻也沒有忽視過對新軍的掌控。一九三九年九月[60]，薄一波在率領決死隊當時的第一總隊開向前線[61]的途中與朱德相遇，朱德告訴他，今後決死隊即歸八路軍總部指揮。

當時有人講薄一波戴「山西帽子」，說「山西話」，意思是指責他給閻錫山幫忙。朱德和彭德懷在八路軍總部的會議上對新軍方面表態說：「他們的意見是錯誤的。不瞭解你們根據黨的指示同閻錫山合作。表面上戴『山西帽子』，說『山西話』，實際上是做共產黨的事。你們在政治上和軍事上，都是在共產黨領導之下嘛！」又再次明確宣布，決死隊歸八路軍總部和山西各區中共黨委領導指揮[62]。

在新軍內部，中共黨員也通過各種方法，擴大了自己的影響，左右著多數部隊的政治方向。

到一九三九年底，新軍的規模已遠超過五個旅。共有五十個團，五萬多人，數量上超過了閻錫山的晉綏軍[63]。

這時候的山西，除了敵後武裝，中國軍隊已經被壓縮到背靠黃河的西部（晉西）和南部地區。日軍還在晉西的中間攔腰一刀，從黃河岸邊的軍渡開始，向東到汾陽，在直線距離約百公里的地帶建立了一條封鎖線，將中國控制區砍為南北兩段。

此時閻錫山直接控制的部隊名義上還有四個集團軍，實際只剩四個軍及兩個獨立師和一個教導師[64]。在這種局面中，閻錫山自然想讓新軍真正地為他所用。

但要完全控制新軍，閻錫山就必然與也想掌握新軍的中共勢力發生矛盾。這時候的閻錫山已經發現當初引進薄一波等人的效果不那麼理想，被中共發動起來的民眾並沒有成為他的支持者，反倒喜歡跟著共產黨跑。他不由得感歎，農民是一隻老虎，不發動是個空子，發動起來是

[60] 〈山西新軍領導權問題〉。

[61] 〈回憶山西新軍〉。

[62] 朱德、彭德懷對新軍的指示，見〈山西新軍領導權問題〉。

[63] 〈回憶山西新軍〉。

[64] 日本占領山西的情況及閻錫山的實力，見陳長捷：〈晉西事變的前前後後〉，《八路軍‧參考資料（一）》七七四－七八〇頁。

個亂子。善為政者，須手執電鞭而發動之，既不蹈虛，又不為亂，盡為我用。

　　然而面對已經成氣候的親中共力量，閻錫山不能輕易地揮舞鞭子，他最初試圖用政治手段解決問題。一九三九年三月下旬，他在黃河對岸的陝西宜川的秋林鎮召開晉綏軍政民高級幹部會議，提出統一方案，要在山西軍隊中統一編制、統一訓練、統一指揮、統一人事與待遇，這明顯是想消除新軍某種程度的獨立地位。他又準備取消政委制度，甚至取消原來決死隊五個旅的番號，意圖當然是要把新軍融化在晉綏軍的舊體系內。

　　感覺到共產黨不好對付的閻錫山，對國共合作乃至抗戰的前途都表示悲觀，認為將來「中日不議而和，國共不宣而戰」，還公開說不能抬著棺材抗戰，仗總要有個了結，汪精衛走的路，未嘗不可取。他打算解散那些積極主張抗日的政治團體，當然這不一定是為對日妥協做準備，更可能是他認為這些組織如第二戰區民族革命戰地總動員委員會（簡稱戰動總會），已被共產黨操縱。

　　薄一波參加了這次會議，他和其他中共人士堅決反對取消新軍的政委。閻錫山派人私下找薄一波和新軍二縱隊政委張文昂談話，表示現在幫幫忙，將來不會虧待他們。薄、張斷然拒絕。中共負責人與參加會議的各地犧盟會和新軍的領導碰頭，指示他們不怕同閻錫山翻臉、破裂，牢牢掌握部隊，掌握政權，保住槍械，保住錢糧。政委一定要當，絕不退出。抓緊把頑固的舊軍官清除出去。還商定了發生事變時新軍向八路軍靠近的方案[65]。

　　秋林會議開了三個月，在僵持不下中無果而終[66]。

　　政治解決不成，近半年後，軍事衝突就爆發了。

　　十二月一日，閻錫山按照蔣介石冬季攻勢的指令，開始山西軍隊的作戰部署。他命令在隰縣一帶的新軍二縱隊向日軍進攻，讓晉綏軍的十九軍和六十一軍在側後配合[67]。這樣一來，二縱隊就夾在了日本人和晉綏軍之間，不管閻錫山此舉是否有惡意，都讓中共方面感到威脅。

---

[65]　秋林會議情況，見〈回憶山西新軍〉。

[66]　〈晉西事變的前前後後〉。

[67]　《八路軍・參考資料（一）》四二五頁注釋一。

二縱隊的負責人韓鈞也是中共山西的領導人之一，他乾脆致電閻錫山，拒絕執行這樣的命令，聲言：「將在外，君命有所不受。」[68] 二縱隊六團團長陳雉卿試圖帶部隊倒向閻錫山，中共方面發覺後立即採取措施，陳雉卿只得帶著警衛員和一些軍官逃走[69]。

對韓鈞的抗命行為，閻錫山立刻視為叛變，決意討伐。他首先在三日武力解決了在隰縣西面永和地區的二縱隊一九六旅旅部[70]，又在七日下令「韓鈞著即撤職拿辦」，所屬部隊「妥為收撫」，「甘心附逆之徒即明令剿除」[71]。

既然二縱隊成了叛軍，十九軍和六十一軍的任務也就從配合變成了進剿。不過他們並不能全力以赴地攻打二縱隊，因為閻錫山擔心陝北的八路軍會跨過黃河來協助新軍，於是他命令六十一軍做進攻的主力，十九軍則以主要部隊提防陝北，只用史澤波的一個旅向軍渡、汾陽日軍封鎖線南面的中陽推進。封鎖線以北的晉西北是賀龍的八路軍一二〇師占優勢的地區，新軍第四縱隊也在那裏，閻錫山認為二縱隊可能會轉移到晉西北去，所以派史澤波前去攔截。

晉西北也有閻錫山的部隊，他們是趙承綬的騎兵軍和郭宗汾的獨立師。為了避免兩線作戰，閻錫山命趙承綬以調停的面目和當地的新軍、犧盟會等方面會談，表示二縱隊的事只是局部摩擦。同時又把騎兵軍和獨立師的部隊集中到靠近封鎖線的臨縣，既監視一二〇師和新軍四縱隊，又準備阻擊越過封鎖線的二縱隊。

閻錫山對二縱隊意圖的判斷完全準確，與國民黨翻臉後，韓鈞和張文昂便決定按秋林會議時定下的靠近八路軍的對策，帶領部隊朝北開去。

這時六十一軍正分左右兩路迅速地祕密挺進。右路的七十二師在山間小路辛苦奔行，卻始終見不到二縱隊的影子。倒是左路的二〇八旅遇到了一支新軍，發生戰鬥。六十一軍軍長呂瑞英以為抓住了二縱隊，立即命各部隊往

---

[68] 〈回憶山西新軍〉。

[69] 《八路軍・參考資料（一）》四二五頁注釋二。

[70] 王震：〈一二〇師與晉西北抗日根據地〉，《八路軍・回憶史料（一）》一三九─一五九頁。

[71] 〈閻錫山發動晉西事變的命令〉（一九三九年十二月七日），《八路軍・參考資料（一）》四二五頁。

續範亭

左路進擊。哪想到這支新軍忽然連夜撤走，消失無蹤。呂瑞英只好組織部隊向中陽方向追擊。

六十一軍的追擊方向並不錯，史澤波就在中陽迎上了二縱隊，展開截擊。然而十九軍的戰鬥力不強，史澤波旅也不例外。一場交戰下來，他的一個營遭擊潰。得勝的新軍越過封鎖線，等追過來的六十一軍和史澤波會合時，二縱隊已經到了臨縣境內[72]。

等在臨縣的趙承綬見二縱隊出現，忙在二十七日召集緊急軍事會議，準備阻止二縱隊與八路軍和其他新軍會合[73]。

在會議的參加者中，有一個叫續範亭的老國民黨員，這時的身份是戰動總會主任和暫編第一師的師長。他的內心卻早已拋棄了國民黨。一九三五年他就因對蔣介石政府的極度不滿在中山陵自殺未遂，轟動一時。八路軍到山西後，他很快就和中共站到了一起，他的戰動總會由中共主導，暫編一師實際上也是新軍的一部分[74]。趙承綬前一段時間和新軍、犧盟會的會談，續範亭就是和他見面的代表之一[75]。

聽到趙承綬要阻擊二縱隊，續範亭冒險趕往中共方面報信，又親自帶暫編一師的兩個團占領要地，使中共部隊進可攻，退可守。

中共方面決定先發制人，在一九四〇年一月二日指揮新軍四縱隊等部隊向趙承綬和郭宗汾發起攻擊[76]。

趙承綬和郭宗汾得知二縱隊剛打敗史澤波，又面對中共的攻勢，不想蒙受損失，便把部隊集中到臨縣縣城周圍，修築工事，囤積糧食，打算堅守待援。新軍就勢包圍了臨縣城。

此時封鎖線南面的呂瑞英也正籌畫著打到臨縣去，和趙承綬他們會攻新軍，沒想到他的長官閻錫山卻突然改了主意。

剛決定進攻二縱隊的時候，考慮到要應付各處日益壯大的中共部隊，閻錫山感覺必須集中他的主力部隊才行，而這樣就無法實施冬季攻勢，所以他

---

[72]　晉綏軍與新軍開始衝突的情形，見〈晉西事變的前前後後〉。

[73]　〈回憶山西新軍〉。

[74]　續範亭與中共的合作，見〈一二〇師與晉西北抗日根據地〉。

[75]　〈晉西事變的前前後後〉。

[76]　續範亭報信與中共的先發制人，見〈回憶山西新軍〉。

在一九三九年十二月十七日向蔣介石求援，希望「再酌撥一二軍開來晉西，以期完成冬攻計畫」。

當時蔣介石嫡系部隊離閻錫山最近的是胡宗南的人馬，在山西參加冬季攻勢的就有他下屬的九十軍。胡宗南似乎表現得很配合，在六十一軍進攻新軍二縱隊的時候，正向日軍出擊的九十軍忽然掉頭返回，理由是奉胡宗南的命令，要支援討伐叛軍，戒備日軍。

六十一軍原駐吉縣，那也是閻錫山的駐地之一。現在六十一軍離開，九十軍便向吉縣移動。

閻錫山一下子警覺起來，曾經和蔣介石兵戎相見的他，本能地擔心胡宗南行動的背後有什麼對自己不利的企圖，他急忙命令六十一軍和史澤波等部隊暫停行動。

這時閻錫山的下屬已經擬好了一個進攻新軍的計畫，準備讓十九軍和六十一軍越過封鎖線到臨縣會同趙承綬、郭宗汾作戰。閻錫山卻做了變更，改由九十軍和六十一軍去臨縣，這當然是想把他面前更直接的威脅調開。

要調動九十軍必須徵得胡宗南的同意，胡將軍依然表現得十分爽快，完全贊成閻長官的計畫。不僅如此，他還回應閻錫山此前的請求，決定再派兩個軍到山西來。

一切都合乎閻錫山的意願，可是問題緊接著就來了，胡宗南要求他派來的那兩個軍仍駐紮六十一軍原先的防地，其中自然會包括吉縣。胡的理由是加強晉綏軍空虛的後方，防備日軍趁機入侵。

趕走了他的一個軍，換來的竟是他的兩個軍。

閻錫山對胡宗南乃至其背後的蔣介石的意圖更加疑懼，讓他不能不考慮改變自己現在的戰略。

此時的新軍，二縱隊去了晉西北，閻錫山雖然沒能消滅這支部隊，但奪回了被共產黨控制的隰縣等地的地盤。在晉東南的三縱隊被忠於閻錫山的軍官拉走了大部分隊伍，剩下的少量部隊被迫向東與在太嶽地區的一縱隊會合，他們原來掌握的五個縣的區域重歸閻錫山所有，那裏有上千人遭逮捕，約二三百名中共黨員和左翼人士被殺，當中有多名縣團級以上的幹部。至於一縱隊，他們靠近八路軍，附近也沒有晉綏軍和國民黨中央軍部隊，閻錫山一時奈何不得。正在臨縣攻擊趙承綬的四縱隊，閻錫山就更是鞭長莫及。

雖然沒能搞垮對手，但也不算賠本，如果繼續打下去，讓別人鑽了空子就虧大了。

閻錫山斷然下令，六十一軍等部隊從中陽返回原來的駐地。趙承綬和郭宗汾從臨縣撤過封鎖線，回到晉綏軍占優勢的晉西南來。

胡宗南就這樣被擋了回去。

正在臨縣待援的趙承綬和郭宗汾，忽然接到閻錫山撤退的命令，十分驚訝，但也只能遵命行事。十三日夜，他們放棄縣城向南而去。

這時的中共也不想徹底丟掉與閻錫山的合作關係，以八路軍現有的實力不可能拿下晉綏軍的全部地盤，所以中共中央指示晉西北的八路軍和新軍，驅逐趙承綬等人，完全控制晉西北。以汾陽經離石到軍渡的公路為界，把晉西南留給閻錫山，給他個出路。

現在見趙承綬他們主動退走，新軍只採取追擊的姿態，並沒有進行大的打擊。倒是趙承綬、郭宗汾自己亂了方寸，部隊在南撤途中秩序大亂，過封鎖線時更自相驚擾，竟全面潰散。趙承綬連自己的妻子也失落了，只能站在中陽的山上潸然淚下[77]。

撤回了趙承綬、郭宗汾，並不等於閻錫山徹底放棄了打擊新軍的想法。這時蔣介石派出兩個軍進攻晉東南的新軍一縱隊。閻錫山也立即調去一個師和一個旅，協同蔣介石部隊作戰。他能這麼快又跟蔣介石合作，應該是因為蔣介石和胡宗南不同，沒有表示要接管閻錫山的防區。

雖然實現了合作，但這次行動的結局仍是失敗，一縱隊在八路軍的支援下，擊退了蔣介石部隊。閻錫山則更慘，他派去的人馬幾乎被全殲[78]。

這時的晉西北還殘存著一批國民黨武裝力量，他們也很快就站不住腳了。從河北重歸晉西北的賀龍，在一月底帶領部隊把他們統統向西趕過了黃河[79]。加上河西岸的綏德趕走了何紹南，晉西北便與陝甘寧連成了一片。

二月二十日，中共中央以薄一波名義致電閻錫山尋求和解，五天後又派蕭盡光和王若飛帶毛澤東的親筆信拜會閻錫山。別無選擇的閻錫山只能接

77　閻錫山在晉西事變中的失敗過程，見〈晉西事變的前前後後〉。
78　閻錫山第二次進攻新軍經過，見〈回憶山西新軍〉。
79　〈一二〇師與晉西北抗日根據地〉。

受現實，同意按中共的方案以汾陽到軍渡的公路劃界，把晉西北讓給了共產黨[80]。

　　由於晉西事變，在參加冬季攻勢的各戰區中，唯有第二戰區沒有什麼像樣的軍事行動[81]。

四、「咬一口算一口」

　　在剛剛擊敗閻錫山的二月九日，毛澤東在給中共中央書記處起草的指示裏就提出要讓國民黨同意朱德擔任魯冀察熱四省戰區司令長官，並兼河北省主席，彭德懷任第二戰區副司令長官[82]。從這樣的條件可以看出他十分的自信，認定中共軍隊已經能夠成為華北的主導力量。

石友三

　　中共方面此時早已在策畫打擊國民黨在華北的軍隊，也就在九日這一天，河北南部的八路軍就向石友三的第三十九集團軍發起了攻擊。

　　這個石友三本是東北人，卻在西北軍統帥馮玉祥麾下發達起來。他跟中共的關係原來很好，早在抗戰前，雖然石友三和日本人有來往，共產黨仍派人到他的部隊去做工作[83]。「七‧七」事變後，石友三擔任一八一師師長，中共還專門成立了一八一師工委，派遣幹部到一八一師成立學兵隊。從河北撤退到山東的石友三主動寫信給中共中央，請求派幹部來幫他做政治工作。一九三八年三月下旬，十六名中共幹部被派往石友三手下。這時一八一師擴編為六十九軍，中共一八一師工委也隨即改稱六十九軍工委。在日軍的進攻下，六十九軍所在地區的政府機關紛紛撤離，石友三便接管了地方行政大權。中共人員順勢參與了對地方的管理，有的共產黨員還擔任了縣長，並且不許原來的政府回來[84]。中共中央對石友三也很信任，一九三八年九月七

---

[80]　〈回憶山西新軍〉。

[81]　《中國抗日戰爭正面戰場作戰記》下冊九八六頁。

[82]　《毛澤東軍事年譜》二九八頁。

[83]　石友三的進攻及發跡等情況，見程子華、宋任窮：〈三打石友三〉，《八路軍‧回憶史料（一）》六三一一六四一頁。

[84]　〈抗戰初期中共但石友三的一段統戰工作〉，長城線上www.hebei.com.cn（二〇〇七年十

日，毛澤東、張聞天和劉少奇指示山東省委負責人，要和石友三議定共同建立山東抗日根據地。各方面工作可由石公開出面來做[85]。這段時間可說是石友三和中共的蜜月期。

蜜月都是短暫的，蔣介石很快就扭轉了石友三的政治態度。他任命石為第十軍團軍團長，仍兼六十九軍軍長。這時候河北的國民黨兵力單薄，應鹿鍾麟的請求，蔣介石開始向冀察戰區增兵，石友三部隊就是其中之一。

石友三剛到河北的時候，和中共仍然保持十分友好的關係。為爭取石友三繼續站在共產黨一邊，八路軍幫他解決棉衣，不惜自己的士兵吃小米，也要把白麵支援他的部隊。

八路軍的經濟能力畢竟還有限，相比之下，蔣介石對石友三的支持就顯得更加慷慨。石友三被提升為冀察戰區副司令長官兼察哈爾省主席和三十九集團軍總司令，把一批部隊劃歸他指揮，還送來步槍八百支、機槍三十挺、步槍子彈一百萬發，又一次性發下半年的軍餉。蔣介石這麼做當然有他的目的，那就是要石友三「在萬難中拿住冀局，以對付八路軍」。

重賞之下，石友三倒向了蔣介石一邊[86]。

不過石友三同中共真正的交惡還是因為政權的爭奪。中共在日本將國民黨的政府和軍隊從華北趕走後，在其中許多地方建立了自己的政權。其中除了晉察冀邊區曾得到閻錫山的同意外，其餘都是自行建立。就是晉察冀邊區後來也遭國民政府明令撤銷[87]。石友三駐防區中的一些縣也都有中共設立的政府。在國民黨看來，這些未經國民政府認可的機構無疑屬於非法設置。鹿鍾麟剛上任時就為此和中共談判爭執，當時他力量不足，對中共維持現狀的態度無可奈何，現在軍力加強了，在政權方面該有所作為了。

一九三九年夏朱懷冰（中）和彭德懷（左）、劉伯承在一起

月十五日摘）。

[85] 《張聞天在一九三五－一九三八（年譜）》三四八頁、《毛澤東軍事年譜》二五九頁、《劉少奇年譜》上卷二三三頁。

[86] 蔣介石對石友三的籠絡，見〈三打石友三〉。

[87] 《晉察冀抗日根據地史》一五五頁。

　　石友三於是向他的防區派出國民政府方面的縣長、稅務局長、區長甚至村長，使這裏和陝甘寧邊區一樣出現了雙重政權。他還廢除共產黨的捐稅政策，按自己制定的標準徵收糧款物資，又禁止民眾使用中共發行的鈔票。中共和石友三之間自然產生了敵意[88]。

　　在這種情況下，石友三便要清除共產黨在他的部隊中的影響。蔣介石也在抓對三十九集團軍的政治工作，同樣給石友三派來了政工幹部。這樣石友三就在一九三九年三月下令撤掉中共派在三十九集團軍基層的政工幹部，由國民黨的政工人員接替。到了四月，他又決定把那些撤下來的幹部送到三十九集團軍的教導隊和重慶的中央軍校受訓。中共方面當然不幹，北方局將公開身份的黨員全部撤回，沒公開的黨員則以請假、辭職和開小差的方式紛紛離去[89]。石友三和中共從此分道揚鑣。

　　一九三九年期間，據中共指控，石友三不斷捕殺甚至活埋中共的幹部和家屬，襲擊、繳械八路軍的部隊，還和日本人勾結，密謀合擊八路軍，並公然從天津聘請日本軍官當顧問。到一九四〇年二月竟配合日軍進行掃蕩。

　　中共決定打擊石友三。

　　河北南部的八路軍主力是一二九師的部隊，師長劉伯承、政委鄧小平在一九四〇年一月二十日就謀畫「咬一口算一口」地攻打石友三[90]。中共中央也贊成動武，毛澤東在三十日指示：對河北與山西境內的任何軍隊，不論是中央軍、晉綏軍及石友三部，如果進攻八路軍地區，「我應在自衛原則下，在有理有利條件下，堅決抗擊並徹底消滅之」[91]。到二月三日他和王稼祥更明確指令：對石友三部應採取堅決徹底全部乾淨消滅政策，因他是無可救藥的反革命壞蛋，爭取方針已不適用了[92]。

　　為集中打擊石友三的主力，八路軍對那些被蔣介石劃給三十九集團軍指揮的其他國民黨部隊進行分化，告訴他們自己只打石友三。

---

[88]　石友三和中共關係惡化的經過，見〈三打石友三〉。

[89]　石友三清除自己部隊中共產黨影響的情形，見〈抗戰初期中共對石友三的一段統戰工作〉。

[90]　石友三與中共衝突及八路軍決策打擊他的情況，見〈三打石友三〉。

[91]　《毛澤東年譜一八九三－一九四九》中卷一六三－一六四頁。

[92]　《毛澤東軍事年譜》二九七頁。

　　石友三屬下有一萬七千人馬，八路軍也出動了約一萬多人的兵力。原定十一日對石友三動手，但他們的動向很快被石察覺。九日，石友三便率部祕密南撤，八路軍見狀立即分路追擊。三十九集團軍最終被分割包抄，石友三不得不拋下輜重，從小路奔逃。八路軍本要繼續追趕，這時卻突然出現了數千日軍及其扶持的中國附庸部隊，與八路軍交戰，並施放大量毒氣。中共認為這是日本人在掩護石友三。不管怎樣，八路軍只能停止追擊，石友三穿過日偽據點密集的地區逃生。

　　此一戰他損失了七千餘人[93]。

　　打了石友三後，八路軍打擊國民黨的下一個目標是朱懷冰的九十七軍。

　　朱懷冰比毛澤東大一歲，湖北黃岡人，跟中共名將林彪算是老鄉。他也是保定軍校的畢業生，早年加入同盟會，參與過辛亥革命[94]，「七·七」事變後在華北跟日本人打過仗[95]。朱懷冰此前待在河南北部，是奉軍令和石友三幾乎同時調入河北的，也都是為了加強國民黨對華北的控制。

　　中共也做過朱懷冰的爭取工作，八路軍曾召開大會歡迎他到來。朱德親自致詞，表示希望九十七軍和八路軍真誠團結、槍口對外、一致抗日。但也警告說：共同抗日我們歡迎，如果是來搶地盤、搞摩擦，破壞團結，破壞抗戰，這是堅決不允許的。劉伯承也拜會朱懷冰，要他不搞摩擦。

　　朱懷冰不肯聽共產黨的，跟石友三一樣，他也想辦法要恢復國民黨在當地的權威，這就必然和中共發生衝突。據中共指控，他封鎖抗日根據地，搶奪糧食和軍需品，抓捕中共的交通員和偵察員，殺害中共方面的幹部群眾，連續襲擊八路軍。

　　在進攻石友三剛告一段落後，劉伯承和鄧小平便在琢磨對付朱懷冰了[96]。

　　蔣介石也在憂心地注視著石友三和朱懷冰他們。儘管調兵遣將，河北的局面仍對國民黨不利，他為此撤掉了鹿鍾麟的河北省主席職務，任命二十四集團軍總司令龐炳勳接手，並通過陳布雷告訴龐：「寧肯失地於日寇，不

[93]　八路軍第一次打擊石友三的經過，見〈三打石友三〉。

[94]　朱懷冰早年經歷，見www.ndcnc.gov.cn朱懷冰條目（二〇〇七年十月十五日摘）。

[95]　在《中國抗日戰爭正面戰場作戰記》上冊三七二—三七三頁的「中國軍隊第二戰區指揮系統表（一九三七年八月）」中有朱懷冰的名字。

[96]　朱懷冰與中共的衝突，見周希漢、陳正湘、徐深吉：〈粉碎國民黨頑軍朱懷冰部對我軍的進攻〉，《八路軍·回憶史料（一）》六四二—六五〇頁。

能失權於共黨。」可那龐炳勳雖喜歡當官，卻知道共黨
不好惹，泡在重慶遲遲不動，直到蔣介石下嚴令才去前
線，但又藉口環境複雜，抽不出部隊保護省府，跟河北
省政府一起留在了河南的洛陽[97]。

龐炳勳

　　看著部下如此無用，蔣介石只能於二月底決定再派
兩個軍過黃河北上，增援華北。

　　得知蔣介石增兵的消息，八路軍總部決定趁國民黨那
兩個軍還沒到的時候，痛擊朱懷冰，同時再打石友三。

　　中共選擇朱懷冰為打擊目標，是因為在石友三敗
逃後，他在國民黨軍與八路軍的對峙中處於靠前突出的
位置，這樣也就顯得比較孤立。鹿鍾麟雖然就在朱懷冰
身後不遠，但他此刻已經丟了河北省主席，只剩冀察戰
區司令長官的頭銜，加上與中共交手連連受挫，對於跟
八路軍打仗，他的態度並不積極。在鹿鍾麟下屬的軍隊

鹿鍾麟

中，最有機會支援朱懷冰的是新五軍，它的軍長就是數
年前因盜挖清東陵名噪一時的孫殿英。這位將軍不僅會盜墓，更懂得算計自
家的利害得失，眼看跟八路軍作對的人一個個落敗，他的選擇是保存實力，
對鄰近部隊的危難持觀望的態度。

　　機不可失，劉伯承和鄧小平對鹿鍾麟和孫殿英加以爭取，命令部隊迅速
向位於河北磁縣一帶的朱懷冰展開包抄行動[98]。與此同時，剛跑到河南清豐
等地的石友三，也被周圍的八路軍悄悄地套上了絞索。

　　到三月初，八路軍方面一切都布置就緒。四日凌晨一時，對石友三的戰
鬥率先打響。在八路軍的幾路進攻下，石友三部隊很快就抵擋不住，當天深
夜便再向南撤退[99]。

　　第二天五日的凌晨二時，對朱懷冰的攻擊也開始了。朱懷冰部隊有八千
餘人，八路軍的進攻部隊則有約一萬人。經過激戰，朱懷冰的周邊陣地不斷

---

[97] 龐炳勳就任河北省主席及逃避責任的情形，見胡夢華：〈抗戰時期國民黨頑固派在河北省
的反共陰謀活動〉，《八路軍·參考資料（一）》七六三－七六九頁。

[98] 八路軍打擊朱懷冰的準備工作，見〈粉碎國民黨頑軍朱懷冰部對我軍的進攻〉。

[99] 八路軍第二次擊敗石友三的經過，見〈三打石友三〉。

衛立煌（左2）與毛澤東等人在
延安

丟失，但八路軍離他的指揮中心仍然有一段距離，朱懷冰也沒有像石友三那樣只會逃跑，他繼續試圖抵禦共產黨的攻勢。

可是朱懷冰沒想到，這天晚上，八路軍左右兩翼的部隊正趁著夜色，向他的腹地摸來。

右翼行動須經過孫殿英的防地，到達那裏時，這支八路軍的首領要求讓路，孫殿英部隊立刻照辦。右翼八路軍順利地衝到了朱懷冰的側後，卡住了他西南方向的退路。左翼也扼住了東南方的咽喉。

六日一時，八路軍再發動夜戰，從正面向朱懷冰猛攻。左翼部隊也開始進攻，最終和正面部隊會合。到了早晨，右翼也加入攻勢，八路軍迅速直逼朱懷冰的軍部。這完全出乎朱懷冰的意料，到這個地步，他再也支撐不住了，只好像石友三當初一樣，拋下輜重敗退。敗走途中，連他的三姨太和孩子都弄丟了。到八日，九十七軍及其他國民黨武裝被殲滅一萬餘人，只剩兩千人逃進河南修武。

到了九日，已擔任一戰區司令長官的衛立煌出面要求八路軍停止追擊，中共於是放過了朱懷冰[100]，但對石友三則一直到四月八日把他趕到山東曹縣、定陶才罷手，石友三又損失了六千人[101]。

從晉西事變開始到朱懷冰、石友三被打敗，中共後來把這段國共衝突的日子稱做第一次反共高潮。

如今高潮消退了，接下來該怎樣跟國民黨打交道呢？

毛澤東儘管對革命的前景充滿樂觀的預測，然而他畢竟是一個政治家，明白理想雖然美好，但也不能不慎重地對待現實，只要國民黨一天不公開投降日本，共產黨就不能公開鼓動人們革它的命。中共力量確實壯大了許多，可跟國民黨比起來依舊是弱者。從這一點來看，還是維持一個哪怕是表面上的合作，對中共的發展更有利。

---

[100]　八路軍擊敗朱懷冰的經過，見〈粉碎國民黨頑軍朱懷冰部對我軍的進攻〉。

[101]　〈三打石友三〉。

毛澤東也很清楚，急於求成沒有好處。國共關係既然沒有全面破裂，他這時便又開始強調，為了讓進步勢力能繼續發展，應該延長國民黨頑固派的抗日時間，「保持我們同他們的合作」[102]。

追擊朱懷冰的八路軍主動從占據的地方做一些後撤，又把朱的三姨太跟孩子送了回去。最後八路軍和衛立煌達成協議，劃分了雙方的勢力範圍[103]。

在這之後，石友三繼續與中共衝突。他與日本人的往來也越來越明顯，不過這並沒能救得了石友三，他不僅仍舊在八路軍那裏連遭敗績，最終也因為通敵被國民黨方面處死[104]。

朱懷冰在河北失敗後，仕途也從此一蹶不振，直至一九六八年客死臺灣[105]。

五、「對同盟者顧慮太多」

當石友三在從河南向山東逃亡的時候，國民黨軍正在安徽東部（皖東）向新四軍部隊進逼。

新四軍在皖東發展是國共協商的結果。一九三八年三月，周恩來和葉劍英在武漢向白崇禧建議，讓原在鄂豫皖的新四軍第四支隊到津浦鐵路南段配合五戰區部隊作戰[106]，津浦路南段貫穿安徽、江蘇交界地帶，皖東就是其中的區域之一。

到了這年年底，白崇禧同意新四軍參謀長張雲逸帶一個營從皖南過長江北上活動。毛澤東、王稼祥和剛當上中原局書記的劉少奇在十一月十日致電項英，問可否讓張雲逸帶兩到三個營過江[107]。

---

[102]　《毛澤東傳一八九三－一九四九》下冊五五四頁。

[103]　〈粉碎國民黨頑軍朱懷冰部對我軍的進攻〉。

[104]　〈三打石友三〉。

[105]　www.ndcnc.gov.cn朱懷冰條目。

[106]　《周恩來年譜一八九八－一九四九》四〇六頁。

[107]　〈毛澤東、王稼祥、劉少奇關於張雲逸率部過江活動致項英等電〉（一九三八年十一月十日），《新四軍・文獻（一）》三九二頁。

　　這時項英身邊的兵力並不多，第一、二支隊已經進入江蘇南部（蘇南）一帶，皖南只有三支隊兩千餘人[108]，再外加上一些新近成立，不能打正規戰的民眾武裝[109]。在毛澤東等人電報發出前六天的四日，三支隊剛經過奮戰，打退了日本方面一千餘人的進攻[110]，在這之後，日軍那邊又多次來犯，僅一九三九年一年就和新四軍打了十幾次大仗[111]。在這種情況下，抽走兩三個營數百官兵，無疑會給皖南的防禦增加困難。

　　其實在長江北面的四支隊實力還是比較強的，組建時便有四個團三千餘人，而長江南岸的一、二兩個支隊成立時的人數加起來也不過四千餘人[112]。

　　項英最終讓張雲逸帶走了精幹的軍部特務營，只是缺了一個連，又配備了一批軍政幹部隨行。

　　張雲逸等人設法避開了長江上的日本巡邏艇，來到江北。在安徽西部的立煌縣（今金寨縣），張雲逸拜會了五戰區二十一集團軍總司令兼安徽省主席廖磊，經過一番談判，使其同意四支隊到津浦路南段的兩側活動[113]。此時四支隊八團早已奉命開到皖東[114]，張雲逸和一九三九年四月到江北的葉挺又採取措施，甚至處死支隊司令高敬亭，終於促動其他部隊向東挺進，還在八團的基礎上組建了五支隊，在津浦路東西兩面展開戰鬥，創立根據地[115]。一九三九年底，劉少奇率中原局離開竹溝後，就來到皖東落腳[116]。

　　國共在皖東從一開始就隱含著矛盾。

　　雖然同意四支隊到皖東，但國民黨始終對新四軍的擴展不那麼放心。廖磊只准許四支隊在津浦路兩邊各三十公里的範圍內活動，張雲逸堅決反對這樣的限制措施，雙方在這一點上始終沒能達成協議[117]。

---

[108]　王輔一主編：《新四軍事件人物錄》二十三頁。

[109]　陳仁洪：〈新四軍三支隊戰鬥在皖南前線〉，《新四軍・會議史料（一）》二二七頁－二四一頁。

[110]　《新四軍事件人物錄》六十九頁。

[111]　〈新四軍三支隊戰鬥在皖南前線〉。

[112]　新四軍一、二、四支隊組建時的人數，見《新四軍事件人物錄》二十二－二十四頁。

[113]　張雲逸帶人過江和與國民黨談判的情況，見《張雲逸年譜【初稿】》六十四－六十五頁。

[114]　郭述申、周駿鳴、趙啟民、王善甫：〈馳騁淮南的第五支隊〉，《新四軍・回憶史料（一）》二五四－二六四頁。

[115]　新四軍五支隊的組建，見同上。

[116]　《劉少奇年譜》上卷二六六頁。

[117]　《張雲逸大將》一四一－一四二頁。

　　與華北敵後不同的是，在四支隊來到時，國民黨也派人馬在皖東恢復政府[118]，廖磊在與張雲逸談判時還硬性規定，新四軍要尊重行政系統，不得自籌軍餉，不得收繳民槍。張雲逸當然不願服從，對自己人說，要獨立自主發展武裝，國民黨不承認，群眾承認就行了。要自派區長、縣長，建機構搞稅收[119]。可是初來乍到，根基未穩的新四軍部隊，一時也不好自行其事。項英一方面打算讓新四軍控制津浦、淮南兩條鐵路，同時又認為：「目前不宜提出創造皖東抗日根據地的口號做號召。否則，使同盟者害怕而對我更防範和限制。」[120]新四軍在「政治上以鞏固擴大統戰為主」，「避免單獨活動形式」[121]。雖然中共中央不同意項英的想法[122]，但現實並不能按照延安的意願改變。到了這年年底，在重慶由周恩來領導的中共南方局也還認為，新四軍應「多注意發展方式和方法，勿與廖磊增加摩擦」，當然也表示「不能因避免摩擦而停止發展」[123]。

　　就這樣，張雲逸部隊雖然得到了一些地盤，但獲取的權力和資源還是有限。

　　然而這已經讓國民黨方面感到擔心了。

　　儘管新四軍的實力還不夠強大，蔣介石仍覺得這支共產黨部隊是必須加以控制的隱患。八路軍在華北的坐大讓他意識到，聽任新四軍發展下去，勢必成為八路軍第二。

　　一九三九年九月，針對李先念部隊在非新四軍防區的鄂東的活動，蔣介石乾脆下令所有「新四軍在江北活動之部隊撤回江南」[124]。

　　張雲逸沒有理睬蔣介石。廖磊雖也不大願意新四軍在自己控制的地區發展，但他與共產黨的關係還算不錯，也就沒有過於相逼。可是不久之後，廖磊突然病逝，接替他的李品仙對中共的態度就大不一樣了。

---

[118]　〈馳騁淮南的第五支隊〉。

[119]　《張雲逸大將》一四三──一四四頁。

[120]　《新四軍征戰日誌》五十七頁，解放軍出版社二〇〇〇年八月出版。

[121]　《葉挺將軍傳》三二五頁。

[122]　《新四軍征戰日誌》五十七─五十八頁。

[123]　〈中共中央南方局關於新四軍的發展方針致中央電〉（一九三九年十月），《新四軍‧文獻（一）》一三一頁。

[124]　〈顧祝同關於蔣介石電令新四軍江北部隊移至江南致戴戟電〉。

李品仙

　　李品仙和廖磊都是李宗仁、白崇禧的新桂系的大將，待遇卻很不相同。李品仙本是湖南軍閥唐生智的部下，一九二八年初唐生智反蔣失敗後，他被白崇禧收編。一年之後，李宗仁、白崇禧也與蔣介石發生衝突，唐生智在蔣介石的支持下策動舊部，李品仙因此發出公開通電，編造罪名譴責白崇禧。雖然他後來重回桂系的麾下，但一直得不到白崇禧的原諒[125]。論能力他未必在廖磊之下，卻總是屈居在後，若不是廖磊去世，安徽絕輪不到他來執掌。不過他並未辜負桂系，直到一九四九年，安徽始終是桂系的重要基地[126]。

　　李品仙要完全掌控安徽省，就必須從政府系統裏徹底驅逐共產黨的勢力。他改組省政府，解散不合心意的民間團體。還強行押各地青年到立煌縣來受訓，試圖對他們的身心加以改造。可是這樣做的結果反讓兩三千年輕人逃跑，投向新四軍。

進入華中的劉少奇

　　國民黨哪肯憑白送人給共產黨，於是到新四軍那裏捉人，兩方由此發生衝突[127]。

　　這時江北的新四軍已歸中原局領導，中共中央也已經決定在華中加速發展[128]，劉少奇認為新四軍失去了在武漢淪陷後建立皖東根據地的時機[129]，批評四、五支隊「對同盟者顧慮太多」[130]，決意強力擴充軍力，建立鞏固的根據地和政權。

　　共產黨的壯大成現在的樣子，已經引起李品仙的憂慮了。一九四〇年一月過後，他在立煌召開會議，會上商討了中共的問題。參加會議的有皖東專員李本一。從立煌回到皖東後，李本一也召集屬下各縣長開會，研究對新四

[125]　李品仙與白崇禧的恩怨，見程思遠：《白崇禧傳》九十八頁、一二一頁，華藝出版社一九九五年五月出版。

[126]　張義純：〈新桂系統治安徽概述〉，《新桂系紀實》中集二八九－三〇三頁，廣西區政協文史辦發行，一九九〇年七月出版。

[127]　《張雲逸大將》一五六頁。

[128]　《劉少奇傳》上冊三四一頁。

[129]　〈劉少奇關於目前華中發展地區及工作部署致中共中央書記處等電〉（一九三九年十二月十九日），《新四軍·文獻（一）》一三六－一三八頁。

[130]　《劉少奇傳》上冊三六五頁。

軍的策略。他又寫信給張雲逸，說江北新四軍即將調往江南，並指責中共不尊重地方行政系統，組織擴大游擊隊，阻礙徵兵。

張雲逸當然不會聽李本一的，他回信堅決拒絕南調，說自己的上級沒有這樣的命令。

文鬥不成，國民黨方面的武力行動便日漸增多。李本一捕殺新四軍數十人，又抓了數百被認為參加共產黨和接近新四軍的青年，還把其中的年輕女子扒光衣服，裸體遊街示眾[131]。

面對危機，劉少奇反倒覺得這是實現他拓展根據地的機會，四支隊此時已擁有約五千人的兵力，周圍沒有哪支國民黨武裝能跟它相比。劉少奇在二月二十七日和張雲逸等人給中共中央書記處和項英等新四軍將領的電報裏自信地說：準備「藉此肅清皖東頑固武裝，以便進一步鞏固我們的陣地，建立政權。」[132]

「肅清皖東頑固武裝」首先打到了安徽第六行政區專員兼保安司令盛子瑾的頭上。盛子瑾原本跟中共關係不錯，結果被李品仙懷疑通共，報請蔣介石批准要加以問罪。盛子瑾走投無路，只得向蘇北泰州的地方實力派李明揚、李長江求救，希望能收容他。李明揚答應了，盛子瑾便帶部下兩千餘人取道淮南前往泰州，被新四軍五支隊截住繳械。正跟泰州方面打交道的陳毅聞訊忙寫信給李明揚他們，承認解決盛子瑾做法不當，擔保釋放盛子瑾，並發還槍支[133]。

這個時候，李品仙也終於決心對津浦路以西的皖東新四軍下手，命令他的一三八師和一七二師向那裏推進[134]。

雖然出動了正規軍，但直接與中共部隊交鋒的主要還是國民黨的地方武裝。一支一千多人的國民黨武裝宣稱要借道從位於路西的新四軍指揮機關駐地通過，被劉少奇他們拒絕[135]。這時李本一也帶著他的人馬出動，皖北行署主任顏仁毅又率屬下的游擊縱隊和一三八師一部逼向新四軍，總共五千多國

---

[131] 李本一和新四軍的交涉與衝突，見《張雲逸大將》一五八－一五九頁。

[132] 《劉少奇傳》上冊三六九頁。

[133] 盛子瑾事件經過，見《陳毅年譜》上卷二六七－二六八頁及相關注釋。

[134] 《張雲逸大將》一六〇頁。

[135] 《劉少奇傳》上冊三六九頁。

民黨武裝分路開來，連蘇北那邊的蘇魯戰區副司令韓德勤也向臨近他的津浦路東地區調動部隊，進攻的態勢已十分明顯[136]。

四支隊此時擁有兵員六千，在人數上似乎與李品仙方面勢均力敵，但其中兩千左右是近期擴充的人員[137]，而且四支隊成立以來還沒有進行過如此大範圍的戰鬥，所以雖然立下肅清皖東的雄心，但當戰事真的迫近，劉少奇和正在患病的張雲逸也不能不謹慎應對。他們坐在指揮部裏長時間商談，在旁人面前他們仍舊鎮定自若，只有丟在腳下的眾多煙頭似乎顯示了兩人內心的焦慮[138]。

劉、張最終商定，先打威脅較大的桂系部隊，張雲逸命令在津浦路西的四支隊集中兵力[139]，又令路東的五支隊和從江南來的蘇皖支隊以主力迅速增援路西[140]。兩個支隊至少會派出三千人左右的部隊，這樣一來，路西新四軍的兵力就會大大超過李品仙的進攻部隊。

國民黨方面也有人不願跟共產黨大打，一三八師師長莫德宏自知手下官兵多半戰鬥力不強，所以採取了分散兵力，以防為主的戰略[141]。一七二師也從未參加戰鬥。真正肯出力的就只有李本一和顏仁毅了。

劉少奇和張雲逸他們仍不敢掉以輕心，決定採用中共慣用的集中優勢兵力，個個擊破的戰術，還使出了發動群眾的奇招。

顏仁毅的部隊先行前進到一個叫池河的河流，忽然間見成群的民眾擁上前來，呼喊著歡迎國軍抗日的口號。國民黨官兵一時不知所措，他們是來打新四軍的，拿這些老百姓該怎麼辦呢？

老百姓都是中共鼓動來的。就在顏仁毅猶疑不進的時候，新四軍卻繞過他，攻下了他身後的定遠縣城，同時又擊潰了李本一一千餘人的部隊。顏仁毅得知定遠丟失，急忙調頭回援，結果在途中被新四軍截住，新四軍勸顏仁毅回他原來的防地去，顏仁毅不聽，下令部隊進攻，雙方於是開打。一仗下來，顏仁毅大敗，包括他的副手在內的數百人被俘[142]。

---

[136]　《張雲逸年譜【初稿】》八十三頁。

[137]　四支隊人員擴充的情況，見周駿鳴、趙啟民、鄧少東：〈挺進皖中皖東敵後的第四支隊〉，《新四軍・回憶史料（一）》二四二－二五三頁。

[138]　《張雲逸大將》一六○頁。

[139]　《張雲逸年譜【初稿】》八十三－八十四頁。

[140]　《新四軍事件人物錄》八十四頁。

[141]　林乃源：〈皖東摩擦親歷記〉，《新桂系紀實》中集三五八－三六二頁。

[142]　李本一、顏仁毅失敗的經過，見《張雲逸大將》一六一－一六二頁。

這邊打垮了李本一和顏仁毅，那邊趕到路西來的五支隊和蘇皖支隊也擊退了一三八師的一支部隊，殲滅一個地方保安團[143]，路西的這場戰事以新四軍的勝利告終。

路西戰火剛熄，路東硝煙又起。

三月二十一日，天剛剛發亮，韓德勤的一支部隊悄悄地朝五支隊總部所在的半塔集摸來。

為了打擊新四軍，韓德勤出動了七個團和其他國民黨武裝共一萬餘人。而五支隊主力增援路西未回，在半塔集及四周的只有支隊指揮機關、留守部隊和地方游擊武裝兩千餘人，處於明顯的劣勢，韓德勤似乎可以不費吹灰之力地搗毀這個新四軍的重要基地。

可事情偏偏不是那樣。

摸向半塔集的韓德勤部隊很快就被新四軍的哨兵發現，新四軍部隊迅速進入防禦陣地。當國民黨軍來到前方一百米左右時，新四軍便猛烈開火，韓德勤部隊招架不住，敗下陣去。國民黨軍隨即再組織進攻，仍被擊退。他們又派兩個連在砲火掩護下，攻占了半塔集西北方的制高點光山，試圖居高臨下壓制對手。新四軍教導大隊展開正面反攻，五支隊副司令員周駿鳴親自帶特務營的一個連從背後襲擊國民黨軍，兩路夾擊之下，奪回了光山。

雖然沒有攻下半塔集，但到了二十二日，韓德勤部隊仍逐步推進，幾乎包圍了半塔集。五支隊收縮兵力，集中固守半塔集，等待支援[144]。

得知半塔集被攻擊，劉少奇和張雲逸急令剛剛得勝的四、五支隊主力和蘇皖支隊趕往路東，張雲逸也親自帶隊前往[145]。

劉少奇又向江南的陳毅通報情況，要求支援，陳毅立刻命江北葉飛挺進縱隊的四個營馳援半塔集[146]。

---

[143] 〈挺進皖中皖東敵後的第四支隊〉。

[144] 半塔集之戰前兩天的情況，見郭述申、張勁夫：〈憶半塔集自衛反擊戰〉，《新四軍‧回憶史料（一）》三五三－三五八頁。

[145] 《張雲逸年譜【初稿】》八十四－八十五頁。

[146] 《陳毅傳》一二二頁。

　　半塔集的中共武裝頑強地抵擋住了國民黨軍的一次次進攻，在一個叫喬王村的地方，這裏的中共民運組和游擊隊四十多人，在女幹部劉潔的指揮下，經過一天一夜的戰鬥，硬是擊退了韓德勤部隊據說為一個團的攻勢[147]。

　　到二十六日，葉飛率挺進縱隊趕到半塔集附近，遇上了韓德勤的主力獨立六旅的兩個團，葉飛命令下屬突然發起進攻，經過三個小時的激戰，獨立六旅一個營被殲滅，餘部撤退[148]。

　　二十七日，張雲逸也帶部隊到達離半塔集不遠的地方[149]，包圍著半塔集的韓德勤部隊反有被新四軍增援人馬包圍的可能。

　　此時，半塔集地區的新四軍兵力算在一起應有七八千人左右，加上由於政治工作等因素，中共部隊總體的作戰意志要勝過眼前的國民黨軍，從戰鬥的表現來看，與人數大增的新四軍相比，韓德勤部隊恐怕連勢均力敵都談不上。

　　韓德勤不想重蹈李本一和顏仁毅的覆轍，他立即在二十七日當天下令全線撤退。這一招倒著實出乎新四軍的意料，二十九日，張雲逸才發動反擊作戰，沒能取得理想的戰果[150]，但整個半塔集之戰韓德勤仍損失了三千多人[151]。

　　津浦路東和路西兩戰兩勝，標誌著中共在這一地區站穩了腳跟，從此它便按自己的規則出牌了。拿下定遠後，劉少奇立刻任命共產黨員魏文伯為縣長。魏文伯擔心國民黨不承認，劉少奇說：要誰承認？黨承認你，人民承認你就行[152]。

　　中共部隊在北方和南方對國民黨的不斷勝利也讓毛澤東自信滿滿，早在二月十日中共中央和軍委就發

魏文伯

---

[147]　〈憶半塔集自衛反擊戰〉。或許進攻的只是國民黨軍那個團的部分兵力，事後被宣傳部門渲染成是該團的全部。

[148]　《葉飛回憶錄》一五三頁，解放軍出版社一九八八年十一月出版。

[149]　《張雲逸年譜【初稿】》八十五頁。

[150]　韓德勤部隊撤退及新四軍未能及時反擊，見《葉飛回憶錄》一五四頁。

[151]　《張雲逸年譜【初稿】》八十六頁。

[152]　〈挺進皖中皖東敵後的第四支隊〉。

出指示：「將整個華北直至皖南、江南打成一片，化為民主的抗日根據地，置於共產黨進步勢力管理之下。」[153]

擊敗朱懷冰、石友三後，毛澤東指示華北的八路軍「轉為守勢」，這樣做固然是要「造成政治上有理有利地位」，因為再打下去，八路軍也難以得到更多的東西，但也是為了把中共的戰略重心移向別處。在華北採取守勢的時候，毛澤東對華中的態度卻是堅決進取，認為：「我軍將來出路，實在中原，此時不爭，將來更難了。」[154]為此連延安派出的幹部都要優先供華中使用[155]。他還希望項英、陳毅在蘇南蘇北北至鹽城，南至杭州，東至海邊的廣大地區內擴大軍隊至十萬人槍[156]。

在本書第一章提到的三月二十九日的那份電報裏，毛澤東和王稼祥明確指令：「以淮河、淮南鐵路為界，在此線以西避免武裝鬥爭，在此線以東地區則應堅決控制在我手，先肅清地方頑固派，對桂軍力求緩和，對韓德勤部在有理有利條件下，即當其進到我軍駐地時，堅決消滅之。將來八路軍到蘇北後，則應堅決爭取全部蘇北在我手中。」[157]

跟國民黨爭中原，意味著國共矛盾無可避免地要進一步加劇。

毛澤東當然也清楚這樣做的風險。蔣介石不可能眼睜睜地看著中共拿下華中，必然要有反擊的動作，其中可能包括對新四軍的大規模攻擊，而中共部隊在防禦上也並非沒有易受打擊的軟肋。

這根軟肋就是新四軍的首腦機關 —— 皖南軍部。正因為如此，毛澤東才在同一份電報裏向項英發出了預警。

---

[153]　《毛澤東年譜一八九三－一九四九》中卷一六七頁。

[154]　毛澤東相關論述，見〈在華北軍事上轉為守勢，造成政治上有理有利地位〉（一九四○年三月十六日），《毛澤東軍事文集》第二卷五二三－五二四頁。

[155]　毛澤東：〈鞏固華北發展魯蘇皖鄂豫五省〉（一九四○年三月十九日），《毛澤東軍事文集》第二卷五二五－五二六頁。

[156]　《毛澤東軍事年譜》三○六頁。

[157]　〈毛澤東、王稼祥關於目前華中軍事策略致朱德等電〉。

第七章

內部分歧的加劇

一、「部隊即向皖南集中」

　　項英和毛澤東對皖南新四軍的擔心絕
非空穴來風，而是因為皖南的特殊環境。

　　在皖南的新四軍軍部及其下屬的第三
支隊共有九千人馬，這樣一支共產黨的武
裝卻駐紮在國民黨的第三戰區的防地。這
裏北靠長江，東、西、南三面都有國民黨
軍隊，新四軍等於處在包圍之中，長江
的江面又被日軍的砲艇控制著。這種狀態
實在像是甕中之鱉。一旦局勢有變，很容
易全軍覆滅。

左起張雲逸、葉劍英、王明、博古、周恩來、曾山、項英在武漢八路軍辦事處

　　多少年後，有人批評項英不該把新四軍軍部設在皖南。

　　項英當初為什麼要選擇這樣一個看起來如此險惡的地方？

　　在新四軍剛剛組建的時候，皖南就被選定做它的活動區域之一。做出和
最後敲定這項決策的不是項英，而是中共中央方面。

　　一九三七年十二月三十日，就在國共雙方對新四軍問題達成協議不久之
時，張聞天、康生、陳雲、毛澤東致電南方的王明、周恩來、項英、博古、
葉劍英等領導人，請他們向蔣介石建議，為保衛武漢，應在長江中下遊兩岸
地帶建立一系列輔助軍區，其中的蘇浙皖贛邊軍區「以皖南為重心」，「我
們則以陳毅支隊置於皖南」[1]。

---

[1]　〈張聞天、康生、陳雲、毛澤東關於長江南北作戰部署致陳紹禹等電〉（一九三七年十二

剛由一支支游擊隊組成的新四軍部隊需要的是集中整訓，如果陳毅支隊去皖南，包括軍部在內的其他部隊也不妨和他一起行動。項英在一九三八年一月十四日向他的上級中共長江局和中央請示：新四軍「向皖南休寧、徽州一帶集中。如何，望覆」[2]。長江局第二天就答覆項英並告知中央：「同意部隊即向皖南集中。」[3]

新四軍軍部離開武漢前（左起）周子昆、張雲逸、葉挺、項英、曾山合影

由於此前不久的中共十二月會議上決定實行政治局常委的集體領導[4]，這就意味著有些事情不必非得要張聞天、毛澤東最後拍板。長江局是由身為中央常委的王明、周恩來領導的，主管整個南方的中共組織[5]，它的意見帶有不可置疑的權威性。中共中央對此也沒表示過不同意見，一個多月後的二月二十八日，毛澤東在延安的政治局會議上提出要創造許多抗日區域，其中就有皖南[6]。

從那時起直到皖南事變爆發，中共中央都沒說新四軍軍部設在皖南有錯[7]。

毛澤東選擇皖南的動機和抗戰初期中共中央想保留南方戰略支點的意圖是一樣的，就是要在南中國重新建立共產黨的根據地。

項英當然也想在南方發展根據地，所以與延安方面一拍即合。這年的六月十五日他向毛澤東報告說：「如敵前進」，「在某種情況下，即可派一部隊伍到天支[目]山脈和仙霞山脈發展游擊戰爭」[8]。

月三十日），《新四軍‧文獻（一）》六十八－六十九頁。

[2]　〈項英關於部隊即向皖南集中等問題致中共長江中央局並中共中央電〉（一九三八年一月十四日），《新四軍‧文獻（一）》七十一頁。

[3]　〈中共長江中央局同意部隊集中皖南致項英並中央電〉（一九三八年一月十五日），同上書七十三頁。

[4]　張培森：〈為張聞天總書記正名〉，《炎黃春秋》二〇〇六年七期。

[5]　《王明年譜》九十四頁。

[6]　王輔一、李維民：〈也談從大局看皖南事變〉，《炎黃春秋》二〇〇四年第九期。

[7]　王輔一、李維民：〈新四軍軍部設在皖南符合當時中央的戰略部署〉，《炎黃春秋》二〇〇六年第二期。

[8]　〈項英關於第一、二、三支隊部署與任務致毛澤東等電〉（一九三八年六月十五日），

新四軍成立後二支隊的誓師大會

項英騎馬檢閱部隊

這裏的「敵」自然是指日本軍隊，「某種情況」則是說日軍進占皖南，那時候新四軍就可以到這裏的天目山一帶，通過敵後游擊戰建立自己的領地了。

當月二十三日項英在給陳毅的信中說得更為直白：「我們計畫在皖南要建立一個根據地，這在戰略上非常重要。將來在戰爭形勢變化時，我們即可依靠這一支點向皖南各縣發展，以及利用機會爭取天目山脈和仙霞山脈」[9]。

但是形勢並沒有像中共方面預想的那樣發展，日本人占領了武漢，甚至離皖南不遠的南昌，卻就是沒來皖南，只搞了一些規模不大的進攻。結果使新四軍軍部陷入了尷尬的境地。

皖南沒有被日軍占領，中共不能像在敵後根據地那樣建立自己的政權。這裏的各級官員都是國民政府委任的，新四軍的糧餉彈藥也由第三戰區發給，中共的各種活動也就必然受到限制。

但皖南依然成了中共在長江南北發展力量的主要基地，從這裏直接派出的，還有受此地領導的一支支部隊，正在皖中、皖東、蘇南各處遍地開花，不僅在日本占領區創建了根據地，還開始從國民黨那裏爭到了地盤。

皖南也是東南地區中共黨組織的中樞所在，項英先擔任長江局下屬東南分局的書記，長江局撤銷後，東南分局升格為東南局，項英仍是首腦，指揮江西、蘇南、浙江、福建和廣東的一部分等廣大地區的中共工作[10]。

　　《新四軍‧文獻（一）》二一九－二二〇頁。

[9]　〈項英關於第一、二支隊進入敵後的行動原則致陳毅信〉（一九三八年六月二十三日），同上書二三〇－二三五頁。

[10]　項英領導長江局東南分局以及東南局的情況，見《項英傳》二九〇頁、三三七頁、四一

正因為皖南的位置如此重要，所以無論毛澤東還是項英，在相當長的時間內，都沒有打算輕易地捨棄這裏。

但或許也正是由於皖南的存在，使毛澤東和項英在新四軍的發展戰略上出現了某種程度的分歧，導致了延安方面對項英越來越持批評的態度。

一九三九年前後的新四軍

至少在一九三九年二月的時候，中共中央就已經對項英的工作不滿意了，據說是因為八路軍已在華北、山東開闢根據地十多處，新四軍卻只有蘇南茅山一處。八路軍人數已照抗戰開始時增加了五倍，新四軍卻只增加了一倍[11]。

新四軍與八路軍的起點不同。八路軍的前身是紅軍主力的正規部隊，作戰能力比較強，人數也較多，組建八路軍時已有四萬五千人。新四軍是由散落各處的小股游擊武裝拼合而成，他們多數都沒有經歷過大規模的戰鬥，作戰能力明顯較弱，人數也少，剛成立時只有一萬零三百餘人，槍不過六千二百餘支[12]，其中傅秋濤率領的部隊一千二百二十人，這還是逃走了一百餘人後的統計數字，而整個隊伍擁有的槍卻僅僅二百多支[13]。

新四軍和八路軍活動的地域情況也不相同。在八路軍挺進時的華北，國民政府的主要機關和軍隊已經敗走，只餘下一些民間武裝。日軍兵力有限，只能占領主要據點和交通幹線，對廣闊的鄉村地帶無力全面掌控，八路軍自然可以任意馳騁。

新四軍由於實力薄弱，加上三戰區總體部署的制約，一開始只能活動在蘇南的狹小地區。這裏臨近淪陷的重要城市上海、南京，不僅是日軍防護的重點，也是國民黨原來的統治中心地帶，此時出現了許多或者忠於國民黨，或者在中、日之間徘徊不定的各種武裝[14]。周恩來後來在視察皖南時也承認

一頁。

[11]　《周恩來傳》（二）五四一頁。

[12]　新四軍成立時的人員和槍支數量，見《項英傳》三〇四頁。

[13]　〈中共中央東南分局關於兩個月來工作情況和目前工作意見的報告〉（一九三八年三月二十五日），《新四軍・文獻（一）》八十九─九十三頁。

[14]　當時蘇南的複雜情況，見《項英評傳》一七五─一七六頁、《陳毅傳》一〇五頁。

新四軍「活動的地區是有限的。大江南北和華北的情形不同」,「地形交通條件不利」,「江南的社會環境和歷史條件,不十分有利」,「我們的力量還小」,「友黨友軍不會放棄江南,這個重要地區是他們誓死必爭的」[15]。

在這種夾縫狀態下,新四軍仍然創造了出色的成績。它在一九三八年六月才正式展開對日作戰[16],只用了半年多的時間,不但有了自己的根據地,還把兵力翻了一番[17]。但延安還是覺得新四軍進展太慢,當年的四月二十一日,中共中央書記處批評「新四軍在江南者現尚僅萬餘人,而發展前途又受大限制,許多大員僅指揮數千人,實不符合其才能之發展的方針」[18]。

加上葉挺這時候正在鬧辭職,中共中央要周恩來到皖南去走一趟,促進和協調新四軍的工作。

周恩來找到了正在重慶,跟中共關係不錯的浙江省主席黃紹竑,提出要回故鄉紹興省親。黃紹竑當然歡迎,於是周恩來帶上也在重慶的葉挺,跟黃紹竑一起上路。

周恩來(左6)與項英(右1)、袁國平(左2)、陳毅(左4)等幹部在雲嶺

當來到江西樟樹時,周恩來和葉挺卻改道向北。黃紹竑這時可能已明白周恩來此行的主要目的,他獨自東去,回浙江等候周恩來。

周恩來和葉挺經吉安、上饒,在二月二十三日到達雲嶺[19]。

項英早在前一年的五月就寫信給中共中央,希望能有領導人或重要幹部來南方巡視指導。現在為迎接周恩來,他特地先後通知蘇南的新四軍負責人陳毅和粟裕趕來皖南,聽候指示[20]。

---

15 周恩來:〈目前形勢和新四軍的任務〉(一九三九年三月),《新四軍・文獻(一)》一一九一一二五頁。

16 《項英傳》三一六頁。

17 《周恩來傳》(二)五四一頁。

18 〈中共中央書記處關於發展華中武裝力量的指示〉(一九三九年四月二十一日),《新四軍・文獻(一)》一二六一一二七頁。

19 周恩來和葉挺去雲嶺的經過,見《周恩來傳》(二)五四一一五四二頁。

20 項英要求中共中央派人巡視及迎接周恩來的準備,見《項英傳》三四六頁。

　　周恩來到雲嶺後，除了和項英談葉挺地位問題，把主要精力都放在與新四軍各部門領導交流，實地瞭解部隊情況上面[21]。

　　具體的考察後，周恩來最終和項英等人商定了新四軍今後的戰略方針：「向北發展，向東作戰，鞏固現在陣地。」[22]後來又被概括為「向南鞏固，向東作戰，向北發展。」[23]

　　三月六日，在新四軍活動份子會議上，周恩來做了報告。當中的一些話，如：「我們不求在安逸的地區發展。因為安逸的地區誰也要來，誰也能夠存在。」單看起來似乎是在批評新四軍貪圖舒適環境，不思進取。其實這是在講新四軍為什麼「有發展前途」時說的，意在表明共產黨軍隊和其他軍隊相比有著不同精神面貌。在整篇報告裏，周恩來至少沒有公開流露出指責新四軍的跡象[24]。

二、「非力爭江北不可」

　　周恩來和項英他們商量的方針中，「鞏固現在陣地」自然是說要守住皖南，「向東作戰」是指蘇南茅山的新四軍還要往東面的南京、上海地區出擊，最關鍵的則是「向北發展」，這裏「北」的涵義是長江以北的華中地區[25]。

在大會上做報告的項英

　　向華中發展是中共中央在一九三八年底的六屆六中全會時制定的戰略。對這個戰略的執行，項英並未怠慢，六屆六中全會結束十一天後的十一月十七日，張雲逸就帶領特務營大部到長江北面去了[26]。此次北上距周恩來到皖南不過三個多月的時間，這樣短的時間顯然不可能有大的成效，但延安的願望卻十分迫切。

---

[21]　《周恩來傳》（二）五四二頁、五四八頁。

[22]　同上五四四頁。

[23]　〈中共中央書記處對新四軍發展方針的指示〉（一九四〇年一月十九日），《新四軍‧文獻（一）》一四一－一四二頁。

[24]　〈目前形勢和新四軍的任務〉。

[25]　《周恩來傳》（二）五四四頁。

[26]　《張雲逸年譜【初稿】》六十四頁。

一九三九年五月張雲逸在新四
軍江北指揮部成立大會上講話

到四月二十一日，已離開皖南的周恩來還在別的地方巡視時，書記處便發出了前面提到的那份批評「許多大員僅指揮數千人，實不符合其才能之發展的方針」的電報，在這些話之後，電報繼續說道：「希望東南局及新四軍領導同志顧全全國局勢及華中之重要，抽調大員及大批幹部到江北。」話說得很重。

已到江北的張雲逸是新四軍的參謀長，職位僅次於葉挺和項英，理所當然是大員，但書記處認為「僅雲逸同志還不夠」，提議或者項英到華中，把新四軍領導責任交給葉挺、陳毅等人，或者派陳毅主持華中[27]。

當時新四軍主力尚在長江以南，在這種情況下要它的實際統帥項英離開，很難被人接受。葉挺雖然歸來，但仍不是中共黨員的他，不可能真的完全擔負起領導這支共產黨軍隊的重任，所以書記處在提到他時還要加上陳毅等人的名字。但陳毅正統籌蘇南，也是那裏難以缺少的大員，況且在至少名義上是新四軍三號人物的張雲逸上面再放一個職位比他低的陳毅，似乎也並不合適。而且項英有意要張雲逸主導江北的工作，此前的三月三十日他就和葉挺致電毛澤東和劉少奇，表示準備在江北設立指揮部或辦事處[28]，這樣的機構的領導人選就是張雲逸，中共中央也最終同意[29]。

張雲逸後來當了新四軍副軍長，陳毅去延安期間又代理軍長，他的能力還是很強的，足以獨當一面。

項英最後的決策是派葉挺去江北巡視，幫張雲逸整頓高敬亭的四支隊，這已是對葉挺很大的信任。同時又派鄧子恢等大員級的幹部隨葉挺一道去華中，之後像鄧子恢這樣的人便留在了那裏工作[30]。

在毛澤東為首的中共中央眼中，華中是中共發展的重中之重，為此應不惜一切的投入。與之相比，長江以南的新四軍活動應退居次要的地位。項英

---

[27]　中共中央的相關指示，見〈中共中央書記處對新四軍發展方針的指示〉。

[28]　〈葉挺、項英關於擬在江北設指揮部或辦事處致毛澤東、劉少奇電〉（一九三九年三月三十日），《新四軍·文獻（一）》三九六頁。

[29]　《項英傳》三五一頁。

[30]　同上三五二頁。

也不反對新四軍在長江以北發展，在一九四〇年一月十四日由他主持的新四軍軍分會和東南局聯席會議做出了「江南大力爭取蘇北，來配合江北與華北打成一片，在戰略上力爭華中優勢」的決策，這比中共中央提出「將整個華北直至皖南、江南打成一片」的方略早了近一個月。會議還決定加強對蘇北的李明揚、李長江的統戰工作，鞏固在長江兩岸現有的陣地[31]。

後來，陳毅正是從江南攻入蘇北，創建根據地的。

但是項英的戰略有個前提，那就是不能忽視南方。其實這也同樣是中共中央的意思，毛澤東在六屆六中全會上把華南也就是長江以南跟華北、華中並列為可以搞「廣大游擊活動的地區」[32]。

約一個半月後的十二月一日，中共中央書記處也發出指示：「新四軍應成為江南（包括浙、皖南、蘇南），閩粵贛游擊戰爭之產婆」，「不應該只顧現在的狹小地區」[33]。有了這樣的中央精神，項英自然更加堅定發展南方的決心。

在一九三九年十二月二十三日，那份對皖南形勢預警的電報裏，項英表示：「獨立開展南方局面，以與北方配合，這在政治上、戰略上均應如此」[34]。一九四〇年一月十四日的會議認為：南方各省在政治與群眾基礎上均有利於新四軍發展，在戰略上北方必須有南方的配合，南方在發生突然事變時應有一支軍隊做核心領導鬥爭，而由於「皖南環境北渡較困難」，應使「皖南與江南組成兩個獨立作戰單位，在不影響爭取蘇北條件下，由江南加強皖南力量」[35]。

對此沒有人表示反對，連日後被毛澤東和劉少奇認為執行了中央路線，與項英不同的陳毅也持贊成態度。

在會上項英還主張，一旦國民黨大舉進攻皖南，新四軍先打破攻勢，然後向浙江、福建發展[36]。他在當天向延安提出，皖南部隊北渡長江較困難，必然成為堅持南方的主力。這樣就要增強安徽、江西、浙江的工作基礎[37]。

---

[31] 一九四〇年一月十四日會議的決策，見《項英傳》三五六－三五七頁。

[32] 〈論新階段〉。

[33] 房列曙：《皖南一九四一》七十四頁，中國青年出版社一九九九年十一月出版。

[34] 《項英傳》四三〇頁。

[35] 同上三五六頁。

[36] 項英進軍福建、浙江的意見，見《陳毅傳》一二〇頁。

[37] 《項英傳》四三〇頁。

項英的主張等於是說，萬一有變就跟國民黨大打，爭個高低。這想法也並非他一個人的專利，皖南事變前後，毛澤東等人都有過相似的意向。此時的新四軍領導層也無不同意見。

不過，這個時候的毛澤東卻在心裏不喜歡項英的作為。

在派出幹部和部隊向北發展後，新四軍在皖南僅有三個團，蘇南只剩下兩個團[38]，總兵力至多不超過六千人。一旦發生大的戰事，皖南、蘇南都很難保住，也就不能實現「向南鞏固」的戰略，這大概正是項英對延安強調南方重要性的原因。他準備在國共衝突時遠征閩、浙，顯然也是考慮到皖南那時無法長期堅守，只能實行進攻策略，向對手的後方出擊。

然而毛澤東卻把項英的想法認定為不願向北發展，跟中央唱反調。

可是項英畢竟是一方大員，他的想法不能不受重視。所以對他報告的意見，毛澤東一開始也並沒有表示堅決反對的態度，一月十五日，中共中央答覆項英說：「如遇急變，不能向北，當然只有向南，你的決心是對的。」[39]

到了十八日，在中央書記處開會討論後，由王稼祥起草了給項英和東南局的電報[40]，在十九日發出。在這份電報中，雖然指出：「新四軍向北發展的方針，六中全會早已共同確定，後來周恩來到新四軍又商得『向南鞏固，向東作戰，向北發展』的一致意見。華中是我們目前在全國最好發展的區域」，但還是留有餘地地說：「新四軍能否向南發展，向浙皖贛大活動，抑或應過江向北，要看今後的形勢來決定」，「現在兩條退路都要準備」。對南方布局也只是「覺得似乎皖南發展較難，江南發展較易」[41]。

話雖如此，但從電文中可以明顯看出，中共中央的天平還是傾向於長江以北。

如果北渡長江，新四軍將可能暴露在日本砲艇的火力下。皖南部隊只有很少的機槍，重武器至多有幾門迫擊砲[42]，在乘坐木船的情況下，很難反擊

38　《皖南一九四一》七十八－七十九頁。

39　《項英傳》同上。

40　《毛澤東傳一八九三－一九四九》下冊五七五頁。

41　〈中共中央書記處對新四軍發展方針的指示〉。

42　《項英傳》四八二頁。

日軍的殺傷，幾乎等於活靶子。軍部機關又有大量的非戰鬥人員，很容易出現重大的傷亡。這就是新四軍領導層認為北渡困難的原因。

北渡不易，中央又明顯不希望南進。項英正躊躇之際，陳毅提出了一個建議。

陳毅在南方游擊戰爭中與項英共事了三年，交情不淺。但他在私下裏也跟別人不點名地批評項英當年在被國民黨軍包圍時，還要打電報給長征路上的中共中央請示辦法，據說他還聲稱：一味機械地照上級指示辦，這種人能不打敗仗？[43]

陳毅指的是一九三四年紅軍決定從江西長征時，項英受命帶領一部分部隊牽制國民黨軍，掩護主力突圍，還要準備配合主力反攻回來恢復根據地。中共中央特別給項英指定了必須最後堅守的地區，卻不告訴他紅軍大部隊究竟要怎樣行動[44]，以致項英還曾指望紅軍能很快歸來[45]。

陳毅倒是主張等主力紅軍離開蘇區後，餘下的人馬立刻分散打游擊[46]，但這就不可能完成牽制敵軍的任務。負總責的項英無權立即改變中央的方針，只能指揮部隊頑強作戰。

由於項英堅持戰鬥，加上中共出色的保密工作，直到紅軍主力從瑞金開始轉移約二十天後，蔣介石才察覺中共的圖謀[47]。

隨著形勢越來越困難，項英一面做打游擊的準備，一面向中共中央發電報請示，中共中央卻總是不回答[48]。項英不得不自行決定向游擊戰轉變[49]。

（前排左起）周子昆、袁國平、葉挺、陳毅、粟裕

---

[43]　《陳毅在大江南北》十七頁。在徹底轉入游擊戰後，中共南方武裝就與中央失掉了聯繫。在此之前，能夠直接與中共中央電報聯絡的只有項英，陳毅所指顯然是項英在這段時間的作為。

[44]　《項英傳》一六七－一六八頁。

[45]　同上一七九頁。

[46]　《陳毅傳》七十四頁。

[47]　《國民黨的「聯共」與「反共」》三〇四頁。

[48]　相關情況，見《項英傳》一七九－一八六頁。

[49]　《陳毅傳》七十六－七十八頁。

項英和陳毅在雲嶺

到了一九三五年一月，留守蘇區的紅軍如果不突圍就只有被消滅了，但是往哪裏突圍卻爭論不休。有人主張部隊主力離開蘇區，這將改變中共中央臨走前的部署。也有人想在蘇區一帶堅持打游擊。在國民黨軍的包圍下，兩種選擇都有極大的風險。

項英覺得一個人無法承擔這樣生死攸關的責任，他只好繼續不斷地請示中央。這應該就是陳毅對項英不滿的原因。而中共中央直到遵義會議開完十九天後，張聞天才「萬萬火急」地發來「在中央蘇區及其鄰近蘇區堅持游擊戰爭」的指示[50]。

不滿歸不滿，作為一同經歷了生死考驗的戰友，陳毅還是和項英保持了非常好的關係，他只要到新四軍軍部來，就必定和項英睡在一間屋子裏。他此刻的建議便是在臥室中提出來的。

陳毅的建議是，軍部既不向北，也不往南，而是朝東到蘇南去。那裏地處敵後，國民黨的威脅小。陳毅還認為蘇南力量壯大了，既可以挺進蘇北，也可以到南面的浙江發展。

往東走要通過國民黨軍的防地，但三戰區這時跟新四軍的關係還維持得不錯，刁難的可能性還不大。目前看來這似乎確是唯一的出路，經陳毅的勸說，項英同意軍部東移。但這顯然也只是應急的預案，軍部並沒有立即採取行動[51]。從後來的情況看，項英對蘇南根據地能否容納近萬人的皖南部隊也是有疑慮的。

陳毅和張茜的結婚照

陳毅滿意地回蘇南去了，二十八日，他在那裏和年輕的女兵張茜結婚[52]。就在他辦喜事的第二天，毛澤東、王稼祥又給項英和葉挺發去電報，指明：「你們主要出路在江北，雖已失去良機，但仍非力爭江北不可」；言語間終於流露出了對項英的不滿。

---

[50]　相關敘述，見《項英傳》一八七—一八九頁。
[51]　陳毅提出軍部轉移蘇南並說服項英的經過，見《陳毅傳》一二一頁。
[52]　《陳毅年譜》上卷二六五頁。

電報還要新四軍軍部「須祕密準備多數渡江，為緊急時用」[53]，這等於否決了項英危機時向南進取的主張。

但是延安的決策仍在不斷地變化。

毛澤東、王稼祥要皖南新四軍「準備多數渡江」，只是緊急時使用的方案。隨著中共部隊在華北對國民黨步步取勝，中共中央對前景大為看好，皖南可能面臨的危險不再是考慮的重點。延安方面還要求新四軍在一九四〇年一年內，在江浙兩省敵後擴大到十萬人槍和建立政權，很明顯南方仍被算作重要的戰略地區。在二月十日要把華北到皖南、江南打成一片的電報裏，中央軍委不僅讓項英「項英直接指揮皖南鬥爭，鞏固現有陣地」，建立政權和擴軍，還規定由陳毅去猛烈發展蘇北，劉少奇指揮皖東。

這實際上是把新四軍分成了各自獨立的三大塊。項英這個統帥能夠主管的只剩下皖南了。

既然要「直接指揮皖南鬥爭」，項英就只能留在皖南不動。作為帶頭人的他如果不走，軍部也不可能走。同一份電報裏，軍委又要在皖南等地創辦抗大分校[54]，這顯然是要在皖南做進一步的發展，也就更表明項英的主要任務不是轉移，而是準備創造皖南根據地。

在這種情況下，項英自然放棄了軍部向蘇南東移的打算。為此他在三月要新四軍政治部主任袁國平借去蘇南傳達中央精神的機會，向陳毅當面解釋緣由。

陳毅卻仍堅持認為軍部應該東移，他對袁國平表示：軍部向東走，蘇南派人去接，兩頭對開，最多一天半時間就可會合。等國民黨打上門來就被動了。

陳毅當然無法動搖軍部按中央指示辦的決定。袁國平只稱讚陳毅的看法和中央一致，這應該是指向蘇北發展的計畫。

袁國平還告訴陳毅中央批評了軍部 ── 這說的應是二十九日毛澤東和王稼祥認為新四軍失去爭奪江北「良機」的電報。袁國平說軍部對此持保留看法。

---

[53]　相關電文，見〈毛澤東、王稼祥關於皖南部隊須力爭江北致項英、葉挺電〉（一九四〇年一月二十九日），《新四軍・文獻（一）》一四五頁。

[54]　中共中央軍委對發展皖南指示，見《新四軍事件人物錄》七一八頁。

陳毅一聽就惱了，理由是中央批評這樣的事，軍部竟然沒有告訴身為新四軍軍分會副主席的他。他一臉嚴肅地要袁國平轉告軍分會和東南局，蘇南的新四軍電臺要和中央直接聯繫[55]。

為這樣一件事似乎並不值得如此發脾氣，陳毅或許只是想找理由儘快和延安建立聯絡。在這之後，中共中央也就批准了他直接溝通的請求。

三、「江北部隊不能南調」

也在這時，眼見華中的國共關係劍拔弩張，毛澤東又開始顧慮新四軍軍部的安危了。於是有了三月二十九日的預警電報，但那裏面要求的新四軍轉移也仍是「萬不[得]已」時才做的。

為了減輕新四軍的壓力，毛澤東在四月一日提出四萬至五萬八路軍分三期南下支援華中的計畫[56]。

國民黨那邊也是步步進逼，在皖南新四軍的周圍調集了十八個團的兵力[57]，其人數應該在一萬五千以上。顧祝同放過話來，要求整個新四軍江北部隊撤回江南。並請李品仙和韓德勤「加緊壓迫其南撤」[58]，同時在皖南對軍隊和地方武裝展開部署[59]，準備必要時「制裁」膽敢不聽話的新四軍。

在皖東遭受失敗的李品仙，也從長江北岸加強了對皖南新四軍的防範。張雲逸的夫人和孩子過江去團聚，卻被國民黨扣押起來，直到九月才釋放，但隨行的二十五名新四軍人員卻全被殺害[60]。

55　袁國平和陳毅的這次談話，見《陳毅傳》一二二頁。該書不提中共中央軍委要項英堅持皖南的指示，把項英此次放棄轉移蘇南完全歸咎於「軍部突然改變主意以及決策的猶疑不定」，並藉袁國平之口把此時的陳毅說成跟中共中央的路線一致，這顯然是不準確的。

56　〈目前在華北華中的方針〉（一九四○年四月一日），《毛澤東軍事文集》第二卷五三七－五三八頁。

57　《皖南一九四一》七十六頁。

58　〈顧祝同關於準備制裁新四軍致蔣介石電〉（一九四○年四月二日），《新四軍·參考資料（二）》二八○頁。

59　見同上，及〈安徽省政府關於防範新四軍辦法致皖南行署電〉（一九四○年四月三日），同上書二八一頁。

60　見《張雲逸大將》一七二頁、一七六頁。

眼見局勢日漸嚴峻，毛澤東在四月三日又發電報，問項英：皖南部隊在被「襲擊時，是否有衝出包圍避免重大損失的辦法？其辦法以向南打游擊為有利，還是以向東會合陳毅為有利？渡江向北是否已絕對不可能」[61]？

接連的發問讓人看出毛澤東心中的焦慮，但也表明他對皖南新四軍究竟向北還是向南並未最後拿定主意，從不久後的情形看，中共中央仍然希望能保留在皖南的地盤。

儘管方向未定，但對國民黨的壓力，中共對抗的決心是鐵定的。針對顧祝同要葉飛、陶勇南調，延安在五日指示東南局：「他們要葉、張（陶勇化名張道庸——作者）部南下，我們則請准兩徵調一部北上對付之。」[62]

毛澤東三日的電報，項英在九日收到，當天就做出了答覆。他告訴毛澤東：皖南新四軍「對襲擊已有相當準備，可能衝出」，但到時情況會「混亂」，「工作人員眾多，損失不可免」。

項英接著列舉了突圍的幾種可能，向南去天目山和黃山，那是「純石山，人少糧缺」。靠近長江「則須經過敵友之間，極不利」。況且此時渡長江已「絕對不可能，敵在長江封鎖更嚴，江北桂軍已密布江邊」。剩下的就只有向東去蘇南，但也不會順利，因為「某方」即國民黨「已有布置，須衝過兩道封鎖，經過幾次戰鬥，才能與陳支會合」。而且蘇南根據地的環境也並不有利，它「處在敵友夾擊，地區狹小」，最好的辦法是在離它不遠的安徽東南角的「廣德、寧國一帶堅持，繼續戰鬥」[63]。

由於國民黨增強了對付新四軍的兵力，項英再也不提遠征閩、浙了。從他的分析看，最不壞的選擇是蘇南。但經歷了種種變動的項英沒有做自己的評判，他要聽從延安的決斷。

這時候的國民黨仍在向新四軍施壓，顧祝同的繼續催迫江北新四軍南調。

考慮到皖南新四軍夾在國民黨和日本之間的處境，還有中央及新四軍一月十四日會議鞏固南方的戰略，項英覺得對顧祝同做些讓步也沒什麼不

[61]　〈毛澤東詢問皖南部隊是否已做好應付突然事變的準備致項英電〉（一九四〇年四月三日），《新四軍‧文獻（一）》一五二頁。

[62]　《葉飛回憶錄》一六二頁。

[63]　項英對毛澤東的回覆，見〈項英關於皖南部隊應付突然事變的準備情況致毛澤東電〉（一九四〇年四月九日），《新四軍‧文獻（一）》一五三頁。

好。十日，他致電延安，認為：「在某種情況下葉飛部可允南調。」[64]。到了十四日，他又指出：頑方正在全國布置陰謀，中共在「全國布置上應立即進行。就江南現有力量（除渡江者外，皖南有三個足團，蘇南更弱），在大變中不能支持局面以影響某方，結果只能發展游擊戰爭」。想到這種不利態勢，他不由得大膽建議：「對全國及將來估計，是否目前可允許江北部隊南調，則江南可達六萬以上兵力，牽制影響某方甚大。」

江北的部隊全數調回江南，不僅意味著放棄那裏已經到手的根據地，更會使毛澤東南北打成一片的戰略難以實現。但項英認為此舉「固然在戰略上使我軍不能聯成一起，但在某方說則有利益，並藉此談判」，可以依靠江南，更理直氣壯地和國民黨講條件，要好處。而且「南調後的地區款項補助、目前安定的處理否」，也就是設法保持江南現有的地盤和新四軍的實力，這「與中央指示相合」。他同時強調：「這僅是我個人意見，請中央在全局上作用考慮和參考，並盼覆。」[65]

這是項英唯一一次想讓江北新四軍全面南撤，後來飽受指責。然而，且不說毛澤東的指示並非神聖不可侵犯，根據地也不是必須立刻連成一片。何況，項英只是提出個人意見，並未擅自行事。捨掉江北地盤也算不上多麼不可饒恕，中共的戰略從來就不太在乎一城一地的得失，丟掉舊的根據地，在別處拓展新的領地，也沒什麼不可以，共產黨十幾年來就是這樣做的。日後，為了與國民黨妥協，中共中央同樣決定放棄曾經很捨不得的皖南。在項英看來，國民黨緊迫壓力之下，兩害相權取其輕，新四軍與其一味堅持待在尚不穩定的江北，不如回歸已有相當基礎的江南，同樣會有發展。

等待延安答覆時，項英依舊按照江北新四軍不南下的原則行事，他在這時為「求緩和」，派袁國平去三戰區長官駐地江西上饒與國民黨談判，特地指示：「江北部隊不能南調。」[66]並且他也很快就回到原來只要葉飛跟陶勇南調的觀點。

---

[64] 《葉飛回憶錄》一六二頁。

[65] 〈建議江北部隊南調以便與國方談判〉（一九四〇年四月十四日），《項英軍事文選》六七六頁。

[66] 南北、董之曦：〈皖南事變縱橫談〉，《皖南事變回憶與思考》三四四─三八五頁，安徽人民出版社一九九一年一月出版。

十六日，項英給中央發電說：「全國局勢日益惡化，我主張最近調葉張兩團全部急返江南，以應大變。否則江南部隊在事變中只能做游擊戰。因某方集結之兵力超過十倍以上，加以地勢不好，又無根據地。」[67]

「無根據地」的是皖南，項英想把葉飛、陶勇要回來，是準備加強皖南的防禦。

項英還想好了應付國民黨的辦法，那就是對他們說：「允許葉部南調，但四、五支[隊]尚須說服，同時要給四、五支[隊]在未南調前請先指定在江北之一定任務。」[68]

可延安仍然是原來的觀點，軍委當天就回覆項英說：「葉飛部隊不應南調，應配合八路軍在蘇北發展。」[69]

國民黨也毫不讓步，顧祝同繼續堅持新四軍四、五支隊和葉飛等部逐步南調[70]。

中央軍委的態度依然不變，在第二天的十九日，告訴項英：「葉張兩團以留江北發展為適宜，你們將來的主要陣地有移江北之可能。」二十日，中共中央書記處也對新四軍發出指示，在跟顧祝同談判時「絕對不能答應四、五支隊和葉張兩團南調」[71]。

江北的劉少奇也不同意葉飛回江南，他在給項英、陳毅和延安的電報裏說：「我們不久將去蘇北，請中央考慮蘇北地方黨撥中原局指揮（原屬東南局），最好葉飛部亦暫時歸中原局指揮與補充。」[72]在另一份給毛澤東、王稼祥的電報裏他更表露了對項英的不滿，說項英「對中央的屢次指示命令不能完全執行，他相當固執」，「請中央迅速決定，明白指示他辦理」[73]。

---

[67]　《皖南一九四一》七十八頁。

[68]　童志強：〈論項英對皖南新四軍北移方針的態度〉，《皖南事變研究與爭鳴》四十七－五十八頁，安徽人民出版社一九九〇年九月出版。文中沒有引用項英電報的全文，但根據項英在此前後新四軍對南調的態度，所謂「四、五支[隊]尚須說服」顯然是對國民黨的外交詞令。

[69]　《皖南一九四一》八十頁。

[70]　《葉飛回憶錄》一六二頁。

[71]　《皖南一九四一》八十頁。

[72]　《劉少奇傳》上冊三八三頁。

[73]　《劉少奇年譜》上卷二八一頁。

項英繼續「固執」，二十日，仍舊向延安「堅請葉張部南調，以加強皖南力量」[74]。

不只是項英，陳毅等蘇南新四軍領導人也主張葉飛、陶勇回來，他們在二十一日給中共中央的電報裏說：「堅持江南對整個南方發展有很大的意義，我們歷來同意軍分委之主張」，「堅主調葉、張兩部回江南」，認為新四軍在江北的其他部隊「與八路軍配合即可解決華中」。

與項英加強皖南不同，陳毅要葉飛他們回來是想壯大蘇南。在這份電報裏他指出：「蘇南為解決人、槍、款良好地區。皖南則地形好，為向蘇浙贛發展戰略要點。但目前堅持力量不夠，應先放棄皖南，集中全力發展蘇南，直到海邊」。「在蘇南，兩年來因領導力弱未能充分發展，若皖南部隊東移，三個月即可發展力量一倍至兩倍，即發生事變亦可勝利擊退頑固勢力」。「在集中力量充分發展蘇南後，再向南可取蘇浙皖邊區之廣大根據地，皖南仍落我手」，所以皖南部隊應「開始靠向蘇南，不能再遲」[75]。

在陳毅等人二十一日電報發出的第二天，項英又一次向延安發去電報，認為江北在打敗了李品仙和韓德勤後「已基本穩定。且八路南下，四、五支[隊]已人槍增加，再加以整訓，無論對何方皆可必勝」，國民黨包圍中的皖南則不同，「為著仍使我江南部隊不遭對方之打擊」，把葉飛、陶勇南調，「一方既以緩和戰區之壓迫，一方即以增加反擊力量」[76]。

項英要反擊的自然是國民黨，可讓人沒想到的是，國民黨方面還沒什麼動作，反倒是日本人對皖南新四軍下手了。

也在這天，日軍開始集結一萬餘重兵，大舉掃蕩皖南[77]。

準備應戰日本人的項英，仍不能不提防國民黨，葉飛部隊遲遲不能南來，他只有考慮讓軍部轉移。正好這時他得知陳毅再建議軍部放棄皖南，去跟他們會合，便在二十三日發電報給中央，認為：「國方發動分裂、全國反

---

[74]　《葉飛回憶錄》一六二頁。

[75]　陳毅等人的電報內容，見〈陳毅、粟裕、羅忠毅、鄧振詢建議皖南部隊東移蘇南致中共中央電〉（一九四〇年四月二十一日），《新四軍‧文獻（一）》一五七一一五八頁。

[76]　〈皖南事變縱橫談〉。

[77]　《項英傳》三二四頁。

動，僅是時間問題」，表示軍部應向蘇南靠近，「集中力量在蘇南發展人、槍、款」[78]。

項英發出電報的第二天，打敗了國民黨軍的掃蕩日軍，與新四軍接上了火。葉挺這時正在重慶和蔣介石交涉糧餉彈藥問題，項英立刻獨自擔起了反掃蕩的指揮重任，組織部隊全力投入與日寇的激戰之中[79]。

也在這一天，劉少奇又給延安發去電報，繼續反對葉飛南調，他責問道：如果同意葉飛他們南撤，還有什麼理由去蘇北[80]？

蘇南的陳毅卻另有打算，他在同一天電告中共中央，日軍正在長江北岸地區掃蕩，那裏預計很快會淪為敵後。他不再堅持葉飛回江南，但要求讓這支部隊回到增援半塔集前的駐地蘇北吳家橋去，認為只有這樣才能保證新四軍在此地的發展[81]。

到了二十八日，陳毅又致電毛澤東、王稼祥，明確表示：「目前主要發展方向是蘇南。」皖南新四軍轉移到蘇南，在「敵後充實力量後再南進天目山脈，西取黃山山脈是比較穩當的事」[82]。這時的他明顯要將蘇南變成江南新四軍的唯一支柱，而不想像一月會議時那樣發展福建、浙江了。到五月二日，陳毅和粟裕又給中共中央發電報，認為歷史上多次長征損失均大，「皖南部隊企圖於友方進攻時長征閩浙，這個企圖是不可輕試的」[83]。終於完全改變了陳毅曾經對項英相關主張的支持。

五月三日，皖南新四軍在項英指揮下終於擊退了日軍的掃蕩[84]。第二天，中共中央書記處告知項英和陳毅：「同意軍部後方機關及皖南主力移至蘇南。」

雖然確定新四軍軍部轉移，但中共中央也不想這麼輕易丟掉皖南，緊接著又指示：「惟請皖南力量不要太弱，並須設置輕便指揮機關，以便堅持皖南陣地並發展之。」[85]

---

[78]　同上四三三頁。

[79]　同上三二四頁。

[80]　《葉飛回憶錄》一六三頁。

[81]　《陳毅年譜》上卷二七三頁。

[82]　〈陳毅關於皖南、蘇南新四軍合併的意見致毛澤東、王稼祥〉（一九四〇年四月二十八日），《皖南事變（資料選輯）》五十七頁，中共中央黨校出版社一九八二年一月出版。

[83]　《陳毅年譜》上卷二七四頁。

[84]　《項英傳》三二五頁。

[85]　相關電文，見〈中共中央書記處關於新四軍軍部移蘇南及第一、二、三支隊發展方向的指

　　對葉飛去哪裏的問題也有了定論，毛澤東、王稼祥在同一天致電劉少奇：「望令葉飛部開返蘇北。」[86]也就是說，將負責主攻蘇北的陳毅的意見被接受了。

　　仍在同一天，項英挨批了。

四、「不受國民黨限制」

　　也在五月四日這天，毛澤東又以中共中央政治局的名義給東南局發去指示。在指示的開頭便說：「在一切敵後地區和戰爭區域，應強調同一性，不應強調特殊性，否則就會是絕大的錯誤。不論在華北、華中或華南，不論在江北或江南，不論在平原地區、山嶽地區或湖沼地區，也不論八路軍、新四軍或華南游擊隊，雖然各有特殊性，但均有同一性，即均有敵人，均在抗戰。因此，我們均能夠發展，均應該發展。」

　　要新四軍注意和八路軍的「同一性」，以獲得同樣的發展，這番話實際道出了中共中央認為新四軍擴充過慢產生的不滿。

　　毛澤東接著說：「所謂發展，就是不受國民黨的限制，超越國民黨所能允許的範圍，不要別人委任，不靠上級發餉，獨立自主地放手地擴大軍隊，堅決地建立根據地」，「建立共產黨領導的抗日統一戰線的政權」，「將一切可能控制的區域控制在我們手中」。並說：新四軍「過去已經失去了時機，若再失去今年的時機，將來就會更困難了」。

　　毛澤東對他眼中貽誤戰機的人很不高興，告訴東南局：對「國民黨反共頑固派」，「我們應強調鬥爭，不應強調統一，否則就會是絕大的錯誤」。「在應付可能的全國性的突然事變的問題上，也只有採取鬥爭的方針，才能使全黨全軍在精神上有所準備，在工作上有所布置。否則，就將再犯一九二七年的錯誤。」[87]

　　示〉（一九四〇年五月四日），《新四軍・文獻（一）》一六三頁。

[86]　《毛澤東年譜一八九三－一九四九》中卷一八九頁。

[87]　毛澤東的話，見〈放手發展抗日力量，抵抗反共頑固派的進攻〉（一九四〇年五月四日），《毛澤東選集》第二卷七五三－七五七頁。

要求「強調鬥爭」，等於是說過去鬥得不夠。警告不要「犯一九二七年的錯誤」，這實際上是批評東南局對國民黨的態度像陳獨秀那樣右傾，而身為東南局書記的項英，顯然是錯誤的頭號責任人。

在中共的歷史上，許多時候右傾是比左傾更嚴重的錯誤，因為「右」意味著政治立場發生了動搖。一個堅定的共產黨人，最受不了別人說他的立場不堅定。受到這樣的批評，項英的心情可想而知。

項英根本不知道，中共中央的眼裏，他早已經是個犯了嚴重錯誤的人，而且有的地方上的領導人也知道這個情況。就連他統率的新四軍內部，在三月底四月初的時候也有人得到了消息，這個人就是他一直想調回來的葉飛。向葉飛透露訊息的人是劉少奇。

劉少奇此時已是中共領導層內一顆正在上升的明星，這與毛澤東對他的欣賞有決定性的關係。

劉少奇與毛澤東既是湖南老鄉，工作上也算是老相識，早在一九二二年春，去蘇維埃俄國留學並加入共產黨的劉少奇回到國內，不過半年左右時間便被陳獨秀派往湖南工作。在那裏第一次見到了中共湖南負責人，湘區執行委員會書記毛澤東。一番談話後，毛澤東立即任命他為湘區執委的委員，開始參與湖南的政治活動。

在湖南工作了剛剛一個月左右，毛澤東又派劉少奇到江西的安源路礦，協助同是湘區執委的李立三領導罷工。

安源路礦雖在江西，但靠近湖南，它生產的煤也主要經湖南向外輸出，跟湖南的聯繫十分密切，湖南的中共組織便也來到這裏開展工作。李立三創辦了勞工組織工人俱樂部，此刻按照毛澤東的指示正準備發起罷工。

劉少奇到安源後，由於工頭中有人聲稱要殺李立三，工人俱樂部決定李立三做罷工總指揮，在幕後策動。劉少奇當俱樂部的全權代表，對外應付一切。

罷工開始後，路礦當局請來軍隊介入。劉少奇在交涉中頂住官方將他就地正法的威脅，堅決不退讓。在工人的壓力下，路礦方面不得不與李立三和劉少奇進行徹夜談判，最終答應了工人的要求，罷工獲得了勝利。

劉少奇後來代替李立三主持安源工人俱樂部，在「二‧七」大罷工慘遭鎮壓的日子裏，使這裏成為僅存的中共工運據點之一。

　　一九二五年春，劉少奇代表湖北、湖南、江西的工會組織到廣州參加中共召開的第二次全國勞動大會的籌備。這次大會上成立了中華全國總工會，劉少奇被選為副委員長。從此，他離開了事業的起點安源和湖南，與日漸關注農民運動的毛澤東也不再有工作上的聯繫。此後約八年的時間，他們都沒有一起共事的機會。當毛澤東率領井岡山紅軍開拓根據地的時候，劉少奇則主要在中國北方和蘇聯活動。

　　劉少奇的工作並不順利，在指導負責華北的中共順直省委時，因組織內部紛爭嚴重，幾經改組無效，部分成員還向中央請願，劉少奇等負責人於是決定停止順直省委的職權和部分地方黨組織的活動，結果引起更大的反彈，受到中央的批評。劉少奇雖做了抗辯，但最後也檢討對順直黨在認識上存在錯誤，不久就被調離。後來他又擔任主管東北的滿洲省委書記，曾領導中東鐵路失業工人的復工運動。工人得到復工後，劉少奇又要組織中共掌控的工廠委員會，但遭失敗。中共中央的人對此極不滿意，指責劉少奇道：「你錯得該死，你在政治上一塌糊塗！你將消滅滿洲的黨！你該打五百板子！」他又被調離東北。

　　之後，劉少奇奉派到莫斯科參加赤色職工國際第五次代表大會，並留在蘇聯工作。當時赤色職工國際要求各國建立共產黨領導的獨立工會組織，經歷過滿洲工廠委員會失敗的劉少奇認為這樣做不合中國的實際，被指責為右傾機會主義。他也不贊成共產國際對中國革命的樂觀估計。最終他被遣回國，任新成立的中共中央職工部的部長。他又反對在工人運動中的激進做法，再被指為右傾機會主義，還有取消主義、經濟主義等罪名，把他打發到江西的中央蘇區去了。

　　在蘇區的劉少奇仍主管工人事務一年半多的時間，直到一九三四年七月被任命為福建省委書記。這時已是紅軍長征前夕，他只做了兩個月多一點的省委書記，便踏上了長征之路。

　　在蘇區期間，劉少奇的職務之一是中華蘇維埃共和國勞動人民委員部副部長，屬於蘇維埃共和國主席毛澤東的下級，但此時他與這位正受排斥的老上級似乎沒有很深入的接觸。

　　到了一九三五年一月的遵義會議上，張聞天、毛澤東和王稼祥對中央的軍事路線提出強烈的批評，參加會議的劉少奇對此採取了支持的態度。

據說他在向人傳達會議精神的時候這樣講道，現在好了，毛澤東同志又回到中央來了，我們紅軍有希望了，我們黨有希望了，中國革命有希望了[88]。

劉少奇當時能否說出這樣歌頌性的言詞，是很可以存疑的。毛澤東此刻還不能算是中共和紅軍的首腦，劉少奇對他的信任也顯然沒有達到如此強烈的程度。就在遵義會議兩個月後，紅軍裏有相當一部分人對包括毛澤東在內的新的中央軍事指揮不滿，任三軍團政治部主任的劉少奇瞭解了下屬中的相關情況，加上自己的意見，和政委楊尚昆聯名發電報告知中央。這時紅軍主要將領之一的林彪也反對上面的戰略，要求更換軍事領導。中共中央為此召開會理會議，沒有參加會議的劉少奇和參加會議的林彪等人一起，被毛澤東批評為反映了對失去蘇區不滿的右傾情緒[89]。

直到一九三七年三月至五月，劉少奇對中共過去十年的路線表達了尖銳的批評，與張聞天等人發生衝撞。毛澤東則傾向於劉少奇的觀點[90]。從這時候起，他們兩人才開始成為志同道合的夥伴。

毛澤東和劉少奇關係的最重要發展是在王明一九三七年底回國後。在那之後的一段時間裏，延安的中共中央感覺權威受到王明在武漢領導的長江局的削弱。一九三八年三月，正領導北方局的劉少奇被召到延安，毛澤東建議把他留下指導華北工作。中共中央書記處很快宣布：「為了適應目前特殊情況及各方面工作」，劉少奇「暫時住延安」[91]。

北方局掌管著華北的中共組織，而華北既是當時中共軍隊的主戰場，又是中共發展自己的最主要的區域。北方局首腦劉少奇待在延安，對中共中央來說，無疑是一個強有力的支撐後盾。劉少奇也完全和延安方面站在一起。據曾做過毛澤東祕書，當時負責中共中央機關祕書工作的王首道後來回憶，劉少奇那時對他說：我們北方局，不僅成為抗日的根據地，也是支持毛澤東同志與王明右傾機會主義做鬥爭的根據地[92]。

這樣的回憶明顯帶有日後政治色彩的加工，一九三八年時對王明的問題還沒有如此明確的界定，但從中可以看出劉少奇對延安中央的支持態度。

---

[88]　劉少奇早年經歷，見《劉少奇傳》上冊的相關記述。

[89]　《彭德懷自述》一九九頁。

[90]　高華：〈毛澤東與洛劉之爭〉，gaohua.coldwarchina.com（二〇〇七年七月十六日摘）。

[91]　《劉少奇年譜》上卷二〇七頁。

[92]　《王首道回憶錄》二一二－二一三頁，解放軍出版社一九八八年三月出版。

　　當毛澤東在一九三八年底成為中共的實際領袖後，他對劉少奇格外地器重。劉少奇本已受命到竹溝擔任中原局書記，一九三九年一月二十八日他才到任，還不滿兩個月，便在又一個三月再被召回延安。一直到九月才離開，住了幾近半年的時間。毛澤東這樣做的理由是要發動一場推動蔣介石向好的方向走的宣傳攻勢，還要從理論上指導黨組織適應新形勢開展工作和加強黨的建設。劉少奇最著名的作品，影響極大的《論共產黨員的修養》就是在這段日子裏發表的[93]。

　　以在黨內日益上升的地位，劉少奇能夠知道中央對項英的真實看法，是不奇怪的。

　　劉少奇和項英也是老相識，早年搞工運時共過事，項英是劉少奇的下級。在江西中央蘇區的時候，身為中華蘇維埃共和國副主席的項英又成了劉少奇的上級。到中原局後，劉少奇和項英在職務上平起平坐，但若論此時對中央的影響力，劉少奇則要大於項英。

　　中原局和東南局負責的地區只有一江之隔，相互間有許多關聯。對劉少奇的工作，項英都盡力配合，這從一件事上就可看得出來。

　　率領中原局到皖東以後，肩負發展華中使命的劉少奇知道，要完成中央交給的任務，手中必須擁有足夠的武裝力量。他眼前倒是有新四軍的四、五支隊，但是這些在江北的部隊卻隸屬於江南的項英，本身還有前敵委員會這樣的領導機關。

　　劉少奇決定重整中原局和新四軍的關係。一九三九年十二月三十一日，他給中央和項英同時發去電報，首先建議增加中原局委員的人數，他提議人選中就有張雲逸等新四軍的領導人。然後他向延安問道：「此間原有前敵委員會，在中原局到皖東後，前委是否需要對[存]在？如存在，則前委與中原局關係怎樣？」[94]

　　雖然是詢問的語氣，但劉少奇的意思很明顯，江北的新四軍應在中原局的領導之下。

---

[93]　《劉少奇傳》上冊三四八－三五一頁。

[94]　〈劉少奇關於增加中原局委員等問題致中共中央書記處並項英電〉（一九三九年十二月三十一日），《新四軍・文獻（一）》四一〇頁。

　　項英對此十分爽快，第二天就向中央建議：「中原局既到皖東，四軍江北前委應取消，統一於中原局。在目前情形，軍部對江北（除蘇北外）無法指揮，因情況不明。以後除某些行政上為對外的關係外，一切均歸中原局負責，軍部不指揮江北部隊，以便統一。」[95]

　　延安在一九四〇年一月四日同意了劉少奇和項英的建議[96]。毛澤東當初設立中原局時，恐怕就有讓它控制江北新四軍的意思。

　　劉少奇由此開始統管華中一帶的中共武裝，這也才有了向葉飛傳達中央精神的條件。

五、「部隊被消滅了，你負責！」

　　葉飛本人對項英也是有點意見的，事情要從近一年前說起。

　　一九三九年五月初，陳毅根據周恩來與軍部商定的「向東作戰」的方針，決定派三支隊的六團往東去江陰、無錫、常熟一帶活動，六團團長就是葉飛。

一九三九年五月葉飛（中間站立者）在「江抗」

　　五月四日，就在六團準備出發的前一天晚上，陳毅突然把葉飛找去，給他看了項英發來的一份電報。電文中反對六團東進，理由是所要去的地方是日偽軍心髒地帶，鐵路、公路、河網交通線非常複雜，會被敵人消滅。而且這樣做將突破國民黨防區的限制，將破壞統一戰線。

　　這份電報的原稿今天已找不到，有人懷疑它的真實性。不過如果項英真的為六團東進擔心，也不是沒有依據的。江陰等地不僅有日偽重兵，還有國民黨的忠義救國軍，一個團的新四軍到那裏，確實如汪洋裏的孤舟，傾覆的危險是存在的。

95　〈項英建議取消江北前委統一由中原局指揮致中共中央電〉（一九四〇年一月一日），《新四軍・文獻（一）》四一一頁。
96　〈中共中央書記處同意增加中原局委員等問題致中原局並項英電〉（一九四〇年一月四日），同上書四一四頁。

　　這時的國民黨正在加強對共產黨的限制，在周恩來到皖南後，白崇禧和陳誠也到了三戰區，和顧祝同研討應對新四軍。鑑於新四軍夾縫中生存的狀態，項英採取謹慎態度並不為過。

項英和鄧子恢（前排中間）在一起

　　在周恩來和新四軍確定的戰略中，「向東作戰」的目的是要讓江浙沿海的敵人不得安寧，造成巨大的國際國內影響。與鞏固皖南和向北發展相比，顯然不是第一位的，也沒有特別迫切的需求。

　　其實就連做出東進決策的陳毅，對此次行動也沒有很確切的把握。據葉飛晚年回憶，當時陳毅在他面前來回踱步了十多分鐘，然後問葉飛：「你看怎麼樣？」葉飛一時沒吭聲。陳毅又抽了一會兒煙，再問道：「哎！葉飛，你看你們到東路去會不會被消滅？」

　　葉飛這次立即回答：「你問這個呀！我們有把握，不會被消滅。不僅不會被消滅，還會發展。我可以向你保證。」

　　陳毅仍問：「噢！你有把握？」

　　葉飛再答：「有把握！不只我一個人，全團的營連幹部討論過，都認為有把握。我敢給你立軍令狀！」

　　陳毅這才最後拍板，決定六團按計畫東進。「破壞了統一戰線，我負責！」但他還是叮了葉飛一句：「部隊被消滅了，你負責！」[97]

　　葉飛回六團後，率部隊在凌晨提前出發。陳毅則發電報給項英說，六團已經出發，追不及了[98]。

　　葉飛東進不但沒被消滅，還壯大了武裝，聯合其他力量成立了江南人民抗日義勇軍（簡稱「江抗」）。即便項英確曾擔憂東進部隊的安全，此刻他也改變了看法。這年十月，「江抗」奉陳毅命令撤離東路的時候，項英還在給中央的報告裏批評他們「無信心及不瞭解堅持東路的意義」，「這是大的失策，增加今後困難」，決定重新派幹部去東路主持大計[99]。

[97]　陳毅和葉飛的談話，見《葉飛回憶錄》一二二－一二三頁。

[98]　《陳毅年譜》上卷二四八頁。

[99]　《項英傳》三五五頁。

這件事後來也被當成項英的錯誤。其實在工作中，上級與下屬由於所處角度不同，觀點不一致是常有的事，如果不是非要牽扯到政治角度，本該不足為奇。

陳毅讓葉飛離開東路，是為了要他向長江北面發展[100]。到江北後，葉飛打的第一仗就是增援半塔集，也因此見到了劉少奇，也才有了這次交底式的談話。

談話是由劉少奇、新四軍政治部副主任兼江北指揮部政治部主任鄧子恢和葉飛三個人進行的，談了約一兩個小時。

劉少奇首先講了項英的「錯誤」。他告訴葉飛：項英在東南局不執行黨中央的指示，對國民黨頑固派一味退讓妥協，不敢鬥爭，他提出「一切經過統一戰線，一切服從統一戰線」的口號。不敢到敵後放手發展抗日武裝力量，只在國民黨劃定的範圍內活動，又不敢建立政權，更不敢和頑固派堅決進行反摩擦鬥爭。項英堅持錯誤，抵抗中央的正確路線，已經給新四軍帶來很大的危險，如果不及時改變，危險更大。現在根據地不鞏固，新四軍軍部就在頑固派的眼皮底下，沒有迴旋餘地，不曉得哪一天會被消滅掉。項英同志的錯誤，造成現在這個危險的局面，對我們很不利。這個錯誤不是項英個人的，他是執行王明的投降主義路線。中央要新四軍軍部和主力向北發展，到江北去，項英同志就是不行動。

葉飛原先只是在內心裏和項英對有些問題的看法不同，並沒有懷疑過項副軍長的權威。經過劉少奇一講，用葉飛自己後來的話說：才「恍然大悟，豁然開朗」。

劉少奇之所以告訴葉飛這些話，是要讓他知道，江北的新四軍應該執行中央的路線，堅決開闢蘇北，讓八路軍和新四軍打成一片。儘管延安已決定由陳毅負責蘇北，但劉少奇顯然仍覺得自己在這個問題上有發言權。

劉少奇選擇葉飛做談話對象，除了要他服從中央的意志，還有更實際的用意，那就是要他來當一個誘餌。

---

[100]　《葉飛回憶錄》一三二頁。

劉少奇承認向蘇北發展比較麻煩，因為那裏並非被日本全盤占領，而是由韓德勤的十幾萬國民黨軍隊控制著。他說：我們不能主動去打韓德勤。我們只能進行自衛鬥爭，否則我們在政治上被動，得不到全國各界的同情。

雖然如此，劉少奇認為蘇北還是有文章可做的。因為國民黨正在對八路軍和新四軍採取進攻政策，這就給了中共自衛的理由，由此進行反擊，消滅國民黨力量。

劉少奇交給葉飛的任務就是要他在蘇北吸引韓德勤部隊前來進攻，那時他只須堅守一個星期，表明是國民黨挑起戰端，北方的八路軍、新四軍皖東和江南的部隊就可以大舉增援他，一起到蘇北消滅韓德勤。

劉少奇還特別叮囑葉飛，現在中央還在爭取教育項英，所以對他的錯誤，目前在黨內還不公布，也就是還要保密。

雖然葉飛後來回憶說：劉少奇認為陳毅對項英的錯誤是有鬥爭的，是與項英不同的[101]。但陳毅日後卻向延安報告說：葉飛曾宣稱「鄧講的」江南對蘇北李明揚等人的統戰策略是機會主義[102]，而對李明揚進行統戰正是陳毅的主意。

這個「鄧」應該就是和劉少奇一起與葉飛談話的鄧子恢，當時江北新四軍高層幹部中只有他姓鄧，也只有他有資格對旅長級的葉飛批評江南新四軍。

鄧子恢做這種批評的時間如果不是在和劉少奇對葉飛講項英錯誤的那一刻，也是在此前後說出來的，因為葉飛很快就離開了皖東。可見，當時至少在一些高級領導人那裏，項英和陳毅沒有什麼大的區別。

---

[101]　劉少奇、鄧子恢和葉飛的談話，見同上一五五—一六一頁。

[102]　〈毛、朱、王批轉陳毅關於蘇北統戰工作的經過與主要經驗〉（一九四〇年十一月十八日），新四軍黃橋戰役歷史陳列館、揚州大專院校黨史教學研究會編：《新四軍黃橋戰役史料》，一九八一年七月出版。

第八章

不同見解的爭執

一、「集小勝為大勝」

項英如果知道了劉少奇批評自己的那些話，一定會奮起辯護。他怎麼會不敢在敵後抗日，一九三七年十二月十四日還在延安的時候，在他和毛澤東一起發給葉挺電報中，就要求新四軍「長江以南各支隊」「可向東開」[1]，東面正是日軍來犯的方向。一九三八年二月十四日，新四軍部隊還未完成集結，項英就和陳毅聯名從南昌致電延安，告知陳毅的一支隊將率先出動作戰。認為新四軍應「盡可能向前伸出到浙、蘇、皖」，當時那裏的許多地區都已被日本占領，項英和陳毅決心「以游擊戰在戰略上配合正規軍」[2]。毛澤東第二天就回電：「同意十四日電的行動原則，力爭蘇浙皖邊發展游擊戰。」並提出在蘇南的茅山建立根據地[3]。

當然，在挺進敵後的過程中，項英也不是全無顧慮。

那時國民黨對新四軍的部署是，要葉挺、項英他們從皖南的南陵出動，往東從蕪湖、宣城之間出擊，到南京附近的一片地區活動[4]。這一帶的地形基本屬於平原水網，毛澤東看中的茅山也沒有包括在內，新四軍官兵以前都是在山嶺樹叢間穿梭，從沒在如此平坦、缺乏屏障、難以隱蔽的地方打過

---

[1] 〈毛澤東、項英關於新四軍編制等問題致葉挺電〉（一九三七年十二月十四日），《新四軍・文獻（一）》六十二頁。

[2] 〈項英、陳毅關於新四軍行動原則的建議致毛澤東電〉（一九三八年二月十四日）同上二一一頁。

[3] 〈毛澤東同意新四軍的行動原則致項英、陳毅電〉（一九三八年二月十五日），同上書二一二頁。

[4] 〈項英關於蔣介石令我部開經南陵去茅山是否可行致毛澤東等電〉（一九三八年三月十八日），同上書二一三頁。

仗。國民黨劃給新四軍的作戰範圍南北寬不過五六十公里，東西長也只一百餘公里，地域不但狹小，其中又設有眾多日本人的據點，還有許多縱橫交錯的河流水溝，這對要靠雙腳跑路的新四軍部隊來說，搞運動穿插是極不方便的。河汊雖多，這裏的鐵路和公路交通卻很發達，日軍可以憑藉交通工具輕易地馳騁，新四軍卻不可能走在鐵路和公路上打游擊[5]。

不管國民黨方面的真實用意如何，項英認定他們的部署「顯係借刀殺人」。他認為新四軍的出擊地點應是從宣城以東到廣德，或者是從廣德再往東到浙江的安吉之間，因為那裏多為新四軍熟悉的山地。他把自己的意見在三月十八日電告中共中央[6]。

很明顯，項英這樣做並非不願深入敵後，而只是在具體行動上有個人的見解。他發電報給延安，也是為了請中央與國民黨交涉。

對國民黨的布置，毛澤東卻不像項英那麼擔心。他在二十一日回覆項英：「未知南陵一帶地勢如何，如係山地，開經南陵一帶亦未為不可。因敵犯長江上游時，南陵一帶據於敵之側後，正好活動。」[7]

在日軍入侵時到「敵之側後」活動，這反映的是中共中央要在皖南建立根據地的意圖。延安有這樣的戰略，項英也就不再爭執出擊路線的問題了。南陵山地很少，項英便最終把軍部遷到了南陵以南，有更多山巒的涇縣境內的雲嶺。後來按三戰區的要求，三支隊才又接管了挨近長江的平原地帶的繁昌[8]。

不過，為慎重起見，項英先從一、二、三各支隊中抽調了二百多名官兵，組成先遣支隊，由粟裕率領前往作戰區域，察看路線和敵情，為大部隊開進創造條件[9]。毛澤東知道後，在四月二十四日發來電報，說項英此舉「甚妥」[10]。

[5] 《項英傳》三一〇-三一一頁。

[6] 〈項英關於蔣介石令我部開經南陵去茅山是否可行致毛澤東等電〉。

[7] 〈毛澤東同意新四軍開經南陵一帶致項英電〉（一九三八年三月二十一日），《新四軍·文獻（一）》二一四頁。

[8] 《項英傳》三二一頁。

[9] 同上三一二-三一三頁。

[10] 〈毛澤東同意先遣支隊去溧水一帶偵察致項英電〉（一九三八年四月二四日），《新四軍·文獻（一）》二一五頁。

新四軍的部隊剛剛在四月十八日全部集中到了皖南[11]，二十八日粟裕就率先遣支隊出發了[12]。第二天項英向中央報告此事，並稱「各支隊不日陸續跟進」。

粟裕領導的改編為新四軍前的中共閩浙邊游擊隊

他這時仍然認為國民黨的策略「顯然是將我們送出到敵區，聽其自生滅，含有借刀殺人的用意」。但延安另有戰略考慮，並不支持改變路線，三戰區又「屢次以命令強迫執行」，「目前事已如此，只有以最堅強的意志和耐心，採用最妥善的戰術和機巧的運用，時時提高我們警覺性，利用各種方法，爭取時間與形勢的變化，以便我軍發展的有利前途」。

項英「機巧的運用」的表現之一，就是計畫讓新四軍大部隊「利用短距離行軍，每日的三十里路行程，其餘時間進行教育，同時拖延時間，偵察地形。達到涇縣與南陵之間，靠小[山]地集中，由各支隊各派遣一部隊出動（等先遣隊回後），大部求得整訓，爭取時間」[13]。

項英把這種「機巧」向毛澤東和盤托出，「望請指示」。其實他的計畫和抗戰開始時毛澤東想讓紅軍不必轉移太快的意思是一樣的。當初的陝北紅軍還是正規部隊，南方的新四軍可是才由一個個山頭組合不久的游擊隊。葉飛後來回憶說：「那時不要說一個團一個山大王，有的一個團有幾個山頭呢。」[14]內部紛爭也時有發生[15]。這樣的隊伍更需要整訓，「拖延時間」也是為了訓練，不是逃避戰鬥，只是不急於求戰。

項英始終在把部隊向接近敵人的地方推進，與他二十九日的報告只隔了一天的五月一日，陳毅的一支隊也動了起來，新四軍軍部此時給他們的任務

11　《項英傳》三〇五頁。
12　同上三一三頁。
13　項英電文的內容，見〈項英關於新四軍的戰術原則及先遣隊已出發致毛澤東等電〉（一九三八年四月二十九日），《新四軍・文獻（一）》二一六－二一七頁。
14　《項英傳》三六一頁。
15　《葉飛回憶錄》一〇一頁。

是「擬在南陵西南一帶活動」[16]。「南陵西南」就是臨近宣城的地區，到那裏也就靠近了國民黨劃給新四軍的作戰區。一個「擬」字表明這只是暫定的目標，因為此刻粟裕的先遣支隊還沒進入敵占區，一支隊到南陵西南顯然是要看粟裕的情況，再待機而動。

可是毛澤東並不認為有必要像項英那麼謹慎，此時八路軍已在華北建起了抗戰後的第一個根據地晉察冀邊區，他很希望新四軍也儘快有自己的基地。而項英要等先遣支隊回皖南後，再派一部分部隊出擊，做循序漸進的穩步推進，這讓毛澤東有些等不及。在五月四日給項英的電報中，他指示：「在偵探部隊出去若干天後，主力就可隨行。」針對項英先前「自生滅」的擔心，他指出：「在敵後進行游擊戰爭雖有困難，但比在敵前同友軍一道並受其指揮反會好些，方便些，放手些。」他還說：「在一定條件下，平原也能發展游擊戰爭。」又要求新四軍將來「準備分兵一部進入蘇州、鎮江、吳淞三角地區去，再分一部渡江進入江北地區」[17]。這應該是「向北發展」的最早構想。

在敵後發展上，項英和延安的分別只是步伐上的快慢不太一致。現在既然軍委領導毛澤東要求加速，項英立即放棄了自己的主張，服從了上級的指示。

五月中旬，離毛澤東四日指示不到十天時間，一支隊便正式開拔[18]。葉挺和項英已明確規定他們的任務為「深入敵人後方，開展廣泛的游擊戰」，指示「要集小勝為大勝」[19]。

十四日，一支隊已經出發，中共中央書記處又給長江局、東南分局和項英發來指示，認為：「根據華北經驗，在目前形勢下，在敵人的廣大後方，即使是平原地區，亦便利於我們的游擊活動與游擊根據地的創立」，「只要

---

[16] 《賴傳珠日記》一二四頁。陳毅在〈茅山一年〉（《新四軍‧文獻（一）》二六五─二八五頁）中說：一支隊「五月中由皖南奉命東進」，這指的應該是接到開往蘇南的正式命令的時間。

[17] 〈毛澤東關於新四軍應進行敵後游擊戰爭致項英電〉（一九三八年五月四日），《新四軍‧文獻（一）》一一一頁。

[18] 〈陳毅年譜〉上卷二二○頁載陳毅在十四日已率部到達茂林。

[19] 〈茅山一年〉。

自己不犯嚴重錯誤與慎重從事，是沒有什麼
危險的」。「新四軍應利用目前的有利時
機」，「大膽地向外發展」[20]。

一九三八年向蘇南進發的新四軍

　　提出「華北經驗」，明顯是要新四軍在
發展速度上向八路軍學習。

　　這時粟裕先遣支隊已插入敵後九天，經
過幾乎連續的行軍，到五月二十二日才站住
腳，然後派出三個偵察組執行偵察任務[21]。也許是為了等待粟裕的情報，陳
毅支隊的行進並不很快，從新四軍集結地巖寺到南陵間一百餘公里的路程
走了十幾天，二十八日才到南陵[22]。在這之後，可能是得到了先遣支隊的報
告，項英也讓國民黨同意擴大新四軍的作戰地區[23]。陳毅的速度隨即加快，
兩千餘人只在南陵待了三整天多一點的時間，就在六月一日出動挺進蘇南去
了[24]。離粟裕在蘇南立足不過十天。

　　由於推進迅速，新四軍對蘇南的許多情況並不瞭解，比如被毛澤東寄
予希望的茅山，根本不是想像中的高山大嶺，樹木也不多，連茅草都比較稀
疏，用陳毅後來的話說：「地形意義上完全不合乎我們的要求。」[25]新四軍
在江南也沒辦法像華北八路軍那樣自由伸展。陳毅根據葉挺、項英「集小勝
為大勝」的方略，進行了一次次的戰鬥，與地方武裝接觸[26]，遵照項英要求
爭取他們的指示[27]，與一些願意抗日的勢力建立合作，才逐步打開了局面，
形成了茅山根據地[28]。但這並不能滿足延安的期待，於是有了周恩來對皖南
的巡視，有了「向北發展」等方針的提出。

[20]　〈中共中央書記處關於新四軍行動方針的指示〉（一九三八年五月十四日），《新四軍・
　　　文獻（一）》一一二頁。
[21]　王紹軍、張福興：《新四軍軍部》五十八頁，解放軍出版社二〇〇五年六月出版。
[22]　《陳毅年譜》上卷二二〇頁。
[23]　同上二二〇頁注釋一。
[24]　《陳毅年譜》上卷二二〇頁。
[25]　〈茅山一年〉。
[26]　《陳毅傳》一〇五－一〇七頁。
[27]　〈項英關於第一、二支隊進入敵後的行動原則致陳毅信〉。
[28]　《陳毅傳》一〇八－一〇九頁。

二、「不在於形式，而在於內容」

　　其實在「向北發展」提出之前，江南新四軍的腳步就已經向北移動了。據當時活動在長江南岸的管文蔚晚年回憶，一九三八年十月，陳毅就對他說：「我們要在打敗日本帝國主義後，能夠與國民黨抗衡，現在一定要抓緊這個大好時機，衝破國民黨的各種限制，大膽地向東向北發展，盡力壯大自己的力量」，向東在上海、南京間的鄉村作戰，在長江北面爭取地方實力派，孤立並打倒韓德勤，「然後，控制蘇北局面」[29]。

　　這等於是日後周恩來和項英等商定的發展方略的翻版，陳毅當初能否獨自構思出如此完整明確的計畫，未免令人疑問。但類似「衝破」國民黨限制的指示大概是有的，因為不久之後，管文蔚就向長江上有國民黨控制的揚中島發起了進攻。島上的國民黨部隊事先得到消息，主動撤退到鄉間隱蔽，同時向江北的韓德勤求援，準備設一個請君入甕的圈套，把管文蔚放進來，再加以合圍反擊。陳毅見新四軍很輕易地殺入揚中，感覺不對，急令管文蔚撤出，才免於重創。

　　到了一九三九年一月，已準備充分的管文蔚再次攻打揚中，用突襲的方式徹底打垮了國民黨守軍，牢牢地掌握了這座長江第二大島，還控制了長江北岸的一部分土地。據管文蔚回憶，陳毅高興地對他說：「有了揚中，我們過江就容易了。這塊跳板，你們一定要守住，不能丟失。」儘管直到一年後，中共中央才決策要陳毅進攻蘇北，此時揚中的價值還不是很大。最初「向北發展」的主力是本就在長江北岸的新四軍四、五支隊。

　　對攻取揚中，項英又是什麼態度呢？

　　也據管文蔚的回憶，攻下揚中後，國民黨方面大為震怒，甚至要懸賞捉拿管文蔚，同時向新四軍軍部施加壓力。項英方面曾向陳毅詢問：是否叫管文蔚撤出揚中？陳毅堅決反對說：已經打下來了，怎麼撤法？他又出了一個主意，可以說管文蔚是地方部隊，雖歸新四軍收編，但還是管不了。項英也就用這個說法應付了國民黨。

---

[29]　《陳毅在大江南北》四十二頁。

管文蔚還回憶說：甚至到了「向北發展」方針已經確定了四個月的一九三九年七月，在中共新四軍第一次代表大會上，項英、袁國平和副參謀長周子昆仍對他說：「揚中沒有鬼子，你們打它是沒有理由的。」又告

新四軍第一次代表大會代表在聽項英講話

訴他：「你那裏的根據地已經不小了，千萬不要再向外擴展。」然後卻自相矛盾地指示要管文蔚整訓部隊，「將來有機會再向外發展。」[30]

但是另一份史料卻記載了截然不同的說法。按這個記載，項英是和陳毅一起接見的管文蔚，還有他的兩名部下。陳毅當著項英的面指示管文蔚他們，要打破國民黨當局對新四軍的限制，為由蘇南向蘇北方向發展做準備。還研究決定把管文蔚部和葉飛部合編為新四軍挺進縱隊[31]。

該史料沒有提項英說了什麼，但對陳毅的話他顯然是同意的，不然陳毅不可能在他面前做這種部署。

如果在一九三九年一月的時候，〈防制異黨活動辦法〉還未正式出臺，國共關係還沒有走向全面惡化，項英對占領揚中可能會有所顧忌，而且在很長時間內，揚中也沒有被中共作為進入華中的跳板。但在「向北發展」的戰略提出後，項英應該已改變看法。管文蔚的回憶也說，項英、袁國平、周子昆在和他談話時，對揚中的態度是：「占領揚中是既成事實，不必再撤出來了。」[32]在這種情況下還一味地批評攻打揚中，未免不合常理。而那句「將來有機會再向外發展」正與另一種記載中項英、陳毅要管文蔚為發展蘇北做準備的話相似，既然要「向外發展」，項英、袁國平他們又怎麼會說「千萬不要再向外擴展」這樣的話。比較之後，關於項英、陳毅與管文蔚等人談話

---

[30]　管文蔚回憶兩次攻揚中的經過和項英等人的態度，見《陳毅在大江南北》五十二—五十七頁。

[31]　韋永義：〈抗日戰爭時期我在丹北的五年〉，《蘇南抗日根據地》四八三—四九五頁，中共黨史資料出版社一九八七年九月出版。

[32]　《陳毅在大江南北》五十七頁。

的記述更為可信。也就是說，至少到了一九三九年的夏天，項英已經完全支持對蘇北的行動。

管文蔚的回憶是在一九八一年發表的，那時對項英早已形成了一種不太正面的評價。在一九五二年遭受審查，經過二十多年才恢復名譽的管文蔚[33]，難免會按照通行的標準編排自己的記憶。

如果項英沒有要從揚中向北的明確意圖，陳毅就不可能在當年的十月，自作主張地把葉飛的人馬從東路全部撤回，做北上的準備。即便在十一月七日江南指揮部成立，陳毅擔任指揮，統領蘇南的新四軍一、二支隊後[34]，他也無權在軍部事前沒有任何相關決策的情況下，獨自挑起這樣大的戰略動作。

若是沒有從蘇南進蘇北的意向在前，項英對此事的處理恐怕不會那樣寬容。他雖然不滿意陳毅的先斬後奏，但最終還是認可了這位老戰友的行動，並正式命令葉飛和陶勇率部隊渡過長江[35]。

不論毛澤東還是項英，他們當初都把「向北發展」的希望寄託在新四軍江北部隊的身上，為此還專門呈請蔣介石批准成立了張雲逸為首的江北指揮部[36]。可是大半年下來，江北的四、五支隊雖在皖東有進展，但要挺進蘇北卻不那麼容易。劉少奇與張雲逸會合後不久就向中央報告說，由於國民黨的防備牽制，依靠四、五支隊從皖東向蘇北發展是困難的[37]。

皖東不行，就只有改道蘇南，那裏由於項英和陳毅的工作，已經有了揚中這樣的橋頭堡，管文蔚、葉飛、陶勇已經在長江北岸占據了地盤。一九三九年十一月七日，在重慶的博古、凱豐、董必武、葉劍英等中共領導人就和也在此地的葉挺一起同時致電毛澤東和項英，建議江南新四軍「主力向北發展」，「把工作重心移到江北去」[38]。

---

[33]　管文蔚的受審與平反，見陳虹：《管文蔚傳》五六二頁、六七五頁，中共黨史出版社二〇〇二年十二月出版。

[34]　《陳毅年譜》上卷二五八頁。

[35]　〈項英關於已令葉飛、張道庸部過江致中共中央電〉（一九三九年十二月二日），《新四軍·文獻（一）》六二三頁。

[36]　《周恩來傳》（二）五五一頁。

[37]　〈劉少奇關於目前華中發展地區及工作部署致中共中央書記處等電〉（一九三九年十二月十九日），《新四軍·文獻（一）》一三六一─一三八頁。

[38]　〈秦邦憲等關於江南主力宜向江北發展致毛澤東電〉（一九三九年十一月七日），同上六二二頁。

於是在中共中央的決策下，陳毅成為了日後縱橫蘇北的主角。

回顧這些，項英不會認為他怠慢了「向北發展」的方針，他走的哪一步不是經過中央認可的呢。

至於說項英提出「一切經過統一戰線」，這或許是葉飛對劉少奇和他談話的回憶有誤，這個口號是共產國際提議，由中共中央喊出的，與項英並無關係。

不過後來堅持「一切經過統一戰線」的確被當成項英的錯誤之一，理由是中共的六屆六中全會明明已取消了「一切經過統一戰線」的口號，可是參加了這次會議的項英回到皖南後卻還在說要「一切經過統一戰線」。

如果非要在這方面找項英的責任，就只好怪他沒能從頭到尾開完整個會議。

六屆六中全會從一九三八年的九月二十九日一直開到十一月六日，會議剛開始一天，葉挺就發來電報，言詞迫切地要項英「從速南歸」[39]，項英於是在十月初便離開了延安。這時的六中全會還根本沒提廢除「一切經過統一戰線」的事，十月二十日王明還在高調宣揚「抗日高於一切，一切服從抗日」，「一切經過抗日民族統一戰線」。所以項英回到雲嶺後，在十月三十一日向軍部傳達六中全會精神的時候，仍然講到要「一切經過統一戰線」。直到六天後的十一月五日，延安的毛澤東在六中全會上指出：「『一切經過統一戰線』是不對的。」這個口號才被拋棄[40]。

說項英對國民黨退讓，不敢鬥爭，不敢建立政權，他也絕不會承認。延安二月時指示要在皖南建立政權，但是在一個國民黨機構沒受一點破壞的地方，在國共關係沒有破裂的情況下，共產黨想另搞一套談何容易。至於蘇南，那裏本是國民黨統治的重心，政治軍事情況很複雜，力量弱小的新四軍又處在第三戰區的屋簷下，項英難免要低一低頭，但這並不等於他放棄了中共政權的建設，只是為了不公開刺激國民黨，他採用了別的變通方式。新四軍進入蘇南後，在中共黨內迅速成立了蘇南特委[41]，管文蔚的黨籍就是在這

39　《葉挺將軍傳》三〇七頁。
40　項英由延安提前回雲嶺及毛澤東廢止「一切經過統一戰線」提法的情況，見《項英傳》三三二―三三三頁、三三七頁。
41　《蘇南抗日根據地》一一十六頁的〈綜述〉。

期間恢復的[42]。對外則以抗敵總會、自衛會的名義行使政府的職權[43]。陳毅後來在和葉飛談到這個問題時也說：「不在於形式，而在於內容。」雖然他也說抗敵總會是「半政權性質」[44]，但這顯然只是指這種組織沒有政權的正式名號，中共從沒有讓國民黨真正插手過實際工作。

項英自信從沒有對國民黨做過危害中共根本利益的讓步。一個多月前，他得到韓德勤準備攻打渡過長江北上的新四軍的消息，當即在三月三十日指示：「如進攻，我當堅決消滅之。」[45]

不管項英會怎樣想，中共高層顯然認定，他的問題已經嚴重到需要爭取挽救的程度了。

三、「我有不同意見」

即便不知道劉少奇的指責，單是中央政治局五月四日的批評電報，就足夠讓項英感到十分委屈了。

可能由於電訊傳送的原因，項英剛接到政治局電報時，看到的還不是全文[46]。但那裏面的重話已經敲痛了他的內心，自己多年辛勞，卻被和陳獨秀劃上了等號。他也清楚中央近來對自己不滿意，既然如此，那就請符合中央精神的人來領導新四軍吧。

不等看到電報的全文，項英就在五月九日給延安回電說：

> 為了保證中央方針與黨及革命的利益，我鄭重請求中央，立即派一政治局委員到新四軍及東南局負領導之責。目前鬥爭局勢正是緊張複雜，為了不致使鄙人重演一九二七年之錯誤，而影響黨與革命之發展和勝利，應公開宣布撤我之職，是屬必要。不日召開東南局及軍分會常委聯席會，我即提出在中央派人未到前，東南局擬請曾山代理書記，軍分會擬由陳毅或國平代理，以保證中央方針之實施。為黨的利

---

[42] 《管文蔚回憶錄》三〇一頁，人民出版社一九九四年一月版本。

[43] 〈綜述〉。

[44] 《葉飛回憶錄》二一五頁。

[45] 《項英傳》三五七頁。

[46] 同上四二一頁及《皖南事變（資料選輯）》六十六－六十七頁的相關文字。

益，我不做任何申辯與說明。最好請中央將我今日前之工作做一徹底
之檢查及以議處，目前為對（外）關係，我在黨命令與指示下以應付
外界[47]。

請中央「公開宣布」撤自己的職，項英的話中明顯帶著很大的情緒。

電報剛發走，項英又收到了中共中央軍委總政治部六日下達的〈對於新
四軍政治工作的指示〉，指示的開頭說道：「我們根據中央五月四日對新四
軍的指示，看了新四軍政治部的少數比較舊的材料之後，對新四軍政治工作
有以下意見。」

總政治部的意見是：「我軍的政治工作」應「保持共產黨的獨立性，
一切遷就國民黨，遷就軍隊指揮的上下系統，而喪失或減弱我黨獨立性的辦
法，都是有害的」。

這顯然仍是在批評新四軍方面右傾。

總政治部接著具體指出新四軍的右傾表現，那就是「不應把國民黨首
領的演說宣言編成講話材料」，「你們起草的政治工作條例是不妥當的」，
「一切減弱黨的領導作用的企圖辦法，都應堅決拒絕之」[48]。

這裏說的「政治工作條例」是指〈新四軍政治工作組織綱要〉，裏面不
止一處引用了蔣介石的言詞，在每個「蔣」字的前面還空出一格[49]，這顯然
是按照中國的文字傳統，以示對國家元首的尊敬。

在總政治部看來，把蔣介石的話放在重要文件裏，甚至編成材料，就是
犯了「減弱黨的領導作用」的嚴重錯誤。

自抗戰爆發以來，中共在文件講話中引用蔣介石的言論並不少見。毛澤
東在一九三八年十月的〈論新階段〉報告中就幾次複述了蔣介石和國民黨文
件裏的詞句[50]。而〈新四軍政治工作組織綱要〉是在一九三九年二月的新四

---

[47]　項英一九四〇年五月九日給中共中央的報告，《皖南事變（資料選輯）》六十六－六十
　　七頁。

[48]　相關內容，見〈總政治部對於新四軍政治工作的指示〉（一九四〇年五月六日），《新四
　　軍・文獻（一）》一六四頁。

[49]　相關內容，見〈新四軍政治工作組織綱要草案〉，《中共黨史參考資料》第八冊四四四－
　　四四六頁。

[50]　見〈論新階段〉中的相關文字。

軍第二次政治工作會議上決定起草的[51]，與毛澤東的報告相距不過四個月。項英在這次會議上正是根據〈論新階段〉的精神，指示要加強政治工作[52]。

在這份條例起草過程中，周恩來到皖南巡視，條例中也加入了他的意見[53]。袁國平和鄧子恢還曾寫信給毛澤東、王稼祥等人，請求「給予指示」，「盡可能把八路軍政工經驗介紹給我們」，認為：「帶全國性的材料，如基本的政治教育材料及政工條例之類，最好仍由總政負責供給。」[54]看來總政治部並沒有供給，所以項英他們便在四月正式公布了自己制定的這份政工條例[55]。

也在這個月，中共中央在為開展國民精神總動員運動告全黨同志書中，仍然在引用蔣介石的講話[56]。

項英自認為從來沒有放鬆過中共對新四軍的絕對領導。還在一九三八年三月，新四軍江南部隊還沒集結起來，他就要求「百倍加強黨內和部隊中的政治教育和馬列斯主義的教育」，「不受任何影響減弱自己的精神」，強調中共的獨立性，「反對忘了自己把統一戰線曲解為自己與人家一樣」[57]。幾年來他對中共在新四軍中的政治宣傳工作始終緊抓不放[58]。

國共合作的局面中，中共在軍隊的活動有一定的特殊性。相當一段時間裏，無論八路軍還是新四軍，它們的中共組織都是不公開的[59]。雖然這種不公開其實也是盡人皆知，但它反映了中共的謹慎態度。

處在國民黨包圍中的項英更有理由謹慎。為了避免可能有的麻煩，當時的皖南新四軍裏，中共基層組織開會都要到室外去[60]。

---

[51]　《新四軍事件人物錄》一九三頁。

[52]　《項英傳》三六五頁。

[53]　同上三四八頁。《葉挺將軍傳》稱周恩來當時「非常氣憤地」批評了傳這份文件，其理由跟總政治部後來的批評如出一轍（該書三一四－三一五頁）。如果是這樣，〈新四軍政治工作組織綱要草案〉又怎麼會在四月頒布施行，這樣的記載顯然不確。

[54]　〈袁國平、鄧子恢關於新四軍的政治工作情況致毛澤東、王稼祥、譚政信〉（一九三九年三月），《新四軍・文獻（一）》七四四－七四五頁。

[55]　《新四軍事件人物錄》一九三頁。

[56]　〈中央我開展國民精神總動員運動告全黨同志書〉（一九三九年四月二十六日）《中共黨史參考資料》第八冊二五八－二六一頁。

[57]　項英：〈鞏固部隊提高戰鬥力準備勝利的戰鬥〉（一九三八年三月十六日），《新四軍・文獻（六）》八十四－八十七頁。

[58]　相關情況，見《項英傳》三六〇－三七二頁。

[59]　周克玉：〈記住抗日歷史，讓悲劇不再重演〉，《人民日報》二〇〇五年八月十日。

[60]　童志強：〈項英在皖南的錯誤不可低估〉，《皖南事變研究與爭鳴》七十八－九十頁；黃

但一旦認為涉及到了跟共產黨自主性衝突的原則問題，項英就立刻甩開一切顧忌，展示他剛毅決然的一面，絕不做絲毫讓步。

在大會上講話的項英

新四軍行動之初，同樣是出於謹慎，粟裕曾提出以國民政府中央軍的名義行事，葉挺也說不要講紅軍，都被項英斷然否定[61]。

對項英在黨方面的工作，延安本是肯定的。去年八月的中共中央政治局擴大會議上，新四軍的代表在報告中說東南局和新四軍實現了黨在軍隊中的絕對領導地位，中共高層對此並無異議，還稱讚東南局和周恩來的南方局一樣取得了擴大黨組織等成績[62]。時隔不到一年，現在怎麼能根據「少數比較舊的材料」就說他「減弱黨的領導作用」，項英實在想不通。

想不通歸想不通，項英領導的東南局仍然在收到總政治部意見的第二天發出指示信，要求「徹底地糾正我們現存的缺點和錯誤，用工作成績來證明我們確實執行了中央指示的精神」[63]。

在這期間，依據毛澤東四日指示中建立政權的內容，東南局還要求蘇南方面在四個月內掌握南京附近溧水到武進公路以北地區三分之二的政權[64]。

到了十二日，項英看到了中央四日指示的全文，他立即在下午和袁國平等人開會傳達學習中央精神，對中央的方針路線表示「完全同意」。

誠：〈項英、周子昆在皖南突圍中〉，《皖南事變回憶與思考》五十一─六十一頁。

61　〈項英關於第一、二支隊進入敵後的行動原則致陳毅信〉。鄧子恢後來稱，在他剛到新四軍軍部的歡迎會上，當他提到紅軍時，項英立刻打斷他說：「你為什麼還講紅軍啊，下面有特務在聽！」這顯然只是出於謹慎的考慮。況且此時的新四軍軍部可能還在國民黨統治的南昌（鄧是在一九三八年三月中旬被任命為新四軍政治部副主任的，他應該是在此前後到新四軍的，見《項英傳》三〇二頁。當月二十八日軍部開始向皖南移動，項英和大部分人員四月四日才動身，也見《項英傳》三〇六頁），項英如此小心也是有理由的。至於鄧還講項英不許部隊喊「中國共產黨萬歲！」（上述記載，見〈項英在皖南的錯誤不可低估〉），已有新四軍老戰士指出這不是事實，見〈皖南事變縱橫談〉。也許初期為避免刺激國民黨而有這種情況（鄧子恢在皖南軍部只待了一年便去長江以北了），但以後顯然不是這樣了。

62　《項英傳》三六九頁。

63　《項英傳》四二一─四二二頁。

64　〈綜述〉。

項英也在會上提出由曾山、袁國平代替他職務的建議，眾人反覆討論「歷久未決」，最後「認為需要中央決定」[65]。

毛澤東在指示中說：「此指示，在皖南由項英同志傳達」，東南地區的軍政工作也仍「由項英同志按照中央方針統籌辦理」[66]。但項英認為：「中央指示再觀總政指示內，其形式與精神及品質已顯然，我之領導已有路線錯誤和不執行中央方針，雖在上面未經公開正式指出，其內容與決定的嚴肅性表現顯然如此，我當然不能繼續領導，而且無法領導。」會議於是決定由袁國平負責傳達中央指示，在近日召開中級以上幹部會議討論[67]，至於蘇南方面，毛澤東的指示裏已明確地說「由陳毅同志負責傳達」[68]，項英他們也沒有意見。

會後項英便給延安打報告，彙報會議討論結果。然後再次請求將他「公開宣布撤職」，因為「中央指示係一半告同志書性質」，「已說明其性質與指示鄭重性、嚴肅性非普通指示與普通文件可比。為尊重與服從，應改變領導」。

但項英心裏終究是不服的，他表示，對自己的錯誤「中央指示並未明顯指出，根據何種事實」，「我自信在方策與路線上未有與中央相差之處（僅僅我自信），固然在某些問題上我有意見」，「我有不同意見，在今天鬥爭環境下，為黨的利益，不必申辯和爭執，只有改換領導為有利」[69]。

四、「有錯誤應公開批評和指斥」

皖南的項英煩惱的時候，蘇南的陳毅心情也不好。

讓陳毅不痛快的人是葉飛。自從回到吳家橋地區後，葉飛按照劉少奇在皖東的做法，決定在當地建立共產黨的政權，任命中共蘇北地委副書記惠浴宇為江都縣長。有人對他提出反對意見，認為如果仿效皖東，那意味著：

---

[65]　相關記述，見項英在一九四〇年五月十二日給中共中央的報告，《皖南事變（資料選輯）》六十七一六十八頁。

[66]　〈放手發動抗日力量，抵抗反共頑固派的進攻〉。

[67]　項英在一九四〇年五月十二日給中共中央的報告。

[68]　〈放手發動抗日力量，抵抗反共頑固派的進攻〉。

[69]　會議結果和項英的彙報，見他十二日給中共中央的報告。

「要麼是皖南的路線錯了，要麼是你反黨！」
葉飛只好向此人說明了劉少奇對項英批評[70]。

陳毅在蘇南給新四軍幹部做報告

項英身在江南，江南新四軍完全受他的統
轄。說項英犯了錯誤，同在江南的陳毅也脫不
了干係，鄧子恢的批評就是例證。

不管怎樣，陳毅聽到的說法是，葉飛指責
江南執行了右傾機會主義路線。

陳毅惱了，隨即拍發電報，責問葉飛憑什
麼這樣貶斥江南，他陳毅怎樣反對中央了？

受到這樣的質問，葉飛心裏也窩火。他沒有答覆陳毅，除了感到生氣
外，大概也是覺得不便把劉少奇的話在電報裏公開講出來[71]。

陳毅也沒時間跟葉飛計較，因為他此刻的日子並不好過。三戰區的國民
黨部隊向靠近蘇南的地方增兵，陳毅認為這是衝著新四軍來的。事實表明項
英對蘇南地域狹小的擔心是有道理的，一旦國民黨軍增大壓力，陳毅就感到
吃不消了。

為保住兵力薄弱的蘇南，陳毅還需要借助葉飛等人。他在五月十七日致
電延安，要求從蘇北調回陶勇和管文蔚、葉飛兩個團至蘇南，以應付國民黨
軍進攻[72]。

這時北方的八路軍正在按毛澤東的指示調部隊準備南下，支援華中的
發展，陳毅認為有了八路軍，就更可以從華中地區抽些部隊回來加強蘇南
了[73]。

陳毅隨後又得到的消息，三戰區負責蘇南的冷欣正準備調動人馬進攻新
四軍。這又加重了他的擔憂。調葉飛的提議還沒得到答覆，他只好一面命令
部隊備戰，一面又發電報給項英，建議軍部在一個月內速以主力掩護資材搬
運，也就是轉移到蘇南，否則就在皖南準備游擊[74]。

---

[70] 《葉飛回憶錄》一六四－一六五頁。
[71] 相關情形，見同上二一四頁。
[72] 三戰區國民黨軍動向及陳毅五月十七日電報，見《陳毅年譜》上卷二七六頁。
[73] 陳毅對華中和蘇南的考慮，見《陳毅傳》一二五頁。
[74] 《陳毅年譜》上卷二七七頁。

　　陳毅當然希望軍部部隊能向蘇南靠近，加強他這邊的力量。儘管已被賦予主攻蘇北的重任，陳毅此刻思考的重心仍放在鞏固蘇南上面。

　　但事情並沒有按陳毅的意願發展，要調回葉飛等人的想法再次遭到了劉少奇的反對。劉少奇首先通知葉飛，中央有命令要他在蘇北積極行動，然後電告延安：「我的意見葉部不應南調江南，且有必要加強部隊到蘇北。」[75]

　　面對華中和江南一次次的分歧，中共中央不能不通盤協調新四軍方面的戰略，而首先要解決的是項英辭職的問題。

　　從在批評項英的同時，又要他「統籌辦理」來看，毛澤東當時至少沒打算立刻撤換項英，項英提出辭職，顯然也很出乎他的意料。

　　正當皖南新四軍面臨轉移，江南、江北做重大戰略準備的關鍵時刻，臨陣換將並不是合適的選擇。既然如此，就有必要對項英採取安撫的策略。

　　二十三日，中共中央向東南局和新四軍軍分會發去電報，對日前的種種批評做了解釋，表示：「在項英同志領導下的東南局與軍分會，在三年抗日戰爭中是有成績的，是執行了抗日民族統一戰線的，但在執行這一路線時犯了某些個別錯誤，故你處錯誤不是總路線，而是抗日戰爭與統一戰線中某些個別策略問題錯誤。」「不應抹殺成績，不應瞭解為總路線錯誤。」然後指示：「項英同志應該繼續擔負東南局及軍分會書記之責，對政治上及策略上的不同意見，望告中央，對中央指示仍由項英同志傳達。」最後說：「現當時局嚴重轉變關頭，全黨同志應當團結一致。中央號召東南局及新四軍全體同志在項英同志領導下，親密團結起來，為執行中央路線，克服投降危險，爭取時局好轉而奮鬥。」[76]

　　這份電報在二十五日送到了項英的手上，他讀著電文，對其中的表達還是感覺不快。一會兒說他可能犯「絕大的錯誤」，甚至是「一九二七年的錯誤」，意味著問題很嚴重；一會兒又說只是「個別策略問題錯誤」。究竟自己錯在哪兒了？

　　不過，項英這時還顧不上考慮個人的得失，因為更緊要的事情在等著他決斷。隨著形勢的吃緊，軍部向蘇南轉移的行動已經顯得刻不容緩了。

---

[75]　《皖南一九四一》七十九頁。

[76]　〈中共中央關於項英錯誤的性質及東南局軍分會仍由項英領導的指示〉（一九四〇年五月二十三日），《皖南事變（資料選輯）》六十五─六十六頁。

剛安撫了項英的延安也在催新四軍軍部轉移，二十六日，中共中央書記處致電項英、陳毅和劉少奇、張雲逸[77]，對蘇南、蘇北的布局做出決定，雖然同意陳毅「對蘇南的新布置」，但指示葉飛等部隊「仍應留蘇北發展」，只是可以「酌抽一部加強蘇南」。這也就是說，在陳毅鞏固蘇南的「新布置」中，有比較大指望的是從皖南遷過來的軍部的力量，所以書記處接著就說：「皖南軍部以速移蘇南為宜。」

學習中的項英

書記處在電報的最後還說：「在團結抗戰時期，我軍不應向友黨後方行動，而應向戰爭區域與敵人後方行動」，在敵後「我應放手發展武裝，建立政權，建立根據地」，「堅決打擊阻礙我發展的反共頑固派」[78]。

這其實是又一次否定項英南進的預想，也繼續含蓄地批評他在新四軍發展中不夠「放手」和「堅決」。

項英暫時壓下心頭的不悅，先處理軍部轉移的事要緊。

由於中共中央仍要「堅持皖南陣地並發展之」，項英決定留一個團在銅陵、繁昌，餘下的兩個團跟軍部轉移[79]。

軍部到蘇南去，不僅要和擋在路上的國民黨方面交涉，還要考慮新四軍自身的不利條件。項英近兩個月前就向毛澤東講過蘇南「地區狹小」，如果軍部部隊直接轉移到那裏，數千人馬集中在很窄的空間裏，自然不是最好的選擇。

作為統帥的項英當然也早就謀畫了解決之道，那就是他跟毛澤東提過的在「廣德、寧國一帶堅持」的設想。現在中央既然說「不應向友黨後方行動」，項英便把原來預想的立腳地段從國民黨控制的廣德、寧國移到了北面的敵占區，選擇了更靠近蘇南根據地的郎溪，並準備從那裏「與蘇南打成一片」，把狹小的新四軍地盤擴大。

---

[77]　《陳毅年譜》上卷二七七頁。

[78]　這份電報的全文，見《皖南事變（資料選輯）》五十六─五十七頁，但該書中此電的日期為四月二十六日，然文中有「陳毅十七日意見收到」，聯繫到陳毅五月十七日的電報，可以判斷《陳毅年譜》上卷二七七頁和《陳毅傳》一二五頁的記載是正確的。

[79]　《項英傳》四三三頁。

二十八日，項英和袁國平向中央和重慶的周恩來等人報告了自己的想法，也通知了陳毅。

郎溪雖在日本占領區，但卻屬於國民黨軍第二游擊區的勢力範圍，新四軍到那裏免不了又會兩面樹敵，為慎重穩妥，項英他們決定，先組一先遣隊到郎溪、廣德地區去布置，並請陳毅派人到郎溪以南廣德以西選擇有戰術意義又便於防守的地點，再派少數部隊掩護接應軍部人員[80]。

陳毅要皖南部隊過來的目的是想保住蘇南的根據地，而延安也贊成他「對蘇南的新布置」，所以在他的心目中，固守蘇南依然是放在第一位的問題。這樣一來，對由自己負責的發展蘇北，陳毅的態度也就十分謹慎。

陳毅在二十八日同一天給中共中央、葉挺、項英、中原局和管文蔚、葉飛的電報中表示：新四軍在蘇北處在日偽、國民黨和地方勢力「三方面包圍形勢下，同時我之力量較弱，尚未準備完成，如採取三面進攻則必然失敗」，所以目前應積極進行統戰工作，管文蔚、葉飛此時應「積蓄力量，以期配合應付事變，堅忍鎮靜積極布置自己的發展」[81]。

收到項英要他接應的指令後，陳毅立刻著手派人往郎溪、廣德方向實施勘察，又和粟裕安排接應部隊[82]。

部署完了軍部轉移的準備工作，項英終於有時間來和中央說說自己的問題了。

二十九日，項英向延安報告了對二十三日指示的感覺，表示：「讀後仍不解實際意義與內容，請中央公開地明確地指出。」又說：「我認為對一個較負責同志（就是一個老黨員罷！），有錯誤應公開批評和指斥，不要含而不言地曲折婉轉。」「如若不能瞭解錯誤，均無法改正和轉變」，所以他「請求改變領導，即在此意」。他還提議「在中央未來人前」，「江南已與中央通電，請直接指導與指揮」，「地方黨由曾山報告中央直接領導」，「皖南在軍事行動與作戰我仍負責」，「一切外交直由恩來負責」[83]。

80　項英、袁國平的相關布置，見《陳毅年譜》上卷二七八頁。

81　《陳毅年譜》上卷二七八頁。

82　《陳毅年譜》上卷二七八頁。

83　相關內容，見項英在一九四〇年五月二十九日給中共中央的報告，《皖南事變（資料選輯）》六十八－六十九頁。

中央顯然不認為現在是「公開批評和指斥」項英的時候，而蘇南的陳毅也來電勸阻項英。

得知項英打算辭職的消息後，陳毅對部下說：項英要捧烏紗帽辭職不幹了，有幾件事是非常嚴重的，需要立即發個電報。

電報自然是發給項英的，對他說中央政策是完全正確的，理應在部隊傳達貫徹。這話帶有批評之意，儘管項英已經傳達討論了中央的指示。

曾如清

雖然對老上級顯得不太滿意，陳毅還是向項英表示，你身繫東南半壁安危，任重道遠，望仍統率我們共同為實現中央方針奮鬥。你如辭職則群龍無首，國民黨反共派必將乘隙蹈進，後果堪虞。望以大局為重重新考慮[84]。

陳毅最關心的恐怕還不是項英的辭職，而是軍部什麼時候能到蘇南這邊來。

他感覺國民黨的壓力越來越重了，擔心有被冷欣包圍消滅的危險，可葉飛等人卻不能回來支援，連延安說的「酌抽一部」都沒辦到。

為擺脫困境，陳毅開始考慮把江南部隊主力開到他還不看好的蘇北去，當然如果項英和軍部能快些到來，蘇南的局面就能穩定，有軍部力量在，他也可以放手攻取蘇北。

調不動葉飛他們，陳毅只有緊催皖南軍部快些轉移，他讓江南指揮部民運科長曾如清做信使，前去皖南見項英，希望軍部趕緊行動[85]。

五、「竟這樣目無中央！」

曾如清原是軍部的民運部組織科長，以前在皖南銅陵工作時，因為組織了一支幾十人的游擊隊，被三戰區指控「破壞兵役法」[86]。項英當時顯然是根據新四軍正規作戰能力不強，活動地區有限的特點，提出兵要精，部隊重

---

[84] 陳毅對部下的話及給項英的電報，見《陳毅年譜》上卷二七六頁。

[85] 周侗：〈深謀遠慮，毅然東進〉，《皖南事變資料選》一五二─一五七頁，安徽人民出版社一九八一年五月出版。以下稱《皖南事變資料選》（安徽版）。

[86] 〈項英在皖南的錯誤不可低估〉。

在品質[87]，並不主張一味地擴充武裝，何況是在國民黨的地盤上。於是他也批評曾如清「破壞統戰」，「無組織無紀律」[88]。但還是保護他，把他祕密送到了陳毅那裏避風[89]，而陳毅也曾被項英批評為「破壞統一戰線」，還給稱做「人、槍、款主義」[90]。

所謂「人、槍、款主義」大意是說，不顧及其他勢力的感受，只管自己搞人、搞槍、搞錢，擴充實力。對「人、槍、款主義」的批評後來也被作為項英的錯誤之一。

江南地區國民黨力量很強，項英對新四軍在那裏的活動一直持慎重態度。不僅是他，直到一九四一年七月，已經是新四軍政委的劉少奇還告誡江南方面：「不要只看到目前能搞人、搞槍、搞錢、搞地方，而不顧及影響怎樣，因為這樣便會使長期堅持發生困難。」[91]

在工作中受批評也是常有的事，跟陳毅同病相憐的曾如清心理上並沒有壓力。領受任務後，他一路快馬趕到了皖南，向項英轉達了陳毅的意見，包括準備進入蘇北的想法。

項英皺著眉頭聽曾如清講完，只說了一句話：「事情太重大了，需要慎重考慮。」[92]

不是已經決定轉移了嗎，還考慮什麼？

轉移並不是新四軍想走就能走的，國民黨如果不放行，向蘇南靠近勢必危險重重。雖然新四軍的戰鬥力比不少國民黨部隊強，但那是在有自己可靠陣地的情況下。現在要從人家占據優勢的防區走過，等於毫無遮掩地把自己暴露在對手的強大火力之下，其結果難保不是第二個太河事件。

這時候的國民黨方面也正積極地在皖南新四軍四周調兵遣將，如果此時新四軍軍部自行開動，對方必然重兵阻擊，在這種情況下，項英估計需要兩

[87]　《葉飛回憶錄》一〇二頁。
[88]　〈深謀遠慮，毅然東進〉。
[89]　〈項英在皖南的錯誤不可低估〉。
[90]　〈深謀遠慮，毅然東進〉，《葉飛回憶錄》一一八頁。
[91]　〈一致努力，長期堅持江南抗戰 —— 一九四一年七月五日上午劉少奇對江南參觀團的講話〉，《新四軍軍部在鹽城》一三九－一四六頁，江蘇人民出版社一九八八年十二月出版。
[92]　〈深謀遠慮，毅然東進〉。

天半才能到蘇南[93]，冒著槍林彈雨穿行六十個小時，皖南新四軍無疑會遭受嚴重的損失。

國民黨也並非堅決不讓新四軍軍部移動，不過有一個條件，那就是新四軍的江北部隊必須先回到江南來[94]。

項英當然不會讓江北新四軍回來，皖南的新四軍也就寸步難行。

曾如清等了一個星期，等來的只是項英這樣的話：「這個問題太重大了，還需要考慮，還需要研究討論，你先回去吧。等我們討論好了，再給陳司令發電。」

項英知道，如果軍部部隊不能及時到蘇南，陳毅將會向蘇北行動。那裏的局面能否順利打開，他和陳毅一樣不敢太過樂觀，所以特意叮囑曾如清，你們去蘇北可要慎重、慎重……

對這種話，沒完成使命的曾如清或許聽得有些不耐煩，打馬起程趕回蘇南，向陳毅報告。

聽了曾如清的彙報，陳毅立刻惱怒地拍桌子嚷：「項英既不去皖北，又不來茅山，竟這樣目無中央！他賴在皖南，按兵不動，猶疑不決，到現在還五心不定，將來一定會輸得乾乾淨淨！」[95]

生氣也沒用。如果項英來不了，陳毅只能向北去躲避國民黨的鋒芒。冷欣的兩個師已經在新四軍周圍形成了包圍的態勢。陳毅在十日向中共中央報告：冷欣部隊對我江南指揮部形成大包圍，蘇南我力量不足不能突破，決心北移，到京滬線大舉肅清敵偽勢力，然後決定今後動向[96]。

陳毅在蘇南憤怒，周恩來也在重慶對項英領導的新四軍提出了批評。

也在十日這天，袁國平到了重慶[97]，隨後受到周恩來的接見。據周恩來後來在中共中央政治局會議上說，他批評項英沒有積極執行「向北發展」的方針，對國民黨頑固派沒有堅決鬥爭，沒有堅持黨的立場。這和劉少奇與葉飛談話的內容很相似。

---

[93]　〈項英關於軍部東移停滯致中共中央電〉（一九四〇年六月十二日），《新四軍‧文獻（一）》一七一頁。

[94]　《項英傳》四三三頁。

[95]　項英對曾如清的答覆和叮囑及陳毅的反應，見〈深謀遠慮，毅然東進〉。

[96]　《陳毅傳》一二五頁。

[97]　《葉挺將軍傳》三五〇頁。

　　袁國平則對周恩來表示：八路軍既然南下，新四軍也應向南發展。這跟陳毅要調葉飛的理由是一樣的。袁國平還說：項英同意中央指示的原則，但認為中央對新四軍的批評有些是出於誤會。不過在中央批評的壓力下，袁國平雖不同意新四軍是路線錯誤，但也承認沒有積極發展[98]。

　　對周恩來的批評，在皖南的項英可能還不知道，他的注意力仍放在如何轉移上。

　　經過對局勢的研究，新四軍軍部得出的結論是，轉移暫時不可能。項英在十二日電告中共中央：「軍部移動已停滯」，「這一帶作戰極不利，故目前只有做待機移動」[99]。

　　項英不能動，陳毅只得在十五日向中共中央表示：冷欣迫新四軍就範，應付不好必用武力，「目前只有集中蘇北攻擊韓德勤或者集中蘇南打冷欣兩個途徑」。很顯然，由於葉飛的部隊不能南下，陳毅的隊伍其實唯有集中蘇北一條出路，他甚至不等延安的明確答覆就「決心布置移往蘇北」。

　　陳毅仍記掛著皖南的新四軍，在電報中又說：「到蘇北後，皖南軍部方面宜速部署。」[100]

　　中共領導也正在對新四軍高層做出部署，周恩來等人在重慶和葉挺、袁國平談話，決定今後新四軍與國民黨的交涉不再由袁國平去找顧祝同，一律轉到周恩來這裏負責[101]。

袁國平

　　十七日，周恩來在南方局常委會議上發言，這次他肯定了新四軍是執行了「向北發展，向東作戰，向南鞏固」的方針，只是同中央的指示仍有差別。江南的工作也明顯處處遷就國民黨，但還是宣布一年來東南局的工作在項英領導下是正確的[102]。

　　此時在延安，眼看著皖南問題懸在那裏，毛澤東卻不那麼著急了。因為他感覺形勢正在對中共有利。

[98]　周、袁的談話內容，見《周恩來傳》（二）五七七頁。
[99]　〈項英關於軍部東移停滯致中共中央電〉。
[100]　相關電文，見《陳毅年譜》上卷二八〇頁。
[101]　《周恩來傳》（二）五七八頁。
[102]　《周恩來年譜一八九八－一九四九》四五六－四五七頁。

在這之前，毛澤東估計蔣介石強硬反共，是執行「英美法最惡毒的反蘇反共指令」，可能會「對日妥協」，「以便在太平洋方面組織英美法日華五國的反蘇反共集團」。在這樣的情況下，中共只有以強硬對強硬。

可是莫斯科的看法卻不盡相同，共產國際雖然同意來自國民黨內反動份子的投降危險比任何時候都更加尖銳，但季米特洛夫仍然希望能努力保持國共合作的局面[103]。

到了六月，英法兩國在歐洲被希特勒的閃電戰打得慘敗，法國被迫投降，英國退守孤島。這讓毛澤東斷定列強不會再有心思管中國的事，「東方慕尼黑的危險，已經不存在了」[104]，他覺得蔣介石的靠山如今靠不住了，應該會對共產黨「被迫讓步」了[105]。這樣一來，皖南新四軍也就不會那麼危險了。所以，聽到新四軍軍部轉移受阻的消息，毛澤東並沒有對項英多加催促，整件事就這樣擱了下來。

項英卻沒有放鬆轉移的準備工作，他一面指示東南地區中共組織做好應變準備，按延安五月四日指示所說：「蔭蔽精幹，長期埋伏，積蓄力量，以待時機。」一面跟屬下研究制定直接北渡長江和經蘇南過江去蘇北兩種可能的行軍方案[106]。

這時候的陳毅正向長江以北轉移，為了穩住冷欣，讓新四軍比較順利地通過國民黨防區，他派人去聯絡關係，還派出包括新婚妻子張茜在內的新四軍戰地服務團演劇隊，由粟裕親自帶領，到第二游擊區做慰問演出。

可是冷欣並不傻，他很快就察覺新四軍蘇南主力要北上，立刻調部隊攔截。六月十八日，新四軍和國民黨軍在茅山腳下交上了火[107]。

蘇南部隊被冷欣糾纏住，一時難以脫身。蘇北那邊又傳來不利的消息，葉飛挺進縱隊也正面臨著國民黨軍大舉進攻的壓力。

---

[103] 毛澤東的判斷和共產國際的意見，見《毛澤東與莫斯科的恩恩怨怨》（修訂版）一○三頁。

[104] 《毛澤東年譜一八九三－一九四九》中卷一九四頁。

[105] 《毛澤東與莫斯科的恩恩怨怨》（修訂版）一○四頁。

[106] 相關情況，見《項英傳》四二三頁、四五○頁、四五三頁。

[107] 陳毅迷惑國民黨的動作及國共在茅山交火，見《陳毅傳》一二六頁。

　　得知這一情況，陳毅十分焦急，葉飛眼下勢單力薄，他下面總共只有兩個團多一點的兵力，面對的卻是約十餘萬國民黨部隊。江北的劉少奇也向延安報告說：「葉飛部隊甚為孤立，有被韓軍消滅之危險。」[108]

---

[108]　同上一二五頁。

第九章

難以解決的爭端

一、「將在外，君命有所不受」

　　蘇北的範圍囊括江蘇省內長江北岸的全部地區，日本人雖然控制了長江南岸包括南京在內的大部分地方，但在北岸這邊卻只占領了小部分土地，多數區域仍在中國人手中，據守這一大片領土的中國最高指揮官就是蘇魯戰區副總司令、江蘇省主席兼保安司令、二十四集團軍總司令韓德勤。

韓德勤

　　韓德勤麾下的國民黨軍有三個部分，他自己的部隊、泰州兩李和稅警總團陳泰運部。人數最多的還是韓德勤的部屬，號稱十萬[1]，實際有七萬人[2]。

　　韓德勤在一九三〇年代內戰時就做過紅軍俘虜，後來乘隙逃走[3]。有過這種恥辱經歷的他，對共產黨的態度十分強硬，一九三九年就已和中共武裝起過衝突[4]。如今剛在半塔集敗北的他，對新四軍進入蘇北自然懷著極大的敵意。

　　不過，韓德勤的指揮中心在蘇北中部的興化，離背靠長江的新四軍還很遠。緊挨著葉飛部隊的是蘇北國民黨軍第二大勢力，泰州兩李的人馬。

---

[1]　韓德勤部隊的情況，見《葉飛回憶錄》一七〇－一七一頁。
[2]　《陳毅傳》一一七頁。
[3]　《黃克誠回憶錄》（上）二八六頁，解放軍出版社一九八九年四月出版。
[4]　粟裕：〈挺進蘇北與黃橋決戰〉，《新四軍·回憶史料（一）》三八一－四〇一頁。

　　所謂兩李就是李明揚和李長江，他們的職務是魯蘇皖邊區游擊總指揮和副總指揮，統領著一支號稱三萬，實則兩萬多人的雜牌軍。李明揚曾是同盟會員，參加過反對袁世凱的起義和北伐戰爭，實力最盛時擁有十一個縱隊的兵力。李長江本是李明揚的衛士，為人勇猛，擅長結交江湖，現在兩李的部隊多半是他拉來的。

　　對於共產黨，李明揚雖在一九二七年前有過交往，但他和李長江也曾在江蘇堅決鎮壓過中共武裝。中共也抓住機會對兩李的部隊展開工作，此刻兩李手下三縱隊的八支隊（這裏的支隊相當於團）支隊長陳玉生就是共產黨員，另一位二縱隊的司令顏秀五早年與中共有過聯繫，這時又和蘇南新四軍搭上了關係。

　　兩李與韓德勤之間有矛盾。兩個人本為江蘇省保安處的正、副處長（也就是正、副保安司令），韓德勤到任後卻把他們統統撤職，自己當了保安司令，副司令則由他的部將擔任[5]。兩李對此一肚子的氣，但礙於韓德勤勢大，敢怒不敢言。

　　正因為如此，當新四軍打算進蘇北的時候，兩李並不像韓德勤那樣緊張。雖說曾與中共為敵，但那都是過去的事了，現在如果新四軍開到蘇北，等於多了一股對付韓德勤的力量。有這樣的算計，他們才會那樣爽快地答應新四軍在江北吳家橋一帶駐紮。

　　一九三九年的時候，江南的陳毅還沒有擔負主攻蘇北的任務，但既然已與蘇北的國民黨軍發生了接觸，就不能不考慮應對的策略。由於當時的重點還在蘇南，陳毅很自然地決定對兩李採取合作的方式。一九三九年七月，他親自到泰州拜訪李明揚和李長江。

　　不過這一次拜會並不融洽。即便想借用中共軍隊制約韓德勤，兩李也不願看到新四軍在蘇北過於擴張，那勢必在將來構成對自己的威脅，他們也不想為此公然得罪韓德勤。所以在與新四軍聯絡之初，兩個人又刻意地要跟對方保持距離。當陳毅到來時，雖然李長江親自出迎，李明揚設宴款待[6]，但在具體磋商時，李明揚便躲開了，只讓李長江跟陳毅談，言詞也十分敷衍[7]。

5　兩李的情況及其與韓德勤的矛盾，還有中共對他們部下的工作，見《葉飛回憶錄》一七一──一七三頁。
6　陳毅初次去泰州時兩李的迎接情況，見《陳毅傳》一一八頁。
7　《陳毅年譜》上卷二五二頁注釋一。

儘管如此，陳毅其實還是替中共進一步贏得了兩李的好感。他交上一封假借毛澤東、朱德名義寫的信，裏面說玉階（朱德的號）與師廣（李明揚的號）兄皆屬同盟會反袁起義偉人。李明揚看了很是高興，甚至淺薄地對人誇口說：「我打坫了，到延安玉階會招待我。」[8]

一九三九年陳毅（船頭站立）渡長江北上

兩李與新四軍確立友好關係是在一九三九年底，陳毅應李明揚的請求，幫他把三戰區送的十萬發子彈經江南運到蘇北，並藉此機會再到泰州，第二次見到了李明揚。

這次跟兩李的會面，用項英後來向中共中央報告的話說：「所談甚好。」兩李答應協助新四軍向不屬於他們防區的蘇北東部挺進，同意讓陶勇的蘇皖支隊去與皖東的新四軍五支隊取得聯繫[9]。陳毅送給李明揚一把日本軍刀，送李長江一匹好馬，對與中共關係較好的顏秀五則贈與了三十支日本三八式步槍[10]。李明揚隨後送新四軍一萬法幣作為慰勞[11]。

在這之後，雖然有盛子瑾事件，還有葉飛派人到泰州部隊中做爭取工作，引起兩李的反感[12]，但雙方基本上維持了互不相犯的局面。一九四○年三月末半塔集之戰發生時，兩李下屬中也有人想攻打葉飛，六縱隊司令，李長江的結拜兄弟陳才福說：「新四軍一共才兩千人，我去大叫三聲也把他們叫垮了！」[13]陳毅第三次進泰州，勸兩李保持中立，葉飛這才能順利地馳援半塔集[14]。新四軍和泰州的關係又得以繼續，直到這年的五月中下旬。

五月十七日，日軍及汪精衛部隊五百多人向葉飛部隊進攻。葉飛與敵激戰了一天一夜，殲滅了這支日汪人馬的大部兵力。

8　〈毛、朱、王批轉陳毅關於蘇北統戰工作的經過與主要經驗〉。
9　陳毅二進泰州，見《陳毅傳》一一八－一二○頁。
10　《葉飛回憶錄》一七四頁。
11　《陳毅年譜》上卷二六一頁。
12　〈毛、朱、王批轉陳毅關於蘇北統戰工作的經過與主要經驗〉。
13　《葉飛回憶錄》一七七頁。
14　《陳毅傳》一二二－一二三頁。

　　戰鬥雖然勝利了，但葉飛等指揮員的心情並不輕鬆。他們知道日本人很可能糾集大部隊前來報復，那樣新四軍就可能吃大虧。

　　唯今之計，只有走為上策，把部隊轉移。

　　轉到哪裏呢？葉飛等人經過討論，覺得泰州西北方向的郭村是最好的去處。那裏有中共的支部，還掌握了自衛隊武裝，在民眾中有基礎。此地又處在日本、韓德勤、兩李三股勢力間的空檔，新四軍可以藉機建立政權，發展和擴大根據地。

　　可是郭村雖是個沒有正規軍的空白點，但不等於是無主之地，在軍政上它明確歸屬兩李的防區[15]。

　　對於兩李，葉飛這時的看法已與陳毅不同。陳毅認為兩李是中間派，應該盡力爭取[16]，葉飛則認為兩李是頑固派，根據是中共中央指示中有「積極發展，不顧韓德勤、李明揚反對」的字句，鄧子恢不是也批評江南對兩李的統戰路線是機會主義嗎？葉飛對兩李的態度因此比較強硬，用陳毅後來的話講，「主張向兩李開刀」[17]，進駐郭村也就沒什麼顧忌。

　　要到郭村去，新四軍還必須經過一個叫宜陵的地方，那裏由兩李的部隊駐守著。不過葉飛他們對此倒不太擔心，因為防衛宜陵的指揮官是顏秀五。

　　顏秀五已經在四月經陳毅批准，成為中共的特別黨員[18]。對新四軍的行動他自然不打算阻攔，但為不暴露自己，他也必須向兩李報告此事。

　　兩李哪肯把自己的地盤讓給他人，新四軍也不行。李長江向顏秀五下令：「如果挺縱要通過宜陵的話，就打。」

　　顏秀五沒有把李長江的原話告訴新四軍，只是說：郭村「是我們的防地，你們不能來」。

　　葉飛當然不會聽李長江的，率領部隊徑直向郭村開進。顏秀五只派人象徵性地阻攔了一下，便讓新四軍順利通行。他的士兵和老百姓站在一起，看著葉飛的人馬從面前走過[19]。

---

[15]　新四軍擊敗日軍掃蕩及去郭村的決策，見《葉飛回憶錄》一六六一一六九頁。

[16]　《陳毅年譜》上卷二八一頁。

[17]　〈毛、朱、王批轉陳毅關於蘇北統戰工作的經過與主要經驗〉。

[18]　《陳毅年譜》上卷二七二頁。

[19]　新四軍開往郭村的經過，見《葉飛回憶錄》一六九一一七〇頁。

葉飛部隊就這樣進駐郭村。兩李很是惱火，李長江多次派人索要郭村，也多次被葉飛拒絕。於是在六月下旬，李長江發出最後通牒，限新四軍三天內撤出郭村。

葉飛

見兩李決意要動武，葉飛忙向劉少奇和陳毅報告。

劉少奇的回答是：先做出力求與兩李合作的姿態，「爭取政治上的優勢」，但「由於你們積極活動，頑固派必然遲早會向你們進攻，你們要選擇適當的地形位置，能夠固定或以游擊戰支援一二星期，讓頑固派進攻你們，你們自衛，造成充分理由，然後再由八路軍與四、五支隊援助你們協力側擊頑固派」[20]。

一句話，還是像劉少奇早先向葉飛交代的那樣，吸引國民黨來進攻，其他地方的中共部隊就可以用增援的名義進入蘇北，做發展的文章。

陳毅卻和劉少奇的意見相反，他致電葉飛，要他盡量避免衝突，退出郭村，回吳家橋地區，必要時也可退回江南，以後再圖向北發展[21]。

陳毅這樣做的理由是，如果雙方打起來的話，就會把兩李推到韓德勤一邊，韓、李兩邊一旦聯合起來，將有近十萬之眾，區區數千人的蘇北新四軍是吃不消的[22]。

到底聽誰的，當時的葉飛恐怕會有些為難。雖然按中共中央二月的決策，陳毅是發展蘇北的主持人，但眼下的現實是，葉飛的頭上明顯出現了劉少奇和陳毅雙重領導的狀態。

劉少奇也意識到這種雙頭並立的局面。他在六月二十二日致電毛澤東、王稼祥、朱德等人，認為：「在目前迫切需要成立有威信、有工作能力的華中總司令部（公開名稱另定），在指揮上以至建制上統一我華中各部隊」[23]。

這時候的陳毅仍在行使上級的職權，他再給葉飛發電報，擺出上、中、下三策。上策是把郭村交還兩李；兩李如還不甘休，就從吳家橋一帶撤回到揚中，這是中策；在郭村開戰則是下策[24]，因為容易被國民黨軍四面包圍[25]。

[20]　李長江索要郭村及劉少奇的指示，見《葉飛回憶錄》一七七頁。

[21]　《陳毅年譜》上卷二八一頁。

[22]　〈毛、朱、王批轉陳毅關於蘇北統戰工作的經過與主要經驗〉。

[23]　《劉少奇年譜》上卷二九一頁。

[24]　《陳毅年譜》上卷二八一頁。

[25]　《葉飛回憶錄》一七八頁。

在陳毅看來，兩李是中間勢力，必須積極爭取。與他們開戰，無論勝敗對新四軍都不利。打敗了，將失去連接長江南北的紐帶，嚴重影響江南部隊北上；打勝了，兩李將投入韓德勤懷抱，造成反共大聯合，正合韓德勤的意。

基於這樣的理由，陳毅明確指示葉飛，挺進縱隊要派代表去泰州跟兩李談判。

身在前線的葉飛更傾向於和兩李刀兵相見，但陳毅的指令也不好硬不服從。於是他一面發電報請劉少奇儘早派援軍過來，一面又讓挺進縱隊政治部副主任陳同生以陳毅祕書的名義，和調查科長周山一起到泰州去見兩李[26]。

兩李卻已經不想再和新四軍費口舌了。李長江對陳同生他們吼道：「你們是天兵天將也不過二三千人，我們魯蘇皖的部隊就是豆腐渣，也有七八十大堆，也要脹破老母豬的肚皮的！」隨即便把陳同生、周山扣押了起來。

葉飛並不對談判抱多大期望，積極備戰。挺進縱隊領導層經過研究後，報告中原局和陳毅，吳家橋地區不易堅守，郭村地形較好，在這裏迎戰較為有利。

陳毅立刻回電，堅決反對在郭村孤軍禦敵，吳家橋地區如守不住，可暫退江南，與江南部隊會合，然後捲土重來。

軍令如山，該怎麼辦？葉飛召集屬下及中共蘇北特委人員開會討論。會議一直持續到半夜，到會的多數人認為，現在倉卒轉移，如果兩李緊追不捨，再加上日軍封鎖，新四軍會很被動[27]。但也有部分人認為，堅守郭村會與兩李反目成仇，打起來新四軍的彈藥、糧草都很成問題，皖東的四、五縱隊不會在一個星期內趕到，北邊的八路軍也遠水救不了近火，還是遵從陳毅的意見回吳家橋，那裏跟江南聯繫也方便。

管文蔚這時和葉飛在一起，他內心也不想打這一仗，但卻沒有說出來[28]。

與兩李聯合已經被直通延安的皖東方面說成了右傾機會主義，管文蔚早年也曾被人扣上同樣的帽子[29]，恢復黨籍還不到兩年的他選擇了謹慎從事。他沒有明確地表示支持哪一方，只是評估說兩李部隊對新四軍的態度並不

---

[26]　陳毅爭取兩李的指令和葉飛之後的行動，見《陳毅年譜》上卷二八一頁。

[27]　新四軍與兩李談判及是否守郭村的爭執，見《葉飛回憶錄》一七八－一七九頁。

[28]　反對守郭村的意見及管文蔚的內心想法，見《管文蔚回憶錄續編》四十七－四十八頁，人民出版社一九九四年版本。

[29]　《管文蔚傳》一〇八頁。

一致，真正強硬的只有陳中柱的四縱隊和陳才福的六
縱隊。這樣的話自然有利於主戰的那些人。

管文蔚

葉飛當然也是主戰的，他最後拍板，固守郭村，
「對陳司令員，我負責好了」，「陳司令員說過：『將
在外，君命有所不受。』」。

下定決心的挺進縱隊，覆電陳毅，堅持留守郭村。

陳毅收到電報，心急不已。他一邊命陶勇火速帶部
隊馳援郭村，一邊再電葉飛，告訴他自己將在「六月二
十八日便衣渡江，一切候我到時再議」[30]。

二、「你們打了勝仗，我還有什麼好講的！」

不等陳毅過江，兩李已經決意向新四軍動手了。李長江負責具體指揮，
李明揚則以開會的名義到興化去了。他們如此分工很可能是準備萬一戰事不
順，給自己預留退路。

不過在正式行動前，李長江打算先剷除自己內部的一個隱患，那就是三
縱隊的陳玉生八支隊。陳玉生的共產黨身份這時已被人知曉，李長江準備藉
此時機，用四個支隊的力量拔掉這顆中共的釘子。

陳玉生聽到了風聲，決定帶部隊投奔新四軍。可是在李長江重兵壓境的
情形下，如果沒有新四軍的支援，倒戈就很難實現。

陳玉生發電報向葉飛求援。

葉飛手上的兵力也明顯不充足。八支隊所在的泰興離揚中和吳家橋地區
很近，距挺進縱隊主力所在的郭村卻很遠。如果增援陳玉生，防守郭村的力
量就勢必削弱。

經過權衡，葉飛還是決定派一個團去援助陳玉生。他又趁機布下一個
矇騙李長江的計謀。他公開騎著馬跟隨救援的團出發，夜裏又獨自悄悄返回
郭村。

---

[30]　決定守郭村的過程及葉飛、陳毅的往來電報，見《葉飛回憶錄》一八〇頁。

　　李長江果然很快得到葉飛親率部隊增援陳玉生的消息，他由此斷定，被葉飛帶走的必是挺進縱隊的主力，這樣一來，郭村的防衛豈不變得空虛了嗎？

　　李長江立刻決定改變戰略，暫且放過陳玉生，先拿下郭村。

　　總共十三個團，約一萬三千人的兩李部隊朝郭村壓來，參加這場戰事的有陳中柱、陳才福和顏秀五的縱隊，還有韓德勤的一個保安旅[31]。

　　此時延安那邊也對蘇北新四軍的歸屬做了決斷，二十七日毛澤東、王稼祥和朱德發出指示「華中確應成立統一的指揮部」，「現在華中部隊統歸胡服指揮」[32]。

　　胡服是劉少奇的化名，華中地區包括蘇北，這樣葉飛的新四軍也應聽從劉少奇的調遣。如此看來，毛澤東等人的指示實際上放棄了二月做出的讓陳毅負責蘇北的決定。

　　但這個指示最後並沒有全面落實，因為現實的情況在不斷地變化。

　　也在二十七日，韓德勤發出命令，要將蘇北境內「匪軍一鼓而殲之」[33]，「匪軍」自然就是新四軍。

　　同一天，顏秀五的二縱隊政訓處的女政訓員李欣來到泰州城，發現這裏的部隊都發餉了。那年月軍隊欠餉是常有的事，而一旦發餉往往意味著要打仗了。李欣找熟人一問，得知新四軍談判代表已經被扣，李長江指揮部隊明天拂曉就要進攻郭村。打聽到了兩李軍隊的具體部署後，李欣匆匆離開泰州城。

　　當天晚上，一個身穿白色旗袍的年輕女子[34]和另一個穿軍服的男青年[35]走出了兩李部隊的駐地，女子就是李欣，又叫鄭少儀，中共地下黨員。因為事情緊急，她決定親自去郭村向新四軍報信。

　　鄭少儀他們摸著黑在田埂河汊間轉到半夜，大汗淋漓，渾身濕透，終於找到了郭村，向葉飛他們報告了李長江的進攻計畫，然後疲憊的她倒頭便睡。正在她酣睡的黎明時分，郭村外面槍砲大作，李長江開始進攻了。

31　李長江向郭村發動進攻的情形，見《葉飛回憶錄》一七九－一八二頁。

32　《毛澤東年譜一八九三－一九四九》中卷一九五頁。

33　《新四軍征戰日誌》一一五頁，解放軍出版社二〇〇〇年八月出版。

34　《葉飛回憶錄》一八二頁。

35　《管文蔚回憶錄續編》四十八頁。

新四軍這時在郭村只有一個團外加一個特務營，共四個營的兵力。與兩李部隊相比眾寡懸殊，但由於得到了鄭少儀的情報，葉飛很快就摸準了李長江的主攻方向，下令特務營在火力掩護下進行反突擊，奮戰一小時後，將兩李部隊的攻勢打退，還抓了兩百多俘虜。李長江在其他方向的進攻也遭擊退，不甘心的他又在黃昏再組織攻擊，雖然占領了一個小村子，但仍被新四軍打退，還被殲滅了兩個大隊[36]。

鄭少儀

就在這天夜裏，陳毅從揚中渡過了長江，正要連夜趕去郭村，卻碰到葉飛派來接他的惠浴宇，告訴他郭村已經打起來了[37]。陳毅當即急得跳腳罵娘，讓他氣憤的對象有不准葉飛南調的劉少奇，但更主要的還是葉飛。他罵葉飛

惠浴宇

是冒失鬼，初生牛犢不畏虎。嚷道：「這下好啦，就你葉飛和管文蔚能逃出來，就叫我收容啦……」[38]他又問惠浴宇：「我已有電報給葉飛，你們為什麼還要打？」惠浴宇答：「頑軍打了第一槍，我們不得不自衛反擊。」陳毅責難道：「你們不跑到人家城邊，人家就打啦？」[39]

罵歸罵，事已至此，陳毅還是急忙給葉飛找援兵，他沒有帶電臺，只好給江南的粟裕寫信：「速派主力部隊，克服一切困難，渡江支援。」又致信兩李，勸他們停火。他已經沒法去郭村，只得退回長江的新老洲待機而動[40]。他對這場戰鬥並不抱什麼希望，還寫下了〈弔管、葉〉的詩，責備管文蔚、葉飛不聽命令，釀成嚴重後果[41]。

二十九日拂曉，李長江命令部隊再次向郭村發起猛攻。戰鬥激烈之時，新四軍發布了一個令當地百姓震動的消息：據俘虜說，李長江許諾，拿下郭村，放假三天。

---

[36]　鄭少儀報信及李長江對郭村第一天的進攻，見《葉飛回憶錄》一八二－一八六頁。

[37]　《陳毅傳》一二七頁。

[38]　《葉飛回憶錄》一九六頁。

[39]　惠浴宇：〈刀叢出入歷艱辛〉，《新四軍黃橋戰役史料》一〇四－一一六頁。

[40]　《陳毅傳》一二七頁。

[41]　《陳毅年譜》上卷二八二－二八三頁。

所謂「放假」就是可以任意奸擄燒殺，這種做法在當時的舊式軍隊中並不稀奇，人們沒有理由不相信。郭村的民眾憤怒了，為了保衛自己的家園，青壯年主動參加戰鬥，老人和婦女則送飯送水，有的甚至全家上陣。

彭雪楓

經過一個白天的惡戰，李長江的部隊又敗下陣去。

李長江以優勢兵力竟攻不下小小郭村，除了部隊作戰素質不強外，還有一個重要的原因，那就是正如管文蔚的預料，兩李人馬真正賣力進攻的只是陳中柱、陳才福的隊伍，顏秀五根本不積極，連韓德勤的那個保安旅也持觀望態度。

就這樣到了三十日，打累了的兩李部隊沒有發動大的攻勢。但葉飛卻接到了一個不妙的消息，劉少奇發來電報告訴他，預備增援郭村的八路軍部隊因日軍掃蕩不能如期趕到，皖東的新四軍五支隊也被地方武裝大刀會阻擾，無法前行[42]。

劉少奇意圖中南下增援葉飛的八路軍部隊是由黃克誠率領的，原為八路軍二縱隊的一部，六月二十日到達中共控制的豫皖蘇邊區，與彭雪楓的新四軍第六支隊（那時新四軍第四師還未成立）會合，彭雪楓因自己的部隊不多，希望黃克誠留下[43]。

對這個問題，二十七日毛澤東、王稼祥、朱德指令，同意黃、彭兩部合編為縱隊，以「鞏固豫皖根據地，擴大與整訓部隊為中心任務」，但「應設法抽調一部兵力過津浦路東，幫助蘇北發展」[44]。而毛澤東在另一份給彭德懷的電報裏雖規定黃克誠有「策應」劉少奇的任務，卻認為可以在「將來再調一部深入蘇北」[45]，表明他也不打算讓黃克誠立即「抽調」人馬。

黃克誠並沒有受到日軍的阻隔，而是自己決定留在河南、安徽交界地區發展。面對劉少奇的中原局，黃克誠認為自己仍歸八路軍總部和中共北方局領導。當劉少奇二十八日為郭村向彭雪楓、黃克誠求援，二十九日又要他們

---

42 李長江的繼續進攻和劉少奇的電報，見《葉飛回憶錄》一八六—一八八頁。

43 《黃克誠回憶錄》（上）二七八—二八一頁。

44 〈毛澤東、王稼祥、朱德關於部隊合編及任務致彭雪楓等電〉（一九四○年六月二十七日），《新四軍‧文獻（一）》六九二頁。

45 《從戰爭中走來——兩代軍人的對話：張愛萍人生紀錄》六十二頁。

陳玉生

二十天內派出三個團去津浦路東[46]時，彭雪楓卻堅決不同意黃克誠離開，因為黃的人馬只有五個團，抽走三個團必將實力大減，也超出了延安只要「一部兵力」過津浦路的指示。從四月起就帶部隊不停輾轉的黃克誠同樣不想走，於是和彭雪楓聯名覆電劉少奇的中原局，表示他們的部隊鞏固現有的根據地，並準備向西發展[47]。這與劉少奇的希望可謂南轅北轍。

對於這些後方的內部分歧，劉少奇顯然不認為有必要告訴前方火線上的葉飛。他只是向毛澤東等人請示，八路軍及新四軍四、五支隊可否向東行動援助葉飛[48]。

在葉飛這邊，用他自己後來的話說，看了劉少奇的電報，「急得渾身冒冷汗」。江北援兵到不了，蘇南部隊又給冷欣拖住，郭村新四軍陷入了孤立無助的境地。

不過，接下來發生的事又讓葉飛緊張的心情輕鬆了一些，陶勇的蘇皖支隊按陳毅的命令，穿過日軍封鎖線，奔行二百里，在這天夜裏進入郭村。新四軍的防衛力量由此增加到了七個營。

葉飛、陶勇等人在一起商議，既然援助無望，如今只有放手一拚，主動出擊，搞局部反攻[49]。

七月一日，黃克誠和彭雪楓聯名電告中原局，黃部應留下，培養主力，建立鞏固根據地[50]。

這天夜裏，已不指望援兵的郭村新四軍派出兩個營突然插向兩李部隊空虛的後方，直搗宜陵，消滅了對手的一個營和一個支隊部。

與此同時，泰興的陳玉生支隊倒戈成功，與葉飛派去的援兵在吳家橋地區會合。

郭村這邊也出現了倒戈，顏秀五手下由共產黨控制的一個大隊和一個重機槍連舉行暴動，開進郭村。

新四軍的實力進一步增強，士氣大振。

---

[46]　《劉少奇年譜》上卷二九二－二九三頁。

[47]　《黃克誠回憶錄》（上）二八一頁。

[48]　《劉少奇年譜》上卷二九三頁。

[49]　援助無望情況下葉飛、陶勇的決策，見《葉飛回憶錄》一八八頁。

[50]　《黃克誠回憶錄》（上）二八一頁。

　　兩李部隊已經亂了陣腳，李長江本來一直在泰州城坐鎮，此刻也來到郭村前線，在七月二日親自指揮部隊發起猛攻。顏秀五和韓德勤的保安旅仍然沒什麼大動作，還是由陳中柱他們打主攻。剛剛倒向新四軍的重機槍連給了兩李部隊很大殺傷，但李長江命督戰隊用輕機槍掃射驅趕，把士兵繼續推上火線，突入了新四軍的部分陣地。新四軍堅持反擊，與對方展開白刃戰。兩李部隊最終敗下陣去，葉飛派去支援陳玉生的那個團也在這時趕回，發動側擊，李長江的進攻徹底失敗，帶著部隊退向南邊的塘頭，他自己回了泰州，陳中柱也做了俘虜。陳玉生部隊也來到了這裏，郭村之戰以新四軍的勝利告終。

　　三日，陳毅來到了郭村，對葉飛說：「本來我是來罵你們的，一個多團就和這麼多的頑固派亂揪！嗯，你們打了勝仗，我還有什麼好講的！」[51]

　　但陳毅仍然認為郭村之戰不該打，他對管文蔚說，打勝了不能證明就是打得對[52]。還告訴葉飛：「只此一次，下不為例。」[53]

　　郭村之戰後，兩李雖敗，但如與韓德勤聯盟，對新四軍的威脅仍然很大。在討論此事時，有人主張待在郭村，等待八路軍和新四軍四、五支隊的支援，也有人主張直搗泰州，還有人認為應使兩李接著保持中立，立即與他們停戰言和。

　　陳毅最後做出決斷：還是要爭取兩李的中立，但既然已經打了，就要打出威風。再殲滅他一些部隊，打下塘頭，因為那裏是產大米區，稅收多，又是新四軍向東發展的必經之地。但絕對不能打進泰州，你一進泰州，他就跑到韓德勤那裏去了[54]。

　　新四軍於是在四日朝塘頭進攻，大獲全勝，俘獲近兩千人。陶勇的部下打得興起，乘勢直逼泰州城下，後方的陳毅聽出槍砲聲靠近泰州，急命葉飛親自飛馬傳他的命令：「什麼人進泰州城就殺頭！」終於使部隊收兵。

---

[51]　郭村之戰的最後結局，見《葉飛回憶錄》一八八－一九〇頁。

[52]　《管文蔚回憶錄續編》六十一頁。

[53]　《葉飛回憶錄》一九七頁。

[54]　郭村之戰後新四軍戰略方向的爭論及決策，見《陳毅傳》一二八－一二九頁。

陳毅適可而止，李明揚從興化趕回泰
州，與新四軍方面談判，釋放了陳同生、周
山。新四軍也放了七百餘兩李的俘虜，發還
部分繳獲槍支。李明揚答應在韓德勤與新四
軍衝突時保持中立[55]，兩李在一段時期內不
再對新四軍構成威脅。

陳同生

三、「共產黨，八路軍、新四軍到處鬧事」

在陳毅差一點打進泰州城的兩天後，毛澤東發出指
示，對解決國共爭端的策略是「爭取劃界，我們不超出界
外，避免同國民黨引起大的衝突，以減少國民黨的恐懼情
緒，爭取抗戰時間的延長」[56]。

在此之前，周恩來在重慶一邊開始安排國民黨地區
的中共組織採取隱蔽措施，一邊就結束爭鬥跟國民黨交
涉，他的談判對像是國民政府的正副參謀總長何應欽、
白崇禧。

白崇禧

這兩位軍事大員的私人關係一向不錯，但在對共產黨的態度上，他們
卻曾經大不相同。這應該和他倆不同的個人經歷有關。

身為穆斯林的白崇禧是民國史上著名的軍事家，他的綽號「小諸葛」
在當時無人不曉，而這個稱呼最早卻是由他的敵手喊出來的[57]。「七·七」
事變後當他到南京時，日本的報紙更是叫他為「戰神」，說：「戰神到了南
京，中日戰爭終不可避免！」[58]

白崇禧十四歲就和軍旅結緣，上過廣西桂林陸軍小學，辛亥革命時不顧
母親反對參加學生敢死隊，後又進武昌陸軍預備學校，再到保定陸軍軍官學
校第三期深造，比葉挺早三期。畢業後回到老家廣西，在綠林出身的督軍陸

---

[55] 攻打塘頭和泰州的情形和兩李與新四軍的和解，見《葉飛回憶錄》一九○－一九二頁。
[56] 《毛澤東與莫斯科的恩恩怨怨》（修訂版）一○四頁。
[57] 《白崇禧傳》三十五頁。
[58] 《白崇禧回憶錄》一百頁。

榮廷的部隊做事。當孫中山從廣東派兵征服廣西時，白崇禧主動在廣州拜見孫中山，投效國 民黨。回廣西和同在陸軍小學讀過書的李宗仁、黃紹竑組織部隊，以少勝多打垮了陸榮廷等人的舊桂系，由他們的新桂系取代。孫中山去世後，廣西軍隊成功地阻止了控制雲南的唐繼堯奪取廣東的圖謀，白崇禧還差點消滅了後來掌握雲南的龍雲。當蔣介石組建北伐軍時，親點白崇禧做他的參謀長。一九二七年初，白崇禧指揮部隊，在中共領導的起義工人的協助下，殺進上海。同年蔣介石第一次下臺，北洋軍閥孫傳芳趁機過長江南犯，白崇禧與何應欽在互無聯絡的情況下竟配合默契，大敗孫傳芳，保住了新生的南京國民政府。在蔣介石重新上臺後發起的第二次北伐中，白崇禧和閻錫山攜手占領了北洋政府的首都北京。

　　作為國民黨功臣的白崇禧，卻與國民黨領袖蔣介石長期不和。蔣介石一九二七年首次下臺的重要原因，就是李宗仁和白崇禧的脅迫。從一九二八年到一九三六年八年的時間裏，李宗仁、白崇禧控制的廣西基本上和南京政府處於分庭抗禮的狀態[59]。

　　在與中共的關係上，白崇禧也經歷了反覆不同的變化。一九二七年前的國共合作時，共產黨利用國民黨的外殼，在廣西建立了自己的組織，推動民眾運動[60]。但當蔣介石決定清黨，桂系便站在他一邊。四月十二日，上海清黨行動開始，白崇禧是此時的總指揮。十三日，支持中共的民眾舉行示威遊行，與國民黨軍隊發生衝突，造成百餘人死傷，近百人被捕[61]。廣西那邊也對共產黨下手，連並非共產黨員，只是對當局有不同意見的人也加以捕殺[62]。

　　但由於身為地方實力派，隨著與蔣介石關係的惡化，李宗仁、白崇禧對共產黨的態度也起了變化，想用中共牽制蔣介石。一九三三年，蔣介石發動對江西中共蘇區的第五次圍剿，要兩廣部隊負責南線的戰鬥。白崇禧在一九三四年三月和廣東的陳濟棠商定，對紅軍只採取守勢，絕不出擊。中共為求突圍，派潘漢年、何長工與陳濟棠談判借道，桂系也派人參加了談判活動，雙方達成協議。結果紅軍得以順利地突破三道封鎖線，繞經廣東、廣西殺入

---

[59]　白崇禧早年經歷，見《白崇禧回憶錄》和《白崇禧傳》的相關敘述。

[60]　相關情況，見莫濟傑、[美]陳福霖：《新桂系史》（第一卷）一五八－一六〇頁，廣西人民出版社一九九一年八月出版。

[61]　《白崇禧傳》七十一－七十一頁。

[62]　《新桂系史》（第一卷）一六八－一七五頁。

湖南[63]，直到在湘江過不屬於兩廣的第四道封鎖線時才遭受重大損失[64]。蔣介石為此憤怒地給白崇禧發電報說：「中正（蔣介石的正式名字——作者）之外，其誰信兄等與匪無私交耶？」[65]他其實也是相信白崇禧和中共有「私交」的，只是一時拿桂系沒辦法，也只好這樣說。

何應欽（左2）和張學良

　　從兩廣事變到抗戰爆發後，桂系和中共的關係進一步密切。臺兒莊戰役前，周恩來向白崇禧獻策。中共的〈論持久戰〉發表後，白崇禧把這篇文章總結成兩句話：「積小勝為大勝，以空間換時間。」並上呈蔣介石。蔣介石大為欣賞，把這兩句話發給全軍，作為抗戰的最高戰略方針。武漢棄守後，在轉移途中白崇禧的汽車壞了，周恩來請他搭自己的車一路同行[66]。桂系掌控下的桂林一度成為撤往內地的中國文化人的聚居城市之一，裏面活躍著許多的左翼人士[67]。據說中共曾內定三位國民黨軍政要人為爭取對象，白崇禧就是其中之一[68]。

　　與白崇禧相比，何應欽對共產黨的態度始終是和蔣介石一致的。

　　早年留學日本，在日本軍隊實習的何應欽，參加過孫中山發動的討伐袁世凱的二次革命。以後在老家貴州發跡，一度成為最高掌權者，但好景不長就被迫流亡。直到廣州黃埔軍校成立，孫中山任命他為總教官，在蔣介石麾下做事，仕途這才開始一帆風順。他對蔣介石一直忠心耿耿，只有一次例外，那就是一九二七年，由於蔣介石見他與桂系關係很好，心生疑忌，引起何應欽的反彈情緒[69]。當蔣介石面臨李宗仁、白崇禧要他離職的壓力時，手握重兵的何應欽竟低著頭一言不發，使得蔣介石不得不下臺走人[70]。為此蔣介石在復出後，立刻奪了何應欽掌兵的實權，只讓他做參謀長。並且明言：

[63]　白崇禧等讓紅軍通過兩廣，見《白崇禧傳》一七○－一七二頁。

[64]　湘江之戰，見王樹增：《長征》一七四－一九四頁，人民文學出版社二○○六年九月出版。

[65]　《白崇禧傳》一七二頁。

[66]　抗戰初期白崇禧與中共的關係，見同上一九七頁、二百頁、二○五－二○六頁。

[67]　《新桂系史》（第二卷）三三○頁，廣西人民出版社一九九五年十一月出版。

[68]　《白崇禧傳》第三一五頁。

[69]　何應欽的早年經歷及坐視蔣介石第一次下野的動機，見熊宗仁：《何應欽傳》上冊的相關記述，山西人民出版社一九九三年一月版本。

[70]　《白崇禧傳》八十頁。

「白健生（白崇禧字健生——作者）逼我，如果他說一句話，我何至於下臺」，「沒有我就沒有他，他必須知道」。

自那以後，何應欽再沒忤逆過蔣介石。有人說在西安事變蔣介石被扣時，他曾試圖取而代之，所以要轟炸西安，武力解決事變。其實那是多數忠於蔣的人的一致主張。在此前後，何應欽一面替蔣介石打理對華北日軍的交涉，一面為抗擊日本做整軍備戰，勤勤懇懇，沒有差錯。抗戰開始後，作為國民黨軍的大總管，他也同樣盡心盡責[71]。在對待共產黨的問題上，何應欽更是堅決追隨蔣介石的路線。

然而不管何應欽和白崇禧對中共曾有怎樣的不同，此時在周恩來面前，他們卻已經形成了一致意見，那就是不能讓共產黨勢力太大。

從年初開始，白崇禧對中共的態度就發生了變化。

這年二月，因為南寧會戰不利，蔣介石給白崇禧降級處分，撤銷了他桂林行營主任的職務，返回重慶[72]。到重慶不久，蔣介石便找他談話，告訴他：「共產黨，八路軍、新四軍到處鬧事。」[73]

白崇禧終歸是國民黨的一份子，無論與中共關係怎樣好，也不願見共產黨壓倒國民黨，由此對中共轉向了強硬。

周恩來與何應欽、白崇禧談判的中心議題除了陝甘寧邊區地域的大小外，就是八路軍和新四軍的編制及作戰區域問題。

國民黨方面也知道已經難以把中共軍隊從現有的地盤上趕走，所以還在四月的時候，軍令部就提出乾脆讓朱德、彭德懷當冀察戰區的正、副總司令，理由是那裏「除南部數縣外」，已經被八路軍「非法占據，根深柢固，非短時間可以收復」，不如「遷就事實」。當然這種「遷就」也是有條件的，那就是八路軍在其他地方的部隊都要開到冀察戰區去。至於新四軍，要麼遵命放棄華中等地，退回江南作戰，要麼也去冀察戰區[74]。

[71]　蔣介石一九二八年重新上臺後何應欽的表現，見《何應欽傳》上冊的相關記述。

[72]　《白崇禧傳》二一四－二一五頁。

[73]　予聞：〈新桂系參與策畫皖南事變探緣〉，曹裕文、盧家翔：《新桂系與中國共產黨》二一二－二一八頁，桂海論叢雜誌社一九九四年六月出版發行。

[74]　〈國民黨軍令部擬定縮小八路軍新四軍抗日區域反共方案簽呈〉（一九四〇年四月十九日－二十二日），《皖南事變資料選》九十八－一〇三頁，上海人民出版社一九八八年二月出版。以下稱《皖南事變資料選》（上海版）。

　　中共不可能接受這種條件。六月的時候，周恩來向何、白二人提出一項方案，建議保證各黨派的合法存在。陝甘寧邊區面積為二十三個縣，直屬國民政府行政院。八路軍擴編為三軍九個師，所屬游擊隊和其他戰區游擊隊享受同樣待遇。新四軍擴編為七個支隊。劃定中共部隊和國民黨軍的作戰疆界，武器彈藥和糧餉也應與國民黨軍相同待遇。

　　周恩來隨後在七月一日的南方局常委會上說：國共談判要解決問題，必須雙方都有讓步。由於國民黨還是限制共產黨，所以中共應堅持不因讓步損傷力量，還要爭取中間力量[75]。

　　國民黨也不想因為讓步而對自己不利，七月二日它對周恩來的方案做出答覆，表示黨派問題等憲法公布時（中華民國成立已快三十年，卻還沒有憲法）再討論。把陝甘寧的十五個縣劃為陝北行政區，暫屬行政院，但歸陝西省政府指導。八路軍大部調入河北，歸冀察戰區指揮。餘部留駐山西北部，仍屬第二戰區管轄。八路軍在現有的三個師，三個補充團的基礎上，可以增加補充團的編制。新四軍可編為兩個實行二旅四團制的整理師，全部開到河北，加入冀察戰區。共產黨軍在接到正式命令後的一個月內，必須移駐河北。應絕對服從中央命令，定期解散一切游擊隊[76]。

　　這個答覆帶著軍令部四月方案的痕跡，中共拒絕接受。

　　雖然如此，毛澤東對國共關係的前景還是樂觀的，所以才會指示要減少國民黨的恐懼。

　　到了七月七日這天，中共中央向外發表了對時局的宣言，聲明：「抗日民族統一戰線必須鞏固，全國人民必須在蔣介石先生的領導下抗戰到底」，「我們始終擁護蔣介石先生及國民政府抗戰到底的國策」，「中國國民黨亦應放棄對於共產黨的破壞政策」。中共的活動將「限制在戰區與敵人後方及陝甘寧邊區二十三縣境內，而不向其他地方做任何足以引起友軍衝突的行動，而在戰區及敵人後方則與一切抗日友軍協同作戰」[77]。

　　同一天，中共中央又對內發出了關於形勢與黨的政策的決定，指示：「現在是反共高潮下降時期，故又應強調團結」，也批評「在軍事鬥爭中有

[75]　周恩來的方案及在南方局會議上的講話，見《周恩來年譜一八九一──一九四九》四五八頁。
[76]　《皖南事變本末》三十二──三十三頁。
[77]　〈中國共產黨中央委員會為抗戰三週年紀念對時局宣言〉（一九四〇年七月七日），《中共黨史參考資料》（四）一六五──一六九頁，人民出版社一九七九年十一月出版。

些地方未能堅持自衛原則」，主張加強統一戰線教育，因為「黨內至今還有許多幹部不懂得統一戰線中的策略問題，他們把複雜的問題單純化，各種錯誤便從此發生」。又說：中共部隊「不向國民黨後方做任何可以引起衝突的行動。某些部隊不願深入敵後，而在時局嚴重時便想向國民黨後方行動，便想恢復內戰時期的游擊生活，這種想法是錯誤的」。這話明顯又是在責備項英。

這兩份被叫做七七宣言和七七決定的文件，主要意思就是毛澤東減少國民黨恐懼的決策，但減少國民黨的恐懼不等於停止中共的發展，七七決定中仍堅持「必須繼續擴大與鞏固八路軍、新四軍及抗日游擊隊」[78]。所以中共部隊原來的方略並沒有真正的改變，蘇北的新四軍也是如此。

四、「以黃橋為中心」

到七月八日，粟裕已帶領新四軍江南指揮部和蘇南主力擺脫了冷欣，到江北與陳毅、葉飛、管文蔚、陶勇會合。蘇北新四軍的兵力達到七千餘人[79]。在皖東的劉少奇在十一日發來電報，認為陳毅他們應「鞏固已得地區」，等韓德勤進攻時「予以迎頭痛擊」[80]。毛澤東、朱德、王稼祥在十二日向周恩來、劉少奇、項英、陳毅等發出指示：「華中目前鬥爭策略，以全力對付韓德勤及蘇北其他頑軍，切實發展蘇北，對李品仙應取守勢並力爭和緩，以防蔣、桂聯合對我。」同時指示：「蘇南自陳毅、粟裕北上後，兵力較弱，指揮無人。請項英同志妥為布置，以維持我軍原有地區，並準備適當時候，將軍部及皖南主力移至蘇南。」[81]

項英此刻還看不出「適當的時候」在哪裏。面對國民黨的壓力，他開始考慮在狹小的蘇南以外尋找轉移地點，那就是直接過長江北上，進入華中。他在這個月派出一支部隊過長江到安徽中部活動，目的就是給軍部可能的北

---

[78] 七七決定的內容，見〈中央關於目前形勢與黨的政策的決定〉（一九四〇年七月七日），《中共黨史參考資料》第八冊三五一－三五四頁。

[79] 《葉飛回憶錄》二〇二－二〇三頁。

[80] 《劉少奇年譜》上卷二九六－二九七頁。

[81] 〈目前華中應切實發展蘇北〉（一九四〇年七月十二日），《毛澤東軍事文集》第二卷五五一頁。

移準備基地[82]。皖南新四軍轉移的另
一個選擇，北渡的準備由此開始。

這時候的項英，雖然還和陳毅
保持聯繫，但陳毅已經獲得了相當
大的自主權，蘇北的戰略實際上完
全由他決策。

郭村召開歡迎陳毅大會

此時新四軍江南指揮部已根據
中共中央指示改為蘇北指揮部，下
屬部隊編為三個縱隊，葉飛的一縱
隊、王必成的二縱隊和陶勇的三縱隊[83]。部隊下一步怎麼走，又出現了不同
意見。一些人主張從郭村向北直接攻打興化的韓德勤，葉飛等原挺進縱隊的
領導人表示反對，理由是那裏是水網地帶，不利於新四軍擅長的迂迴包抄的
運動戰和殲滅戰，況且蘇南部隊剛到蘇北，立足未穩就與韓德勤對打，準備
還不充分。

還有一個方案，就是往東占領一處叫黃橋的地方。那裏位於泰州、泰
興、如皋、靖江四個縣之間的中心地帶，便於向周邊地區擴展。這一帶經濟
也十分富庶，稅源充足。一九三〇年代中共曾在這裏舉行暴動，有一定的群
眾基礎。而駐守此地的是韓德勤手下何克謙的保安四旅，葉飛後來說這是一
支「土匪遊雜部隊」，也就是綠林武裝和遊民、雜牌軍的混合體。該部隊的
軍紀極差，有的軍官賭輸了錢，拿著手榴彈向當鋪抵押銀圓。甚至還有一個
團長的馬弁趁當地士紳宴請他的長官的時候，強姦了士紳的女兒[84]。連國民
黨方面後來也說：「我常備保安各旅紀律太壞，作戰不足，擾民有餘。」[85]
這其中自然包括保安四旅。新四軍如果打擊這樣的軍隊，不會引起民眾的
反感。

---

[82] 《項英傳》四五〇頁。

[83] 《陳毅年譜》上卷二八八頁。

[84] 關於北進與東進的爭論和黃橋的情，況見《葉飛回憶錄》二〇三－二〇四頁。

[85] 〈李其實關於蘇北進攻新四軍失敗原因暨整頓辦法致何應欽函〉（一九四〇年十一月十二
日），《新四軍・參考資料（二）》三三三－三三五頁。

陳毅、粟裕（左2、1騎馬者）
率新四軍向黃橋進發

陳毅、粟裕等人經過考慮，最終決定東進黃橋。十四日，陳毅向軍部和中共中央及南方局報告：「決定整頓一週，向東挺進」，「在泰興、靖江、如皋、南通建立根據地，以黃橋為中心」[86]。

而在皖東的劉少奇卻打算找機會一舉「擊破與殲滅韓、李主力」，十五日，他繼續要求彭雪楓、黃克誠立即派部隊到皖東北，準備和陳毅合擊韓德勤、兩李[87]。這個想法無疑跟被陳毅否定了的直接進攻韓德勤的意見有相通之處，也就難以被陳毅接受。

不等中共把華中戰略理清頭緒，國民黨已經為防止八路軍、新四軍的擴展出新招了。在十六日的重慶，國民黨方面擬定出了一份〈中央提示案〉。

這份〈中央提示案〉的關鍵內容是：取消冀察戰區，把河北、察哈爾及山東境內黃河以北地區併入第二戰區。這顯然是要把八路軍占有根據地的華北地區劃歸一個統一的序列。

閻錫山仍任二戰區司令長官，衛立煌和朱德分任副司令長官。朱德主管河北、察哈爾、山東黃河北區和山西北部，這實際是承認了中共對這些地方的軍事控制。

當然，在行政上仍有保留，冀、察兩省的主席還是要由國民政府委任，但朱德可以保薦三到五人做省府委員，也就是容許中共人士參加政府的管理。

這種讓步當然也不是白給的，國民黨要求八路軍和新四軍全部開到朱德管轄的區域，新四軍歸屬八路軍指揮，在接到轉移命令一個月內如數開到規定地區，並「不得在原駐各地設立留守處辦事處通訊處及其他一切類似機關」，「不得變更名義留置部隊或武器彈藥於原地，更不得藉抗日民眾力量為掩護，祕密武裝，在原地活動，以免惹起地方糾紛」；八路軍、新四軍到華北後，「非奉軍事委員會命令，不得擅自越出地境線外；又除軍事委員會別有命令規定外，一律不得再有十八集團軍及新四軍名義之部隊」。

86　《葉飛回憶錄》二〇五頁。
87　《劉少奇年譜》上卷二九七頁。

這仍然是要中共放棄華北以外占據的地盤。

對中共部隊的編制，國民黨對八路軍做了讓步，允許它擁有三個軍、六個師和五個補充團。照這個規定，八路軍數量應不超過二十萬，但八路軍此時已有兵力五十萬，國民黨的讓步根本不可能令中共滿意。

對於新四軍，〈中央提示案〉仍只准它有兩個整理師[88]，按此計算，人數應在一萬六千，而這時新四軍實際約有兩萬餘人，須裁減四個團以上的人員。

由此可見，國民黨的「提示」只能是白費心思，中共絕不會按它的旋律起舞。

不過這個時候，中共內部在蘇北的節奏上也還沒有同步。

劉少奇正在十七日和十八日又兩次電催黃克誠、彭雪楓派兵去皖東北[89]，卻得知陳毅要去打黃橋，他忙和鄧子恢在七月二十日給陳毅等人發去電報，堅持劉少奇十一日的主張，認為新四軍應暫不去黃橋，「讓韓李集中部隊」來進攻，自己則「以逸待勞，嚴陣以待，最好在他來攻三五天內我不做大出擊，在原地則應準備獨立堅持兩星期至一個月」，政治上向全國輿論和蘇北民眾證明「釁自彼開」，軍事上等待與配合八路軍、新四軍強大增援部隊前來。到那時「擊潰韓李主力」，「趕走韓德勤，最好李明揚也同時趕走」，這樣就可以取得蘇北，為華中建立一個總的鞏固的根據地[90]。

但中共中央軍委這時卻更傾向於蘇北新四軍的意見，在同一天發出的給中原局和陳毅的指示中明確地說，對兩李採取緩和方針。在蘇北要極力擴大統一戰線，只打擊當前直接向我進攻的一部分頑固派，暫時中立其餘國民黨軍隊[91]。很顯然，延安並不指望能在短時間內打垮蘇北的國民黨武裝。

郭村之戰打了五天，除了陶勇的蘇皖支隊，其他地方的援軍並未趕到，使蘇北新四軍險些擺脫不了困境，陳毅不想經歷第二次這樣的危局。況且吳家橋和郭村地區狹小，北有韓德勤，東有兩李，西有日軍，如果韓德勤來攻，與新四軍相持時間過長，兩李和日本人難保不趁火打劫，蘇北新四軍將十分危險。

[88]　〈中央提示案〉的內容，見〈國民黨中央關於陝甘寧邊區及各抗日武裝的提示案〉（一九四〇年七月十六日），《八路軍‧參考資料（一）》四五四－四五六頁。

[89]　《黃克誠回憶錄》（上）二八一頁。

[90]　《葉飛回憶錄》二〇五－二〇六頁。

[91]　《陳毅年譜》上卷二八七－二八八頁。

想到這些，陳毅和粟裕下決心要到黃橋去。

劉少奇還在堅持自己的想法，二十一日他致電彭雪楓，要八路軍往東出兵[92]。

看到劉少奇的執著，黃克誠只有請毛澤東決斷。毛澤東選擇了支持自己此時的最佳盟友劉少奇，覆電黃克誠，要他服從中原局的指揮。彭雪楓仍不想放黃克誠走，但黃克誠決定服從中央命令，著手組織部隊東開[93]。

可是劉少奇的部署註定要有所改變了，二十三日新四軍蘇北指揮部電告中共中央、新四軍軍部和中原局，維持原議，東進黃橋[94]。

為了順利東開，陳毅、粟裕決定把吳家橋地區讓給兩李。儘管有人指責「過於慷慨」、「右了」，他們不為所動，堅持這樣做。

吳家橋一帶每個月的稅收就有五萬元[95]，白白得到這樣一份大禮，李明揚和李長江喜出望外，對陳毅也非常感激，很痛快地答應讓新四軍借道東去，並保證如果韓德勤與新四軍衝突，他們將嚴守中立[96]。

二十五日，全部的蘇北新四軍向東進發。

二十六日，開始與兩李部隊接觸，李明揚、李長江按照約定，命屬下人馬讓開道路，任新四軍通過，只朝天放槍，以表示在進行戰鬥[97]。

黃橋與泰州直線距離不足五十公里，何克謙很快就知道新四軍往他的方向開來，忙報告韓德勤。韓德勤急忙打電話給李明揚，問是否有新四軍大舉東進？人數多少？為什麼不加阻攔？李明揚早就準備好了答案，宣稱確有此事，他的部隊正在與新四軍激戰，新四軍「傷亡慘重」，一部繞道東去了。還不忘請韓德勤給他補充彈藥[98]。

為了麻痺韓德勤，新四軍在開往黃橋的路上貼的告示中用的都是挺進縱隊的署名[99]。加上何克謙也從黃橋報告，他發現的新四軍只有「一千餘人」，

92　《劉少奇年譜》上卷二九八頁。

93　《黃克誠回憶錄》（上）二八一頁。

94　《葉飛回憶錄》二〇七頁。

95　陳毅、粟裕讓出吳家橋的舉動，見《陳毅傳》一二九頁。

96　《陳毅年譜》上卷二八八頁。

97　同上二九〇頁。

98　《葉飛回憶錄》二〇八頁。

99　管文蔚：〈黃橋決戰前的統一戰線工作〉，《新四軍黃橋戰役史料》一一六－一三〇頁。

韓德勤以為東進的只是蘇北新四軍的一部分，又遭受了「傷亡」，於是沒有調派大批人馬，只命令陳泰運的稅警總團部隊和何克謙一起截擊新四軍[100]。

陳泰運手下有四個團，但似乎只派了兩個團出擊，這樣他的兵力應為兩千餘人。新四軍聞訊後，派出了新組建的二縱隊（相當於旅）迎擊[101]，下有三個團，人數至少在三千以上[102]。陳泰運與韓德勤也有矛盾，曾遭韓的軟禁。陳毅把他也列為爭取對象，命令二縱隊將其擊潰即可[103]。

陳泰運果然被擊潰了，還被殲滅了一個營[104]。現在的障礙只剩下何克謙了。

五、「將來由你擔任戰役上的統一指揮」

這時已是二十八日，在重慶那邊，前一天周恩來帶著〈中央提示案〉飛往延安，與中共中央商議對策[105]。此時大概是為了便於跟共產黨談判，何應欽正電令國民黨軍各部「飭與十八集團軍新四軍避免衝突」[106]。

衝突已經無可避免，當天傍晚，黃橋周邊響起了激烈的槍聲[107]。

何克謙指揮保安四旅從黃橋出動，攔阻殺來的新四軍。雖然國民黨官員日後指責保安各旅「作戰不足，擾民有餘」，但至少何克謙的部隊軍紀雖壞，戰鬥力卻不算弱。七千餘人的新四軍面對這支約有三千人的隊伍，採用了迂迴包抄的經典戰術，仍然與其激戰了整整一夜。

不過雙方畢竟力量懸殊，所以待在部隊後方的陳毅還是對取勝充滿自信。葉飛的一縱隊負責截斷保安四旅的退路[108]，按理應在前線指揮，卻被陳毅留了下來。這天夜裏，兩個人進行了一次長談。

---

[100] 《陳毅傳》一三〇頁。

[101] 《葉飛回憶錄》二〇九頁。

[102] 同上二〇三頁。

[103] 《陳毅傳》一三一頁。

[104] 《葉飛回憶錄》二〇九頁。

[105] 《周恩來年譜一八九八──一九四九》四六〇頁。

[106] 〈何應欽、白崇禧關於限令八路軍新四軍開到黃河以北致朱德、彭德懷、葉挺代電〉（一九四〇年十月十九日），《新四軍・參考資料（二）》三五二─三五六頁。

[107] 許鳳儀：〈臨時大總統閱兵式總指揮朱履先〉，《縱橫》二〇〇六年第二期。

[108] 攻占黃橋和葉飛縱隊的任務，見《陳毅年譜》上卷二九〇─二九一頁。

　　從半塔集之戰後，在劉少奇和陳毅之間，葉飛的作為明顯更傾向於劉少奇。陳毅肯定是覺得有必要跟這個屢屢不聽招呼的部下把問題講清楚，也就有了這次夜談。

　　談話一開始，陳毅就向葉飛指出，他帶領守衛郭村的那個團是「土地革命鍛鍊出來的，黨的精華啊！這些老戰士久死一生，鬥爭經驗豐富，一個人將來都可帶一個連或一個營。把這樣的部隊同國民黨拚掉了，我們要成為歷史罪人哪」！

　　葉飛一聽就知道陳毅仍對郭村之戰心存不滿，心中覺得委屈，於是便把劉少奇當初要他做誘餌的布置和盤托出，又說他原本是等韓德勤來進攻，並未想和兩李交戰[109]。

　　聽完葉飛的話，陳毅對劉少奇「先防守爭取輿論，再反擊國民黨」的戰法表示認同，但也指出，在根據地高度分散、指揮不統一的情況下，其他部隊未必能實現遠距離增援。經歷了郭村之戰險境的葉飛對陳毅的話也有同感[110]。

　　陳毅又問了所謂江南機會主義的事，說道：「江南沒有委派縣長，這並不是執行皖南指示，也不是我陳毅不敢這樣做！」又說出了前面提到的「不在於形式，而在於內容」的話，不過他還是認可了劉少奇「建立了抗日民主政權」的做法[111]。

　　葉飛後來回憶這次夜談時說：「這確實是共產黨人胸懷坦白赤誠相見，同志間的深厚友誼。」還評價陳毅說：「他這個人就是這個好，我那麼違抗他的命令，換了別人那還了得。但陳毅同志卻是只要你做得對，他就不會見怪」[112]。

　　整整三個月後，「赤誠坦白」的陳毅在向延安報告蘇北統戰工作經驗時，繼續批評葉飛對中共中央指示「斷章取義」，表示對於說江南對兩李統戰路線是機會主義，「我是堅決反對這個觀點」[113]。

　　到了二十九日凌晨，新四軍終於擊敗了保安四旅，殲滅其主力兩千餘人，占領了黃橋。槍聲漸漸平息之後，當地名流朱履先打開自家大門，只見

---

[109]　陳毅對郭村之戰的不滿和葉飛的解釋，見《葉飛回憶錄》二一二頁。

[110]　《陳毅傳》一三一頁。

[111]　《葉飛回憶錄》二一五頁、二一七頁。

[112]　同上一九六頁、二一七頁。

[113]　〈毛、朱、王批轉陳毅關於蘇北統戰工作的經過與主要經驗〉。

對面牆上出現了一條新四軍剛剛書寫的大標語：「團結抗戰，打倒日本帝國主義！」[114]

這類標語只是新四軍在黃橋政治工作的開始。在進入這裏的當天晚上，新四軍就召集各界民眾一千餘人舉行軍民聯歡大會。陳毅在會上講話，號召大家和新四軍一起打敗日本侵略者，團結一致反對投降、保衛黃橋[115]。在他的這番言語間，新四軍已經成了黃橋理所當然的駐防部隊。

當然要想抓住民心，單靠開群眾大會是遠遠不夠的，還須本地有聲望、有號召力的人士公開出面支持新四軍。陳毅他們找到了一個合適的人選，那就是朱履先。

朱履先是一位閱歷十分豐富的老人。早年十八歲的時候就考取了官費留學資格，東渡進入日本陸軍士官學校。在那裏他結識了後來的國民黨高官蔣介石、閻錫山等人，還有日後成為軍閥的孫傳芳。

回國後，朱履先等留學生受到慈禧太后的親自接見，被清朝方面看重的他，內心卻已傾向孫中山的革命黨。辛亥革命爆發時，在南京軍中任職的他鼓動上司舉行起義，並被任命為前敵指揮官。當時和朱履先一起戰鬥的人中就有李明揚。幾經拚殺後，革命軍終於攻占了南京，朱履先第一個登上了南京中華門的城樓。在這之後，地位僅次於孫中山的黃興介紹朱履先加入了同盟會。孫中山到南京後，又委任他做中將師長兼南京城防司令，為他親授勳章，書寫「將軍府」匾額。一九一二年一月一日，孫中山就任中華民國臨時大總統，舉行閱兵儀式，閱兵的總指揮就是朱履先。

起點不錯的朱履先卻沒能在仕途上繼續上升，原因是他生性剛硬，道德感極強，帶有明顯的書生意氣，無法適應官場上講究現實的遊戲規則。辛亥革命後他視袁世凱為「賊子」，拒絕做袁的官。孫傳芳當五省聯軍總司令時，朱履先公開抨擊這位老相識的施政，孫傳芳想用一個領乾薪的閒差籠絡他，朱履先嚴詞回絕。閻錫山也曾請他去山西當顧問，朱履先最終還是看不慣老同學的作為，辭職了事。一九二七年，安徽省主席陳調元邀他做縣長，朱履先幹了幾個地方，仍然覺得難展抱負，再度辭職，閒居南京。蔣介石又請他做官，朱履先只在任上待了幾個月，就經歷了「九‧一八」事變，慨

---

[114]　〈臨時大總統閱兵式總指揮朱履先〉。

[115]　《陳毅年譜》上卷二九一頁。

歎：「袞袞諸公，寡廉鮮恥，爭名奪利，百姓橫遭荼毒，祖國瘡痍滿目，金甌難復了。」從此徹底辭官不做，回到了老家黃橋。

朱履先已經對國民黨徹底失望，一九三八年聽說日軍占領武漢，他放聲大哭道：「孫中山先生領著我們浴血奮戰成立的中華民國，就要毀在蔣介石手中了，中國人要做亡國奴了！」汪精衛與日本合作後，三次請他出山，三次遭到朱履先的痛斥。

不再信任國民黨的朱履先，對正在抗戰中崛起的中共發生了興趣。他反覆閱讀〈論持久戰〉、〈論新階段〉、〈新民主主義論〉等共產黨著作，還有斯諾寫的《西行漫記》，又接觸了一些親左人士，對離自己最近的中共部隊新四軍萌生了好感。

從江南來到蘇北的陳毅，早就聽說了朱履先的名氣。剛一打下黃橋，他就和管文蔚登門拜訪。

見共產黨的將領主動來探望自己，朱履先很是感動。陳毅首先稱讚了朱履先的民族氣節，朱履先也熱情回應說，我對貴軍對陳將軍仰慕不已。表示新四軍在江南奮勇殺敵，威名遠揚。殲滅保安四旅是為民除害，對百姓秋毫無犯，和國民黨軍完全不同。管文蔚把中共的「三大紀律、八項注意」抄給朱履先看，老人稱讚道：有這樣的軍隊，中國才有希望！

拉近了彼此的關係後，陳毅對朱履先說：「此次新四軍到蘇北來，完全是為了抗日救國大業，絕不是為一黨一己之利。可韓德勤一貫反共、反人民，他自己不抗日，也不肯讓新四軍在蘇北抗日。他多方阻攔，南北夾攻新四軍，置日寇侵略於不顧，欲趕新四軍回江南。新四軍相忍為國，處境艱難，深望你主持公道。」

朱履先慨然應允：「只要貴黨貴軍用得著我的地方，我定竭盡全力，在所不辭。」[116]

爭取了朱履先，黃橋內部的穩定在望。而外面國民黨軍的威脅還有待解決。立足未穩的陳毅，對國民黨方面採取的依然是分化策略。

---

[116]　朱履先的經歷以及他與陳毅、管文蔚初次見面的情形，見〈臨時大總統閱兵式總指揮朱履先〉。

黃橋與北面韓德勤的直屬部隊之間隔著剛敗給新四軍的陳泰運，陳毅按照原定的謀畫，把抓到的稅警總團的俘虜如數交還陳泰運[117]，繳獲的一千餘支槍也退回了一百支，又送上兩挺輕機槍。

蘇北的稅警總團沒有輕機槍的裝備，如今卻從戰勝了自己的新四軍那裏得到了。陳泰運對新四軍大為感謝，保證今後持中立態度[118]。

陳毅的這種做法也得到了延安的認同。七月三十日，毛澤東、朱德、王稼祥致電劉少奇、陳毅和葉挺、項英等人，雖然表示同意劉少奇爭取全部蘇北的見解，但也贊成陳毅對兩李的政策，指示目前不應進攻兩李的部隊[119]。同一天，毛、朱、王又另發一份電報給劉少奇、黃克誠、彭雪楓等人，指示：「我軍去蘇北注意自衛原則，不可先去進攻韓德勤，在他來攻時則給在自衛立場上消滅之。」[120]

這是中共中央對劉少奇與陳毅分歧的最終定論，蘇北固然要拿下，但那只是長遠的目標，此刻不應急於求成，而是要穩扎穩打，一步一步地走。

得到中共中央方面的肯定，意味著陳毅對蘇北新四軍的領導權重新鞏固起來。八月二日，劉少奇也致電陳毅，告訴他：包括即將南下的八路軍部隊和準備東來的新四軍四、五支隊在內的「蘇北各部隊」，「將來由你擔任戰役上的統一指揮」[121]。七日，黃克誠的部隊終於按劉少奇的要求到達皖東北，隨後改番號為八路軍第五縱隊[122]。

---

[117]　《陳毅傳》一三一頁。

[118]　〈毛、朱、王批轉陳毅關於蘇北統戰工作的經過與主要經驗〉。

[119]　《毛澤東年譜一八九三──一九四九》中卷一九九頁。

[120]　〈毛澤東、朱德、王稼祥關於江北部隊的行動方向致劉少奇等電〉（一九四〇年七月三十日），《新四軍‧文獻（一）》一八三頁。

[121]　《陳毅年譜》上卷二九二頁。

[122]　《黃克誠回憶錄》（上）二八四頁。

第十章

無可挽回的衝突

一、「小國之君」

　　這時坐鎮黃橋的陳毅，感覺像是個「小國之君」，許多事情需要他處理。儘管很忙，但他仍然不忘抽空跑到朱履先家裏去下棋[1]，這絕不是他棋癮太重，而是為了更加拉近和這位知名人士的關係。

　　陳毅如此的禮遇，朱履先也盡心回報。由於新四軍在蘇北的活動不被國民政府認可，所以軍費也就沒有著落。朱履先於是親自出面，在士紳商人中為新四軍籌措了六萬元的捐款。新四軍缺糧，朱履先又建議陳毅徵收田賦，也就是公糧。並在徵收公糧動員大會上，以黃橋首戶的身份講話，帶頭繳納田賦[2]。

不僅幫新四軍掌控黃橋，朱履先還協助他們爭取外援。他利用和李明揚的老關係，不斷勸說其維持中立。他更為新四軍跟另一位名流建立了聯繫，這個人叫韓國鈞。

　　韓國鈞已八十四歲，住在黃橋西北方向，相距五十公里左右的海安。他早年是清朝的舉人，曾經在行政、礦務、軍事、外交幾個方面任職工作，也和朱履先一樣被慈禧太后接見，並受到那位老佛爺的讚

韓國鈞

1　《陳毅傳》一三一─一三二頁。
2　《陳毅年譜》上卷二九二頁。

賞，後來官至吉林省民政長。辛亥革
命後他又當了江蘇省的民政長，還
做過安徽省巡按使和江蘇省長兼督
軍[3]。

在黃橋的新四軍

　　有這樣顯赫的資歷，韓國鈞在當
地的聲望非常高，韓德勤方面的許多
人都向他遞送過門生帖子[4]，他也在韓
德勤那裏有不少生意上的合作[5]。當陳
毅最初和他聯絡的時候，韓國鈞並不像朱履先那樣很容易地被打動，反倒表
示「同在統一團體之下，極盼一致團結」，「務懇本一致抗敵之宗旨，合力
對外，不使內部摩擦」[6]。但能和這樣一位有分量的人士開始交往，對新四
軍來說已是很不錯的收穫，何況朱履先還在繼續說服韓國鈞。

　　要取得黃橋地區人民的支持，最好能向他們證明新四軍確實是來打日本
的。於是在八月中旬，新四軍出兵攻下了黃橋附近的幾個日汪的據點，又擊
敗了日汪部隊的兩次反擊[7]。雖然日軍方面的威脅並沒有消除，黃橋周邊還
有汪精衛軍隊的據點[8]，黃橋作為新四軍根據地也只存在了不到半年，但此
一舉動在當時顯然對中共爭取本地民眾的支持有好處。

　　新四軍已經占據黃橋半個月左右，韓德勤沒有派兵來奪回，卻命人前來
和平交涉，訂下了「雙方以姜堰、曲塘、海安為界，互不侵犯，一切糾紛靜
待中央指示處理」的約定[9]。

　　陳毅、粟裕都不相信韓德勤會這麼窩囊，認為這是他的緩兵之計。他們
在十五日給中共中央和葉挺、項英、劉少奇的電報中判斷，韓德勤可能在半
個月內向新四軍進攻[10]。

[3]　朱履先對李明揚的工作及韓國鈞的情況，見〈臨時大總統閱兵式總指揮朱履先〉。
[4]　《葉飛回憶錄》二二五頁。
[5]　陳毅：〈黃橋戰鬥的總結〉，《新四軍黃橋戰役史料》二十三－二十七頁。
[6]　《陳毅年譜》上卷二九二頁。
[7]　《陳毅傳》一三二頁。
[8]　《葉飛回憶錄》二四二頁。
[9]　《陳毅年譜》上卷二九三頁。
[10]　《陳毅傳》一三三頁。

項英很快提出了對策，他在十七日向延安建議，「如八路[軍]與四、五支[隊]不能立即配合」，蘇北新四軍「應派隊積極向東發展，剷除許多障礙，控制長江沿岸，再轉向北對韓形成大的迂迴包圍局勢。努力擴大，充實主力。在軍事上採取各個擊破，政治上分化，中立各雜色部隊來孤立韓，力求在衝突中一鼓將韓消滅」[11]。

但劉少奇顯然認為韓德勤暫時不會動手，也在十七日他給葉挺、項英發電報說，由於韓德勤採取守勢，蘇北問題在三四個月內不一定能解決。

因為判斷一時沒有大的摩擦，劉少奇開始考慮打通和皖南的聯繫，最好葉挺或軍部北來後再詳細商量華中整個進攻計畫[12]。

這無疑是想讓皖南新四軍直接過長江北上到皖東來，在以後的近五個月的時間裏，皖南新四軍轉移選項中，北渡一直是被最優先考慮的。劉少奇這樣想恐怕也是為了制衡犯「錯誤」的項英。

不過項英此時也有了新的想法。既然向北和向東轉移都有困難，皖南新四軍眼下最好的選擇不如原地不動。十七日，他致電中共中央：「據上饒談判結果，暫時不可能取得合法東移。目前的布置和計畫，應依目前情況，皖南部隊仍堅持原有陣地，準備獨立鬥爭。」[13]當然這只是他「依目前情況」的打算，隨著形勢變化，中共對皖南的決策也不斷地更改。

劉少奇想讓皖南新四軍北來，但他已經沒有時間布置接應了，因為黃橋那邊局勢正在緊張起來。

不管韓德勤對「互不侵犯」約定的初衷如何，反正到二十一日的時候他已決心對新四軍動武，下令所屬部隊準備向黃橋「攻擊前進」[14]。

發出作戰命令後，韓德勤又在八月二十三日召開了持續三天的軍事會議，認真研討了對付中共軍隊的戰略。

這時候的韓德勤不僅面對著南邊的新四軍，在北方又出現了八路軍，西面也早有新四軍的四、五支隊，東面則是大海。眼看就要給合圍的他，經過

---

[11]　〈皖南事變縱橫談〉。

[12]　劉少奇電文內容，見《劉少奇年譜》上卷三〇一頁。

[13]　王人廣：〈新四軍軍部設在皖南是黨中央的戰略部署嗎？〉，《炎黃春秋》二〇〇五年第四期。

[14]　〈韓德勤關於進攻黃橋地區新四軍的作戰命令〉（一九四〇年八月二十一日），《新四軍·參考資料（二）》三〇九–三一〇頁。

思考，認為北、西兩面的八路軍和新四軍「兵力亦厚」，而且那一帶有「湖泊不易作戰」，比較起來，黃橋新四軍力量就小得多。他估計陳毅的人馬充其量不過三五千人，如以主力進擊，必可收效。於是他提出了「先南後北」的計謀，也就是先消滅或趕走陳毅，再回頭對付黃克誠。

韓德勤也想到八路軍會趁他攻擊陳毅之機南下，直搗他的後方，採取了防備的措施。從八月中旬起，蘇北和皖東鬧水災，韓德勤乘勢派兵封鎖了水路交通，燒毀船隻，以阻擋對陳毅的救援[15]。

蘇北劍拔弩張，重慶那邊國共談判的氣氛也不輕鬆。就在韓德勤軍事會議結束的二十五日，周恩來從延安飛了回來。他在延安參與擬定了對〈中央提示案〉的答覆，知道國民黨很可能不會接受，所以一回來就立刻抓緊部署國民黨區的共產黨組織轉入地下[16]。

不管國民黨接不接受，周恩來還是要和他們談下去。二十八日，他和蔣介石、白崇禧會面，繼續討論陝甘寧邊區和八路軍、新四軍編制問題。蔣、白的態度十分堅決，表示如果八路軍、新四軍不開到黃河以北，則一切問題都不能解決；但不再堅持裁撤中共游擊隊，只要求游擊隊應交所在地的戰區司令長官指揮[17]。

周恩來不能接受國民黨的意見，僵局無法打破，國共關係似乎只能惡化下去。三十一日，周在南方局會議上說：千萬不要因為建立了統一戰線就忘掉國民黨的反動性[18]。

與此同時，蘇北的形勢更加緊張。陳毅已經知道韓德勤將攻打黃橋，這是陳泰運告訴他的，陳泰運把韓德勤的整個作戰計畫全部透露給了新四軍。

韓德勤的計畫是，以兩李、陳泰運和保安三旅組成右翼軍，他自己的嫡系八九軍的一一七師（少一個旅）和獨立六旅（少一個營），外加一個保安一旅（少兩個營）編為左翼軍，分兩路挺進黃橋[19]。

新四軍面臨的壓力是前所未有的。

---

[15]　韓德勤對新四軍的作戰構想和阻擋其援軍的措施，見《葉飛回憶錄》二一八－二一九頁。

[16]　《周恩來傳》（二）五八三－五八四頁。

[17]　《周恩來年譜一八九八－一九四九》四六三頁。

[18]　《周恩來傳》（二）五八四頁。

[19]　韓德勤的作戰計畫和陳泰運的洩露，見《葉飛回憶錄》二一八－二二〇頁。

　　兩李和陳泰運固然極可能保持中立，但這是誰也拿不準的事。即便他們不來打，單左翼軍的人數也在萬人上下。更何況韓德勤手裏還握有數萬人馬。而新四軍方面，據陳毅向中共中央的報告，「已集中的兵力不過七千左右，戰鬥人員不及五千，槍支四千餘」[20]。

　　在這種形勢下，陳毅自然希望得到援兵，而他能求助的對象只有劉少奇。

　　陳毅於是分別向中共中央和劉少奇、葉挺、項英發出請求，「四、五支隊及八路軍南進支隊，速派增援部隊」，八路軍在韓德勤進攻前「先行占領鹽城一線」，新四軍五支隊「則應先占平橋、寶應之線」[21]。這些地方和韓德勤總部所在的興化間直線距離不過五十公里左右，八路軍、新四軍如到達那裏，將對韓德勤形成極大的威脅，使他不敢對黃橋下手。

　　陳毅提出的計畫與劉少奇當初的戰略設計有相近之處，所以儘管從八月二十九日開始，日汪軍隊對皖東一帶進行掃蕩，劉少奇仍在九月一日電告陳毅、粟裕：「韓部如進攻你們，決令蘇北各部不顧一切南下。」[22]

　　可是這時中共中央對國共衝突的策略卻起了變化。

二、「擊敵和友」

　　從八月二十日起，彭德懷指揮八路軍在華北對日軍發動了百團大戰[23]。這場空前規模的攻勢震動了整個抗日陣營，周恩來九月一日向延安報告說：華北百團大戰影響極大[24]。

　　彭德懷打這一大仗的目的首先是為了摧毀日本對中共根據地的強力入侵和封鎖，還有就是當時判斷日軍要進攻西安[25]，那樣的話將切斷延安與國民黨方面的直接聯繫，兩大抗日力量將遭割裂。而且日軍打入西北將破壞蘇聯

[20]　《黃克誠回憶錄》（上）二八六頁。

[21]　《陳毅年譜》上卷二九四頁。

[22]　日軍對皖東掃蕩和劉少奇九月一日給陳毅、粟裕的電報，見《劉少奇年譜》上卷三〇一－三〇二頁。

[23]　《彭德懷年譜》二三四頁，人民出版社一九九八年三月出版。

[24]　《周恩來年譜一八九八－一九四九》四六五頁。

[25]　《彭德懷自述》二三五－二三六頁。

從新疆那邊援助中國的交通線，此時英國在日本的
壓力下，已經決定在七到十月間把殖民地緬甸與中
國之間的滇緬公路封閉，也停止從香港向中國提供
支援[26]，而向日本盟友德國投降了的法國，也屈從
日本的壓力，不准從其領地印度支那運送援助中國
的物資[27]。

百團大戰中的彭德懷

　　這樣一來，外部的援助物資已難以從南方進中
國。如果由西北來的援助再被切斷，中國的抗戰形
勢將大大惡化，這不僅影響國家大局，對中共本身
也不利。百團大戰的目的是破壞日本人控制的重要交通線，彭德懷想用這一
戰拖延日軍西進的腳步，緩解危險的局勢。正因為此戰對國民黨也有好處，
朱德和彭德懷才能在國共關係不佳的情況下，還在二十二日請求蔣介石策
應，「飭各友軍部隊積極抑留當前之敵」[28]。

　　日後中共內部對百團大戰有許多指責，如暴露自己的力量（儘管蔣介
石早就對共產黨的發展充滿了戒備），不跟中央打招呼（其實毛澤東在一
九三八年三月八日就指示：八路軍具體作戰由朱德、彭德懷按敵情確定，
軍委不加干涉，只須將敵我位置及作戰情況同時報告軍委即可[29]。百團大戰
前彭德懷也向延安做了報告[30]），但在戰役進行的時候，讚賞的聲音是占上
風的。

　　毛澤東曾致電彭德懷說：「百團大戰真是令人興奮，像這樣的戰鬥是否
還可組織一兩次？」[31]

　　毛澤東這話應是發自肺腑，至少在九月初的時候他確實是打算再搞幾次
大規模的對日作戰的[32]。中共方面似乎普遍認為日本將大舉攻擊國民黨，周

[26]　〈英日緬甸協定〉，《中共黨史參考資料》第八冊四十二－四十三頁。
[27]　[蘇]崔可夫：《在華使命》七十六頁，新華出版社一九八八年三月版本。
[28]　〈衛立煌關於八路軍百團大戰兵力部署的電文〉（一九四〇年八月二十六日），《八路軍
　　・參考資料（一）》四七六頁。
[29]　《毛澤東軍事年譜》二三五頁。
[30]　《彭德懷年譜》二三二頁。
[31]　《彭德懷自述》二三八頁。
[32]　《毛澤東軍事年譜》三二〇頁。

百團大戰中八路軍破襲正太鐵路

恩來在九月一日的那份電報裏就估計，本年內重慶危殆，西南切斷，國民黨中央軍隊將更加削弱，我更有大發展可能[33]。

中共能在日本占領區迅速地發展起來，除了本身特有的某些優勢，還有一個重要的原因，那便是國民黨的正規部隊拖住了日軍的很多有生力量[34]，日本人既要對付國民黨軍隊，就不能全力以赴地清剿身後的八路軍、新四軍。如果國民黨方面對日軍的牽制消失了，中共將要承受極其巨大的壓力，後果難以設想。所以國民黨固然要削弱，但不可讓它垮掉。周恩來一日的電報就建議，現在應以「擊敵和友」為主，以利我方主張在全國的實現[35]。

既然要「擊敵和友」，在目前就應避免與國民黨起衝突，以防刺激它，這其中當然也包括蘇北。

劉少奇這時還不瞭解延安那邊的考慮，仍在力圖支援陳毅。九月二日，他繼續要求黃克誠等人準備「不顧一切南下」，「不得猶豫，至喪失良機」。

但劉少奇也碰到了實際的困難，那就是幫了韓德勤大忙的水災。他不得不又在第二天的九月三日和鄧子恢電告陳毅、粟裕，由於地形條件和頑軍的阻礙，援軍的到達事實上絕不會快的。因此「你們要準備兩星期至一個月的獨立作戰」，「在可能時你們如能獨立解決戰鬥亦好」[36]。

而在這一天，韓德勤的部隊已經集結完畢，準備向黃橋進發了[37]。

在重慶那邊，國民黨也繼續堅持原來的立場。

周恩來把中共對〈中央提示案〉的覆案交給了國民黨方面，在這份覆案裏，中共同意把陝甘寧邊區改為陝北行政區，但拒絕縮小領地，要保持「現在所轄的區域」；還要求改組河北、察哈爾兩省的政府，省主席由中共保

[33]　《周恩來年譜一八九八──一九四九》四六五頁。

[34]　榮維木：〈對抗日戰爭史研究中幾個問題的看法〉，《百年潮》二〇〇七年第八期。

[35]　《周恩來年譜一八九八──一九四九》四六五頁。

[36]　劉少奇九月二日和三日的兩份電報，見《劉少奇年譜》上卷三〇二──三〇三頁。

[37]　《葉飛回憶錄》二一九──二二〇頁。

薦。這跟國民黨只打算給共產黨幾個委員的預想明顯差得太遠。在軍隊問題上，中共不同意八路軍編為三軍六個師，要求有三軍九個師，也不同意給新四軍兩個師的編制，而是要三個師。又要求把第二戰區範圍擴大到山東全省和綏遠一部，顯然是要國民黨承認八路軍在山東等地活動的合法性。

覆案不提八路軍、新四軍是否全開到華北的事，只建議各游擊部隊留在各戰區劃定作戰界線，分頭擊敵；並要求保障「各抗日黨派在全國之合法權」、「中國人民之敵後游擊權」、「第十八集團軍、新四軍之作戰權」。這是在為中共部隊在各地展開行動設下伏筆。

對中共如此的答覆，國民黨的態度是擱置不理[38]。

但是對於中共軍隊抗日的戰績，國民黨的反應還是正面的。九月四日，蔣介石對百團大戰中的八路軍發出嘉勉電令，並表示：「已電飭其他有關戰區積極出擊，以策應該部作戰。」[39]

正打算多搞幾次百團大戰的中共，知道不宜過多削弱國民黨，所以不想此刻在蘇北與韓德勤劇烈衝突。也在四日這天，毛澤東、朱德、王稼祥電告劉少奇，停止八路軍南進，集結待命[40]。

可是韓德勤無論如何不能接受中共進入他的地盤。同樣在四日，他屬下的報紙《情報》發表社論〈論肅匪〉，指控中共軍隊「藉抗戰的美名，曲解主義，阻礙抗戰劫奪民財，實行赤化」，大罵「此輩心目中實無祖國，人獸之分，亦幾希矣」[41]。也就在這天上午，他的部隊向黃橋攻擊前進[42]。

攻擊的開始很順利，雖然兩李和陳泰運為主的右翼軍故意動作遲緩，但左翼軍的行動很積極，到了五日，保安一旅占領了黃橋東北方向的營溪，一一七師則猛攻相距不遠一個叫古溪的地方。

陳毅是打算放棄古溪的，準備「獨立作戰」的他想採用誘敵深入的計策，韓德勤的部隊放進來，然後斷其後路，分割圍殲。

[38]　中共覆案內容及國民黨的反應，見《周恩來年譜一八九八－一九四九》四六五頁。

[39]　〈蔣介石為嘉勉八路軍百團大戰參戰部隊致朱德、彭德懷電〉（一九四〇年九月四日），《八路軍・參考資料（一）》四八〇頁。

[40]　《劉少奇傳》上冊三九五頁。

[41]　〈蘇北事件真相〉，《中共黨史參考資料》第八冊三六六－三七八頁。

[42]　《陳毅年譜》上卷二九四－二九五頁。

　　但是當韓軍的砲彈打到古溪街上的時候，新四軍一線指揮員的想法卻發生了變化。古溪有新四軍的醫院、修械所等設施，如要撤退，用葉飛後來的話說：「古溪的罈罈罐罐就得大搬家，就得組織群眾扶老攜幼地轉移。」

　　新四軍的二、三縱隊兩個月來只收編了些雜牌軍，繳獲了一堆陳舊的武器，心裏很不滿足，希望藉此機會抓一批優質的人槍，便鼓動負責直接指揮的粟裕提前出擊。粟裕把葉飛、王必成和陶勇找來研究，這三個人全都贊成立即開打。粟裕於是擬定了作戰計畫，準備讓一縱隊在夜裏攻占營溪，解決保安一旅，再迂迴到一一七師和獨立六旅背後。二、三縱隊在六日拂曉發起進攻，與一縱隊前後夾擊韓軍。

　　粟裕把改變了的意圖向陳毅彙報，陳毅「哼」了一聲問：「能夠切斷古溪敵軍退路嗎？」粟裕做了肯定的回答。陳毅又詢問了一番，終於說：「那好吧，你們這麼有把握嘛！」

　　夜晚來臨，葉飛帶著一縱隊殺到營溪，殲滅了保安一旅的兩個團。他立刻命令打掃戰場，喝水吃飯，準備繼續前進。

　　這時候韓軍其他部隊已知道了保安一旅的敗訊。八十九軍參謀長郭心冬感覺不妙，即刻下令撤退，只留少量部隊斷後。

　　當葉飛在拂曉趕到預定地區，跟二、三縱隊一起發動攻勢的時候，韓軍已大部撤走，他們離自己的後方還比較近，很輕易就擺脫了追擊。新四軍雖然取勝，收穫卻不大。陳毅臉色鐵青地訓斥葉飛、王必成和陶勇：「有把握，有把握，包打，好，包到哪裏去了？」但事已至此，他末了也只能無奈地說：「好吧，也是我同意了的，沒得話說了，接受教訓吧！」[43]

　　這一天，劉少奇致電陳毅，要他「進行相當時期的防禦戰，主要堅持原陣地不做大的出擊」[44]。

　　此時延安那邊收到情報，顧祝同得到軍令部的命令，要掃蕩長江南北的新四軍。中共中央軍委於是也在六日這天發出指示，「請葉、項、胡準備自衛行動。皖南尤須防備」[45]。

---

[43]　營溪、古溪之戰的經過，見《葉飛回憶錄》二二〇－二二二頁。

[44]　《劉少奇傳》上冊三九五頁。

[45]　《陳毅年譜》上卷二九五頁。

這個情報未必多麼確實，軍委發出的警訊更可能是一種預防措施，因為儘管有如此嚴重威脅的信號，中共中央仍沒改變緩和國共關係的決策。

七日，劉少奇通知陳毅：「接毛朱王四日電後，八路軍已停止前進，現部隊集結待命中。」雖然服從中央命令，但劉少奇仍在這份電報裏流露出了不同意見，他顯然覺得延安方面只從軍事角度考慮蘇北的事，所以才擔心現有力量不足以壓住韓德勤。而他的看法卻是：「解決蘇北問題始終我認為主要是政治問題而不是軍事問題」，只要政治上有充足理由，軍事上是有把握的[46]。

新四軍領導層這時也是從軍事角度來看蘇北問題，但那是因為他們怕處在弱勢的黃橋部隊被韓德勤吃掉，所以他們和劉少奇一樣希望八路軍能趕快南下。不僅陳毅緊催，連對此並不直接負責的葉挺、項英也發電給劉少奇，要求增援蘇北。

於是本來就心有不甘的劉少奇又在八日致電毛澤東、朱德、王稼祥：「現黃克誠與第五縱隊是否仍應南進東進解決問題，請即決定電覆。」在另一份給毛、朱、王和黃克誠的電報裏他還建議，八路軍部隊趁韓德勤進攻陳毅之機，「渡過舊黃河」，控制離興化直線距離約八十公里的阜寧等地，作為「戰略要地」[47]。

各種意見相互交織，表明此時的新四軍系統至少在客觀上處於一種不確定的分散狀態，在皖南、皖東、蘇南、蘇北的部隊難以協調行動。這種局面根源於中共中央二月十日指示中對劉少奇、項英、陳毅的分工，一支軍隊長此下去明顯是不行的，何況現在又加上了從華北過來的八路軍部隊，統一指揮的問題迫切需要解決。葉挺和項英在九日給延安發電報，建議目前在蘇北的新四軍各部及八路軍一部在軍事行動上暫時統一於新四軍軍部指揮，等「各部相聯繫或新的統一指揮機關建立」後再終止[48]。

但是延安仍不想改變既定方針。十日，中共中央發出指示：要在山東及華中組織一次至幾次有計畫地、大規模地對敵進攻行動。

這裏的「敵」指的是日本人而非國民黨。

[46]　《劉少奇年譜》上卷三〇三頁。
[47]　劉少奇的兩份電報，見同上三〇三─三〇四頁。
[48]　〈給毛朱並周的報告〉，《葉挺研究史料》一五三頁。

中共中央同時要求，在華北應擴大百團大戰的戰役行動。要大規模地打日本，就意味著不能分出足夠的力量去打國民黨。

同一天，毛澤東在為中共中央起草的關於時局趨向的指示中表示：我五十萬大軍積極行動於敵後，給了日寇以沉重打擊，給了全國人民以無限的希望[49]。

毛澤東雖然列出局勢的三種可能變化 —— 即頑固派要求維持現狀，投降派準備組織貝當（法國戰敗後，與德國占領者合作的領導人）政府，進步派與中間派則要求親蘇、和共與改良，指示要準備對付投降派的突然事變，但其話語間明顯傾向於第三種可能，認為國際國內的大勢所趨，將是日益不利於頑固派，而日益有利於進步派和中間派。黨內對於時局的悲觀估計與不耐煩情緒，顯然是不正確的[50]。

既然覺得形勢這樣有利，毛澤東也就不認為有必要主動挑起與國民黨的衝突。在不打仗的情況下，新四軍也沒必要急著建立統一的指揮系統，保持現在的格局就好。

十一日，毛澤東和朱德、王稼祥致電葉挺、項英，表示：「在蘇北防戰條件及地理遠隔條件下，八路軍、新四軍只能作戰略配合，不可能希望他們作戰役配合，兩軍各部均應準備獨立作戰，各部均不向韓進攻，而於韓向我進攻時各個擊破之。」對葉、項二人統一指揮的想法，毛澤東他們的回答是：「八路軍蘇北各部，既分散又複雜，不宜變動指揮關係，皖東亦歸中原局指揮為宜」，只同意「陳毅可改歸你們直接指揮」[51]。

事實上這一點最終也未能實現。

三、「蘇北和平無望了！」

毛澤東此刻的意圖顯然是暫時保有現狀，但劉少奇卻不認為現狀那麼容易維持。就在十一日，他電告包括毛澤東、朱德在內的中共軍事方面的負責人，「敵寇現大舉向我華中新四軍、八路軍『掃蕩』」。「敵寇」自然是

---

[49]　《毛澤東軍事年譜》三二〇頁。
[50]　《毛澤東年譜一八九三－一九四九》中卷二〇四－二〇五頁。
[51]　同上二〇五－二〇六頁。

日本人，劉少奇懷疑這是由於國民黨的勾結，日軍「似與韓德勤進攻配合」。不管怎樣，「現津浦路東、淮河南北兩岸各重要地點，皖東北各要點，均被敵占」[52]。如果拿不下蘇北，再丟了皖東，中共華中戰略將以失敗告終。

顧祝同

　　國民黨方面這時也確實有人不忘考慮怎樣遏制共產黨軍隊。三戰區的顧祝同近來就為待在身邊的新四軍頭疼。

　　與韓德勤、李品仙這樣的人相比，顧祝同屬於跟中共方面的關係維持得不錯的國民黨將領之一。當初西安事變剛結束時，是他帶領中央軍進駐西安，控制了那裏本由張學良、楊虎城掌握的大局。他也因此與紅軍方面發生接觸[53]，成了一九二七年後第一個跟中共搞談判交涉的蔣介石嫡系的將軍。主管三戰區後，他與新四軍之間也沒有鬧出太大的摩擦，戰區內的多數國民黨將官也都把新四軍當友軍對待。這當然主要是因為皖南的現實環境使項英他們不好公開跟國民黨方面對抗，不過顧祝同較為溫和的個性，加上他與葉挺是保定軍校六期的同學，無疑讓雙方在一些小的問題上更容易溝通。

　　但在限制中共的大問題上，顧祝同自然要忠實於蔣介石的方針，何況此時的他也覺得新四軍越來越麻煩。

　　顧祝同認為，新四軍「遮斷」了國民黨軍「進出京滬游擊區之交通路」，三戰區派部隊到長江布置水雷，並準備趁機「要擊」日軍，但也受新四軍的「牽制」。其實所謂牽制，其中至少一部分原因是出於國民黨軍本身對新四軍的不信任和防備，顧祝同自己就說，屬下的「五十二師全部及一〇八師、四十師各一部」，都因為要防範新四軍而「陷於對峙狀態不能活用」。

　　顧祝同想出了辦法也在十一日向何應欽發電請示：「倘新四軍之編調問題長此遷移不能解決，則影響今後抗戰整個計畫實非淺鮮，可否立予緊急處置」[54]。

[52]　《劉少奇年譜》上卷三〇四頁。

[53]　《周恩來年譜一八九八——一九四九》三五〇頁。

[54]　〈顧祝同關於「緊急處置」新四軍致何應欽電〉（一九四〇年九月十一日），《新四軍·

　　何應欽至少沒有立即同意顧祝同的「處置」。而這時蘇北的陳毅已經採取了實際的行動。在十一日夜裏，他的新四軍部隊摸到了黃橋北面一個由國民黨控制的叫姜墊的地方，發起了攻勢[55]。

　　姜墊（也有人稱姜堰）是當地糧食貿易中心，極為富庶，和東邊的曲塘被並稱做「金姜墊、銀曲塘」[56]。黃橋的新四軍少不得也要從這裏購買軍糧，此地對他們來說自然十分的緊要。對國民黨也是如此。陳毅他們攻擊此地的公開理由就是，韓德勤在營溪、古溪戰鬥失敗後，對新四軍改用封鎖的政策，把原來駐防姜墊的陳泰運調開，讓張少華的保安九旅進駐[57]，禁止給新四軍提供糧食，聲稱不許一粒米進黃橋[58]。

　　陳毅內心真實的想法是，黃橋還是「地區太小，無法立足，因此就決心打姜堰，一方面估計對韓德勤威脅並不大，另一方面也因為姜堰地區富，稅收多，可以解決我們許多困難」[59]。

　　但姜墊也並不那麼容易打，張少華設置了縱深工事，密布幾十個碉堡，形成交叉火力，又在外圍扎起鐵絲網，每天晚間都通上電流。十一日夜，新四軍進攻開始後，立即就有人碰在鐵絲網上被電死。新四軍從附近鐵匠鋪借來長腳大鐵鉗，又用自行車輪胎的橡膠皮包裹手柄，這才剪斷了電網，但天已快亮，為免被碉堡火力所傷，進攻暫時停止。

　　十二日夜，新四軍拿著大鐵鉗，還有也用橡膠皮纏住刀柄的馬刀，把迫擊砲推到陣前，把砲口放平對準碉堡。一切準備就緒後，進攻又開始了。通電的鐵絲網幾處被新四軍敢死隊絞斷，碉堡也在迫擊砲連續的轟擊下垮塌，敢死隊衝進姜墊後，直搗發電廠，給鐵絲網斷了電。新四軍主攻部隊揮舞馬刀斬開鐵絲網，火攻中心碉堡[60]，一晝夜激戰後，張少華逃走，保安九旅千餘人被殲，姜墊為新四軍所有[61]。

　　　　參考資料（二）》三一三頁。
[55]　張震東：〈浴血東進〉，《新四軍黃橋戰役史料》一五三－一六四頁。《陳毅年譜》和《葉飛回憶錄》都說攻打姜墊的時間是十三日，但據張震東的回憶，十一日晚新四軍便開始了肅清姜墊周邊的戰鬥。
[56]　張藩：〈十月紅旗滿天飛〉，《新四軍黃橋戰役史料》二二八－二四一頁。
[57]　〈挺進蘇北與黃橋決戰〉。
[58]　蔣階平：〈頌陳毅東進時的統戰工作〉，《新四軍黃橋戰役史料》三一九－三二九頁。
[59]　陳毅：〈黃橋戰鬥總結〉，《新四軍黃橋戰役史料》二十三－二十七頁。
[60]　新四軍攻入姜墊的經過，見張震東：〈黃橋之戰〉，《新四軍黃橋戰役史料》二四九－二六四頁。
[61]　《葉飛回憶錄》二二四頁。

這時已是十三日，延安那邊對華中的戰略也發生了些變化。由於日軍在向皖東的中共武裝施加壓力，毛澤東致電彭德懷，要求八路軍部隊南下，占領鹽城、寶應等地，解皖東之危。形勢的緊張使他對局勢的看法不再像三天前那樣樂觀，表示時局可能日益壞下去，最後變為降日剿共的極壞局面[62]。

局勢可能變壞，就要更積極地爭取蘇北。仍在十三日，毛澤東、朱德、王稼祥給葉挺、項英、劉少奇、陳毅發去指示，雖然仍堅持「為對付日寇進攻，為鞏固國內團結，華中摩擦在韓進攻失敗後，應設法暫時緩和一下」，「對韓不應進攻，而應在韓向我進攻時，各個反攻擊破之。否則，會妨礙我在重慶之統一戰線工作」，但也表明確指出，劉少奇「建議控制舊黃河以南阜寧一帶戰略要地，是必要的，可執行」[63]。

八路軍終於可以南下了，劉少奇十五日電告在江蘇北端的黃克誠，要他「執行完成此任務」，「對頑固武裝，可爭取者爭取之，其反我者則肅清之」[64]。

但這種南下是有限度的，阜寧比起陳毅當初要求占領的鹽城離興化要遠，對韓德勤造成的壓力也自然要小。毛澤東此時注視的焦點仍在「重慶之統一戰線工作」，八路軍進入蘇北也只是要對韓德勤形成威懾，保證國共雙方在那裏的力量平衡，沒有立即消滅韓軍的意思，所以在蘇北的陳毅仍繼續大張旗鼓地要求和平。十五日這天，他發動地方士紳向韓德勤呼籲：「停止內戰，團結抗日。」

自新四軍到蘇北以來，其比較嚴明樸實的作風，與軍紀鬆弛甚至敗壞的韓德勤部隊形成鮮明的對比，再加上出色的政治工作，使得這支違反軍令，又新來乍到的部隊，竟很快就在民眾中贏得了相當程度的支持。

這一點韓德勤也不會意識不到，他知道不能無視地方上的和平呼聲，但他又怎能容忍新四軍在自己的防區任意縱橫。思來想去，他琢磨出一計，告訴那些說和的人：「新四軍如有合作誠意，應首先退出姜堰。」[65]

---

[62]　《毛澤東軍事年譜》三二一頁。

[63]　《陳毅年譜》上卷二九六頁。

[64]　《劉少奇年譜》上卷三〇四頁。

[65]　陳毅的呼籲及韓德勤的答覆，見《陳毅年譜》上卷二九七頁。

　　韓德勤完全清楚姜墊對新四軍的重要性，他正是料定陳毅不會放棄這塊寶地，才放出此話來。只要新四軍捨不得姜墊，就將把自己放在違背民意的位置上，他就可以名正言順地採取軍事行動了。

　　實際上韓德勤這時已經在準備派兵佯攻姜墊，吸引新四軍主要力量來援，而他的主力乘虛從海安、曲塘直插黃橋[66]。

　　可韓德勤沒有想到的是，陳毅從說和者口中聽到他的要求時，竟說：「放棄姜堰是可以考慮的。」[67]

　　陳毅如此大方，是因為他已經得到了韓德勤佯攻姜墊實取黃橋的情報[68]，並考慮了對策：如果不放棄姜墊，到時本就不多的黃橋新四軍的部隊必將處在分散的狀態，那就真可能讓對手乘虛而入。

　　在這種情形下，陳毅只能選擇捨棄姜墊，集中兵力固守黃橋。

　　儘管陳毅勢單力薄，但此刻中共對蘇北的布局仍是採取守勢。劉少奇剛命令黃克誠南下，又在十七日指示他和彭雪楓：「敵人如不『掃蕩』我蘇北，皖東各部暫以休整、擴大部隊，解決棉衣，建立後方工作為中心任務。」[69]這裏的「敵」也是指日本人。

　　延安的毛澤東這時關心的則是皖東一帶中共部隊的安全，因為他從西安方面得到消息，湯恩伯等人率領的國民黨軍要向那裏進攻。為此他在十九日和朱德、王稼祥發出指示，讓八路軍準備再派部隊南下，還要求葉挺、項英率部訊即向北渡過長江，應於兩星期內渡畢，增援皖東[70]。

　　直到三天後的二十二日，打擊韓德勤才被列入計畫。毛澤東、朱德、王稼祥在這天致電葉挺，指出如果國民黨軍向彭雪楓、張雲逸進攻，「我蘇北主力即須動手解決韓德勤」。對皖南新四軍的去向也重做安排，不必過長江，而是「在動手解決韓德勤之前移至蘇南為有利」。

---

[66]　韓德勤對姜墊的謀畫，見《陳毅傳》一三六頁。
[67]　《陳毅年譜》上卷二九七頁。
[68]　《陳毅傳》一三六頁。
[69]　《劉少奇年譜》上卷三〇五頁。
[70]　《毛澤東年譜一八九三──一九四九》中卷二〇六頁。

但毛澤東等人預計反擊國民黨軍並解決韓德勤的時間是在十月中旬左右[71]，而這時的蘇北戰事已迫在眉睫。李明揚為此特地在二十五日子夜祕密約見了管文蔚。

韓國鈞書法

見面之後，兩個人很快就談起了即將發生的衝突。為了讓李明揚繼續保持中立，管文蔚假稱黃橋的新四軍有兩萬多人，並且從日本人那裏繳獲了許多彈藥，每個連都配備了幾挺機關槍，每個團還有一個機砲連，完全有把握打垮韓德勤。

李明揚未必完全相信管文蔚的話，依舊擔心地說：韓德勤的「兵力不少，武器裝備也好，你們得注意啊」。

儘管感覺勝負難測，李明揚還是把韓德勤的作戰部署全都告訴了管文蔚，並保證自己和陳泰運不會進攻新四軍[72]。

李明揚提供的情報，讓新四軍可以做充裕的準備。當然在公開場合，中共方面仍要表現出尋求和平的態度，陳毅建議召開蘇北軍民代表會議調停國共爭端，得到許多人的回應。韓德勤卻不願參加，他在二十六日致電韓國鈞，重申自己的主張：「新四軍如有合作誠意，應首先退出姜堰，再言其他。」

二十七日，蘇北軍民代表會議在姜墊召開，由於韓德勤方面缺席，中共實際上主導了會議的走向。陳毅發表演講，表示蘇北糾紛不是新四軍本身的問題，讓出姜墊也「不成問題」，但如果韓德勤「仍舊進攻，我們就要採取必要的自衛」。

就在會議即將結束之時，也沒有出席的韓國鈞派人轉來韓德勤的電報，電文中表示，新四軍必須立即撤出姜墊，經黃橋開回江南去。他終於亮出了底牌。

已被新四軍答應讓出姜墊感動的與會代表看了韓德勤提高了條件，立刻憤怒起來，斥責他言而無信。朱履先對陳毅說：如新四軍退出姜墊，韓德勤還來進攻，將為蘇北人民所共棄[73]。

---

[71]　毛澤東電文內容，見《陳毅年譜》上卷二九八頁。

[72]　李明揚和管文蔚密談的經過，見《管文蔚回憶錄續編》九十九－一百頁。

[73]　姜墊會議經過，見同上二九八－二九九頁。

　　韓國鈞卻不像朱履先那樣堅決地站在新四軍一邊，儘管據說在得知韓德勤堅持新四軍必須回江南後他曾罵道：「小子無義，天必殛之！」[74]後來又承認「新四軍是得人心的」[75]，但幾乎同時，他也給陳毅手書一副對聯：「天心已厭玄黃血，人事難評黑白棋。」

　　國共之爭在他看來只是一盤難論是非的「黑白棋」，而他不忍再看同胞之間流「玄黃血」。

　　對韓國鈞的態度，陳毅認為此人呼籲和平的目的是由於「有許多錢都投在韓德勤手中，所以也出來勸韓不要打了」。他給韓國鈞的對聯回詩一首：

> 山河破碎思前事，
> 抗日合作看精誠。
> 丈夫一怒安天下，
> 橫刀越馬取東瀛。

　　韓國鈞看罷這首充滿殺氣的詩，流淚說道：「蘇北和平無望了！」[76]

四、「我們以為可以騎著高頭大馬，在老百姓夾道歡呼中進入黃橋！」

　　就在姜堰召開會議這天，劉少奇向毛澤東、朱德、王稼祥報告：韓德勤正集結全力，準備再度向陳毅部進攻，緩和已不可能。他建議八路軍五縱隊和新四軍四、五支隊實施增援[77]。

　　陳毅也電告劉少奇：與韓德勤的大戰有一觸即發之勢。同時又和粟裕發電向毛、朱、王請求支援[78]。

---

[74]　《葉飛回憶錄》二二五頁。

[75]　〈黃橋決戰前的統一戰線工作〉。

[76]　韓國鈞的對聯、陳毅的詩及韓看後的反應，見〈頌陳毅東進時的統戰工作〉。

[77]　《劉少奇年譜》上卷三〇五頁。

[78]　《陳毅年譜》上卷三百頁。

也在這天，蔣介石下令給山西策應百團大戰的國民黨軍：「查第十八集團軍已停止正太路攻擊，晉南、晉西部隊無須單獨作戰，該方面即行停止攻擊。」[79]

百團大戰的第一階段，對正太鐵路的破襲戰已在九月十日全面結束，但整個戰役要到十二月五日才告終[80]，但蔣介石對此並不清楚，因為中共從沒有向他通報具體的戰鬥情況[81]。在這之後，國民黨軍再未對百團大戰做配合行動，國共衝突隨後也重新加劇。

首先激烈衝撞的當然是黃橋。

這時候的陳毅在對付韓德勤上已經有了比較完整的方案。他在給毛澤東等人的電報中表示：將「全力集結黃橋附近」。姜埝雖然放棄，但並不送還韓德勤，而是「讓給兩李」[82]。

一心擴充實力的兩李得到姜埝無疑會大喜，也就更不願意跟新四軍為敵。至於原來占有姜埝的陳泰運，從陳毅事後對黃橋之戰的總結中看，新四軍可能也對他做了某種程度的暗示，讓他以為能夠重新拿回自己的地盤。韓、李、陳三家爭姜埝，用陳毅的話說是「一根骨頭餵三隻狗」[83]，自然會極大地分化他們的力量。

九月三十日拂曉，新四軍撤出了姜埝。還不知道的韓德勤仍在用電報催陳毅回江南去，否則無話可說[84]。當得知新四軍已從姜埝撤走時，他立刻又發布命令，稱：「我戰略上已獲先制之利」，「現匪膽已寒，必不敢與我決戰」，「欲求全勝，捨攻擊而外無他法門」，「此次決戰，關係蘇北及我團體整個軍事問題至大。事已至此，應不惜犧牲達成我最後目的」[85]。

韓德勤進攻黃橋的部署是，以兩李和陳泰運部為右路軍，攻黃橋西側，並掩護中路的進攻部隊。以第一、五、六、九、十等五個保安旅做左路軍，

---

[79] 〈蔣介石令晉南晉西部隊停止策應八路軍作戰致閻錫山電〉（一九四〇年九月二十七日），《八路軍‧參考資料（一）》四八九頁。

[80] 李達、唐延傑：〈百團大戰〉，《八路軍‧回憶史料（一）》六七〇－六七三頁。

[81] hsy：〈慘勝── 大破襲紀實〉，楊奎松個人網站討論區www.yangkuisong.net/bbs（二〇〇八年十月二十日摘）。

[82] 《陳毅傳》一三六頁。

[83] 〈黃橋戰鬥總結〉。

[84] 《陳毅年譜》上卷三〇一頁。

[85] 〈韓德勤關於在黃橋與新四軍決戰的命令〉（一九四〇年九月三十日），《新四軍‧參考資料（3）》三一六頁。

從東南攻黃橋。他自己的嫡系八十九軍部隊和
獨立六旅居中路，是進攻的主力，也分成三
路。總共出動五路人馬，兵力有三萬餘人[86]。

黃橋之戰前的陳毅和粟裕

　　從數量上看，國民黨軍明顯占絕對優
勢，但連韓德勤自己也清楚，真的廝殺起來，
這三萬餘人的戰鬥力怕是要打折扣的，因為像
李明揚這樣的指揮官是靠不住的。

　　韓德勤曾向上指控李明揚，國民政府軍
事委員會也得出「李明揚分化韓之部隊，不
服韓之指揮，在地方橫徵暴斂，與匪勾結，
坐觀成敗」[87]的結論。

　　但是在目前，韓德勤還不得不繼續借用李明揚的力量，他能做的只是往
兩李和陳泰運那裏派去專員，加以監視[88]。

　　這樣的監視當然不足以控制李明揚。三十日這天他已經準備接管姜堰
了，由於新四軍把這樣一塊肥肉交到他手上，李明揚非常感動，稱讚陳毅
「真是夠朋友的」[89]。又對新四軍的人表示：「目前我雖不能再做調人，但
也絕不參加反共的內戰。」[90]

　　雖然李明揚跟新四軍交好是為了自家利益，他對中共表現出來的友誼也
是靠不住的，但只要陳毅不被韓德勤打敗，李明揚就不會輕易對新四軍下手。
陳毅又鼓動兩李藉機向韓德勤要了十萬元軍費[91]，更拉近了跟李明揚的關係。

　　那個陳泰運本以為可以收回姜堰，卻不料被李明揚搶了去，他知道實力
不如兩李，只好把不滿撒向新四軍，要求陳毅給他一批槍支做補償。新四軍
許多人都認為這是敲竹槓，不願意搭理。陳毅卻慷慨地要陳泰運的人自己到
倉庫裏去挑，結果被拿走了一百餘支槍。

[86]　《陳毅傳》一三七頁。

[87]　相關情況，見《新四軍黃橋戰役史料》三九〇－三九四頁所載韓德勤的電報及何應欽的
　　　簽呈。

[88]　《陳毅傳》一三七頁。

[89]　黃逸峰：〈後發制人殲頑敵〉，《新四軍黃橋戰役史料》二八二－二九七頁。

[90]　李廣生：〈李明揚部與東進中的新四軍〉，《新四軍・參考資料（二）》七七五－七七
　　　九頁。

[91]　〈毛、朱、王批轉陳毅關於蘇北統戰工作的經過與主要經驗〉。

得了槍的陳泰運覺得該知足了，他也和新四軍做了約定，如果開戰，他的部隊將朝天射擊，新四軍則不必還擊[92]。

對左路的五個保安旅，陳毅也都派人去進行了聯絡。這些雜牌軍同樣只想撈好處，不願損傷實力，紛紛與新四軍形成默契[93]。

這五個保安旅兵力為七千餘人，兩李和陳泰運的部隊有一萬兩千餘兵員[94]，如此一來，韓德勤三萬餘部隊中已有一萬九千人馬實際上不再聽他的調遣。

但韓德勤畢竟還有一萬五千人的直屬兵力，對新四軍仍占很大的優勢。

陳毅和其他指揮員一起商議應對之策。最後決定以不足兩千人，力量最弱的陶勇三縱隊死守黃橋，一、二縱隊隱蔽在外圍，找機會將敵手一路一路地各個擊破，首選目標是獨立六旅[95]。

作戰計畫定下來了，可是對於能否擊敗韓德勤，誰都沒有絕對的把握，陳毅把自己的書、日記和詩稿藏了起來，準備一旦戰鬥失利就打游擊[96]。

其實韓德勤的運氣並不好，至少天公就不作美，三十日這天下起了暴雨[97]。十月一日雨仍下個不停，當陳毅再向劉少奇、黃克誠請求救援的時候，韓軍在離黃橋十五公里的地方[98]再也無法前進，只得停下來等天氣轉好。第二天天氣依然很糟，附近的河水暴漲，道路泥濘，韓軍只能原地踏步[99]。而陳毅則在鼓動朱履先等二百四十五人聯名致電蔣介石，請求制止韓部的軍事行動[100]。同時新四軍在黃橋發動民眾繳糧，出民工，組織看護隊[101]。

同一天，劉少奇先是電告陳毅、粟裕：「根據中央時局趨向的指示與軍事行動指示，我蘇北八路軍在目前確不應向韓採取嚴重的進攻行動」，「八路軍南下鹽城、東臺增援問題，中央尚無明令，五縱隊以準備即日南下，如

---

[92]　陳泰運要槍及與新四軍的約定，見〈黃橋戰鬥總結〉。

[93]　《葉飛回憶錄》二三二頁。

[94]　同上二二八頁。

[95]　同上二三一－二三三頁。

[96]　《陳毅傳》一三八－一三九頁。

[97]　《葉飛回憶錄》二三三頁。

[98]　《陳毅年譜》上卷三〇三頁。

[99]　〈軍令部編寫的〈黃橋之役戰鬥經過概要〉〉（一九四〇年十月），《新四軍·參考資料（二）》三二〇－三二三頁。

[100]　《陳毅年譜》上卷三〇三－三〇四頁。

[101]　〈黃橋之戰〉。

無中央明令繼續南下，即以到達阜寧、益林一線為止，對你們只有戰略配合作用」，「目前你們的作戰方針：還應是獨立打破重圍，求得以速決為原則」，在勝利後要實行緩和衝突或暫時停止進攻的策略[102]。

但是陳毅不能不繼續求援，他又急電黃克誠，希望八路軍五縱隊馳援，黃克誠毫不猶豫地答應了[103]。

黃克誠決意行動，遠在皖東的劉少奇只有認可現實，他致電毛澤東、朱德、王稼祥等人：「黃克誠部主力決心於本月四日開始行動，南下阜寧，並擬繼續向鹽城推進增援陳毅。」[104]

接到劉少奇的電報，毛澤東在三日把這份電報轉給重慶的周恩來[105]，提出：「韓不攻陳，黃不攻韓；韓若攻陳，黃必攻韓。」要周恩來告訴何應欽停止韓德勤的行動，否則八路軍不能坐視[106]。

此時的蘇北，天終於放晴了，韓德勤部隊重又開始向黃橋進軍[107]。當天晚上九時過後，中路軍指揮官，八十九軍軍長李守維下達了第二天正式出擊的命令[108]。到四日上午九時，對黃橋的攻擊打響了[109]。

這是一場看客眾多的戰鬥，兩李、陳泰運和五個保安旅組成的左右路軍就不必說了，他們自始至終都隔岸觀火。就連日本人也從黃橋西南的泰興境內派來一支部隊，到離黃橋四十六里處關注動靜[110]，日軍特工則來到距黃橋十五里的地方觀察[111]。黃橋周圍的汪精衛部隊也在據點中集結待命，指揮官們站在碉堡上用望遠鏡注視著中國人打中國人的戰爭[112]。

真正賣力攻打黃橋的只有韓德勤的中路軍，負責指揮的李守維原本並不想進攻黃橋，在韓德勤的勸說下才答應下來[113]。在這之後，李守維對作戰的

---

[102]　《劉少奇年譜》上卷三〇六頁。
[103]　《黃克誠回憶錄》（上）二八六頁。
[104]　《劉少奇年譜》上卷三〇六－三〇七頁。
[105]　同上三〇七頁。
[106]　《毛澤東年譜一八九三－一九四九》中卷二〇八頁。
[107]　《葉飛回憶錄》二三三頁。
[108]　謝義俠：〈黃橋決戰〉，《新四軍黃橋戰役史料》三五二－三六六頁。
[109]　《陳毅年譜》上卷三〇四頁。
[110]　《葉飛回憶錄》二四二頁。
[111]　〈挺進蘇北與黃橋決戰〉。
[112]　《葉飛回憶錄》二四二頁。
[113]　〈後發制人殲頑敵〉。

態度就一下子從消極變得異常積極，認為憑自己一方的力量「壓也把陳毅壓扁了」，仗打起來七天之內便可解決問題[114]。

開戰前，也許是掌握的情報有誤，也許只是為了鼓舞士氣，李守維對屬下軍官宣稱，共產黨共產共妻，殺人放火，不得人心，因此拿下黃橋絕無問題。新四軍只有三千人，只會打游擊，我們主力壓過去，估計不會有什麼戰鬥。那些軍官真的相信了他的話，一個旅長在當了俘虜後對新四軍說：「我們以為可以騎著高頭大馬，在老百姓夾道歡呼聲中進入黃橋！」[115]

有這樣一種心態，也就難免輕敵。

對李守維的用兵，陳毅在事後評價說：「李守維從展開以來的整個部署是對的，其失敗之主要原因，是由於平均使用兵力的結果，把十三個團分成五路開進，在最前線的只有五個團，當然便於我之各個擊破。」[116]

五、「空前惡戰」

陳毅所說的李守維用在最前線的五個團，屬於八十九軍的三十三師，它是四日上午投入戰鬥的唯一的韓德勤部隊，其主攻的方向是黃橋的東面。

由於輕敵，三十三師向黃橋進發時只帶了三天的糧食，到這時早已吃光[117]，但這支部隊仍顯示出不弱的戰鬥力。進攻開始後，它迅速殺進離黃橋前沿防禦工事僅三百米的小焦莊，擊退了那裏的新四軍[118]，接著便向黃橋發起猛烈的衝鋒。

由於掌握了情報，新四軍很準確地判明了韓軍主攻路線，事先就在黃橋陣地上做好了火力配備和距離測量。三十三師剛衝上來，就在新四軍的火力網中遭受了不小的傷亡。新四軍甚至瞅準機會發起了一次反衝鋒，抓了四五十個俘虜，繳了幾十支槍。

這樣激戰到中午，三十三師改變了戰法，加強了兵力，採用大規模的集群衝擊。終於迫使新四軍後撤，退到黃橋鎮邊的圍牆外。黃橋的圍牆是一道

[114]　《陳毅在大江南北》九十六頁。

[115]　《管文蔚回憶錄續編》一二一頁。

[116]　〈黃橋戰鬥總結〉。

[117]　《管文蔚回憶錄續編》一二一頁。

[118]　《葉飛回憶錄》二三四頁。

高不過三米，寬只有兩米的土牆，突進的韓軍把手榴彈都扔到了牆上[119]。黃橋東部的發電廠也被他們占領[120]。直至下午一點，三十三師的攻擊才暫時停歇[121]。

這時黃橋的形勢明顯對新四軍不利。到下午的時候，關注著戰事動向的李明揚突然躲進屋子裏，宣布謝絕會客，連一向友好的新四軍代表也不見[122]，這顯然是要與共產黨拉開距離。

但韓德勤部隊並沒能繼續擴大戰果。他們相互間的協調極差，整個戰場只見三十三師一家在拚命，其他方向上的進攻部隊遲遲沒有蹤影。陳毅後來說，如果三十三師和獨立六旅一起突擊，「我恐怕還會被迫退出黃橋」[123]。

而那個新四軍的第一打擊目標，擔任北面攻勢的獨立六旅，李守維雖要它在這天進攻黃橋，卻沒在命令中規定具體時間[124]，可能是覺得無此必要，戰鬥開始後往上衝就是了。可是他恐怕沒想到，直到下午二點，這支部隊才正式出動。旅長翁達中將與幾名指揮官騎在馬上，帶領部隊輕鬆前行[125]。

獨立六旅是韓德勤的精銳，整個部隊一色的中正式七九步槍[126]，每個連都配備九挺捷克輕機槍[127]。所有的槍支都精心保養，槍管鋥亮可以照見人臉[128]。因為裝備和外觀漂亮，獨立六旅被人稱做「梅蘭芳」部隊[129]。此刻他們人人一頂斗笠，或者戴在頭上，或者揹在身上，排著縱向的一字長蛇陣，悠閒地朝黃橋行進[130]，根本不知道厄運將至。

在獨立六旅所走的路邊的茂密的莊稼地裏，隱蔽著葉飛的一縱隊。

新四軍之所以敢先打這樣一個較強的對手，除了葉飛曾在半塔集擊敗過它外，主要是因為獨立六旅畢竟人數有限，只三千多的兵員，比其他八十九

---

[119]　三十三師對黃橋的第一輪攻勢，見〈黃橋之戰〉。

[120]　《葉飛回憶錄》二三四頁。

[121]　《陳毅年譜》上卷三〇四頁。

[122]　《葉飛回憶錄》二四二頁。

[123]　〈黃橋戰鬥總結〉。

[124]　〈黃橋決戰〉。

[125]　《葉飛回憶錄》二三四頁。

[126]　〈十月紅旗滿天飛〉。

[127]　孫克驥：〈紅旗十月滿天飛〉，《新四軍黃橋戰役史料》二七一－二八一頁。

[128]　〈十月紅旗滿天飛〉。

[129]　〈紅旗十月滿天飛〉。

[130]　曾如清：〈秋風掃頑敵〉，《新四軍黃橋戰役史料》二六五－二七〇頁。

軍部隊規模小得多。而且根據韓德勤的計畫，獨立六旅出擊時，它的左右側面是由兩李和陳泰運做掩護，因此翁達才會這般瀟灑地行軍。豈知兩李與陳泰運早已和新四軍溝通，新四軍用來監視他們的力量只有一個多連[131]，其他部隊可以放心大膽地背對李、陳打獨立六旅的埋伏[132]。這一點是翁達絕對想不到的。

陶勇

新四軍原本想等翁達在黃橋北門發動進攻時再打他，但現在見獨立六旅全無戒備，於是經陳毅同意，提前開火[133]。一縱隊三個團分頭殺出，猛地把獨立六旅的佇列衝斷為幾截。韓軍立時大亂，猝不及防的翁達急忙收攏身邊還能指揮的部隊，撤到附近的一個村莊裏進行抵抗，其他獨立六旅人馬也退至兩個村子，新四軍把這三個村莊全部包圍，逐步向裏壓縮[134]。

兩李和陳泰運幫新四軍打擊了獨立六旅，左路的各保安旅也幫新四軍打敗了三十三師。按韓德勤的計畫，這些保安旅應從東南面進攻黃橋，但他們始終按兵不動[135]。下午，三十三師再展攻勢，一度突破了黃橋的東門[136]，幾支保安旅此時仍無動作。見他們確實不肯參戰，陶勇便放心地把防衛東南的新四軍三縱隊三團撤了出去，他自己也揮舞馬刀親自上陣[137]，繞到三十三師背後發動反擊，正面防禦的新四軍也同時出擊。被前後夾攻的三十三師只得敗下陣去，一名營長，兩個連長和七百餘士兵作了俘虜[138]。

夜色降臨了，戰火中的黃橋依舊熱鬧。國民黨軍雖占領了電廠，但並未停止供電，整個鎮子仍然燈火通明，店鋪照常營業，民眾組織派人巡街維持秩序，許多人家都在用火爐烤出成堆的本地特產黃橋燒餅，供應新四軍[139]。

---

[131]　《管文蔚回憶錄續編》一二二頁。

[132]　《葉飛回憶錄》二三三頁。

[133]　見〈挺進蘇北與黃橋決戰〉和《葉飛回憶錄》二三五頁，但粟裕和葉飛都說提前打擊獨立六旅是自己的主意。

[134]　新四軍包圍獨立六旅的情形，見《葉飛回憶錄》二三五－二三六頁。

[135]　〈黃橋決戰前的統一戰線工作〉。

[136]　《陳毅傳》一三九頁。

[137]　〈挺進蘇北與黃橋決戰〉。

[138]　〈浴血東進〉。

[139]　四日晚黃橋鎮內的情況，見〈黃橋之戰〉。

新四軍的文藝幹部還就此創作了一首〈黃橋燒餅歌〉，其中唱道：「國共分裂更危險，同胞們呀團結牢，反共就是準漢奸。」「蘇北換了新局面，同志們呀加油幹，一打打到東 海邊。」[140]

滑向下風的國民黨軍，這時在幹什麼呢？

李守維正在朝黃橋奔來。

李守維自己分出的三路部隊中，除了三十三師和獨立六旅外，就是他親率的軍部和預備隊了。四日白天他一直待在古溪，大概是認為三十三師和獨立六旅，外加兩李、陳泰運及五個保安旅，足夠拿下黃橋了。直到聽說三十三師受挫，他才帶著軍部和一一七師的三四九旅趕往黃橋。

就在行軍的路上，傳來了翁達被圍的消息，李守維立刻感覺到形勢很不利。天色將晚，不論是繼續前往黃橋，還是救援獨立六旅，都可能在夜間遭到新四軍的襲擊，搞不好也會陷入跟翁達一樣的困境，於是他命令軍部和三四九旅在一個叫野屋基的地方停住，修築防守工事。

臨近午夜，獨立六旅雖頑強抵抗，仍不免全軍覆沒，翁達自殺[141]。

當李守維試圖保護自己的時候，新四軍的二縱隊已經悄然截斷了他的退路。消滅了獨立六旅的一縱隊也開了過來，和二縱隊一起把八十九軍軍部、三四九旅和三十三師分割包圍[142]。

五日拂曉，二縱隊進攻三十三師[143]，三縱隊也曾從黃橋鎮內派兵出擊[144]。一縱隊這邊也和李守維接上了火[145]。

陷入困境的李守維沒有張惶失措，他從戰勢判斷新四軍已經放出了主力，如此一來黃橋鎮內必然空虛，那又何不趁機奮力突入黃橋，搗毀新四軍的中樞，到時局面必將轉敗為勝。

想到這裏，李守維命令三十三師加緊攻打黃橋。

---

[140]　章枚：〈〈黃橋燒餅歌〉是怎樣產生的？〉，《新四軍黃橋戰役史料》三七六－三七九頁。

[141]　李守維固守野屋基和獨立六旅覆滅的情形，見〈挺進蘇北與黃橋決戰〉。

[142]　《陳毅年譜》上卷三〇五頁。

[143]　《葉飛回憶錄》二三八頁。

[144]　《陳毅傳》一三九頁。

[145]　《葉飛回憶錄》二三八頁。

三十三師遵命發起猛攻，可是被身後的新四軍二縱隊牢牢拖住，根本使不出全力打黃橋[146]，雖也奮勇衝殺，甚至一股人馬還衝到了二縱隊的司令部[147]，但最終對黃橋的攻勢還是被擊退[148]。

新四軍在黃橋之戰繳獲的迫擊砲

李守維自己指揮著八十九軍的部隊拚死抵擋新四軍的圍攻，機槍急如驟雨般地掃射，敢死隊手執大砍刀跟葉飛的官兵肉搏[149]。陳毅後來報告說：八十九軍和此前的獨立六旅都「極為頑強，死不繳槍，挖槍眼攀登屋頂，足固抵抗拚刺刀七八次」，黃橋之戰實屬「空前惡戰」[150]。

但在大勢已去的情形下，不論怎樣頑強都無濟於事。到晚上，新四軍方面顯然已經相信韓德勤部隊敗局已定。陳毅和粟裕這時已經把目光轉向北面，盯住了海安這個交通要衝，奪下此地就能切斷蘇北東部如皋、南通、海門、啟東四縣國民黨軍與興化總部的聯繫，如果等韓德勤派出後方部隊來防守，打下它就困難了。他們認為應不給對手喘息的時間，迅速攻占海安[151]。晚上九時，兩個人一起下令，要新四軍「不顧疲勞，不惜一切犧牲，不重繳獲」，乘勝追擊[152]。

午夜時分，三十三師終於潰敗，大部被殲，師長孫啟人等一批高級軍官被俘[153]。六日凌晨兩點，李守維也決定突圍逃生。他帶著八十九軍軍部人

146　國民黨軍最後一次進攻黃橋，見《陳毅傳》一三九－一四〇頁。

147　余伯由：〈從茅山到黃橋〉，《新四軍黃橋戰役史料》二九八－三〇六頁。該文雖沒有指明攻擊二縱隊指揮所的是哪支國民黨部隊，但二縱隊的作戰對像是三十三師，所以攻擊部隊應該來自那裏。

148　《陳毅傳》一四〇頁。

149　《葉飛回憶錄》二三九頁。

150　〈陳毅向葉項毛朱王並胡黃報告黃橋戰役簡要經過主要經驗〉（一九四〇年十月七日），《新四軍黃橋戰役史料》四十四－四十六頁。

151　同上。

152　〈挺進蘇北與黃橋決戰〉。

153　《陳毅年譜》上卷三〇五頁。

黃橋之戰後新四軍的慶祝大會

員向北[154]衝到一條叫八尺溝[155]的河邊，河上只有一座木橋，卻又在眾人的擁塞中垮塌[156]，結果只能涉水過河。

八尺溝顧名思義寬度為八尺，好的馬可以一躍而過，但河溝很深。李守維騎著馬，卻身體胖大，無法縱馬躍河，只好拽著馬尾走向對岸[157]。這時附近的新四軍突然開火射擊[158]，國民黨軍立即大亂，所有人都只想奔命，顧不得他人，哪怕這人是自己的長官。李守維就在部下爭先恐後，毫不禮讓的擠踏下，不幸失足栽入水中淹死[159]。

三四九旅此時還堅守在野屋基，失去了長官的他們反倒更加地頑強。葉飛部隊經過殊死的白刃戰，才終於迫使對手放下了武器[160]。

大獲全勝的新四軍按照陳毅、粟裕的命令，繼續緊追潰退的國民黨軍。敗逃中的韓德勤部隊不僅被新四軍追趕，連沿途的百姓都攻擊他們。這些官兵平日不講究軍紀，行為不檢甚至惡劣，現在終於自食其果。國民黨方面後來也承認，軍隊「紀律不好，人民蜂起追殺」[161]。

一直待在左路坐山觀虎鬥的那些保安旅，本以為如此就能夠保存實力，卻不想也沒有逃脫打擊，保安三、五、十旅的大部分同樣遭新四軍消滅[162]。

六日下午，在新四軍擴大戰果的時候，陳毅從黃橋用電話通知李明揚方面：「戰事已經結束了，李守維軍長自己下水了！他的師長孫啟人及旅團長等等，均在我這裏作客了！」[163]

---

[154]　〈黃橋之戰〉。

[155]　有不少文章稱此溝為「挖尺溝」，但這個名稱讓人覺得不通。《管文蔚回憶錄續編》一一九頁說，此溝的寬度約一丈，這樣看還是〈十月紅旗滿天飛〉等文章中「八尺溝」叫法比較準確。

[156]　《葉飛回憶錄》二三九頁。

[157]　《管文蔚回憶錄續編》一一九頁。

[158]　《葉飛回憶錄》二三九頁。

[159]　《管文蔚回憶錄續編》一一九頁。

[160]　《葉飛回憶錄》二四〇頁。

[161]　〈盧印泉報告關於韓德勤部發動蘇北事件遭全軍覆滅電〉（一九四〇年十月十八日），《新四軍黃橋戰役史料》四〇二－四〇五頁。

[162]　《葉飛回憶錄》二四〇頁。

[163]　朱克靖：〈回憶與感想〉（節選），《新四軍黃橋戰役史料》一三七－一四二頁。

就在這天，新四軍占領海安[164]。韓德勤部隊退守興化一帶進行防禦，黃橋之戰到此基本結束，國民黨軍共被殲一萬一千餘人[165]，可謂慘敗。戰鬥人員只有五千的新四軍傷亡九百餘人[166]，幾乎每五個人中損失一人，代價也很大。

黃橋之戰使中共部隊在蘇北徹底站住了腳，國民黨方面從此在這裏基本居於守勢。但這一仗改變的不止是蘇北一地的政治軍事格局，隨著這場讓國民黨死了一位軍長的激烈衝突，剛有一點緩和跡象的國共關係重又緊張起來。

陳毅在後來對此戰的總結裏說：「李守維淹死了是不好的，別人就會反對我們，結果很快的第二次反共高潮已起來了，而至於有皖南事變。」[167]

黃橋之戰是否導致了皖南事變暫且不論，但國民黨那邊對共產黨的敵意無疑是大大地加重了。

眼見著國共爭端再度升級，毛澤東也不禁再次擔心起皖南新四軍的安全來。

[164] 《陳毅年譜》上卷三〇五頁。
[165] 《陳毅傳》一四〇頁。
[166] 〈陳毅向葉項毛朱王並胡黃報告黃橋戰役簡要經過主要經驗〉。
[167] 〈黃橋戰鬥總結〉。

第十一章

前景不明的評估

一、「軍部應趁此時速速渡江」

　　這時候的皖南，項英正承受著國民黨方面層層加碼的壓力。他得到消息，三戰區密令下屬部隊跟新四軍要以實力對實力、組織對組織、公開對公開、祕密對祕密地較量。破壞本地中共建立的地方與群眾組織，強迫接近新四軍的人士自首。

　　國民黨不僅政治上打壓中共力量，在軍需物資上對新四軍也顯得怠慢。本該供應的彈藥、器材已經被停發半年之久，經費也拖欠了四個月。

　　給養送得不及時倒還不算什麼，真正讓項英感到威脅的是國民黨軍的種種動作。屬於川軍的一四四師忽然開進三支隊和軍部之間的地帶，大規模地修築工事，布置的崗哨與新四軍哨兵的距離最近處只有二三百米。其師部與新四軍軍部也只相隔一個山頭。該師的進駐理由是要在長江上布放水雷和襲擊日軍，項英根本不信，認定他們是衝著新四軍來的。

　　朝新四軍防地移動的三戰區部隊不只一四四師，還有一〇八師的一個團也開到了新四軍軍部的東面。再加上控制雲嶺東北的涇縣縣城的五十二師，至少在客觀上是將三支隊與軍部的聯繫截斷，同時使國民黨軍隊形成了對新四軍軍部的包圍。現在三戰區所有的移動和作戰行動也根本不向身為友軍的新四軍通報。項英判斷國民黨軍這是在做準備，當形勢突變之時隨時能夠對新四軍展開攻擊。他和葉挺把這些情況毫無遺漏地向毛澤東等人做了報告[1]。

---

[1]　相關情況，見〈葉挺、項英關於國民黨軍有圍攻新四軍皖南部隊企圖致毛澤東等電〉（一九四〇年九月二十二日），《新四軍・文獻（二）》六一七頁，解放軍出版社

　　毛澤東對皖南也深感憂慮，十月八日他和朱德、王稼祥聯名打電報給葉挺、項英，認為：「大江南北比較大的武裝摩擦是可能的，主力戰將在蘇北與江南」，「最困難的是在皖南的戰爭與軍部。我們意見，軍部應移動到三支地區」。「三支地區」就是臨近長江的新四

葉挺一九四○年拍攝的照片《陣地》

軍三支隊的防區，在毛澤東他們看來，這樣部署後，「如頑軍來攻，不易長期抵抗時則北渡長江，如移蘇南尚有可能，也可移蘇南」。

　　毛澤東這時似乎還擔心項英會在與國民黨衝突時往南發展，儘管項英早就不再提此事，他與朱、王仍在電報裏告誡說，「向南深入黃山山脈游擊，無論在政治上、軍事上是最不利的」。如果「決心移皖北，則四支應派一部到無為接應」[2]。

　　毛澤東大概還不知道，就在他發這封電報的前一天，皖南新四軍已經遭到了進攻，不過發起攻勢的不是國民黨，仍然還是五個月前剛掃蕩過的日本人。

　　七日那天，日軍出動了一萬餘人分兩路攻擊皖南，一路攻銅陵、繁昌的新四軍三支隊，另一路五千餘人直接奔雲嶺的方向殺來。

　　葉挺和項英立刻指揮部隊再次投入戰鬥。他們下令：「從本人起至每個士兵，哪一個退出陣地，就得受槍斃處罰」。

　　新四軍官兵浴血奮戰，他們白天和敵軍拚刺刀，夜晚出動小分隊夜襲。日本人很快就傷亡了一千餘人。

　　與新四軍相比，三戰區國民黨部隊的表現相差太遠。八日早晨，攻不下新四軍的日軍向東渡過一條叫青弋江的大河，進犯東岸的涇縣縣城，駐守此地的國民黨軍第五十二師被迅速擊退，涇縣被日軍占據[3]。

　　一九九四年九月出版。

[2]　相關電文，見〈毛澤東、朱德、王稼祥關於新四軍皖南部隊移動方向致葉挺等電〉（一九四○年十月八日），同上書第九頁。

[3]　皖南新四軍反掃蕩及日軍占領涇縣，見《項英傳》三二六頁。

　　葉挺又指揮新四軍到涇縣縣城與日本人激戰，迫使日軍在九日撤走，新四軍開進了縣城。國民黨當然不想讓新四軍占據這裏，五十二師派人要葉挺儘快辦理移交手續，退出縣城。葉挺報告軍部，項英也不想在這個敏感的時候引發跟國民黨的衝突，命令新四軍交還涇縣縣城[4]。

　　正在皖南新四軍和日軍廝殺之時，劉少奇也在九日這天給葉挺、項英並毛澤東、朱德、王稼祥發電報，建議新四軍軍部儘快北上。

　　此時的劉少奇收到情報，李品仙正準備大舉進攻皖東的新四軍。而皖東新四軍因派部隊前往蘇北，兵力不足，「且部隊未整訓好，在屢次戰鬥中傷亡數目甚大，棉衣未做好，今年路西災荒我中心區又十分嚴重，故在頑固派大舉進攻下只能以游擊戰爭堅持，原有陣地不能鞏固」。在這樣的形勢下，他顯然很希望皖南部隊能夠北來增強皖東的力量，所以在電報裏說：「軍部在皖南既不可能，建議從速北移。因目前交通尚有可能，如果遲緩，恐有被頑固派阻斷封鎖可能。」對於皖南，劉少奇並不特別看重，「皖南陣地即用游擊戰爭堅持，如不可能堅持即放棄亦可」。因為「鞏固皖東、蘇北、鄂北廣大地區，使之民主化」，才是「中國革命中一個極重要的因素」。當然他也考慮到如果「指揮部暫時不能北移」，那就讓葉挺等「若干人員」「首先北來」[5]。

　　在劉少奇發出電報的第二天十日，已經占領蘇北鹽城的黃克誠部隊與陳毅部隊會師，中共在這裏草創的根據地開始連成一片[6]。

　　又過了一天的十一日，日軍對皖南的掃蕩被徹底打退[7]。

　　日本人已敗走，國民黨軍的調動還在進行，兩個師的部隊已經開到了離新四軍不遠的寧國，上官雲相的三十二集團軍指揮部也搬到了寧國。項英還聽說，周圍國

上官雲相

4　相關情況見《葉挺將軍傳》三六二－三六三頁。
5　相關電文，見〈劉少奇關於軍部應速北移致葉挺等電〉（一九四〇年十月九日），《新四軍・文獻（二）》第十頁。
6　《陳毅傳》一四〇頁。
7　《項英傳》三二七頁。

民黨軍八個師的軍官不久前曾在一起開過會。國民黨控制的地方政府據說也都在開會，項英認為這「顯係戰備」[8]。

三十二集團軍總部的搬家是在夏天的時候決定的。這個集團軍指揮部原在江西東部的臨川（今撫州），擔負防禦日軍的責任，那裏直接歸它指揮的只有一個軍。顧祝同便以一個軍上面沒有必要擺集團軍總部的理由，命令把上官雲相調往皖南。由於皖南已經有了唐式遵的二十三集團軍，三戰區長官部參謀處長岳星明認為，江西東部也應有一個集團軍坐鎮。但顧祝同說蘇南敵後的作戰力量需要加強，調上官雲相去皖南是為了日後向那裏進擊做準備。岳星明只能照辦。

顧祝同這般部署可能也確有戒備新四軍之意，但身為他直接下屬的岳星明當時認為主要還是為對付日本人[9]。

可是處在國共矛盾日益激化關頭的項英寧願相信國民黨方面對新四軍有不良企圖。就在這天他對延安八日的來電做了回答，他沒有同意向北移動，理由是三戰區那邊，在數萬國民黨軍越來越緊密的圍堵監視下，「依據各方形勢與條件，軍部困難北移，也不便移三支區域（地區太小，敵友進攻無法住）」。

剛剛擊退日軍掃蕩的皖南新四軍正是疲憊之師，如果這時候移動，不要說可能引起國民黨軍的截擊，還必定在長江上遭日本人的攔阻，到時候部隊受損失恐怕是免不了的。項英絕對不忍心看自己一手創建的軍隊付出這樣的代價。

正因為如此，項英認為現在「仍以軍部所在地作基點較有利，以便與三支地區連成一片」，對這一點他還是很有自信的，因為「做準備已相當完備」[10]。

皖南的環境讓項英不能不謹慎行事，對於其他地方的新四軍，他就沒那麼多顧慮。這段時間裏，他和葉挺屢次致電延安，主張對李品仙、韓德勤大舉進攻。

---

[8]　相關情況，見〈項英關於皖南情況及軍部北移困難致毛澤東等電〉（一九四〇年十月十一日），《新四軍‧文獻（二）》十一頁。

[9]　相關記述，見岳星明：〈皖南事變親身經歷的回憶〉，《新四軍‧參考資料（二）》八〇二—八一七頁。

[10]　電文內容，見〈項英關於皖南情況及軍部北移困難致毛澤東等電〉。

毛澤東此時還沒有意識到黃橋之戰後國共關係已重新下滑，仍然不想轉變讓國民黨減少恐懼的政策，葉挺、項英的提議當然不合他的心意。但他沒有直接批評項英，而是在十二日給周恩來發去電報說：葉挺、項英對七七宣言似乎毫無感覺。

雖然在同一份電報裏毛澤東仍然要周恩來警告國民黨，韓德勤如繼續進攻新四軍，八路軍不能坐視[11]，但對於國共關係，中共這個時候還是覺得雙方可以維持一種力量的均衡。他們注意到國民黨與英國和美國的關係都有加強，英國重新開放滇緬公路，美國則提供給國民政府一筆兩千五百萬美元的貸款[12]。有了強國的支持，蔣介石就可能繼續抗戰，國民黨也將繼續保持抗日領導者的地位。在這種情況下，國共不宜太過敵對。

出於這樣的考慮，也在十二日，毛澤東又和朱德、王稼祥給項英前一天的電報做了答覆，指出：「蔣在英美策動下可能加入英美戰線，整個南方有變為黑暗世界的可能。」也就是說，蔣介石以英美做後盾，必定要全力保持對長江以南的控制。而為不使國共關係破裂，中共在南方應有所退讓，「因蔣是站在反日立場上，我不能在南方國民黨地區進行任何游擊戰爭」。這話無疑也是要徹底打消項英向南的念頭。

不過這樣的讓步是有限的，也是為了更好地掌握華中。毛、朱、王接下來指示：「軍部應趁此時速速渡江，以皖東為根據地，絕對不要再遲延」，「皖東絕不可失」。

但即便在南方讓步，中共中央這時還是希望留有立腳點，對皖南仍不願捨棄，於是做了如下的安排：「皖南戰鬥部隊，亦應以一部北移，留一部堅持游擊戰爭」[13]。

劉少奇對放棄皖南的態度比延安堅決得多，同樣在十二日這天，他打電報給毛澤東、朱德、王稼祥，雖然也提出「以游擊堅持皖南」的可能性，但真正傾向的是：「我意應速下決心放棄皖南陣地。」「集中力量鞏固華中已得陣地，否則華中、華[皖]南均不能鞏固，於我不利。除華北外，如我再鞏

11　葉挺、項英的主張及毛澤東給周恩來的電報，見《毛澤東軍事年譜》三二二頁。

12　《毛澤東與莫斯科的恩恩怨怨》一〇五頁。

13　〈毛澤東、朱德、王稼祥關於新四軍的行動方針致葉挺等電〉（一九四〇年十月十二日），《新四軍‧文獻（一）》一八五頁。

固目前華中已得陣地，對中國革命的勝利就有了相當的保證，時局好轉亦有相當的保證。」他還表示：「目前華中部隊仍過少，屢次作戰，傷亡減員甚大」，「地方幹部更少」，而「軍部現有大批幹部，並有工作能力的機關在皖南，又沒有很多工作可做，故為鞏固華中，應付摩擦與『掃蕩』，軍部及三支均以即速北渡為有利。望考慮速決電葉、項辦理」[14]。

項英現在過長江確實是有困難的，這一點毛澤東也並非不知道，所以他才會在十四日給陳毅並轉劉少奇、葉挺、項英、黃克誠的電報裏，要新四軍與韓德勤等人談判時，要其轉告國民黨中央和顧祝同，停止對各地新四軍的包圍與進攻，這中間就包括「撤退皖南對新四軍之包圍」[15]。

就是按毛澤東等人十二日的指示，皖南新四軍也不可能在短短幾天內完成近萬人的轉移，而且僅僅過了一個星期，情況又有了新的變化，國民黨那邊使出了新的手段。

二、「要考慮到，他們可能不遵守命令」

對國民黨軍在黃橋的慘敗，蔣介石在十幾天中沒有做正式的反應，但他的內心一定充滿了憤怒。再不能任由共產黨這樣發展下去了，必須採取決斷的措施。

決斷的措施也並不容易做。對於教訓共產黨，許多的國民黨將領都躍躍欲試，可是坐在領袖位置上的蔣介石心裏明白，自己能做的其實有限。在抗戰的局面中，他不可能把主要力量用來對付中共，那樣必將給日本人造成可趁之機。

既要限制中共，甚至給予必要的打擊，又不能使國共關係走向破裂，蔣介石始終在兩者之間搖擺，有時偏向這方，有時則偏向另一方。

此時的蔣介石擺向了打壓中共的一方。國民黨在四川展開布置，監視周恩來等人，準備密捕這裏的中共人員[16]。

---

[14] 〈劉少奇建議放棄皖南集中力量發展鞏固華中致毛澤東等電〉（一九四〇年十月十二日），《新四軍‧文獻（二）》十二頁。

[15] 〈毛澤東、朱德、王稼祥關於與韓德勤和談條件致陳毅等電〉（一九四〇年十月十四日），《新四軍‧文獻（一）》六四六頁。

[16] 《周恩來年譜一八九八──一九四九》四六九頁。

光這樣當然不足以消除國民黨人心中的怨怒，蔣介石還要對中共公開發威。

十月十九日，何應欽、白崇禧聯名向朱德、彭德懷、葉挺和項英發出了一份措詞強硬的電報。電報是打給這四位八路軍和新四軍的首腦的，其中的話卻是說給他們背後的中共中央聽的。

按照當時日期代碼的規則，這份電報又被稱做皓電。後世中國大陸史家一致認為，正是這個皓電最終導致了皖南事變的發生。

它到底說了什麼？

何應欽、白崇禧在電文的一開頭就鄭重其事地宣稱：「民族之存亡，基於抗戰之成功，基於軍紀之嚴明。」

講這樣的話是為了後面對中共軍隊的指責做鋪墊的。何、白二人接著便說：

「第十八集團軍及新四軍在抗戰之初，均能恪遵命令，團結精誠，用克御宣勤，不乏勳績。孰意寇氛未靖，離齬叢生，糾紛之事漸聞，摩擦之端時起。張蔭梧之民軍橫遭解決，鹿鍾麟之省政復被摧殘，晉叛軍之逋逃，石友三之被逐，不特自由行動，抑且冰炭相消，削減抗敵力量。」

在何應欽、白崇禧看來，〈中央提示案〉是「極寬大」的，可是中共卻「無確切遵辦表示」，「致中央處理更感困難」。

何、白例舉了近來中共的「自由行動」，首先講了八路軍山東縱隊八月的一次行動。

按照何應欽、白崇禧的說法，徐向前指揮的山東縱隊在八月十一日向國民政府山東省政府所在地魯村發起進攻，到十四日占領魯村。四天後的十八日日本軍隊進犯魯村，徐向前竟然不戰而退，直到二十二日日軍自己退出魯村，徐向前才又重新占領這裏，接著在第二天再次撤退[17]。

有一點何、白二人肯定是說錯了，這次行動並非徐向前指揮，因為他在這之前已經回延安去了[18]。

---

[17] 皓電中對中共部隊的指責及對魯村事件的看法，見〈何應欽、白崇禧關於限令八路軍新四軍開到黃河以北以致朱德、彭德懷、葉挺代電〉（一九四〇年十月十九日），《新四軍‧參考資料（二）》三五二一三五四頁。

[18] 徐向前：〈憶在山東一年〉，《八路軍‧回憶史料（一）》五七一一五七九頁。

中共後來對魯村事件的說法是，此地本為八路軍根據地的一部分，被沈鴻烈部隊在一九四〇年六月占領，七月國民黨軍繼續進攻八路軍，山東縱隊奮起反擊，收復魯村[19]。

何應欽跟白崇禧當然不會這樣認為，他們又談了對黃橋之戰等事件的看法，然後對中共嚴厲訓斥道：「查蘇北、魯省皆非十八集團軍與新四軍作戰區域，各該軍竟越境進攻。似此對敵寇則不戰而自退，對友軍則越軌以相侵，對商定後提示之方案則延宕不遵，而及非法越軌視為常事，此不特使袍澤寒心，且直為敵寇張目也。」

何、白兩個人隨即給中共部隊定下四大罪狀：一、不守戰區範圍自由行動；二、不遵編制數量自由擴充；三、不服從中央命令，破壞行政系統；四、不打敵人專事併吞友軍。並稱：「以上四端，實所謂摩擦事件發生之根本，亦即第十八集團軍與新四軍非法行動之事實。若不予以糾正，其將何以成為國民革命軍之革命部隊。」

何應欽和白崇禧最後發出通牒式的嚴令：「第十八集團軍及新四軍之各部隊，限於電到一個月內，全部開到中央提示案第三問題所規定之作戰地境內。」[20]這也就是仍要八路軍和新四軍全部開赴黃河以北。

面對這樣的文字，任何一個人都不能不感到事態的嚴重。

還不等共產黨那邊做出什麼反應，國民黨這邊已經一頭熱地為中共部隊的轉移行動起來了。皓電發出的第二天二十日，在江西北部上饒的三戰區長官部召開的例行彙報會上，顧祝同就開始布置與新四軍北移有關的事情了。

顧祝同首先設想的是新四軍能聽話地轉移，只要葉挺、項英肯走，他並不想加以為難，此刻他就對部下說道：「新四軍要渡過長江，困難不少。我們要抽調必要的兵力，掩護他們通過日占區安全北撤。」

但他也想到新四軍未必能讓國民黨如願，所以接著便將話鋒一轉：「同時也要考慮到，他們可能不遵守命令，反而向南、向西流竄，我們也需要增強皖南的兵力，做堵擊的準備。部隊還要選好的才頂用。參謀處應按照我的這個意思，擬出計畫送我核定。」

---

[19]　《八路軍山東縱隊史》上卷一六八──一六九頁。

[20]　相關內容，見〈何應欽、白崇禧關於限令八路軍新四軍開到黃河以北致朱德、彭德懷、葉挺代電〉。

　　岳星明立刻遵命。此人一九四九年後留在了中國大陸。據他晚年的回憶，當時自己按著顧祝同的指令，認真考慮了新四軍最適合走哪條撤退的路線。

　　新四軍北移最短的路徑顯然是直接從皖南過長江，但這時日軍對長江的防務已大大加強了，若要渡江，在岳星明看來，「困難太大，勢不可能」。再偏東一些則是蕪湖和南京之間的江段，那裏更是日軍重點防守的地區，過江也絕無可能。

　　如此就只有向東走蘇南了。這倒是一條相對安全的路線，沿途的宣城等地有國民黨軍五十二師和一〇八師的防區，蘇南那邊則有新四軍自己的根據地，葉挺、項英部隊可以在那裏立足，逐步過長江。

　　但這條路也並非全無危險，在宣城北面長江邊上的日軍有可能出動，從側面襲擊新四軍。

　　岳星明經過思慮，終於想出了一個自認為妥善的方案，那就是讓新四軍先向南走，再轉向東面，從宣城以南奔蘇南，這樣宣城一帶的國民黨軍將替他們擋住來自日軍可能的襲擊。為此他向顧祝同建議，從別的地方抽調一個師接替五十二師的大部分防務，讓它和一〇八師的戰線縮短，以便集中兵力警戒宣城以北的日本人。

　　岳星明當然不能只為新四軍打算，他沒有忘記顧祝同防止新四軍可能向另外方向「流竄」的訓示。他知道整個三戰區面積大，總體兵力卻不夠分布，要想防堵新四軍，必須向皖南集結力量，至少再增加兩個師。

　　對岳星明的計畫，顧祝同聽後「大體同意」，並決定把在江西和浙江的一四六師與七十九師調到皖南，但一四六師的裝備很差，顧祝同怕真打起來它會頂不住新四軍的攻勢，於是要岳星明想辦法再弄一個師來。

　　三戰區實在沒有裝備更好的師了，岳星明便打起了臨近的九戰區的主意。那裏有一個從稅警總團改編的四十師，曾在皖南待過，熟悉地形，裝備優良，如果能把這支部隊借過來就好了。

　　顧祝同表示贊成，他先讓岳星明把四十師列入計畫，然後便打電話向九戰區司令長官薛岳借兵[21]。

---

[21]　相關記述，見〈皖南事變親身經歷的回憶〉。

他順利地拿到了四十師，這支部隊是後來的皖南事變中阻擊新四軍的強勁主力。

國民黨正忙著布局，共產黨在幹什麼呢？

三、「我們應估計到最困難、最危險、最黑暗的可能性」

十九日的皓電，延安可能沒有在當天收到，因為第二天二十日毛澤東、朱德、王稼祥在給劉少奇的電報裏隻字未提此事。不過他們這時已感覺到「近日國民黨對我十分險惡」[22]。

應該是在這份電報發出後，皓電方才到達。

接到國民黨這個嚴厲的威嚇以後，中共中央書記處成員連日在毛澤東的窯洞裏開會[23]。反覆討論的議題只有一個，蔣介石到底要幹什麼？

幾個月來，毛澤東一直認為，儘管會有一些強硬的舉動，但蔣介石最終還是會對中共做出妥協。一年多的國共軍事較量表明，八路軍和新四軍的實力不容小覷。蔣介石理應有所忌憚才對。

可是沒想到這位蔣委員長直到這時仍不肯稍稍低頭，執意要跟中共對抗。誰給了他這麼大的膽子？

按照中共對蔣介石的一貫看法，此人的發達是受帝國主義支持的結果，沒有洋人的幫助，他就不敢肆意妄為。那麼這次是誰給他撐腰呢，難道是英美？

周恩來的南方局就是這樣看的。也在二十日，它告訴延安，蔣介石積極反共反蘇，是他「放棄獨立戰爭，加入英美同盟的具體準備步驟」[24]。

要是蔣介石想學法國的抵抗運動領袖戴高樂，與有實力的英美結盟抵禦國家的敵人，他就有可能覺得沒必要再搞什麼國共合作，可以把中共一腳踢開了。

可是問題在於，如今英美已是泥菩薩過河自身難保。孤軍奮戰的英國正遭受著德國飛機的狂轟濫炸，說不定過不了幾天，希特勒的納粹大軍就要踏

[22]　《毛澤東年譜一八九三──一九四九》中卷二一四頁。

[23]　《毛澤東與莫斯科的恩恩怨怨》（修訂版）一〇八頁。

[24]　同上一〇五頁。

上不列顛的本土。面對危局的美國，
既要在大西洋戒備德國，又要在太平
洋警惕日本。在如此糟糕的形勢下，
這時它們需要的應該是讓中國全力抗
擊日本，減輕自己的壓力。蔣介石大
力搞反共，勢必不利於抗日，對英美
明顯是沒什麼好處的。

新四軍雲嶺軍部舊址

　　中共的領袖們想來想去，怎麼也解釋不了蔣介石的做事動機。於是他們
換了一種思路，得出了一個跟前面的懷疑截然相反，但卻更可怕的猜想：
如果蔣介石不是想投靠英美，那他很可能是要投降日本！另一個法國人也是
他的榜樣，那就是投降德國做傀儡的貝當。

　　為了投降日本，國民黨才必須要掃除不會跟著它投降的共產黨。聯想到
蔣介石非要把幾十萬中共軍隊統統趕到黃河以北的做法，毛澤東等人在想，
這會不會是一個大陰謀，等八路軍和新四軍被逼到那裏以後，國民黨和日本
人勾結起來兩面夾擊，一舉消滅共產黨武裝。

　　蔣介石到底是想做戴高樂還是貝當呢？兩種選擇似乎都有可能，卻又似
乎都缺乏確鑿的證據。

　　歸根結柢，哪一種的可能性更大呢？

　　一連幾日的反覆推理，中共中央的書記們最後得出了一個折中的結論，
蔣介石是在戴高樂和貝當兩條路線之間左右搖擺。他既想加入英美同盟，又
怕英美靠不住，所以又用積極反共去討好日本，顯示他願意替日本鎮壓中國
的民族革命，以此來減輕日本對國民黨的壓力[25]。

　　如果蔣介石要積極反共，會先從哪裏開始呢？

　　最危險的還應該是皖南。

　　想到這裏，毛澤東自然更希望新四軍軍部能夠快點走，但他沒有再給項英
發指示，而是在二十四日和朱德、王稼祥打電報給陳毅、粟裕說：「關於軍部
北移與胡服會合，統一領導華中問題，我們已屢電葉、項，你們可去電催。」[26]

---

[25]　中共對國民黨走向的研判，見同上一〇五－一〇六頁。
[26]　《毛澤東年譜一八九三－一九四九》中卷二一四－二一五頁。

　　毛澤東自己又在二十五日給中共各地的領導人發出指示，告訴他們雖然國民黨「全面反共的決心也不容易下」，「但我們應估計到最困難、最危險、最黑暗的可能性」[27]。

　　毛澤東同一天又單獨給周恩來發了份電報，更進一步強調：「我們要準備對[付]最黑暗的局面。」[28]

　　若是黑暗真的降臨，皖南到底該怎麼辦？

　　葉挺和項英實在無法拿主意，中央既要軍部轉移，又想堅持皖南陣地，可在他們看來，由於此地國民黨占據了強大優勢，這恰恰是不能兩全的事。

　　十月二十八日，項英給中共中央和軍委發去電報，表示：「北渡因只能去工作人少數與少數部隊易於轉移，而且要相當時間。因沿江敵人握有較密之封鎖據點，易於暴露而遭敵友打擊」，如「僅少數或一部部隊留皖南，依敵友情況與地形條件，很難堅持游擊戰」，而「要堅持皖南陣地，必須有相當強的兵力才能保證，因此原有的力量不能減弱北移」。他不反對「以加強江北為主要」，但「要堅持皖南，確難二者兼得矣」。他也捨不得皖南，認為它有「極大作用。如現放棄，將來不易取得這一個強固的支點」。

　　究竟如何取捨，項英希望中共中央「應有明確的政策」，「如必要堅保皖南陣地，兵力不能減弱，而領導人要留一強有力者來統一指揮；如決定放棄皖南，則各方應積極準備，而不能形成顧此失彼等。應如何？請速示」[29]。

　　同一天，葉挺動身去涇縣跟上官雲相見面，就轉移的問題探一探對方的口風[30]，他這樣做是因為顧祝同已經把新四軍歸屬三十二集團軍麾下[31]。

　　延安那邊，面對項英「有明確政策」的請求，毛澤東卻一時沒辦法做到，究竟蔣介石會不會全力打壓共產黨，此刻誰也不能準確地預料。在這樣

[27]　〈毛澤東關於國際國內形勢的估計和對策致周恩來電〉（一九四〇年十月二十五日），《毛澤東・文獻（二）》十四－十五頁。此電結尾寫明：「再發德懷、胡服、項英。」

[28]　〈毛澤東關於目前國際國內形勢的估計致周恩來電〉（一九四〇年十月二十五日），同上書十六頁。

[29]　相關內容，見〈項英關於新四軍皖南部隊北移意見致中共中央、中央軍委電〉（一九四〇年十月二十八日），同上書十七頁。

[30]　〈葉挺、項英關於同上官雲相會談情況及請示行動方針致毛澤東等電〉（一九四〇年十月三十日），同上書十八－十九頁。

[31]　〈顧祝同關於新四軍改歸第三十二集團軍指揮並賦予布雷任務致蔣介石電〉（一九四〇年十月十三日），《新四軍・參考資料（二）》二二二頁。

的緊要關頭，稍有一著不慎，就可能全盤借輸。他只有繼續和其他領導人一起緊張地注視著局勢的發展，分析著可能發生的變故。

從外面傳來的消息越來越讓人不安。長江南北兩岸的國民黨軍隊調動頻繁，湯恩伯等高級將領又紛紛跑到重慶去，讓人懷疑是在策畫什麼大的行動[32]。

這種種跡象都讓毛澤東對國民黨的疑慮越來越大，覺得蔣介石更可能投降日本。二十九日，他又給周恩來發去電報，認為美國眼下在軍事上還沒准備好，不大可能很快就跟日本開戰，即便開戰也未必有勝利把握。在這種情況下，「如果日本能退出武漢等地，僅占沿海與華北並聲明主權仍屬中國，由蔣介石派人管理（可能性很大），如果參加德義日同盟反對英美能使中國資產階級發洋財，他是願意做貝當的」，「蔣介石走這條路的可能性最大」，「我們不要被蔣介石的宣傳所迷惑」，「國共間的嚴重鬥爭是不可避免的。蔣介石為要做戴高樂，或做貝當，均將給我黨以大的打擊」[33]。

在皖南，葉挺於三十日回到了新四軍軍部，跟上官雲相的會面沒得到一點實際的結果，會見中上官雲相對新四軍怎樣轉移似乎興趣不大，他更關心的是新四軍在蘇北會不會繼續打韓德勤[34]。

不過，兩個人之間談話的氣氛顯然還是很融洽的，上官雲相跟葉挺也是保定軍校的同學[35]，兩人至少在表面上維持著不錯的個人關係。

似乎為了這份私交，上官雲相還向葉挺透露了一點資訊。他說顧祝同對是不是向皖南新四軍下手猶疑不決，一是擔心沒有完全把握徹底消滅這支隊伍，二是從全局考慮，怕他們在皖南一動手，蘇北的新四軍就會消滅韓德勤。他自己也認為，就是把皖南新四軍都殺光了，國共問題也不能解決。所以顧祝同還是想用和平方式解決皖南問題，緩和蘇北問題。三戰區中主張與新四軍硬幹的只是黃埔軍校出身的一批少壯派軍人。

---

[32]　《周恩來傳》（二）五八七頁。

[33]　《毛澤東與莫斯科的恩恩怨怨》（修訂版）一〇六頁。

[34]　〈葉挺、項英關於同上官雲相會談情況及請示行動方針致毛澤東等電〉。

[35]　《葉挺將軍傳》三六八頁。

　　上官雲相還表示，共產黨要發展，但必須有一定限度，不要使人覺得共產黨一發展就連友人也不能立足了。不過他又說，長江以北可以給中共發展，何況已是既成事實。

　　葉挺一回到軍部，立刻和項英一起把上官雲相的話報告延安，請中共中央決定，是堅持皖南根本不轉移，還是完全放棄皖南，因為如果轉移「地方黨必遭受極大破壞。敵後地區僅一條線，無論大小部隊均無法留下，最後必然是完全放棄。欲留一部分轉移一部分亦不可能」，「望中央速電覆方針」[36]。

　　就在葉挺、項英請示的第二天，延安接到了重慶蘇聯駐中國大使館傳來的祕密通報，說蔣介石正在偷偷加緊跟日本妥協的活動。這讓毛澤東更加相信自己先前的懷疑是正確的，他判斷蔣介石與日本講和「可能在兩三個月內成功，局勢將急轉直下」[37]。

　　既然如此，就必須準備好跟國民黨全面破裂，再打一場內戰了。

　　然而身在重慶的周恩來等人卻有不同的看法。

四、「炸彈宣言」

　　周恩來是中共領導人裏離蔣介石最近的，對國民黨高層的動向比延安那裏看得更清楚一些。蔣介石針對中共的行動也讓他充滿警惕，為此他積極跟國民黨內不屬於蔣派系的人，還有其他黨派的精英們頻繁接觸，鼓動他們反對蔣介石的政策。

　　但是可能正因為有這些接觸，周恩來反倒不像毛澤東那樣判定蔣介石將投降日本，和中共徹底撕破臉皮。

　　他看到孫中山的公子孫科、國民黨元老於右任都熱切關心國共的團結，不希望兩黨走向破裂。另一位影響很大的國民黨人馮玉祥乾脆直接給共產黨出謀畫策，建議延安應該立即答覆皓電，「文章要做得委婉」，「表面添上服從他的命令，實際上可實行自己的辦法」。馮玉祥甚至連覆電的內容都替中共想好了，說：「開頭可表示服從，說力量擴大，為的抗戰，其訓練不

---

[36]　相關內容，見〈葉挺、項英關於同上官雲相會談情況及請示行動方針致毛澤東等電〉。

[37]　《毛澤東與莫斯科的恩恩怨怨》一〇六頁。

馮玉祥

力，致起摩擦。現當加緊訓練，惟餉缺彈盡，雖明知中央財困彈少，為抗戰需要，不得不求中央擴軍、增餉、發彈，以利抗戰。末後更提出抗日條件，做積極表示。此電到後，可即送各方以爭取影響」。到那時他就和孫科一起去見蔣介石，調解國共的衝突。共產黨要做的就是「延宕時間，便於見蔣談話，限止剿共戰爭爆發」。馮玉祥還特意要周恩來轉告毛澤東和朱德：「無論如何不與蔣分裂，要軟硬兩用，表面讓步，實際自幹，實行一個出其不意的舉動，一個電報滿期，再來一電延期。」

這樣的一批國民黨人士，他們雖然無法主宰最高層的政策，但還是可能牽制蔣介石反共的腳步的。

就是那些似乎堅決反共的人，他們的態度也不是絲毫不留餘地。馮玉祥便很自信地告訴周恩來，只要中共在覆電裏有讓步的表示，白崇禧就會轉變立場。如果說馮玉祥的想法還只能算是猜測的話，那有一件事便可以作為證據，在氣勢洶洶地發出皓電之後，「小諸葛」卻又向人詢問中共能不能讓步。另外，蘇聯駐華大使潘友新為皓電的事去拜訪白崇禧，白崇禧向俄國人談了國民黨對蘇北黃橋事件的看法。談完了又立即跟別人打探潘友新對國共爭端究竟有何主張。

就連蔣介石的老朋友張群都去找做過共產黨的民主人士章伯鈞諮詢，問有何辦法能調解國共之間的問題[38]。

這種種跡象讓周恩來做出了跟延安那邊不同的判斷，他認為蔣介石此刻還是在「左右逢源」，這位委員長的如意算盤是「讓其夫人及親英美派拉英美、朱家驊、桂永清拉德，讓親日派談和，讓孫（科）、馮（玉祥）親蘇，讓何（應欽）、白（崇禧）反共，他便以居中選擇，並以反共為軸心來運用」。

雖然有了不同意見，但依周恩來的性格，還有此時在黨內的地位，他都不想直接去反駁延安的觀點，而是用了比較委婉的辦法。在十一月一日凌晨

38　孫科、馮玉祥等人對國共關係的態度，見〈周恩來關於反共高潮中各方意見的彙報〉（一九四〇年十一月一日），《皖南事變（資料選輯）》三十六－三十七頁。

發給中共中央的電報裏，周恩來首先表示「完
全同意」毛澤東對時局的分析，然後話鋒暗轉
地講起了自己這邊對局勢的評判，覺得雖然日
美暫時不會開戰，國民政府和蘇聯的關係也不
能立刻改善，但至少在皓電給中共規定的期限
到來之前，蔣介石跟日本的妥協不會成功。這
種情況下國共開戰的話，最多只會讓抗戰停頓
下來。

在重慶的周恩來

　　要是蔣介石短時間內還不會投降日本，
那現在就不能一門心思只想和他打仗。周恩來提出建議，不妨用朱德、彭德
懷、葉挺、項英的名義答覆皓電，給蔣介石開出條件，比如保障經費、轉移
途中國民黨軍不得襲擊等等，告訴他如能滿足這些就答應部隊北移。實際上
只是撤走長江以南的中共武裝，「以便集中兵力到江北布置良好陣勢，到必
要時再藉口停止，應付事變，使我能居主動」，這樣不管日後國共之間關係
破不破裂、會不會刀兵相見，對共產黨都是有利的。

　　當然，行事謹慎的周恩來也給他的中央提供了另一個選項，那就是「一
切照舊，準備打了再說。但還必須估計有可能一發而不可收，並也須先行電
覆何、白，說明苦衷，不能移動，以便向外宣傳」[39]。

　　從這寥寥數語不難看出，在周恩來的內心，這後一種選擇只有備份參考
的價值，他真正贊成的是前面的那個提議。

　　毛澤東看出了周恩來電報裏和自己想法的不一致，這讓他很是生氣。

　　通過情報工作，延安得知白崇禧宣稱，再與共產黨交手，國民黨「對於
軍事已有把握，不致再敗」[40]。在毛澤東看來，蔣介石分明已是磨刀霍霍，
哪裏還有緩和的餘地。他當天就給周恩來他們回電，態度嚴肅地批評道：
「你們電報中似乎表示與中央有分歧，當此嚴重時機是不相宜的。」蔣介石

[39]　周恩來提議的對策，見〈周恩來關於德義日協定後形勢的分析和對何白〈皓電〉對策的建
　　　議〉（一九四〇年十一月一日），同上書七十四－七十五頁。
[40]　《毛澤東與莫斯科的恩恩怨怨》（修訂版）一二二頁。

「很顯然是直接準備投降，抄貝當老路，所謂聯合英美抗日，只是蔣的煙幕彈」。「應估計日蔣夾擊消滅我軍是日蔣雙方的計畫」[41]。

既然斷定蔣介石鐵了心要跟共產黨為敵，毛澤東就絕不想有一絲示弱的表現。不僅不示弱，他還想主動出擊，不等國民黨動手，就給蔣介石來一個先發制人的打擊。

就在給周恩來等人的這封電報裏，毛澤東提出了他的設想，同樣也是有兩個選項。

第一個方案是政治進攻、軍事防禦，就是等國民黨軍發起攻勢時八路軍、新四軍再實行反擊。但毛澤東認為這樣做「軍事上危險是很大的」，「不但不能用實力制止投降」，而且會被蔣介石的「數十萬軍隊將我軍驅至隴海路以北構築縱深封鎖線（邊區地封鎖線是五道），我將來出不去而受日蔣兩軍嚴重夾擊」。

第二個方案是政治與軍事同時進攻，那就是從五十萬中共軍隊裏抽調至少二十萬精兵分路猛擊，打到國民黨的後方去。按毛澤東的想法，「如採此方案，則政治上不利（人民不瞭解），但軍事上能制機先，不被封死，且有用實力制止投降之可能」。

也不難看出，毛澤東心裏真正想實行的，是在他看來不但沒有軍事危險，還能掌握先機的第二方案。

毛澤東、朱德、周恩來在延安機場

不過毛澤東也不是不明白，共產黨目前實力畢竟還是有限，先發制人也同樣是有著重重風險。他承認「政治措詞容易，軍事部署困難」[42]，所以才沒有直接表明自己的態度，只是在電報裏向剛剛批評過的周恩來等人這樣講：「究採何方案，我們尚在考慮，亦請你們提出意見。」[43]

---

[41]　同上一〇七頁。

[42]　相關內容，見《毛澤東與莫斯科的恩恩怨怨》（修訂版）一〇八頁。

[43]　《毛澤東與莫斯科的恩恩怨怨》一九九九年七月第一版九十九頁，二〇〇六年修訂版刪去了這句話。

同一天，書記處在答覆項英二十八日要中央對皖南有明確態度的請求時，也只是對他說：「你及皖南部隊或整個移蘇南再渡江北，或整個留皖南準備於國民黨進攻時向南突圍，二者應擇其一。」[44]

毛澤東、朱德、王稼祥又接著發出指示，要葉挺、項英為轉移向顧祝同提條件，國民黨應劃出一塊地方給新四軍做防區，「並保證移動時沿途的安全」，新四軍就可以答應去蘇南[45]。

這樣的條件顧祝同絕不會輕易接受，毛澤東他們應該是很清楚的，明知不可為而為之，無非仍是在用周旋拖延的戰術。

雖然怎樣對付蔣介石中央還沒有最後決定，但毛澤東已經在做打仗的準備了。他起草了一份中共的行動宣言，宣言的內容從來沒有公布過，不過毛澤東給它取了一個綽號「炸彈宣言」[46]，可以想像那必是一篇震動全國的文字。

可是讓毛澤東意外的是，十一月二日的書記處會議上，他不惜和國民黨開打的想法沒有得到多數人的贊同。大家覺得「此次反共與上次不同，如處理不慎，則影響前途甚大」，還是看看國際國內形勢的發展再說[47]。

也就在這一天，周恩來又從重慶轉來了蘇聯大使潘友新對局勢的新看法，曾經通報說蔣介石正加緊勾結日本的蘇聯人這次卻變了口風。潘友新表示，目前尚不能斷定蔣已決心與日本妥協，蔣實際仍在三岔路口[48]。

潘友新

[44]　〈中共中央書記處關於新四軍皖南部隊行動方針致項英電〉（一九四〇年十一月一日），《新四軍‧文獻（二）》二十二頁。

[45]　〈毛澤東等關於新四軍軍部移蘇南的條件致葉挺、項英電〉（一九四〇年十一月一日），同上書二十一頁。

[46]　〈中共中央關於目前對國民黨當局仍應取和緩態度致周恩來〉（一九四〇年十一月三日），《皖南事變（資料選輯）》七十八頁。

[47]　〈毛澤東關於蔣介石反共形勢的分析及其對策致周恩來電〉（一九四〇年十一月二日），《新四軍‧文獻（二）》二十七頁。

[48]　《毛澤東與莫斯科的恩恩怨怨》（修訂版）一〇九頁。

五、「一些中國共產黨人暈頭轉向起來」

潘友新改變判斷的原因可能是收到了更為確切的情報，不過他背後的莫斯科當局這時也不想讓中共進一步和蔣介石對立，理由跟過去一樣，中日戰爭持續下去對蘇聯有利。

蘇聯此時置身於世界戰爭的風雲之外，似乎平安自在，其實史達林的心裏一點都不輕鬆。

一九三九年蘇聯和德國簽訂了互不侵犯條約和劃分勢力範圍的祕密協定。隨後德國便進攻波蘭，第二次世界大戰爆發。蘇聯跟德國一起出兵瓜分了波蘭，又把拉脫維亞等波羅的海三國，還有芬蘭和羅馬尼亞的部分土地據為己有。不久前跟希特勒的暗中約定得到了完美的執行。

在這之後的一年，希特勒在西歐蠻橫地攻城掠地，為所欲為，對蘇聯卻表現得彬彬有禮，連邊境線上的德國士兵都對蘇聯人十分的友好[49]。

這一團和氣的局面沒有騙住史達林，他知道蘇德之間遲早會大打出手，當然他在具體開戰時間的估計上大大地失算了。

正因為清楚跟西面的希特勒必有一戰，史達林也就更擔心東邊的日本。德、日和義大利已經成了盟國，如果戰爭打響，日本會不會與德國兩路夾擊蘇聯？那可不是什麼美妙的景象。

必須想辦法阻止日本這樣做，最好的辦法自然是讓中國繼續死死地拖住它。可是現在中國國內，國民黨在日本軍隊面前節節敗退，它跟共產黨的矛盾也正步步升級，照這樣下去可能會導致內戰，到那時日本將可能趁機迅速征服中國，然後掉頭攻打蘇聯。

如何不讓這種情況發生，史達林的措施之一是向中國派人。

就在國共爭執不斷的時候，駐守在新占領的波蘭土地上的蘇軍第四集團軍司令員崔可夫接到命令：返回莫斯科，國防人民委員鐵木辛哥要緊急召見他。

直到走進鐵木辛哥辦公室之前，崔可夫都還以為這只是一次普通的會面，因為鐵木辛哥經常把下面的將領找去瞭解情況。

---

[49]　《在華使命》二十七頁。

　　然而一見面，鐵木辛哥鄭重其事地向崔可夫宣布，必須派他到中國去。聽了這個決定，崔可夫或許會感到意外，但也會覺得在情理之中，因為他本是一個比較熟悉中國的蘇聯軍人。

崔可夫

　　崔可夫是在一九一八到一九二〇年殘酷的蘇俄內戰中成長起來的軍官，十九歲就當了團長。一九二二年他被作為人才送進伏龍芝軍事學院，一九二五年畢業後又被留下，在學院東方系的中國部深造，從此與中國結緣。他和別人一起學習中國的歷史及風俗習慣，一天到晚死記硬背難懂的漢字。還到其他學校去接觸中國學生，討論中國革命問題。

鐵木辛哥

　　從一九二六年起，崔可夫開始到中國活動。開始是當外交信使，後來則很可能從事祕密工作，他自稱「到過北京、天津地區，去過四川省，走遍了幾乎整個華北和華南，學會了一口相當流利的中國話」。

　　崔可夫也參加過對中國的戰爭。一九二九年蔣介石、張學良試圖強行收回東北被蘇聯控制的中東鐵路，引發了武力衝突。崔可夫加入蘇聯特別遠東軍司令部，用自己的中國知識幫助打敗中國人。在他眼裏，蔣介石等人是「中國侵略集團」。這場交戰以中國軍隊的失敗告終。

　　有這樣的經歷，蘇聯高層選擇崔可夫去中國可謂順理成章。

　　宣布完上級的決定後，鐵木辛哥又詳細地向崔可夫說明了相關的情況。他指出，德國未來對蘇聯的戰爭將不會是單獨行動，義大利、羅馬尼亞，乃至剛被蘇聯打敗的芬蘭都將加入進來。不過跟這些國家相比，真正讓莫斯科憂心的是日本，「日本是與德國進攻危險相關的主要問題」。

　　鐵木辛哥對形勢的判斷是：「日本軍國主義者可能將傾其全力要麼在一九四一年內戰勝蔣介石和國民黨，要麼用和平談判來收縮軍事行動。」「我們可以把一九四一年看作是這場戰爭中危機的一年。要麼中國人民能夠堅持住並且擊敗日本軍隊要完全控制局勢的所有企圖，要麼蔣介石在遭到重大失敗後可能屈從於日本侵略者企圖強加給他的和平條約的苛刻條件。」

　　根據這樣的估計，鐵木辛哥要崔可夫到中國先擔任駐華使館武官，待熟悉情況後再任命他為蘇聯軍事使團的團長，也就是蔣介石的總軍事顧問。具體的任務是：「摸清蔣介石陣營的情況，估量蔣介石的實力並利用蔣介石總軍事顧問的權利使中國軍隊積極作戰」，還要遏止蔣介石反對共產黨的圖謀，讓中國集中力量頂住日本。

　　講到國共衝突，鐵木辛哥不僅不滿意國民黨，對中共的做法也不贊成。他認為中國紅軍司令部也熱中於把槍口對準蔣介石，不考慮這可能使中國人民和中國人民的革命成果遭受什麼樣的危險。他告訴崔可夫應協調中國紅軍和蔣介石軍隊的抗日行動，不去管他們之間的分歧。

　　在中國複雜的政治局面中，崔可夫要完成使命無疑會非常困難。所以不光是鐵木辛哥對他面授機宜，還把他帶到克里姆林宮，由史達林親自教誨。

　　這是崔可夫第一次跟史達林面對面談話。互致問候後，史達林很快切入正題，他首先說國民黨已經不是孫中山的國民黨了，中國也已經有了新生的力量共產黨，但他卻對中共不怎麼欣賞。他認為：「中國是一個農民國家，而不是無產階級國家。中國工人階級在數量上，甚至在組織性方面都大大不如中國農民階級」，中共依靠農民發展壯大，但也因為這樣，它的無產階級影響就明顯不足，使得「中國共產黨中的民族主義傾向相當嚴重。在中國共產黨隊伍中國際主義團結感發揚得不夠」。

　　史達林不相信中共能在中國占主導地位，「中國共產黨和中國工人階級要成為反侵略鬥爭的領導者，還顯得太孱弱」，況且「帝國主義大國未必容忍中國共產黨取代蔣介石」。「中國共產黨在國內的地位還不鞏固。蔣介石可以輕而易舉地聯合日本人來反對共產黨。共產黨同日本人是不可能聯合的。蔣介石有美國和英國的援助。毛澤東是永遠得不到這些大國支持的」。他批評「一些中國共產黨人暈頭轉向起來。他們以為，如果日本人粉碎了蔣介石，那麼中國共產黨人便能左右國內局勢並把日本侵略者趕出去。他們大錯特錯了。蔣介石一旦感到有喪失政權的危險或者我國和西方大國拒絕援助他時，那他立刻就會效法汪精衛，尋找同日本軍國主義妥協的途徑。那時他們會合力對付中國共產黨，而中國紅軍將處於走投無路的境地」。所以雖然「照理，中國共產黨人要比蔣介石對我們來說更親近些。照理，主要援助應該給予他們」，但為了避免有「輸出革命」的嫌疑刺激蔣介石，崔可夫必須

按照蘇聯與中國國民政府之間的協議行事，就是說蘇方提供的武器裝備只能給國民黨軍隊使用。史達林希望「有我國的援助和英美盟國的援助，蔣介石即使不能打退日本的侵略，也能長期拖住它」，「只有當日本侵略者的手腳被捆住的時候，我們才能在德國侵略者一旦進攻我國的時候避免兩線作戰」。

史達林最後特別叮囑崔可夫，不得洩露這次談話的內容[50]。

史達林這番政治私房話算得上是精明的謀略，但頭腦中想出來的東西再縝密，也未必跟現實完全合拍。雖然不喜歡中共的做法，但史達林和毛澤東在一點上是相同的，那就是都認為蔣介石有可能投降日本。

那麼蔣介石到底有沒有想跟日本人勾結？

---

[50]　崔可夫的早年經歷和與鐵木辛哥、史達林的談話，見《在華使命》的相關記述。

第十二章

權衡利弊的妥協

一、「其難無比」

從日本入侵中國以來，中國國內試圖對日緩和妥協的就大有人在。這裏面既有政界要人，也有像胡適這樣的著名知識份子。

在他們中間至少相當一部分人並非是要賣國求榮，比如胡適雖然主張和平，甚至在「七‧七」事變後為避免戰禍，勸蔣介石放棄東北，承認滿洲國，以此換取東亞的長期和平[1]，但他也有自己的底線。對日本把中國政府勢力趕出華北的企圖，胡適就堅決反對。「七‧七」事變的前一天，當他的朋友羅隆基嚷著華北特殊化，國民黨退出華北的時候，胡適立刻嚴肅地表示：「你這句話說錯了」，以「今天現行的政制，國民黨撤出華北，就是中國的主權撤出華北」。羅隆基的意思也不是要讓日本做華北的主人，這位人權和自由堅定捍衛者的想法是，國民黨走了，可以由其他中國黨派接管華北，實行與蔣介石專制統治不同的政策，還能因此避免戰爭[2]。

胡適等人想做的，只是不願讓中國在戰爭中拚光僅有的一點血本。站在歷史的角度看，他們的擔憂並非全無道理，經歷八年抗戰「慘勝」的中國確實大傷了元氣。

正因為如此，「七‧七」事變後，緩和派的人仍希望做最後的努力平息已起的戰禍。行政院副院長孔祥熙公開對記者說：「日本、中國打仗沒有比

---

[1]　楊天石：〈蔣介石與一九三七年的淞滬、南京之戰〉，《找尋真實的蔣介石》（上）二一九－二四四頁，山西人民出版社二○○八年五月出版。

[2]　馬社香：〈第二期廬山談話會揭秘〉，《文匯讀書週報》二○○七年十二月二十八日。

這更愚蠢的事了！這是東方一件大不幸的事件。必須設法
儘早締結日中兩國的和平。」[3]

高宗武

胡適也向蔣介石進言「外交路線不可斷」[4]。

蔣介石也是同樣的心思。在七月十七日態度強硬的廬
山講話後，回到南京的他又在二十四、二十五、二十六三
天，找了美、英、德、法四個國家的大使，促請他們的政
府幫助解決中日爭端[5]。

「七・七」事變剛發生時，日本政府也不想擴大在中國的戰事。隨著衝
突日見升級，一批堅持不擴大事態的日方人士展開活動，力圖在保存日本既
得利益的前提下，實現與中國的和平。為了達成目標，他們曾勸說當時的日
本首相近衛文麿派密使去南京和談，結果沒有成功[6]。

於是這些人乾脆直接向天皇進諫，建議講和。當然他們這樣做也不能不
顧及那些桀驁不馴的日本軍人，所以又提出為保全日本陸軍的面子，應促使
中國先來求和[7]。

為此目的，擔任過日本駐上海領事[8]，現任在華日本紡績同業會理事長
的船津辰一郎來到了上海，尋求與中國方面的談判，日本把這稱做「船津工
作」[9]。

船津帶來的和平方案是：華北非軍事化；日軍兵力恢復到「七・七」事
變前的狀態；廢止幾年前與中國政府商定的塘沽協定等。

蔣介石自然不能放過這樣一個和平的機會。胡適在對他說「外交路線不
可斷」時，還推薦了一個主持和談的人選[10]，那就是曾留學日本的外交才子
高宗武，蔣介石也很看重高宗武這個年輕的日本通，便密令他前往上海與日

[3]　沈予：〈抗戰期間孔祥熙、宇垣一成中日祕密議和〉，《百年潮》二〇〇七年第十二期。

[4]　夏侯敘五：《高宗武隱居華盛頓遺事》三十三頁，湖南教育出版社二〇〇八年十二月
　　　出版。

[5]　范泓：〈從政七年如咯血〉，《書屋》二〇〇六年第二期。

[6]　楊天石：〈抗戰前期日本「民間人士」和蔣介石集團的祕密談判〉，《蔣氏祕檔與蔣介石
　　　真相》四〇四－四二九頁。

[7]　〈從政七年如咯血〉。

[8]　〈抗戰前期日本「民間人士」和蔣介石集團的祕密談判〉。

[9]　〈從政七年如咯血〉。

[10]　船津和平方案及胡適舉薦高宗武，見《高宗武華盛頓隱居遺事》三十三－三十四頁。

辛亥革命時黃興（中）和萱野長知（右1）
在武漢

本方面接觸。胡適把這件事比作創造奇蹟，「其難無比，雖未必能成，略盡心力而已」[11]。

奇蹟果然難得，八月九日高宗武剛在上海與船津辰一郎和日本駐華大使川越茂會面，當天中日軍人便在虹橋機場流血衝突，淞滬會戰隨後爆發，「船津工作」就此擱淺。中日戰爭期間的第一次和平嘗試宣告失敗。高宗武氣得當著許多高官的面質問蔣介石：上海戰事是奉命開打，還是前方指揮官自由行動，要求加以調查，否則外交無法應付[12]。雖然這很讓蔣介石下不來臺，但委員長倒也沒把他怎麼樣，只將他轉派到香港去做對日的情報聯絡工作[13]。而這時的胡適也意識到「和比戰難兩倍」，他告訴高宗武和汪精衛及其親信陶希聖：「我的態度全變了。」[14]從此遠離了對日妥協的道路。

但中日雙方的和平努力並沒有結束。就在淞滬會戰交火正酣之時，曾經支持孫中山革命，甚至參加過同盟會的日本人萱野長知到了上海，繼續尋找與中國談判的機會[15]。到這年十月二十八日，日本外務省官員會見德國駐日大使狄克遜，歡迎德國出面調停中日戰爭。第二天，德國駐華大使陶德曼就向中國方面表示願做調解人。又過一天，日本外務省發言人稱：假如中國直接提出和平建議，日本將不拒絕談判。十一月三日，日本通過德國提出了實現和平的條件：（一）內蒙自治。（二）在華北建立非軍事區，成立新的親日政權。（三）擴大上海非軍事區。（四）停止抗日。（五）共同反共。（六）減低日貨關稅。（七）尊重在華外僑權。

這些條件在五日由陶德曼轉給了蔣介石。蔣介石沒有徹底拒絕，只是表示不能正式承認日本的要求，否則中國政府將被輿論的浪潮沖倒。

11　高宗武受命和談及胡適的評價，見〈從政七年如咯血〉。
12　高宗武上海和談及對蔣介石的責問，見《高宗武華盛頓隱居遺事》三十五頁。
13　〈從政七年如咯血〉。
14　《高宗武隱居華盛頓遺事》三十六頁。
15　〈抗戰前期日本「民間人士」和蔣介石集團的祕密談判〉。

　　蔣介石說這話時，行政院副院長孔祥熙也在場[16]。
他當時對蔣的意見似乎沒有異議。但過了一個星期，
上海淪陷，南京也岌岌可危。在這樣的形勢下，二十
八日陶德曼再跟孔祥熙交談後，他便公開站到了主和
的立場。在二十九日和三十日兩次致電致函蔣介石，
表示抗戰「長此以往，恐非善策」，「財政經濟現
已達於困難之境」，「我已犧牲甚鉅，除非軍事確有

陶德曼

勝利把握，不若就此休止，保全國力，再圖來茲」，「天賜良機，絕不可
失」。但蔣介石早已認定「此時求和，乃為降服，而非和議也」，與陶德曼
周旋不過是「緩兵計」[17]。

　　德國方面並不知道蔣介石的意圖，仍在努力調停。十二月一日，德
國外長牛拉特對中國駐德大使表示，中國不要拒絕日本的和平建議，延遲
議和的時間越久，國家解體的危險也就越大。第二天上午蔣介石與白崇
禧、顧祝同等高級將領討論日本的條件。大概是由於日軍逼近首都，這時
的蔣介石態度有所鬆動，認為德國轉達的內容尚不算亡國條件，唯有華北
不能讓步。下午蔣介石會見陶德曼，表示願把日本的條件做談判的基礎，
但華北的主權完整和行政獨立不得侵犯[18]。他心裏還希望日本能「果有覺
悟」。

　　中日交涉是祕密進行，所以日軍的攻勢仍在繼續，蔣介石不得不撤離南
京，喪失首都的他再次橫下一條心，在日記裏表示：「惟有抗戰到底，此外
並無其他辦法。」[19]

　　十三日，南京被日軍占領並開始大屠殺。二十一日，日本又由德國提交
了新的和平條件：中國政府放棄反日、反滿政策，與日、滿合作共同反共；
在必要地區建立非軍事區和特殊政權；日、滿、中締結經濟合作協定；中國

---

[16]　陶德曼調停及蔣介石、孔祥熙的反應，見《汪精衛偽國民政府紀事》二一三頁，中國社會
　　　科學出版社一九八二年七月出版。

[17]　蔣介石、孔祥熙對和談的態度，見楊天石：〈蔣介石對孔祥熙謀和活動的阻遏〉，《找尋
　　　真實的蔣介石》（下）二八九－三二二頁。

[18]　牛拉特的意見與蔣介石、白崇禧當等人的討論及對陶德曼的答覆，見《汪精衛偽國民政府
　　　紀事》第四頁。

[19]　蔣介石對日本短暫的期待和重新堅定抗戰決心，見〈蔣介石對孔祥熙謀和活動的阻遏〉。

對日賠款[20]。還有兩個附加條件：一、談判時不停戰。二、中國談判代表必須到日本指定的地點進行交涉。

看到日本如此的新條件，蔣介石認為：「其條件與方式之苛刻至此，我國無從考慮，亦無從接受，決置之不理。」[21]但是許多高層人士卻力主和談，于右任等甚至當眾指責蔣「優柔而非英明」。蔣介石不為所動，堅決反對「訂立各種不堪忍受之條件，以增加我國家、民族永遠之束縛」[22]。只不過為了繼續「緩兵計」，他才表示接受陶德曼的再次調停[23]。

日本人並不傻，對蔣介石他們逐漸失去了耐心。一九三八年一月十一日，御前會議決定，如果中國國民政府不接受日本的條件，日本今後將不以它為解決事變的對手，也就是不再承認蔣介石政權，準備另立新的中國中央政府。外務省官員要德國轉告中國，十五日前必須對日本的條件做出答覆。兩天後的十三日，王寵惠對陶德曼說：中國希望瞭解日本「新提出的條件的性質和內容，以便加以仔細地研究，做出確切的決定」。而高宗武在外交部亞洲司的下屬董道寧也在上海希望日本能做讓步。

期限到來的十五日，剛升任行政院長的孔祥熙會見陶德曼，表示中國願與日本達成真正諒解，但希望日本對所提條件做補充說明，以便表示意見。這無疑都是拖延戰術，但並不奏效。近衛見中國不在期限內做答覆，於是在十六日聲明：「帝國政府今後不以國民政府為對手，而期望真能與帝國合作的中國新政權的建立與發展，並將與此新政權調整兩國邦交，協助建設復興的新中國。」[24]

從這以後，日本就把蔣介石下臺作為實現和平的條件[25]。

近衛文麿

20　《汪精衛偽國民政府紀事》第五頁。

21　日本的新條件及蔣介石的反應，見〈蔣介石對孔祥熙謀和活動的阻遏〉。

22　〈蔣介石與一九三八年的淞滬、南京之戰〉。

23　《汪精衛偽國民政府紀事》第六頁。

24　中國的拖延戰術與近衛聲明，見《汪精衛偽國民政府紀事》七一八頁。

25　〈蔣介石對孔祥熙謀和活動的阻遏〉。

　　從近衛的言詞看，中日間似乎再無緩解的餘地，但實際上雙方的交涉並沒有完全停止。二月，董道寧祕密去日本，與日方官員見面，打探日本對中國的真實態度。三月，高宗武又和董道寧一起在香港和日本方面會談[26]。

　　孔祥熙也在試圖讓日本「少數軍人早日醒悟」。從四月開始，他屬下的行政院代理祕書賈存德也在上海與萱野長知等人祕密會談[27]。

　　四月，蔣介石和汪精衛成為國民黨的正、副總裁。蔣介石通過高宗武向香港的日本人提出：「東北與內蒙問題可留待他日再談，惟河北省應立即交還中國，長城以南中國的領土與主權完整，日方應予尊重。」[28]

　　在對日談判上，孔祥熙比蔣介石要積極，他和日本之間建立了十條以上的溝通管道[29]，動用的人員中包括民國元老唐紹儀[30]。他這樣做也不完全是為了求和。賈存德曾說，談判是要「藉機探討日本真相」。孔祥熙兒子孔令侃也參與了和平工作，他的一位下屬就主張跟日本「似不妨虛與委蛇，以分化其國內主戰及反戰之勢力」[31]。

　　對如何結束戰爭，孔祥熙的態度與蔣介石沒有實質的區別。他在五月讓賈存德向萱野提出條件：中日雙方即刻同時停戰；日本尊重中國主權，聲明撤兵；日本要求解決東北和內蒙問題，中國原則同意，具體問題待商談[32]。

　　日本方面如何反應呢？

二、「高宗武是個混蛋」

　　此時在日本國內，「反戰之勢力」也的確存在。近衛首相的強硬聲明，無疑是自行堵死了與中國合法政府進行高層交涉的通道，而這個政府又顯然在短時間內不可能打垮，如此一來，戰爭就可能無限期拖延下去。政界人士對此一片批評聲，認為「非常之失敗」，加上軍方的跋扈，使近衛一度萌生

[26]　《汪精衛偽國民政府紀事》八－九頁。
[27]　楊天石：〈孔祥熙與抗戰期間的中日祕密交涉〉，見《蔣氏祕檔與蔣介石真相》四三〇－四五二頁。
[28]　《汪精衛偽國民政府紀事》第九頁。
[29]　〈孔祥熙與抗戰期間的中日祕密交涉〉。
[30]　〈蔣介石對孔祥熙謀和活動的阻遏〉。
[31]　〈孔祥熙與抗戰期間的中日祕密交涉〉。
[32]　〈抗戰前期日本「民間人士」和蔣介石集團的祕密談判〉。

辭職的想法。五月，他改組內閣，罷免了對華強硬的陸相杉山元，任命當年發動「九·一八」事變的主謀，現在卻答應主和的板垣征四郎接替。還請前輩軍人宇垣一成做外相，宇垣提出了就職的條件，其中有對中國開始和平交涉，並且要不拘泥於一月十六日不以蔣介石政權為對手的聲明，近衛滿口答應。

宇垣一成

對宇垣的出山，蔣介石是高興的。因為宇垣是他和張群當初流亡日本時的故交，「理解中國革命」。一九二七年三月，在蔣介石發動清黨前一個月左右，宇垣還專門派人來要他跟共產黨分手。宇垣上任不久，張群就以個人名義發出祝賀，雙方建立了聯繫。宇垣表示中日「無論如何應立即進行對話」，並提議孔祥熙為中方的代表[33]。這一切都讓蔣介石方面對宇垣寄託了一定的期待。

但是近衛內閣態度的軟化卻沒有及時傳遞到下層。在香港的高宗武看到的是，由於有了近衛聲明，跟他打交道的日本人希望暫時以其他要人取代蔣介石，可能的人選是汪精衛，這讓他很是惱火[34]。

就在這時候，萱野也回到了日本。他向有關人士宣稱，孔祥熙等人打算促使蔣介石下野。這很可能是萱野在誇大其詞，至少從留存至今的檔案資料上看，孔祥熙從沒想過要蔣介石下臺。其他參與和平工作的日本人也擔心蔣介石下臺的後果，認為如果不依靠蔣介石，想驅逐共產黨是困難的[35]。宇垣顯然也傾向於這種觀點。

六月十七日，宇垣對外國記者表示：「假如中國方面發生根本變化，日本將有再探討『不以國民政府為對手』聲明的必要。」六天後的二十三日，孔祥熙背著蔣介石[36]，命國民政府行政院祕書喬輔三在香港與日本駐此地的總領事中村豐一開始會談。

---

[33]　近衛的困擾、宇垣的上任及與中國的接觸，見〈抗戰期間孔祥熙、宇垣一成中日祕密議和〉。

[34]　《今井武夫回憶錄》七十一―七十二頁。

[35]　〈抗戰前期日本「民間人士」和蔣介石集團的祕密談判〉。

[36]　〈蔣介石對孔祥熙謀和活動的阻遏〉。

在會談中，喬輔三最關心的是，宇垣的「根本變化」是什麼意思，日本是否一定要蔣介石下野？

中國方面自然不希望蔣介石走開，但日本國內普遍對領導抗戰的蔣介石十分反感，以致身為蔣舊友的宇垣在起草給中方的答覆時，也提出「以蔣介石下野為條件」，還是經下屬官員的勸阻，才表示：「不以蔣介石下野為條件，但鑑於日本國內反蔣情緒，不宜一開始就露出底牌。」在公開答覆中寫的是：「留待日後商量。」[37]萱

孔祥熙

野也讓賈存德向孔祥熙轉達說：「中國之顏面重在軍隊退出，領土完整；日本之顏面重在解散抗日政府，老蔣暫時下野，重新組府，任之孔院長。老蔣下野，換湯不換藥。」

孔祥熙斷然拒絕了讓蔣介石哪怕是「暫時」下野的要求，答覆說：「政府不能因人要求而解散，委座不能因人要求而下野，且全國民眾亦不能允許委座下野。」如果日方因此沒有「顏面」，「無法下臺」，他本人倒可以下野，「情願犧牲地位，以為彼方轉圜面子」[38]。

被拒絕之後，日本人又開始重回「不以國民政府為對手」的老路。而一個中國人在這時的出現，也用他的實際行動鼓勵了日本高層重新對蔣介石採取強硬態度。此人就是高宗武。

出現這種狀況原不是高宗武最初的本意，他恰恰是想打消日本趕走蔣介石的念頭[39]。為此他沒有跟蔣介石打招呼[40]，就在七月五日擅自跑到東京，與板垣征四郎等日本高官見面[41]。可是在交流中，高宗武卻好像被日本人說服了，他不再提以蔣介石為中心解決中日爭端，只專心聽取日本方面的意見[42]。這時的他反倒認為，即便暫時由汪精衛出面主持和局，從實力地位上

[37] 宇垣對記者的表態及喬輔三與日本方面的初步接觸，見〈抗戰期間孔祥熙、宇垣一成中日祕密議和〉。

[38] 〈孔祥熙與抗戰期間的中日祕密交涉〉。

[39] 《今井武夫回憶錄》七十二頁。

[40] 〈從政七年如咯血〉。

[41] 《汪精衛偽國民政府紀事》第十頁。

[42] 《今井武夫回憶錄》七十三頁。

看，最後仍離不開蔣介石的抉擇[43]。有了這樣想法的他，在言談中又讓日本人得出一個結論，國民政府拒絕了汪精衛的和平主張，和平運動將在政府之外進行[44]。

高宗武（左2）、梅思平（左3）和今井武夫（右1）在一起

板垣寫了一封信，要高宗武轉交給汪精衛[45]。

這時候萱野已經在上海向賈存德表示，可以不堅持要蔣介石下野[46]，可東京的板垣仍下決心甩開蔣介石。在八日的內閣核心會議上，正是由於他的堅持，日本政府決定把讓蔣介石下野列入「中國現中央政府屈服的條件」，還要「儘快促成中國現中央政府分裂崩潰」。

到十二日，內閣核心會議又採納陸軍的提案，定下對華謀略，那就是「推翻中國現中央政府，使蔣介石垮臺」，「起用中國第一流人物，削弱中國現中央政府和中國民眾的抗戰意識，同時，醞釀建立鞏固的新興政權」[47]。十五日，還準備在占領漢口後成立「中國新中央政府」[48]。

孔祥熙的和談活動雖也向蔣介石做一些彙報，但基本是自行其是。蔣介石也不喜歡他「形同求和」的做法，認為是「誤事」[49]，但孔祥熙仍照做不誤。

十八日，喬輔三在香港向中村提出以孔祥熙辭職代替蔣介石下野，甚至表示可以用日滿華三國條約形式間接地承認「滿洲國」，可是日本方面一步也不肯退，中村依據政府決策堅持「蔣的辭職是重要的先決條件」。

就連宇垣也決定遵循政府政策，要求蔣介石下野[50]。中日談判陷入僵局。

43　徐培培：〈汪精衛的漢奸之路〉，《炎黃春秋》二〇〇六年第四期。
44　〈從政七年如咯血〉。
45　《汪精衛偽國民政府紀事》第十頁。
46　〈孔祥熙與抗戰期間的中日祕密交涉〉。
47　〈抗戰期間孔祥熙、宇垣一成中日祕密議和〉。
48　〈抗戰前期日本「民間人士」和蔣介石集團的祕密談判〉。
49　〈蔣介石對孔祥熙謀和活動的阻遏〉。
50　〈抗戰期間孔祥熙、宇垣一成中日祕密議和〉。

此時高宗武已回到香港，他讓人把自己去日本的相關材料送到武漢。蔣介石得知高宗武日本之行後大怒道：「高宗武是個混蛋，誰叫他去日本的？」知道被日本人看好的汪精衛也急忙表示說：「我單獨對日言和，是不可能的事。我絕不瞞過蔣先生。」

作為懲罰，蔣介石停發了高宗武的活動經費。高宗武平生未受重挫，遭此打擊便吐了血，肺結核復發[51]。

日本與蔣介石的談判降溫了，跟汪精衛的關係卻熱絡起來。雖然說「絕不瞞過蔣先生」，但汪精衛已經在悄悄地給自己尋找另一種道路了。

在戰爭中求和平，等於是在國家利益與現實策略間走鋼絲。重心稍有偏離，就將讓自己跌入萬劫不復的深淵。汪精衛便是如此。

這時的中國抗戰稱得上是舉步維艱，經濟最發達、最富庶的地區逐漸落入敵手，國家的人力、軍力、財力損耗巨大，卻難以從內部得到有效的補充。在這種交困的形勢中，國民政府急需外界的幫助，可是外援偏偏少得可憐。西方國家尤其是美國，雖然它的民眾非常同情中國的處境，但任何國家的政府，在沒有直接捲入一場衝突前，對衝突的態度基本都是盡量做一個旁觀者。這並非是道義淪喪，而是現實的政治權衡。有在上海的美國人對中國方面表示：「同情是當然的，可是替你們打仗，那是不可能的。」在那個時候，美國對華最大的資助是一筆兩千萬的商業貸款，還要中國拿桐油做抵押[52]。

當時也有國家給中國提供了一些有效的援助，這就是蘇聯和德國。希望中國拖住日本的蘇聯除了拿出物資，還曾派出軍事顧問和空軍人員參與抗戰[53]。德國與中國的軍事合作從一九三〇年代初就開始了，對日本進行持久

---

[51] 〈從政七年如咯血〉。汪精衛夫人陳璧君的姪子（也是汪的親信）陳春圃則稱：高宗武在被蔣介石責罰不久對他說，自己去日本是因為蔣當初有要他「伺機東渡」的指令。但蔣介石在得知高日本之行後，不僅公開罵他，在私下的日記裏也斥其「擅自妄動，可謂膽大妄為矣」！表明蔣並沒有支持高赴日的意思。高宗武自己對此的說法是，蔣介石曾同意他「以私人資格奔走和平」，「我之言行，即簽了字，對政府無約束力，政府不負任何責任」。蔣死後一位美國學者在採訪高宗武後寫的一本關於汪精衛求和的書裏稱，高宗武曾通過陳布雷向蔣介石報告他打算去日本，蔣即不說同意也不表示反對（相關記述見《高宗武隱居華盛頓遺事》六十九～七十一頁）。由此看來，高宗武密訪日本並沒有得到蔣介石批准，他應該只是憑著「私人資格」行事的。

[52] 抗戰初期美國的態度和桐油貸款，見高宗武：《日本真相》六十八頁及八十七頁注釋[一]，湖南教育出版社二〇〇八年十二月出版。

[53] 蘇聯對中國抗戰的物資和人員援助，見李玉貞：〈抗日戰爭時期的中國空軍和空戰〉，周黎揚：〈抗日戰爭期間蘇聯軍事顧問團在中國〉，《百年潮》二〇〇五年第八期。

戰的觀點，最早就是德國軍事顧問提出來的。「七・七」事變後，雖然德國與日本關係很近，但對中國的幫助仍然持續到一九三九年[54]，抗戰第一年，德國對華軍火輸出超過蘇聯[55]。

　　然而這種支援遠不能滿足中國抗日的需要。蘇聯雖實現了工業化，但總體實力依然有限，後來的衛國戰爭期間，它的許多軍需品，甚至火藥都還得依靠美國的大力援助[56]，此時它能給中國多少東西也就可想而知。德國在納粹黨的統治下，最終不顧那些資深外交家的勸阻，決意和日本結盟，放棄了與中國長久以來的友誼，援助自然也就停止了[57]。一些德國軍事顧問願意以個人名義留下為中國服務，希特勒竟以軍法脅迫他們歸國[58]。

　　「七・七」事變後，汪精衛也曾表示，為抵抗日本，「我們必定要強制我們的同胞，一齊的犧牲」，「必使人與地俱成灰燼」。汪精衛還說：「中途妥協，只有滅亡。」[59]但一年後看著如此困難的局面，他對戰爭的前景越來越失去信心。他的親信，國民黨中央宣傳部代部長周佛海也是如此，他對抗日宣傳很不積極，多次受到蔣介石的申斥[60]，暗中卻在八月派國民黨法制專門委員會委員兼藝文研究會國際問題研究所副主任梅思平到香港去找日本人接觸，藝文研究會本是國民黨建立的抗日宣傳機構，也做些對日的情報聯絡，但此時它的香港分會完全變成了汪精衛派與日本謀和的工具。身在香港的高宗武這時似乎已決心倒向汪精衛，蔣介石停掉他的經費，周佛海卻從自己的部門每月撥三千元給他[61]。從八月二十九日起，梅思平和高宗武開始與日本方面談判[62]。

54　中德軍事合作，見章百家：〈德國顧問與國民政府的抗日戰備〉，《百年潮》二〇〇四年第十九期。

55　陳敏：〈抗戰前期的外交戰場〉，《炎黃春秋》二〇〇四年第十期。

56　蘇聯在衛國戰爭期間接受的外國援助，見[俄]索科洛夫：《二戰祕密檔案》一七九─一九三頁，其中披露朱可夫在晚年私下承認：「如果沒有美國人的火藥，我們就會處於很艱難的境地，我們就不可能生產出戰爭所需的那麼多的彈藥。」中國廣播電視出版社二〇〇五年五月出版。

57　〈抗戰前期的外交戰場〉。

58　周重禮、徐代建：〈蔣百里赴歐遊說墨索里尼和戈林〉，《縱橫》二〇〇五年第六期。

59　《汪精衛傳》一〇六頁。

60　〈汪精衛的漢奸之路〉。

61　周佛海、高宗武謀和，見〈從政七年如咯血〉。

62　陶恆生：〈高宗武英文回憶錄的時代背景和歷史回顧〉，《書屋》二〇〇七年第四期。

而這時的孔祥熙卻對日本的強硬態度大為失望，在九月一日讓喬輔三正式通知中村停止交涉。

宇垣等人也不想見到這樣的結果，他們繼續在日本國內謀求與中國維持談判，並且不再堅持非要蔣介石先下臺不可，而是等實現和平後自動下野[63]。甚至遊說天皇祕密批准與中國繼續談判。但正在籌備進攻武漢的日本陸軍卻堅決反對議和，還罵宇垣是「國賊」。在軍方的壓力下，近衛再度聲言：「帝國政府不以蔣介石為對手的方針始終不變。」[64]

在這種局面下，雖然蔣介石又命原天津市長蕭振瀛在二十七日和日本軍部負責和平工作的特工和知鷹二見面，但他明確指示：「不可抱有成就之望」，「無商量餘地之事」，「必須堅強拒絕」。蕭振瀛在談判中向日方指出：中國不能做城下之盟，中日應恢復到「七・七」事變前的狀態再談合作。

和知本人倒是覺得可以商量[65]。可惜他並不能代表軍方高層的意見，宇垣最終迫於壓力在二十九日辭職[66]。

第二天，被認為倒向日本的唐紹儀在上海的家裏遭軍統特工刺殺。蔣介石對此的態度是：「實為革命黨除一大奸。此賊不除，漢奸更多，偽組織與倭寇更無忌憚矣。」[67]

這段時間是中日政府間和談最高潮的階段，結果卻是黯然收場。

三、「中國不是我賣得了的」

宇垣雖然下臺，但中日間的謀和活動並未因此終止。蕭振瀛與和知的談判進行得很順利，中國方面甚至開始起草〈和平宣言〉，聲稱只要日本「對中國無領土野心，且願尊重主權、行政之完整，恢復盧溝橋事變前之原狀，

---

[63]　中日停止政府間交涉和宇垣繼續謀和，見〈抗戰期間孔祥熙、宇垣一成中日祕密議和〉。

[64]　天皇批准中日繼續交涉與日本陸軍的反對及近衛的表態，見〈抗戰前期日本「民間人士」和蔣介石集團的祕密談判〉。

[65]　蕭振瀛與和知初步會談情況，見楊天石：〈蔣介石親自掌控的對日祕密談判〉，《找尋真實的蔣介石》（上）二四七－二八七頁。

[66]　〈抗戰前期日本「民間人士」和蔣介石集團的祕密談判〉。

[67]　唐紹儀被殺及蔣介石的態度，見〈蔣介石對孔祥熙謀和活動的阻遏〉。

並能在事實上表現即日停止軍事行動，則中國亦願與日本共謀東亞永久之和平」。〈停戰協定〉等文件也擬定了出來，蔣介石在其中特別要求日本在北平、天津的駐軍數量只能保持在一九〇一年庚子條約規定的範圍內，不許有「七‧七」事變前夕那麼多的部隊。但是在得到和知的彙報後，日本高層卻堅持必須跟中國簽訂防共協定，日軍也仍有在中國駐兵（顯然不止是在庚子條約的框架內）的權利，中國要改組國民政府，還要承認滿洲國。

這明顯超出了中國的底線。儘管和知向蕭振瀛解釋說，防共的事可以祕密約定，駐兵也只是在內外蒙的邊防地區，改組政府不過是加入幾個親日派，滿洲國問題也可暫時不談，兩三年後再商量解決，中國方面並不領情，何應欽斥責日本「毫無誠意，不必續談」。不過，中國還是做了些讓步，蔣介石同意日軍在內外蒙交界部分地方駐兵，但其鄰近地區必須駐紮中國軍隊，其他地區則要完全恢復「七‧七」事變前的原狀。可是日本那邊遲遲拿不出明確的答覆，加上日軍攻占武漢，蔣介石斷然命令蕭振瀛停止談判[68]。

梅思平、高宗武那邊倒是進展迅速，日本人明確地希望汪精衛出馬收拾局面[69]。汪精衛也公開顯露出求和的意向。

十月二十一日，日軍占領廣州，同一天汪精衛對英國記者表示，願意和平解決中日糾紛。第二天，梅思平到重慶，向汪精衛報告了跟日方會談的情況。汪精衛隨即召集周佛海等人討論議和[70]。當東南亞華僑領袖陳嘉庚知道汪精衛二十一日的求和談話，致電勸他不要妥協時，汪精衛的回答是：和平條件如無害於中國之獨立生存，何必拒絕[71]？

二十五日，武漢陷落，抗戰局面更加危急。蔣介石雖然號召民眾堅持下去「造成最後之勝利」，但暗地裏卻聯絡萱野，謀求繼續和談[72]。近衛也在十一月三日發表聲明，稱如果國民政府「拋棄一貫政策，更換人事組織」，「參加新秩序的建設，我方並不予以拒絕」。改變了不以國民政府為對手的政策，中日僵局似乎有了緩解的可能。汪精衛則在十六日以「使國家民族瀕於滅亡」的理由，向蔣介石提出：「我等應迅速連袂辭職，以謝天下。」

---

[68]　蕭振瀛與和知談判失敗的經過，見〈蔣介石親自掌控的對日祕密談判〉。
[69]　〈高宗武英文回憶錄的時代背景和歷史回顧〉。
[70]　汪精衛對記者談話及梅思平到重慶密商，見《汪精衛偽國民政府紀事》十一－十二頁。
[71]　〈從政七年如略血〉。
[72]　〈抗戰前期日本「民間人士」和蔣介石集團的祕密談判〉。

汪精衛的求和速度遠遠超過蔣介石，十一月二十日，梅思平、高宗武與日本方面簽訂了合作協議，內容有：中日締結防共協定，日軍可以在中國做防共駐紮；中國承認「滿洲國」，與日本實行經濟合作，在開發華北資源上日本有優先權；日本也承諾廢除治外法權，考慮歸還租界；協議規定外的日軍在和平後的兩年內撤完[73]；還有賠償在華日本人的損失，但日本不要求賠償軍費[74]。

《時代》封面上的汪精衛

二十七日，梅思平再回重慶，把協議交給汪精衛、周佛海[75]。看著協議，汪精衛深知自己接下來的選擇關係到終身的榮辱，他為此心神不安，思前想後，甚至一度決定放棄謀和，使得周佛海在日記裏批評他「無擔當、無果斷，做事反覆，且易衝動」[76]。不過汪精衛最終還是決定在已經開始的路上繼續走下去，並與日方約定，由近衛先發表第三次對華政策聲明，汪精衛再出面回應[77]。

周佛海

十二月初，周佛海、汪精衛等人先後離開重慶，經昆明到了安南的河內[78]。他們最初的盤算是，爭取雲南、四川、兩廣等地的地方實力派的支持，最終促成中日和平。

十二月二十二日，近衛第三次聲明出臺，宣布願與中國「相互善鄰友好，共同防共和經濟合作」，只要中國「清除以往的褊狹觀念，放棄抗日的愚蠢舉動和對滿洲國的成見」。聲明的其他內容跟梅思平、高宗武和日本達成的協議相似，但原本答應廢除的治外法權，這次卻只是和歸還租界的要求放在一起「願進一步予以積極的考慮」[79]，而且不提撤軍的問題。

---

[73]　近衛第二次對華聲明及汪精衛要和蔣介石一起辭職及梅思平、高宗武與日本達成協議的主要內容，見《汪精衛偽國民政府紀事》十二－十三頁。

[74]　〈汪精衛的漢奸之路〉。

[75]　《汪精衛偽國民政府紀事》十四頁。

[76]　《汪精衛傳》一二一頁。

[77]　《日本真相》七十頁。

[78]　《汪精衛偽國民政府紀事》十四－十五頁。

[79]　汪精衛等對謀和的籌畫及近衛第三次對華聲明內容，見《汪精衛傳》一二五－一二六頁。

　　汪精衛他們認為日本的條件並不算苛刻[80]。十二月二十九日，汪精衛發出豔電，希望國民政府根據近衛聲明「與日本政府交換誠意，以期恢復和平」，「倘猶能以合於正義之和平而結束戰事，則國家之獨立生存可保，即抗戰之目的已達」。他也要求「日本軍隊全部由中國撤去，必須普遍而迅速」，「在特定地點允許駐兵，至多以內蒙附近之地點為限，此為中國主權及行政之獨立完整所關」[81]。

　　汪精衛大概沒有料到，豔電的結果竟是無人喝彩，反倒是一片譴責。國民黨中央把他開除了黨籍，蔣介石還在日記裏罵他是「寡廉鮮恥之徒」，「奸偽之尤者也」[82]。

　　中國人不支持他，日本人竟也靠不住，近衛內閣居然在一九三九年一月倒臺了[83]。汪精衛派高宗武從香港再去日本探聽情形，高宗武到日本後受到很舒適的招待，接著與板垣會面。板垣堅決否認有侵略中國之心，對高宗武也說日本侵略「甚為驚異」，保證「日本絕無把中國變為第二『滿洲國』之意」，同時又堅持蔣介石下臺，國民政府改組。

　　高宗武還見到了近衛，這位前首相表示：「日本在戰事發生後，天天都想收拾殘局」，「一切都要靠我們去努力，方可做到」。

　　儘管日本人對和平的態度顯得很真誠，高宗武在與他們談話後得出的結論卻是：這些人的甜言蜜語靠不住。他回香港後寫信給汪精衛，說日本之誠意仍不夠，一切尚待靜觀，不能有任何行動[84]。

　　雖然把汪精衛拉了過來，但他畢竟只是個文人政客，手中沒有武裝力量，在當時中國的環境中，靠這樣的人搞和平運動，其實很難有成效。正因為如此，有些日本人還是想跟蔣介石打交道，萱野就是其中之一。

　　蔣介石這時對中日和平已經不抱太大的希望。他一直讓人跟萱野聯繫，但這些人卻是戴笠手下的特工人員，帶有蒐集情報的目的[85]。

---

[80]　近衛聲明不提撤軍及汪精衛等人的態度，見〈汪精衛的漢奸之路〉。

[81]　相關內容，見〈汪精衛公開投敵致重慶政府的豔電〉（一九三八年十二月二十九日），《中共黨史參考資料》第八冊三一〇－三一一頁。

[82]　〈從政七年如咯血〉。

[83]　《汪精衛偽國民政府紀事》十七頁。

[84]　高宗武此次到日本經過，見《日本真相》七十二－七十九頁。

[85]　〈蔣介石親自掌控的對日祕密談判〉。

不過在汪精衛突然出走言和後，蔣介石對萱野又有了興趣，其中的原因之一可能就是為了盡量抵消汪精衛對日本的影響。蔣的夫人宋美齡就在這時去萱野所在的香港看牙病，不管她的牙是不是真有毛病，反正這位中國第一夫人參與了跟日本的談判，甚至親自與萱野非正式見面[86]。

宋美齡在醫院護理傷患

萱野最終和中國談判代表達成平等互讓、領土完整、恢復「七・七」事變前狀態、訂立防共協定、日本撤兵、滿洲國另議等約定時，雖然這與國民政府此前的條件沒有太大的出入，宋美齡仍大為不滿，覺得這種協議根本不能交到臺面上公開討論。中國代表說服不了蔣夫人，只能發電報勸蔣介石搶在汪精衛前面同日方講和，蔣介石的回答是：「得領土完整、主權獨立八字便可，餘請商量改刪。」[87]

但是蔣介石的一個行動卻加快了汪精衛對日求和的速度。三月二十一日凌晨，戴笠的軍統特工衝進汪精衛在河內的住處，試圖打死汪精衛，卻誤殺了他的祕書曾仲鳴[88]。逃過一劫的汪精衛，明白河內已不再是安身之地，但是又能去哪兒呢？高宗武勸他就此退出政界，去歐洲或菲律賓隱居，不然就回重慶去。可周佛海等人卻認為事到如今，得不到軍隊支持的汪精衛只能仰賴日本人的力量，回南京建立政府。高宗武、陶希聖對此堅決反對，認為新政府絕對不能在日本占領區組建[89]。汪精衛最終還是選擇了坐上日本人派來的船，前往上海進一步媾和[90]，從此走上不歸路。

到上海後，汪精衛也曾試圖限制日本的特權，他提出一份〈對日本實行尊重中國主權原則之希望〉，要求日本：不在他的新政府的各級機關設顧問，只在最高軍事機關設顧問團，其成員還要由德、義、日三國專家組成；他的政權成立後，日本應先局部撤軍，交還占據的中國企業[91]。後來，又要

86　〈抗戰前期日本「民間人士」和蔣介石集團的祕密談判〉。
87　〈蔣介石親自掌控的對日祕密談判〉。
88　《汪精衛傳》一三〇~一三一頁。
89　〈從政七年如咯血〉。
90　《汪精衛傳》一三二~一三三頁。
91　《汪精衛偽國民政府紀事》二十二頁。

陶希聖

求把關稅和其他一些稅收交給他[92]。然而，幾個月後日本方面提出的和平條件卻堅持要在汪精衛政權的各級機關設置顧問，甚至在「特殊區域」任用日本職員；軍事顧問也不限於最高機關，而且必須是日本人[93]；稅收方面日本只肯把上海的關稅交給汪精衛，但還要由一家銀行來「保管」；至於日軍占據的中國企業，今後只能以中日合辦方式經營[94]。

這明顯是要全面控制中國。如此苛刻的條件連直接跟汪精衛接觸的日本人都深感吃驚[95]，一貫主和的高宗武和陶希聖也堅決反對接受[96]。汪精衛也曾想過就此罷手，去法國養老，但還是不甘心用身敗名裂換來的行動失敗，最終對日本的條件照單全收。他能夠安慰自己的是：「中國不是我賣得了的！」[97]

高宗武卻因為不肯接受，和陶希聖一起重歸蔣介石的麾下，並全文披露日汪間的密約[98]，汪精衛顏面掃地。

雖然日後的事實表明，汪精衛離開抗日陣營並沒有造成太強烈的負面效果，但在事情發生的當時，這樣一位重要政治家的轉向會帶來什麼樣的影響，是誰也無法準確斷定的。

所以，在這之後，蔣介石與日方的談判增加了新的內容，那就是阻止或至少延緩汪精衛的謀和活動[99]。日本方面對汪精衛的態度也不一致，有些人已看出他成不了什麼氣候，所以主張繼續與蔣介石談判。日本政府為此還組織了「桐工作」等談判活動[100]，甚至當汪精衛在一九四〇年三月三十日成立政權時[101]，日本竟沒有立即予以正式承認，這都是因為期待能與蔣介石達成合作。

---

[92]　同上三十頁。

[93]　《汪精衛傳》一六〇－一六一頁。

[94]　《汪精衛偽國民政府紀事》三十二－三十三頁。

[95]　〈汪精衛的漢奸之路〉。

[96]　耿法：〈「高陶事件」啟示錄〉，《書屋》二〇〇五年第二期。

[97]　汪精衛接受日本條件的過程及理由，見〈汪精衛的漢奸之路〉。

[98]　〈從政七年如咯血〉。

[99]　〈抗戰前期日本「民間人士」和蔣介石集團的祕密談判〉。

[100]　〈孔祥熙與抗戰期間的中日祕密交涉〉。

[101]　《汪精衛偽國民政府紀事》五十四頁。

汪精衛政府成立慶典

日本醜化蔣介石、宋美齡、宋子文等的宣傳畫

　　這也正是蔣介石所要達到的目的。在他的指導下，中國代表在談判中表現敷衍，甚至哄騙對手。比如日本希望能與中國的「有力人員」會談，重慶便把一個據說是宋子文弟弟宋子良的人派到了香港[102]，而實際上這是由一位叫曾政忠的特工假扮的[103]。再比如一九三九年九月，中國方面告訴日本人，國民政府準備在汪精衛政權成立前實現和平，孔祥熙決心冒犧牲自己的風險在參政會上提出和平議案，但是由於軍方的壓力，再加上日本一味扶持汪精衛，令國民政府感到疑懼，和平案也遭參政會否決。其實重慶參政會從來就沒討論過什麼和平案，更談不上否決[104]。毛澤東等擔心蔣介石與日本妥協後會大力反共，國民政府的談判代表確實不止一次向日本人表示，將在求和成功後打擊共產黨[105]，但由於這種和談基本上是裝裝樣子，這些人的話也就不能太當真，全面反共的局面在抗戰中並未出現。明確向政府方面提議，和平實現後對中共「加以剿滅」的是孔祥熙屬下的一位談判者[106]，但孔祥熙的活動並不能代表蔣介石的意思，那個提議始終也只是提議而已。

　　隨著抗戰的延續，蔣介石對日態度也越來越強硬。當日方表示，只要蔣與日本言和，他們「極願剪除」汪精衛的時候，孔祥熙認為可以談判，蔣介

---

[102]　〈抗戰前期日本「民間人士」和蔣介石集團的祕密談判〉。

[103]　〈蔣介石親自掌控的對日祕密談判〉中關於曾政忠的相關注釋。楊天石先生在此前的〈抗戰前期日本「民間人士」和蔣介石集團的祕密談判〉中把曾政忠稱為「曾廣」。

[104]　〈抗戰前期日本「民間人士」和蔣介石集團的祕密談判〉。

[105]　同上。

[106]　〈孔祥熙與抗戰期間的中日祕密交涉〉。

石卻回覆道：「以後凡有以汪逆偽組織為詞而主與敵從速接洽者，應以漢奸論罪，殺無赦。」[107]

在中共想要搞清蔣介石是不是加緊了投降活動的時候，日本的「桐工作」已經失敗，正改由外相松岡洋右領導與重慶談判，最終也是毫無成果[108]，導致十一月十三日日本御前會議決定，在拖了近八個月後將正式承認汪精衛政府[109]。

這可能也就是潘友新判定蔣介石還在三岔路口的原因。

四、「有可能鬧到蔣介石與我們最後大破裂」

既然蔣介石還沒有倒向日本，中共對國民黨的策略就應有所不同。

根據新掌握的情況，中共中央書記處決定，「炸彈宣言」暫緩出臺，實際上後來就再沒發表。調兵的事可以去做，但要從小股部隊開始，別弄出大的動靜。也就是說，此時對付國民黨要「表面和緩，實際抵抗」。這正是周恩來的主張。當然如果湯恩伯、李品仙真的來犯，那就堅決反擊，而且還要打到他們的後方去[110]。

既然決定採納周恩來的意見，那就要撤退長江以南國民黨控制區內的中共軍隊，也就是說，新四軍軍部和所屬部隊必須徹底放棄待了近三年的皖南了。

一九四〇年十一月三日，毛澤東、朱德、王稼祥致電葉挺、項英，告訴他們中央「對皖南方面，決定讓步，答應北移」[111]。

國共爭端的焦點開始轉向皖南的那一塊彈丸之地，但當時誰也不曾料想到，不久之後這裏就將上演一場悲慘的活劇。

[107] 〈蔣介石對孔祥熙謀和活動的阻遏〉。

[108] 〈孔祥熙與抗戰期間的中日祕密交涉〉。

[109] 〈抗戰前期日本「民間人士」和蔣介石集團的祕密談判〉。

[110] 〈毛澤東關於蔣介石反共形勢的分析及其對策致周恩來電〉（一九四〇年十一月二日），《新四軍・文獻（二）》二十七頁。

[111] 〈毛澤東、朱德、王稼祥關於決定新四軍皖南部隊北移致葉挺、項英電〉（一九四〇年十一月三日），同上書二十八頁。

中共中央終於對皖南有了明確的指令，葉挺和項英等人當天就回電表示：「我們贊成北渡方針，並正做如此準備。」

皖南部隊確實一直在準備轉移，但這並不等於說他們就能「立即全部」撤離。

通往蘇南的道路國民黨仍舊不放行，新四軍要走就只有冒險過長

汪精衛（右3）與東條英機（左3）在一起

江。新四軍三支隊能控制的繁昌渡口太小，部隊只能分批過江，每批也只能過少數人。日軍發現後又必然攔截，葉挺、項英估計新四軍渡過一兩批後就「須斷隔一時期」。何況這樣做也沒有得到國民黨的許可，如果南北兩岸的國民黨軍再趁人之危發起攻擊，困在三支隊狹小地帶的新四軍部隊「不能達到過江目的，反招無謂損失」，「進退兩難」。

眼看形勢越來越不樂觀，為了保全部隊，項英想到了另一個辦法，那就是把軍部分開，葉挺「準備在較安全的情況下」，帶一部分人員過江，「加強江北指揮部的領導」，項英自己則帶著縮小了的軍部機關和部隊「堅持皖南陣地」，「完成作戰準備，應付任何事變」。

項英的理由是，周圍國民黨軍中，雜牌軍比蔣介石的嫡系部隊多，打起來可能像黃橋的兩李和保安旅那樣不賣力氣。加上前不久日軍的掃蕩使國民黨軍「布置錯亂，傷亡重大」，軍部依靠三支隊和民眾的支持，有堅持下去的把握。當然這不一定是說非得守住雲嶺一帶不可，項英在電報裏稱自己準備「留皖東南」，顯然是打算在整個皖南地區和國民黨周旋。與此同時，他建議華中的新四軍、八路軍放手發展，不要管別人說什麼。

項英的主張是他八月十七日「準備獨立鬥爭」想法的延續，皖南的讓步還只是中共中央內部討論的一個結果，沒有正式告知國民黨，這就有改變的可能。項英也僅僅是提出自己的意見，他在電報結尾寫明：「究應如何，盼速示。」[112]

112　電文內容，見〈葉挺等關於北渡困難而危險決心堅持皖南陣地致中共中央電〉（一九四〇年十一月三日），《新四軍・文獻（二）》二十九－三十頁。

　　不論毛澤東還是項英，他們都還不知道，國民黨已經察覺皖南新四軍有可能直接北渡長江，所以迅速在北岸採取了預防措施。

　　也在三日這天，何應欽、白崇禧電告李品仙，認為如果三戰區進剿皖南新四軍，葉挺、項英「必向江北無為一帶渡江」，北岸的國民黨軍隊「應準備以主力阻止其渡江」[113]。

　　同樣在三日這一天，毛澤東開始起草給何應欽、白崇禧措詞比較溫和的答覆電報[114]。

　　「表面和緩」是為了「實際抵抗」的準備，對於蔣介石反共的可能性，毛澤東的估計也顯然比書記處的其他人嚴重得多。同一天，他給劉少奇發去電報，認定：「蔣介石準備投降，決心驅我軍於黃河以北，然後沿河封鎖，置我於日蔣夾擊中而消滅之，其計至毒。」[115]又和王稼祥一起給彭德懷發電報，告訴他：「中日妥協與日蔣聯合剿共的危險是嚴重的存在著，雖然還有其他的可能性，但投降是主要的。」[116]

　　看得出來，毛澤東儘管聽從了多少人的意見，但在心裏其實並不真相信還能跟蔣介石和解。潘友新說蔣介石還在三岔路口的判斷，他也覺得靠不住，在三日給重慶的電報裏對周恩來說：「我們亦判斷蔣目前還處在三角交叉點上」，「惟目前是一回事，將來又是一回事」。「蔣將來靠英美的可能小，靠德日的可能大」，他「既組織剿共軍，我當然不能坐以待斃」[117]。

　　他已經想好了和國民黨爭雄的具體方案，那就是從八路軍中挑出十五萬精兵，分成三路縱隊，等國民黨軍一旦發起進攻，三支精銳便殺向甘肅、河南這些國民黨的後方地盤，去攪他個天翻地覆。新四軍也可以組織一支兩萬人的挺進軍，一樣打到國民黨的後方去，還可以在大別山一帶建立游擊根

---

[113]　〈第一七六師關於沿江布防堵擊新四軍北移致各團長電〉（一九四〇年十一月十日），《新四軍‧參考資料（二）》三五七一─三五八頁。

[114]　《毛澤東與莫斯科的恩恩怨怨》（修訂版）一一〇頁。

[115]　《毛澤東年譜一八九三─一九四九》中卷二一九頁。

[116]　〈對付日蔣聯合反共的軍事部署〉（一九四〇年十一月三日），《毛澤東軍事文集》第二卷五六九─五七〇頁。

[117]　〈毛澤東關於國內形勢和應付投降、力爭時局好轉致周恩來〉（一九四〇年十一月三日），《皖南事變（資料選輯）》三十八─三十九頁。

據地[118]。「蔣介石最怕的是內亂，是蘇聯，故我們可以這點欺負他」。等這些精兵「打幾個大勝仗」以後，中共再向蔣介石提削弱他權力的條件，最好中間派也出來說合，「蔣集團內某些人趁機造反，做不利蔣之活動」，「如果那時蘇聯又出來調整一番」，「恐怕中國的真正好轉要在那時也說不定」[119]。

毛澤東的性格特點是，越是有風險的事，越是能讓他幹勁沖天。此時他的心中再次激蕩起「大變化大革命」的豪情，斷定「現在是一個歷史的轉變時機，是一個中國革命帶突變性的時機，是一個大資產階級從政權中退出還是保留的時機」[120]。

毛澤東還不知道，就在三日這天的下午，蔣介石面對著國民黨內請求剿共的各種來函和電報，寫下了這樣的批示：「緩發。」說他還要再做考慮。

消息靈通的周恩來倒是很快知道了這件事，國民黨高層也有人向他透露，英美正想辦法加強對中國的影響，「蔣本人受英美影響大過德日」，主張共產黨鼓動英美反對親日派逼蔣介石投降，制止剿共戰爭[121]。周恩來馬上把這些情況用電報發給延安。

毛澤東並沒有馬上收到周恩來的報告[122]。第二天四日，他按照既定的設想起草了給共產國際領導人的電報。

雖然是個充滿浪漫情懷的人，但毛澤東畢竟又是個政治家，絕不缺乏搞政治必需的理性。他一面為自己認為的難得機遇激動，一面也懂得「時機要抓得很緊很穩，魯莽不得，錯誤不得，此時錯一著，將遺爾後無窮之患」。而想要抓穩時機的一個關鍵，是要取得蘇聯那邊的支持。

毛澤東在電報裏告訴季米特洛夫等人：「蔣介石計畫是驅逐我們至華北，修築重層縱深封鎖線（正在大規模修築）置我們於日蔣夾擊中而消滅之。」中共當然要自衛反擊，他講述了十五萬精兵的計畫，但這樣一來蔣介石就會有理由指責共產黨破壞抗戰，「有可能鬧到蔣介石與我們最後大破

---

[118]　《毛澤東與莫斯科的恩恩怨怨》（修訂版）一一〇頁。

[119]　〈毛澤東關於國內形勢和應付投降、力爭時局好轉致周恩來〉。

[120]　《毛澤東與莫斯科的恩恩怨怨》（修訂版）一一〇頁。

[121]　周恩來所獲情報內容，見同上一一二頁。

[122]　周恩來三日發電報及毛澤東未及時收到，見〈毛澤東關於加強國內外聯絡以制止投降分裂致周恩來〉（一九四〇年十一月六日），《皖南事變（資料選輯）》八十一頁。

裂，故在政治上是不利的」，「如處置不當，可遺將來無窮之禍」。所以「最後決心還沒有下」，「請求你們給以指示」[123]。

毛澤東還不瞭解蘇聯方面對國共關係的確立的政策。莫斯科需要中國維持一致抗戰的局面，毛澤東在這個時候想跟國民黨鬧到關係可能破裂的地步，當然不符合人家的期望。

接到毛澤東的電報後，共產國際急忙回電，明確批評中共對國民黨的策略是左傾，指出無論蔣介石還是國民黨，他們投降和分裂的危險都被延安給誇大了[124]。

得不到莫斯科的支持，毛澤東能做的也只有改變自己的戰略了。

五、「好轉的可能性還是有的」

周恩來四日發出的電報由於延安技術條件有限，每日往來電文又眾多，直到六日早晨才放到毛澤東的面前。

毛澤東很快就從電報裏讀出了周恩來的意思，那就是蔣介石不大可能投降日本。

毛澤東的態度立刻來了個一百八十度的轉變，他當天就給周恩來回電說，「蔣加入英美集團有利無害，加入德義日集團則有害無利，我們再不要強調反對加入英美集團了」，「目前不但共產黨、中國人民、蘇聯這三大勢力應該團結，而且應與英美做外交聯絡，以期制止投降，打擊親日親德派活動」，在不跟國民黨大動干戈的情況下，「好轉可能性還是有的」，因為「剿共則亡黨亡國，投降則日寇必使中國四分五裂，必使蔣崩潰」[125]。

有了這樣的估計，毛澤東隨即要在國民黨統治區活動的共產黨人「向國民黨各方奔走呼號，痛切陳詞，以圖挽救」，「說話時不要罵蔣罵國民黨，只罵親日派」，顯示出「共產黨愛護蔣，愛護抗戰與團結」的姿態[126]。

---

[123]　毛澤東尋求莫斯科的支持，見《毛澤東與莫斯科的恩恩怨怨》（修訂版）一一一頁。

[124]　《蘇聯與中國革命》四六四頁。

[125]　〈毛澤東關於加強國內外聯絡以制止投降分裂致周恩來〉。

[126]　〈毛澤東關於動員黨內外一切力量制止剿共降日致李克農等〉（一九四〇年十一月六日），《皖南事變（資料選輯）》八十頁。

十一月七日，中共中央正式發出指示：「過去對於頑固派鬥爭的火力，現在主要的要轉到親日派與內戰挑撥者身上」，「目前制止投降與內戰，還是可能的，還來得及，還有這種時間」。

毛澤東心裏其實還在擔心「恐蔣不爭氣」，依舊覺得「好轉前途很少」，所以仍然要全黨「嚴防突然事變的襲擊」[127]。但是蘇聯和共產國際不贊成他大打出手的做法，收到的訊息也表明蔣介石確實沒有下全面反共的決心，他也只有順水行舟，對國民黨採取緩和的態度。

十一月九日，給何應欽、白崇禧的答覆電報終於定稿。毛澤東用朱德、彭德懷、葉挺、項英的名義告訴國民黨，發這樣一份電報完全是為了「顧全大局挽救危亡」，「敬祈鑑察」。

毛澤東緊接著在下面的電文中鄭重聲明：中共「所有部隊，莫不以遵循國策服從命令堅持抗戰為唯一之任務」。至於跟國民黨軍「發生離齬事件」，同樣「言之至堪痛心」。黃橋交戰「已有馬電詳陳委座」，魯村事件「亦有複雜原因，深堪注意」。

針對國民黨要中共部隊全都撤到黃河以北的嚴令，毛澤東在電報裏表示：黃河以南的共產黨武裝「多屬地方人民為反抗敵寇保衛家鄉而組織」，要他們拋棄「祖宗墳墓田園廬舍父母妻子」，「置當面敵軍姦淫焚掠之慘於不顧，遠赴華北，其事甚難」。

毛澤東又寫道：近來新四軍人員「橫被摧殘，毫無保障」，這是不點名地指責國民黨與中共發生的衝突，也是為後面的話做伏筆。接下來他便聲稱：新四軍聽說要北移「無不談虎色變」。

毛澤東還把華北的災情作為理由，說那裏「水、旱、風、蟲、敵五災並重」，實在「甚難容納其他之部隊」，所以請求重慶的中央當局「允許大江南北各部，仍就原地抗戰」，只對「江南正規部隊（也就是項英的軍部）」，「擬苦心說服，勸其顧全大局，遵令北移。仍懇中央寬以限期，以求解釋深入，不致激生他故」。

說出這些語氣謙恭的話，在毛澤東看來是給足了蔣介石的面子，不能再示弱了。於是在又提出擴大編制，補給缺乏的問題後，他開始軟中帶硬地敲

---

[127]　毛澤東轉變戰略的指示，見《毛澤東與莫斯科的恩恩怨怨》（修訂版）一一三頁。

新四軍教導隊在訓練

打起國民黨來,指出:中共「所祈求者,惟在國內團結,不召分裂,繼續抗戰」,「拒絕國際之陰謀,裁抑國內之反動,而於聯合剿共內戰投降之說,予以駁斥」,「此皆國家民族之成敗所關,萬世子孫之生命所繫」[128]。

在毛澤東筆戰的時候,李品仙等人在同一天根據何應欽、白崇禧的指示,電令在安徽長江北岸駐紮的下屬部隊做阻擋新四軍北渡的布置[129]。

毛澤東當然不可能知道李品仙的部署,但湯恩伯部隊的動向引起了他的懷疑。從一些跡象判斷,此人可能還在準備向東進攻中共武裝,絕不可等閒視之。

毛澤東一面把給國民黨的電報發給重慶的中共代表團,由他們負責轉交。一面要求代表團的負責人周恩來摸清湯恩伯的真實意圖,認為這是「蔣是否有決心進攻之表現」。

毛澤東同樣明白光摸清對手的意圖是遠遠不夠的,還必須有反制的手段。皖南那邊這時給他送來了一個機會。

毛澤東已經接到新四軍軍部的報告,說葉挺準備在十日去和三戰區交涉部隊轉移的事,內容無非是要開拔的費用、軍需補給、保證路線安全等等[130]。與其只討論這些瑣碎事務,何不利用這次機會做點大文章。

毛澤東打定主意,急忙在十日發電報給葉挺、項英,指示葉挺在見到顧祝同的時候,要求這位蔣介石的親信大將給他的委員長發電報,請蔣介石命令湯恩伯等人的部隊停止向東開進,「希夷(葉挺的字——作者注)談判時,應以此項大局為第一位問題,其餘都是第二位問題」[131]。

---

[128] 電文內容,見〈朱德、彭德懷、葉挺、項英為顧全大局挽救危亡致何應欽、白崇禧電〉(一九四〇年十一月九日),《新四軍‧文獻(二)》三十七─四十頁。

[129] 〈第一七六師關於沿江布防堵擊新四軍北移致各團長電〉。

[130] 毛澤東查詢湯恩伯動向及得知葉挺將去上饒,見〈毛澤東關於〈佳電〉發出後各項工作的部署情況致周恩來〉(一九四〇年十一月九日),《皖南事變(資料選輯)》九十七─九十八頁。

[131] 〈毛澤東關於在談判時要蔣介石停止湯恩伯、覃連芳兩軍東進致葉挺、項英電〉(一九四

這是想要用皖南撤軍做條件，換取蔣介石停止進攻華中的中共軍隊。

可能正是由於收到毛澤東的這封電報，新四軍軍部需要重新商議跟顧祝同的談判條件，葉挺的行程推遲了一天，十一日才前往三戰區總部所在地上饒[132]。

雖然按照毛澤東的要求，皖南撤軍本身成了次要問題，但對負有直接責任的項英和葉挺來說，它仍然是壓在他們心頭的重負。

這重負的重中之重是撤軍的路線問題。

擺在項英、葉挺面前的撤退道路共有三條。

第一條路是直接北渡長江，跟皖中、皖東的新四軍會合，這是轉移行程最短的路線。但是照此行軍就必須突破長江上日軍的封鎖線，其中有五十餘里的水網地帶，新四軍近一萬人的大部隊行動起來肯定十分不便。更何況江北岸還有國民黨的桂系人馬。

項英他們也還不知道李品仙阻截新四軍的部署，但桂系對新四軍深懷敵意是再清楚不過的，這些人肯定不會輕易給共產黨部隊放行。因而這條最短路線上的困難恐怕也是最大。

第二條路是像在五月時計畫的那樣，徑直向東到蘇南，再從那裏跨過長江去和陳毅他們會師。這本是新四軍東進最常走的路線，皖南跟蘇南之間的路程也不算長。可問題是就在這條不長的路中間偏偏橫著國民黨軍兩個師的部隊，如今已非往日，國民黨對共產黨嚴加防範，它的部隊打日本也許吃力，但要對付帶著家屬輜重趕路的新四軍，還是很有威脅的。此刻從他們的地盤上走過去，難保不是凶多吉少。

這樣就還剩下第三條路線，它的目的地也是蘇南，但卻要先向南從雲嶺東南方的茂林、三溪一帶繞個大圈子，繞開國民黨東面的駐軍，再去蘇南，最後到達江北。這是行程最長的一條路，而且是向國民黨的後方開動，很容易給蔣介石抓住把柄，藉機下手。但它的好處是，國民黨在茂林那裏沒有駐紮軍隊，如果行動迅速，就可以不受任何損失地把部隊開到蘇南。

○年十一月十日），《新四軍‧文獻（二）》四十一頁。

[132]〈項英關於葉挺與顧祝同談判新四軍皖南部隊北移方案致毛澤東等電〉（一九四○年十一月十一日），同上書四十二頁。

　　這第三條路線當時項英和葉挺可能還沒考慮過。經過思量，項英和葉挺他們覺得向蘇南走的危險要小些[133]。於是決定向顧祝同提出要求，在新四軍轉移期間，第三戰區軍隊的部署要保持在十月時的狀態，以保證新四軍的安全[134]。

　　毛澤東也在想辦法保障新四軍的安全，他下令對外放話，如果國民黨「大舉進攻新四軍時，八路軍絕難坐視」，意在對蔣介石「恐嚇之」，認為「這種空氣如放得適當，可能停止或延緩其進攻」[135]。

　　可以看出，這時的毛澤東雖然對國共關係還不無擔心，但樂觀情緒開始占上風。可能正是估計國共之間不見得會有大事發生，毛澤東在這個時候準備正式出手調整新四軍的領導班子。十日的時候，劉少奇給延安發來電報：「為統一華中軍事指揮起見，提議由中央任命陳毅同志為八路軍、新四軍華中各部之總指揮，並加入中原局為委員」，如果葉挺能到華中，「即由葉任總指揮，陳毅副之」[136]。

　　電報對項英沒有提一個字，不難看出，劉少奇建議的這次改組，針對的對象就是項英。

　　中共中央只過了兩天就同意了劉少奇的意見[137]。十二日，中共中央書記處向中原局和新四軍等方面發出電報，宣布：「同意在葉挺過江後，以葉挺為華中新四軍、八路軍總指揮，陳毅為副總指揮」，「以胡服為政委」，「葉、陳、胡統一指揮所有隴海路以南之新四軍與八路軍」。

　　這樣一個指揮機關裏，核心成員有並非共產黨員的葉挺，有跟項英地位平等的劉少奇，還有項英的下級陳毅，卻唯獨沒有新四軍統帥項英的位置。雖然電報裏仍說「對外交涉，以新四軍軍部葉、項名義」，但那顯然只是權宜之計，因為電報中對項英工作的安排是：「在皖南部隊移動事宜就緒，經重慶來延安參加七大。」[138]

---

[133]　三條轉移線的情況及葉挺、項英的選擇，見《項英傳》四四二─四四三頁。

[134]　〈項英關於葉挺與顧祝同談判新四軍皖南部隊北移方案致毛澤東等電〉。

[135]　《毛澤東與莫斯科的恩恩怨怨》（修訂版）一一三頁。

[136]　〈劉少奇關於華中總指揮部領導人選的提議致中共中央電〉（一九四〇年十一月十日），《新四軍・文獻（一）》七一四頁。

[137]　《新四軍征戰日誌》一四八頁，解放軍出版社二〇〇〇年八月出版。

[138]　相關內容，見〈中共中央書記處關於葉挺、陳毅、劉少奇為華中總指揮部正副總指揮及政委的決定〉（一九四〇年十一月），《新四軍・文獻（一）》七一五頁。

中共第七次代表大會本是王明回國後的一九三七年十二月會議上決定的[139]，但一直到一九四五年才得以召開。日後陳毅也是以參加七大的名義被召回延安，談妥問題後才回到新四軍。而從中共中央早已認定項英犯了嚴重錯誤的情形判斷，未來的新四軍裏很可能不會再有項英的位置，今後的他大概只會被降級使用。

其實毛澤東對新四軍高層的改變早已埋下了伏筆。還在八月的時候，一位化名梁樸、小姚的人來到了雲嶺，他是延安派給東南局的副書記饒漱石[140]。這位新領導的使命似乎並不簡單，在後來皖南事變的危急時刻，他對葉挺宣稱，毛澤東四月時曾說，叫項英到延安，葉挺完全負責軍事。還說項英的所作所為不能代表黨，只能代表他自己[141]。不管這其中有多少是毛澤東的原話，但降低項英地位的意圖應該還是有的。

對於延安把饒漱石放到皖南的用意，項英也並非不清楚，對「小姚」也就敬而遠之。饒漱石還是新四軍軍分會的委員，可是他後來抱怨說，新四軍領導層的會議都不讓他參加[142]。從中可見項英的牴觸情緒。

[139]　《王明年譜》九十三頁。

[140]　《皖南一九四一》三一一頁。

[141]　《葉挺將軍傳》三九二－三九三頁。

[142]　《皖南一九四一》二一五頁。

第十三章

轉移路線的波折

一、「大舉剿共是不可能的」

　　一九四〇年十一月間的毛澤東對阻止國民黨大規模反共越來越有信心，華北的彭德懷建議派八路軍主力部隊援助華中新四軍，先發制人打擊國民黨軍[1]。毛澤東、朱德、王稼祥十三日回電指示：「對於國民黨在華中舉行的軍事進攻，決採取自衛的防禦戰」，「華北各部暫不調動，另在重慶及各方進行統戰活動，以求在政治上取得有理有利地位，並使抗戰能再拖一段時間，這種可能性還未喪失」[2]。同一天，又對劉少奇要求進攻韓德勤一事答覆說：如果國民黨「最後決心進攻，毫無轉圜餘地，我們方可動手打韓，故目前只能做打韓準備，不能馬上動手，至必須動手時，我們當有命令」[3]。

　　就在這兩份電報發出的第二天，重慶那邊的軍令部長徐永昌向蔣介石提交了一份〈剿滅黃河以南匪軍作戰計畫〉，打算在必要時消滅不肯過黃河北上的中共部隊[4]。

　　國民黨將領中打擊共產黨的渴望已經躍躍欲試了，華北和蘇北的失敗並沒有嚇住他們，因為那裏的部隊都是些雜牌軍，應該讓共產黨嘗一嘗真正國軍的厲害。

---

[1]　《毛澤東與莫斯科的恩恩怨怨》（修訂版）一一三頁。

[2]　〈毛澤東、朱德、王稼祥關於〈佳電〉發出後的工作部署致彭德懷〉（一九四〇年十一月十三日），《皖南事變（資料選輯）》九十九頁。

[3]　〈毛澤東、朱德、王稼祥關於緩和湯恩伯、李品仙的進攻致劉少奇等電〉（一九四〇年十一月十三日），《新四軍・文獻（一）》六五五頁。

[4]　計畫呈送的時間，見〈徐永昌關於下達〈剿滅黃河以南匪軍作戰計畫〉致蔣介石的簽呈〉（一九四〇年十二月十日），《新四軍・參考資料（二）》三七五─三七六頁。

　　但蔣介石卻不像其部下那樣衝動。作為一個政治家，他不能只從軍事角度考慮問題。如果與中共發生大規模戰事，會不會導致合作抗日的大局崩潰？蔣介石畢竟是一個民族主義者，要是因為國民黨挑起的爭端讓日本人漁翁得利，這並不是他願意看到的。

　　內心存在著如此的憂慮，蔣介石不能不謹慎從事，他把徐永昌的計畫擱置起來，遲遲不做批覆。

　　毛澤東這邊依舊樂觀。十一月十五日中共對國民黨皓電的答覆在報紙上公開發表[5]，這一天毛澤東又向全黨發出關於局勢的指示，表示：「蔣進攻亦有幾種困難」，其中之一是，「蔣介石怕我皖南不動，擾其後方」。所以他指示：「我皖南部隊既要認真做北移準備，以為彼方緩和進攻時我們所給之交換條件，又要求彼方保證華中各軍停止行動，以為我方撤退皖南部隊時彼方給我之交換條件。」

　　顯然毛澤東這時認為皖南不會有太大的危險，而且還可以作為跟蔣介石討價還價的籌碼。

　　毛澤東並且預言：「如我各方面做得好，這次反共高潮是可能打退的，雖然我們絕不應該估計蔣會放棄對我的壓迫政策（這是絕不會的），並且還要準備對付投降夾擊的最黑暗局面。」[6]

　　一切似乎都在按毛澤東的意願運行。十七日，華中新四軍、八路軍總指揮部在海安成立[7]，新四軍新的統帥部開始形成，只等項英離去和葉挺北來了。

　　可是不管項英還是葉挺，他們要離開皖南都不那麼容易，因為屬下部隊如何行動仍是問題。十八日葉挺從上饒回到雲嶺軍部，帶回來的消息是，跟顧祝同和上官雲相的會談「無具體解決」。顧祝同只答應新四軍轉移可以走蘇南，「以政治人格擔保」轉移的安全[8]。

　　前面說過，皖南新四軍轉移共有三條路可走，經蘇南的就有兩條路線，顧祝同具體同意的是哪一條？

5　《毛澤東與莫斯科的恩恩怨怨》（修訂版）一一三頁。

6　相關內容，見〈毛澤東關於發動大規模反投降反內戰運動，對付蔣介石的反共高潮的指示〉（一九四〇年十一月十五日），《皖南事變（資料選輯）》九十九－一〇一頁。

7　《新四軍征戰日誌》一四九頁。

8　〈項英關於葉挺與顧祝同談判情況致毛澤東等電〉（一九四〇年十一月十八日），《新四軍‧文獻（二）》四十七頁。

一些經歷過皖南事變的新四軍幹部回憶說：顧祝同當時是允許新四軍向南繞道茂林的[9]。

這與岳星明的回憶是相同的，也正是在這條路上爆發了皖南事變。

但不管顧祝同是不是真的同意了，隨著形勢的變化，他的承諾也很快就根據蔣介石的命令改變了。而且後來的事實也似乎表明，項英等人此時並沒想到還要走茂林的這第三條路線。

至於湯恩伯等人的行動，顧祝同說他不知道此事，這樣一個理由，便把葉挺「第一位的問題」，也就是湯恩伯應停止進攻的要求給擋了回去。

項英當即把談判的結果報告給延安。認為「顧之態度，顯然以局部解決方式逼我北移」，可以看出國民黨的策略是「北守南逼中打」，華北採取守勢，皖南實施逼迫，華中進行打擊。項英表示：「北移方針當無問題」，只是究竟要「速移」，還是「有拖下之必要」，延安應有明確的指示，「盼急覆」[10]。

項英判斷華中可能是國共發生新衝突的地點。身在華中的劉少奇也感到國民黨軍隊的威脅，原東北軍的一個師從山東南下，直逼蘇北八路軍和新四軍的後方，而且「表示很壞，聲言要恢復當地政權」。韓德勤的部隊對此開始策應，而湯恩伯與李品仙的軍隊還在向東運動。

中共部隊在蘇北立足尚未穩固，一旦各路國民黨軍匯集到此，還真難以消受。

要避免這種局面出現，在蘇北的中共將領看來，應該先打擊韓德勤，然後再集中力量對付李品仙、湯恩伯。劉少奇、陳毅採納了這個意見，他們和賴傳珠一起致電延安，提出四項方案，其中兩項都是先發制人打擊韓德勤[11]。

延安那邊也收到一個壞消息，有情報說胡宗南下令要用四個師的部隊進攻陝甘寧邊區的「囊形地帶」。朱德急忙打電報給胡宗南制止他的行動，同時「準備一部分兵力打擊之」[12]。

---

[9]　見錢俊瑞：〈皖南慘變記（節錄）〉（一九四一年二月二十日），《皖南事變》二七七－三五七頁，中共黨史出版社一九九〇年十二月出版。傅秋濤：〈新一支隊皖南突圍〉，《皖南事變回憶錄》六十五－七十頁，安徽人民出版社、上海人民出版社一九八三年二月出版。殷揚（即楊帆）：〈皖南突圍記〉，同前書三十三－五十二頁。

[10]　相關內容，見〈項英關於葉挺與顧祝同談判情況致毛澤東等電〉。

[11]　相關內容，見《劉少奇年譜》上卷三一三－三一四頁。

[12]　〈毛澤東關於粉碎蔣介石反共陰謀致周恩來等〉（一九四〇年十一月二十一日），《皖南

　　既然國民黨要進攻，共產黨也不想示弱，何況蘇北根據地確實需要鞏固。十九日，毛澤東、朱德、王稼祥指示劉少奇、陳毅跟黃克誠：「你們應立即準備一個局部戰鬥」，「打通皖東、蘇北聯繫」。

　　雖然要打仗，但蘇北的「局部戰鬥」的根本目的「仍是拉韓拒湯、李，上述戰鬥勝利後，韓有就範可能」[13]。

　　毛澤東對形勢的看法並未改變，他斷定：「只要蔣介石未與日本妥協，大舉剿共是不可能的，他的一切做法都是嚇我讓步」，儘管「他還有可能再做出其他嚇人之事」，可是「此外再無其他可靠辦法」[14]。

　　既然蔣介石現在基本只能嚇唬人，那就不用怕他什麼。皖南撤軍也不必太著急，可以拖上一拖。這件事雖說沒法再做國民黨息兵罷戰的交換條件，但還是可能換來別的東西。

　　二十一日，毛澤東告訴周恩來和項英等人[15]：皖南「實際我早要北移，但現偏要再拖一兩個月」，「我們現已準備了一個鐵錘，只待政治條件成熟，即須給他重重的一棒。目前我們的一切宣傳文章，都是為了成熟這個政治條件」，「一切嚇我之人，我應以我之法寶轉嚇之」。

　　他所說的「法寶」其實就是「八路軍、新四軍下級官兵如何激憤，他們請求南調，我們已十四個月未發子彈，華北沒有飯吃，湯、李東進必引起大衝突，蘇北和平也必將破裂」等等。在毛澤東看來，這些理由可以觸動「天真爛漫的中間派，引起他們著急，去影響蔣介石那個死流氓」[16]。

　　也在同一天，主意已定的毛澤東又以書記處名義[17]指示葉挺和項英：「你們可以拖一個月至兩個月（要開拔費，要停止江北進攻），但須認真準備北移」[18]。

　　就在項英、葉挺以為轉移的事不必太過匆忙的時候，毛澤東卻在第二天又改變了主意，認為皖南部隊還是快些走的好。

　　　事變（資料選輯）》一〇一－一〇二頁。
[13]　電文內容，見《毛澤東年譜一八九三－一九四九》中卷二二七頁。
[14]　〈毛澤東關於粉碎蔣介石反共陰謀致周恩來等〉。
[15]　《毛澤東年譜一八九三－一九四九》中卷二二七頁。
[16]　〈毛澤東關於粉碎蔣介石反共陰謀致周恩來等〉。
[17]　《毛澤東年譜一八九三－一九四九》中卷二二八頁。
[18]　〈中共中央書記處關於認真準備北移致葉挺、項英電〉（一九四〇年十一月二十一日），《新四軍‧文獻（二）》四十八頁。

　　二十一日的電報發出後，延安的中共領導這才又想到，如果在蘇北攻打韓德勤，顧祝同就可能向皖南的新四軍報復。於是二十二日毛澤東、朱德、王稼祥給葉挺、項英，還有劉少奇和陳毅發去電報，表示新四軍軍部和下屬部隊在解決韓德勤之前到達蘇南比較有利。接著問項英他們準備的情況如何，幾天可以開動完畢[19]。

　　項英前此刻卻又出現了新的困難，除了皖南地方工作的轉變，不能帶走人員物資的安置等困難外，最關鍵的是，原本相對安全的蘇南現在卻一點都不安全了。

二、「明走蘇南，暗走皖北」

　　從十一月起，日本人加強了對蘇南的控制，據點、碉堡像梅花樁一樣遍布各地，封鎖了水陸交通要道[20]，運河找不到能為新四軍所用的船隻，需要跨越的鐵路兩旁架上了通電的鐵絲網[21]。日軍又派出四千多兵力向新四軍的根據地掃蕩[22]。

　　蘇南新四軍方面發來電報說，那裏連小部隊通過都有困難，大部隊更不可能一下子穿越敵方封鎖，如果滯留則必遭打擊。皖南部隊這個時候開拔到蘇南去，完全有可能陷入前進不得、後退不行的困境，蒙受重大的損失。

　　蘇南的路難走，直接北渡長江的風險仍然很大。兩條路線既然都不容易通過，那倒不如暫且留在皖南。

　　想到這裏，葉挺和項英當天就給中央回電，把面對的困難一一列舉，說明：「皖南部隊開動須相當時間」，「由蘇南北移之交通布置，須費相當時間才有保證」，「若無相當時間逐漸分批轉移，大軍是不能停留該區，又無法一下通[過]，停則受敵打擊」。

---

[19]　《項英傳》四三六頁。

[20]　江渭清：〈新四軍第六師的戰鬥歷程和蘇南抗日根據地的建設〉，《新四軍・回憶史料（二）》三五二一三七三頁，解放軍出版社一九九〇年十月出版。

[21]　〈葉挺、項英關於北移準備工作繁重短期內無法開動致中共中央等電〉（一九四〇年十一月二十二日），《新四軍・文獻（二）》四十九一五十頁。

[22]　〈新四軍第六師的戰鬥歷程和蘇南抗日根據地的建設〉。

葉挺、項英接著提出了自己的意見，既然部隊「極短期內無法開動。如估計有戰鬥情況發生，反不如暫留皖南為好」[23]。

皖南行嗎？

經過兩年有餘的經營，新四軍在皖南雲嶺駐地的周圍修築了比較堅固的工事陣地，加上取得了本地民眾相當程度的支持，如果遭遇國民黨軍進攻，據估計能夠堅守半個月至一個月，在這期間中共可以通過交涉，借助各方面對蔣介石挑起事端不滿的壓力，讓國民黨退兵是很有可能的。這比在行軍途中與人交鋒要有利得多。

皖南事變後，一位新四軍的幹部對周恩來說：「即在原地與敵人作戰，亦不致完全被殲滅。」[24]

葉挺和項英的想法只是對中共中央的建議，他們同時表示：北移的準備還會繼續做，等到蘇南那邊的交通恢復以後，葉挺可以先帶一部分人員到蘇北，去當他的總指揮[25]。

對他們二人的意見，毛澤東和朱德、王稼祥在二十四日做出了答覆，內容簡短，態度堅決：「（一）你們必須準備於十二月底全部開動完畢。（二）希夷率一部分須立即出發。（三）一切問題須於二十天內處理完畢。」[26]

軍令如山，項英和葉挺不能再有任何異議。葉挺只對要他立即去蘇北當總指揮的那一條沒有照辦，儘管項英也勸他馬上動身，他還是堅持和他的部隊待在一起[27]。

轉移的事既然已由中央拍板定案，項英、葉挺雖然心裏還感到憂慮，但他們現在要想的也只能是部隊該怎麼走的問題了。

他們一開始的計畫是讓軍部沒有武裝的工作人員帶著物資先走，等部隊集結起來以後，再看蘇南、蘇北的交通情況，可以大部分走蘇南，小部分直

---

[23]　相關內容，見〈葉挺、項英關於北移準備工作繁重短期內無法開動致中共中央等電〉。

[24]　相關情況，見《項英傳》四九一一四九二頁。〈皖南事變縱橫談〉也提到一九四〇年秋葉挺號召修築「馬奇諾防線」，新四軍在皖南的山石上鑿出兩三米深的掩體，配置無數根沉重的圓木，並放入糧食、鹽等生活用品，「一些掩體至今尚清晰可見，可見其堅固之程度」。

[25]　〈葉挺、項英關於北移準備工作繁重短期內無法開動致中共中央等電〉。

[26]　〈毛澤東、朱德、王稼祥關於新四軍皖南部隊必須於十二月底開動完畢致葉挺、項英電〉（一九四〇年一月二十四日），《新四軍·文獻（二）》五十一頁。

[27]　《項英傳》四一〇頁。

接過江去皖北。他們把想法在二十六日左右上報中央,同時又一次表明自己的擔心:假如部隊既沒到蘇南,又已離開了皖南,在半路上發生戰鬥的話,那將會十分不利[28]。

蘇南難走,與之相比,直接過長江去皖北反倒顯得容易,因為只要殺過日本控制的長江,再突破國民黨在北岸的封鎖,有先前項英派到皖中的部隊的接應,前往皖東根據地的道路上的障礙要少很多。但問題也正在這裏,國民黨根本不允許新四軍從皖南北渡,勢必嚴密布置防堵,事實上李品仙也正在這樣做[29],因此打過長江的難度同樣不可低估。

兩條路都有困難,那麼能不能有取兩者所長的辦法呢?

項英他們最後終於想出了一個聲東擊西的方案。

這個方案就是「明走蘇南,暗走皖北」[30]。

從夏天開始的北渡長江的想法,一直盤桓在項英的心中。雖然此時主要考慮的轉移方向是蘇南,但他已經開始做兩手準備,派人到長江邊進行偵察,並籌集船隻[31]。

二十七日,項英和葉挺向延安報告:「我們決心將大批工作人員既可化裝過封鎖與部分資材先經蘇南至蘇北,同時以迷惑各方」,等「各方」(包括國民黨和長江上的日本人)真以為新四軍要往東走蘇南,放鬆了對長江戒備的時候,「再以突擊方式,將部隊由現地區突過長江至皖北」[32]。

就在皖南新四軍的走向還沒有定論的時候,葉挺突然在二十八日向顧祝同發出電報,指責三戰區不肯幫助新四軍解決轉移的實際問題[33],這是「上級故與為難」[34],表示自己無法執行任務,提出辭職[35]。

這已經是葉挺第四次要辭去軍長職務了。

---

28 〈葉挺、項英關於北移意見致毛澤東、朱德、王稼祥電〉(一九四○年十一月),《新四軍‧文獻(二)》五十三頁。編者在注釋中考證說:「此電當是十一月二十六日或二十七日」發出的。

29 〈第一七六師關於沿江布防堵擊新四軍北移致各團長電〉。

30 《項英傳》四四四頁。

31 《項英傳》四五○一四五一頁。

32 〈葉挺、項英關於新四軍皖南部隊主力擬由現地北渡至皖北致毛澤東、朱德電〉(一九四○年十一月二十七日),《新四軍‧文獻(二)》五十四頁。

33 《葉挺將軍傳》三七二頁。

34 《項英傳》四五五頁。

35 《葉挺傳》三八八頁。

葉挺的上級顧祝同這時已經明令下屬在新四軍向蘇南進發時「切實協助」。也在二十八日這天，他又就皖南新四軍轉移問題給蔣介石發去電報，不僅同意新四軍年底才開拔完畢，准許補發拖欠的新四軍經費，還請求給他們發下開拔費和撫恤費，並增加轉移的路線。

顧祝同甚至替新四軍籌畫行軍方案：「北移應在指定路線以一團或一營為單位，逐次躍進，趁敵不意，迅速渡江，不宜以行軍經過長之梯隊行進，尤不宜以大部隊在臨時集結地區之所通過，致被敵人發覺」，「至於渡江，應以祕密潛渡為原則，不得已時，則以綿密之部署，實行強渡」[36]。

當然顧祝同如此的態度是以新四軍必須按時開動，並遵照國民黨劃定的路線經蘇南過長江為前提的。

新四軍這邊，葉挺的事還沒解決，中共中央對「明走蘇南，暗走皖北」的意見在二十九日到了皖南，「同意直接移皖東，分批渡江，一部分資材經蘇南」[37]。

這時候的新四軍已經在長江南岸籌集了一百多條船，確定了十二個渡口，能夠同時過江，一個晚上就能過七千五百人，江面上日汪部隊的一般活動規律也已掌握[38]。北渡似乎指日可待。

可是再有把握的事情也可能出現意外，日本方面和國民黨都發現了新四軍過江的圖謀，結果蒐集的船隻大部分都損失掉了[39]。

皖南新四軍只能再派人去重新找船，這肯定需要時間，也就是說，部隊短期內仍舊走不了，項英等估計到年底才能完成轉移。

前途險阻重重，項英和葉挺對部隊的處境更加擔心。最怕讓國民黨找到此時進攻新四軍的理由，可他們也知道蘇北的新四軍正在籌畫攻打韓德勤，這會不會刺激國民黨，使其拿皖南新四軍開刀。

二十九日當天，葉挺和項英給中央回電，在表明「決心目前公開走蘇南」，「大部密渡皖北」後，又詢問道：「蘇北動作如何？如與大局無礙，

[36] 〈顧祝同關於新四軍北移路線等致蔣介石電〉（一九四〇年十一月二十八日），《新四軍·參考資料（二）》三五九─三六〇頁。

[37] 〈毛澤東、朱德、王稼祥關於同意新四軍皖南部隊直接轉移皖東致葉挺、項英電〉（一九四〇年十一月二十九日），《新四軍·文獻（二）》五十五頁。

[38] 葉超：〈悲壯的史詩〉，《皖南事變回憶錄》一一十九頁。

[39] 《項英傳》四五一頁。

可否延至我安全北渡後？」並指出這樣做的好處，皖南新四軍過長江後，可以穩定受到李品仙、湯恩伯威脅的皖東根據地，豫皖蘇的彭雪楓「亦可遙為聲援」，打韓德勤將無後顧之憂[40]。

他們現在問這件事已經來不及了，就在這一天，蘇北的八路軍和新四軍已經向韓德勤主力據守的曹甸地區發起了猛攻[41]。

三、「有關部隊盡力予以協助」

就在二十四日，毛澤東等人要項英他們儘快轉移的那天，日軍在湖北向國民黨軍發動了大規模的進攻[42]。曹甸戰役開始的二十九日，汪精衛在南京正式就任日本扶植的政府主席，日本在第二天就給予承認[43]。

這時的毛澤東對國民黨可能因攻擊曹甸報復皖南新四軍倒沒那麼擔心了，他根據發生的情況判斷，日本人和蔣介石已經決裂，轉過身去拉攏汪精衛了。投降不了日本，蔣介石應該不會再那麼積極地反共了。

也有人對局勢不那麼看好，潘友新認為新四軍不退出華中，蔣介石不會甘休[44]。馮玉祥也勸告周恩來，把蔣介石惹急了，「他會撕破臉皮亂打」。

毛澤東卻不這樣看，他在三十日給周恩來的電報裏說：國民黨的所有手段「全為嚇我讓步，並無其他法寶」。蔣介石「只有嚇人一法，對日本是嚇，對我們也是嚇，除了這個流氓手段，他是一籌莫展的」。馮玉祥的估計「是被蔣之流氓嚇倒了的話」，「蔣是精於計算的人，他的流氓只用以嚇人，並不用以決定政策」。

毛澤東還斷言：「此次反共規模，不會比上次大，只會比上次小，因為我更強了，彼更弱了。」[45]

40　相關情況，見〈葉挺、項英關於顧祝同令新四軍皖南部隊經蘇南北移及軍部行動方案致毛澤東等電〉（一九四〇年十一月二十九日），《新四軍・文獻（二）》五十六頁。

41　《新四軍征戰日誌》一五三頁。

42　《毛澤東與莫斯科的恩恩怨怨》（修訂版）一一四頁。

43　《汪精衛偽國民政府紀事》八十九頁。

44　《毛澤東與莫斯科的恩恩怨怨》（修訂版）一一四頁。

45　相關內容見〈毛澤東關於目前蔣介石反共政策的實質致周恩來等電〉（一九四〇年十一月三十日），《新四軍・文獻（二）》五十七—五十八頁。

有了這般的自信，毛澤東回電給葉挺和項英，先表示：「你們布置很對。」又告訴他們：「蘇北動作不礙大局」，顧祝同和韓德勤「會要叫幾聲的，你們敷衍一下就完了」。最後說道：「日蔣缺[決]裂，日汪拉攏，大局從此有轉機，蔣對我更加無辦法，你們北移又讓他一步，以大勢判斷，蔣、顧是不會為難你們的，現在開始分批移動，十二月底移完不算太遲。」[46]

這就是同意了項英和葉挺年底完成轉移的意見。

充滿了自信的毛澤東這時覺得對國民黨可以更強硬些，十二月一日他致電周恩來：「拒絕與何應欽、白崇禧談判，要求與蔣直接解決問題，或與指定之他人談判，否則寧可不談判。」[47]

國民黨也好像真的強硬不起來了，對葉挺意氣用事的辭職要求，顧祝同卻在這天發電報挽留，說新四軍「開拔在即，領導統率，正深依賴，所呈辭去一節應毋庸議」。項英立刻找葉挺談話，對他說現在最重要的是做好北移的準備，辭職既沒有可能，也解決不了問題。葉挺於是又一次放棄了辭職[48]。

中共繼續加緊攻勢。曹甸之戰開始後，新四軍、八路軍部隊的進展還算順利，穩步推進，把韓德勤的陣地壓縮到曹甸周邊一帶[49]。

對中共在蘇北的主動進攻，國民黨那邊一時並沒有什麼強烈的反應。十二月三日，按照「明走蘇南，暗走皖北」的部署，皖南新四軍的第一批轉移的非戰鬥人員開始向蘇南方向前進，沿途沒有遇到國民黨的任何阻攔[50]。

但實際上，國民黨高層對曹甸的戰事十分的震怒。也在三日這天，何應欽致函徐永昌，認為：只憑湯恩伯向東進兵，「仍恐緩不濟急」，所以不應再准許皖南新四軍走蘇南去蘇北，「只准由江南原地北渡，或另予規定路線，以免該部直接參加對韓德勤部之攻擊」。同時，第三戰區應該做好準

---

[46] 〈毛澤東、朱德同意新四軍皖南部隊行動布置致葉挺等電〉（一九四〇年十一月三十日），同上書六十頁。

[47] 〈中共中央關於為擊破國民黨反共進攻所提十二條談判條件給周恩來、葉劍英的指示〉（一九四〇年十二月一日），《皖南事變（資料選輯）》一〇六—一〇七頁。

[48] 《項英傳》四五五頁。

[49] 《葉飛回憶錄》二四九頁。

[50] 《項英傳》四四三頁。

備，如果蘇北中共部隊進攻韓德勤統帥部的駐地興化，「應將江南新四軍立予解決」[51]。

按照何應欽的意見，徐永昌第二天就向蔣介石提出了相同的建議，蔣介石的批示是「照辦」和「可」[52]。

不知道重慶已決定讓中共部隊直接北渡的李品仙，仍然遵照蔣介石此前的命令在同一天布置「防堵」新四軍過江的企圖[53]。

延安的毛澤東此時對皖南已經很放心了，十二月六日他開始跟周恩來商量怎樣讓項英經過重慶來延安參加七大了。

延安的意見是，向國民黨「申明項英為皖南移動事來渝交涉」[54]。

按照這個意見，項英讓葉挺向重慶發電報稱：「著副軍長項英到重慶回報抗戰成績和北移的各種困難。」卻不料國民黨方面當天晚上即回電：「項英毋庸來渝。」[55]此事最終作罷。

國民黨的強硬態度反映了他們對中共深深不滿。就在延安和周恩來商議項英如何動身的第二天，眼見蘇北形勢的惡化，蔣介石終於對送到自己面前近一個月的〈剿滅黃河以南匪軍作戰計畫〉做了批覆：「此部署與計畫可照辦。」

雖然如此，蔣介石卻又表示，該計畫需要「暫緩下令」，「待本月下旬再定實施時間」[56]。

蔣介石顯然仍希望能用政治手段令共產黨就範。又過了一天，也就是十二月八日，何應欽、白崇禧再一次給朱德、彭德懷、葉挺和項英發去電報，對一個月前毛澤東用這四個人的名義答覆他們二人的電報嚴厲駁斥。說：「以對外宣傳之詞令，做延緩奉行之口實」，「未免太乏真誠」，「以避實就虛為掩護，絕無平心靜氣之反省」。

51　〈何應欽關於「解決」江南新四軍的親筆函件〉（一九四〇年十二月三日），《皖南事變資料選》（上海版）一一〇頁。

52　〈徐永昌關於規定北移路線及「解決」江南新四軍致蔣介石簽呈〉（一九四〇年十二月四日），同上書一一一──一一二頁。

53　〈李品仙奉蔣介石命令部署防堵新四軍北渡給四八軍的密電〉（一九四〇年十二月四日與二十四日），《皖南事變》八十五─八十六頁，中共黨史出版社一九九〇年十二月出版。

54　〈中共中央關於項英由皖南赴延安問題給周恩來的指示〉（一九四〇年十二月六日），《皖南事變（資料選輯）》一〇八頁。

55　俞申：〈項英為什麼南走茂林〉，《皖南事變研究與爭鳴》三二一─三二八頁，安徽人民出版社一九九〇年九月出版。該文把項英去重慶的申請視作逃避行為，顯然不對。

56　〈徐永昌關於下達〈剿滅黃河以南匪軍作戰計畫〉致蔣介石的簽呈〉。

何、白兩人接著指控八路軍和新四軍「始則自由侵入冀察，繼則自由分兵魯省，終則陰移新四軍渡江而北，明派擾魯部隊伺隙而南」，最後「夾攻蘇北」。責問道：「如果貴軍能服從命令，不做此規外行動，則摩擦何由而起，糾紛更無由而生！」指斥這是「放棄責任專以擴地凌人為目的」。

他們倆這般強硬的態度，自然還是想要朱德等人「迅即遵令，將黃河以南之部隊，悉數調赴河北」，「勿為敵偽所稱快，勿為同胞所痛心」[57]。

重慶那邊聲色俱厲地訓人，皖南這邊的顧祝同卻仍舊顯得彬彬有禮，他命令屬下，新四軍軍部部隊已開始轉移，「有關部隊盡力予以協助，俾順利迅速轉移完畢」[58]。只要新四軍能從自己的地面上離開，顧祝同不認為非得和老同學葉挺刀兵相見不可。

蔣介石這時也只求共產黨部隊能快些開到黃河以北就好，按照皓電的要求，八路軍、新四軍早該在十一月二十日開到黃河以北，現在已過期限半月有餘，蔣介石不但不催，反倒在何應欽、白崇禧八日電報發出的第二天又親下手令，對黃河以南中共部隊轉移的時限加以延期。要求八路軍在十二月底，新四軍在明年的一月底能撤到黃河以北，「凡在長江以南之新四軍，全部限於本年十二月三十一日開到長江以北地區」[59]。

對蔣介石的這種決定，國民黨內許多人不滿意。十日，徐永昌再次把〈剿滅黃河以南匪軍作戰計畫〉呈送到蔣介石的面前，請求他立刻批准實施。理由是：「現已屆十二月中旬，如遲不下達，恐各部隊準備不及。」

這一次送上來的作戰計畫與上次還有所不同，那就是徐永昌在說明理由時，把消滅皖南新四軍也正式列入了目標。

徐永昌告訴蔣介石：經過觀察，葉挺、項英他們的種種行為，「仍不外推脫延宕」。離十二月三十一日已經不遠了，「該軍是否能遵命北渡長江，尚成問題」，所以「應即時下令第三戰區，妥為準備」，如果長江以北的中

---

[57]　〈何應欽、白崇禧關於堅持要八路軍、新四軍北移覆朱德等代電〉（一九四〇年十二月八日），《新四軍‧參考資料（二）》三六四－三七〇頁。

[58]　楊奎松：〈皖南事變的發生、善後及結果〉，www.yangkuisong.net（二〇〇六年五月摘）。

[59]　〈蔣介石關於八路軍新四軍展期北移致朱德等電〉（一九四〇年十二月九日），《新四軍‧參考資料（二）》三七二頁。

共軍隊繼續擴大現在的攻勢，或者到十二月三十一日項英他們「尚未遵令北移」，就把皖南新四軍「立予解決」[60]。

面對徐永昌的再一次請求，蔣介石仍然堅持不肯立即實施對共產黨的作戰部署。但他絕不是什麼事情都不做，早先何應欽、徐永昌不許皖南新四軍走蘇南，必要時加以解決的建議，既然已經認可，現在是該實行的時候了。他當即給顧祝同下令，為了新四軍皖南部隊「不致直接參加對韓（德勤）部之攻擊，應不准其由鎮江北渡，只准其由江南原地北渡」，也可以由顧祝同另外規定路線。如果這些「匪偽」到了限期仍然不走，或者蘇北的中共軍隊擴大戰事，「應立即將其解決」[61]。

這樣的命令在蔣介石看來，已經是相當的克制了，但在共產黨那裏卻仍舊是十分危險的訊號。

葉挺和項英很快就知道了國民黨要新四軍直接北渡的消息，又接到密報，顧祝同已經下令，新四軍如果故意不動，就予以徹底解決。皖南部隊本來是要搞「明修棧道，暗度陳倉」的北渡，如今卻要被國民黨嚴密監視著過長江，在中共方面看來，這不但沒有讓北渡變得安全，反倒是更加危險了。萬一顧祝同、李品仙趁新四軍渡江之時搞突然襲擊，長江江面上的日本艦艇也進行攔截的話，皖南部隊腹背受敵，前景堪憂。想到這裏，葉、項急忙在十二日把情況向延安做了報告[62]。

國民黨內對共產黨動武的心情也確實越來越迫切，就在這一天，劉斐向蔣介石彙報了他和周恩來、葉劍英談話的情況。照劉斐的看法，周、葉兩人對八路軍、新四軍北移的問題完全沒有具體的答覆和表示，皖南新四軍同意開過長江北上，也只是為了增強山東、蘇北共產黨軍隊的實力。所以他認為，除了用「武力實際行動以觀後果外，口頭上之談判，似無繼續必要」[63]。

---

[60]　〈徐永昌關於下達〈剿滅黃河以南匪軍作戰計畫〉致蔣介石的簽呈〉。

[61]　〈蔣介石關於新四軍若不如期北移立即將其解決致顧祝同電〉（一九四〇年十二月十日），《新四軍・參考資料（二）》三七七頁。

[62]　〈葉挺、項英、周子昆關於顧祝同正調兵準備進攻新四軍皖南部隊致毛澤東等電〉（一九四〇年十二月十二日），《新四軍・文獻（二）》六十三頁。

[63]　《國民黨的「聯共」與「反共」》四二八─四二九頁。

　　蔣介石的反應如何現在無法知曉，但是這天他卻下了一道命令，要下屬對新四軍「暫取守勢」，等中共部隊不聽命令時再打[64]。

四、「以拖為宜」

　　不管蔣介石怎麼想，皖南的項英聽到和看到的情形，卻讓他感覺越發地不安。

　　可能是為了給共產黨造成輿論壓力，迫使皖南新四軍就範，乖乖地按照指定的路線轉移，國民黨方面用廣播反覆不停地報導新四軍即將北渡的消息。可是這廣播不光中國人聽得到，日本人也聽得清清楚楚。不管是不是這個原因，反正他們很快就加強了在長江據點的兵力，日軍的軍艦在江面上遊弋，封鎖力度大大加強了[65]。新四軍直接渡江的困難也就更大了。

　　這時從蘇南傳回來的消息也不妙，日軍在封鎖線上增強了兵力，從皖南出發的軍部非戰鬥人員在那裏的穿插十分艱難[66]。

　　項英不得不在十三日再發電報報告中央，北移消息已經洩露，沒有辦法突然行動，迅速北渡很難。蘇南的轉移也不容易。應該再延緩一段時間，等敵人戒備稍稍鬆懈時再走[67]。

　　中共中央卻不像項英有那麼多的擔心，十四日給葉挺和項英回電：「蔣介石為使我軍移動不生變化起見，確已命令顧祝同通知各軍加以協助，故阻礙是不會的，但你們仍須注意警戒。」這最後的一句顯然也只是提醒預防而已。

　　回電接著說：「移動時間蔣限十二月底移完，我們正交涉展限一個月，但你們仍須於本月內盡可能移畢。」[68]

---

[64]　〈蔣介石關於對江北新四軍暫取守勢給第二十一集團軍的命令〉（一九四○年十二月十二日），《新四軍・參考資料（二）》三七九頁。從〈皖南事變的發生、善後及結果〉中的記述看，這種命令不只發給了二十一集團軍。

[65]　《項英評傳》一九七頁。

[66]　《項英傳》四四三─四四四頁。

[67]　〈項英關於北移消息洩漏難求迅速北渡致毛澤東等電〉（一九四○年十二月十三日），《新四軍・文獻（二）》六十四頁。

[68]　電文內容，見〈中共中央書記處關於新四軍北移問題致葉挺、項英電〉（一九四○年十二月十四日），同上書六十六頁。

　　可是也在這一天，項英又接到劉少奇和陳毅給他並上報中央的電報，說蘇南日軍大肆掃蕩，當地新四軍「損失甚大」，到蘇南的皖南軍部人員和物資有被掃蕩的危險。還說國民黨桂系部隊也在長江北岸一渡口構築工事，搶奪新四軍蒐集的船隻。「此種情形如繼續發展，實有礙我軍之轉移」，照此下去「將來只能以一部移江北，大部還須經蘇南」[69]。

　　蘇南正被掃蕩，皖南新四軍「大部」如何「經蘇南」？看著這樣的通報，項英只會更覺得部隊轉移吉凶難測。項英和別的共產黨人並不知道，就在第二天，皖南的國民黨部隊已經接到了對新四軍「暫取守勢」的命令[70]。

　　又過了一天，十六日曹甸之戰結束[71]。幾個月來一直敗給中共的韓德勤，這一次卻憑藉堅固的工事，擋住了共產黨的進攻。八路軍和新四軍沒能打下曹甸，雖說殲滅了韓德勤部隊八千餘人，自己卻也傷亡兩千餘人[72]，這對那時的中共軍隊來說，是很大的損耗。

　　仗雖然打得不理想，可是毛澤東對國共關係的前景依然信心十足。他相信蔣介石投降的傾向已經被制止住了。國共軍隊之間還會有衝突，尤其是在華中那邊，但大規模的戰事是不會發生的。十六日這天，他和朱德、王稼祥發電報給劉少奇、陳毅，並轉給葉挺和項英。電報中說：「依大局看，大舉『剿共』是不可能的。」[73]

　　大舉進攻不可能，但小處仍能表現出對中共的敵視，皖南新四軍駐地的國民黨政工人員到處散布新四軍即將被驅逐的謠言，說到時候親近共產黨的團體就要被解散，支持共產黨的民眾也要給抓起來。對新四軍士兵的家屬更是百般威脅，「以清查戶口為名，向各戰士家屬及民舍肆行搜查」。

　　葉挺知道後立刻給上官雲相發電報，要求「即日制止一切非法行為。並明令保障駐地民眾團體及愛國人民之安全」，對新四軍家屬「尤應遵照政府法令，妥加優待，不得歧視。以紓人民疑慮，而定軍心」。

---

[69]　〈劉少奇、陳毅關於國民黨頑固派故意宣傳新四軍北上增加北渡困難致項英等電〉（一九四〇年十二月十四日），同上書六十五頁。

[70]　〈皖南事變的發生、善後及結果〉。

[71]　《新四軍征戰日誌》一五三—一五四頁。

[72]　《黃克誠回憶錄》（上）三一〇頁。

[73]　《毛澤東年譜一八九三—一九四九》中卷二四一頁。

盼著新四軍趕快走的上官雲相，這個時候絕不想讓葉挺他們找到不離開皖南的理由。看完了電報的他，馬上在十七日給國民政府皖南行署主任黃紹耿等人發去電報，希望這些主管官員悄悄告訴自己的部下不要心急，對本地的共產黨勢力等新四軍開走以後，「再行肅清工作，以免其藉口」[74]。

毛澤東在延安講話

這邊上官雲相一副和緩的樣子，延安那邊的毛澤東卻顯然得到了什麼消息，使他認為國民黨不懷好意。於是急忙和朱德、王稼祥在十八日致電葉挺、項英，告訴他們「重慶形勢嚴重」，項英等人「暫勿離開部隊」。葉挺應帶一部分人員迅速北上，「祕密文件必須燒毀，嚴防襲擊」[75]。

葉挺又沒有走，他很可能還是不想在困難的時刻離開皖南部隊。況且這時想走也難，江北國民黨桂系軍隊突然頻繁調動，占領江邊口岸，讓人懷疑是要堵截新四軍[76]。蘇南那邊依舊難走，月初從皖南出發的軍部非戰鬥人員，後來幾經輾轉才到達蘇北，攜帶的資材大部分都損失了[77]。

跟皖南新四軍的整體轉移相比，毛澤東這時好像更關心葉挺能不能快點到蘇北去。二十日，他又和朱德、王稼祥致電葉挺、項英說：「希夷渡江以速為好，不應徵蔣同意，如蔣反對，便不好過江了」[78]。同時要江北的劉少奇、張雲逸「周密布置」接應[79]。華中陳毅、劉少奇的搭檔足可以獨當一

---

[74]　〈上官雲相故意俟新四軍開畢再行肅清工作的電文〉（一九四〇年十二月十七日），《皖南事變資料選》（上海版）一一六頁。

[75]　〈毛澤東、朱德、王稼祥關於形勢逆轉速作北移部署致葉挺、項英電〉（一九四〇年十二月十八日），《新四軍‧文獻（二）》七十頁。

[76]　〈葉挺、項英關於願祝同要新四軍改道銅繁北渡而江北桂軍又準備堵擊致毛澤東等電〉（一九四〇年十二月二十一日），同上書七十七－七十八頁。

[77]　《項英傳》四四三－四四四頁。

[78]　〈毛澤東、朱德、王稼祥關於葉挺應速渡江致葉挺、項英電〉（一九四〇年十二月二十日），《新四軍‧文獻（二）》七十五頁。

[79]　〈毛澤東、朱德、王稼祥關於接葉挺過江等問題致劉少奇、陳毅電〉（一九四〇年十二月二十日），同上書七十六頁。

面，並不急需增加一位統帥。毛澤東的用意應該是讓葉挺繼續發揮他對國民黨方面的交涉的優勢，為蘇北的中共部隊爭取利益。

第二天的二十一日，葉挺和項英也給中共中央發了一份電報，對個人轉移的事隻字未提，關心的還是前途未卜的皖南部隊。他們報告了面臨的困境，認為國民黨是「故意使我不能北渡，使我在北渡中遭敵殲滅」[80]。

事實上，說國民黨就要對中共動手也並非空穴來風。徐永昌又奉命擬定了一份〈華北方面作戰計畫〉，準備在中共「公然叛亂」時進攻八路軍[81]。西北那邊的胡宗南在公開場合非常友好地宴請中共的南漢宸吃飯，當面表示自己不願意打仗[82]，暗地卻在做進攻延安的打算。二十二日，他給蔣介石發來密電，請求趁眼下與日本人的戰事「甚和緩」的時機，「調整戰略配置」，增派軍隊到陝甘地區，以便直搗赤色首都延安，至少也可「應付非常事變」[83]。

毛澤東並不知道延安有危險，只擔心皖南的形勢。二十四日，他又一次和朱德、王稼祥發電報給葉挺、項英，命令他們「立即開始分批移動，否則一有戰鬥發生，非戰鬥人員與資材勢必被打散」[84]。

雖然發出如此警告，但毛澤東的擔心只是針對皖南這樣的局部地方，整體形勢上他依舊樂觀。二十五，日他向黨內發出通報，根據胡宗南對南漢宸禮貌的接待，斷定「胡宗南全無戰意，其他中央軍可知」，「湯恩伯部據所得情況亦很少打的興趣」，「只要蔣不投降，大舉進軍是不可能的，始終不過是大吹小打而已」。所以目前的對策是「以拖為宜，拖到一月底再說」[85]。

同一天的重慶，蔣介石不肯同意徐永昌、胡宗南等人的請戰要求，認為現在最好的辦法是「一面則準備軍事，一面仍主政治方法解決，不使全面破裂」[86]。

---

[80]　〈葉挺、項英關於顧祝同要新四軍改道銅繁北渡而江北桂軍又準備堵擊致毛澤東等電〉。

[81]　〈徐永昌奉命擬定進攻八路軍作戰計畫給蔣介石、何應欽的簽呈〉（一九四〇年十二月二十日），《八路軍·參考資料（一）》四六五—四六六頁。

[82]　〈毛澤東關於國民黨各派態度及我之布置情況的通報〉（一九四〇年十二月二十五日），《皖南事變（資料選輯）》一一六—一一七頁。

[83]　〈胡宗南為請求增兵進攻延安事致蔣介石電〉（一九四〇年十二月二十二日），《八路軍·參考資料（一）》四六七—四六八頁。

[84]　〈毛澤東、朱德、王稼祥關於皖南新四軍立即分批移動致葉挺、項英〉（一九四〇年十二月二十四日），《皖南事變（資料選輯）》一一六頁。

[85]　〈毛澤東關於國民黨各派態度及我之布置情況的通報〉。

[86]　〈皖南事變的發生、善後及結果〉。

　　兩位首腦人物一個認為不會大打，一個覺得至少目前不宜大打，國共之間重現和平似乎大有希望。可是實際上雙方仍舊是嚴加戒備，甚至繼續發生衝突。

　　李品仙把三個師開到皖南的對岸，又向皖中的新四軍發起進攻[87]。李品仙的二十一集團軍還決定，如果八路軍和新四軍部隊不遵命北撤，它將「進出淮南路以東地區廓清之」[88]。

　　劉少奇和陳毅不知道二十一集團軍的這項計畫，但李品仙的具體行動已經足以讓他們憂心，於是也在二十五這天致電毛澤東、朱德、王稼祥，還有周恩來與葉劍英，報告李品仙的行為「致我軍無法北渡」，指控由於國民黨的大肆宣傳，日軍增兵封鎖和掃蕩，使得江南新四軍渡江困難。「望向國民黨提出嚴正抗議，要求立即令李品仙讓路」[89]。

　　葉挺和項英也得到這樣的情報，說蔣介石已經密令顧祝同對皖南新四軍一網打盡。附近的國民黨軍也調動頻繁，有足足兩個師的兵力統統集中到了涇縣，這太像是要開戰的架勢了。

　　顧祝同那邊肯定是在做萬一開戰的準備，蔣介石給皖南新四軍定下的十二月三十一日的撤離期限馬上就要到了，他現在的布置已經是太過遲緩了。而且即便新四軍如期撤走，也必定會在當地留下潛伏的共產黨勢力，甚至游擊武裝，要肅清這些，不動兵是不可能的。

　　葉挺和項英想的卻是，國民黨是不是根本不想讓新四軍走掉，要麼是在渡江時借日本人的手殲滅，要麼就是先困在這裏，方便它在江北挑起戰事，然後再對付皖南部隊。

　　國共之間既合作又對抗的關係讓情況變得十分複雜，一切都籠罩在重重疑雲之中，令人無從判斷。而稍有疏忽，就可能是滅頂之災。

　　唯今之計，大概也只有請中共中央定奪了。

---

[87]　〈劉少奇、陳毅關於日軍和國民黨軍配合阻止新四軍皖南部隊北移致毛澤東等電〉（一九四〇年十二月二十五日），《新四軍・文獻（二）》八十四頁。
[88]　《國民黨的「聯共」與「反共」》四三四頁。
[89]　〈劉少奇、陳毅關於日軍和國民黨軍配合阻止新四軍皖南部隊北移致毛澤東等電〉。

葉挺、項英向毛澤東、朱德、周恩來等人發去電報，報告國民黨的動向，請中央指示行動方針，以免倉卒誤事[90]。項英又單獨致電毛澤東和朱德，講明北渡如遇襲擊，「勢將進返兩難」。

皖南的電報當天便放到了延安領導人的面前。毛澤東立刻把項英的困難轉告給重慶的周恩來和葉劍英，要他們迅速跟蔣介石交涉[91]。

周恩來在這一天也剛剛見過了蔣介石。

五、「我難道願意內戰嗎？」

這天是萬民祈福的耶誕節，身為基督徒的蔣介石卻一點也高興不起來。當年他是在夫人宋美齡的影響下才半路出家皈依了上帝之門，可是今天這個美好的日子，宋美齡卻沒能陪伴在他的身邊。

太太不在倒還是小事，關鍵是時局讓人找不到一絲喜慶的理由。且不說國民政府管理下的米價飛漲，百姓哀怨，單講國民黨內何應欽一班將領群情激憤，沒完沒了地吵嚷要對共產黨痛下殺手，就足夠讓人頭疼的了。憑著多年建立起來的權威，蔣介石當然還壓得住陣腳，可是心裏也不能不感到從沒有過的巨大壓力。延安那邊對他的電令又不理不睬，連個回覆都沒有。直鬧得這位委員長心思不寧，情緒極壞，不停地罵人洩憤。這消息都傳到了周恩來的耳朵裏。

在這種糟糕的心境下，蔣介石本不想見周恩來，但是思慮之後，又覺得還是見面談一談的好，既然不能讓屬下理解自己的苦心，那就藉這個機會向這位也做過他部下的人說說苦衷，也許會對共產黨有一點效果。

於是周恩來意外地發現，今天蔣介石的臉上少見地帶著「極感情的神情」，說的話也似乎是肺腑之言。

蔣介石就這樣「極感情」地告訴周恩來，黃河以南的中共部隊一定要按照他的指令開到河北去，「不然我無法命令部下。蘇北事情太鬧大了，現在

[90] 相關內容，見‧葉挺、項英關於蔣介石陰謀及請示行動方針致毛澤東等電〉（一九四〇年十二月二十五日），《新四軍‧文獻（二）》八十六頁。

[91] 相關情況，見〈毛澤東、朱德關於向蔣介石交涉新四軍北移路線致周恩來、葉劍英〉（一九四〇年十二月二十五日），《皖南事變（資料選輯）》一一九頁。

誰聽說了都反對你們」。接著講到他的那些部下：「他們很憤慨，我的話他們都不聽了。」「我弄得沒有辦法，天天向他們解釋。」

蔣介石繼續說道：「抗戰四年，現在是有利時機，勝利已有希望，我難道願意內戰嗎？願意弄坍臺嗎？現在八路、新四還不都是我的部下？我為什麼要自相殘殺？就是民十六年，我們何嘗不覺得痛心？」

蔣介石說的民十六年，指的就是他對中共大開殺戒的一九二七年，周恩來的眾多同志和戰友倒在了血泊中。此刻聽這位委員長說「痛心」，甚至接著又講「內戰時，一面在打，一面也很難過」，周恩來根本不會相信蔣介石是在真情實意地和自己交心。

蔣介石沒覺出他的言詞有什麼欠妥，自顧自地繼續往下說。針對中共用黃河以北地區狹小做理由反對全面北移，他說道：「你說河北太小，其實我為你們著想，在現土瘠地爭奪，實在是太小了。要開到河北，在照劃定的區域，多麼大，多待你們發展，可實施你們的抱負。現在你們分兵四出，指揮訓練不好，河北也沒弄好，如果集中起來，對外對內都可做得好。現在你們這種做法，簡直連軍閥不如了。」

溫情的話說得差不多了，蔣委員長重又板起了面孔：「如果非留在江北免調不可，大家都是革命的，衝突絕難避免，我敢斷言，你們必失敗。如能調到河北，你們做法一定會影響全國，將來必成功。我這些話，沒有向外人說，我可以向你說，你可以告訴你們中央同志。」

談到轉移的路線，蔣介石這樣說：「你們過，從皖北一樣可過，只要你們說出一條北上的路，我可擔保絕對不會妨礙你們通過。」

作為曾跟國民黨為敵多年的政治家，周恩來不會相信什麼擔保。在向延安報告蔣介石的這句話時他特地加注了三個字：靠不住。

蔣介石當然不知道周恩來怎麼想，還在那裏說著：「只要你們肯開過河北，我擔保至一月底，絕不進兵。」

周恩來指控國民黨軍封鎖延安，蔣介石回答說：那「完全是防守，華北絕不會封鎖，我可負責擔保」。

他已經說了三個擔保，周恩來卻仍舊用答覆皓電的理由，說要黃河以南的中共軍隊離鄉背土，很難讓他們聽從號令。

蔣介石聽了很不高興，反駁說：這「不是事實，你們中央的決定，一定生效，目前你們中央沒有決心」。他要周恩來「將我的話全部告訴你們中央」，不然這樣下去「會弄得大家反對你們，你們自己隊伍裏也會有不同意見」。

感覺話說得差不多了，蔣介石最後又把語氣重新緩和下來，說道：「我現在處的環境如你一樣，困難是一定有的，不過你一定應該將我的話轉告你們中央，否則我們見面也說不出什麼結果來的。」[92]

陪同周恩來一起見蔣介石的還有負責跟中共打交道的黨國高官張沖。在不到十年以前，這位先生曾經虛構過一篇〈伍豪等二百四十三人脫離共產黨啟事〉的奇文。伍豪是周恩來當時的化名，張沖想用此反間計毀掉這位中共要人。那時的張沖毫無疑問是位反共的急先鋒。

可是事過境遷，如今的張沖不但是國共合作抗日的堅決擁護者，而且還和周恩來成了好朋友[93]。

張沖長期跟隨在蔣介石左右，見慣了委員長一本正經，嚴肅得有時不免刻板的樣子。今天卻少有地見到蔣介石動了感情，而且還是在和一位來自共產黨的對手談話的時候。這讓張沖喜出望外，他一直為國共合作的前景憂心，此刻在愁雲密布的現實中看到了一絲希望的光亮，怎麼能不高興。他興奮地告訴周恩來，自己對這次見面「殊出意外的滿意」。

周恩來沒有像張沖那般喜悅，但好像也覺得老蔣有些黔驢技窮，玩不出什麼新花樣了。第二天二十六日，他在向中共中央報告這次見面時認為，蔣介石「極感情」的話，是「嚇壓之餘，又加上哄之一著了」[94]。

在周恩來給延安發電報的同一天，毛澤東也中共中央書記處名義向皖南發出一份電報，在電文裏把新四軍的領導人狠批了一通。

批評矛頭真正指向的當然還是項英。

<hr />

[92]　蔣介石的話，見〈周恩來關於和蔣介石談話情況給毛澤東並中央書記處的報告〉（一九四〇年十二月二十六日），同上書一二一一一二二頁。

[93]　張沖炮製「伍豪事件」及後來與周恩來成為好友，見《潘漢年傳奇》一〇六頁、一一〇頁；尹騏：《潘漢年的情報生涯》五十五頁、五十九頁，人民出版社一九九六年九月出版。

[94]　相關情況，見〈周恩來關於和蔣介石談話情況給毛澤東並中央書記處的報告〉。

也許是對國民黨下一步行動難以預料讓毛澤東心裏分外焦灼，皖南那邊卻偏偏在這個時候連連來電請示方略，令他更加冒火。從前對項英的種種不滿，此刻終於化作一腔怒氣迸發了出來。

在電報的一開頭，毛澤東便申斥道：「你們在困難面前屢次向中央請示方針，但中央遠在一年前即將方針給了你們，即向北發展，向敵後發展，你們卻始終藉故不執行。」

毛澤東他們繼續嚴厲地說：「至如何北移，如何克服移動中的困難，要你們自己想辦法，有決心。現雖一面向國民黨抗議，並要求寬展期限，發給餉彈，但你們不要對國民黨存任何幻想，不要靠國民黨幫助你們任何東西，把可能幫助的東西只當作意外之事，你們要有決心、有辦法衝破最黑暗、最不利的環境，達到北移之目的，如有這種決心、辦法，則雖受損失，基本骨幹仍可保存，發展前途仍是光明的，如果動搖猶豫，自己無辦法，無決心，則在敵頑夾擊下，你們是很危險的。全國沒有一個地方有你們這樣遲疑猶豫、無辦法、無決心的。在移動中如遇國民黨向你們攻擊，你們要有自衛的準備與決心，這個方針也是早已指示你們了，我們不明瞭你們要我們指示何項方針，究竟你們自己有沒有方針，現在又提出拖或走的問題，究竟你們主張的是什麼，主張拖還是主張走，似此毫無定見，毫無方向，將來你們要吃大虧的。」[95]

也在二十六日這天，毛澤東和朱德還給項英發了另一份電報，要他「應估計到在移動中可能遇到特別困難，可能受襲擊，可能遭損失，要把情況特別看嚴重些」，「必須把一切機密文件統統銷毀，片紙不留」，「此事不僅軍部，還要通令皖南全軍一律實行，不留機密文件片紙隻字，是為至要」[96]。這樣的緊張與前不久對皖南的樂觀態度完全相反。

[95] 電文內容，見〈中共中央書記處關於克服動搖猶豫堅決執行北移方針致項英等電〉（一九四〇年十二月二十六日），《新四軍・文獻（二）》八十七頁。
[96] 〈毛澤東、朱德關於必須銷毀一切機密文件致項英電〉（一九四〇年十二月二十六日），同上書八十八頁。

第十四章

走向悲劇的抉擇

一、「新四軍北撤的可能較小，南竄的可能較大」

　　共產黨在警惕國民黨，國民黨也在提防共產黨。同樣是二十六日這一天[1]，顧祝同在上饒的長官部，把第三戰區參謀長鄒文華、新任還未赴任的江蘇省主席王懋功、參謀處長岳星明、辦公室主任朱華和情報室主任盧旭召到了他的辦公室，部署針對新四軍的行動[2]。

　　在這之前，顧祝同接到蔣介石的電報，宣稱根據情報，皖南新四軍準備北移是假象，真實目的是要向南占據黃山、天目山，建立根據地，命令顧祝同嚴加防範，粉碎共產黨的陰謀[3]。

　　蔣介石得到的這份情報，其來源或許是兩年多以前項英打算在日本占領皖南時在天目山一帶開闢根據地的設想，國民黨對中共的情報工作一向很差，將過時的東西如獲至寶也沒什麼奇怪。

　　不管情報是否過時，身處與新四軍比鄰位置的顧祝同不敢掉以輕心，下令三戰區長官司令部各機關嚴密注意新四軍的動向。並通報浙江省主席黃紹竑，還要相關的皖南、浙西兩地的行署嚴加防範。

　　也許項英當時確實已經在考慮必要時向南繞行去蘇南的路線，為此做了些偵察工作，引起了國民黨方面的注意，也許是三戰區情報室想迎合上意，

---

[1]　據岳星明回憶，他在顧祝同召集會議的第二天就去徽州與上官雲相等人開會（見〈皖南事變親身經歷的回憶〉），而此次徽州會議是在一九四○年十二月二十七日召開（見《皖南一九四一》六十九頁），可見顧祝同的會議是在二十六日舉行。

[2]　岳星明：〈顧祝同的反共陰謀〉，《皖南事變資料選》（安徽版）三一○－三一七頁。

[3]　〈皖南事變親身經歷的回憶〉。

反正這個部門送給顧祝同的情報都聲稱，新四軍要南竄黃山、天目山和四明山，搞三山計畫，建立根據地。

顧祝同當然相信下屬的話，岳星明等其他軍官對此也深信不疑，於是便有了現在這個會議[4]。

顧祝同開宗明義地說：「據情報室的報告，新四軍近來的行動，不像會遵命北移，而是想向南逃竄，可能要先劫奪徽州的倉庫的彈藥，然後再搞三山計畫。如果堵不住，我們後方空虛，將來很難收拾。我們當然希望新四軍能遵命北移。大家也可以研究一下，怎樣才能掩護他們；另一方面，他們真的向南流竄，我們又該怎麼辦？」[5]

掩護也好，防止「南竄」也罷，總之都要調動軍隊。軍事行動首先要解決的是人事的問題，也就是整個行動由誰來具體指揮。

指揮如此大行動的人自然應該是一位高級將領，以皖南國民黨軍的部隊配置來看，理應是一個集團軍的總司令，這是僅次於戰區司令長官的級別。這樣的人眼前只有兩個，一是來自川軍的二十三集團軍總司令唐式遵，一是上官雲相，何況他們本身還兼任戰區的副司令長官。

其實顧祝同心裏早有了人選，但這種事還是得聽聽別人的想法。此刻他對眾人說道：「對新四軍不論掩護北撤，或者防堵南竄，都需要統一的指揮。唐副長官資歷較深，早就在皖南指揮；上官副長官資歷較淺，又後去皖南。你們看，哪一個統一指揮好？」

辦公室裏一時間無人回話，從兩個集團軍總司令裏選出任何一位做指揮，意味著另一個總司令或者他的部隊就要聽從此人的調遣。原本平起平坐的同僚，轉眼間就成了上下級，心裏怕是不會舒服。對在座的人來說，從兩位總司令中提議任何一個，都可能會得罪另一個。

這種官場上的潛規則誰都明白，但也總有人不那麼在乎這一套。這個人就是岳星明，他首先開了口。

岳星明這樣做還有一個原因，身為參謀處長，在軍事調配上提建議、做計畫是他應盡的職責[6]。如果大家都不說話，顧祝同早晚也會問到他的頭上。

---

[4]　相關情況，見〈顧祝同的反共陰謀〉。

[5]　〈皖南事變親身經歷的回憶〉。

[6]　相關記述，見〈顧祝同的反共陰謀〉。

　　據岳星明自己的回憶，他當時直言不諱地表示：「唐副長官能力較差，川軍兵力分散。現在任務很重，要掩護新四軍，或者堵住他們，使之不能竄到徽州，主要是靠新調去的第七十九師、第四十師和原來住在寧國、旌德的第一〇八師、第五十二師。這些部隊恐怕由上官副長官指揮為好。」[7]

　　岳星明這樣說是因為四十、五十二和一〇八師都是屬於上官雲相三十二集團軍的部隊[8]，七十九師由浙東調來，與川軍不熟悉。「此外，川軍第一四四師和新七師也得準備好，如果新四軍南竄，好在側後牽住他們，這也必須統一指揮才能奏效。上官副長官雖然資格較淺，但能力強，這就應該把資歷問題擺在次要位置。只是這樣就只好委屈一下唐副長官了。」

　　岳處長挑了頭，所有人立刻附和，大家恐怕也早猜出顧長官中意的是誰。

　　顧祝同這時才終於說道：「我也是這樣考慮的。」

　　說完這句話，顧祝同立刻命令岳星明就在他的辦公室草擬調整指揮系統和作戰地區的計畫。等岳星明寫好了計畫書草稿，他又親自修改，看著岳星明蓋上長官的大印，並親手密封起來，這才放心。他又指示說：「我已在電話上告訴過上官副長官，要他召集就近師長以上的負責長官，明天在徽州開一個會，你帶著計畫去代表我宣布。如果唐副長官方面有什麼意見，你們是四川同鄉，可設法向他解釋解釋。」[9]

　　顧長官考慮得真是周全。

　　顧祝同最後給岳星明派了一輛小汽車，對他說：「你不要帶任何人，明晨出發，務必當天趕到。參謀處的人員你也不必告訴他們。」

　　第二天二七日一早，岳星明急匆匆地乘車上路了[10]。

　　國民黨這邊正加緊動武的準備，延安卻在同時收到了一份情報。看過這份情報後，前一天還為項英不能儘快撤走焦慮發火的毛澤東，此刻又覺得皖南新四軍的轉移也許不那麼危險了。

---

[7]　〈皖南事變親身經歷的回憶〉。

[8]　武之棻：〈上官雲相策畫指揮皖南事變經過〉，《新四軍・參考資料（二）》八一八一八三一頁。

[9]　相關記述，見〈皖南事變親身經歷的回憶〉。

[10]　顧祝同給岳星明派車及岳動身，見〈顧祝同的反共陰謀〉。

這情報是國民黨內部的一份電報，內容是通報新四軍北移的路線，要沿途國軍「所部官兵與各地民眾周知」，對共產黨部隊使用的詞句是「歡送江南之新四軍開黃河北抗戰復土」，實在沒發現裏面藏有什麼惡意。

這樣看起來，國民黨好像真的不會為難葉挺、項英他們。

毛澤東又和朱德給葉挺等人發去電報，轉告得到的情報，當然也還是告誡「新四軍渡江仍須對桂軍戒備，以防襲擊」[11]。

這個時候，上饒的顧祝同也收到了葉挺、項英請他轉給蔣介石、何應欽、白崇禧的一份電報，解釋皖南新四軍經費、彈藥和過冬的衣服等方面存在極大困難，請求把北撤的時間向後延期。還要求把皖北的廬江縣劃作新四軍渡江後的「臨時集結境地」，「並請指定廬江六安以北路線，庶可防止與皖北友軍無謂之誤會與衝突」。

顧祝同對此的看法是，這些都可以商量[12]。

這天傍晚，岳星明風塵僕僕地來到了徽州西邊的巖寺[13]，此地有第三十二集團軍兵站的分監部，上官雲相就在這裏。他已經把集團軍總部向北推進到寧國南面的萬福村去了，自己是專門來此等候岳星明，並召開會議的。

從岳星明那裏得知自己的新任務後[14]，上官雲相便告訴他：「召集的人員都已到齊，就等你到後開飯，飯後開會。」

眾人在一起吃完飯已經是晚上八時左右了，上官雲相主持召開會，唐式遵和皖南國民黨軍多數部隊的師長，還有三十二集團軍兵站的負責軍官參加了會議。

會議一開始，上官雲相便說道：「新四軍北撤的可能較小，南竄的可能較大，會議是奉顧長官的指示召開的，現由岳處長傳達顧長官的指示。」

唐式遵

岳星明於是開始傳達上峰的意思，說道：「顧長官有指示，新四軍如果北撤，我們要掩護好；如果南竄，我們務要堵止住。無論如何，皖南必須統一指揮。唐副長官擔

---

[11] 相關內容，見〈毛澤東、朱德關於新四軍渡江仍應戒備致葉挺等〉（一九四〇年十二月二十七日），《皖南事變（資料選輯）》一二三——一二四頁。

[12] 葉挺、項英的電報及顧祝同的反應，見《國民黨的「聯共」與「反共」》四三一頁。

[13] 〈顧祝同的反共陰謀〉。

[14] 相關情況，見〈皖南事變親身經歷的回憶〉。

負的正面已寬，責任已經很重；所以，這次打算暫由上官副長官負責統一指揮。」

他接著宣布了帶來的行動計畫，然後又客氣地徵求唐式遵和大家的意見。所有人當然都知道這只是走過場，誰也沒說出什麼不同的看法。新四軍不走就剿滅它，這個方針他們都贊成。

見議程順利結束，上官雲相立刻宣布散會，又單獨把自己屬下的四十師師長方日英、五十二師師長劉秉哲和七十九師師長段霖茂留下細談。其餘各部的長官，離部隊遠的明天早上再走。離部隊近的當即便動身返回了[15]。

上官雲相也很快回到了萬福村。想著顧祝同把如此重任託付給他，不由得滿心的激動和欣喜。集團軍總部參謀處長武之棻見到他時，這位司令大人還沉浸在亢奮之中，禁不住脫口道出了顧祝同早有的算計：「這個任務是艱巨的，顧長官早就打算好了，才調我到皖南來擔任這個任務的。」

從這句話看，顧祝同當初調上官雲相來皖南似乎確有對付新四軍的考慮，但此刻的情況表明，那時的顧祝同對這個「任務」也顯然沒有什麼具體的策畫。

上官雲相又接著誇耀道：「我的總部可以說是最現代的兵團指揮機構，自己沒有私人的基本部隊，但是指揮哪個部隊都能作戰，唐式遵他就辦不到。」

說完這些，上官雲相的情緒總算平靜了一點，對武之棻吩咐道：「當前這種情形要絕對保守機密，對新四軍方面仍代他催請經費糧秣，使他早領到手；磋商渡江地點及戰鬥部隊行進路線一節，趕快辦好，希望他們能遵令過江，對於彈藥器材絕不代他們請領，不能讓他們用我們發給的彈藥來打我們。」

然後他再下令：「將四十師由第二游擊區抽下來，先開至宣城以南機動使用。」

---

[15]　相關記述，見〈顧祝同的反共陰謀〉。

他又果決地表示：「我的作戰要旨是：如果新四軍不遵令於年底以前渡江，決以優勢兵力加以包圍消滅。指揮要領是：壓迫北開，俟其越過守備線，即嚴陣不使再退入守備線。」

如果上面說的還可算是各為其主，只能這般行事，那麼他接下來說的一句話就不能不讓人覺得可怕了。

這句話是，新四軍「大部隊渡江，必遭日寇襲擊消滅」。

只要異己的力量能消失，上官總司令並不在乎借用日本人的手殺死自己的同胞。

上官雲相可一點不覺得自己的話有什麼不對，繼續鄭重地做指示：「新四軍如在雲嶺按兵不動，則就地包圍，堅決消滅他。你們研究準備吧！」[16]

顧祝同、上官雲相時刻準備拔劍出鞘，項英在做什麼呢？

二、「對匪區嚴密警戒」

二十六日，延安接連的兩份電報，尤其是批評項英的那一份，很可能沒有在當天到達他的手裏。從他二十八日才開會討論北移的情形看，他收到電報的時間應該不早於二十七日的晚上，也就是上官雲相召開徽州會議的前後。

項英絕沒有想到，自己誠心誠意的請示竟得到如此一番訓斥。這大概是從他一九三一年溫和處理反毛澤東的富田事變被撤職以後，受到的最嚴厲的責難。

項英肯定還會感到委屈，但他也一定明白，此時此刻重要的不是個人的心情，而是上級的指示。中央在電報裏的意思很清楚，無論如何，不怕流血犧牲，不惜一切代價也要立刻轉移北上。

面對不容爭辯的決定，項英能做的也只有遵令行事。他急忙在二十八日召開新四軍軍分會會議，研究布置轉移方案。

立即從皖南撤走已是毫無疑問，以前擔心國民黨的堵截、日本人的封鎖，這些都不應再考慮。但是有一個老問題仍然必須解決，那就是該從哪條路線撤走。

---

[16]　相關記述，見〈上官雲相策劃指揮皖南事變經過〉。

　　雖然延安的指示用項英的話來說是不顧一切實施北移，但是具體執行起來，新四軍領導們仍然本能地還是想要盡量減少損失。延安的意思也絕不是說可以全憑死打硬拚，根本不考慮幹部戰士的生命。

　　所以怎樣走仍舊是一道待解的難題。

　　葉挺這時依然認為，做北渡和走蘇南兩手準備比較穩妥。此時日軍對那裏的掃蕩已經結束[17]，雖然封鎖依舊，但形勢畢竟緩和了些，從那裏轉移可能不會像之前那樣困難。如果能爭取讓顧祝同同意新四軍的部分部隊，比如說一個團，經過蘇南北上，那麼萬一北渡長江遭到日軍的攔截，新四軍就可以拿這個做理由，合情合理地要求由蘇南北上[18]。

　　可是要取得顧祝同的同意，必定還需要費一番功夫，再等上一段時間，這顯然不符合中央立刻行動的嚴令。

　　最後，軍分會會議做出決定，大部分部隊分批直接渡江去皖東，少部分人員帶資材走蘇南。

　　項英馬上把會議結果報告給延安。

　　第二天二十九日，毛澤東、朱德、王稼祥回電：「（一）同意直接移皖東分批渡江，一部分資材經蘇南。（二）頭幾批可派得力幹部率領，希夷可隨中間幾批渡江，項英行動中央另有指示。」[19]

　　只要新四軍肯過江，顧祝同自然樂於協助。上官雲相派參謀人員來到雲嶺，跟葉挺商量他二十七日提出的延期和劃定集結地的要求[20]。

　　可是，顧祝同和上官雲相也沒有因此就放鬆戒備，就在二十九日這天，三十二集團軍制定出了〈進剿匪軍計畫〉[21]。

　　上官雲相的部下們直到開始制定計畫時，才發現自己這邊幾年來的情報工作是何等的糟糕。對新四軍的各種情況，不論是兵力、裝備，還是編

---

[17]　〈蘇南抗日鬥爭大事記〉，《蘇南抗日根據地》五二五一五三七頁。其中記載一九四〇年十一月中至十二月上旬，日本方面對蘇南丹北、茅山的新四軍根據地進行了掃蕩。到十二月二十八日新四軍軍分會會議時，掃蕩顯然已經結束。

[18]　《國民黨的「聯共」與「反共」》四三五頁。

[19]　〈毛澤東、朱德、王稼祥關於同意新四軍由皖東分批渡江致葉挺、項英〉（一九四〇年十二月二十九日），《皖南事變（資料選輯）》一二四頁。一般認為二十八日的會議即已確定新四軍從茂林的南線繞行，從這份電報來看，顯然不確。

[20]　〈皖南事變的發生、善後及結果〉。

[21]　〈第三十二集團軍制定的「肅清」皖南新四軍作戰計畫〉（一九四〇年十二月二十九日），《新四軍・參考資料（二）》三八四一三八六頁。

制、部署，竟然統統不瞭解，只能一通亂猜。有的說新四軍不過是「游擊部隊，還不是破槍爛砲，中央（指重慶）根本沒有發給正式軍隊裝備，實力不強」。有人卻煞有介事地聲稱：「新四軍從陝北領到很多蘇聯新機槍、小砲，新式電臺，很多手槍都是二十響的駁殼，近戰火力很強，但是缺少大砲。」誰也說服不了誰[22]。

正在這時，一位「救星」出現了。

這「救星」名叫聞援，並非什麼大人物，本職只是個小小的聯絡參謀，他能為進剿新四軍立下功勳純屬機緣巧合。十二月上旬，他被被派往雲嶺給新四軍送信，藉機趁人不備，偷得了一張舊的新四軍兵力部署圖，悄悄帶回來獻給了上面。

武之棻等人如獲至寶。雖然是張舊圖，上面標示的情況已經有了變化，但還是足以讓人對新四軍的實力做出了大致準確的估計。於是詳盡的進剿計畫很快就搞了出來[23]。

因為是給作戰用的計畫，所以它的內容自然「以策應蘇魯友軍作戰，決先掃蕩蘇南皖南一帶匪軍匪黨為目的」，皖南新四軍的「匪巢」也就成了「催破」和「務求徹底肅清之」的目標。計畫規定受上官雲相指揮的各支部隊，要在三十一日前祕密推進到新四軍駐地四周，形成包圍的態勢，「對匪區嚴密警戒，隨時防止匪軍乘隙逃竄，並防其以各個擊破之手段集其主力向我反攻」。一旦發生戰鬥，就要把新四軍「向北壓迫，務於長江南岸殲滅之」。

這實際是一份並不打算認真執行的計畫。

計畫制定出來已是二十九日，離它自己規定的三十一日的完成期限只剩下兩天[24]。在這麼短的時間裏，要好幾個師的國民黨軍做完開拔，行軍，進入陣地，構築工事等一系列大動作，明顯是根本來不及的。實際上許多部隊都是在三十一日以後才到達指定位置的。

顧祝同和上官雲相心底還是希望新四軍最好能自己走掉，上官雲相通過劉秉哲轉接電話給葉挺，詢問新四軍轉移的準備情況、何時出發、給的經

22　〈上官雲相策畫指揮皖南事變經過〉。

23　聞援的情報及作戰計畫的制定，見武之棻：〈上官雲相襲擊新四軍的經過〉，《皖南事變資料選》（安徽版）三一七─三二三頁。

24　相關內容，見〈第三十二集團軍制定的「肅清」皖南新四軍作戰計畫〉。

費收到沒有等等。想用這種方法催老同學快走，也藉機試探對方的意圖[25]。應該說他們也確實看到了葉挺、項英要撤離的跡象。要是不費一槍一彈就能趕走對手，何樂不為？以三十一日做期限不過是因為那是蔣委員長規定的限期，不好公然違背，具體執行起來就不必那麼嚴格了。靈活掌握政策也是中國官場自古以來的傳統。

為了讓新四軍順利地離開自己的地面，顧祝同還促使江北的李品仙明確指定新四軍渡江的位置和停留地區，已經被蔣介石命令「暫取守勢」的李品仙當然不再堵擊新四軍。三十日，他向顧祝同發電報指明：「黑沙洲至姚溝為該軍登陸地點」，「姚溝至無為以東地區為該軍臨時集結」[26]。

就在這時，上官雲相那裏卻出了點麻煩，找麻煩的是一位蘇聯人。

蘇聯人怎麼跑到三十二集團軍去了？這就是莫斯科派給中國的軍事顧問。上官雲相身邊的這位顧問叫舒金，他看出國民黨軍此時的調動不尋常。

讓舒金起疑的是方日英的第四十師，這支部隊將對皖南事變的爆發起到至關重要的作用。而在此刻，它卻被舒金盯上了。

上官雲相原準備把四十師開到雲嶺以東的宣城的南面，經過制定作戰計畫時的通盤運籌，結果四十師被派到了更南面，也更靠近新四軍駐地，在位於它東南方的三溪。

這個行動被舒金發覺了。

國民黨日夜提防著共產黨，卻偏偏就有人忘了蘇聯人也是共產黨。三十二集團軍參謀處在繪製進剿新四軍的兵力部署圖的時候，居然還照老規矩給蘇聯顧問備送了一份，還好沒告訴他如此調派部隊是想幹什麼。

可是身為軍事行家的舒金還是起了疑心。他見到武之棻就問：「第四十師調至三溪，作戰部署上是什麼作用？」

武之棻這才發現自己的疏忽大意，幸好在官場混了多年，現編假話還是有一套功夫的，他很快就找到了理由，回答道：「四十師隸屬於二十五軍，配屬第二游擊區作戰，在十月日寇流竄蘇南時，抗日作戰中損失較大，調回後方整補。」怕舒金還不相信，他趕忙又說，「原來想把四十師調在寧國附近，因為三溪是三十二集團軍與二十三集團軍戰線結合部，是戰略薄弱部

25　〈上官雲相策畫指揮皖南事變經過〉。

26　《國民黨的「聯共」與「反共」》四三二頁。

分……」還舉出日軍十月掃蕩時占領三溪北面不遠的涇縣一事做例證，總算讓舒金無話可說了。

暗自心驚的武之棻趕緊下令，凡是對新四軍的作戰部署，一絲消息也不能讓蘇聯顧問知道。他對參謀處二科科長郭發鼇說：「蘇聯顧問是共產主義國家派在國軍中的坐探，若叫他知道國軍打共產黨新四軍，於我們不利，你我要共同擔負責任。」他又跟舒金的中國翻譯官偷偷串通，一塊保守祕密。皖南事變後，舒金因為沒能及時掌握情況，被召回蘇聯去，受到嚴厲處分[27]。

而在雲嶺那邊，項英也遇到了一件麻煩事，葉挺第五次提出了辭職。

三、「居士不適當一個大廟的方丈」

二十九日清晨，葉挺突然單獨給延安發去電報，態度堅決地向毛澤東、朱德要求辭職，請中央派人來這裏負責，他本人可以留在新四軍做次要工作，以免貽誤事機，阻滯本軍發展[28]。

這是葉挺的最後一次辭職。在短短三年的新四軍軍長的正式任期內，他先後五次要求離開工作崗位，究竟是為什麼？

讓葉挺覺得難以履行職責的根本原因，是他早年主動脫離了共產黨。

事情要從一九二七年底的廣州暴動說起。

那時候因南昌暴動部隊的失敗，葉挺避居澳門。這期間國民黨第四軍軍長張發奎與兩廣的實力派李濟深、黃紹竑搞起了內鬥，雙方調兵遣將，準備在兩廣交界地帶開戰。廣州的駐防變得空虛，中共就決定藉機在這裏發起新的暴動。既然要組織軍事行動，中共廣東省委自然想到了葉挺這員名將，他得到指示，隨時準備到廣州去指揮暴動[29]。

因為擔心葉挺過早出現會讓國民黨發現[30]，直到暴動的前一天傍晚，作為軍事總指揮的葉挺才進入廣州[31]。

27　相關記述，見〈上官雲相襲擊新四軍的經過〉。
28　《項英傳》四五五－四五六頁。
29　相關情況，見《葉挺將軍傳》二一七－二一八頁。
30　黃平：〈廣州起義前後的葉挺〉，《葉挺研究史料》五二二－五二六頁。
31　《葉挺傳》二三四頁。

廣州暴動中的工人赤衛隊

　　十二月十一日凌晨，暴動開始，葉挺親自參加戰鬥。戰事進行得很順利，暴動武裝迅速控制了廣州的大部分市區，只有第四軍軍部和中央銀行等堅固據點沒能攻克[32]，張發奎也得以逃脫，組織部隊準備反擊[33]。

　　當時中共方面的許多人都為暴動的成功而興奮，可是卻有人看見葉挺神情凝重，一言不發。作為一個職業軍人，他知道國民黨勢必發動強大的反攻，憑中共現有的少數軍隊和沒經過正規訓練的工人赤衛隊，是無論如何都抵擋不住的[34]。於是在十一日深夜的一次會議上他提出，趁暴動武裝還有相當規模的時候撤出廣州，去跟其他的中共力量會合展開鬥爭。

　　指揮暴動的多數人還在勝利中陶醉，根本不能接受葉挺的退卻建議。

　　在場的還有一位二十六歲的德國人，共產國際代表諾伊曼[35]，他更是嚴厲地指責葉挺「動搖」，「想去當土匪」[36]。

　　葉挺的意見被否決了，但事情卻按照他的預料發展。十二日，暴動武裝雖攻下了第四軍軍部，但國民黨的猛烈反攻已經開始。不過半天的時間，國民黨軍就殺進廣州城內，連暴動總部都受到了威脅。暴動總負責人張太雷在市區遭到狙擊身亡。到了黃昏時分，市面已是一片混亂，暴動領導人不得不相繼撤離。十三日張發奎重新占領廣州，之後幾天內有五千以上的人被屠殺[37]。

　　葉挺和廣東方面的中共領導人退到了香港。

　　為了處理暴動善後事宜，一九二八年一月中共中央派李立三前來香港。

---

[32]　暴動初期的情況，見同上二三六－二三九頁。

[33]　同上二四四頁。

[34]　〈廣州起義前後的葉挺〉。

[35]　葉挺的撤退建議及多數人對此的反應，見《葉挺將軍傳》二二五－二二六頁。

[36]　《葉挺傳》二四九頁。

[37]　相關情況，見《葉挺將軍傳》二二七－二二九頁。

　　李立三很快就給廣東的中共領導扣上了「軍事投機」等大帽子，分別給予處分[38]，葉挺也在劫難逃，因為曾主張撤退被認為「表示消極」，遭到「留黨察看六個月」的處置。

　　雖然中共中央隨即就取消了對廣東幹部的所有處分，但關於廣州暴動的爭論仍在繼續[39]。

　　葉挺這年夏天又到了蘇聯，中共這時召開的第六次代表大會雖然稱讚「廣州武裝起義的意義是非常偉大的」[40]，但並沒有對葉挺個人的功過做結論。這次大會還設立了一個專門委員會，打算研究廣州暴動問題，最後也被撤銷了[41]。代表共產國際的米夫繼續指責葉挺消極動搖，米夫的助手王明還摘錄葉挺自己的話，證明他「消極怠工」。莫斯科東方大學想請葉挺做報告，也被共產國際阻止。

　　此時葉挺的心情可想而知，生性寧折不彎的他在痛苦鬱悶中脫離了共產黨，到德國柏林去了[42]。

　　一直到了抗戰開始，葉挺才跟共產黨在新四軍重新靠近，但也正是在新四軍，葉挺真切地感受到他跟中共人士之間無形的阻隔比原先預想的更加強烈。

　　作為一支中共領導的軍隊，新四軍自然要完全掌握在項英等共產黨幹部的手裏，戰略方針全都由他們制定。按中共嚴格的組織紀律，像葉挺這樣的黨外人士參與主要決策的可能性幾乎不存在。即便是為了搞好團結，項英也只能在其他方面盡量給葉挺多些照顧。比如葉挺的老朋友，在日本留學得過醫學博士的沈其震，項英同意讓這個非中共人士擔任新四軍軍醫處處長，月津貼一百五十元，是項英津貼的三十多倍。加入過別的黨派的林植夫，懂得日

廣州暴動後的葉挺

---

[38]　《葉挺傳》二五七頁。

[39]　相關情況，見《葉挺將軍傳》二三二－二三三頁。

[40]　葉挺到蘇聯及中共的廣州暴動的稱讚，見《葉挺傳》二六〇－二六一頁。

[41]　相關情況，見《葉挺將軍傳》二三六頁。

[42]　相關記述，見《葉挺傳》二六一－二六二頁。

語，經葉挺推薦，項英任命他為敵工部長。葉挺的弟弟葉輔平也被安排為軍需處長[43]。葉挺本人保留了過去軍隊中軍官享受特殊待遇的習慣，軍部為他和對外工作的需要開設小灶，而項英除了因去葉挺那裏開會和談工作吃過幾次小灶外，都是跟軍部人員一起吃大鍋飯[44]。

但葉挺真正想要的是成為軍隊名副其實的統帥，這卻是項英無法滿足的。據說有一次項英召集軍黨委成員開會，傳達中央精神，沒有請葉挺參加。明白中共規則的葉挺本不介意，可他隨後聽說會議其實是討論作戰問題，由此很生氣[45]。

雖然不能完全排除項英在一些具體事情上處理欠妥，但他應該沒必要如此明顯地冷落葉挺。而且事實上，新四軍的戰鬥行動他並沒有不許葉挺參與謀畫，包括陳毅向蘇南挺進這樣重要的戰略。由此分析，項英不大可能為一個作戰會議跟葉挺捉迷藏。出現問題的可能是，當時中共中央的許多指示都跟軍事有關，而在黨內傳達討論中央關於作戰的方針的會議，葉挺當然無權參加。只是任何消息一經傳播就可能走樣，何況葉挺又處境特殊，心理上很容易把一些無心之舉看作是對自己的不信任和防範，這樣的誤解無疑加深了他在新四軍中的孤立感。

葉挺也曾努力改善自己的地位，他在一九三八年六月向周恩來、葉劍英等人建議在新四軍組織一個委員會[46]，共同商議軍政問題。於是王明、周恩來、博古、葉劍英一起向延安提出組織新四軍委員會，項英任主席，葉挺為副主席[47]。中共中央很快同意，只是把主席的名稱改為主任[48]。

這個新四軍委員會註定徒有其表，只要葉挺與中共的關係沒有實質的改變，他就仍然只是一個黨外盟友，對新四軍決策層不可能進入太深。況且項英還是擔任委員會的一把手，繼續位居葉挺之上，葉挺依舊感覺無法行使軍長應有的職權。

---

43 相關情況，見《項英傳》四〇二－四〇三頁。
44 同上三八九頁。
45 《新四軍軍部》七十七頁。
46 《葉挺將軍傳》三〇六頁。
47 〈陳紹禹、周恩來、秦邦憲、葉劍英關於葉挺要求組織新四軍委員會致毛澤東等電〉（一九三八年六月七日），《新四軍·文獻（一）》九十四頁。
48 〈毛澤東、張聞天同意組織新四軍委員會致陳紹禹等電〉（一九三八年六月九日），同上九十五頁。

項英跟葉挺的關係說不上密切，最初甚至有過不信任。那是新四軍到皖南後，項英對國民黨下達的東進部署不滿，主持跟三戰區交涉的葉挺卻表示沒有理由拒絕。項英為此在給毛澤東的電報裏說：「由葉辦不能具體解決，蔣壓迫葉不能反抗，應由黨負責直接交涉。」[49]

擔任新四軍軍分會祕書長的李一氓後來回憶說：「隱隱約約地感覺項英有個時期也想使葉挺自己離開新四軍。」[50]這「有個時期」也許就是指此時。

不過，項英的想法畢竟只是「隱隱約約」，從沒有公開表露。他始終遵循黨的意志，盡量搞好與葉挺的合作。新四軍委員會剛剛成立不久，項英便接到參加六屆六中全會的指示。臨行前他與葉挺談話，對新四軍的工作做了安排，請葉挺多操勞；並指示軍部主要幹部多協助葉軍長[51]。

可以看出，項英在不違反組織原則和上級指示的前提下，已經向葉挺表示了最大的善意，但這卻改變不了一個事實，那就是葉挺只能按照別人定好的調子演奏。再加上並非黨員的葉挺，指揮起那些中共幹部來，在關鍵的事情上勢必不能介入太多，如此一來，工作也就不會太順手。這就難免讓葉挺覺得在新四軍不可能發揮自己的能力。

如果換作別人，或許會隱忍下來，甚至樂得逍遙，但個性剛烈，不善妥協的葉挺根本做不到。合則留，不合則去，他想到了離開。

項英七月二十八日前往延安，過了約一個月左右，葉挺就打電報給王明、周恩來、博古等人，表示準備辭職。

也正要去延安參加六屆六中全會的王明、周恩來和博古，接到葉挺的電報顯然十分憂慮，當天便回電說：「關於新四軍工作，請兄實際負責。」並安撫他道：「我們深知兄在工作中感覺有困難，請明告。我們正幫助你克服這一困難。延安會畢，我們擬來一人幫助整理新四軍工作。」[52]

在他們的挽留下，葉挺又堅持了一個月，結果還是覺得待不下去。九月三十日，他發電報給延安的項英，聲稱：「我軍在戰局激變中與各軍關係

[49]　〈項英關於蔣介石令我部開經南陵去茅山是否可行致毛澤東等電〉（一九三八年三月十八日），同上二一三頁。
[50]　《項英傳》四一一頁。
[51]　同上四〇三頁。
[52]　相關情況，見《周恩來傳》（二）五四五－五四六頁。

更為複雜，且部隊整訓實屬繁重，原非我獨立所能處理」，「懇請從速南歸」。並說：「我擬於下月初」到顧祝同那裏去一次，「如能請准假，則返香港視察各方情形」[53]。

這時的延安，六屆六中全會開始才一天。項英應該從王明、周恩來那裏瞭解到葉挺打算辭職的消息，他也清楚現在新四軍那邊態勢平穩，並沒有葉挺所說的「戰局激變」，這樣說無非是作為其離職「返香港」的理由。

不管怎樣，出現這樣的變故，項英在延安是待不下去了。他向高層請假，趕回皖南去。

項英還在路上的時候，葉挺已離開雲嶺去外地，走前給項英留下一封信，表明與新四軍分開的意思，說：「居士不適當一個大廟的方丈。」這是他對自己以非黨人士身份領導中共部隊的評價，顯然讓他感到「不適」的是新四軍這座「大廟」的整體結構，不單是項英個人。

十月二十二日，項英回到了雲嶺。第二天葉挺也回到了軍部。項英主動去拜訪葉挺，勸他打消辭意。但葉挺去意已決，要回到已遭日本入侵的老家廣東組織武裝打游擊[54]。項英不得不在當天向中共中央軍委和周恩來報告：「葉之辭職係（越）堅，本問題無可挽回。」

儘管做了挽留，但作為中共領導人之一，要說項英對葉挺這樣一個早年脫黨，又是被國民黨安排來的人的存在毫無芥蒂，那顯然不是實情。這其中更多的並非針對葉挺本人，而是在他內心希望新四軍能徹底不看國民黨的臉色。此刻眼見留不住葉挺，他反倒萌生了一個想法，覺得這也許是進一步擺脫國民黨牽絆的機會。所以在同一份電報裏他又表示：「新四軍問題應直接由周與蔣解決繼任人。以後新四軍與八路軍共同由黨直接解決各種問題，才是根本之辦法。」這顯然是要求新四軍能和華北的八路軍擁有一樣大的自主權。

身處與國民黨交涉第一線的周恩來，卻不認為事情有項英說得那樣簡單。他和葉劍英在十一月二日給項英的電報裏表示：「為著統一戰線的繼續發展，希夷回軍部工作是有利的。」還說：「至於工作關係不良，可以改善，而且應當改善。」話中透出對項英的批評。

53　《葉挺將軍傳》三〇七頁。
54　相關情況，見《項英傳》四〇三－四〇四頁。

　　但在維護中共對新四軍的控制權這個根本的問題上，周恩來、葉劍英都毫不含糊，指出：「新四軍應保持我黨領導，不能改變現行制度，此事已向蔣說過，希夷不應有異議。」[55]

　　可能正因為「不能改變現行制度」遷就葉挺，在這之後的一段時日裏，周恩來等人並不堅持要葉挺非回新四軍不可。

　　葉挺離職後直接回到了廣東，國民政府廣東負責人余漢謀十分歡迎，立刻委任他官職，中共廣東地方組織也對他採取支持的態度。葉挺很快拉起了一支武裝[56]。就連項英也決定送給這位出走的搭檔幾百支槍，還準備把一批廣東籍的幹部派過去工作[57]。

　　可是，蔣介石知道余漢謀任用葉挺卻極為生氣，罵他做了蠢事。委員長心裏很清楚，葉挺雖脫離中共，但政治立場依然傾向共產黨，所以才沒有好好約束新四軍。現在此人又跑到廣東拉隊伍，肯定還是會讓中共掌握領導權，那豈不是第二個新四軍？

　　蔣介石下令余漢謀撤銷對葉挺的任命，葉挺也必須離開廣東。

　　與此同時，蔣介石又向中共方面表示，葉挺已經離開新四軍，新四軍的問題必須重新解決，要另行委派軍長[58]。

四、「我今天既不是共產黨，也不是國民黨」

　　葉挺雖然脫黨，但畢竟願意接受中共的領導。如果蔣介石再派一個軍長來，在此時的形勢下，只會是位反共份子，至少會是個不聽從共產黨指揮的人。這是中共絕不想看到的。

　　為防止這種情況發生，延安急忙致電周恩來，讓他把葉挺約到重慶談話，「要葉挺向蔣表示願回新四軍工作」，並堅決反對國民黨另派軍長。同時指示「應確[定]葉之在新四軍之實際地位與實際職權，以堅定其在新四軍之安心工作」[59]。

55　項英和周恩來等人的往來電報內容，見《周恩來傳》（二）五四六－五四七頁。
56　相關情況，見《葉挺將軍傳》三〇八－三〇九頁。
57　《項英傳》四〇五頁。
58　蔣介石在廣東活動的態度，見《葉挺傳》三三一頁。
59　〈中共中央書記處關於反對蔣介石重新解決新四軍問題致項英等電〉（一九三九年一

周恩來、項英、葉挺在雲嶺

周恩來接到指示後，立即告訴廣東中共組織改變對葉挺的支持。

被國民黨罷了官，又得不到共產黨的協助，葉挺唯一的選擇只有離開廣東去重慶[60]。

得知葉挺的困境後，項英曾在十二月十六日向中共中央和周恩來、葉劍英表示：「希夷在廣東既不能取得名義，最好勸他回新四軍工作。」對葉挺的出走，他依然不認為新四軍方面有什麼過錯，此時想讓葉挺回來只是覺得「因他受此刺激，若能加以解釋，轉變觀念，或有回四軍工作可能」[61]。

但要葉挺回新四軍，僅有「解釋」是不夠的，必須考慮滿足他的一些意願。周恩來在一九三九年一月八日向中共中央書記處提出：「我的解決原則，共產黨的領導必須確定，工作關係必須改變。」他的具體建議是：把項英和葉挺在新四軍委員會的職務顛倒一下，「葉正項副，項實際上為政委」[62]。

書記處兩天後回電同意周恩來的想法，表示：「共產黨對新四軍之政治領導不能改變，但應尊重葉之地位與職權」，認為項英可「多注意四軍總的領導及東南局工作，而將軍事指揮與軍事工作多交葉辦」，還要「在新四軍幹部中進行教育，以確定對葉之正確關係。因葉挺工作問題之解決，影響新四軍前途及全國同情者對我之態度，關係頗大」[63]。

接到上級指示，項英立刻開會傳達，並要求要利於葉軍長行使領導職權，軍事工作要請葉軍長為主處理，甚至政治機關也要主動彙報情況，對葉挺的生活保障要搞好[64]。

月），《新四軍・文獻（一）》一〇八頁。

60　葉挺離開廣東的情況，見《葉挺傳》三三二－三三三頁。

61　《項英傳》四〇五頁。

62　〈周恩來建議葉挺任新四軍委員會主任致中共中央書記處電〉（一九三九年一月八日），《新四軍・文獻（一）》一〇六頁。

63　〈中共中央書記處同意葉挺為新四軍委員會主任致新四軍等電〉（一九三九年一月十日），同上書一〇七頁。

64　《項英傳》四〇五－四〇六。

葉挺到重慶後，周恩來與他詳談。葉
挺告訴周恩來：自己不是黨員，工作困
難，大家信任度差，只把他看作統戰對象；
而如果入黨，蔣介石勢必不信任他，這對
新四軍並無好處，那樣的話他就只能去八
路軍工作。

一九三九年葉挺赴江北巡視

周恩來告知葉挺中共中央對新四軍委員
會的新安排，希望他以中共的大局為重，並
說要和他同去皖南。葉挺終於同意重歸新四
軍[65]。

這就是周恩來那次與項英商定「向北發展」等方針的皖南之行，送葉
挺回工作崗位也是此行的目的之一。為了樹立葉挺的地位，周恩來不惜給項
英一點尷尬。在抵達後的歡迎宴席上，項英率先代表東南局和新四軍向周恩
來敬酒，按說作為中共在東南方面及新四軍的最高負責人，項英的動作不算
有什麼毛病，但周恩來硬是沒有回應，直到葉挺也跟著敬酒，他才起身舉
杯[66]。

項英當然清楚周恩來的用意，在之後兩個人就葉挺辭職風波交談時，他
從自己一方做了辯護，同時也承認有交流不及時，有時方法簡單，可能引致
誤會。還坦言跟葉挺在一些問題上看法不一致，比如他參加六屆六中全會走
後的第二天，一個從延安來的幹部葉道志，因為不願在新四軍工作，想去八
路軍，便擅自帶槍離隊，要回延安。被抓回後，葉挺將他槍斃。項英回雲嶺
後認為處理得太簡單、太重，但已無法挽回。四十五年後的一九八三年，葉
道志才獲平反。

即便如此，項英也沒有表現出對葉挺有多麼強烈的不滿，反而對延安以
往發給新四軍的電報中，在收報人位置很少寫葉挺的名字提出意見，認為這
容易引起誤會。在這之後，中共中央給新四軍的電報中葉挺的名字開始多了
起來[67]。

---

[65] 周恩來和葉挺談話的情況，見《葉挺傳》三三三－三三四頁。

[66] 《葉挺將軍傳》三一六－三一七頁。

[67] 項英與周恩來的談話，見《項英傳》四〇六－四〇七頁。

中共中央指示：「軍事指揮與軍事工作多交葉辦」，項英當然奉命行事。在周恩來走後，他和葉挺商量了由張雲逸統一指揮長江以北新四軍，開闢皖東根據地等戰略。到四月下旬，葉挺還擔負起了巡視江北部隊的重任，項英又指派鄧子恢等高級幹部隨行[68]。

就在這次巡視中，發生了處決新四軍四支隊司令員高敬亭的事件。

高敬亭是一位久經沙場的中共將領，四支隊就是他一手帶出來的隊伍。但可能正因為如此，此時的他才不願讓自己的人馬多冒風險。上級命令他向皖東推進，他卻想在安徽中西部的舒城、桐城和廬江一帶建立根據地，結果是四支隊遲遲不動。早已到江北的張雲逸反覆做工作，高敬亭依然行進緩慢[69]，延誤新四軍「向北發展」的戰略展開。加上他手下兩名親信投向了桂系，使他的問題更顯嚴重。六月上旬，高敬亭被葉挺等人扣押[70]。

對高敬亭的違抗軍令，項英的主張是耐心教育，認為：「若操之過急，又會生變，而且無效。」他在五月四日致電中共中央書記處，建議以毛澤東的名義給高敬亭發電報，給以慰勉，提出希望，還擬好了慰勉電的內容[71]。

但項英的努力最終無效，因為國民黨方面也決定處置高敬亭。

按當時的戰鬥序列，四支隊歸屬國民政府第五戰區指揮。五月二十四日，安徽省主席廖磊向五戰區狀告四支隊「在皖省橫行騷擾」，一共指控了七項罪名。五戰區將此事轉報蔣介石，蔣很快回覆，准許將高敬亭槍斃[72]。

處決高敬亭這樣一個中共將官，自然不能排除國民黨打擊異己的因素。但也應該看到，控告高敬亭的廖磊雖然有過嚴酷鎮壓共產黨的歷史[73]，但在抗戰期間，他與中共的關係還是比較友善的[74]。國民黨系統的軍法也很嚴苛，至少是隨意性太大。比如曾有這樣的事，安徽省府下屬的幹部訓練班一

---

[68] 見同上三五一一三五二頁、四〇七頁的相關記載。

[69] 相關情況，見《張雲逸大將》一五〇一一五一頁。該書沒有提高敬亭的名字，只稱其為四支隊的「領導同志」。

[70] 高敬亭下屬投奔桂系和他本人被扣押，見《葉挺將軍傳》三二六一三二七頁。

[71] 《項英傳》三五二頁。

[72] 《項英傳》三五三頁。

[73] 一九三二年，中共廣西領袖人物韋拔群被殺後，廖磊把韋的首級懸掛示眾，見《新桂系與中國共產黨》四十八頁。

[74] 陳良佐：〈新桂系統治安徽初期的片斷回憶〉，《新桂系紀實》中集三〇四一三一七頁。

個學員向廖磊報告被當地一名軍官毆打，廖磊竟下令把
那位軍官處死[75]。

廖磊

　　接到國民政府軍委會處決高敬亭的命令後，葉挺
毫不猶豫地加以執行[76]，如果不是早年在國民黨軍隊裏
見識過嚴刑峻法，他未必會如此痛快地遵命。和他在一
起的張雲逸、鄧子恢對此似乎也沒有提出異議。其後很
長時期內，中共都無人指責殺掉高敬亭有什麼不對。

　　中共中央這時給項英來電，指示：「爭取教育改
造四支隊，對高採取一些過渡辦法。」

　　但還沒等項英把延安的意見轉給葉挺，高敬亭已在六月二十四日被槍
決[77]。

　　由於四支隊屬五戰區，國民政府的處決令並沒有經過三戰區的皖南新四
軍軍部，項英事後才驚訝地得知高敬亭的死訊[78]。

　　葉挺回到皖南後，項英把中共中央對高敬亭的指示告訴他，葉挺只能表
示懊悔：「遲了，遲了！」[79]

　　盡管不贊成處死高敬亭，但既定事實已成，高敬亭也畢竟嚴重違紀，
而且江北新四軍此後可以較快地向東發展，葉挺也由此表現出對中共工作的
積極，所以項英對葉挺的工作還是表示欣賞，在給延安的電報中說：「此次
解決高敬亭，葉最堅決，起作用很大而很努力，在政治上對黨均有極大進
步。」[80]他萬不會想到許多年後，殺高敬亭的責任將被算到自己的頭上。

　　一九七五年高敬亭的女兒要求澄清父親的事，毛澤東做出指示：「我意
此案處理不當。其責任我懷疑主要是項英。」一九七七年四月，高敬亭被平
反[81]。

[75]　劉立道：〈新桂系在安徽的一些政治措施及其與C.C.的鬥爭〉，同上書三七六－三九
　　　二頁。
[76]　《項英傳》三五三頁。
[77]　中共中央對高敬亭採取過渡辦法的電報和高被處決，見《葉挺傳》三四〇－三四一頁。
[78]　《項英傳》三五三頁。
[79]　《葉挺將軍傳》三二八頁。
[80]　同上三四一頁。
[81]　高敬亭平反的情況，見同上三二七頁。

一九三九年葉挺全家

回軍部後的葉挺很快又陷入鬱悶之中，雖然他成了新四軍委員會名義上的一把手，但只要他和中共的實質關係沒有改變，他就不可能真正參與中共對新四軍的關鍵決策，與那些中共幹部的領導間也必然存在障礙，讓他依然感覺有職無權。到了這年九月，葉挺為新四軍經費和編制問題又離開了雲嶺[82]。到重慶後，因為蔣介石起初不肯增加新四軍軍費，他憤而第三次提出辭職，才換來國民政府多撥了一些經費[83]。心緒煩亂的葉挺沒有回皖南，卻去了香港、澳門[84]，明確對中共方面表示，打算在此住較長時間，不想再回新四軍了[85]。項英派沈其震到澳門請葉挺重新工作，又發電報敦促他以新四軍數萬部隊生存發展為重，就經費和編制耐心跟國民黨交涉[86]。葉挺這才返回重慶，但仍對人說：「我今天既不是共產黨，也不是國民黨，情況如此複雜，卻要我擔負這麼大的擔子，我實在幹不下去了」[87]。

經過周恩來的說服，又命新四軍派人接葉挺[88]。這才有袁國平的重慶之行。葉挺終於在袁國平的陪同下，在一九四〇年八月回到雲嶺[89]。

由於黨內黨外的關係，或許還有個性上的差異，項英與葉挺之間談不上多麼親密融洽，但顯然也不是尖銳對立，互不相容。對於直接妨礙他施展身手的項英，葉挺心裏當然不無怨氣，但他也明白自己的狀況是在中共軍隊中一個非黨人士很難避免的宿命，並非項英一人之過[90]，所以他還是跟作為新

---

[82] 《項英傳》四〇八頁。
[83] 葉挺與國民政府的交涉，見《葉挺傳》三五〇頁。
[84] 《葉挺將軍傳》三四五頁。
[85] 《葉挺傳》三五〇－三五一頁。
[86] 《葉挺將軍傳》三四六頁。
[87] 《葉挺傳》三五一頁。
[88] 《葉挺將軍傳》三五〇頁。
[89] 《項英傳》四〇九頁。
[90] 葉挺在皖南事變中新四軍部隊即將覆滅時發給毛澤東等人的電報中稱，此次失敗「政委制

四軍的真正掌舵人的項英保持了一種有距離但又不算生疏的關係。直到後來皖南事變時，他才對項英產生了強烈的不滿。

五、「分批走蘇南為好」

項英很快就知道了葉挺要辭職的消息，當即命令停發電報。但是晚了，電報已經發出，毛澤東他們在兩天後的三十一日收到了此電。

項英急忙找到葉挺，懇切談心，探究原委。

一番交談下來，項英終於明白，葉挺這回辭職是因為看到了毛澤東二十六日那份痛批新四軍領導的電報。

收到二十六日電報的時候，項英曾猶豫過要不要拿給葉挺看。畢竟電文內容十分嚴厲，向黨外的人展示似乎不大好。可是如果不給葉挺看，日後被他知道只怕又引起誤會，覺得不受信任。況且這份電報事關轉移北上的大事，不讓軍長知道，又如何跟他討論部隊接下來的行動。葉挺這一次從重慶回來以後，表現也十分積極，對中共中央的所有指示都堅決擁護。項英他們研究討論事情也都請他參加，共同來做決定。此次中央來電雖然是批評新四軍的領導，但首當其衝的無疑是項英，與置身黨外的葉挺的關係可以說不算很大。

想過這些，項英決定把電報交給葉挺。現在事實證明他起初的擔心並非多餘。

葉挺告訴項英，自己辭職絕不是要逃避責任和鬥爭，只是根據歷史的教訓，他既然無能力擔負起對全軍的重大責任，就不要等負不下來的時候再做抉擇，那時就來不及了。

葉挺說的歷史教訓，應該還是指待在新四軍總共一年多的日子裏的種種矛盾和尷尬，仍舊是覺得自己當不了這座大廟的方丈。

項英自然明白葉挺的意思，趕忙極力向這位名將解釋黨對他的信任。還有在目前嚴重的形勢下，葉挺作為軍長在與國民黨的鬥爭中的重要作用。又專門請葉挺提出解決北上轉移任務的意見。

□□□之缺點實亦一因」，表明他知道自己不能在新四軍施展有政治結構的原因，見〈葉挺關於突圍無望致毛澤東、朱德、王稼祥電〉（一九四一年一月十一日），《新四軍・文獻（二）》一一〇頁。

葉挺顯然還是希望新四軍能從蘇南走，因為他覺得向北突破長江的天然阻隔和人為封鎖是很困難的。對此項英當然也清楚，從以後發生的情況看，他並不反對葉挺繼續爭取走蘇南的想法。

葉挺還和項英一樣認為，現在對國民黨應該有明確的鬥爭策略。這話暗含的意思是，延安的決策反覆多變，讓人很難把握。

談話談了整整一個上午，葉挺終於「暫時打消」辭職之意。

項英馬上發電報給中共中央，報告解決此事的情況。

報告完畢後，他又對中央二十六日電報裏的嚴厲批評做了一點回應，

項英先聲明「對中央任何指斥和處罰我都接受」，再說明自己做的不過是「只求能解決問題保存基本力量，打破國民黨陰謀而不致自待失敗」。他並不改變原來的看法，依然強調「目前到江北困難是突過封鎖與長江」。還指出：「目前對國民黨應有一種對策，這是葉與我們均有此意見。」

對中央在電報裏說他無辦法、無決心，項英沒有多做辯解，只說：「我認為應顧及許多事實，絕非怕困難無辦法，目的是能保持這一力量的大部，這是整個鬥爭的要求，乃是我們的責任。」

項英最後表示：「對中央的二十六日電，我只申明了幾點，目前只求解決問題，我有任何錯誤，願受任何處罰，絕不堅持意見，而絕對服從於黨。」[91]

做完這件事後，項英重又全身心地投入到紛繁的部隊轉移準備中去了。

葉挺則在第二天三十日給顧祝同發了份電報，再次請求把轉移時間延期[92]。

這顯然是他和項英使的緩兵之計，意在給國民黨方面造成錯覺，讓顧祝同以為新四軍一時還不會走。如此一來，即便此人真有堵截襲擊皖南部隊的圖謀，也許就不會急著實行。等他發現新四軍已經開拔，再想追殺只怕是來不及了。

這一招是否騙過了顧祝同？從以後的事實看，顧長官至少是沒有想到新四軍會那樣快地啟程。他的部隊此刻還在慢吞吞地向雲嶺四周靠近。

---

[91]　項英阻止葉挺辭職及他就此事給中共中央的電報，見《項英傳》四五五—四五六頁。

[92]　《國民黨的「聯共」與「反共」》四三三頁。

皖南的國民黨軍行動雖遲緩，但延安的中共中央卻收到了一個不詳的警訊。

在重慶的周恩來得到一份情報：「李品仙已在布置襲擊我的陰謀。」

周恩來搞到的這份情報，可能是指李品仙二十五日要求在中共部隊不肯北撤時「廓清之」的命令，中共的情報人員很可能沒看到這項計畫的原文，只是從間接的管道瞭解到一些不充分的訊息。甚至也不排除他們得到的是李品仙十一月間奉何應欽、白崇禧之命準備堵截新四軍的布置情況，而不知道這個行動已經作廢。　在當時紛繁複雜的環境中，不能苛求中共方面進行極為精確的情報分析，何況身處國共關係緊張的形勢裏，對任何一個危險的訊號都不能掉以輕心。

周恩來忙向延安報告：「江南部隊分地渡江有危險」，建議「仍以分批走蘇南為好」[93]。

三十日這天，毛澤東也給周恩來發了份電報，主要內容是關於此前中共給劉斐的一份電報，那份電報以朱德、彭德懷、葉挺、項英的名義請求把皖南新四軍部隊的撤離日期延緩到明年的二月十五日，黃河以南和長江以北的八路軍與新四軍則「實在困難移動」[94]。此電還沒有發給劉斐，現在毛澤東告訴周恩來，電報先不發了，「大家意見以拖一下為好」。也就是說皖南新四軍延期撤離的事暫且不必去請求國民黨的同意，只管按自己的時間表去做。看得出雖然曾急火火地要項英他們快走，但估量了全國的形勢，覺得並無大礙後，毛澤東這時又想對國民黨的要求採取拖延策略。

拖下去的話，就更有可能惹惱國民黨，可是毛澤東不怕：「他們反共，讓他們去反，剿共也讓他們來剿，反得全國天怒人怨，那時我們再表示態度，率性不著急。」[95]

毛澤東如此「不著急」，應該是他還沒有收到周恩來的報警電報。等收到閱讀之後，他就不能不著急了。

---

[93]　相關情況，見《國民黨的「聯共」與「反共」》四三四頁。

[94]　〈朱德、彭德懷、葉挺、項英為新四軍北移及蘇北事件等致劉為章電〉（一九四〇年十二月十八日），《皖南事變（資料選輯）》一一一──一一四頁。劉為章即是劉斐。

[95]　電文內容，見〈毛澤東關於緩複劉為章電等問題致周恩來〉（一九四〇年十二月三十日），《皖南事變（資料選輯）》一二四──一二五頁。

　　雖然先前怒氣沖沖地指示項英不惜代價北移，現在又說「剿共也讓他們來剿」，可這並不等於毛澤東甘願看到新四軍蒙受不必要的損失。所以他和周恩來一樣，不敢忽視一點不利的資訊，尤其是在皖南新四軍即將轉移的關鍵時刻。

　　毛澤東急忙和朱德在當天給葉挺、項英發去電報，告知周恩來的情報，表示：「我們同意恩來意見，分批走蘇南為好。」[96]

　　新四軍北移的路線就這樣在瞬間又發生了變化。

　　轉移的計畫雖然高度保密，下面的官兵們卻早從各種跡象裏看出馬上要有大行動，各自紛紛議論說，大部隊渡江的日子不會太遠了[97]。誰也沒想到部隊轉眼間又不渡江了。

　　北移不過江也就只有去蘇南，可那一樣要從國民黨軍的地盤上走過。李品仙想襲擊新四軍，誰敢保證顧祝同就不想？軍部的偵察人員已經發現，駐紮在這條路上的國民黨軍五十二、一〇八兩個師正在向新四軍駐地方向調動兵力[98]。

　　剛剛挨了中央狠批的項英不能再在這件事上去和延安爭辯，只有在服從命令的前提下做具體的運籌。

　　國民黨方面已經禁止新四軍經過蘇南轉移，現在如果還要走，就必須徵得三戰區的同意，否則蘇南也同樣不安全。新四軍軍部忙給顧祝同發去電報，請求讓皖南部隊「主力到蘇南」[99]。

　　電報發出去了，可是大家心裏都明白，很難指望顧祝同會收回成命。

　　如果北渡和直接東進都走不通，那該怎麼辦？

　　應該是在這個時候，項英才把先率部隊南下，繞過多數的國民黨部隊，再轉向東去蘇南的想法提上議程。

[96]　〈毛澤東、朱德關於新四軍皖南部隊應分批經蘇南北移致葉挺、項英電〉（一九四〇年十二月三十日），《新四軍‧文獻（二）》九十頁。

[97]　陳仁洪：〈英雄的後衛團〉，《皖南事變回憶錄》一五二─一七〇頁。

[98]　〈葉挺、項英關於蔣介石陰謀及請示行動方針致毛澤東等電〉（一九四〇年十二月二十五日），《新四軍‧文獻（二）》八十六頁。

[99]　〈新四軍決定皖南部隊全部經蘇南北移致毛澤東等電〉（一九四一年一月一日），同上書九十三頁。

　　根據軍部參謀處作戰科長李志高提供的情報[100]，在南下繞行的路線上，可能碰上的國民黨軍只有一個四十師。這個情報是準確的。項英他們由此判斷，如果向南從涇縣、寧國和旌德之間穿過去的話，就可以跟攔在東進正路上的國民黨五十二師和一〇八師脫離接觸。到那時阻礙部隊前進的只有國民黨的第四十師。用九千人的皖南部隊對付原本不是正規軍的一個師，估計應該沒問題。

　　這樣終於確定：向南[101]！

　　這樣一個方向雖說此前可能有所考慮，但顯然沒有人想到會真的走上這條路。副參謀長周子昆到參謀處布置轉移的具體工作時，李志高便提出這樣走不妥，而且準備不足。周子昆則認為這條路上國民黨力量不多，「問題不大」。李仍持不同意見，結果被項英叫去一頓訓斥：「不走，說我沒有主張；要走，你又說準備不及。你們怎麼搞的！」[102]說項英沒主張的並非李志高，而是毛澤東。項英顯然憋了幾天的氣，此刻藉著訓李志高發洩了出來。

　　皖南新四軍決定走南線的時間應該是在三十一日前後，也在這一天，蔣介石依然相信國共關係不會鬧出大亂子，這很可能是因為他接待了新任的蘇聯駐中國武官崔可夫。

　　雖然崔可夫對蔣介石全無好感，認為那是「一個無論如何都不能信任的人」，但既然肩負著史達林「幫助蔣介石」的使命，他就不能憑個人的感受行事，所以來到重慶後，不管周恩來和葉劍英怎樣說蔣介石的頭號敵人不是日本，而是中共及其武裝[103]，他仍然對蔣介石擺出比較友善的姿態[104]。

　　蘇聯此時已答應向中國提供武器，這也讓蔣介石吃了一顆定心丸。在他看來，中共離不開蘇聯的幕後支持。而蘇聯此時與日本關係很僵，所以對抵抗日本的中國國民政府也就很友好，不會讓延安跟重慶徹底鬧翻。這樣的話，就算國共之間有衝突，「中共當不致擴大叛變」[105]。

---

[100]　甘發俊：〈評長篇歷史小說《皖南事變》〉，《皖南事變研究與爭鳴》三〇四－三一二頁。

[101]　走南線的理由，見《項英傳》四四六－四四七頁。

[102]　〈項英為什麼南走茂林〉。

[103]　《赴華使命》四十九頁。

[104]　同上四十四頁。

[105]　〈皖南事變發生、善後及結果〉。

　　毛澤東也認為國共之間不會出大事。同在三十一日這天，中共中央向各地方發出指示：「蔣及國民黨雖然其勢洶洶的舉行進攻，實則他們很怕內戰，很怕根本破裂國共合作，故其決心仍有動搖之可能」，所以對「蔣之命令，中央決定報之以冷靜與不理」[106]。

　　在人們的信心與憂慮中，一九四〇年結束了，一九四一年來到了。

---

[106] 〈中共中央關於粉碎蔣介石進攻的戰略部署的指示〉（一九四〇年十二月三十一日），《皖南事變（資料選輯）》一二五－一二七頁。

第十五章

不能避免的衝撞

一、「我們決定全部移蘇南」

一九四一年一月一日上午的皖南，靠近長江南岸的新四軍三支隊剛吃過早飯便召開了營以上幹部會議。支隊司令員張正坤先給大家分析了一番形勢，然後宣布：軍分會已於十二月二十八日做出了全部北撤的決定。

張正坤（左3）和周子昆（右3）等在一起

聽到這個決定，會場氣氛立時活躍起來，眾人交頭接耳，準備了這麼長時間，終於要過長江啦。

可是張正坤接下來的話卻令人驚訝，他說軍分會決定部隊首先南下，過茂林，然後向東經欀橋、寧國附近，再向北到蘇南溧陽一帶，待機過江。為了防止國民黨軍搞突然襲擊，保證軍部北撤安全，軍分會決定三支隊迅速南下，於五日拂曉趕到茂林附近，隨軍部一起行動。

剛剛還議論紛紛的人們這時全都沉默了。一個多月來，他們一直在為北渡努力做準備，如今卻要調頭向南，這個一百八十度的轉變，難免叫眾人在心理上一時轉不過來，也不明白上級為何放著捷徑不走，卻要捨近求遠繞圈子[1]。

---

[1]　相關情況，見〈英雄的後衛團〉。

十二月二十八日的會議雖然決定轉移，但沒有最後敲定具體的路線。沒有參加會議的張正坤並不瞭解情況，他現在這樣說，顯然是接到了軍部具體的指示，於是便以為是那次會議的決定。

軍部方面此刻正式發出南下轉移的命令，是因為得到了顧祝同對它請求「主力到蘇南」電報的答覆。

顧祝同的回答是：「只允一個團」走蘇南，皖南新四軍「主力仍經江北」[2]。

既然如此，皖南新四軍也就真的只有向南走這一條路了。儘管葉挺還想做打通東進路線的努力，但部隊必須現在就做南下的準備。

從當時的狀態推斷，南下的指示可能就是在早飯前傳達到三支隊的。由於走南線的決定是在短時間內做出的，參謀人員連那裏的地圖都沒備好，只能突擊油印[3]。在這樣的匆忙中，軍部方面大概沒來得及對計畫的變動做詳細說明，所以三支隊領導人可能並不清楚軍部這樣做的意圖何在，或許對自己多日費心的準備付諸東流也有意見。張正坤在後來的事變中就抱怨說：如果過長江就不至於吃虧[4]。面對下級的疑惑，他們沒有多做解釋，政治部主任胡榮只做了簡單動員，表示要教育部隊，做好思想工作，不能帶著問題上路，一切按照軍分會的決定執行。

不管理解不理解，命令都是要服從的。開完會後營幹部們返回各自的部隊，做開拔的準備[5]。

也在一日這天，項英以軍部的名義致電毛澤東、朱德、王稼祥並轉劉少奇和陳毅，報告與國民黨交涉，顧祝同只允許一個團走蘇南的情況。說明國民黨軍「正調動布置，尚未完畢，並增七十九師四十師到太平、旌德一帶，其計畫為封鎖圍殲我」，對眼前的平靜，他估計是國民黨方面「怕我先動，故示緩和」。而日軍也在長江江面上增加了兩艘兵艦汽艇，「不斷梭巡」，新四軍就是「少數人也不能偷過」。

---

[2]　〈新四軍決定皖南部隊全部經蘇南北移致毛澤東等電〉。
[3]　〈悲壯的史詩〉。
[4]　林植夫：〈皖南事變親歷記〉，《皖南事變回憶錄》二十一至三十二頁。
[5]　胡榮的簡單動員和指揮員回各自部隊做準備，見〈英雄的後衛團〉。

　　講完面對的敵情後，項英說出了皖南新四軍的選擇：「我們決定全部移蘇南，趁其布置未定即突進，並採取作戰態勢運動。發生戰鬥可能性極大，我們如遇阻擊，即用戰鬥消滅之，遇強敵則採取游擊繞圈，至萬不得已時，分散游擊。」[6]

新四軍在雲嶺進行射擊訓練

　　「移蘇南」有兩條路線，新四軍要走哪一條？項英並沒有點明。後來有人因此指責他對中央隱瞞，實情應該並非如此，項英在電報裏含糊其詞的原因在葉挺的身上，他始終堅持認為新四軍直接向蘇南東進有利，就在項英發這份電報後，葉挺仍致電顧祝同，試圖拓寬向東的通道，以他的實際地位，這樣做不可能不經過項英的同意，為了給部隊盡可能多爭取到一條生路，項英當然不會反對葉挺再試一次與顧祝同溝通。正因為對東進還抱有一絲希望，項英才沒有在電報裏把話說死。

　　葉挺給顧祝同的電報是在二日發出的，內容是告訴這位司令長官，新四軍「決定先派一團於虞（七）日經前指定路線進入蘇南，轉至敵後，分路北渡，餘仍待臨時費及彈藥補給後，再就原地設法北渡」，「如萬不可能時，仍懇准予轉經蘇南」[7]。

　　任誰都能看懂葉挺的意思，還是不願放棄原先跟顧祝同、上官雲相商定的蘇南路線。

　　顧祝同做何反應呢？

　　他屬下的三戰區部隊這時還在不緊不慢地展開戒備新四軍的部署。作為中路部隊之一的四十師二日開進雲嶺東南方約四十公里處的三溪，為避免與新四軍發生摩擦，暫時停止前進[8]。五十二師和一〇八師此刻仍呆在通往

[6]　〈新四軍決定皖南部隊全部經蘇南北移致毛澤東等電〉。
[7]　〈上官雲相關於新四軍經蘇南北移致黃紹耿電〉（一九四一年一月三日），《新四軍·參考資料（二）》三九〇頁。
[8]　〈國民黨第四十師方日英部圍擊皖南新四軍軍部戰鬥詳報〉（一九四一年一月四日─十五日），《皖南事變資料選》（上海版）一九九─二二〇頁。

蘇南的駐地[9]。一四四師還在行進途中[10]，七十九師剛剛進入雲嶺西南方，相距也約四十公里的太平[11]。三戰區並未下達消滅新四軍的命令，對於新四軍即將轉移的行動也一無所知。它派駐新四軍的另一位聯絡參謀陳淡如這一天還在向林植夫打聽：「新四軍什麼時候走呀？」林植夫騙他說：「早哩。」陳淡如竟信以為真，急忙去涇縣打電報跟三戰區彙報[12]。從這一點可以看出，直到這時候，皖南新四軍與國民黨方面不僅繼續維持著表面比較和諧的關係，雙方一些軍人之間也仍有不錯的交往，否則陳淡如不會那樣輕信。

這些情況表明，顧祝同對新四軍雖有防範，但心情還是比較放鬆的。根據種種動向，他相信皖南新四軍這回是真心要走。自己已經關照下屬不得為難他們，其轉移的路上已無阻礙，看來長時間困擾的難題終於要解決了。至於軍事上的布置，那不過是以防萬一。面對葉挺的來電，他不會不清楚那字裏行間的用意，也知道不可能滿足老同學的要求，但又不想一口回絕，免得刺激對方，節外生枝。於是他用拖延的辦法，把葉挺的電報擱置起來，不做答覆。不過即已答應放新四軍一個團從蘇南過境，也沒理由反悔，所以第二天的三日他便告知上官雲相，葉挺那邊會有一個團走蘇南，要他對下邊的部隊「飭屬知照，予以協助」，當然顧長官也想到新四軍口稱走一個團，實際可能會走兩個團、三個團，所以又指示上官雲相，要「派員偵察該軍過境情形及人槍輜重等數目具報」[13]。

為了能讓新四軍儘快離開三戰區，顧祝同不惜替他們說話，三日這天他又給蔣介石發電報：「深察葉挺對於北調命令，已有決心奉行。此次與之磋談亦頗具誠意，一再囑職請求鈞座，諒其苦衷，得使江南部隊順利北調。」

9　五十二師一月六日才奉令朝茂林方向出動，見〈國民黨第五十二師劉秉哲部圍攻皖南新四軍軍部戰鬥詳報〉（一九四一年一月），同上書二三五一－二七七頁。一〇八師於五日開始行動，見《國民黨第一〇八師戎紀五部圍擊皖南新四軍軍部機密日記》（一九四一年一月四日－十八日），同上書二九九－一三〇四頁。

10　〈國民黨第一四四師唐明昭部圍擊皖南新四軍軍部戰鬥詳報〉（一九四一年一月五日－二十日），同上書二七八一－二九八頁。

11　〈國民黨第七十九師段霖茂部圍擊皖南新四軍軍部戰鬥詳報〉（一九四一年一月），同上書二二一一－二三四頁。

12　〈皖南事變親歷記〉。

13　〈皖南事變的發生、善後及結果〉。

甚至認為新四軍所要求的經費「似可照發」，而且已經決定「彈藥擬即先發，步機彈十萬發飭分批具領」[14]。

這天蔣介石也發出電令，指定新四軍從皖南直接過長江後「應在無為附近地區集結，爾後沿巢縣、定遠、懷遠、渦河以東睢州之線，北渡黃河，遵照前令進入指定地區：沿途已令各軍掩護」，「所請補給，俟達到指定地點，即行核發」[15]。

也在這一天，上官雲相的三十二集團軍和新四軍之間發生了一件異常情況。

二、「別了，三年的皖南」

三日上午，三十二集團軍的無線電臺忽然發現呼叫不到新四軍的聯絡電臺，連電話也打不通。

無線電臺向武之棻報告，武之棻也覺得不對，一面要電臺繼續呼叫，如還不通就請友軍協助同時呼叫，一面又命令雲嶺東邊的五十二師派人檢查電話線路。

五十二師領命後派出了查線班，尋查了十餘公里的時候，天黑了下來，看不清情況，只好返回，等明天再來[16]。

這一天，新四軍與延安的聯繫依舊暢通，毛澤東和朱德發來電報，對項英向蘇南進發的決定深表贊同地說：「你們全部堅決開蘇南，並立即開動，是完全正確的。」[17]

也在這一天，莫斯科的季米特洛夫給毛澤東發來電報，認為：中共與國民黨的決裂「不是不可避免的。您不該將破裂作為出發點」，而是要「避免內戰的擴大」[18]。

---

[14] 《國民黨的「聯共」與「反共」》四三三—四三四頁。

[15] 〈蔣介石關於新四軍北移路線致葉挺電〉（一九四一年一月三日），《新四軍·參考資料（二）》三八九頁。

[16] 相關情況，見〈上官雲相策畫指揮皖南事變經過〉。

[17] 〈毛澤東、朱德關於新四軍皖南部隊立即開蘇南致葉挺、項英電〉（一九四一年一月三日），《新四軍·文獻（二）》九十四頁。

[18] 楊奎松：〈莫斯科與延安關係的另一種紀錄〉，《開卷有疑》一〇一—一二〇頁。

一夜平靜地過去了。

四日一早，五十二師的查線班又出發了。他們剛剛比昨天多走了約五公里，就碰到了新四軍的哨所，哨長聽了情況後對他們說：「你們那段既然查過沒有斷線，那一定是我們這段不通，我派人報告軍部，派通信部隊儘快修通好了。」

話說得合情合理，查線班向五十二師師部報告，經師部准許後返回[19]。

這似乎表明，新四軍是在轉移前夕，有意掐斷了與國民黨那邊的聯絡，其實這並不是事情的本來面目。

這次聯繫不通，在電話上或許是新四軍有意為之，因為在撤離前拆除線路等工作會需要一定的時間，所以提前一天中斷通訊是有可能的。但在電臺方面，則很可能是三十二集團軍自己的技術問題，因為直到四日的晚上，新四軍電臺還試圖呼叫三十二集團軍，以拍發葉挺、項英給蔣介石、何應欽、白崇禧、顧祝同、唐式遵、上官雲相等人的電報。按新四軍戰地服務團幹部錢俊瑞不久後回憶說：

「拍電時，因長官司令部之呼號不通，改請上官總司令轉發。」[20]

錢俊瑞的說法明顯有誤。按當時的隸屬關係，新四軍是上官雲相三十二集團軍的部隊。像這樣給更高級官長的電報，理應先發往三十二集團軍，再由其轉給顧祝同的長官司令部，最後上達蔣介石等人。沒有理由先越級與戰區長官部聯絡，不成後再來找頂頭上司上官雲相。從武之棻的相關回憶可以判斷，與錢俊瑞所說的正相反，新四軍的這份電報應該是先要發給三十二集團軍，卻因呼叫不通作罷。也就是說新四軍這一刻仍保持著與國民黨方面的聯絡，實際上，在部隊沒有離開三戰區地盤之前，維持跟國民黨軍的通訊管道無疑是有好處的。

錢俊瑞的說法還給人一種印象，新四軍在呼叫上官雲相不通後，緊接著便給顧祝同發了電報（只不過在他的說法中把順序弄顛倒了）。其實按現有檔案材料的記載，這份電報是在第二天的五日才發出的[21]。聯繫不上三十二

19　相關情況，見〈上官雲相策畫指揮皖南事變經過〉。

20　〈皖南慘變記（節錄）〉。

21　〈葉挺、項英關於新四軍北移延遲原因及請友軍讓道致蔣介石等電〉（一九四一年一月五日），《新四軍‧文獻（二）》一〇一—一〇二頁。這份電報不只是發給顧祝同，也發給蔣介石、何應欽、白崇禧、唐式遵、上官雲相等人，但主要對象應該還是顧祝同。

集團軍後，新四軍當晚沒有再發電報。原因很簡單，按照轉移計畫，他們必須出發了，電臺也只能停止工作，隨軍撤走。

新四軍原定二日即出發，但因大雨延期[22]到了四日，離葉挺發出「萬不可能時」，請求皖南新四軍仍全體走蘇南的電報已過了兩天，顧祝同遲遲不做答覆，部隊已經在雲嶺周圍集結完畢，轉移行動不能再推延了。

形勢如此，項英等人決心立即向南開動。在這期間，項英曾給延安發去電報，講明自己的意圖，那就是先對南面包圍我之頑軍佯示威脅，吸引頑方注意，然後突然東進轉蘇南[23]。

轉移的新四軍部隊被重新編組為三個縱隊，分北、中、南三路行進，後來有人批評這樣做分散了兵力，而在當時項英他們做此部署是為了盡可能控制轉移途中周邊的重要據點[24]，以防國民黨利用有利位置襲擊。項英還計畫派特務團的一個營向西南的太平、黃山佯動，想把國民黨軍的注意力吸引到那裏，以掩護主力部隊向東轉進[25]。

就在新四軍要出發的時候，忽然有人要求見葉挺等人，這個人就是陳淡如，他是在這天回到雲嶺的。

葉挺、項英、周子昆都在忙著部隊調度，但也不好冷落這位陳參謀，便讓袁國平出面去接待他。

陳淡如見到袁國平後，說出的話竟是要新四軍暫緩開動，免生誤會。

這個國民黨軍官此刻提出的建議，不僅與新四軍的意向不符，也完全違背他的上司三戰區長官們盼望中共部隊快走的意圖。

他究竟想幹什麼？

唯一合理的解釋是，陳淡如可能已經探聽到新四軍此番要往南開進。他也許並不知道葉挺、項英進一步的動作，但完全清楚這樣一來新四軍將會被視為叛亂，從與林植夫的交往看，陳淡如跟新四軍關係比較友善，袁國平也是他的舊交。他不願看到同胞相殘的悲劇，又不能洩露國民黨方面的情況，只有請求新四軍先不要走。

---

[22] 〈皖南慘變記（節錄）〉。

[23] 〈中共中央軍委參謀部關於皖南事變的軍事教訓的總結〉（一九四一年一月二十日），《皖南事變（資料選輯）》二六九─二七二頁。

[24] 《皖南事變本末》一〇六頁。

[25] 〈皖南事變親歷記〉。

　　新四軍何嘗不知前路的艱險，但在他們的角度看，南下已是危險最小的選擇，更不可能因為一個小小的國民黨軍官就改變既定的決策。不過得知陳淡如的話後，葉挺、項英還是再次提醒部隊加強警惕。

　　對於陳淡如，為防他向國民黨報信，葉挺、項英要袁國平對他說明新四軍業已開動，請他暫留其中，理由一是實地觀察新四軍是否要襲擊友軍，二是如果沿途友軍阻難，請陳參謀幫忙勸止。

　　陳淡如點頭答應，但心裏明白自己已被扣留[26]。

　　在這之後的午夜時分，皖南新四軍終於開始轉移了。

　　連日來一直在下的雨此時仍不停歇[27]。漆黑的夜幕下，新四軍部隊在細雨中唱著袁國平作詞，軍中作曲家任光等譜寫的告別皖南的歌曲：〈別了，三年的皖南〉[28]，踩著濕滑泥濘的道路，艱難地南行。

　　在這次轉移中，皖南新四軍顯露出平日駐守時難以察覺的問題，即大規模行軍的經驗不足。

　　由於在皖南待了三年，新四軍自認對這裏的地勢情況很熟悉，所以此次行軍沒有請嚮導，結果在這個難辨方向的雨夜，軍部機關只走了十五里便出了問題，踏進了一片水田[29]。

　　不過，這還不算很糟。在一條叫青弋江的河流前，部隊遇到了更大的困難。軍部教導總隊的工兵隊搭起了一道浮橋，此前他們在這條江上多次演練過架橋，但是幾天陰雨下來，江水上漲，水流湍急，給架設增加了難度，雖然工兵隊還是完成了任務，可是由於通過的隊伍太多，橋體逐漸承受不住，當駄著槍砲、彈藥的運輸隊騾馬踏上橋面時，浮橋終於在中間的連接處斷裂，不少人落入江中。工兵們見狀也不顧一切地跳進冰冷的水裏，肩膀頂起橋腳。有的部隊也改由淺處涉水過江。

[26]　陳淡如與袁國平談話及被扣，見〈皖南慘變記（節錄）〉。

[27]　王世忠：〈回顧皖南事變〉，《皖南事變回憶與思考》七十一九十五頁。其中提到新四軍轉移時已是「連續幾天的綿綿陰雨」。〈皖南慘變記（節錄）〉中也說這時是「淒風苦雨」。

[28]　《項英傳》四五七頁。另據陳念棣〈悲歌一曲留汗青〉所說，告別的歌曲有兩個版本，分別由任光和新四軍軍部教導總隊俱樂部主任毛中玉譜曲，作詞者都是袁國平，見《皖南事變回憶與思考》二一五—二一七頁。

[29]　《皖南一九四一》一二二頁。

　　經過奮力搶修，浮橋重又暢通，但這時已近黎明[30]，部隊的行進速度已大大減慢，直到五日下午，所有人馬才全部到達南邊茂林鎮一帶[31]。這時雨也停了[32]。

三、「我們和共產黨勢不兩立」

　　此時上官雲相那邊正對新四軍的情況摸不著頭腦，他們前一日明明承諾了修通電話線，可直到現在電話、電臺仍舊聯繫不通。三十二集團軍總部的人對此意見不一，有的說新四軍這是要遵照期限北渡長江，撤電話線時沒有及時通知五十二師，但也有人認為新四軍突然斷絕聯絡，可能是採取敵對行動。不過最初的時候，根據新四軍近來的舉動，多數人的估計還是樂觀的，覺得新四軍不敢不服從命令，如今到底開走了。

　　但是，情形的發展卻越來越令這些國民黨軍人不安，如果說新四軍在轉移的話，那麼在中斷聯繫的兩天裏，駐紮在新四軍周圍的部隊理應能夠看到他們通過自己的防區了，可是一直沒有人報告發現新四軍的蹤跡。

　　上官雲相坐不住了，趕忙下令：「五十二師派戰鬥部隊隨同查線，務必查通，一直查到雲嶺，到他軍部所在地，查明情況具報。」

　　他又命令：「四十師由三溪鎮北進至櫟橋河，並派隊向北搜索。」

　　五十二師和四十師接到命令都不敢怠慢，忙派出部隊查詢搜索。

　　五十二師讓一個排跟著查線班來到昨天那個新四軍的哨所，卻發現哨所已撤，人跡全無。

　　查線班再往前走，終於發現從師部一直完好無損地延伸的電話線到此處斷開了。自己這邊的斷頭被隨意地甩在地上，新四軍那邊的斷頭和整條線路則無影無蹤。

　　查線班這時似乎還不明白發生了什麼，只是繼續向前查找。然後又發現沒看到架設電話線路的線桿，依然沒有意識到事情的嚴重，反倒猜想新四軍

---

[30]　浮橋的情況，見〈回顧皖南事變〉。

[31]　《皖南一九四一》一二四頁。

[32]　〈回顧皖南事變〉，但文中提到在六日的時候軍部和教導總隊還在「雨雪中前進」，說明惡劣的天氣到這時仍沒有完全結束。

茂林

可能用的是被覆線，所以不用架設線杆。他們取出自己帶的被覆線接好斷頭，接著前行。

他們一直走到雲嶺附近，既沒有看到一個老百姓，也沒有新四軍的影子。只在一個岔路口發現了許多馬蹄印，熟悉戰馬足跡的人判斷是往南去的。路兩邊還有部隊休息過的痕跡。

到了此刻，這些國民黨官兵才感覺異常，他們沒敢徑直走進雲嶺，調頭順著馬蹄的印跡向南搜索過去。他們朝南一路搜尋到一條叫舒溪的小河邊，什麼情況也沒看到，河上連一條船都沒有。只得原路返回[33]。

此時的茂林潘村，新四軍重新架設了電臺，並向延安報告了自己的位置[34]。被留在新四軍中的陳淡如這時也給三戰區寫了份電報，內容是反對跟新四軍搞摩擦。他把電報稿交到林植夫手上，林植夫又交給袁國平，袁看完一笑，放進口袋了事[35]，他和林植夫都認為陳此舉是為了保命，自然不肯在這上面多費時間。

陳淡如的電報沒發出，但新四軍前晚沒能發出的給三戰區方面的電報現在終於發給了顧祝同。在電報中葉挺、項英強調了皖南部隊未能按期轉移的諸多理由，對國民黨方面加以批評，並表示他們清楚三戰區最近的種種部署，「項莊舞劍必有用意」。接著宣布，他們「率皖南全部部隊遵行顧長官電令所定路線轉經蘇南分路俟機北渡」，這裏仍是在拿顧祝同准許一個團走蘇南的指令做擋箭牌。他們希望「沿途友軍」有「讓道之高風」，保證「必不有意尋釁於三年駢肩之戰友也」[36]。

33　上官雲相部隊查尋新四軍蹤跡的情況，見〈上官雲相策畫指揮皖南事變經過〉。

34　〈毛澤東、朱德關於趁國民黨頑固派軍隊布置未就突過包圍致葉挺、項英電〉（一九四一年一月七日），《新四軍‧文獻（二）》一〇三頁。

35　〈皖南事變親歷記〉。

36　〈葉挺、項英關於新四軍北移延遲原因及請友軍讓道致蔣介石等電〉。

據錢俊瑞的回憶，四日晚在給上官雲相和顧祝同發電報的同時，新四軍還致電周邊的五十二師、一四四師、七十九師、四十師、新編第七師和一〇八師等友軍，懇請他們協助新四軍轉移[37]。

這後一份電報應該也是五日才發出的。據四十師副師長陳士章後來回憶，皖南事變爆發的前一天，他曾見到葉挺送來的一封信，請求讓路。

陳士章在回憶裏把皖南事變爆發的日期提前了一天，但事變發生前夕接到新四軍訊息的記憶錯誤的可能性不大，因為重大變故前後的事情，理應給他頭腦中留下比具體時間更深的印記。他所說的葉挺的信，也應該就是新四軍給國民黨軍各師的那份電報。

葉挺、項英發這種電報，除了想盡可能爭取和平轉移，還要起到迷惑對手，讓其搞不清自己的動向。用直接送信上門這樣鄭重的方式，等於告訴四十師，新四軍肯定要從他們的防地經過，如何達到迷惑的效果？

然而戰爭就像賭博，任何謀略都可能有預料不到的負面效應。新四軍的電報反讓四十師方面起了疑惑，按三戰區劃定的路線，葉挺、項英無論如何也走不到自己的地盤，那又為何發來這樣的電報[38]？

他們很快就知道了答案，按照上官雲相的命令派出的搜索隊很快就來到了三溪北面的榔橋河一帶，並發現了情況。這天下午三十二集團軍總部接到了四十師的人從那裏打來的電話：「山口附近發現新四軍便衣部隊，並續有增加。」[39]

大約在這同時，管轄新四軍渡青弋江地點的國民政府章渡區署也向涇縣報告了新四軍南下的行蹤[40]，只是這份報告未必能立即送到上官雲相手裏。

有了四十師的報告，大概就足以讓上官雲相覺得可以認定新四軍沒有遵照命令向北開動，而是別有企圖。

在茂林那邊，好不容易渡過青弋江的新四軍渾身濕透，疲憊不堪，後續到達的部隊還根本沒時間休息。以這樣的狀態繼續前行的話，遇到國民黨軍

---

[37]　〈皖南慘變記（節錄）〉。

[38]　四十師接到新四軍電報後的反應，見陳士章：〈四十師在皖南事變中襲擊新四軍經過〉，《新四軍・參考資料（二）》八三二—八三九頁。

[39]　〈上官雲相策畫指揮皖南事變經過〉。

[40]　〈陳冠群關於新四軍向茂林方向開拔的報告〉（一九四一年一月五日），同上書三九一頁。

時顯然難有勝算。軍部於是決定，在茂林休整一天。當然這不等於所有人都睡大覺，還要派出小股人馬向前進行警戒行動[41]，實則是在探路。

為了慰勞辛苦的官兵，新四軍的部隊、機關從下午開始紛紛組織同樂會，搞各種文娛表演[42]，晚間還舉辦告別晚會，袁國平在會上講話，宣傳新四軍離開皖南是忍辱負重，珍重團結抗戰的局面[43]。

就在講話前後，袁國平拿著地圖找人部署特務團向黃山、太平的佯動[44]。

同一個晚上，上官雲相在三十二集團軍總部召開了作戰會議，對新四軍的意圖做了三種判斷：（一）新四軍北開，分成幾股潛入日軍後方，找機會渡江。（二）新四軍化整為零，偷偷越過國軍守備線的後方，到蘇南的大茅山再集中，然後去鎮江過長江。（三）新四軍利用三十二、二十三兩個集團軍結合部的空隙，從荻港、涇縣、旌德一線穿插，跑到南邊的黃山或者天目山去發展根據地。

上官雲相總結道：「第一個判斷，新四軍如被日敵發覺，渡江不成功，有腹背受敵之不利，再說第五十二師、新七師守備部隊都未發現有新四軍部隊越出防線；第二個判斷有可能，但新四軍戰鬥力分散，有被我各個擊破之不利，況各防區迄未發現有新四軍的部隊活動；第三個判斷可能性最大，若新四軍一舉進出旌德，就可以不遭任何阻礙，在我大後方隨意行動，我們的後方聯絡線就被截斷，我們陷於腹背受敵，蘇南、皖南抗日防線就變成游擊區。新四軍逃出被包圍的不利形勢，對共產黨是很有利，對抗日形勢極不利。真的演成那種局面，再加一倍兵力也難消滅新四軍了。」

於是他下了決心：「現即照第三個判斷做準備，我們要索敵主力包圍殲滅之，這是我們的作戰方針。指導要領要靈活運用。先授意各部隊進駐機動位置。就這樣擬定作戰計畫吧！」

開完會上官雲相又專門對武之棻說：「據我多年剿共作戰的經驗，判明敵情就得當機立斷，下了決心立即行動。你快做計畫，下命令。我先用電話

41　《皖南一九四一》一二四－一二五頁。彭嘉珠：〈前衛營的戰鬥〉也提及警戒行動，見《皖南事變回憶錄》九一－一一〇一頁。

42　〈皖南慘變記（節錄）〉。

43　《皖南一九四一》一二五頁。

44　〈悲壯的史詩〉。

對各部隊長直接指示要旨，部隊先做推進行動，並派員來部受領命令。我們和共產黨勢不兩立，共產黨若是成功，你我死無葬身之地。」

武之棻迅速擬定了作戰計畫，總的方針為：對日軍僅留少量部隊守備防線，集中優勢兵力索新四軍主力包圍而殲滅之[45]。

一九四一年一月六日早晨七時左右，新四軍派出警戒的一個排與四十師一二〇團的便衣搜索隊遭遇。新四軍要前進就必須擊退國民黨的攔截，國民黨軍則不可能允許新四軍不按規定路線行動，雙方無可避免地衝突起來，互有人員死傷和被俘[46]。震驚中外的皖南事變就這樣爆發了。

四、「你這個團是豆腐嗎？」

事變發生的當天，新四軍軍部在茂林的潘村開會，討論接下來的行動。葉挺提出往回打，從南陵、宣城殺出去，這仍是他一直主張的走蘇南的路線。

但此時朝宣城方向攻擊，仍然要面臨五十二師和一〇八師優勢兵力的阻擋，這也正是項英不願直接東進的原因。事實上這時的五十二師與一〇八師的部隊因為執行警戒日軍，掩護新四軍北上的任務，還都待在原來的防地，攔在新四軍前面的只有四十師，也就是說，新四軍出發前的敵方態勢並沒有什麼變化，只要打敗四十師，一切仍不成問題。

在轉移前新四軍負責人就明白，不管怎樣走，都難免與國民黨軍隊發生衝突。在項英、袁國平、周子昆看來，既然四十師所在位置依然是國民黨方面最薄弱的環節，那就沒理由走回頭路，而應該堅持原定方案，奮力打開敵人防線的缺口。

基於這樣的判斷，項英等多數人沒有同意葉挺的意見。會議決定繼續前進[47]，新四軍的三路縱隊從北到南依次由球嶺、薄刀嶺和丕嶺、高嶺出擊，然後三路會攻三溪西北方的重要據點星潭，然後再打三溪，直搗四十師師

---

[45]　上官雲相對新四軍動向的估計與應對，見〈上官雲相策畫指揮皖南事變經過〉。

[46]　相關情況，見〈前衛營的戰鬥〉和〈國民黨第四十師方日英部圍擊皖南新四軍軍部戰鬥詳報〉，新四軍方面稱殲滅對方便衣隊十餘人，活捉兩個俘虜。國民黨則稱「激戰約二小時，將匪擊退，斃匪十數名，俘三名，獲短槍一支」。

[47]　潘村會議的情況，見《皖南一九四一》一二六─一二七頁。

丕嶺

部[48]。掃掉四十師的障礙後，部隊就可以轉道東去蘇南了。

對於皖南新四軍的動向，重慶的蔣介石此刻並不知曉。但他指定的中共部隊轉移期限過後已數日，八路軍和新四軍仍全無動靜，這顯然讓他十分惱火。

六日這天，蔣介石向第三和第五戰區發布命令說：「查朱、葉各部，尚未恪遵命令向黃河以北移動」，因此「決強制執行之」。方法是「並用軍政黨綜合力量，迫其就範」，還要「特須注意防止該部向江南山地及大別山或豫西流竄，影響大局」。同時為避免日軍趁國共內鬥之機進攻，蔣介石要求「我軍應以游擊戰要領避難就易，避實擊虛，計出萬全，勿致牽動全局」[49]。

但掌握了皖南新四軍最新情況的顧祝同，這時已經決定用正規戰而不是「游擊」來打垮對手了。六日下午一時以後，他下達電令：「葉挺、項英不遵命令以主力由皖南渡江就指定位置，乃擅率駐皖南所部於支晚開始移動，企圖竄踞蘇南，勾結敵偽，挾制中央。似此違背命令自由行動，破壞抗戰陣線，殊堪痛恨。為整飭紀綱，貫徹軍令，對該軍擅自行動[部]隊決予剿滅。」[50]

接到顧祝同的命令後，上官雲相也在下午五時下令[51]：「即以主力於明（七）日拂曉開始圍剿茂林、銅山徐一帶匪軍」[52]。五十二師也接到命令「南調剿匪」[53]。

大約也在這個時候，皖南新四軍各部重新開動，向堵截的國民黨軍挺進。

48　〈皖南事變要報〉，《新四軍・文獻（二）》一二一—一三〇頁。

49　〈皖南事變的發生、善後及結果〉。

50　〈第三十二集團軍關於「圍剿」皖南新四軍的戰鬥詳報〉（一九四一年三月），《新四軍・參考資料（二)》四〇二—四一三頁。

51　《皖南一九四一》一二七頁。

52　〈第三十二集團軍關於「圍剿」皖南新四軍的戰鬥詳報〉。

53　〈國民黨第五十二師劉秉哲部圍攻皖南新四軍軍部戰鬥詳報〉。

項英現在選擇的轉移路線確實是國民黨軍防禦最不足的地方，上官雲相也早知道南邊兵力空虛，如果被新四軍突破，「再加一倍兵力也難消滅新四軍了」。但當時對新四軍的南下還只是預測，現在預測雖然得到了證實，可是調動部隊也需要一段時間，此時只好讓四十師一家先頂在那裏，把希望寄託在他們的戰鬥力上。

四十師一開始的表現並不讓人看好。由於進入新防地的時間太短，倉卒之間他們在前哨陣地上連足夠的兵力都還沒來得及展開，有的防禦工事才剛剛修好[54]有的則還在修築。六日夜，當新四軍北路一縱隊的一個營趁黑摸上球嶺時，四十師在那裏駐守的大約只有一個連。經過半小時的戰鬥，被新四軍殲滅。

新四軍南路三縱隊本有兩個團，其中一個團被軍部留作後衛，發起進攻的只有原準備朝黃山、太平運動的特務團。它前方的高嶺根本沒有國民黨的守軍，三縱隊的人很輕鬆地翻了過去。

中路的二縱隊也用一個營進攻丕嶺，那裏的四十師也只有一個前哨加強連。新四軍拂曉前分兩路攻擊，僅二十分鐘便拿下丕嶺，殲滅對方一個排[55]。

七日這天上午，延安的毛澤東、朱德給葉挺、項英發去指示：「你們在茂林不宜久留，只要宣城、寧國一帶情況明瞭後即宜東進，趁頑軍布置未就突過其包圍線為有利。」[56]

話雖然這樣說，延安仍然不覺得會出什麼大事。毛澤東、朱德在同一天給劉少奇和陳毅的電報中認為，國民黨此次反共高潮只能是大吹小打，並指示：「應把此次反共高潮看作我們奠定華中基礎的機會，如同上次反共高潮奠定了華北基礎那樣。」為了對付國民黨，他們又指示彭德懷等人在六月底前準備好七萬機動兵力[57]。

---

[54] 關中一：〈浴血奮戰〉，其中提到四十師前哨兵力很少，「構築的野戰工事，土還是新的」。《皖南事變回憶錄》一〇二一一〇八頁。

[55] 新四軍各路行動情況，見《皖南一九四一》一二七一一三二頁。

[56] 〈毛澤東、朱德關於趁國民黨頑固派軍隊布置未就突過包圍致葉挺、項英電〉。

[57] 兩份電報的內容，見《毛澤東年譜一八九三一一九四九》中卷二五一頁。

　　毛澤東為未來做打算的時候，皖南新四軍正在奮勇地試圖突過國民黨軍的圍堵。二縱隊拿下丕嶺後窮追不捨，用兩個小時消滅了潰敗的敵軍[58]。

　　上午十時半，越過高嶺的三縱隊特務團向東推進，在一處叫濂嶺的南面碰到了正在修工事的四十師一個工兵連，兩方當即交火，半小時後工兵連被打垮[59]。三縱隊繼續往東殺到一個叫牛欄嶺的腳下，就在這時四十師一一九團三營也趕到此地，雙方立刻展開了激戰[60]。

　　四十師的抵抗也逐漸頑強了起來。二縱隊這時已衝到星潭西面的最後一道屏障山口，再進一步就能踏入星潭。但是四十師前哨的失敗給後面的部隊爭取了時間。二縱隊到達時，山口已經修好了碉堡，全力阻擊新四軍[61]。

　　如果說項英等人在此次軍事行動中有什麼錯誤的話，那就是低估了四十師的戰鬥力。由於皖南一帶的國民黨軍戰鬥表現一向不佳，新四軍對他們難免輕視[62]。以致以為新來的四十師也好不到哪兒去。

　　其實不然。

　　四十師的前身是宋子文的財政部稅警總團的人馬。曾參加一九三二年和一九三七年兩次上海抗戰，一九三二年「一・二八」抗戰時稅警總團有一個營官兵幾乎全部陣亡，一九三七年淞滬抗戰中，稅警總團陣亡軍官一百九十名，士兵四千一百四十三人，十八位戰鬥營營長戰死四人，傷十三人，全團近一萬五千人負傷。因為當初由財政部做後盾，這支部隊有十分精良的裝備，作戰素質也很高，士兵中少見的沒有一個文盲，軍事技術水準比嫡系的中央軍都好[63]。這應該正是上官雲相將它放在南路的原因。四十師沒有讓它的長官失望，憑藉地形和火力的優勢，把新四軍牢牢地擋在了星潭的大門外。

　　當然，在新四軍的猛攻面前，四十師的抵抗也很吃力，防守山口的一二〇團代團長蘇子俊向師長方日英請求增援，說官兵已有動搖之勢。氣得方日

---

[58]　《皖南一九四一》一三〇頁。

[59]　同上一三二頁。

[60]　〈國民黨第四十師方日英部圍擊皖南新四軍軍部戰鬥詳報〉。

[61]　《皖南一九四一》一三〇頁。

[62]　〈皖南事變縱橫談〉，文中提到：「那時輕敵思想較為嚴重，普遍認為國民黨軍不堪一擊。」

[63]　范國平：〈國民黨稅警總團浮沉記〉，發展導報電子版www.fzdb.cn（摘自二〇〇七年八月二十日）。

英大罵：「你這個團是豆腐嗎？打共產黨都打不了，你有什麼用？你命令下去，誰敢後退，我就殺誰的頭。」

光罵當然沒用，方日英又讓陳士章帶特務連的一個班去山口督戰。

陳士章到一二〇團陣地後，對面的新四軍正在搞宣傳攻勢，喊著「中國人不打中國人」等話語。陳士章急忙進行反宣傳，問官兵道：「現在是誰先打誰？」官兵回答：「是新四軍先打我們。」陳士章接著說：「我們不能再容許這種拉我們後腿的部隊存在，他們不但不抗日，現在竟然打起我們來了，這不是造反嗎？」官兵立刻激動起來，大喊著：「新四軍既然是抗日軍隊，為什麼不過江去抗日？為什麼打我們？」

重新被鼓起鬥志的一二〇團，有效地阻遏了新四軍接下來的攻擊[64]。葉挺和周子昆親臨前線也無濟於事[65]。

已是中午時分，二縱隊依然沒有大的進展[66]，只好暫停攻勢[67]。

仗該怎麼打？周子昆向葉挺建議回軍部開會討論[68]。

軍部就在離山口不遠的百戶坑，葉、周二人回來後便立即開會，葉挺力主繼續進攻，認為後退就是滅亡[69]。

在葉挺的堅持下，二縱隊新三團的一、二兩個營在下午重新發起攻勢，雖有所進展，但仍無法打開對手陣地的缺口[70]。

見持續作戰仍無效果，下午三時，軍部重新在百戶坑召集會議[71]。

---

[64]　四十師頂住新四軍進攻和心理戰的情況，見陳士章：〈蔣軍第四十師襲擊新四軍的經過〉，《皖南事變資料選》（安徽版）三三三－三四一頁。

[65]　《葉挺將軍傳》三八四頁。

[66]　〈浴血奮戰〉。

[67]　〈前衛營的戰鬥〉。彭嘉珠的新三團三營是進攻山口的先頭部隊，他在文中稱：「我們營在山口和敵人整整對峙了一天一夜。八日中午我們接到了轉移的命令。」可見攻勢是在七日中午出現了停頓。但其他部隊在這之後仍有進攻行動。

[68]　《葉挺將軍傳》三八五頁。

[69]　〈浴血奮戰〉。一般認為百戶坑會議是在七日下午三時召開的，但從闕中一的回憶看，在此之前的中午，軍部領導層至少聚在一起研究過進攻星潭的問題。

[70]　王培臣：〈難忘的日日夜夜〉，《皖南事變回憶錄》八十三－九十頁。

[71]　《皖南一九四一》一五二頁。

五、「你決定怎麼辦就怎麼辦」

　　二縱隊攻堅不利，南邊的三縱隊倒是又一次擊敗了對手，就在三時，與它拚殺的四十師一一九團三營受到重創，營長楊孝忠和手下一名連長先後被打死，官兵傷亡很大，全營不得不退卻[72]。三縱隊乘勝前進，據說直衝到離星潭只有約七公里的地方[73]。

　　但是四十師的部隊也開始反擊，經過激戰攔住了三縱隊的去路[74]。

　　這時中共中央已經得知了皖南部隊與國民黨軍起了衝突，忙將情況轉告給重慶的周恩來。周恩來立刻找到張沖，向他提出強烈抗議[75]。

　　遠水救不了近火，皖南的局面還得靠新四軍自己。

　　在百戶坑這邊，軍部會議時斷時續地開著，仍沒有做出最後的決定。葉挺不再主張強攻星潭，提出向太平方向出擊，甚至打出安徽省界，到江西的景德鎮去，那就離三戰區的總部上饒不遠了。

　　袁國平認為葉挺意見可以考慮，但項英反對，覺得這樣在政治上說不過去。

　　葉挺稱此時求生存第一，政治上說得過去與否為其次。

　　葉挺這個方案最終被否決了，具體理由現在已不清楚。不過如果照葉挺的想法行事，部隊將孤軍深入國民黨區域後方，更容易出現被包圍甚至消滅的結局。而且到沒有日本人的地方四處衝撞，在政治上確實會授人以柄，那時蔣介石也就有了充分的依據來加大打擊皖南新四軍的力度了。這應該正是項英擔心政治上說不過去的原因。

　　見方案遭否定，葉挺又提議繞開現在的山口，從百戶坑翻越右側的山嶺，由另一個坑口殺出去。但是這一通道有沒有也被國民黨封鎖，情況全不清楚。此刻已是黃昏，而部隊開動起來必在天黑以後，夜晚攀過沒有路的

72　〈國民黨第四十師方日英部圍擊皖南新四軍軍部戰鬥詳報〉。
73　〈皖南事變要報〉。
74　〈國民黨第四十師方日英部圍擊皖南新四軍軍部戰鬥詳報〉。〈皖南事變要報〉也在稱三縱隊「在離星潭約十五里處與敵激戰」後，再無進展的記載。
75　《周恩來年譜一八九八──一九四九》四八三頁。

山，其困難可想而知。要是先進行偵察，得到結果也只能在明天晨時。沒有把握地等待一夜，顯然並非上策。

在拿不出好辦法的情況下，李志高建議不惜任何犧牲，繼續進攻星潭。

項英雖然反對不計代價的做法，但顯然同意讓部隊再試一次，看能不能攻下山口。個人意見不被接受的葉挺也表示贊同[76]。

這時候國民黨方面正在組織起包圍圈。一〇八師也奉命南下，由北面壓向新四軍[77]。開到新四軍正東方向的五十二師部隊已占領榔橋，並擊敗了朝星潭前進的一縱隊[78]。一四四師占領了雲嶺，並朝茂林進發[79]。七十九師也在西南面進入對新四軍的進攻陣地[80]。

儘管如此，在東南方遭受猛攻的星潭此刻仍是國民黨軍鏈條中最脆弱的一環，新四軍在午夜又一次向它發起全力的衝擊[81]。

二十多年來一直流傳著一個說法，新四軍二縱隊曾經攻占星潭，只因聯絡不暢，沒能及時讓後方知道，結果導致軍部做出撤退決定，星潭也不得不放棄。但已有學者指出，國民黨軍的相關戰報裏講過其他地方失守，卻從未提到星潭落入新四軍手中。而且這種說法根本不提二縱隊怎樣攻下山口，此地乃星潭的門戶，如果不能越過這裏，二縱隊又如何占領星潭[82]？

所以，事實應是，新四軍對山口的最後總攻依然以失敗告終，星潭可望不可及。

百戶坑的會議上，軍部領導必須再次做出決斷。

此時北路的一縱隊和軍部的電臺聯繫已經中斷，南邊的三縱隊也無法趕來會合，三路會攻星潭已難以實現。讓中路部隊在星潭前面這樣耗下去，顯然是不行的。眼看形勢走向危急，葉挺心緒煩躁，據說他衝動地表示：「時

---

[76]　葉挺、李志高的建議及項英的態度，見《皖南一九四一》一五三－一五四頁。

[77]　〈國民黨第一〇八師戎紀五部圍擊皖南新四軍軍部機密日記〉。

[78]　《皖南一九四一》一三二頁。

[79]　〈國民黨第一四四師唐明昭部圍擊皖南新四軍軍部戰鬥詳報〉。

[80]　〈國民黨第七十九師段霖茂部圍擊皖南新四軍軍部戰鬥詳報〉。

[81]　〈國民黨第三十二集團軍上官雲相部圍擊皖南新四軍軍部戰鬥詳報〉（一九四一年一月十二月），《皖南事變資料選》（上海版）一六七－一九八頁。此文與〈新四軍‧參考資料（二）〉所載〈第三十二集團軍關於「圍剿」皖南新四軍的戰鬥詳報〉實為同一份文件，只是一些文字有出入。如對新四軍此次午夜攻擊記載，《新四軍‧參考資料（二）》上只說「牛欄嶺至坦里口一帶匪攻擊甚烈」，《皖南事變資料選》（上海版）則提到「山口匪傷亡達七八百」，確切表明山口發生了激戰。

[82]　相關考證，見《皖南一九四一》一三三－一五二頁。

間就是勝利，不能夠猶豫不決，不能夠沒有決心。我的態度是，錯誤的決心我也服從，現在就請項副軍長決定吧，你決定怎麼辦就怎麼辦。」[83]

項英並沒有因為葉挺這種話就自行做主，他繼續聽取大家的看法。這時周子昆提出了一個建議，部隊轉向從高嶺出去，與三縱隊會合，然後往太平運動。

這個建議吸納了葉挺先前的部分主張，即插入國民黨軍的後方作戰。雖然翻越高嶺可能會碰到七十九師，但在那一刻，這似乎是最不壞的選擇。眾人迅速接受了這項建議，決定自星潭撤離[84]。

過高嶺之後該怎麼辦，是否像葉挺建議的那樣繼續朝國民黨區域後方挺進？項英等人並不打算如此冒險，葉挺在會後向三縱隊五團布置任務時說，過高嶺後部隊將轉回涇縣方向，這顯然是軍部會議的最後決定，向前不行就往回走。

葉挺在潘村時就提議新四軍回撤，但他當時的用意是走由五十二師和一○八師把守的東路。此刻國民黨軍的情況還不清楚，事實上五十二師、一○八師也才剛剛開動，如果新四軍回頭，他們也完全可以迅速回防原地，繼續阻截。會議可能沒有對最後將走哪一條突圍路線做定論，顯然是想等衝過包圍後，根據情況再來決斷。

既然要通過高嶺，就要先控制高嶺。三縱隊特務團翻越高嶺時並未留人守衛，因為他們的任務是攻打星潭。國民黨方面，四十師忙於防守星潭，七十九師還沒到位。此時的高嶺，國共雙方都沒有一兵一卒。

新四軍的其他部隊都在前線，軍部身邊只有充當後衛的五團，占據高嶺的任務便由葉挺親自交到了他們的手上。軍部領導人這時已經考慮到，在國民黨的重重圍困中，新四軍可能不會全部突圍，所以葉挺告訴五團，完成任務後「可以分散獨立行動，在皖南堅持游擊戰爭，爾後待機過江」[85]。

五團領命後迅即在小雨中向高嶺進發了[86]。

---

[83]　一縱隊與軍部電臺聯繫的中斷及葉挺的激憤之言，見〈悲壯的史詩〉。

[84]　周子昆的提議和會議的決定，見《皖南一九四一》一五五頁。

[85]　葉挺談及部隊過高嶺後的走向和對五團的部署，見〈英雄的後衛團〉。

[86]　馬長炎：〈皖南事變的片斷回憶〉，《皖南事變回憶錄》一七一—一八六頁。

在這同時，軍部開始指揮二縱隊退出戰鬥，通知撤離的軍號聲在夜空中迴蕩[87]。二縱隊邊打邊走，直到拂曉時還有部隊跟四十師交戰[88]，也有的部隊根本不知道撤退，發現軍部所在地已無人才追隨而去[89]。

也在午夜到拂曉之間，牛欄嶺的三縱隊特務團遭到七十九師兩個團的猛攻，激戰之後不得不放棄牛欄嶺，退守到濂嶺[90]。

二縱隊要去高嶺，就必須重新翻越丕嶺。經過晝夜不停的戰鬥，部隊已十分疲勞，再一次攀爬山嶺，黑夜中又不能像三天前轉移那般地點火把照明，官兵更是困乏不堪。天亮後部隊不得不在一個叫里潭倉的地方休息，有人一頭栽到稻草堆上就睡著了[91]。

就在二縱隊的人熟睡的時候，三縱隊五團趕到了高嶺，正碰見七十九師部隊也在試圖搶占此地。五團憑藉先一步控制的有利地形猛烈開火，打退了七十九師的部隊[92]。

同樣在這個上午，顧祝同用載波電話[93]把皖南發生的戰事向蔣介石、徐永昌做了報告，他對新四軍行動的估計是：「非向鎮江一帶渡江，參加攻擊我韓德勤軍，即係絕不渡江準備竄擾後方。」[94]這其中不論哪一條路線，都是國民黨所不能允許的。

顧祝同又把對新四軍的作戰部署用電報發給何應欽[95]。直到此時，重慶方面才詳細暸解了皖南的情形。

皖南里潭倉這邊，睡了一覺的新四軍部隊起來吃過飯之後已近中午[96]，馬上還得繼續行軍。由於看到與國民黨衝突已成定局，軍部決定把一直帶在

---

[87]　〈浴血奮戰〉。

[88]　〈國民黨第四十師方日英部圍擊皖南新四軍軍部戰鬥詳報〉。

[89]　張日清：〈丹心照涇水，碧血染皖南〉，《皖南事變回憶與思考》十二－十七頁。

[90]　《皖南一九四一》一三三頁。

[91]　〈皖南慘變記（節錄）〉。

[92]　〈英雄的後衛團〉。

[93]　當時三戰區與重慶間已建立載波電話，見〈皖南事變親身經歷的回憶〉。為了迅速報告與新四軍交戰這樣重大的事，顧祝同應該使用這個電話。

[94]　《國民黨的「聯共」與「反共」》四三八頁。

[95]　〈顧祝同關於第三十二集團軍已開始圍攻皖南新四軍致何應欽電〉（一九四一年一月八日），《新四軍‧參考資料（二）》三九四－三九五頁。

[96]　〈悲壯的史詩〉。

身邊的陳淡如放掉。臨別前，陳淡如和新四軍人員禮貌地相互道謝[97]，這大概是皖南國共之間最後一次溫情的表現。

　　這時候的三戰區已經決心縮緊對新四軍的包圍圈，顧祝同在下午發出命令，要求將新四軍「限電到十二小時內一鼓而聚殲之，勿使逃竄分散為要」[98]。

---

[97]　〈皖南慘變記（節錄）〉。
[98]　〈第三十二集團軍關於「圍剿」皖南新四軍的戰鬥詳報〉。

第十六章

血肉相煎的搏殺

一、「衝不出來就打游擊」

　　新四軍的處境越來越困難了，五團雖然守住了高嶺，但卻無法進一步突破七十九師的圍堵，只能對峙僵持[1]。此時在複雜的山勢地形中，新四軍的戰鬥序列也出現了紊亂，由精幹人員組成的教導總隊，本是直屬軍部的，這時竟找不到軍部的位置了[2]。

　　軍部本來正常向南開進，走了兩三個小時卻遇上了特務團。原來是嚮導出錯，把他們帶到了濂嶺。軍部只得轉身重向高嶺進發，不等到那裏就看到了張正坤。

　　張正坤這時已是三縱隊的司令員，在高嶺方才的戰鬥中負了傷。他跟項英報告了突圍受阻的情況，項英聽後一言不發。

　　星潭衝不出去，高嶺也走不脫。面對著國民黨軍的重壓，項英此刻應該意識到，皖南部隊全軍覆滅並非沒有可能。

　　項英迅速召開新四軍軍分會會議，在葉挺介紹完高嶺的情況後，他決斷地說：「我們過來的地方，敵人已打進來，現在只有一條路，衝不出來就打游擊。」

　　從項英的話可以看出，他對新四軍整體突圍已經不抱多大希望，戰術的重點放在了打游擊上面。

---

[1]　見〈英雄的後衛團〉和〈皖南事變的片斷回憶〉。

[2]　羅德勝：〈在皖南突圍中〉，《皖南事變回憶與思考》一五○－一五六頁。

當然打游擊是「衝不出來」以後的策略，在沒有最後絕望之前，還是要盡量爭取把部隊完整地帶出包圍圈。會議決定，不惜犧牲，由茂林打開一條通路，然後再以游擊戰爭方針保存主力赴蘇北[3]。

國民黨方面哪裏肯放走新四軍，上官雲相在這晚九時下達總攻擊令：「務於明（九）日正午以前，將匪包圍於現地區而聚殲之。」[4]

這份命令被新四軍電臺截獲[5]，看著對手必欲置自己於死地，項英不能不做最壞的打算，在他下達的命令裏有「帶官不帶兵，分散打游擊」[6]的話。部隊在接到命令後並沒有分散，所以項英的意思顯然不是要部隊立刻散夥，而是做好危急時刻的準備。「帶官不帶兵」也顯然是想盡量讓軍部的幹部多些突圍的機會。

幹部是中共極為重要的財富，發動群眾、建立武裝和根據地全靠他們。項英要為新四軍保存一批精英的種子。中共中央在緊急時也曾有「爭取多帶些骨幹出去」的指示[7]，所以葉挺幾天後在向部下布置突圍時也首先強調說：中央要幹部[8]。

按照項英的指示，軍部機關給工作人員手裏發法幣，告訴他們如果部隊被打散，就自己設法突圍出去[9]。

深夜裏大雨和北風交織，此時唯一的好消息是，教導總隊終於找回了軍部[10]。葉挺命令他們做前衛，向前往茂林必經的高坦村行進[11]。周子昆又命軍部參謀葉超趕快組織新三團後面的部隊趕到前線去[12]。

新四軍的人馬在風雨中跋涉，四周漆黑一片，部隊相互間難辨方位，不少像林植夫這樣的軍部幹部和軍部領導走散了，也搞不清前方的情況，只能

---

[3]　相關情況，見《皖南一九四一》一六二頁。

[4]　〈第三十二集團軍關於「圍剿」皖南新四軍的戰鬥詳報〉。

[5]　《皖南一九四一》一六六頁。

[6]　童志強：〈皖南事變中新四軍軍事行動檢討〉，《皖南事變研究與爭鳴》一〇二—一一一頁。

[7]　〈項英為什麼南走茂林〉。

[8]　楊剛：〈突圍到無為〉，《皖南事變回憶錄》一四一—一五一頁。

[9]　《項英傳》四六六頁。

[10]　〈在皖南突圍中〉。

[11]　《皖南一九四一》一六三頁。

[12]　〈悲壯的史詩〉，葉超在文中提到自己所組織的後續部隊時只稱「三團」，《項英傳》四六三頁則指明為新三團。

摸索著走路[13]。項英、袁國平、周子昆等軍部領導人同樣跟各戰鬥部隊失去了聯繫[14]。隊伍處於混亂狀態。

好在高坦前線的戰鬥還有秩序。葉挺這時正在此地坐鎮指揮，進攻部隊除了教導總隊，還有新三團與老三團的一些部隊[15]，葉挺命令他們分頭側翼包抄，教導總隊則從正面猛衝，一舉拿下了高坦[16]。

但攻克高坦不等於突圍成功，還必須殺過國民黨軍一四四師這一關。

一四四師已占領茂林，正壓向高坦，同時七十九師的一個團也開到高坦附近，他們都與新四軍交上了火[17]，一時間周邊槍聲密集大作。不明狀況的人會以為部隊已處在混戰狀態，項英和袁國平等人就是如此。

子時過後，項英、袁國平、周子昆來到高坦村外。由於不是前敵指揮，又一直在行軍，不能跟前方及時聯絡，連葉挺在哪兒都不知道，他們顯然並不完全清楚戰事如何，只聽到槍聲很近，持續不斷，明顯是前進受阻。自己面前也是人員散亂，漫無秩序，照此下去，說不定什麼時候，國民黨兵就會衝到眼前來。

項英本來就不看好用正規戰突圍，這一刻就更覺得無望。想著幾年來辛苦經營的部隊可能就要瓦解，他的心情肯定無比沉重，袁國平、周子昆等應該也是同樣的感受，他們沒心思給自己找落腳的地方，跟許多人一起站在路邊淋雨。

這時軍部參謀葉超騎馬過來，他本是負責組織二縱隊新三團後續部隊趕往前線的，見項英他們急忙下馬，報告了完成任務的情況。可是他所說的在項英等看來已沒多大意義，聽完後誰也沒做聲。

葉超只好走到一邊跟其他人探問情況，得知葉挺就在約一百米外的汪家祠堂裏，他於是又向周子昆建議：軍首長在一起研究一下怎麼辦。

這句話流露出，認為形勢很嚴重的不只是項英等幾個人。

周子昆聽了葉超的建議覺得有道理，便要他去請軍長過來。

---

[13] 〈皖南事變親歷記〉。
[14] 《皖南事變本末》一四一頁。
[15] 〈難忘的日日夜夜〉。
[16] 《皖南一九四一》一六三頁。
[17] 同上一六三—一六四頁。

　　葉超來到汪家祠堂，見葉挺正在一間廂房裏烤火，身旁還站著他的侄子、副官和警衛員。

　　葉超又向葉挺建議首長們一起研究接著的行動，但沒說周子昆請他過去。

　　由於進一步突圍不見效，葉挺這時心情必定很糟。仗打到這個地步，他不認為是自己錯了，而是歸咎於項英等人不採納他的意見。現在聽葉超說還要研究，不由得動氣，忿忿地道：還有什麼研究的？只有堅決地打出去。

　　因為之前看到過葉挺和項英、周子昆的爭執，怕他又發脾氣，葉超就沒敢再說周子昆請軍長過去，只得蹲下來一起烤火[18]。

　　項英這邊還在等待，卻什麼也沒等來。

　　葉挺遲遲不見出現，葉超竟也一去不回頭，項英等人心中十分疑惑，他們很自然地想到，葉軍長大概是找不到了。

　　葉挺失蹤，意味著情況已非常危急，前方的部隊可能已經潰散，接下來該怎麼辦？

　　聽著近處的激烈的槍聲，看著面前紛雜的場面，項英覺得最後的時刻到了。現在軍部只有按自己先前的布置，部隊分成小股，各自突圍。

　　既然突圍的原則是「帶官不帶兵」，幹部就可以獨自行動。軍部的許多幹部都不在身邊，項英只有帶袁國平、周子昆一起上路。

　　項英顯然把自己的想法告訴了袁國平和周子昆，並得到了他倆的同意。

　　這時李一氓出現了，情緒低落的項英沒有多說什麼，只是拉起袁國平和李一氓的手，一聲不響地朝里潭倉方向走去。

　　周子昆走在他們前面[19]，他的警衛員黃誠正坐在路邊打瞌睡，周子昆推了他一下說「走啊」，黃誠急忙起身懵懵懂懂地跟著首長向前走[20]。

　　李一氓開始並不知道項英要做什麼，還以為在找地方開會，走著走著才發覺是要像三年游擊戰爭時那樣穿插。他當即表示要另外行動，設法帶著軍法處、祕書處和電臺的幹部突圍。項英馬上同意。

18　相關情況，見〈悲壯的史詩〉。
19　項英等決定突圍的情形，見《皖南一九四一》一六七－一六八頁。
20　〈項英、周子昆在皖南突圍中〉。

　　袁國平也想留下和李一氓一道，但項英說：今晚無把握，須待明天看清情況再決定。袁國平於是仍跟著項、周走了[21]。

　　據說他們從饒漱石面前經過，沒有跟他打招呼[22]。應該是因為天黑沒看見，不然不會連句客套也沒有。項英等人顯然沒打算把所有的領導人聚在一起走，在以游擊方式突圍的行動中，領導成員分頭走是正常的，這樣才能免遭人家一網打盡。

　　李一氓離開項英後遇到皖南特委書記李步新，很坦然地告訴他老項已經走了，顯然並沒有把這看作是有問題的行為。直到他來到汪家祠堂，發現葉挺在裏面時，或許才感覺到項英他們和自己原先的判斷有誤。本想告知項英的事，但可能也是此前見過葉挺和項英因為軍事行動產生的對立，項英此去不管怎樣，在客觀上都容易給人不告而別的印象，葉挺知道了怕會很受刺激。想到這些，李一氓最終沒把項英的離開告知葉挺。他對形勢的看法也未改變，仍然認為需要分散突圍。他沒有留在汪家祠堂，原因是項英等人才是他的領導，自己無義務和葉挺共存亡，就算是開小差，也是奉命的。於是他帶著李步新等三十餘名幹部突圍去了。

　　項英等人也沒有遮掩自己的行動，還找了一位原來地方上的中共幹部給自己帶路，從里潭倉村後上山，二縱隊有人看到了這一景象。

　　順著曲折的羊腸小徑從容地向山嶺中走去的項英[23]，根本就沒想到此舉將給他的政治地位帶來怎樣沉重的打擊。

二、「再不能讓項繼續負責了」

　　陪葉挺烤火的葉超，後來以出去查一下情況的理由離開了汪家祠堂，回到遇見項英等人的地方，卻發現幾位首長不見了，向其他人打聽，回答都是不知道。他只好又回到祠堂，跟葉挺報告了項英的消失，葉挺只「嗯」了一聲表示知道了，也沒有太在意[24]。

21　《皖南一九四一》一六八頁。書中沒有講袁國平聽到的話是誰說的，但從語氣判斷，應該出自項英之口。

22　同上一六九頁。

23　項英、李一氓等離隊的情況，見同上一六八—一六九頁。

24　〈悲壯的史詩〉。

直到九日天亮時，葉挺從前線視察回來，才吩咐李志高去把項英他們找來，商量攻打茂林的部署。李志高先派人去找，沒有找到，他又親自帶一個警衛班尋找，仍不見蹤影。

李志高感覺不妙，他當時以為項英等被國民黨軍捉去了，急忙回汪家祠堂報告。那裏的人得知此訊正驚疑不定，二縱隊政委黃火星報告，看見項英等人從里潭倉附近上山了。這時饒漱石已來到祠堂，聽到這個報告，立刻說出項、袁、周從自己面前走過的場景，斷定項英不辭而別[25]。

項英並沒有想甩掉葉挺，五天後饒漱石自己倒是真的這樣做了。

但在這一刻，項英的離去是大家關注的焦點，特別是葉挺尤其感到氣憤和不解。他向饒漱石說：「項英同志，這位新四軍的創造者走掉了，政治上我不能解釋，我不知道該說什麼。」

饒漱石的回答是：「在目前情況下，請葉軍長全面負責，指揮一切。」並且宣布了毛澤東要葉挺軍事上完全負責，項英所為只代表他自己的那番話。

對饒漱石的表示，葉挺沒有推辭[26]，這是他擔任新四軍軍長以來第一次真正有了自主權。

在瞬間成為皖南部隊主腦的葉挺和饒漱石，做的第一件事是發出致中原局並轉中共中央的電報：「今（九）日晨北進，又受包圍，現在集全力與敵激戰，擬今晚分批突圍北進。項英、國平、□□□□於今晨率小部武裝上行而去，行方不明。我為全體安全計，決維持到底。」[27]

發完電報後葉挺開始布置從高坦向茂林的進攻，他先把教導總隊投入戰鬥，鼓勵他們「為無產階級流盡最後一滴血。」此時的他顯然已經把項英看做是逃兵，對眾人說：「如果我葉挺臨陣脫逃，你們可以隨時把我槍斃。」[28]

這時候中原局已接到葉挺、饒漱石的電報，立刻給他們回電：「項、袁□□不告而去，脫離部隊，甚為不當，即在以前他們亦有許多處置不當，違

25 《皖南一九四一》一六九頁。

26 饒漱石對葉挺的推舉，見《葉挺將軍傳》三九二－三九三頁。

27 〈葉挺、饒漱石關於項英等行蹤不明致毛澤東等電〉（一九四一年一月九日），《新四軍·文獻（二）》一〇四頁。

28 《皖南一九四一》一七二－一七三頁。

反中央的指示，致造成目前困難局面。望你們極力支持，挽救危局，全力突圍走蘇南，並直令二支隊接應。」

劉少奇又立即致電延安，認為：「項、袁□□在緊急關頭已離開部隊，提議中央明令撤項職，並令小姚在政治上負責，葉在軍事上負責，以挽危局」，「無論如何，再不能讓項繼續負責了，早撤職一天，早好一天」[29]。

項英臨戰離隊，毛澤東、朱德收到這樣的報告難免感到驚異，急忙給劉少奇回電問：「你說項、袁□已離開部隊，我們尚未接到此消息。他們何時離開的，現到何處，希夷、小姚情形如何，軍隊情形如何，望即告我們。」

劉少奇又覆電告知他從葉挺、饒漱石那裏得到的項英離隊情況，並認為皖南新四軍此刻的困境是他們「到茂林拖了許多天，致受敵包圍」[30]。

確定項英離開部隊之後，中共中央決定立即改組原屬於項英的南方黨政軍系統，指示此刻就將東南局合併於中原局，由劉少奇領導。

劉少奇即刻把延安的最新指示告知葉挺、饒漱石，繼續批評「項英同志及袁、周二同志聞已離開部隊致使江南的黨頓失重心」，要求「全體黨員服從葉軍長及東南局與軍分會委員饒漱石同志之指揮」。

這天上午十時，葉挺、饒漱石召集皖南新四軍高級幹部會議，葉挺先說了一句「我現在是寡軍長一個」，然後告訴大家項英等人「去向不明」。接著饒漱石讀了中原局的兩份電報[31]，又指示眾人不要向下傳[32]。

在這之後，葉挺宣布，部隊現在要往回打，過茂林、青弋江，到銅陵、繁昌間北渡長江，今晚就以一路縱隊突圍。

其實與此同時，二縱隊已經在進行突圍的戰鬥了，但是一直打到下午都不見效果[33]。倒是被與軍部主力分隔開的一縱隊，由司令員傅秋濤指揮不顧一切地向外衝，總算在付出慘重代價後，不斷有少量人員逃出生天[34]。

高坦這邊，看著新四軍始終不能在國民黨軍防線上打開缺口，葉挺意識到一路突圍成功的可能不大。下午四時，他再次召集會議，決定兵分兩路

[29]　中原局和劉少奇的兩份電報，見《皖南事變（資料選輯）》一二九頁。

[30]　毛澤東、朱德與劉少奇的往來電報，見同上書一三〇頁。

[31]　相關情況，見《皖南一九四一》一七五頁。

[32]　《葉挺將軍傳》三九五頁。

[33]　相關情況，見《皖南一九四一》一七六－一七七頁。

[34]　同上一八五－一八九頁。

突圍，一路是二縱隊參謀長黃序周率領的特務團，繼續按原定的路線進擊，實際是牽制國民黨軍，掩護主力部隊突圍。另一路便是軍部的主力，由葉挺自帶轉向東北方，試圖從一〇八師和一四四師之間穿過去，再渡青弋江奔銅陵、繁昌[35]。

這時候的重慶，蔣介石在和白崇禧等人商量之後，終於決定對皖南新四軍「積極肅清」。也許是認為自己一方占了理，加上蘇聯似乎不那麼支持中共跟國民黨對抗，他相信這次打擊不會釀成國共關係的崩潰，他在這天晚上的日記中說：「中共絕不敢在此時有所叛亂也。」[36]

也在這個夜晚，皖南新四軍又一次進行突圍。黃序周帶領特務團朝章家渡方向走，很快就與一四四師遭遇，一場激戰之後，特務團被打散。黃序周率少部分人突過封鎖線，才又重新收攏了約六百人[37]。

葉挺這一路，為防國民黨軍襲擊，部隊選擇了沒有路的山坡行軍，在黑夜大雨的泥濘中跋涉非常艱苦，葉挺、饒漱石最後連馬都騎不了。黑暗中官兵的神經極度緊張，各部隊間因看不清面目，總以為對方是國民黨軍，結果時常開火射擊，自相驚擾[38]。

而在另一邊，黑夜卻又給了一縱隊突圍的機會。傅秋濤等少數人在十日凌晨衝出了國民黨軍的防線[39]。

到這天拂曉時，葉挺帶領的部隊只走了十幾里路，來到一個叫石井坑的山凹盆地。所有人都疲乏難支[40]，前鋒隊伍又被一〇八師部隊阻截，無法前進[41]。葉挺下令全體退守石井坑，搶占制高點，修築工事，休整部隊，防守待機[42]。

新四軍部隊向石井坑的運動被一群人看到了，那就是項英他們。

九日凌晨離開高坦後，項英、袁國平、周子昆和幾個部下在山裏轉了一整天。從前夜亂糟糟的心情中平緩下來的項英，這時或許已經感到，這樣匆

[35]　同上一七七頁。
[36]　《國民黨的「聯共」與「反共」》四三八頁。
[37]　《皖南一九四一》一七八—一七九頁。
[38]　《葉挺將軍傳》三九五—三九七頁。
[39]　《皖南一九四一》一八九—一九〇頁。
[40]　《葉挺將軍傳》三九六頁。
[41]　《葉挺傳》四一七頁。
[42]　《葉挺將軍傳》三九七頁。

忙地採取突圍行動，實屬不慎，可是也無法挽回。

傅秋濤夫婦與皖南事變突圍者

他們一行人又在一間破茅草屋裏睡了一夜，天亮時周子昆聽到山下傳來新四軍的軍號聲，急忙報告項英說：我們下去吧。項英立即同意。他們趕下山來，從這裏經過的是五團的隊伍，他們便跟著一起向石井坑前進[43]。

應該是在這時候，項英才瞭解到新四軍部隊還基本完整，也徹底明白了自己的行動已是怎樣嚴重的後果，但也只能追悔莫及。

三、「很歡迎他回來」

此時的石井坑，葉挺已經知道武力突圍越來越不可能了。身為軍人，他現在卻只好把希望寄託在政治手段解決衝突上。

葉挺和饒漱石向毛澤東、朱德、王稼祥發去電報，告知部隊「今已瀕絕境，幹部全部均已準備犧牲」，建議「由中央或重慶向蔣交涉立即制止向皖進攻，並按照原議保障新四軍安全移江北及釋放一切被捕軍部工作人員」[44]。

葉挺同時還把一份自己給蔣介石、顧祝同的電報呈給中共中央，是否發出「請延安酌定」。電文如下：

> 請延安酌定轉委員長蔣、司令長官顧鈞鑑：
> 此次事變，挺應負全責，百死不足，以蔽其辜，惟職軍全體將士在重圍中，轉戰五日，所為者惟遵命北渡。但所處境孤危，彈盡援絕。如蒙鈞座開一門戶予挺效命與（於）疆場之機會，則國家之福。浩雖引尾，漢亦所等地也。臨電惶恐，死罪死罪！

---

[43]　相關情況，見《項英傳》四六四－四六五頁。

[44]　〈葉挺、饒漱石關於部隊已瀕絕境請即向蔣介石交涉致毛澤東等電〉（一九四一年一月十日），《新四軍‧文獻（二）》一〇八頁。

職葉挺敬叩於涇縣重圍中

毛澤東對這份電報的批示是：「此報無轉重慶。」[45]

在葉挺發出電報之後，他得到報告：項英回來了。

項英等人隨五團在上午到達石井坑後，沒有立即去見葉挺、饒漱石。顯然是覺得這一天半時間裏的行為很難解釋清楚，也不知人家乃至中共中央對自己是什麼態度。懊悔的項英痛苦地流淚。

到了中午時分，同樣沒有突出去的李一氓等三十餘人也到了石井坑。

李一氓和李步新先去見了饒漱石，問他項英怎麼辦。

饒漱石明白此時內部團結為上，當即表示：「很歡迎他回來。」

李一氓當然知道對此次離隊事件，饒漱石不可能沒有看法，於是說：「你有什麼意見，可以把他找到外面去談。」

饒漱石完全懂得該表現出怎樣的態度，連忙回答說：「沒有，沒有意見，叫他回來，照原來那樣領導部隊，沒有問題，有什麼意見出去以後再說，我可以代表全體同志歡迎他回來。」

雖然還不知道延安命葉、饒負責的指示，但歷練多年的項英也不會不清楚，饒漱石的話只是顧及大局的客套。他依舊沒有和饒漱石見面，倒是周子昆和袁國平在下午先後去找饒，饒漱石對他們著意安撫，希望能繼續一起工作。還給周子昆出主意說：「你就說被敵人隔斷了。」

饒漱石又對袁國平講：「也許會遇到同志們對你不講話。但我相信，大家一起好好工作是沒有什麼困難的。」

袁、周的行動即便不是項英的指令，但他們回去後也會把饒漱石的友好態度告訴項英，項英也就終於來見饒漱石了。

見到饒漱石後，項英第一句話問的是：「你怎麼樣，這事情告訴中央沒有？」知道延安已瞭解情況後他又問：「中央有什麼意見呢？你的意見又怎麼樣呢？」

饒漱石表示他願意項英回來繼續工作，同時對項英做了批評。

45　葉挺請轉蔣介石的電報和毛澤東的批示，見《皖南一九四一》二一一頁。

　　到了這個地步，項英只能說：「你現在完全有權力來批評我。你現在什麼話都是對的，你既然打了電報給中央，那我也打一個去，我要求處分，同時把我的一切職務交給你代理。」

　　聽了這話，饒漱石謙讓說：「有什麼問題還是大家來討論。」然後便要項英去見葉挺。

　　項英知道葉挺的性格，說道：「軍長脾氣很壞，這個人不好講話，等一下吵起來大家面子不好。」

　　見項英的樣子，饒漱石於是先去見葉挺[46]。

　　項英自己大概就在這時寫了給中共中央的電報：

> 今日已歸隊。前天突圍被阻，部隊被圍於大蟲山中，有被消滅極大可能，臨時動搖，企圖帶小隊穿插繞小道而出，因時間快要天亮，曾派人[請]希夷來商計，他在前線未來，故臨時只找著國平□□及□□同志（□□同我走），至九日即感覺不對，未等希夷及其他同志開會並影響甚壞。今日聞五團在附近，及趕隊到時與軍部會合。此次行動甚壞，以候中央處罰。我堅決與部隊共存亡[47]。

　　這裏的「臨時動搖」當然不是指貪生怕死，而是說對整體突圍失去了信心。

　　中共黨員在檢討錯誤時為表明誠意，總是不惜把話說得重一些，項英也不例外。

四、「我到最前線去拚命」

　　聽說項英回來，葉挺倒也沒什麼激烈的表示，畢竟項英至少在名義上仍是新四軍的首腦，而自己還是黨外人士的身份。雖然延安此前已將指揮權交給自己，但那是因為項英不在，現在他回來了，中央的態度會不會改變？

46　項英等人到石井坑及與饒漱石的談話，見同上二一六─二一八頁。
47　〈項英關於與袁國平等暫時離隊經過給中共中央的報告〉（一九四一年一月十日），《皖南事變（資料選輯）》一三一頁。

　　正因為如此，葉挺仍以他和項英的名義給毛澤東、朱德發電報，告以「準備固守，可支持一星期」，請求「速向蔣、顧交涉，以不惜全面破裂威脅」，否則將「全部覆沒」。又用葉挺、項英、饒漱石的聯名致電劉少奇、陳毅，根據並不確切的消息稱「我等待秋濤兩個團已打到涇縣、寧國間」，餘部仍被圍，要求他們採取軍事行動加以支援[48]。

　　葉挺還對饒漱石說：項英他們回來了，現在我就叫他下決心，大家拚，大家死，抱著必死的決心，採取決死陣地戰，創造第二個黃花崗，創造共產黨人的光輝。

　　所謂叫項英下決心，其實是想通過他來傳達葉挺的意志。

　　饒漱石卻從心裏不同意葉挺死拚的想法，但他也瞭解葉挺「不好講話」的脾氣，只說了一句：「我們現在一切部署就是死裏求生，不是死裏求死。」

　　葉挺聽罷無動於衷。

　　饒漱石見狀又去找項英和袁國平，請他們勸勸軍長。項、袁知道由他倆提相反的意見，可能只會把葉挺惹惱，所以誰也不肯去。

　　饒漱石只好讓錢俊瑞來勸說葉挺，錢跟葉挺談了很久，從來沒有打游擊經驗的葉挺依然固執己見。

　　饒漱石不甘心，決定召開軍分會會議集體決策。

　　雖然延安明令葉挺負責，但不是黨員的他仍不能參加中共軍委分會的會議，而石井坑的新四軍團以上幹部都參加了這次會議。

　　離開後第一次在正式場合露面的項英，會議一開始就主動檢討，提出辭職[49]。

　　袁國平、周子昆此時的威信也因離隊而大受影響，兩個人認為這全是被項英牽連，心中充滿怨氣，同時也急著向組織和眾人表明自己的態度，於是都指責項英硬要帶他們去打游擊，致使犯了臨陣脫逃的錯誤[50]，項要為此次離隊事件負全責。

48　〈葉挺、項英請速想蔣介石、顧祝同交涉要其撤圍致毛澤東、朱德電〉（一九四一年一月十日），《新四軍·文獻（二）》一〇六頁。

49　相關情況，見《皖南一九四一》二一四頁。

50　《葉挺將軍傳》三九八頁。

項英只能默默地承受。

饒漱石開頭並沒有阻止對項英的批評，直到袁、周都發了言，感覺應該到此為止了，他才表示，今天基本問題是如何說服軍長，其他問題暫不討論。

按說軍分會有權做出戰略性的決議，也有權要求葉挺服從，但中共中央和中原局都指示葉挺為第一負責人。況且項英等人顯然已無法再擔負領導職責，饒漱石又不懂軍事，指揮戰鬥的最佳人選無疑只有葉挺，他此時的地位實際已在所有人之上，所以饒漱石開會的目的只能是要大家討論出一個說服軍長的方案。

可是一群下級又能有什麼辦法改變最高指揮官的執拗呢，結果說來說去，會議只能無果而終，最後還是由項英無奈地去見葉挺。

項、葉之間只談了很短的時間，但還是有效果的。葉挺隨後找到饒漱石，表示只要是黨的決定，他沒有不擁護的。饒漱石將項英讓權的表示告訴了葉挺，但把項英請自己負責的意思說成了由葉挺主持。

葉挺沒有表態，顯然還心存顧慮。此刻時間應已很晚，如何突圍的事就這樣擱下了[51]。

到了十一日，這一天的蘇北，日軍出動三千人攻占了黃橋[52]。

也在這天，收到項英歸隊電報的中共中央做出了關於皖南部隊領導權的最終決定。毛澤東、朱德、王稼祥通知劉少奇、陳毅：「葉、姚是完全正確的，望你們就近隨時幫助他們，並加鼓勵。惟項英撤職一點暫不必提。」又直接指示葉挺：「希夷、小姚的領導是完全正確的，望全黨全軍服從葉、姚指揮。」並指出：「你們環境雖困難，但用游擊方式保存骨幹，達到蘇南是可能的。」[53]

有了這樣的指示，饒漱石隨即在中午再次召開軍事會議。他首先聲言，此次受挫是新四軍軍分會的責任，並很策略地將同為軍分會委員的自己也算作責任人之一，儘管誰都明白他沒有參與轉移的決策，其矛頭實際指的是項英。

---

[51]　相關情況，見《皖南一九四一》二一四－二一五頁。

[52]　《新四軍征戰日誌》一七三頁。

[53]　兩份電報，見《皖南事變（資料選輯）》一三三頁。

饒漱石接著又宣布，中央一年來的決定和指示是正確的，這就把中共中央和新四軍領導層做了區分，用毛澤東的權威徹底取代項英的權威。

事情到了這個地步，項英已沒有為自己辯護的餘地，他只有痛快地承認對一切擔負個人的責任。

會議按照饒漱石的意願完滿地結束，但如何突圍仍懸而未決。饒漱石只好再找項英，希望他給葉挺一個參考意見。落魄的項英推辭說：「還是你來搞，我不行。」饒漱石回答：「平常我出席你們的會議都不行，現在完全交給我怎麼行呢？」

實際已經無職無權的項英，並不瞭解前線的戰事，在這種情況下，他至少不能很快地擬出分散突圍的方案。一天後周子昆制定同樣的計畫時，還要親自到前沿察看。

從項英那裏得不到滿意的答覆，饒漱石又去見葉挺。葉挺宣稱：「我沒有什麼成見，但是你要拿出打游擊的部署來，不然就是我那意見 ── 硬拚。我希望你給我一個機會，到一個部隊裏頭去，我到最前線去拚命。」[54]

葉挺也不可能不知道在敵軍重圍中硬拚會是怎樣的結局，數萬國民黨軍正全力壓向小小的石井坑，根據新四軍截獲的情報，顧祝同已下命令生擒葉挺、項英等新四軍領導人[55]。

明知形勢嚴峻還要不顧一切地以卵擊石，除了不擅游擊外，個性無疑也是很重要的因素。葉挺在當天給延安的電報中稱：「今日事已至此，只好拚一死以贖其過。」他內心並不真的認為自己有過錯，因為同一份電報裏他在說要「負全責」的同時，又批評「政委制□□□之缺點實亦一因」[56]。從葉挺在事變中的言行來看，他心目中真正應該負全責的顯然是政委項英。而項英之所以能夠主導一切，就因為他葉挺不是共產黨員。

此刻的葉挺無疑在某種程度上處於情緒化的狀態，他不去多考慮部隊的整體情況，只想要「給我一個機會」，用「拚一死」來證明自己對共產黨的忠誠。

54　相關記述，見《皖南一九四一》二一五頁、二四一頁。

55　〈葉挺、項英、饒漱石關於國民黨頑固派軍隊合圍情況及對付方針致中共中央電〉（一九四一年一月十一日），《新四軍‧文獻（二）》一〇九頁。

56　〈葉挺關於突圍無望致毛澤東、朱德、王稼祥電〉。

五、「他是音樂家任光」

東流山

新四軍的官兵此時已經在拚死了。他們與包圍過來的國民黨軍反覆搏殺，石井坑的每寸土地都浸滿了雙方的鮮血。在爭奪重要陣地東流山的戰鬥中，李志高曾經試圖用放火燒山的辦法打退國民黨的進攻，可不知為什麼，他不等自己的部隊從山上全撤下來就點起了火，結果一些新四軍的人也葬身火海[57]。

葉挺堅持硬拚除了個人的因素，還由於他對通過與國民黨交涉解圍仍抱有希望，他對林植夫和教導總隊政治處主任余立金等人說：「現在我先從政治上想想法子看。」[58]。

余立金也對下屬說：「我們一面加築工事，堅持固守；一面打電報給蔣委員長提出抗議，要他撤兵……」[59]這顯然也是葉挺的意思。

中共中央也確實在盡力用政治手段化解危機。這天晚上，重慶的周恩來正在參加《新華日報》創刊三週年的慶祝晚會，卻接到了延安對皖南事變最新情況的通報。他隨後便再找張沖，要其急報蔣介石，速令皖南國民黨軍立即撤圍讓路[60]。之後周恩來又不斷向顧祝同、蔣介石、何應欽、白崇禧抗議，聲稱如不解圍，新四軍只有突圍四出，散於民間，戰於敵後，以求生存[61]。他還發動在重慶的中共人員遊說各界傾向自己一方，把何應欽、白崇禧作為對立面，稱現在的事變是他倆的反共陰謀[62]。

57　〈評長篇歷史小說《皖南事變》〉。
58　〈皖南事變親歷記〉。
59　董南才：〈皖南事變突圍記實〉，《皖南事變回憶與思考》一九七一二一四頁。
60　《周恩來年譜一八九八－一九四九》四八三－四八四頁。
61　《周恩來傳》（二）五九二－五九三頁。
62　《周恩來年譜一八九八－一九四九》四八四頁。

　　與此同時，皖南的國民黨部隊在十二日向石井坑的新四軍發起了總攻[63]。新四軍浴血苦戰，但仍不得不節節後退，連糧食都供應不上，只好殺隨軍的騾馬充饑，葉挺帶頭殺掉了自己的戰馬[64]。

　　此時延安又發出新的指示：「一切軍事、政治行動均由葉軍長、饒漱石二人負責，一切行動決心由葉軍長下。項英同志隨軍行動北上」[65]。這是正式把項英排除在新四軍的決策層外。

　　毛澤東、朱德、王稼祥還要關切皖南新四軍的存亡，他們又致電葉挺、饒漱石，建議：「以突圍出去分批東進或北去」，「同時應注意與包圍部隊首長談判」[66]。

　　葉挺在下午接到了這份電報，終於命周子昆擬定分路突圍計畫[67]。

　　葉挺原本準備跟著二縱隊打出去，可是周子昆到二縱隊陣地察看情況時，卻瞭解到二縱隊的新、老三團此刻加起來也不過六七百人，攻擊力量明顯不足[68]。於是軍部最後決定由二縱隊向西北方突圍，吸引敵方注意，軍部人員則從東北方突圍。剩餘部隊堅持陣地，牽制敵軍[69]。

　　大概是怕二縱隊知道自己將用犧牲換取軍部幹部的突圍後，可能有不滿情緒，軍部沒有把突圍計畫告訴他們。縱隊領導來打聽，葉挺等人也不見他們，只讓警衛人員傳話說：「軍部你們不要管了，你們準備好了就自行突圍。」

　　還是縱隊下屬新三團的政治處主任闕中一聽到李志高對警衛人員做動員講話說，今晚突圍，新、老三團打正面衝出去，敵人的兵力火力都將被三團吸引去了，我們即可保衛軍首長從右邊空隙處衝出去。他這才明白軍部的意圖。

63　《葉挺傳》四二六頁。

64　《皖南一九四一》二二六頁。

65　〈中共中央書記處關於新四軍由葉挺、饒漱石負總責的決定〉（一九四一年一月十二日），《新四軍・文獻（二）》一一二頁。

66　〈毛澤東、朱德、王稼祥關於應速謀突圍和注意與包圍部隊談判致葉挺、饒漱石電〉（一九四一年一月十二日），同上書一一三頁。

67　《皖南一九四一》二四一頁。

68　闕中一：〈新三團在皖南事變中突圍作戰經過〉，《皖南事變回憶與思考》十八－三十五頁。

69　《皖南一九四一》二四一頁。

任光

二縱隊領導聽了闕中一探來的消息後又有人去軍部，首長們依舊不見[70]。

不管上面怎樣打算，二縱隊仍然忠實地按照既定計畫做突圍準備。

到這時皖南新四軍慘敗局面已定。對他們能否憑自己的力量成功突圍，遠在蘇北的劉少奇、陳毅並不抱多大希望，只能籌畫其他救援對策。兩人正向延安建議：山東八路軍「準備包圍沈鴻烈，我們準備包圍韓德勤，以與國民黨交換」[71]。

這時的國民黨方面，由於對皖南新四軍的進剿順利，白崇禧等人趁機提議，向陝北、華中、華北的八路軍和新四軍全面開戰。蔣介石卻堅決不同意，他在當天晚上的日記裏指責白崇禧：「堅欲在此時消滅共黨軍隊，此誠不識大體與環境之談。」

根據他自己對「大體與環境」的瞭解，蔣介石認為一舉殲滅中共武裝是「明知其不可能」的事。他的戰略是：「對中共決以消滅其組織為主，而對其武力次之。」他此刻想對皖南新四軍做的處置是「只求其遵命渡江」，「只要其求饒而能從命」[72]。出於如此的考慮，他這夜裏讓侍從室主任賀耀祖打電話給顧祝同，下令只要新四軍是確實北移，應給予幫助，不應為難[73]。

顧祝同並不能肯定新四軍是否確實北移。在情況不明之前，他只能繼續按原計畫清剿，國共兩軍也只能繼續戰鬥。

就在新四軍突圍就要開始的時候，作曲家任光負傷了。

任光是被流彈擊中的。當時他正在一個山坡上，有人說他在向上攀爬[74]，也有人說疲乏的他正坐在坡頂打盹[75]。夜空中照明彈閃爍，四周到處是

[70]　相關情況，見〈新三團在皖南事變中突圍作戰經過〉。

[71]　〈劉少奇、陳毅關於在蘇、魯發動軍事攻勢向毛澤東等的建議〉（一九四一年一月十二日），《皖南事變（資料選輯）》一三七頁。

[72]　相關情況，見《國民黨的「聯共」與「反共」》四三八頁。

[73]　同上四四一頁。《皖南一九四一》二四二頁、二五八頁、二六二頁。

[74]　同上二三八頁。

[75]　季音：〈〈漁光曲〉曲作者任光夫婦之死〉，《炎黃春秋》二〇〇六年第四期。

槍聲。一顆子彈射進了他的腰部，又斜穿過上身，從胸口鑽出。任光「啊」的痛叫一聲栽倒在地，他年輕的妻子徐韌急忙撲上去大喊著：「任光負傷了，任光負傷了！」[76]

這是一對結婚才三四個月的夫妻。

任光本是上海一位有才氣也有名氣的音樂人。石匠家庭出身的他憑自己的努力考入上海震旦大學，後又去法國學習作曲。回國後跟另一位音樂家聶耳同時進入電影界。他的成名曲是為電影《漁光曲》寫的主題歌，曾經風靡一時[77]。那時的中國電影還是默片時代，電影放映時很少有配樂。可是〈漁光曲〉一出，電影如沒有音樂就別想賣座[78]。

任光的另一首著名的歌曲是〈打回老家去〉，因為直接指斥日本，據說日本特工打算暗殺他。任光不得不躲避[79]，再到法國去。直到抗戰爆發才回國，又到南洋為抗日活動。一九四〇年春天，他到了重慶，思想左傾的他不願待在國民黨的地盤上，正巧遇上了葉挺，便經周恩來允許，跟隨葉挺來到皖南[80]。

當時和葉挺、任光一起去皖南的人中還有位漂亮女孩，只不過她是在隨行的卡車裏[81]，葉挺身邊的任光未必會注意到她。

這個女孩就是徐韌，原名徐瑞芳。抗戰前在上海同濟大學讀醫科，懂英德兩國語言，還會講中國幾個省的方言[82]。抗戰開始後她轉到昆明，進入西南聯大。雖然學醫，徐韌卻對音樂十分著迷，也很敬慕任光。不安於沉悶生活的她，在對現實不滿和青春衝動的驅使下，反覆去八路軍駐昆明辦事處，要求到延安或皖南，終於磨得一張去新四軍的介紹信，然後搭上陪葉挺回雲嶺的袁國平帶的卡車，如願來到皖南。

76　《皖南一九四一》二三八頁。
77　任光早年經歷見〈《漁光曲》曲作者任光夫婦之死〉。
78　《皖南一九四一》二三八頁。
79　〈《漁光曲》曲作者任光夫婦之死〉。
80　相關記述，見葉欽和：〈皖南事變中的任光夫婦〉，《皖南事變回憶錄》二二一一一二二五頁。
81　〈《漁光曲》曲作者任光夫婦之死〉。徐韌當時是在袁國平帶隊的一輛卡車裏。文章作者曾和徐韌一起關在上饒集中營，文中沒有說任光夫婦在去皖南的路上即相識，顯然徐韌沒有這樣講過，也就是說她那時應該沒有跟任光在同一輛車上。
82　《皖南一九四一》二三八頁。

　　到皖南後，任光和徐韌都分到新四軍政治部文化組，熱愛音樂的他們很快相戀，舉行了婚禮[83]。

　　葉挺聽說任光負傷，急忙帶著軍部醫務處副處長王聿先趕來搶救[84]。他和任光的關係很好。在雲嶺他們的住處緊挨在一起，任光給告別皖南的歌譜曲時要拉小提琴，為了不打擾葉挺工作，主動跑到別處的屋簷下演奏[85]。

　　這個時候已經沒有藥品，連繃帶都找不到，只能撕幾根布條給任光包紮。任光的生命迅速衰弱。徐韌意識到丈夫的生命就要離去，禁不住大放悲聲。葉挺也沒有別的辦法，只能要她「堅強起來，要經得起考驗」。徐韌依舊痛哭，這一刻她只是一個妻子，一個想要和愛人相守的普通女人。

　　突圍的時間快到了，葉挺離開任光夫婦，回去指揮戰鬥了[86]。

　　晚上約八九點鐘，新四軍的部隊開始向外衝去[87]。

　　徐韌仍和垂死的任光在一起，國民黨軍衝了過來，喝問他們是誰。任光用最後的氣力說：「我……我是〈漁光曲〉……」徐韌趕忙說：「他是音樂家任光。」她希望能有人救救丈夫。

　　然而赳赳武夫中恐怕沒有人知道〈漁光曲〉，戰火中也沒有藝術正常生存的餘地，任光最終死去[88]。

　　徐韌後來被關進在上饒的集中營，在中共祕密黨支部的幫助下，她逐漸走出悲痛的陰影，重現女戰士的本色。集中營不許唱共產黨的歌曲，徐韌便用英語唱新四軍和八路軍的軍歌。隨後因為抗拒看守人員的調戲，被關進小號，經其他女囚的抗爭後才放出來。不過她顯然已經成了集中營當局眼中的不安定因素，最後把她和另外七十五個人（其中

上饒集中營禁閉室舊址

---

[83]　相關情況，見〈〈漁光曲〉曲作者任光夫婦之死〉。
[84]　《皖南一九四一》二三九頁。
[85]　〈皖南事變中的任光夫婦〉。
[86]　〈〈漁光曲〉曲作者任光夫婦之死〉。
[87]　《皖南一九四一》二四二頁。
[88]　〈皖南事變中的任光夫婦〉。

還有六位女性）一道祕密槍殺，時間是一九四二年六月十九日，任光死後的
十七個月零七天[89]。

　　此刻突圍行動還在進行。新四軍二縱隊的一股奮力殺過封鎖線，還襲擊
了一四四師的師部[90]。氣得上官雲相命令把師長唐明昭撤職查辦[91]。

　　其他新四軍部隊就沒這麼幸運了，他們相繼被打散[92]，官兵大批傷亡或
被俘，其中就有張正坤，他後來在一次不成功的越獄行動中，為掩護別人逃
脫，把追兵引向自己，最後跳崖身亡[93]。

　　到十三日，皖南的主要戰事已基本結束。

---

[89]　〈《漁光曲》曲作者任光夫婦之死〉。文中將徐韌和任光死去的間隔時間誤算為十八個月。
[90]　張玉輝：〈血寫的一頁〉，《皖南事變回憶錄》一〇九－一二三頁。
[91]　〈上官雲相策畫指揮皖南事變經過〉。
[92]　其他新四軍部隊突圍情況，見《皖南一九四一》二四八－二五七頁。
[93]　新四軍高級幹部被俘情況，見同上二六三－二九〇頁。

第十七章

未能如願的結局

一、「張國燾或項英這類人物」

延安並不知道皖南新四軍的失敗已無可挽回，反倒以為葉挺等人已經突圍成功。這大概是由於十日以葉挺、饒漱石、項英名義發給劉少奇、陳毅的電報中那句：「我等待秋濤兩個團已打到涇縣、寧國間。」

這裏的「我等待秋濤」本意應該是「我等傅秋濤」，現有文字可能是後來抄錄時的錯誤。這份講述軍情的電報，劉少奇、陳毅必定會向延安彙報，葉挺忙亂中寫下的「我等」二字讓毛澤東、朱德、王稼祥以為他和軍部高層已同傅秋濤一起打了出來，為此「甚為喜慰」，當然他們很快就失望了[1]。

重慶也並不清楚皖南前線的戰況。當十三日周恩來向劉斐提出，新四軍北上必走蘇南，皖北絕對走不通時，蔣介石也不再反對，只提了兩個條件，過江後不得打韓德勤，不得繼續盤踞，要遵命到黃河以北去。並讓劉斐把他的意見告訴顧祝同，也請中共方面立即電告皖南新四軍[2]。

何應欽也打電話給顧祝同，告訴他已經允許新四軍經蘇南去江北，三戰區各軍不要阻止。

一切的努力都為時已晚，皖南新四軍不可能知道這個好消息了。就在這天凌晨一時前後，即將突圍的軍部毀掉了電臺，燒了密碼[3]。不僅是國民黨方面，就連中共領導機關也不能再和他們聯絡了。況且三戰區仍不能確定新

---

[1]　毛澤東等人的相關反應，見《皖南事變（資料選輯）》一三六頁、一三八頁所載的電報。

[2]　《周恩來年譜一八九八──一九四九》四八五頁。

[3]　何應欽與顧祝同通話及新四軍毀掉電臺、密碼，見《皖南一九四一》二五八頁、二六二頁。

四軍是真想北移，還是另有所圖。當葉挺和他殘餘的部隊仍試圖撞開敵手的防線時，國民黨軍也就繼續進行最後的剿殺。

中共這邊，毛澤東沒有把皖南解圍的希望寄託在蔣介石的命令上，他一面讓中共中央以朱德、彭德懷、葉挺、項英的名義發出抗議對皖南新四軍圍剿的通電，一面同意劉少奇、陳毅包圍沈鴻烈、韓德勤，報復國民黨的計畫，命令「限十天內準備完畢，待命攻擊」，「如皖南部隊被蔣介石消滅，我應堅決徹底乾淨全部消滅韓德勤、沈鴻烈，徹底解決華中問題」，華北的八路軍也應加緊「準備機動部隊」[4]。他甚至對周恩來、葉劍英與國民黨交涉的態度也感到不滿，致電他們：「你處交涉應帶嚴重抗議性質，勿用哀乞語氣為盼。」[5]

這時的皖南，葉挺率領的新四軍軍部人員仍困在重重包圍中。擋在他們前面的是一〇八師，因為它以前跟新四軍關係較好，因此有人提議前去談判[6]。一〇八師也曾派人到教導總隊來要求談判，在那裏的林植夫被下面的人推舉為代表，在找不到葉挺的情況下前往一〇八師防線，並跟其他人說好在約定的時間裏不要行動。結果一〇八師副師長朱惠榮態度強硬，談判一時難有結果，眼看要超過約定時間，林植夫寫了張便條，請朱惠榮交給新四軍，讓他們再等一小時，但朱惠榮並沒有照辦，結果時間一到，新四軍開始往外衝，國民黨方面立刻扣押了林植夫[7]。教導總隊也傷亡慘重[8]。

葉挺是不想談判的，他手下此刻又聚集了兩千餘人，一度分開的項英、袁國平、周子昆也重聚到一起。於是葉挺又搞起了正規戰，再度組織幾次正面衝鋒，結果均遭失敗[9]。國民黨軍的機槍向新四軍猛烈掃射，軍部人員四處散開，項英、袁國平、周子昆自此與葉挺和饒漱石失去了聯繫[10]。

---

[4]　《毛澤東、朱德、王稼祥關於在蘇、魯發動軍事攻勢以答覆皖南事變的指示》（一九四一年一月十三日），《皖南事變（資料選輯）》一三九─一四〇頁。

[5]　《毛澤東年譜一八九三─一九四九》中卷二五五頁。

[6]　〈悲壯的史詩〉。

[7]　〈皖南事變親歷記〉。

[8]　〈第一〇八師關於假稱談判拘捕林植夫等的記載〉（一九四一年一月十四日），《新四軍・參考資料（二）》四百頁。一〇八師在文中說林植夫是主動前來「討條件」，「乃設計重創，斃匪甚多」。「設計」可能是虛誇之詞，但以當時情形分析，教導總隊的正面突圍很難成功，受損失應是事實。

[9]　《皖南一九四一》二六〇頁。

[10]　《葉挺將軍傳》四一八頁。

這時的饒漱石也沒有和葉挺待在一起，在他身邊的是葉超等軍部幹部。這些人在私下商量後，由葉超向饒漱石建議以三五人一股，找間隙穿插出去。饒漱石採納了他們的意見，他決定這樣行動時顯然已不打算和葉挺一起走，但有項英的教訓在前，覺得還是跟軍長打聲招呼的好，於是去見葉挺[11]。

見到葉挺之後，饒漱石卻沒有提自己突圍的事，反而建議葉挺去和國民黨談判。

葉挺依然拒絕談判，但饒漱石說這樣能夠保存幹部，軍長是蔣介石派來的，他們不敢把軍長怎麼樣，將來他會向中央講清楚這件事。在他的說服下，葉挺終於同意談判。隨後不到十分鐘的時間裏，饒漱石便帶著警衛員離開了，他和葉挺從此再也沒有見過面。

葉挺隨即命人去找一〇八師聯絡談判事宜[12]。

皖南新四軍已不堪一擊，重慶的蔣介石仍在想用政治方式了結衝突。張沖打電話告訴周恩來，蔣介石表示：「新四軍北開，中央絕不留難，此次衝突，聽說是新四軍先開槍」，「希望新四軍繼續向北開」，「如此路不通，轉向皖北開亦可，命令李品仙勿留難」，「我已下令新四軍過江後發彈十萬並餉」，「周、葉轉前方，勿將事件擴大」[13]。

張沖還告訴周恩來，何應欽已與顧祝同通話，告知蔣介石允許新四軍走蘇南渡江，令各軍不要阻止。顧祝同答應照辦，但說現已與新四軍電臺失去聯絡，要求中共方面立即催新四軍和三戰區聯絡。

周恩來和葉劍英隨即把相關情況報告延安。大概是看到了葉挺十日準備發給蔣介石的「死罪死罪」的電報內容，周恩來在建議新四軍立即同顧祝同恢復聯繫的同時，又表示葉挺、項英萬勿再向顧打長他人之志、滅自己威風的電報，今後給蔣、何的電報，必須經延安轉[14]。

這時已是十四日。根據周恩來、葉劍英的報告，毛澤東等人三次發電報給新四軍方面，告訴他們：「堅持數日，便有辦法。」[15]但毛也並不多麼相

---

[11]　〈悲壯的史詩〉。

[12]　《皖南一九四一》二七〇頁。

[13]　〈毛澤東、朱德、王稼祥關於周恩來、葉劍英與蔣介石交涉情況給劉少奇、葉挺的通報〉（一九四一年一月十四日），《皖南事變（資料選輯）》一四四－一四五頁。

[14]　《周恩來年譜一八九八－一九四九》四八五頁。

[15]　相關電報，見《皖南事變（資料選輯）》一四三－一四五頁。

信蔣介石的承諾，他在給周恩來、葉劍英的回電中焦慮地說：「現在不是走何路線問題，而是救死問題，如不停止攻擊，即將全軍覆滅，請立即要蔣下令停戰撤圍。」[16]

其實周恩來和葉劍英同樣不敢信任蔣介石，他們在這天去拜訪了崔可夫，明顯是想借助外力向國民黨施壓。崔可夫雖然奉命「幫助」蔣介石，但這並不包括幫國民黨打共產黨，他的同情心也必然在中共這一邊。面對周、葉他明確表示，國民黨如繼續內戰，自己有權把蘇聯援華的軍火停在途中[17]。

重慶那邊在積極交涉，皖南這邊國民黨軍也向新四軍發出可以談判的訊息。葉挺於是來到一〇八師師部，隨行人員即被解除武裝。朱惠榮要求葉挺招呼剩餘的新四軍放下武器，遭到葉挺的怒斥。見勸說無效，朱惠榮把葉挺轉送到五十二師，五十二師又將葉挺送往上官雲相的司令部。到這時，葉挺實際已被扣押[18]。

此時，延安的毛澤東繼續在準備和國民黨開打，他和朱德、王稼祥向各地方的黨政軍負責人發出指示：「中央決定在政治上、軍事上迅即準備做全面大反攻，救援新四軍，粉碎反共高潮」，除蘇北、山東外，「我華北各部須遵前令，提前準備機動部隊，準備對付最嚴重事變」[19]。

在這之後，毛澤東得到了皖南新四軍已被打垮的確實消息[20]。

國共第二次合作以來，中共第一次遭到這麼大的損失，對此毛澤東首先想到的是追究責任。第二天十五日，他在政治局會議上發言說，皖南新四軍的失敗，從我們自己方面來說，首先是由於新四軍的領導項英、袁國平等沒有反摩擦的思想準備，其次便是指揮上的錯誤。新四軍本來可以北上，但項英動搖，如不是項英動搖，是可以不失敗的。

---

[16]　〈毛澤東關於向蔣介石交涉立即停戰撤圍致周恩來、葉劍英〉（一九四一年一月十四日），《皖南事變（資料選輯）》一四五—一四六頁。

[17]　《周恩來年譜一八九八—一九四九》四八五頁。

[18]　《葉挺將軍傳》四二〇—四二二頁。

[19]　〈毛澤東、朱德、王稼祥關於政治上、軍事上準備全面反攻致彭德懷等電〉（一九四一年一月十四日），《新四軍・文獻（二）》一三三頁。該電中仍說皖南新四軍在「血戰」，「有全軍覆滅危險」，顯然還不知部隊已經潰散。

[20]　〈毛澤東、朱德、王稼祥關於國民黨軍解決我七千餘人情況給周恩來等的通報〉（一九四一年一月十四日），《皖南事變（資料選輯）》一四五頁。

　　會議於是通過了毛澤東起草的〈中共中央關於項袁錯誤的決定〉[21]，這份文件一開頭就把項英當年南昌講話的舊事重提，指控：「還在抗戰開始，項英同志即與中央存在著關於政治原則與軍事方針的分歧」，「喪失共產黨員的立場」，「他對統一戰線的瞭解，都是犯了右傾機會主義錯誤的」，「精神上早已做了國民黨的俘虜」。袁國平也被指和項英犯了同樣的錯誤，「三年以來，項英、袁國平對於中央的指示，一貫的陽奉陰違，一切遷就國民黨」，反對向北發展等重要方針，「對於中央的不尊重，三年中已經發展至極不正常的程度」。文件接著讚揚了劉少奇和陳毅，然後繼續批判項英和袁國平：「此次皖南部隊北移，本可避免損失，乃項、袁先則猶豫動搖，繼則自尋絕路，投入蔣介石反共軍之包圍羅網」，「項英、袁國平等數人仍然表示可恥的怯懦動搖」，「此次失敗，乃項、袁一貫的機會主義領導的結果，非尋常偶然的戰鬥失敗可比。至此次失敗是否有內奸陰謀存在，尚待考查，但其中許多情節是令人懷疑的」。還說：「過去的張國燾與現在的項英、袁國平，都因不服從中央而失敗」，「當與張國燾的右傾機會主義做鬥爭時，項英、袁國平也是參加的，但隨後他們卻踏上了與張國燾相類似的覆轍」，「現時我們還不把項英與叛變了的張國燾同等看待，還待他今後事實的證明」，「今後仍有可能產生如像張國燾或項英這類人物」。文件最後宣布：「將項、袁錯誤提交黨的七次代表大會討論議處。」[22]

　　一九四五年的中共七大並沒有討論項英、袁國平的問題，此刻這份把項英跟叛離中共的張國燾相提並論的文件，實際上成了給項英定性的最後決議。

二、「相煎何急」

　　同一天，重慶也在開一個與新四軍命運相關的會議。十時三十分，國民政府軍委會開始討論怎樣給皖南事變善後。軍令部提出兩套方案，一是明

21　《毛澤東年譜一八九三－一九四九》中卷二五六頁。
22　〈中共中央關於項袁錯誤的決定〉（一九四一年一月十五日），《皖南事變（資料選輯）》二六一－二六八頁。

令撤銷新四軍番號，一是不撤銷番號，讓其渡江北上，觀動態如何，再做處置[23]。

白崇禧贊成第一套方案，取消新四軍番號，葉挺交軍法審判。軍令部雖然準備了兩份預案，但部長徐永昌本人支持第一套方案。到會的多數人也都贊同撤銷新四軍的番號，只有賀耀祖和政治部長張治中怕因此跟共產黨全面破裂，表示反對，主張採取懷柔政策[24]。白崇禧聽了非常憤怒，指著張治中嚷：「你身為政治部長，如何能說此種話！」

見白氣焰正盛，又得到眾多支持，張治中不再吭聲[25]。不過會議也並沒有得出結論，暫時休會，到下午三時又重新開會。這時張治中因要另外開別的會缺席，參加會議的人更加一邊倒地擁護白崇禧。徐永昌表示，只要不跟中共在軍事上全面破裂，政治上兩黨全面破裂反倒對國家有利，因為共產黨今天是用國民黨的名義打國民黨，以中央法令制服地方人民，借助公開活動煽惑青年，一旦政治破裂，中共就不能再利用合法手段危害國民黨了。而且中共這兩年也從不因兩黨關係沒破裂就有所顧忌，如果繼續維持不破裂，再過一兩年，中共勢力必然壯大到可以公開接受蘇聯的援助，甚至可以和日本停戰媾和，那時後果不堪設想。

會議最終把對新四軍強硬的態度上報到蔣介石那裏，蔣介石卻表示要「再考慮一夜」[26]。

毛澤東這時候也還想給國共關係留有一點餘地。雖然他在政治局會議上說：只有不怕決裂，才能打退國民黨的進攻。但又表示：左派主張我們馬上與國民黨大打起來，我們也不能實行這種政策[27]。

就連最早向延安建議對國民黨進行軍事報復的劉少奇這時也轉變了態度，這天晚上[28]他給中共中央發來電報，表示：「根據各方面情況，平心靜氣一想」，「全國局面，國民黨未投降，仍繼續抗戰，對共黨不敢分裂，且

---

[23] 《張治中回憶錄》下冊六八二頁，文史資料出版社一九八五年二月出版。

[24] 《國民黨的「聯共」與「反共」》四三九頁。

[25] 《張治中回憶錄》下冊六八三頁。

[26] 下午會議和蔣介石的反應，見《國民黨的「聯共」與「反共」》四三九頁。從《張治中回憶錄》可知，蔣介石並未到會，只是事後聽取彙報。

[27] 《毛澤東年譜一八九三—一九四九》中卷二五六頁。

[28] 同上，其中記劉少奇來電時間為「亥時」，即晚九時至十一時之間。

怕影響對蘇聯的關係，在皖南消滅我軍，蔣亦曾下令制止，即證明蔣生怕亂子鬧大」，因此「我黨亦不宜藉皖南事件與國黨分裂」。何況「目前華中我占領地區很大，兵力不夠，仍不能鞏固」，「原來鞏固地區均已喪失」，「黃橋已被敵占」，「我們部隊尚須休整補充。故以華中來看，能在半年、一年之內不發生大的戰鬥，肅清土匪，鞏固現有地區，對我為有利」。韓德勤加強防禦，「徹底消滅韓部甚為困難」。各地軍事反擊也「均無勝利把握，亦無大利可圖，且係進攻性質，對人民、對部隊、對統戰朋友均無充分理由」，「自己部隊亦難長期在精神上維繫不發生動搖」，所以他提出「在全國主要的實行政治上全面的大反攻，但在軍事上除個別地區外，以暫時不實行反攻為妥」，「將來如須在軍事上反攻，是可以找到其他理由的」[29]。

接到這份電報後，毛澤東給周恩來、葉劍英發去電報，表示：「中央決定發動政治上的全面反攻」，而在軍事上只「準備一切必要力量粉碎其進攻」，也就是說採取守勢。

儘管如此，毛澤東卻已對國民黨徹底失去了信任，在同一份電報裏他斷定「蔣介石一切仁義道德都是鬼話，千萬不要置信」，「溫和態度須立即終結」[30]。

周恩來和劉少奇的看法相近，他從蘇、美、英等國駐華大使那裏得知，這些國家都希望中國「今天的工作中心，仍是求得抗戰的繼續」[31]。他在十六日把相關訊息告知毛澤東，在另一份電報裏又建議放棄進攻沈鴻烈、韓德勤，改打李品仙等人，這樣「易於求得速決」，中共還是「爭取抗戰繼續為有利」[32]。

但毛澤東在軍事上的守勢只是「粉碎」國民黨進攻的準備，並不是要真正的緩和，他依舊認為對國民黨不能客氣。也在十六日這天，中共中央在給共產國際的電報中仍表示，準備在政治上和軍事上堅決反擊蔣介石的進攻[33]。

---

[29]　〈劉少奇關於主要應從政治上進行反攻問題向毛澤東等的建議〉（一九四一年一月十五日），《皖南事變（資料選輯）》一四八─一五〇頁。

[30]　〈毛澤東關於政治上、軍事上準備全面反攻致周恩來、葉劍英〉（一九四一年一月十五日），《皖南事變（資料選輯）》一四七─一四八頁。

[31]　《國民黨的「聯共」與「反共」》四四六頁。

[32]　同上四四四頁。

[33]　《季米特洛夫日記選編》一二二頁。

中共立場強硬，國民黨那邊也強硬了起來。

蔣介石說要對新四軍問題「再考慮一夜」，實際的時間卻是一天一夜。直到十六日晚他才做出最終的決斷，雖然本不想把事情鬧大，但形勢已發展到如此地步，也只有照白崇禧他們的意見行事。在蔣介石看來，這樣才能維護自己和政府的威信，「以立威信，而振綱紀」[34]。

十七日，國民政府軍事委員會發布通令，稱新四軍「抗命叛變，逆跡昭彰」，「著將國民革命軍新編第四軍番號即予撤銷，該軍軍長葉挺著即革職，叫軍法審判，依法懲治，副軍長項英著即通令各軍嚴緝訊辦」[35]。軍委會還擬定了發言人談話，用被俘的皖南新四軍一縱隊參謀長趙凌波的供詞，說明「該軍叛變陰謀，昭然若揭」[36]也交由《中央日報》在第二天發表。

蔣介石不會不知道這樣做可能招致中共強烈的反應，但他怕的是「若無最後制裁決心，則以後中共看破我心理，彼更可藉外力要脅，而俄國允撥武器者，其亦必以此作為容共之要求。以後我之國權全操之於人矣」，為此他必須在蘇聯援助「將運到未運到之時」顯示鐵腕，表明不會因莫斯科的飛機大砲對中共「有所遷就」[37]。

中共的反應果然強烈。周恩來得知撤銷新四軍番號的消息後，憤怒地打電話給何應欽斥道：「你何應欽是中華民族的千古罪人。」當《新華日報》刊登的表達中共對皖南事變說法的稿件被國民黨新聞檢查部門禁止，報紙上的相關版面出現空白的「天窗」後，周恩來命令在大部分「天窗」上印刷自己的題詞，那依舊開「天窗」的報紙，則用來騙過了國民黨的檢查。 周恩來的題詞是：「為江南死國難者誌哀」，「千古奇冤，江南一葉，同室操戈，相煎何急」[38]。

比周恩來還要憤怒的是毛澤東。蔣介石竟然不允許新四軍繼續存在，在他看來這足以表明國民黨要跟共產黨徹底鬧翻。在十八日的政治局會議

---

[34] 《國民黨的「聯共」與「反共」》四三九頁。

[35] 〈軍事委員會關於撤銷新四軍番號的通令〉（一九四一年一月十七日），《新四軍‧參考資料（二）》四一六頁。

[36] 〈國民政府軍事委員會發言人談話〉（一九四一年一月十七日），《皖南事變（資料選輯）》一七一──一七三頁。

[37] 《國民黨的「聯共」與「反共」》四三九頁。

[38] 《周恩來傳》（二）五九四頁。

上，毛澤東肯定地認為：「國民黨準備與共產黨大決裂」，「證明了決心反共」，「國民黨幹出這件大事，定有帝國主義的指使」，不是英美就是德義[39]。

刊登周恩來為皖南事變題詞的《新華日報》

既然認定國民黨要全面打擊共產黨，與其繼續交涉就沒有意義了，雖然中共當天向國民黨提出懲辦皖南事變禍首，釋放被俘將士，停止剿共戰爭等十二項要求[40]，但那顯然只是政治上的宣傳攻勢。

這一天中共中央又得到情報，蔣介石、何應欽為防止中共報復，已命向華中、湖北等地的中共部隊進剿[41]。中共中央向全黨發出指示：國民黨「已在準備與我黨破裂，這是七七抗戰以來國民黨第一次重大政治變化的表現」[42]。

中共覺得國共重新分裂已近不可避免，可是莫斯科那邊卻還想做政治努力，季米特洛夫在十八日當天給史達林的信中說：中國重起內戰「只會對日本人有利」。他已經與蘇聯外交人民委員莫洛托夫溝通，準備向蔣介石施加壓力，此刻他又建議史達林，通過蘇聯所能影響的各種管道阻止蔣介石對中共的行動[43]。

蔣介石並不想把針對中共的行動繼續擴大。未經官方允許的印有周恩來題詞的《新華日報》在市面上出現後，國民黨方面非常憤怒，白崇禧要求關閉《新華日報》和重慶的八路軍辦事處，國民政府的憲兵還抓走了《新華日報》的營業主任，蔣介石卻不但不批准封閉這份中共報紙，反倒下令一律不准以武力進入此家報社[44]。

[39]　《國民黨的「聯共」與「反共」》四四四頁。

[40]　〈中共中央發言人對皖南事變談話〉（一九四一年一月十八日），《皖南事變（資料選輯）》一六九頁。

[41]　《毛澤東軍事年譜》三四四頁。

[42]　〈中共中央關於皖南事變的指示〉（一九四一年一月一八日），《皖南事變（資料選輯）》一七三－一七五頁。

[43]　《季米特洛夫日記選編》一二二－一二三頁。

[44]　《國民黨的「聯共」與「反共」》四五〇頁。

　　但國共衝突仍在不可遏制地繼續，十九日拂曉的皖南，向北突圍的袁國平在無法躲避搜剿的國民黨部隊時，毅然帶人衝向敵軍，和一名參謀一起中彈身亡[45]。

三、「遠方的政策與我們所想的相左」

　　中共得到的情報也越來越令他們不安，毛澤東、朱德、王稼祥估計，蔣介石的「計畫是各個擊破我軍，先打新四後打八路」[46]。二十日，周恩來向延安的報告似乎證實了這一點，他說白崇禧命令大舉進攻華中新四軍。他也認為蔣介石打算分區剿共，各個擊破。毛澤東在這天的政治局會議上說：「實際上蔣已準備得罪我們，得罪蘇聯，已準備全部破裂的開始。」表示：除非蔣介石取消十七日撤掉新四軍番號的命令，否則中共就不和他及國民政府軍委會進行公文來往，也就是斷絕聯繫。既然是蔣介石首先破裂，那麼中共就占據了政治優勢，毛澤東因此認為「皖南失敗的代價是值得的」[47]。

　　中共決定採取具體的反擊措施，由軍委發布命令，重建新四軍軍部，以陳毅代理軍長，張雲逸為副軍長，劉少奇任政治委員[48]。這當中首次公開傳遞了一個訊息，既未被俘也沒有證據表明陣亡的項英，已不再是新四軍的領導。

　　中共中央軍委總政治部還對八路軍、新四軍發出指示：「大地主大資產階級當局已決心與共產黨分裂」[49]。毛澤東則在給周恩來、彭德懷、劉少奇的電報裏表示：「蔣介石已將我們推到和他完全對立的地位，一切已無話可說。」[50]他唯一擔心的是「遠方的政策與我們所想的相左」[51]，這遠方自然是指蘇聯和共產國際。

---

[45]　〈國民黨軍第五十二師劉秉哲部圍攻皖南新四軍軍部戰鬥詳報〉。

[46]　《毛澤東與莫斯科的恩恩怨怨》（修訂版）一一七頁。

[47]　相關情況見《國民黨的「聯共」與「反共」》四四四－四四五頁。

[48]　《毛澤東軍事年譜》三四四頁。

[49]　〈中共中央軍委總政治部關於皖南事變後八路軍新四軍緊急工作的指示〉（一九四一年一月二十日），《皖南事變（資料選輯）》一八四－一八六頁。

[50]　〈毛澤東關於蔣介石發布「一・一七」命令後國共關係的變化及我之對策致周恩來、彭德懷、劉少奇〉（一九四一年一月二十日），同上書一八三－一八四頁。

[51]　電文同上書一八四頁，但《皖南事變（資料選輯）》收入此電時在所引這句話處是空缺的，這裏完整的引文見《國民黨的「聯共」與「反共」》四四六－四四七頁。

　　而在這時蔣介石對中共確立的方針是：「對於共黨，在軍事方面須嚴，政治方面不妨從寬。」[52]國民黨當局很快釋放了被捕的《新華日報》營業主任[53]，它的中宣部等機構在二十三日對皖南事變的輿論導向發出指示：「此次違抗命令破壞軍紀者只新四軍，各言論機關，如有評述，應以新四軍範圍予以評述，對中共及十八集團軍可勿涉及」[54]。

　　也在二十三日這天，毛澤東在延安的政治局會議上認為：國民政府和日本已經休戰，不議而和，國共的全面破裂已經開始，「合作已無存在之可能」。他還認為：有「日軍與國民黨反共軍配合」攻擊中共的可能[55]。

　　就在毛澤東做出這樣估計的第二天二十四日，日軍在河南向國民黨軍隊發起大規模的進攻[56]。又過了一天，中共中央繼續指示重慶的周恩來：「必須採取尖銳對立的步驟」對付蔣介石[57]。同一天，周恩來把中共新的十二項要求提交給張沖，其中增加了廢除一黨專政等內容[58]。這樣的條件國民黨根本不可能接受，中共當然也清楚，此舉無疑仍是它政治宣傳的策略。

　　也在這天，季米特洛夫給毛澤東發來電報，要他繼續利用蔣介石和日本的矛盾，集中力量打擊親日派，並強調中共不能另起爐灶，不能主動與國民黨破裂[59]。重慶的潘友新當天拜會了蔣介石，蔣解釋皖南事變純為「整飭軍紀」[60]，潘友新則請委員長注意，對中國來說，內戰意味著滅亡[61]。

　　蔣介石明白自己必須在維護國民黨權威的同時，做出些和緩的表示。於是他在二十七日的一次講話中宣布：「政府此次制裁新四軍，既然完全為整肅軍紀，當然不牽涉其他政治問題」，「絕無什麼政治性質」，「凡遵

---

[52]　《國民黨的「聯共」與「反共」》四五〇頁。

[53]　同上四五〇－四五一頁。

[54]　〈國民黨中宣部等頒發製造「皖南事變」的欺騙宣傳要點代電〉（一九四一年一月二十三日），《皖南事變資料選》（上海版）三七六頁。

[55]　《國民黨的「聯共」與「反共」》四四五頁。

[56]　《周恩來傳》（二）六〇六頁。

[57]　〈中共中央關於對付蔣介石「一・一七」命令的方針給周恩來的指示〉（一九四一年一月二十五日），《皖南事變（資料選輯）》一九二－一九三頁。

[58]　《周恩來年譜一八九八－一九四九》四八九頁。

[59]　《毛澤東與莫斯科的恩恩怨怨》一一八頁。

[60]　《周恩來年譜一八九八－一九四九》四八九頁。

[61]　《周恩來傳》（二）六〇五頁。

守抗戰建國綱領之一切個人團體和黨派，政府絕對尊重」，「予以法律之保障」[62]。

日本的攻勢和蔣介石的態度，乃至莫斯科的意見，一時都沒有改變毛澤東對國共現狀的看法。二十九日，中共中央政治局會議仍然認為皖南事變是國共關係「由合作到破裂的轉捩點」，是蔣介石「準備投降的重大步驟」，蔣介石政權「已經日益反動，毫無希望了」。「爭取蔣介石好轉」的可能性「已經沒有了」，「尖銳對抗的政策，才是目前唯一正確的政策」。雖然也表示：「在蔣介石沒有宣布全面破裂以前」，「我們亦不公開提出反蔣口號」，「對於日蔣間的矛盾，即使很小，亦須加以利用」，但這只是因為中共覺得離破裂還有一段過程，可以利用這些策略加強準備[63]，況且毛澤東內心也知道，國共的緩和還並非全無可能[64]。

這次政治局會議給中共定下的目標是：努力團結主張抗日的力量，包括支持國共合作的國民黨人，「孤立與克服大地主大資產階級及其首領蔣介石的反動」，「組織抗日民主的國防政府」[65]。這實際重新走向抗日反蔣的道路。

毛澤東還指示八路軍、新四軍部隊，趁日軍進攻，國民黨軍因為應戰後方空虛的時機，深入國民黨統治區創立根據地，甚至要把項英當初鞏固南方的戰略重新提起，準備在長江以南拓展[66]。

要建立全國性的「抗日民主的國防政府」，就必須給國民黨重大的打擊，至少讓它不能阻礙政府的運轉，但是中共對此卻並無勝算。在這之前，被八路軍、新四軍打敗的多半是不屬於蔣介石嫡系，戰鬥力較弱的雜牌軍，現在要跟實力強得多的國民黨中央軍進行大規模的對抗，裝備不精的中共部

---

[62] 〈蔣介石在重慶中央紀念週的講話〉，《皖南事變資料選》（上海版）三七七－三八九頁。

[63] 〈中共中央關於目前時局的決定〉（一九四一年一月二十九日），《皖南事變（資料選輯）》一九七－二百頁。

[64] 毛澤東在二十五日說：「如蔣業已準備全面破裂，我們便是以破裂對付破裂；如蔣並未準備全面破裂，我們便是以尖銳對立求得暫時緩和。」見〈澤東關於對蔣介石的策略致彭德懷、劉少奇、周恩來〉（一九四一年一月二十五日），《皖南事變（資料選輯）》一九一－一九二頁。

[65] 〈中共中央關於目前時局的決定〉。

[66] 〈目前華中指導中心應著重於三個基本戰略區〉（一九四一年二月一日），《毛澤東軍事文集》第二卷六二一－六二三頁。

隊非得掌握一些重武器才行，可這又偏偏是他們所缺少的。能在這方面給予援助的只有蘇聯，然而它卻不肯這樣做。這些天來毛澤東不止一次抱怨蘇聯維持以國民黨為中心的抗戰局面的做法[67]，但都無濟於事。中共只能在政治上展開攻勢，軍事方面始終難有實質的行動。

這時候日軍正對中國軍隊步步進逼，見國民黨顯然沒時間對八路軍、新四軍用兵，中共中央開始強調對蔣介石的政治鬥爭，要各地組織對外宣傳「只有蔣介石立即悔禍，實行我黨所提辦法，才能使已被蔣介石開始破裂了的國內團結，重新恢復」[68]。

二月五日，季米特洛夫又發電報給毛澤東，內容跟一月四日的電報意思完全相同，只是文字上稍有變動，重點仍是：「我們認為，（同蔣介石）決裂並非不可避免。你們不應該採取分裂的方針。」[69]

在這之後，毛澤東徹底放棄了與蔣介石全面破裂的打算，他在七日向周恩來表示：國民黨「軍事反共事實上既已終結」，「他們非求得個妥協辦法不可」[70]。

一星期後，毛澤東又對周恩來說：國民黨「反共不會變，高潮可能下降，剿共可能停頓」，承認「只有軍事攻勢才會妨礙蔣之抗日，才是極錯誤政策」[71]。

此時的蔣介石正處在困境中，他萬沒想到，自己為維護權威對新四軍採取的行動，不但沒能壓住中共的勢頭，反而使他們在政治上大大地得分。

聽到皖南事變的消息，連國民黨內那些不願國共分裂的人士都痛心疾首。由於國民黨的強硬派一直主張對中共動武，事變發生後，孫科、馮玉祥立刻把憤怒的矛頭指向自家的人，張沖對周恩來表示沒臉見人[72]。宋慶齡、

---

[67] 毛澤東對蘇聯的批評，見《國民黨的「聯共」與「反共」》四四七頁，〈毛澤東關於時局發展情況給周恩來的通報〉（一九四一年一月三十日），《皖南事變（資料選輯）》二〇一－二〇二頁。

[68] 〈中共中央關於日軍進攻河南與我黨對時局方針的指示〉（一九四一年二月二日），《皖南事變（資料選輯）》二〇二－二〇三頁。

[69] 《季米特洛夫日記選編》一二六頁。

[70] 〈毛澤東關於對蔣介石政治動向的估計給周恩來的通報〉（一九四一年二月七日），《皖南事變（資料選輯）》二〇五－二〇六頁。

[71] 〈毛澤東關於在國共關係僵局中對國民黨的策略致周恩來〉（一九四一年二月十四日），同上書二〇七－二〇九頁。

[72] 《國民黨的「聯共」與「反共」》四四九頁。

何香凝、柳亞子等在事變還未結束時就上書蔣介石,批評反共政策,認定保持國共合作的責任在國民黨[73]。

國民黨外的一些小黨派和團體早就對國民黨的獨裁作風不滿,絕不願看到唯一能跟國民黨抗衡的共產黨被打垮。皖南事變發生後,他們和中共暗通聲氣,主張雙方更密切地合作,甚至希望中共給以切實的援助[74]。

其他各界輿論也紛紛呼籲國共停止爭鬥,其中也有為一支中國部隊被自己同胞消滅深感不平,對吃掉皖南新四軍的國民黨多有指責[75]。

如果說這些雖造成壓力,但還不足以動搖國民黨當局的意志的話,那麼來自國外的非議就讓蔣介石難以消受了。支持中共的蘇聯不高興是意料之中的事,可是就連美國、英國都對國民黨的做法深表不快。英國駐華大使卡爾素來跟周恩來關係很好,認為他是重慶最有智慧的人,還認為共產黨最終會在中國取勝。這次他完全相信周恩來對皖南事變的說明,並據此向英國政府做了報告。正在和希特勒德國苦鬥的英國首相丘吉爾很快致電蔣介石,表示反對中國內戰。

美國媒體一開始對皖南事變的報導是根據中國國民政府的說法,把事情描繪成新四軍的叛亂。但周恩來成功地通過斯諾、斯特朗等左翼記者,將中共的解釋傳遞給美國公眾,於是對蔣介石的批評聲開始響起。美國高層也不願看到中國發生內戰,因為那樣的結果可能是日本漁翁得利,而日本力量的增強對美國的利益沒什麼好處。總統羅斯福派出特使居里來華考察,在卡爾的安排下與周恩來見面,詳細聽取了中共講述的皖南事變的情況。他對蔣介石表示:「美國在國共糾紛未解決前,無法大量援華。」[76]

到了這種地步,儘管中共始終態度強硬,堅決拒絕張沖和其他黨派的苦勸,不肯為顯示團結出席參政會會議,蔣介石卻也只能在會上一邊批評共產黨,一邊表示今後「絕無『剿共』的軍事」[77]。

---

[73] 〈宋慶齡等致蔣介石及國民黨中委會書〉(一九四一年一月十二日),《皖南事變資料選》(上海版)一三〇—一三二頁。

[74] 《周恩來年譜一八九八—一九四九》四八九頁。

[75] 相關輿論,見《皖南事變資料選》(上海版)四五四—四七三頁。

[76] 相關記述,見李傳璽:〈皖南事變後中共的國際統戰工作〉,《縱橫》雜誌二〇〇五年第三期。

[77] 〈蔣介石對於中共七參政員不出席參政會之演說詞〉(一九四一年三月八日),《皖南事變資料選》(上海版)四二六—四三二頁。

四、「首長，睡覺吧」

一九四一年三月十三日深夜，皖南丕嶺和濂嶺之間的赤坑山。

這晚的天氣十分糟糕，先是下雨，接著落下棉絮一樣的大雪，同時還打雷。

在大雪覆蓋的山崖上，有一個叫蜜蜂洞的小山洞。此刻的洞中，項英和周子昆正在燭光中下棋。

一月十三日和葉挺最後分手後，項英跟袁國平、周子昆也走散了，他身邊只有夏冬青、李德和、鄭德勝三個警衛人員[78]。

重重包圍之中，究竟該從哪條路逃脫？項英顯然思考了幾天來的形勢，由於新四軍連日往北打，國民黨軍必然加強北面的封鎖，這種情況下，與其硬朝北闖，不如先折向南，躲過搜捕之後，再找機會離開[79]。

項英這個在皖南新四軍整體轉移後的第二個向南繞道的選擇，使他沒有像袁國平那樣死在國民黨手裏。若不是其後發生的意外，他有可能成功到達長江北岸。

十四日，就在項英他們往南走的時候，前面出現了一個人，原來是軍部副官處的副官劉厚總，他請求跟項英一塊走。

項英對劉厚總並不熟悉，況且此人平日的軍紀表現不佳，但他也有優點，那就是槍法準、個頭高、力氣大，很適合打游擊。而項英現在所處的正是需要以游擊方式生存的環境，劉厚總來的很是時候，項英爽快地帶上了他[80]。

十六日凌晨，項英等和周子昆、黃誠又碰到了一起[81]。當他們到達一個叫螺螄坑[82]的地方，發現山凹裏有炊煙。當時國民黨部隊是白天搜捕，日落

---

[78] 鄭德勝：〈項英、周子昆遇害前後〉，《皖南事變回憶錄》二〇九－二一六頁。

[79] 《項英傳》四六九頁。

[80] 〈項英、周子昆遇害前後〉。

[81] 〈項英、周子昆在皖南突圍中〉。

[82] 這個地方在不同史料中有羅絲坑、螺絲坑的叫法，本書用的名稱是由現在的涇縣地名辦公室審定的，見《皖南一九四一》二九二頁注釋三。

回去吃飯[83]，不會在野外生火做飯。項英由此判定是新四軍的人，果然在那裏找到了李志高和軍部偵察科長謝忠良等人[84]。

見到這些部下後，項英握住謝忠良的手說：「新四軍這次失敗，我是要負主要責任的，把你們搞成這個樣子。」周子昆說：「我也有責任。」項英接著說：「將來到延安以後，我會向中央檢查自己的錯誤的，不管指責我是什麼主義，我都接受。」

聽了這些話，謝忠良和李志高誰都沒有吭聲。

到了第三天，項英決定成立臨時黨支部，李志高為書記，謝忠良做副書記[85]。

在這之後，項英身邊陸續收攏了七十多人，又成立了中共的臨時總支部，李志高和謝忠良不再是領導，新的書記是原軍部政治部協理員楊漢林[86]。眾人分成幾部分隱蔽居住。其間為了躲避搜捕，項英換了兩次藏身之所，現在的蜜蜂洞是赤坑山下一個叫姜岳凡的中共地下黨員提供的[87]。

在項英隱藏期間，皖南新四軍一些被打散的人員設法到了蘇南和江北，其中還包括了傅秋濤這樣的高級指揮員[88]，所以後來就有人指責項英在皖南逗留的時間過長[89]。其實當時能夠冒死脫身的只是少數人，皖南多數新四軍官兵的命運是或者被殺，或者被俘，或者隱身民間。國民黨對新四軍殘餘人員的搜捕持續了很長的時間，過早地突圍並不保險。

在國民黨方面嚴密封鎖搜查的時候，項英倒也不是沒動過留在皖南的念頭，想重新過打游擊的生活。他曾對李志高等人表示要打通和地方組織的聯繫，這裏群眾這麼好，我們還有槍，很快就可以發展一個到兩個營，比在贛南打游擊的條件強多了，甚至還做了幹部分工的設想[90]，但實際上並未施

83　這一特點，見〈項英、周子昆遇害前後〉中的記述。

84　同上。

85　謝忠良：〈沉痛的回憶〉，《皖南事變回憶錄》五十三—六十四頁。

86　〈皖南事變的片斷回憶〉。楊漢林原來的職務，見《項英傳》四七二頁。

87　〈項英、周子昆遇害前後〉。

88　傅秋濤的脫險經過，見《皖南一九四一》一九一—一九六頁。

89　如華中局就說：「項、周雖主張過江，但特別遲疑，不立下過江決心，總以交通不暢為慮。」見〈華中局關於項英、周子昆被謀殺經過向中共中央的報告（節錄）〉（一九四二年），《皖南事變（資料選輯）》一六〇—一六一頁。

90　〈沉痛的回憶〉。

行，顯然那只是短時間的想法。在皖南跌了如此重的一跤，他心中要再翻身的衝動應該是有的，但他更會知道自己的責任是盡快脫身，向中央彙報情況，接受處罰。況且手下的人也並不都想留下。

對於突圍時間的選擇，項英估計國民黨的搜捕將經歷三個階段，先大規模搜山，再在路口設伏堵截，最後是撤換當地的保甲長。到第三個階段防備就會鬆懈下來，那才是安全突圍的最佳時機。

項英不想快些走的另一個原因是，他仍然認為自己是皖南中共組織的上級領導。由於毛澤東要劉少奇對「項英撤職一點暫不必提」，雖然後來又明令葉挺、饒漱石全面負責，項英只是隨軍北上，但仍沒有把他正式罷免。所以在葉挺、饒漱石下落不明的情況下，項英覺得自己有義務安排好皖南今後的事。他希望能把皖南特委負責人胡明找來，詳細研究布置事變後皖南中共組織的地下工作。他對人說：「我一定要把工作布置好後再離開皖南，使地下黨少受損失。」[91]

項英也並沒有坐等突圍的機會，當國民黨的搜捕放鬆的時候，他迅速派人出去偵察路線，同時跟中共地方組織聯絡，並通過它們給自己和部下做好了突圍用的便裝，同時儲備了乾糧[92]。

項英不能更早動身還有一個很重要的原因，那就是周子昆的腳不好，無法長途行走，至少要休養一段時間才行。有些原來軍部的人員想讓周子昆留下，只帶項英一個人走，項英卻堅決不肯丟掉周子昆，認為這是周平日對下面的人「要求嚴，批評多一些」，這幫人現在便想不管他。

由於全軍覆滅的慘敗，加上說不清的離隊事件，項英曾經極高的威信如今打了折扣。對下面的人中急著離開皖南的躁動，他不能再用命令否決，只好耐著性子勸說，有的意見不被接受，他也只能收回[93]。

---

91 項英對突圍時機和皖南工作的考慮以及一些人急於突圍的情形，見陳仁洪、馬長炎：〈記項英在被害前與我們的一次談話〉，《皖南事變回憶與思考》六十五－六十九頁。

92 〈項英、周子昆遇害前後〉。

93 項英對有人想丟下周子昆的看法和勸說部下無效的情況，見〈記項英在被害前與我們的一次談話〉。那些被周子昆批評過的無疑主要是軍部的工作人員。

　　約一年後，由中原局改稱的華中局向延安報告說：李志高、謝忠良等人「對項、周不滿，形於詞色，且曾公開反抗，屢屢要求分家」，以致隊伍「只好暫時分住數處」[94]。

　　這雖然並非事實，分散居住是出於安全的考慮[95]，但謝忠良等人就在蜜蜂洞下面山腰上的茅草棚裏住，平日卻很少到洞裏來[96]，也可見相互的關係並不熱絡。

　　不過無論怎樣，項英還是保持了對這支隊伍總體上的領導。到十三日這天，他和周子昆等人已經擬定好了突圍的路線[97]。此時國民黨的搜山已不積極，只派些便衣出來轉轉[98]，到夜晚就更安全，以致山上隱蔽的人員中有人能夠在子時過後放心大膽地射殺野豬[99]。

　　可以肯定，不久之後，項英他們就將離開腳下這塊有著痛苦記憶的土地。

　　這個晚上，蜜蜂洞裏只有項英、周子昆、黃誠和劉厚總四個人，原本也住在這裏的夏冬青去謝忠良的茅草棚燒水洗澡，因為雪大就沒再上來。

　　夜已很深了，黃誠對項英、周子昆說：「首長，睡覺吧。」項英回答：「小黃，你先睡，我們馬上就睡；反正我們也睡不著，白天還可以睡。」[100]

　　項英和周子昆邊繼續下棋邊互相說道：「找到了地方組織，去江北就快了。」「只要不死，總會突圍出去的。」「這次我們吃了很大的虧，總有一天要把這個帳算回來。」[101]

　　又過了約一個小時，項英和周子昆終於睡下了，黃誠給周子昆蓋好了毯子，自己也踏實地睡了[102]。

　　黑暗中的蜜蜂洞寂靜無聲，所有人似乎都在熟睡。其實不然，劉厚總就依然清醒。

---

[94]　〈華中局關於項英、周子昆被謀殺經過向中共中央的報告（節錄）〉。
[95]　《皖南一九四一》二九三頁。
[96]　〈項英、周子昆在皖南突圍中〉。
[97]　〈項英、周子昆遇害前後〉。
[98]　〈項英、周子昆在皖南突圍中〉。
[99]　《皖南一九四一》二九五頁。
[100]　〈項英、周子昆在皖南突圍中〉。
[101]　黃誠：〈項英、周子昆被害紀實〉，《皖南事變回憶錄》二一七－二二〇頁。
[102]　〈項英、周子昆在皖南突圍中〉。

　　自從一月十四日跟上項英以來，劉厚總很快就深受信任。項英此時的活動是游擊方式，劉厚總無疑在這方面顯露出了本領。

　　項英就對周子昆稱讚說劉厚總是打游擊的好手[103]；又說他辦事俐落，別人幹不了的事他能幹[104]；還說，如果走不動，劉厚總可以揹他上山[105]。有時李志高他們給項英、周子昆搞來一點雞蛋，項英卻把雞蛋給劉厚總吃[106]。甚至劉厚總自己的駁殼槍舊了，看中了一個排長的新駁殼槍，項英也做主幫他換了過來，引得其他人暗暗不滿。

　　劉厚總也時時表現出對首長的忠誠，比如遇到過河的時候他總是攙扶著項英，有時還揹著[107]。

　　可是項英萬萬沒想到，這個貌似忠心的劉厚總今夜竟要取自己的性命。

五、「首長呢？」

　　劉厚總本是湖南耒陽的一個挖煤工人[108]，一九二六年十二月加入中共。隔年馬日事變時參加中共的暗殺隊，一夜之間殺了五家鄉紳，震動當地。一九二八年湘南暴動時他又當了燒殺隊長，財主家的人只要被他碰到，不論老幼，連同親戚朋友都統統得掉腦袋，一時被人稱做「總老爺」[109]。後來他還做過赤衛隊大隊長[110]，但再沒有進一步高升，紅軍長征後，他只是湖南一支小股游擊隊的負責人之一[111]。

　　國共合作後，劉厚總所在的隊伍改編成新四軍特務營的一個連，他自己則擔任副營長。當了軍官的他卻並不遵守軍紀，不僅抓老百姓的雞鴨[112]，還想調戲房東的女兒。那女孩偏又是一個國民政府縣長的親戚，縣長本是她

---

[103]　〈項英、周子昆遇害前後〉。

[104]　〈項英、周子昆被害紀實〉。

[105]　〈沉痛的回憶〉。

[106]　童志強：〈項英被害前後和叛徒劉厚總的下落〉，《皖南事變研究與爭鳴》一八○－一八九頁。

[107]　〈項英、周子昆在皖南突圍中〉。

[108]　甘發俊：〈劉厚總其人〉，《皖南事變研究與爭鳴》一九○－一九二頁。

[109]　《皖南一九四一》二九九頁。

[110]　〈劉厚總其人〉。

[111]　〈游擊健兒大會師〉。

[112]　〈劉厚總其人〉。

母親的妹夫，此時她做縣長夫人的那個小姨已死，她母親便跟這個縣長同居[113]。劉厚總捅了這樣的馬蜂窩，事情頓時鬧大。項英得知十分震怒，將他遣送回老家。

回到湖南後，劉厚總假稱是因為不習慣正規部隊的生活而離隊，取得了曾做過毛澤東老師的中共老人徐特立的諒解，介紹他到延安的抗大學習。誰想他剛到延安就病了，等病好後又趕上抗大因怕日本進攻陝北而分散，劉厚總被分配到山西的分校。他對此顯然不滿意，隨即便不辭而別[114]，回湖南去了[115]。為此中共組織給了他留黨察看的處分，又介紹他到重慶的八路軍辦事處，辦事處把他送回新四軍，在教導總隊學習。三個月後，劉厚總成為軍部副官處的副官，級別仍是副營職[116]。

雖說級別沒什麼變化，但劉厚總的實際地位無疑是越來越低，他內心肯定不會舒服，對共產黨的感情大概也降溫了。等到這次皖南失敗後，他的信念徹底動搖，最終決心拋棄中共和新四軍，還要殺死項英等人，向國民黨領功。

不知道劉厚總是什麼時候對項英動了殺心的，也許是那一天項英把衣服脫下來捉蝨子，暴露了身上帶的金條、煙土和法幣[117]，那是新四軍的經費，周子昆身上也有。

今夜夏冬青不在，項英、周子昆、黃誠在夢鄉中毫無戒備，劉厚總決定下手。

他拿著項英幫他換來的槍靠近項英，槍口對準項英的太陽穴，向他的首長連開兩槍[118]。槍聲在洞穴裏急促地迴蕩。周子昆猛然驚醒，剛坐起身，被劉厚總當胸一槍，側身倒地而亡[119]。也驚醒的黃誠正去摸槍，瞬間卻被劉厚

---

[113]　《皖南一九四一》二九九頁－三百頁。

[114]　〈劉厚總其人〉。

[115]　《皖南一九四一》三百頁。

[116]　〈劉厚總其人〉。

[117]　〈沉痛的回憶〉。

[118]　〈項英、周子昆遇害前後〉。

[119]　徐則浩、唐錫強：〈項英、周子昆烈士被害經過紀實〉，《皖南事變研究與爭鳴》一五一－一五六頁。

總用手電筒照花了眼睛[120]，趁機打了他兩槍，子彈一顆射進肩膀，另一顆擊穿後頸，他當即昏厥了過去[121]。

槍聲傳到了洞外，但由於在山間形成了回音，讓人難辨來源。茅草棚裏的李德和聽見槍響問謝忠良：「哪裏的槍聲？」謝忠良則以為又是別的地方的人在打野豬[122]。

蜜蜂洞內，劉厚總把項英、周子昆身上的錢財幾乎搜羅一空，連手錶、鋼筆和香煙都拿走了[123]，只在項英的胸口上遺下一百元鈔票[124]。他還拿了項英和黃誠的手槍（周子昆的槍在突圍時丟失）[125]，然後離開山洞，來到茅草棚找李德和。

因為白天項英吩咐劉厚總跟李德和去找中共地方組織負責人，所以李德和對劉厚總的出現並不懷疑，同他一塊下山了[126]。

到山下後，兩人先去了姜岳凡家。在那裏碰到了去李志高住的水嶺挑糧的鄭德勝等人，劉厚總拿出項英的小刀牌香煙給大家抽，鄭德勝問：「這香煙是首長吸的，你從哪裏搞來的？」劉厚總說：「管他哪裏搞來的，你吸就是囉！」李德和這時還不放心先前的槍響，問道：「你們剛才聽到槍聲沒有？」鄭德勝他們都回答沒聽到。劉厚總大概沒想到李德和會聽到槍聲，聽他這一問，心裏很是緊張，對李德和說：「天快亮了，我們快走吧。」說完就拉起他往外走。鄭德勝等擔心天亮了可能暴露目標，也催他倆快走[127]。

離開姜岳凡家後，劉厚總跟李德和走到一個岔路口，這時天已放亮，近處忽然傳來狗叫聲[128]。走在前的劉厚總回頭對李德和說：「前面穿蓑衣、戴斗笠的，可能是探子。」接著又說：「敵人來了，我們趕快跑吧！」說完拔

---

[120] 〈項英、周子昆被害紀實〉。
[121] 〈項英、周子昆在皖南突圍中〉。
[122] 《皖南一九四一》二九五頁。
[123] 郭桂蘭、黃開沅、房列曙：〈項英、周子昆兩烈士遇難真相〉，《皖南事變研究與爭鳴》一六五－一六八頁。
[124] 〈項英、周子昆烈士被害經過紀實〉。
[125] 〈項英、周子昆遇害前後〉。
[126] 《皖南一九四一》二九五－二九六頁。
[127] 〈項英、周子昆遇害前後〉。
[128] 《皖南一九四一》二九六頁。

腿便向山上奔去[129]。李德和喊他等一等，又讓他站住，劉厚總全然不聽，反而跑得更快[130]。

李德和平日見到的劉厚總，膽子總是大得很[131]，今天卻為何如此慌亂？他這時忽然意識到，聽到的槍聲可能是劉厚總幹的。如果是這樣，項英等首長就出事了。他急忙跑回姜岳凡家，叫上鄭德勝等人回到茅草棚，向謝忠良報告了劉厚總的情況，然後又上到蜜蜂洞裏，看到了血淋淋的慘象[132]。被喚醒的黃誠愧疚地哭著要人給自己補一槍[133]。

項英、周子昆已死，蜜蜂洞這裏的負責人就是謝忠良了。他知道劉厚總肯定是投奔國民黨去了，估計很快就會帶人來搜查。他當即決定把項、周的屍體掩埋後轉移[134]。

大家將項英和周子昆用毯子包裹好，埋葬在赤坑山西側離蜜蜂洞約二百米的一座石壁下[135]。直到一九五二年，項、周的遺體才重新找出，在一九五五年和袁國平一起安葬在南京雨花臺附近，當時人稱三將軍墓[136]。

埋好項、周後，謝忠良他們把黃誠送到別處養傷，便到水嶺去找李志高。李見沒有項英，立刻拔槍喝問：「首長呢？」

謝忠良等向他說明情況，李志高又派人去問黃誠，才最終相信[137]。

又過了一個多月，和項英在一起的人員，除留下打游擊的以外，大部分由李志高、謝忠良等人帶領到了江北，回歸新四軍[138]。

李志高和謝忠良對後來碰到的一些新四軍人員隱瞞了項、周遇害的情況，夏冬青還說項英、周子昆去上海了。直到回到新四軍後才告訴真相，用的理由是「怕引起部隊恐慌」。

日後，新的新四軍軍部為此事審查李、謝，李志高自殺[139]。

---

[129] 〈項英、周子昆烈士被害經過紀實〉。
[130] 〈項英、周子昆遇害前後〉。
[131] 《皖南一九四一》二九六頁。
[132] 〈項英、周子昆遇害前後〉。
[133] 〈項英、周子昆在皖南突圍中〉。
[134] 〈沉痛的回憶〉。
[135] 《皖南一九四一》二九六－二九七頁。
[136] 《項英傳》五〇四－五〇五頁。
[137] 〈項英、周子昆遇害前後〉。
[138] 《項英傳》四七九頁。
[139] 李桂英：〈我所經歷的皖南事變〉，《皖南事變回憶與思考》一二三－一二七頁。

至於那個劉厚總，在從李德和面前逃走後，他便去一個叫隔河里的地方，向那裏的保長繳槍投降。可他沒料到，隔河里的人不僅拿了他的槍，還把他從項英、周子昆身上搶來的財物統統沒收。

自己冒了那麼大的風險得到的東西竟轉瞬間落入別人的口袋，劉厚總如何能甘心，他又撞進了茂林軍政部第十一衛生大隊的第一擔架連，向連長王惠九投效。希望王連長能幫他去隔河里取回槍和錢，並到蜜蜂洞驗看項英的屍首，他還要辦理自首的手續，並且登報。

劉厚總又失望了，王惠九只派人去隔河里拿槍款，驗看屍首、自首登報等一樣也沒給他辦到。就連取槍款都不准他跟著一起去。結果那些金條、鈔票與手錶，外加三支手槍，從此全沒了下落[140]，很可能是被王惠九和隔河里的人私分了。

劉厚總不再指望這些黑心的下層官吏了，他決定去找高級的政府部門，那就是在屯溪的皖南行署。

這時已是四月。劉厚總在前往屯溪途經旌德縣境內時，正遇上縣長李協昆出巡。一副落魄樣子的劉厚總被當作形跡可疑的人抓了起來。

這次劉厚總不想像前兩次那麼老實了，他假稱自己是三戰區特務密查員李正華，目的是讓人把他送到屯溪去。可是旌德的人並不相信他的話，「一再訊詰」，其間大概還動了刑，劉厚總終於承受不住，只好又一次實話實說。李協昆立即派縣特種工作行動隊隊長陳思新帶人跟劉厚總去蜜蜂洞查看。

這時已是四月二十八日。雖然不知道李志高、謝忠良等人都已經離開，但劉厚總應該清楚，項英、周子昆的屍體想必已早轉移入土。現在去蜜蜂洞什麼有用的東西都不會找到，到那時自己可能會被認為欺騙冒功，免不了又要吃一番苦頭。與其這樣，還是想辦法跑去屯溪的好。

中午十二時，劉厚總、陳思新等來到蜜蜂洞下。就在這時，據陳思新後來報告，洞口旁忽然出現了「身著黑色短衣三人，左手挾有白色小包，大聲問我們來幹什麼？觀其情形似有其他動作」。劉厚總這時說：「恐不是好人，我們大家要犧牲。言語支吾」。陳思新他們「只得奮勇分跡搜索」，而

---

[140]　〈皖南行營快郵代電致涇縣田縣長談劉厚總投誠經過〉（一九四一年四月十五日），《皖南事變資料選》（上海版）四百頁。

劉厚總竟趁機「潛逃無跡」，穿黑色短衣的人「亦無跡影」。陳思新等在洞中只尋到燃剩的小半支蠟燭、四枚棋子和一把小梳子[141]。

那莫名其妙的「黑色短衣三人」是否是陳思新為推卸責任編造的，不得而知，但無論怎樣，善於在山野間穿行的劉厚總成功地跑掉了。

劉厚總這一次又跑到了太平縣的國民黨黨部，黨部的人終於把他送到了屯溪。先在國民黨安徽省黨部執行委員會皖南辦事處，後轉到皖南行署。

總算來到屯溪的劉厚總，境遇並沒有因此變好。由於他拿不出殺死項英的證據，一直處在被關押的狀態。雖然他在三戰區一份報紙的副刊上發表了〈我為什麼打死項英、周子昆〉的文章[142]，但國民黨方面並不百分之百地相信他的話。

到這年十月五日，唐式遵的部隊還根據不確切的情報稱：「最近，項英率匪軍千餘，渡江南來，合其他零星散匪，判斷其人槍總數當在三千以上。」[143]

到了一九四三年，劉厚總被送到重慶的監獄，直到一九四八年才釋放，並給了他兩萬五千法幣的返鄉路費，可是物價飛漲的當時，這點錢實在少得可憐。而且劉厚總這時眼睛、耳朵和腳全有病，返鄉的錢連付醫藥費都不夠[144]。

劉厚總只好寫信給蔣介石：「懇乞憫其投誠之愚衷，恩准另發救濟費若干，以延蟻命，藉昭激勸。並懇發自首證書和護照，俾便返籍，免致當地政府發生誤會，無任感禱。」

信到了南京，蔣介石根本不予理睬。劉厚總只得繼續待在重慶的監獄。

一九四九年十一月，中共解放軍逼近重慶，劉厚總跟著國民黨的人往成都逃，路上不小心踩了某個潰兵一腳，屁股上頓時挨了一刺刀，栽倒在路邊。一名看守軍官乘車經過，把他帶上走了一段，又給丟下了[145]。

141　〈旌德縣縣長李協昆呈文皖南行署談劉厚總槍殺項英的經過〉（一九四一年五月十二日），同上書四〇一－四〇二頁。

142　《皖南一九四一》二九八頁。

143　〈第二十三集團軍「清剿」皖南新四軍計畫〉（一九四一年十月五日），《新四軍・參考資料（二）》四六九－四七〇頁。

144　〈項英被害前後和叛徒劉厚總的下落〉。

145　《皖南一見四一》二九九頁。

　　命若遊絲的劉厚總卻並沒有就此死掉，他一直活到了一九五二年，在南昌被新的紅色政權逮捕處決[146]。

　　對於這一切，靜臥在赤坑山上的項英不會知道了。他也不會知道自己差一點和叛徒張國燾劃上等號，不久後的華中局會議還指斥他是「兩面派」、「偽君子」，說他的為人「有極大的剝削階級意識」，「一切都是為他個人打算，以個人利益為中心」[147]。

項英和兒女在延安

　　項英更不會知道多年後的「文革」中確有人把他罵做「大叛徒」。他的兒子項學成被從海軍軍官的位置上趕到農村勞動，最後因肝癌而死。女兒項蘇雲也遭審查和歧視[148]，儘管他們在生活中與父親聚少離多，項英任新四軍副軍長後，只是在去延安參加六屆六中全會時，才跟兩個子女匆匆地團聚過一次[149]。

　　項英同樣不會知道的是，一九九〇年在自己的老家湖北武昌縣，終於為他樹起了一尊銅像，當時的國家主席楊尚昆親筆題詞：「項英同志浩氣長存」[150]。

　　但是在正式的中共史冊上，項英仍被認定在新四軍的工作和皖南事變中犯了嚴重錯誤[151]。

　　如今，所有的是非榮辱都不能再打擾項英了，他只管躺在大自然的懷抱裏，塵間的紛擾再與他無關……

---

[146]　王輔一：《項英傳》（修訂本）四八一頁，中共黨史出版社二〇〇八年四月出版。

[147]　何理、張星星：〈談皖南事變研究和《皖南事變》小說〉，《皖南事變研究與爭鳴》三八二－三九一頁。

[148]　《項英傳》四九五頁。

[149]　同上三三二頁。

[150]　同上五〇九頁。

[151]　同上五〇二－五〇三頁。

尾聲

「我們一定會勝利的」

　　國共間圍繞皖南事變的爭端最終是不了了之，兩黨仍然維持了合作的局面。到一九四一年的十一月，中共代表重新出現在參政會上[1]，隨著形勢的改變，蔣介石和毛澤東甚至在一九四二年一度打算會面[2]。

　　但皖南事變也絕非微不足道的插曲，它對日後的歷史同樣有著自己的影響。

　　皖南事變後，毛澤東的對日作戰戰略發生了變化。

　　一九四一年五月七日，日軍大舉進攻山西的中條山。蔣介石一面派何應欽親赴戰區指揮[3]，一面要求八路軍配合作戰。

　　毛澤東在八日電告周恩來：「對於國民黨要求我們配合作戰，須告以當然如此，不成問題。」同時提出了解決新四軍問題、速發餉彈、停止反共等「要求事項」[4]。

　　九日，毛澤東又致電周恩來說：國民黨現已大慌，卻仍想用激將法使我為他拚命。對配合作戰問題，可滿口答應，請其速發餉彈等[5]。他同時指示八路軍和新四軍部隊：絕不被國民黨的激將法所動，仍按我軍現在姿態，鞏固各根據地，耐心發展「敵偽奸」三種工作。只在接近河南、陝西的地區，應有相當部隊配合友軍作戰[6]。

　　這時的中共部隊顯然還沒有關於中條山作戰的具體計畫。

　　到十日的時候，中國軍隊已在中條山嚴重失利。

---

[1]　《周恩來傳》（二）六七〇頁。
[2]　《國民黨的「聯共」與「反共」》四六八－四六九頁。
[3]　《周恩來傳》（二）六六六頁。
[4]　《毛澤東年譜一八九三－一九四九》中卷二九五頁。
[5]　《毛澤東軍事年譜》三五七頁。
[6]　同上。

　　劉斐對周恩來指責八路軍不予配合[7]，周恩來則說：配合打敵人，「即使在皖南事變後也未停止過」。這天毛澤東又給重慶發電報，告知已擬具配合中央軍作戰計畫，唯新四軍、餉彈、反共三大問題，請蔣速予解決[8]。同一天，他和朱德在給八路軍將領彭德懷、左權的電報中表示：對國民黨的要求「請擬一部署計畫電告，此計畫中在太南、太嶽兩線者於戰事發生時雖不是猛打，但應準備施行之，在其他區域只做樣子，不應實施」[9]。

　　在這之後，重慶的周恩來根據八路軍十日後的一些行動，駁斥對八路軍不配合作戰的指責[10]。延安的毛澤東、朱德、王稼祥則在十七日給彭德懷的電報裏說：「目前方針是必須打日本，但又絕不可打得太兇。不打則國民黨不能諒解，中間派亦會說話，但如打得太兇，則有相反的危險，日本將轉向我們報復，國民黨坐收漁利，並將進攻邊區。」可行的辦法是：「在一部分地方打得大些，而在其他地區則打得小些，使國民黨覺得我們真在打就好了。」[11]

　　雖然在此之前毛澤東就十分注重保存八路軍、新四軍的力量，但如果不是皖南事變導致國共關係幾乎破裂，他恐怕很難這樣沒有顧忌地推行自己的戰略意圖。

　　皖南事變後，毛澤東在中共的權威繼續提升。由於他對項英、袁國平的定性是不尊重和不服從中央，所以一九四一年一月二十五日重建的新四軍軍部在鹽城成立時，陳毅在就職演講中稱讚劉少奇時說：「他是代表中共中央到這裏來直接指導我們的，新四軍直接在中央和劉少奇同志領導下，我們一定會勝利的。」[12]以此表明對毛澤東的中共中央的擁戴。在蘇北的一次抗議聲討國民黨的大會上，包括十幾歲的孩童在內的所有人都奮力高呼「毛主席萬歲」[13]。毛澤東的領袖形象越發深入人心。

　　皖南事變也成為毛澤東對王明進行批判的論據之一。

7　　《周恩來傳》（二）六六六頁。

8　　《周恩來年譜一八九八－一九四九》五〇一頁。

9　　〈莫斯科與延安關係的另一種紀錄〉。

10　《周恩來傳》（二）六六七－六六八頁。

11　〈莫斯科與延安關係的另一種紀錄〉。

12　《劉少奇傳》上冊四一五頁。

13　戴煌：〈「血流成溝」的回憶與思考〉，《炎黃春秋》二〇〇六年第十二期。

一九四一年三月二十六日，毛澤東在中共中央政治局會議上說：項英、袁國平的錯誤，中央也要負責。這是此後至少四十年裏中共中央方面唯一一次表示對皖南事變有責任。但毛澤東這樣講的理由是，一九三七年十二月政治局會議是有些錯誤的，對國共關係忽視了鬥爭性[14]。這當然是在說王明，因此這裏要負責的「中央」並非是現在由毛澤東領導的中共中央。此後，據弗拉基米洛夫的記載，在整風運動中，「新四軍的潰敗」，也就是皖南事變，不止一次地作為毛澤東方面批判中共一些領導人犯有錯誤的依據[15]。

通過整風運動，毛澤東徹底確立了他對中國共產黨無可置疑的領導地位。

而在蔣介石那邊，皖南事變雖然重創了項英的部隊，但取消新四軍番號的行動卻不但沒能消滅這支中共武裝，反倒讓陳毅、劉少奇他們從此徹底放開手腳，完全不理會國民黨的約束。結果是，蘇北一帶除日本占領區外，幾乎成了中共的天下。

皖南事變軍事勝利、政治失敗的結果，也令蔣介石在對中共動武的問題上更加小心謹慎。

一九四三年，蔣介石曾兩度考慮過進攻陝甘寧邊區，前一次只想奪取「囊形地帶」，後一次則乾脆要拿下延安，可是最終都沒有實行。中共的主要部隊分據華北、華中、中原、江南各地，即便被國民黨攻占延安，它也絕不會垮掉。正因為如此，蔣介石不得不仍然回到主張政治解決的老路上去[16]。

儘管隔閡和敵意明顯加深，國共雙方還是在總體上堅守了抗日的大局。

蔣介石雖然曾向日本人萱野表示：「望今後協助處置共產黨。」[17]但從未有實際的相關動作。到太平洋戰爭爆發後的一九四二年，已經跟美、英結成同盟，有了強大後盾的蔣介石便不再敷衍日本，終止了與它的和談[18]。

國共雙方在戒備、敵意多過協作的情形下，撐到了日本投降。

[14]　《毛澤東年譜一八九三－一九四九》中卷二八五頁。
[15]　《延安日記》一四四、一五九頁。
[16]　《國民黨的「聯共」與「反共」》四七七－一四八三頁。
[17]　〈抗戰前期日本「民間人士」和蔣介石集團的祕密談判〉。
[18]　〈孔祥熙與抗戰期間的中日祕密交涉〉。

　　抗戰勝利了，但國共的矛盾仍在。由於國民黨阻止八路軍和新四軍接收近在眼前的日本占領區，儘管蔣介石再三邀請毛澤東到重慶談判，毛澤東最初並不想去，還是在蘇聯的催促下，他才動身前往會見蔣介石[19]。

　　毛澤東和蔣介石在重慶談判的結果是一項並沒有真的達成協議的「雙十協定」[20]。其後國共在種種問題上艱難地交涉，就連被關押五年的新四軍軍長葉挺，也是在中共提出用俘虜的一位國民黨軍將領交換後，國民黨才答應放人。葉挺終於在一九四六年三月四日出獄[21]。

　　葉挺在獲釋的第二天就向中共中央發電報，提出重新入黨的申請。延安方面很快同意，毛澤東在修改給葉挺的回電時，把開頭的「葉挺軍長」改為「親愛的葉挺同志」，又改成「親愛的葉挺將軍」，最後還是改回「親愛的葉挺同志」[22]。

　　對歸隊的葉挺，中共的安排是讓他暫時休養。葉挺卻希望回新四軍去，陳毅和饒漱石在祝賀他出獄的電報中也稱「早日返部主持為盼」，但周恩來並不同意，理由是國共正在進行戰後利益劃分的談判，如果葉挺這時到新四軍的部隊去，會帶來不利的影響。

　　葉挺又請求到國共軍隊正緊張對峙的華北張家口，給賀龍、聶榮臻幫幫忙。

　　周恩來這次明確表示：仗有得打，但不是現在。此時葉挺既不便去新四軍，也不宜到張家口，而是留在重慶參加八路軍辦事處的工作。中共中央也指定葉挺為軍事代表，跟周恩來一起就國共軍隊整編跟國民黨談判[23]。

　　葉挺明明已經歸屬了中共，國民黨會那麼介意他去哪兒嗎？

　　作為好不容易重回組織的黨員，葉挺接受了上級的指令，但心裏對整編談判並沒有多大興趣。四月六日，周恩來要他去延安參加中共中央整軍會議，他隨即請求能在延安多住一些時間[24] —— 顯然並不急於回重慶參與談判活動。

---

[19]　《毛澤東與莫斯科的恩恩怨怨》（修訂版）二二六－二二九頁。

[20]　《國民黨的「聯共」與「反共」》五四二－五四三頁。

[21]　《葉挺傳》四九六－四九七頁。

[22]　《葉挺將軍傳》四九七頁。

[23]　同上五百－五〇六頁。

[24]　同上五七二頁。

　　八日，葉挺乘飛機去延安。和他同行的，除了其夫人跟兩個兒女，還有博古、王若飛等中共高級幹部[25]。

　　這時的國共兩黨正在明裏暗裏地較勁。

　　據一個叫杜吉堂的軍統特工在六十年後臨終前稱，他命人在葉挺等人乘坐飛機的高度表和磁羅盤後面吸附了磁鐵，使指針偏離了應該在的位置[26]。也就是說，飛機將達不到應有的飛行高度，也不能準確地辨明方向。

　　不管這個說法是否可靠，四月八日那天，葉挺他們的飛機在飛到濃雲密布的延安上空時迷航，飛到了同樣陰雲籠罩又雨雪交加的山西興縣，在穿過高度一千餘米的雲層時，撞上了海拔兩千米高的黑茶山，所有人員全部罹難[27]。

　　這個時候，國共軍隊正在東北的四平等地激烈交戰[28]。

　　雖然國共兩黨還在談判，美國特使馬歇爾仍盡力調停，但歷史已毫不留情地把中國推向又一次內戰。

葉挺出獄後與夫人李秀文、女兒揚眉、兒子阿九在一起

黑茶山

---

[25]　《葉挺傳》五〇七頁。

[26]　秦鐵口述：〈我的父親秦邦憲〉，《縱橫》二〇〇七年第十二期。

[27]　《葉挺將軍傳》五一〇－五一一頁。

[28]　《國民黨的「聯共」與「反共」》六二五－六二六頁。

血歷史 PC0214

新銳文創
INDEPENDENT & UNIQUE　國共相爭與皖南事變

作　　者　　孟衛東
責任編輯　　林千惠
圖文排版　　楊尚蓁
封面設計　　蔡瑋中

出版策劃　　新銳文創
發 行 人　　宋政坤
法律顧問　　毛國樑　律師
製作發行　　秀威資訊科技股份有限公司
　　　　　　114 台北市內湖區瑞光路76巷65號1樓
　　　　　　電話：+886-2-2796-3638　傳真：+886-2-2796-1377
　　　　　　服務信箱：service@showwe.com.tw
　　　　　　http://www.showwe.com.tw
郵政劃撥　　19563868　戶名：秀威資訊科技股份有限公司
展售門市　　國家書店【松江門市】
　　　　　　104 台北市中山區松江路209號1樓
　　　　　　電話：+886-2-2518-0207　傳真：+886-2-2518-0778
網路訂購　　秀威網路書店：http://www.bodbooks.com.tw
　　　　　　國家網路書店：http://www.govbooks.com.tw

出版日期　　2012年5月　初版
定　　價　　520元

國家圖書館出版品預行編目

國共相爭與皖南事變 / 孟衛東著. -- 初版. -- 臺北市：新
銳文創, 2012.05
　　面；　公分.
　ISBN　978-986-6094-72-9(平裝)

1. 國共內戰　2. 新四軍　3. 民國史

628.577　　　　　　　　　　　　　　　　101004101

讀 者 回 函 卡

感謝您購買本書，為提升服務品質，請填妥以下資料，將讀者回函卡直接寄回或傳真本公司，收到您的寶貴意見後，我們會收藏記錄及檢討，謝謝！
如您需要了解本公司最新出版書目、購書優惠或企劃活動，歡迎您上網查詢或下載相關資料：http:// www.showwe.com.tw

您購買的書名：_____

出生日期：_____年_____月_____日

學歷：□高中 (含) 以下　　□大專　　□研究所 (含) 以上

職業：□製造業　□金融業　□資訊業　□軍警　□傳播業　□自由業
　　　□服務業　□公務員　□教職　　□學生　□家管　　□其它_____

購書地點：□網路書店　□實體書店　□書展　□郵購　□贈閱　□其他

您從何得知本書的消息？

　□網路書店　　□實體書店　□網路搜尋　□電子報　□書訊　□雜誌

　□傳播媒體　□親友推薦　□網站推薦　□部落格　□其他_____

您對本書的評價：（請填代號　1.非常滿意　2.滿意　3.尚可　4.再改進）

　封面設計____　版面編排____　內容____　文／譯筆____　價格____

讀完書後您覺得：

　□很有收穫　□有收穫　□收穫不多　□沒收穫

對我們的建議：_____

_____

_____

_____

11466
台北市內湖區瑞光路 76 巷 65 號 1 樓

秀威資訊科技股份有限公司　　　收

BOD 數位出版事業部

⋯⋯⋯⋯⋯⋯⋯⋯⋯⋯⋯⋯⋯⋯⋯⋯⋯⋯⋯⋯⋯⋯⋯⋯⋯⋯

（請沿線對折寄回，謝謝！）

姓　　名：＿＿＿＿＿＿＿＿＿　年齡：＿＿＿＿　性別：□女　□男

郵遞區號：□□□□□

地　　址：＿＿＿＿＿＿＿＿＿＿＿＿＿＿＿＿＿＿＿＿＿＿＿

聯絡電話：(日) ＿＿＿＿＿＿＿＿＿＿＿　(夜) ＿＿＿＿＿＿＿＿＿＿

E - m a i l：＿＿＿＿＿＿＿＿＿＿＿＿＿＿＿＿＿＿＿＿＿＿＿